BASISKOOKBOEK BIJ VOEDSELA

Ineke van Berkel, Merian Daams, Tanja van der Horst

Basiskookboek bij VOEDSELALLERGIE EN -INTOLERANTIE

MEER DAN 1000 RECEPTEN ZONDER
koemelk, lactose, kippeëi, gluten, pinda's, noten, additieven, cacao, saccharose (suiker), citrusfruit, soja, vis, schaal- en schelpdieren, aardappelen en maïs

VAN REEMST
UITGEVERIJ

HOUTEN

Derde druk, 2000

Postbus 97
3990 DB Houten

Omslagontwerp: Teo van Gerwen-Design
Zetwerk en opmaak: Zspiegel grafische zetterij, Best

ISBN 90 410 0026 7
CIP
NUGI 421/755

INHOUD

VOORWOORD 7

INLEIDING 9

WAT TREFT U AAN IN DIT KOOKBOEK 11

HOE GAAT U TE WERK 13

WELKE INFORMATIE TREFT U AAN OP DE VERPAKKING 14

MATEN EN GEWICHTEN 17

KEUKENUITRUSTING 18

OVENTEMPERATUREN 18

VERVANGINGSLIJST VOOR BINDMIDDELEN 19

VERVANGINGSLIJST VOOR SACCHAROSE (suiker) 22

SOEPEN 23

SAUZEN 33
Warme hartige sauzen 33
Koude hartige sauzen 46
Zoete sauzen 51

VLEES 59

KIP, WILD EN GEVOGELTE 68

PEULVRUCHTEN (vleesvervangers) 75

VIS 87

SCHAAL- EN SCHELPDIEREN 95

AARDAPPELEN 98
Aardappelsalades 103

GRANEN 107

GROENTEN 115
Groentesalades 131

SAMENGESTELDE GERECHTEN	137
Stamppotten	137
Ovenschotels	139
Gemengde gerechten	143
NAGERECHTEN	153
Nagerechten zonder melk	153
Nagerechten met melk	164
Vla	164
Pudding	184
Pap	215
Zoete ovenschotels	225
Gebakken nagerechten	228
IJs	236
Vruchtengerechten	240
BROOD, GEBAK EN KOEKJES	248
Brooddeeg/gistdeeg	248
Zandtaartdeeg	269
Cakedeeg	276
Biscuitdeeg	294
Bladerdeeg	299
Soezendeeg	309
Koekjes	316
GARNERINGEN EN VULSELS VOOR GEBAK	327
TRAKTATIES	336
Hartige traktaties	337
Zoete traktaties	351
BROODBELEG	358
Hartig broodbeleg	358
Zoet broodbeleg	362
DRANKEN	367
SJABLONEN	372
REGISTER	382
NUTTIGE ADRESSEN	400

VOORWOORD

Eindelijk een kookboek dat rekening houdt met voedselovergevoeligheid. Er bleek, met name bij NVAS-donateurs, een grote behoefte te bestaan aan aangepaste recepten voor mensen met voedselovergevoeligheid. Het is lang niet altijd eenvoudig met een beperkte hoeveelheid toegestane voedingsmiddelen variatie te brengen in de dagelijkse maaltijden. Om dan nog maar niet te spreken van de problemen die zich voordoen bij speciale gelegenheden zoals feestdagen, verjaardagen of traktaties op kinderfeestjes.

Een bijkomend probleem is dat de produkten die gebruikt worden om de maaltijd samen te stellen, nogal eens op een andere manier bereid moeten worden. Het is soms noodzakelijk om met bijvoorbeeld dieetpreparaten te werken om een volwaardige voeding te bereiken. Dit vergt uiteraard nogal wat aanpassingen. In de praktijk wordt er echter de voorkeur aan gegeven zomin mogelijk andere gerechten te bereiden voor degene die een dieet moet houden, zij het dat dat eisen stelt aan de bereiding. Vooral voor kinderen is het belangrijk om niet altijd iets anders te moeten eten dan de rest van het gezin.

De samenstellers van het kookboek hebben zich ten doel gesteld van iemand met een dieet, die niet alles kan en mag eten, een dankbare eter te maken. De aanvaarding van het ongemak wordt op deze wijze misschien enigszins gemakkelijker gemaakt.

De NVAS hoopt dat het *Basiskookboek bij voedselallergie en -intolerantie* een bijdrage levert aan het eetplezier van mensen met voedselovergevoeligheid, weer lol geeft bij het bereiden van de maaltijden aan hen die daar dagelijks voor staan en nieuwe ideeën aandraagt voor hen die zich regelmatig afvragen: wat zullen wij vandaag weer eens eten?

De meer dan 1000 recepten die in dit boek staan opgetekend, maken van koken, braden en bakken weer een feest.

G.F. Hoekstra
voorzitter Nederlandse Voedselallergie Stichting (NVAS)

INLEIDING

Waarom een speciaal kookboek bij voedselovergevoeligheid

Uit de praktijk blijkt dat informatie over het ziektebeeld en de behandelingsmogelijkheden van voedselovergevoeligheid voldoende voorhanden is.
Er blijft echter voortdurend veel vraag naar recepten.
Door voedselovergevoeligheid kunnen namelijk veel alledaagse produkten niet meer gebruikt worden. Wanneer iemand bijvoorbeeld op melk reageert, is het duidelijk dat melk niet meer gebruikt mag worden. Maar ook produkten die van melk gemaakt worden of waarin melk verwerkt is, moeten worden weggelaten. Bijvoorbeeld karnemelk, yoghurt, vla, pap, pudding, margarine, koekjes, drop, bouillonblokjes, broodbeleg en nog veel meer.
Hierdoor moeten voedingsmiddelen vaker zelf bereid worden.
Dit kan moeilijkheden opleveren omdat bijvoorbeeld de bereidingswijze afwijkt of omdat met onbekende produkten en ingrediënten gewerkt moet worden.
Een standaardkookboek biedt hiervoor meestal geen oplossingen.
Daarom is er een speciaal kookboek geschreven voor mensen met voedselovergevoeligheid, waarin voor deze problemen een oplossing is gezocht.

Voedselovergevoeligheid, voedselallergie en voedselintolerantie

Voedselovergevoeligheid is een overkoepelende term voor alle overgevoelige reacties op voedsel.
Voedselallergie en -intolerantie vallen beide hieronder.
Hoe de overgevoeligheidsreactie op voedsel precies ontstaat is hierbij niet altijd even duidelijk.
Er is sprake van **voedselallergie** als het afweerapparaat van het lichaam (immuunsysteem) afweerstoffen (antistoffen) maakt tegen bepaalde eiwitten in de voeding, zoals voorkomend in melk, kippeëi, vis. Gebruikt men voeding die deze eiwitten bevat dan reageert het lichaam telkens met het maken van antistoffen waardoor ziekteverschijnselen optreden.
De aanwezigheid van deze antistoffen kan met bloedonderzoek worden aangetoond.
Bij **voedselintolerantie** worden geen antistoffen gemaakt en er is geen sprake van een reactie van het immuunsysteem. Hier werkt het voedsel zelf ziek-makend.
Onder voedselintolerantie verstaan wij bijvoorbeeld het niet verdragen van toevoegingen aan voedsel zoals bepaalde geur-, kleur- en smaakstoffen en conserveringsmiddelen of het niet verdragen van bepaalde natuurlijke bestanddelen, zodat men altijd dezelfde ziekteverschijnselen krijgt na het eten van bijvoorbeeld kaas, of tomaten, of schaal- en schelpdieren.

Omdat dit kookboek geschreven is voor iedereen die bepaalde voedingsmiddelen niet verdraagt, of dit nu voorkomt uit allergie of intolerantie, gebruiken wij steeds de overkoepelende term voedselovergevoeligheid.

Klachten bij voedselovergevoeligheid

De klachten kunnen heel uiteenlopend van aard zijn zoals jeuk, rode vlekken, eczeem, buikpijn, benauwdheidsklachten, veranderingen in gedrag, shock.
Als deze klachten veroorzaakt worden door één voedingsmiddel bijvoorbeeld koemelk, spreken we van een **enkelvoudige voedselovergevoeligheid**.
Wanneer meerdere voedingsmiddelen niet verdragen worden, bijvoorbeeld koemelk, kippeëi en tomaat, noemen we dit een **meervoudige voedselovergevoeligheid**.
Hiervan komen eindeloos veel verschillende combinaties voor.

Onderzoek en behandeling van de arts

Voedselovergevoeligheid is een aandoening die de laatste jaren gelukkig steeds meer aandacht krijgt. Meer en meer huisartsen, specialisten, artsen van consultatiebureaus en diëtisten bekwamen zich in onderzoek en behandeling. Het aantonen van voedselovergevoeligheid blijkt in de praktijk soms moeilijk te zijn. Belangrijk hierbij is de anamnese (voorgeschiedenis van de aandoening). De arts zal dan ook veel vragen stellen.
Soms kan gebruik gemaakt worden van huid- en/of bloedtesten om antistoffen tegen bepaalde voedingsmiddelen aan te tonen (bij allergie) en soms kan alleen gebruik gemaakt worden van eliminatie (weglaten van verdachte voedingsmiddelen uit de voeding) en provocatie (opnieuw belasten met het verdachte voedingsmiddel).

Taak van de diëtist

Bij de eliminatie- en provocatiemethode helpt de diëtist te zoeken naar de verdachte voedingsmiddelen. Als bekend is waarop gereageerd wordt, is een aangepast dieet het belangrijkste onderdeel van de behandeling van voedselovergevoeligheid. Door de diëtist wordt dan een **persoonlijk dieetadvies** opgesteld. In dit dieetadvies wordt het voedingsmiddel of voedselbestanddeel waarop gereageerd wordt uit de voeding weggelaten. Hiervoor wordt een vervanging in de vorm van andere voedingsmiddelen of dieetpreparaten gezocht zodat toch een gevarieerde en volwaardige voeding (zonder tekorten) kan worden gebruikt.
Het dieetadvies wordt vaak in combinatie met een merkartikelenlijst van ALBA (databank voor voedselovergevoeligheden) gebruikt. In deze lijsten worden merken van kant-en-klaarprodukten genoemd die in het dieet zijn toegestaan. Hierin wordt bijvoorbeeld aangegeven welk merk biscuitjes zonder melk is bereid.

Voedselovergevoeligheid kan wijzigen of verdwijnen in de loop der jaren. Zo kan het zijn dat er eerst alleen een overgevoeligheid voor koemelk was en dat deze later verdwijnt. Maar het kan ook voorkomen dat er een overgevoeligheid voor andere voedingsmiddelen of voedselbestanddelen bijkomt waardoor men plotseling te maken heeft met een meervoudige overgevoeligheid.
Deze veranderingen maken het noodzakelijk om onder behandeling van een diëtist te blijven.

WAT TREFT U AAN IN DIT KOOKBOEK

Dit basiskookboek bij voedselallergie en -intolerantie is speciaal geschreven voor iedereen die overgevoelig is voor één of meerdere voedingsmiddelen of voedselbestanddelen.
De meer dan 1000 alledaagse en feestelijke recepten zijn zó samengesteld dat ze voor bijna iedereen te gebruiken zijn.

Gerechtengroepen
Het kookboek kent een hoofdstukindeling naar gerechtengroep.
Bij gerechtengroepen als sauzen, nagerechten, gebak, koekjes en traktaties geeft het weglaten van één of meerdere bestanddelen meer problemen dan bij andere. Daarom wordt aan deze gerechtengroepen meer aandacht besteed. Gerechten met als basis kaas, ei, kwark of yoghurt zijn in zeer beperkte mate opgenomen, omdat het bieden van vervangingen vaak niet mogelijk is. Het is bijvoorbeeld onmogelijk om een soufflé te maken zonder ei. Aan het begin van elke gerechtengroep vindt u een samenvatting van de receptenleer. Hiermee kunt u bestaande receptuur, uit andere bronnen, eventueel aanpassen.

Opbouw van recepten
- Voor elk gerecht wordt eerst het basisrecept gegeven, met ingrediënten en bereidingswijze.
- Dan volgen dieetaanpassingen op het basisrecept. Deze aanpassingen geven aan hoe een bestanddeel dat niet gebruikt mag worden, vervangen kan worden door een ander dat wel gebruikt mag worden.
  De dieetaanpassingen worden gegeven voor die voedselbestanddelen waarvan bekend is dat er nogal wat mensen overgevoelig op reageren.
  In alfabetische volgorde worden dieetaanpassingen gegeven voor aardappelen, additieven, cacao, citrusfruit, gluten, kippeëi, koemelk, lactose, maïs, noten, pinda's, schaal- en schelpdieren, saccharose (suiker), soja en vis. Bij 'indien toegestaan' wordt een minder gebruikelijk levensmiddel in het recept vervangen door een ander. Wanneer een recept maïsmoutstroop bevat, staat bij 'indien toegestaan' suiker vermeld. U kunt dan suiker gebruiken indien dit is toegestaan binnen uw dieet.
- Tot slot worden variatiemogelijkheden op het basisrecept gegeven, waarmee u het gerecht eens een andere smaak of een ander uiterlijk kunt geven. De variatiemogelijkheden bevatten bijvoorbeeld suggesties voor andere vleessoorten, groenten of vruchten dan die in het basisrecept worden aangegeven. Onder de variatiemogelijkheden vindt u ook garneertips en serveersuggesties bij die recepten die een feestelijk tintje hebben.

Hoe gaat u om met de dieetaanpassingen en variaties?
Na het basisrecept, dat bijvoorbeeld melk en kippeëi bevat, geven de dieetaanpassingen aansluitend aan wat zowel voor de melk als het ei de vervangingsmogelijkheid is. Indien u overgevoelig bent voor melk, kijkt u bij de dieetaanpassing 'koemelkvrij' wat u in plaats van melk kunt gebruiken. Wanneer kippeëi niet verdragen wordt kijkt u bij de dieetaanpassing 'kippeëivrij'. Wanneer melk èn ei niet verdragen worden, moet u zowel de dieetaanpassing 'koemelkvrij' als de dieetaanpassing 'kippeëivrij' raadplegen. De recepten zijn dus in combinatie met de dieetaanpassingen te gebruiken bij een overgevoeligheid voor één of meer voedselbestanddelen. Met behulp van uw dieetadvies kunt u altijd de juiste dieetaanpassing(en) kiezen.
Als u bij een dieetaanpassing een geheel andere bereidingswijze nodig is dan in het basisrecept wordt gegeven, wordt u verwezen naar de pagina waar dit recept te vinden is. Een voorbeeld: na het basisrecept 'vanillevla'

vindt u onder andere de dieetaanpassing 'koemelkvrij' en 'sojavrij'. Deze dieetaanpassing is alleen te realiseren door vanillevla van hypoallergene melkvervanger te maken. U treft dan een verwijzing aan naar die pagina waar het recept voor vanillevla van hypo-allergene melkvervanger gegeven wordt. Ook in het register kan gezocht worden onder: vanillevla van hypoallergene melkvervanger.
Bij de dieetaanpassing voor gluten worden steeds twee mogelijkheden gegeven. Eén vervanging met glutenvrije bloem, speciaal bedoeld voor het glutenvrije dieet. Maar van deze glutenvrije bloem is gebleken dat er toch nog spoortjes gluten in kunnen zitten. Mensen die heel gevoelig zijn, zouden hier toch nog op kunnen reageren.
Daarom is er ook bij elke glutenvrije dieetaanpassing een tweede mogelijkheid genoemd, bijvoorbeeld rijstemeel.
Mensen met een tarwe-overgevoeligheid kunnen de glutenvrije bloem niet verdragen omdat hier alleen de gluten uit verwijderd zijn en niet het tarwe-eiwit. De tweede mogelijkheid die gegeven wordt bij elke glutenvrije dieetaanpassing is wel geschikt bij tarwe-overgevoeligheid. Hier wordt vervanging van tarwemeel gegeven in een andere meelsoort zoals boekweit of rijstemeel.
Voor bouillon en margarine worden géén dieetaanpassingen gegeven. Deze voedingsmiddelen bevatten nogal wat bestanddelen waarop u kunt reageren. Het aantal dieetaanpassingen per recept zou hierdoor zeer groot worden. Dit komt de duidelijkheid niet ten goede. Daarom wordt ervan uitgegaan dat u dié bouillon en margarine gebruikt die in uw dieet zijn toegestaan. Raadpleeg hiervoor uw dieetadvies en de ALBA-merkartikelenlijst.
Bij enkele gerechten is het niet mogelijk om een dieetaanpassing te geven. Dit wordt dan direct na de titel van het recept meegedeeld. Er staat dan bijvoorbeeld: 'Dit gerecht is niet geschikt voor het kippeëivrije dieet.'
De dieetaanpassingen worden **uitsluitend** gegeven op het basisrecept en niet op de variaties die op het recept volgen. Een variatie kan dus voedingsmiddelen of voedselbestanddelen bevatten die u niet kunt gebruiken.
U gebruikt bijvoorbeeld het recept van kersenvlaai, maar wilt daarbij eens variëren en de vlaai garneren met slagroom.
In uw persoonlijk dieetadvies staat echter dat u koemelk en koemelkprodukten moet vermijden. Slagroom is voor u als variatie niet toegestaan. In dit geval kunt u wel gebruik maken van imitatieslagroom. Het recept voor imitatieslagroom kunt u dan in het register opzoeken.
Voor bepaalde vlees-, groente- en fruitsoorten waar u overgevoelig voor kunt zijn, worden geen dieetaanpassingen gegeven (bijvoorbeeld varkensvlees, tomaat, aardbei). Wel worden dan bij de variaties alternatieven geboden. Een voorbeeld: u wilt bami maken. In het basisrecept wordt varkensvlees gebruikt, maar varkensvlees is in uw dieet niet toegestaan. Bij de variaties is aangegeven dat u bij het bamirecept ook kipfilet kunt gebruiken in plaats van varkensvlees. In dit geval werkt de variatie als dieetaanpassing. Het verdient daarom aanbeveling om ook altijd even bij de variaties te kijken als u in het basisrecept een ingrediënt aantreft dat u niet gebruiken kunt. In het register wordt steeds onderscheid gemaakt tussen recepten mèt dieetaanpassingen (oorspronkelijke recept, vet gedrukt) en de variaties.

Vervangingslijsten
In dit kookboek wordt u herhaaldelijk verwezen naar de vervangingslijsten voor saccharose (suiker) of bindmiddelen. Bij de dieetaanpassingen worden namelijk telkens twee alternatieven gegeven voor een bepaald bindmiddel of voor saccharose.
Er zijn echter veel meer mogelijkheden. Indien geen van beide alternatieven die bij de dieetaanpassingen gegeven wordt bij uw dieet geschikt is, dan kunt u in deze lijsten een ander alternatief vinden.

HOE GAAT U TE WERK

Bereidingstijd
Per recept wordt aangegeven hoeveel tijd u nodig heeft om het gerecht te bereiden. Hierbij wordt onderscheid gemaakt in bereidingstijd, baktijd, koeltijd, weektijd enzovoort. Met 'bereidingstijd' wordt de tijd bedoeld dat u daadwerkelijk met het gerecht bezig bent. Met 'baktijd', 'koeltijd', 'weektijd' enzovoort wordt de tijd bedoeld die wèl nodig is om het gerecht te bereiden, maar waarin u ondertussen iets anders kunt doen.

Aantal personen
Ieder recept gaat uit van hoeveelheden van 2 personen, tenzij anders vermeld. Soms is vanuit praktisch oogpunt het aantal stuks aangegeven (bijvoorbeeld bij koekjes).
De hoeveelheid van een ingrediënt wordt aangegeven in afgestreken theelepels/eetlepels. Grote hoeveelheden worden in grammen/deciliters/liters aangeduid.

Ingrediënten
Het is heel belangrijk om bij elk ingrediënt dat genoemd wordt, in uw dieetadvies en/of ALBA-lijst na te gaan of het door u gebruikt mag worden.
De ingrediënten worden in volgorde van gebruik aangegeven. Een ingrediënt kan dus tweemaal vermeld worden. Bijvoorbeeld 150 g suiker om deeg te maken en later 1 eetlepel suiker om te garneren.

Bij de dieetaanpassingen wordt de hoeveelheid van het vervangende ingrediënt slechts dan aangeduid als deze afwijkt. Als bijvoorbeeld 2 eetlepels rijst vervangen worden door 2 eetlepels vermicelli, wordt vermeld: 'Gebruik vermicelli in plaats van rijst'.
Als er echter méér vermicelli dan rijst gebruikt moet worden, bijvoorbeeld 3 eetlepels, wordt vermeld: 'Gebruik 3 eetlepels vermicelli in plaats van rijst'.

Overal waar margarine is aangegeven, kunt u, indien toegestaan, ook roomboter gebruiken.
Kruiden, specerijen en zout kunt u naar smaak en dieet weglaten of aanpassen.
Bloem kunt u desgewenst vervangen door volkorenmeel. Volkorenmeel neemt echter meer vocht op. Bij gerechten met een grote hoeveelheid volkorenmeel (bijvoorbeeld brood) moet u daarom 10 % meer vocht gebruiken dan in het recept met bloem is aangegeven.
Suiker kan eventueel vervangen worden door ongeraffineerde suiker, zoals oersuiker.

Omdat zelfs de kleinste hoeveelheid van een voedselbestanddeel een overgevoeligheidsreactie kan veroorzaken is het volgende belangrijk:
Let er bij de bereiding van een dieetgerecht altijd op dat de ingrediënten niet in aanraking komen met levensmiddelen en/of materialen, die bestanddelen bevatten waarvoor overgevoeligheid optreedt.
Wanneer, uit praktische overwegingen, dezelfde materialen gebruikt moeten worden (bijvoorbeeld een frituurpan), bereid dan altijd met nieuw vet eerst het dieetgerecht (bijvoorbeeld glutenvrije croquet) en daarna het gewone gerecht.
Als u echter dagelijks een maaltijd bereidt voor mensen met èn zonder voedselovergevoeligheid (bijvoorbeeld binnen een gezinssituatie) dan is het werken met aparte materialen (bijvoorbeeld twee frituurpannen) de meest praktische oplossing, zodat het frituurvet niet steeds weggegooid hoeft te worden.

WELKE INFORMATIE TREFT U AAN OP DE VERPAKKING

Ingrediëntendeclaratie

Op de verpakking van alle kant-en-klaarprodukten vindt u een ingrediëntendeclaratie.

Dit is een opsomming van alle bestanddelen die in een produkt verwerkt zijn. Het is belangrijk om de verpakking van een kant-en-klaarprodukt voor gebruik goed te lezen om na te gaan of het geschikt is voor uw dieet. Omdat de samenstelling van een produkt door de fabrikant tussentijds gewijzigd kan worden, blijft dit steeds belangrijk.

Het bestanddeel waarvoor u overgevoelig bent, kan met veel verschillende benamingen op een verpakking worden aangeduid.

Van de bestanddelen waarvoor in dit kookboek dieetaanpassingen gegeven worden, volgt hier een lijst met die verschillende benamingen.

Aardappelen

Wanneer een van de volgende benamingen wordt vermeld op de verpakking is het produkt niet geschikt voor het aardappelvrije dieet: aardappelen, aardappelmeel, aardappelpuree, aardappelsago, aardappeltapioca, aardappelvlokken, aardappelzetmeel, gemodificeerd zetmeel.

Additieven

Additieven is een verzamelnaam voor allerlei hulpstoffen die aan voedingsmiddelen mogen worden toegevoegd. Deze hulpmiddelen zorgen er onder andere voor dat het produkt langer houdbaar blijft (conserveermiddelen), een mooiere kleur, geur of smaak heeft (kleur-, geur- en smaakstoffen), dat vloeistoffen goed met elkaar gemengd blijven (emulgator) enzovoort.

Vaak worden additieven op de verpakking met E-nummers aangeduid. Produkten met een E-nummer bevatten een in de Europese Unie toegestane hulpstof. Wanneer een van de onderstaande aanduidingen wordt vermeld op de verpakking bevat het produkt een additief: antiklontermiddel, antioxidant, antischuimmiddel, aroma, conserveermiddel, emulgator, geleermiddel, gemodificeerd zetmeel, geurstof, glansmiddel, kleurstoffen, kunstmatige zoetstof, meelverbeteraar, rijsmiddel, smaakmaker, smeltzout, stabilisator, verdikkingsmiddel, voedingszuur, zuurteregelaar.

Niet iedereen reageert op alle additieven, kijk daarom in uw dieetlijst welke voor u niet zijn toegestaan.

In dit kookboek worden voor nagenoeg alle produkten die additieven bevatten bij de dieetaanpassingen vervangingen geboden.

Cacao

Wanneer een van de onderstaande aanduidingen wordt vermeld op de verpakking is het produkt niet geschikt voor het cacaovrije dieet: cacao, cacaoboter, cacaomassa, chocolade, imitatiechocolade.

Citrusfruit

Wanneer een van de onderstaande aanduidingen wordt vermeld op de verpakking is het produkt niet geschikt voor het citrusvrije dieet: citroen, grapefruit, kumquat, limoen, limquat, mandarijn, oranjesnippers, pomelo, sinaasappel, sukade, ugli.

Gluten

Gluten is een eiwit dat voorkomt in tarwe, rogge, haver en gerst. Wanneer een van de onderstaande aanduidingen wordt vermeld op de verpakking is het produkt niet geschikt voor het glutenvrije dieet: biscuits, brood, deegwaren, gemodificeerd zetmeel, gerst, gerste-moutbloem, gluten, gort, griesmeel, havermeel, havermout, havervlokken, (volkoren)macaroni, meel, mie, paneermeel, roggebloem, roggemeel, (volkoren)spaghetti, tarwebloem, (volkoren)tarwemeel, vermicelli, zelfrijzend bakmeel.

Kippeëi

Wanneer een van de onderstaande aanduidingen wordt vermeld op de verpakking is het produkt niet geschikt voor het kippeëivrije dieet: albumine, conalbumine, ei, eigeel, eiwit, globulin, kippeëiwit, levitin, lysozyme, mayonaise, ovalbumine, ovomucoid, ovovitellin, vitellin.

Soms staat op de verpakking een voedingswaarde aangegeven: ... g eiwit of ... g proteïne. Met dit eiwit wordt niet speciaal kippeëiwit bedoeld. In voedingsmiddelen kunnen veel soorten eiwit voorkomen. Het totaal van al die eiwitten wordt hiermee aangegeven. Kijk de ingrediëntendeclaratie goed na om te zien of het produkt al dan niet kippeëi bevat.

Koemelk en lactose

Wanneer een van de onderstaande aanduidingen wordt vermeld op de verpakking is het produkt niet geschikt voor het koemelkvrije en/of lactosevrije dieet: caseïnaat, caseïne, chocolademelk, cottage cheese, crème fraîche, droge (magere) melkbestanddelen, gehydrolyseerd melkeiwit, halfvolle melk, Hüttenkase, kaas, karnemelk, kefir, kwark, magere melk, margarine, melkeiwit (volle/magere) melkpoeder, melksuiker, melkvet, lactose, pap, pudding, roomboter, slagroom, smeerkaas, smeltkaas, vla, wei, weipoeder, yoghurt, zure room.

Harde Hollandse kaassoorten zijn overigens lactosevrij!

Maïs

Wanneer een van de onderstaande aanduidingen wordt vermeld op de verpakking is het produkt niet geschikt voor het maïsvrije dieet: maïs, maïsgriesmeel, maïszetmeel, maïzena, polenta.

Noten

Wanneer een van de onderstaande aanduidingen wordt vermeld op de verpakking is het produkt niet geschikt voor het notenvrije dieet: amandel, amandelspijs, cashewnoot, hazelnoot, kokos, macadamia noten, paranoot, pistache, santen, spijs, tamme kastanje, walnoot.

Pinda's

Wanneer een van de onderstaande aanduidingen wordt vermeld op de verpakking is het produkt niet geschikt voor het pindavrije dieet: arachide-olie, gehydrolyseerd plantaardig eiwit, pinda-olie, pindameel, pinda's.

Schaal- en schelpdieren en vis

Wanneer een van onderstaande aanduidingen wordt vermeld op de verpakking is het produkt niet geschikt voor het schaal- en schelpdierenvrije en/of visvrije dieet: aal, ansjovis, baars, bokvis, bot, brasem, doornhaai, forel, garnaal, geep, griet, grondel, haai, haring, heilbot, inktvis, kabeljauw, karper, kaviaar, koolvis, krab, kreeft, kroepoek, makreel, mosselen, octopus, oester, ombervis, paling, pieterman, pijlinktvis, platvis, rode poon, rog, sardine, schar, schelvis, schol, snoek, snoekbaars, spiering, sprot, steur, trassi, tarbot, tong, tonijn, vismeel, visolie, witvis, wijting, Worcestershiresaus, zalm, zeeduivel, zeeëgel, zeeoor, zeewolf, zwaardvis.

Suiker (saccharose)

Wanneer een van de onderstaande aanduidingen wordt vermeld op de verpakking is het produkt niet geschikt voor het saccharosevrije dieet: basterdsuiker, kandij, poedersuiker, rietsuiker, saccharose, stroop, suiker, vanillesuiker.

Soja

Wanneer een van de onderstaande aanduidingen wordt vermeld op de verpakking is het produkt niet geschikt voor het sojavrije dieet: ketjap, marmite, miso, soja, soja-eiwit, gehydrolyseerd (soja)eiwit, sojakaas, sojameel, sojamelk, tamari, tahoe, tempeh, tao-tjo.

Let op het 'carry-over' effect!
Merkartikelen waaraan samengestelde bestanddelen zoals margarine, mayonaise en vermicelli zijn toegevoegd, kunnen niet-toegestane bestanddelen bevatten zoals additieven, tarwe of kippeëi. Een blik groentesoep kan bijvoorbeeld vermicelli bevatten. Vermicelli kan additieven en tarwe bevatten en kan zijn bijgekleurd met kippeëi. Deze stoffen staan niet bij de ingrediëntendeclaratie vermeld, vermicelli wordt wel genoemd. Op deze manier kan toch een niet-toegestaan bestanddeel in verborgen vorm opgenomen worden. Dit wordt het 'carry-over' effect genoemd. Raadpleeg daarom altijd uw merkartikelenlijst van ALBA!

MATEN EN GEWICHTEN

Met 1 eetlepel/theelepel wordt een afgestreken eetlepel/theelepel bedoeld.
Alle ingrediënten worden tot 5 eetlepels in eetlepels aangegeven.
Grotere hoeveelheden worden in grammen of deciliters aangegeven.
Margarine wordt altijd in grammen aangegeven.

1 eetlepel	weegt	gram
aardappelmeel		7
amandelen (gemalen)		15
azijn		15
bakpoeder		6
basterdsuiker		12
bloem		8
cacao/carobe		8
chocoladehagelslag puur		10
custardpoeder		7
gembersiroop		15
gistkorrels		7
gort		12
griesmeel		9
havermout		7
honing		15
jam		15
kappertjes		15
kastanjepuree		10
geraspte kaas		10
koffiepoeder		3
krenten		5
verse kruiden		5
limonadesiroop		15
maïskorrels		12
maïzena		7
mayonaise		15
mosterd		15
noten (geschaafde)		12
olie		12
paneermeel		6
poedersuiker		14
rijst		12
rijstebloem		8
rozijnen		5
specerijen		6
gekonfijte sinaasappelschil		10
stroop		15
suiker		12
sukade		8
thee		5
tomatenketchup of -puree		15
vanillesuiker		8
vermicelli		10
volkorenmeel		8
vruchtesap		15
vruchtenbeleg		15
water		15
zelfrijzend bakmeel		8

1 theelepel	weegt	gram
bakpoeder		2
sambal		5
Worcestershiresaus		5
zout		3

1 blaadje gelatine	2
1 eetlepel poedergelatine	8
1 grote stang agar-agar	14
1 eetlepel agar-agarvlokken	3

KEUKENUITRUSTING

Bovenaan bij de recepten worden bijzondere materialen, nodig bij de bereiding, vermeld.
Er wordt van uitgegaan dat de keukeninventaris uit de volgende materialen bestaat:
aardappelmesje
beslagkom
bestek
blikopener
braadpan
citruspers
deegroller
garde
groot keukenmes
houten keukenlepels
keukenklok
keukenschaar
klein keukenmes
koekepan
maatbeker
pannen
rasp
serviesgoed
stamper
steelpan
vergiet
weegschaal
zeef

OVENTEMPERATUREN

Temperatuur in °C	Elektrische oven	Gasoven
140	140	1
160	160	2
180	180	3
200	200	4
220	220	5
240	240	6
260	260	7
280	280	8

Alle gerechten moeten in het midden van de oven gebakken worden, tenzij anders aangegeven.

VERVANGINGSLIJST VOOR BINDMIDDELEN

In dit kookboek wordt u herhaaldelijk naar deze vervangingslijst verwezen. Bij de dieetaanpassingen worden namelijk telkens twee alternatieven gegeven voor een bepaald bindmiddel. Er zijn echter meer mogelijkheden. Indien ook deze twee voorbeelden niet gebruikt mogen worden, kunt u met behulp van onderstaande informatie een ander alternatief kiezen.

Aardappelmeel
Aardappelmeel is fijn gezeefd aardappelzetmeel, verkrijgbaar als wit poeder. Het bindt helder en is daarom met name geschikt voor heldere sauzen, zoals vruchtensauzen. Aardappelmeel is niet geschikt als bindmiddel voor soepen, sauzen of voor het bakken van brood, gebak of koekjes.

Vervangingen voor aardappelmeel:
Voor heldere gerechten:
1 eetlepel aardappelmeel =
  1 eetlepel arrowroot
Voor niet-heldere gerechten:
1 eetlepel aardappelmeel =
  1 eetlepel maïzena
  1½ eetlepel boekweitemeel
  1½ eetlepel bloem
  1½ eetlepel glutenvrije bloem (speciaal geschikt voor het glutenvrije dieet)
  1½ eetlepel rijstemeel

Agar-agar
Agar-agar is een produkt, gemaakt van zeewier, en wordt gebruikt als vervanging van gelatine. Het is verkrijgbaar in stangen, ook wel kanten genoemd, vlokken of poeder. In onbewerkte vorm is agar-agar grijs van kleur. Agar-agar stijft sneller op dan gelatine, maar laat ook weer eerder vocht los. Het gerecht kan daarom niet langer dan 3 uur voor het opdienen bereid worden. Agar-agar is geschikt voor gerechten die koud en stijf worden gegeten zoals pudding. Het is niet geschikt als bindmiddel voor soepen, sauzen of voor het bakken van brood, gebak of koekjes. In dit kookboek gebruiken we steeds agar-agarvlokken.

Vervangingen voor agar-agar:
1 g agar-agar = 2 g gelatine
1 g agar-agar =
  1 eetlepel aardappelmeel of maïzena

Arrowroot
Arrowroot is gemaakt uit de pijlwortel, die in Indonesië groeit. Het is als wit poeder verkrijgbaar. Arrowroot bindt helder en is daarom met name geschikt voor heldere sauzen, zoals vruchtensauzen. Arrowroot is niet geschikt als bindmiddel voor soepen, sauzen of voor het bakken van brood, gebak of koekjes.

Vervangingen voor arrowroot:
Voor heldere gerechten:
1 eetlepel arrowroot =
  1 eetlepel aardappelmeel
Voor niet-heldere gerechten:
1 eetlepel arrowroot =
  1 eetlepel maïzena
  1½ eetlepel bloem
  1½ eetlepel boekweitemeel
  1½ eetlepel glutenvrije bloem (speciaal bestemd voor het glutenvrije dieet)
  1½ eetlepel rijstemeel

Bloem
Meel is het gemalen produkt van de tarwekorrel, bloem ontstaat wanneer het meel gezeefd wordt. Bloem wordt gebruikt als bindmiddel in soepen, sauzen en voor het bakken van brood, gebak en koekjes.

Vervangingen voor bloem:
1 eetlepel bloem =
  1 eetlepel boekweitemeel
  1 eetlepel glutenvrije bloem (speciaal bestemd voor het glutenvrije dieet)
  1 eetlepel rijstemeel

1 eetlepel bloem =
  ½ eetlepel aardappelmeel of maïzena; echter alleen voor kleine hoeveelheden zoals in soepen en sauzen en niet voor brood, gebak en koekjes

Boekweitemeel
Boekweit is een eenjarige kruidachtige plant, waaraan boekweitzaadjes groeien. Het zaad wordt gemalen of geplet tot boekweitemeel, boekweitevlokken of -korrels. Boekweitemeel kan gebruikt worden als bindmiddel in soepen, sauzen en nagerechten. Er kan ook brood, gebak of koekjes van gebakken worden.

Vervangingen voor boekweitemeel:
1 eetlepel boekweitemeel =
  1 eetlepel bloem
  1 eetlepel glutenvrije bloem (speciaal bestemd voor het glutenvrije dieet)
  1 eetlepel rijstemeel
1 eetlepel boekweitemeel =
  ½ eetlepel aardappelmeel of maïzena; echter alleen voor kleine hoeveelheden zoals in soepen en sauzen en niet voor brood, gebak en koekjes

Gelatine
Gelatine wordt gemaakt uit beenderen van kippen of runderen en is in poeder- en bladvorm, rood en wit, verkrijgbaar. Gelatine stijft na. Gebruik daarom in gerechten die pas de volgende dag gebruikt worden, 10% minder dan in het recept staat aangegeven. Gelatine is geschikt voor gerechten die koud en stijf worden opgediend zoals pudding. Het is niet geschikt als bindmiddel voor soepen, sauzen of voor het bakken van brood, gebak of koekjes.
1 blad gelatine weegt 2 g.
1 eetlepel poedergelatine weegt 8 g.

Vervangingen voor gelatine:
2 g gelatine = 1 g agar-agar
2 g gelatine =
  1 eetlepel aardappelmeel of maïzena

Glutenvrije bloem (speciaal bestemd voor het glutenvrije dieet)
Gewone bloem, van de tarwekorrel gemaakt, bevat gluten. Wanneer er een overgevoeligheid bestaat voor gluten kan bloem niet gebruikt worden. In de handel zijn echter, onder verschillende merknamen, bloemsoorten verkrijgbaar zonder gluten. Deze glutenvrije bloem kan gewone bloem in recepten vervangen. Sauzen, bereid van deze bloemsoort, vragen echter om een bereiding met een roux, omdat ze aangemengd met water een lijmachtig uiterlijk aan het gerecht geven. Daarnaast nemen deze bloemsoorten veel vocht op. Wanneer grote hoeveelheden bloem nodig zijn, bijvoorbeeld bij de bereiding van brood, moet de gebruiksaanwijzing op de verpakking geraadpleegd worden voor de juiste hoeveelheid vocht.
Andere glutenvrije bindmiddelen zijn aardappelmeel, boekweitemeel, maïzena, rijstemeel en sojameel.

Vervangingen voor glutenvrije bloem:
1 eetlepel glutenvrije bloem =
  1 eetlepel gewone bloem, boekweitemeel of rijstemeel
1 eetlepel glutenvrije bloem =
  ½ eetlepel aardappelmeel of maïzena; echter alleen voor kleine hoeveelheden zoals in soepen en sauzen en niet voor brood, gebak en koekjes

Maïzena (en custard)
Maïzena is fijn gezeefd maïsmeel, verkrijgbaar als wit poeder. Het wordt veel gebruikt als bindmiddel in soepen, sauzen en nagerechten. Maïsmeel wordt in combinatie met een andere bloemsoort, zoals boekweitemeel of rijstemeel, ook gebruikt voor het bakken van brood. Custard is maïzena waaraan een gele kleurstof en vanille is toegevoegd. Het wordt gebruikt om sauzen en nagerechten te bereiden. Het kan in dezelfde verhoudingen vervangen worden als maïzena.

Vervangingen voor maïzena:
1 eetlepel maïzena =
- 1 eetlepel aardappelmeel; dit bindt echter lijmachtig en is daarom vaak niet geschikt

1 eetlepel maïzena =
- 1½ eetlepel bloem
- 1½ eetlepel boekweitemeel
- 1½ eetlepel glutenvrije bloem (speciaal bestemd voor het glutenvrije dieet)
- 1½ eetlepel rijstemeel

Rijstemeel
Rijstemeel is wit meel, verkregen na het vermalen van rijst. Rijstemeel wordt ook wel rijstebloem genoemd, het gaat echter om hetzelfde produkt. In dit kookboek wordt met rijstemeel steeds het ongekookte meel bedoeld en niet de instant-rijstebloem voor babypap. Rijstemeel kan gebruikt worden als bindmiddel in soepen, sauzen en nagerechten. Het kan ook gebruikt worden voor het bakken van brood, gebak of koekjes.

Vervangingen voor rijstemeel:
1 eetlepel rijstemeel =
- 1 eetlepel bloem
- 1 eetlepel boekweitemeel
- 1 eetlepel glutenvrije bloem (speciaal bestemd voor het glutenvrije dieet)

1 eetlepel rijstemeel =
- ½ eetlepel aardappelmeel, of maïzena; echter alleen voor kleine hoeveelheden zoals in soepen en sauzen en niet voor brood, gebak en koekjes

Sojameel
Sojameel wordt gemaakt uit sojabonen en is verkrijgbaar als een lichtgeel meel. Sojameel heeft een uitgesproken smaak en wordt daarom alleen in combinatie met een andere meelsoort gebruikt. Het wordt meestal gebruikt voor de bereiding van brood.

Vervangingen voor sojameel:
1 eetlepel sojameel =
- 1 eetlepel bloem
- 1 eetlepel boekweitemeel
- 1 eetlepel glutenvrije bloem (speciaal bestemd voor het glutenvrije dieet)
- 1 eetlepel rijstemeel

VERVANGINGSLIJST VOOR SACCHAROSE (SUIKER)

In dit kookboek wordt u herhaaldelijk naar deze vervangingslijst verwezen. Bij de dieetaanpassingen worden telkens twee alternatieven gegeven voor saccharose. Er zijn echter meer mogelijkheden. Indien u deze twee voorbeelden niet mag gebruiken, kunt u met behulp van onderstaande informatie een ander alternatief kiezen.

Ahornsiroop
Dit is het ingedikte sap van de esdoornboom uit Canada (maple sirop). Ahornsiroop heeft een zacht aromatische smaak en overheerst niet. Ahornsiroop is een prijzig produkt.
Zoetkracht:
1 eetlepel ahornsiroop = 1 eetlepel suiker

Appel-perenstroop zonder toegevoegde suiker
Dit is ingedikt sap van appels en/of peren. De stroop is donker van kleur en enigszins zuur van smaak.
Zoetkracht:
1 eetlepel appel-perenstroop = 1 eetlepel suiker

Diksap
Diksap wordt van ingedikt vruchtesap gemaakt, bijvoorbeeld appel-, bosvruchten- en perendiksap. Het geeft gerechten een zoet-zurige smaak. Een gerecht kan van kleur veranderen.
Zoetkracht:
1 eetlepel diksap = 1 eetlepel suiker

Fructose
Fructose, ook wel vruchtesuiker genoemd, is de suiker die van nature in vruchten en honing voorkomt. Het is een wit poeder en heeft een grotere zoetkracht dan suiker. Het verandert de kleur van gerechten niet.
Zoetkracht:
1 eetlepel fructose = $1\frac{1}{2}$ eetlepel suiker

Honing
Honing wordt gemaakt uit nectar. Nederlandse honing wordt voornamelijk gemaakt van vruchtbomen, koolzaad, witte klaver, linde en heide. Honing heeft een lichte kleur en neutrale smaak. Het verandert de kleur van het gerecht niet.
Zoetkracht:
1 eetlepel honing = 1 eetlepel suiker

Gerstemout- en maïsmoutstroop
Gerstemoutstroop wordt gemaakt uit gekiemde gerst, maïsmoutstroop uit gekiemde maïs. Beide zoetmiddelen hebben een uitgesproken smaak en een lichtbruine kleur, die het gerecht iets van kleur kan doen veranderen.
Zoetkracht:
1 eetlepel gerstemout-/maïsmoutstroop = 1 eetlepel suiker

Glucose
Glucose, ook wel dextrose of druivesuiker genoemd, wordt gemaakt uit vruchten en wortelgewassen. Het is een wit poeder en heeft een geringere zoetkracht dan suiker.
Zoetkracht:
1 eetlepel glucose = $\frac{1}{2}$ eetlepel suiker

SOEPEN

Soep kan gegeven worden als voorgerecht, bij de lunch, als hoofdgerecht of als tussendoortje.
Maaltijdsoep is gevulder omdat deze voedzamer moet zijn.
Houd er rekening mee dat kant-en-klaarprodukten zoals pakjes en blikjes soep of bouillontabletten ingrediënten kunnen bevatten die in het dieet niet zijn toegestaan.
Raadpleeg hiervoor uw dieetadvies en/of ALBA-lijst.

Hoeveelheid per persoon
2-2½ dl
4 dl voor een maaltijdsoep

Soep
Gebruik voor 2½ dl soep:
2½ dl water
½ theelepel zout
½-1 bouillontablet/-blokje; voeg dan geen zout toe
75-125 g vlees, vis, wild of gevogelte of
100 g diverse soorten schoongemaakte groenten of
125-175 g soeptomaten of
40 g diverse soorten schoongemaakte verse kruiden

Bouillon
Zet het schoongemaakte en in stukjes gesneden vlees, de vis, de kip, het wild, de groenten of de kruiden op met koud water in een goed sluitende pan. Voeg peper en zout toe naar smaak en dieet. Breng de massa aan de kook en trek dit zachtjes ongeveer 30 minuten voor vis, groente en kruiden en 3-4 uur voor vlees.

Heldere soep
Bereid bouillon en voeg 50 g vulsel toe zoals gehaktballetjes of vermicelli.

Gebonden soep
Met 4 g aardappelmeel/maïzena of met 10 g bloem
Meng het bindmiddel aan met een gelijke hoeveelheid koud water en voeg dit al roerende toe aan de kokende bouillon.
De kooktijd varieert van enkele seconden voor aardappelmeel en maïzena tot 3 minuten voor bloem.
Voeg eventueel vulsel toe.

Met 10 g rijst, macaroni of vermicelli
Voeg deze al roerende toe aan de kokende bouillon.
De kooktijd varieert van 10 minuten voor macaroni en vermicelli tot 30 minuten voor rijst.
Voeg eventueel vulsel toe.

Met 10 g bloem en 10 g margarine (roux)
Smelt de margarine, voeg de bloem toe en roer deze door de margarine tot een samenhangende massa (roux) is verkregen.
Voeg de helft van de kokende bouillon toe, breng deze aan de kook en roer de roux glad.
Voeg beetje bij beetje de andere helft van de bouillon toe, roer de roux opnieuw glad en breng deze weer aan de kook.
Voeg eventueel vulsel toe.

VARIATIES
Varieer door gebruik te maken van
- Verse en/of gedroogde kruiden
  basilicum, bieslook, dille, kervel, laurierblad, lavas, nootmuskaat, peterselie, rozemarijn, selderij, tijm, waterkers (heldere kalfspoeletsoep)
- Specerijen
  cayennepeper, foelie, kaneel, kerrie, knoflook, kruidnagels, paprikapoeder, peper (kersensoep)
- Groenten
  bloemkool, broccoli, prei, tomaat, ui, wortel (heldere groentesoep)
- Fruit
  rozijnen (appelsoep)

- Zuivelprodukten
  eierdooier, kaas, melk, slagroom, zure room (gebonden soepen)
- Dranken
  madera, port, wijn (kersensoep, vissoep)
- Smaakmakers
  aroma, citroensap, ketjap, sambal, suiker, wijn, Worcestershiresaus (appelsoep met wijn, Chinese kippesoep)

Varieer in vulsels

- Groenten
  asperges, bleekselderij, bloemkool, boontjes, broccoli, champignons, Chinese kool, erwtjes, knolselderij, prei, tomaat, ui, venkel, wortel (heldere groentesoep)
- Verse en/of geconserveerde vruchten
  abrikozen, appels, bananen, bessen, kersen, pruimen, rozijnen (kersensoep, pruimensoep)
- Vlees, vleeswaren, vis, kip
  ham, gehaktballetjes, kabeljauw, krabbetjes, makreel, platte ribben, schelvis, tong, worst (kippesoep met ossetong, linzensoep, vissoep)
- Zuivelprodukten
  kaas, omeletreepjes (Chinese soep, gebonden soep)
- Deegwaren
  aardappel, dobbelsteentjes brood, gort, griesmeel, rijst, vermicelli (appelsoep, kalfspoeletsoep)

Appelsoep met wijn

Bereidingstijd: 20 minuten

Raadpleeg uw merkartikelenlijst van ALBA en/of uw dieetadvies.

375 g appels, bijvoorbeeld goudrenetten
1 eetlepel kaneel
1 theelepel citroensap
2½ dl water
1 eetlepel suiker
2½ dl witte wijn
15 g margarine
2 eetlepels bloem
peper, zout

Maak de appels schoon, snijd deze in blokjes, bestrooi ze met kaneel en besprenkel ze met citroensap.
Breng het water met de suiker en de witte wijn aan de kook, voeg de appels toe en kook ze tot moes.
Smelt de margarine, voeg de bloem toe en roer deze door de margarine tot een samenhangende massa (roux) is verkregen.
Voeg de helft van het appelmengsel toe, breng de roux aan de kook en roer deze glad.
Voeg beetje bij beetje onder voortdurend roeren de andere helft van het appelmengsel toe en breng het weer aan de kook.
Voeg peper en zout toe naar smaak en dieet.

DIEETAANPASSING

- **Additievenvrij**
  Gebruik appelsap in plaats van wijn.
- **Citrusvrij**
  Voeg geen citroensap toe.
- **Glutenvrij**
  Gebruik glutenvrije bloem of rijstebloem in plaats van bloem, of raadpleeg de vervangingslijst.
- **Saccharosevrij**
  Gebruik diksap of maïsmoutstroop in plaats van suiker of raadpleeg de vervangingslijst.

VARIATIES

- Voeg 1 eetlepel gewassen en gewelde rozijntjes toe.
- Serveer er gebakken broodcroûtons bij indien de soep warm geserveerd wordt. Gebruik hiervoor 2 sneetjes oud brood. Snijd de korsten van het brood, besmeer het aan beide zijden met margarine en snijd er dobbelsteentjes van. Smelt 15 g margarine en bak de dobbelsteentjes hierin ongeveer 5 minuten.

SERVEERSUGGESTIE

- De appelsoep kan zowel warm als koud geserveerd worden.

Bretonse vissoep

maaltijdsoep

Dit recept is niet geschikt voor het aardappelvrije en/of visvrije dieet.

Bereidingstijd: 40 minuten

Raadpleeg uw merkartikelenlijst van ALBA en/of uw dieetadvies.

3 uien
30 g margarine
375 g aardappelen
1 laurierblad
1 theelepel tijm
1 l visbouillon (zie blz. **23**)
peper, zout
500 g vismoten, zoals makreel, schelvis, kabeljauw, paling
2 sneetjes brood

Pel en snipper de uien.
Smelt de margarine, laat deze bruin worden en fruit de uien hierin ongeveer 5 minuten.
Maak de aardappelen schoon, snijd ze in stukjes en voeg deze samen met laurierblad, tijm en visbouillon aan het uienmengsel toe.
Voeg peper en zout toe naar smaak en dieet.
Kook de soep ongeveer 15 minuten.
Voeg de moten vis toe en kook de soep nog ongeveer 15 minuten zachtjes door.
Verwijder het laurierblad.
Leg op ieder bord 1 snee brood en schep de soep hierop.

DIEETAANPASSING

- **Additievenvrij**
  Gebruik brood zonder toevoegingen.
- **Glutenvrij**
  Gebruik glutenvrij brood.
- **Koemelkvrij/lactosevrij**
  Gebruik koemelkvrij brood.

VARIATIE

- Voeg 4 eetlepels witte wijn toe.

Gebonden bloemkoolsoep

Bereidingstijd: 30 minuten

Raadpleeg uw merkartikelenlijst van ALBA en/of uw dieetadvies.

5 dl bouillon (zie blz. 23)
175 g bloemkool
15 g margarine
2 eetlepels bloem
peper, zout
1 theelepel gedroogde kervel
1 theelepel gedroogde peterselie

Breng de bouillon aan de kook.
Maak de bloemkool schoon en verdeel deze in roosjes.
Houd enkele mooie stukjes achter.
Voeg de overige aan de bouillon toe en kook deze 10 minuten.
Neem de bloemkoolroosjes uit de bouillon.
Smelt de margarine, voeg de bloem toe en roer deze door de margarine tot een samenhangende massa (roux) is verkregen.
Voeg de helft van de bouillon toe, breng de roux aan de kook en roer deze glad.
Voeg beetje bij beetje onder voortdurend roeren de andere helft van de bouillon toe en breng deze weer aan de kook.
Voeg peper en zout toe naar smaak en dieet.
Breng de soep opnieuw aan de kook, voeg de achtergehouden en gare bloemkoolroosjes, de kervel en de peterselie toe en kook de soep nog ongeveer 5 minuten zachtjes door.

DIEETAANPASSING

- **Glutenvrij**
  Gebruik glutenvrije bloem of rijstebloem in plaats van bloem of raadpleeg de vervangingslijst.

VARIATIES

- Voeg ½ theelepel nootmuskaat toe.
- Voeg 1 dl ongeklopte slagroom toe.
- Voeg 1 losgeklopte eierdooier toe.
- Voeg 50 g gehaktballetjes toe en kook deze 10 minuten mee.
- Voeg 25 g in reepjes gesneden gekookte ham toe.
- Voeg 50 g in blokjes gesneden kaas toe of bestrooi de soep met 3 eetlepels geraspte kaas en gratineer deze hiermee.
- Kook samen met de bloemkoolroosjes ½ gepelde en gesnipperde ui en ¼ gewassen en gesneden prei mee.

Gebonden aspergesoep
Gebruik in stukjes gesneden asperges in plaats van bloemkool.

Gebonden broccolisoep
Gebruik broccoli in plaats van bloemkool.

Gebonden champignonsoep
Gebruik in plakjes gesneden champignons in plaats van bloemkool.

Gebonden kerriesoep
Fruit in de margarine ½ gepeld en gesnipperd uitje mee en voeg 1 theelepel kerrie toe. Voeg geen bloemkool toe.

Gebonden kervelsoep
Gebruik 3 eetlepels verse, gewassen en gehakte kervel in plaats van bloemkool. Garneer de soep alleen met peterselie.

Gebonden knolselderijsoep
Gebruik in stukjes gesneden knolselderij in plaats van bloemkool.

Gebonden preisoep
Fruit in de margarine 100 g gewassen en gesneden prei mee. Voeg geen bloemkool toe.

Gebonden venkelsoep
Gebruik in stukjes gesneden venkel in plaats van bloemkool en gebruik venkelgroen in plaats van kervel en peterselie.

Heldere kalfspoeletsoep

Bereidingstijd: 1 uur en 15 minuten

Raadpleeg uw merkartikelenlijst van ALBA en/of uw dieetadvies.

125 g kalfspoelet
5 dl water
1 theelepel zout
1 stukje foelie
2½ eetlepel vermicelli
½ eetlepel vers bieslook
1 eetlepel verse kervel
½ eetlepel verse lavas
peper

Snijd de kalfspoelet in kleine stukjes.
Breng het water met het zout, de foelie en de kalfspoelet aan de kook.
Laat de bouillon ongeveer 1 uur trekken.
Voeg de vermicelli toe en laat de soep nog 10 minuten zachtjes koken.
Was en hak het verse bieslook, de verse kervel en de verse lavas.
Voeg de kervel en de lavas met de peper naar smaak en dieet toe.
Garneer de kalfspoeletsoep vlak voor het opdienen met het bieslook.

DIEETAANPASSING

- **Additievenvrij**
  Gebruik vermicelli zonder toevoegingen.
- **Glutenvrij**
  Gebruik glutenvrije vermicelli of mihoen in plaats van vermicelli.
- **Kippeëivrij**
  Gebruik vermicelli die niet met ei is bijgekleurd.

VARIATIES

Heldere aspergesoep
Voeg 50 g gare in stukjes gesneden asperges toe in plaats van vermicelli.

Heldere bloemkoolsoep
Voeg 50 g gare bloemkoolroosjes toe in plaats van vermicelli.

Heldere broccolisoep
Voeg 50 g gare broccoliroosjes toe in plaats van vermicelli.

Heldere champignonsoep
Voeg 50 g schoongemaakte en in plakjes gesneden champignons toe in plaats van vermicelli.

Heldere Chinese groentesoep
Voeg 25 g gewassen taugé en 50 g schoongemaakte en in ringen gesneden prei toe in plaats van vermicelli.

Heldere groentesoep
Voeg 50 g gare en in stukjes gesneden groenten zoals asperges, bloemkool, broccoli, champignons, doperwten, knolselderij, sperzieboontjes, spruitjes of wortel toe in plaats van vermicelli.

Heldere venkelsoep
Voeg geen bieslook toe.
Voeg 50 g gare en in stukjes gesneden venkel toe in plaats van vermicelli. Garneer de soep vlak voor het opdienen met ½ eetlepel vers fijngesneden venkelblad.

Rundvleessoep
- Gebruik runderpoelet in plaats van kalfspoelet en laat de runderbouillon 2½ uur trekken.
- Gebruik rijst in plaats van vermicelli.

Kersensoep

Bereidingstijd: 30 minuten

Raadpleeg uw merkartikelenlijst van ALBA en/of uw dieetadvies.

375 g morellen, of andere
zure kersen
5 dl water
2 kruidnagels
stukje pijpkaneel van ongeveer
5 cm
75 g suiker
2 eetlepels griesmeel
1/2 eetlepel aardappelmeel
1/2 eetlepel koud water
peper, zout

Verwijder de steeltjes en ontpit de morellen. Zet het water met de morellen, kruidnagels, pijpkaneel en suiker op.
Kook de soep ongeveer 20 minuten.
Verwijder kruidnagels en pijpkaneel.
Voeg het griesmeel al roerende toe en kook de soep nog ongeveer 3 minuten.
Meng het aardappelmeel aan met het koude water en voeg dit al roerende aan de soep toe.
Voeg peper en zout toe naar smaak en dieet.
Breng de kersensoep opnieuw aan de kook.

DIEETAANPASSING

- **Aardappelvrij**
  Gebruik arrowroot of maïzena in plaats van aardappelmeel of raadpleeg de vervangingslijst.
- **Glutenvrij**
  Gebruik maïsgriesmeel of rijstemeel in plaats van griesmeel of raadpleeg de vervangingslijst.
- **Saccharosevrij**
  Gebruik diksap of maïsmoutstroop in plaats van suiker of raadpleeg de vervangingslijst.

VARIATIES

- Gebruik parelgort in plaats van griesmeel.
- Gebruik 1 dl rode wijn en 4 dl water in plaats van water.

Abrikozen- of pruimensoep
Gebruik 100 g gedroogde en ontpitte abrikozen of pruimen in plaats van morellen. Was de vruchten en week ze 12 uur in 7 1/2 dl water.
Kook de vruchten in het weekwater zonder de kruidnagels maar met de suiker en de pijpkaneel gaar in ongeveer 40 minuten. Verwijder de pijpkaneel.
Houd enkele gave abrikozen of pruimen achter, pureer de rest van de vruchten, voeg 2 druppels citroensap toe en breng de vruchtenpuree opnieuw aan de kook.
Voeg al roerende het aangemengde aardappelmeel toe en garneer de abrikozen- of pruimensoep met de achtergehouden vruchten en strooi hier eventueel 2 eetlepels gepelde en gehakte amandelen overheen.

Rode-bessensoep
Gebruik rode bessen in plaats van morellen en voeg geen pijpkaneel en kruidnagels toe.

Kippesoep

Bereidingstijd: 30 minuten

Raadpleeg uw merkartikelenlijst van ALBA en/of uw dieetadvies.

5 dl water
1 theelepel zout
1 stukje foelie
100 g kipfilet
4 eetlepels waterkers
3 eetlepels rijstebloem
3 eetlepels koud water
peper, zout

Breng het water met het zout, de foelie en de kipfilet aan de kook.

Laat de bouillon ongeveer 20 minuten trekken.
Snijd de gare kipfilet in kleine stukjes.
Was en hak de waterkers.
Meng de rijstebloem aan met het koude water en voeg dit al roerende toe aan de kippebouillon.
Voeg de stukjes kipfilet toe.
Voeg peper en zout toe naar smaak en dieet en kook de soep nog ongeveer 5 minuten zachtjes door.
Garneer de soep vlak voor het opdienen met de gehakte waterkers.

INDIEN TOEGESTAAN

- Gebruik eventueel tarwebloem in plaats van rijstebloem.

VARIATIES

- Gebruik gewassen en gehakt bieslook in plaats van waterkers.
- Voeg 50 g kippegehaktballetjes toe samen met de stukjes kipfilet, kook de soep dan nog 10 minuten door in plaats van 5 minuten.

Chinese kippesoep
Gebruik 100 g schoongemaakte en in reepjes gesneden Chinese kool in plaats van waterkers.
Maak 100 g champignons schoon en snijd deze in plakjes. Smoor de champignons met de Chinese kool 5 minuten in 15 g margarine en voeg ze samen met de stukjes kipfilet toe aan de soep.
Voeg 1 eetlepel ketjap en ½ theelepel sambal toe aan de Chinese kippesoep.

Kippesoep met ossetong
Gebruik 50 g kipfilet.
Voeg 50 g gare en in stukjes gesneden ossetong samen met de stukjes kipfilet toe aan de soep.

Lamssoep met balletjes

Bereidingstijd: 50 minuten

Raadpleeg uw merkartikelenlijst van ALBA en/of uw dieetadvies.

5 dl lamsbouillon (zie blz. **23**)
2 eetlepels rijst
peper, zout
½ ui
100 g lamsgehakt
½ theelepel kerrie
½ theelepel paprikapoeder
peper, zout
1 eetlepel verse peterselie

Breng de lamsbouillon aan de kook en voeg de rijst toe.
Kook de lamsbouillon 30 minuten.
Voeg peper en zout toe naar smaak en dieet.
Pel en snipper de ui.
Meng het lamsgehakt met de ui, de kerrie, de paprikapoeder en met peper en zout naar smaak en dieet.
Vorm hiervan soepballetjes en voeg deze toe aan de lamsbouillon.
Kook de soep nog ongeveer 15 minuten zachtjes door.
Was en hak de peterselie en garneer de lamssoep met balletjes hiermee vlak voor het opdienen.

DIEETAANPASSING

- **Additievenvrij**
  Gebruik in stukjes gesneden kipfilet in plaats van gehakt en gebruik geen kerrie en paprikapoeder.
- **Glutenvrij**
  Gebruik in stukjes gesneden kipfilet in plaats van gehakt en gebruik geen kerrie of paprikapoeder.
- **Kippeëivrij**
  Gebruik in stukjes gesneden kipfilet in plaats van gehakt en gebruik geen kerrie of paprikapoeder.
- **Koemelkvrij/lactosevrij**
  Gebruik in stukjes gesneden kipfilet in

plaats van gehakt en gebruik geen kerrie of paprikapoeder.

VARIATIES
- Gebruik vermicelli in plaats van rijst.

Lamssoep met groenten
Voeg 150 g gare en in stukjes gesneden groenten zoals asperges, bloemkool, broccoli, champignons, doperwten, knolselderij, sperzieboontjes, spruitjes of wortel hieraan toe.

Linzensoep

maaltijdsoep

Voorbereidingstijd: 12-24 uur
Bereidingstijd: 45 minuten

Raadpleeg uw merkartikelenlijst van ALBA en/of uw dieetadvies.

200 g linzen
9 dl water
1½ theelepel zout
4 uien
30 g margarine
150 g krabbetjes
1 laurierblad
2 peperkorrels
15 g mager rookspek
2 stengels bleekselderij
peper

Was de linzen en week deze 12-24 uur in het water en het zout.
Pel en snipper de uien.
Smelt de margarine, laat deze bruin worden en fruit hierin de uien ongeveer 5 minuten.
Voeg de krabbetjes, het laurierblad, de peperkorrels, het rookspek en de gefruite uien aan het weekwater met de linzen toe en kook de soep ongeveer 30 minuten.
De kooktijd hangt af van de weektijd en de oudheid van de linzen.
Neem de krabbetjes en het rookspek uit de pan, schenk het grootste deel van het vocht af en bewaar dit.
Pureer de massa en verdun het al roerende met het vocht.
Maak de bleekselderij schoon, was en snijd deze en voeg ze aan de soep toe.
Voeg peper toe naar smaak en dieet en kook de soep nog ongeveer 15 minuten zachtjes door.
Ontdoe de krabbetjes van bot, snijd het vlees en het rookspek fijn en voeg dit toe aan de linzensoep.

DIEETAANPASSING
- **Additievenvrij**
  Gebruik in dobbelsteentjes gesneden vers spek in plaats van rookspek.

VARIATIES
- Gebruik buikspek of rundergehaktballetjes in plaats van rookspek.
- Gebruik platte ribben of kip in plaats van krabbetjes.

Bruine-bonensoep
Gebruik bruine bonen in plaats van linzen.
De kooktijd bedraagt dan 1 uur.

Erwtensoep
Gebruik groene erwten of spliterwten in plaats van linzen.
De kooktijd bedraagt dan 1½ uur voor spliterwten tot 2 uur voor groene erwten.
Spliterwten hoeven niet geweekt te worden.

Kapucijnersoep
Gebruik kapucijners in plaats van linzen.
De kooktijd bedraagt dan 1½ uur.

Witte-bonensoep
Gebruik witte bonen in plaats van linzen.
De kooktijd bedraagt dan 1 uur.

Pikante aardappelsoep

maaltijdsoep

Dit gerecht is niet geschikt voor het aardappelvrije dieet.

Bereidingstijd: 45 minuten

Raadpleeg uw merkartikelenlijst van ALBA en/of uw dieetadvies.

50 g ontbijtspek
10 g margarine
1 ui
1/4 knolselderij
1 teentje knoflook
7 1/2 dl bouillon
1/4 theelepel cayennepeper
1 laurierblad
1/4 theelepel nootmuskaat
1 theelepel gedroogde peterselie
1 theelepel gedroogde selderij
1/2 theelepel gedroogde tijm
375 g aardappelen
30 g margarine
200 g verse worst, bijvoorbeeld braadworst of saucijsjes
peper, zout

Snijd het ontbijtspek in stukjes.
Smelt de margarine, laat deze bruin worden en bak het ontbijtspek hierin langzaam uit in ongeveer 10 minuten.
Pel en snipper de ui en voeg dit aan de spekjes toe.
Maak de knolselderij schoon, snijd deze in blokjes en voeg ze aan de spekjes en uien toe.
Pel en snipper de knoflook en voeg dit samen met de bouillon, cayennepeper, laurierblad, nootmuskaat, peterselie, selderij en tijm aan het mengsel toe.
Maak de aardappelen schoon, snijd ze in plakjes en voeg deze aan de bouillon toe.
Kook de soep nog ongeveer 30 minuten zachtjes door.
Smelt de margarine, laat deze bruin worden en bak hierin de verse worst ongeveer 20 minuten.
Snijd de worst in stukjes en voeg deze aan de aardappelsoep toe.
Verwijder het laurierblad.
Voeg peper en zout toe naar smaak en dieet.

DIEETAANPASSING

- **Additievenvrij**
  Gebruik in dobbelsteentjes gesneden vers spek of lamsgehaktballetjes in plaats van ontbijtspek. Gebruik kip, krabbetjes, platte ribben of varkenshiel in plaats van verse worst.
- **Glutenvrij**
  Gebruik kip, krabbetjes, platte ribben of varkenshiel in plaats van verse worst.
- **Kippeëivrij**
  Gebruik kip, krabbetjes, platte ribben of varkenshiel in plaats van verse worst.
- **Koemelkvrij/lactosevrij**
  Gebruik kip, krabbetjes, platte ribben of varkenshiel in plaats van verse worst.

GARNEERSUGGESTIE

- Garneer de soep met 1 eetlepel gewassen en gehakte dille.

Vissoep

Dit gerecht is niet geschikt voor het visvrije dieet.

Bereidingstijd: 30 minuten

Raadpleeg uw merkartikelenlijst van ALBA en/of uw dieetadvies.

1 ui
1/2 winterwortel
1 takje peterselie
5 dl water
1 theelepel zout
1 theelepel gedroogd basilicum
1 stukje foelie
5 peperkorrels
1/2 theelepel gedroogde tijm
150 g magere vis, zoals wijting, schelvis, kabeljauw
1 eetlepel verse peterselie, fijngehakt

Pel en snipper de ui.
Schrap en was de winterwortel en snijd deze in plakjes.
Was de peterselie.
Breng het water met het zout aan de kook en voeg basilicum, foelie, peperkorrels, tijm, peterselie, ui en winterwortel toe.
Maak de vis schoon, was deze en voeg deze aan het kokende water toe.
Laat de bouillon ongeveer 20 minuten zachtjes trekken.
Zeef de visbouillon, verwijder peperkorrels, peterselie en winterwortel.
Snijd de vis in stukjes en voeg deze samen met de fijngehakte peterselie toe aan de vissoep.

VARIATIES

- Gebruik 4 dl water en 1 dl witte wijn in plaats van water.

Kerrievissoep
Voeg al roerende 1 theelepel kerrie toe.

SAUZEN

Sauzen kunnen gegeven worden om de smaak van een gerecht te verfijnen, een droog gerecht smeuïger te maken, een gerecht beter te laten ogen en om meer te variëren.

Dit hoofdstuk is als volgt ingedeeld:
Warme hartige sauzen
Koude hartige sauzen
Zoete sauzen

WARME HARTIGE SAUZEN

Hartige sauzen kunnen gegeven worden bij de lunch, bij het hoofdgerecht en bij een tussendoortje.
Houd er rekening mee dat kant-en-klaarprodukten zoals potjes en pakjes saus ingrediënten kunnen bevatten die in het dieet niet zijn toegestaan.
Raadpleeg hiervoor uw dieetadvies en/of ALBA-lijst.

Hoeveelheid per persoon
½-1 dl

Gebruik voor 1 dl saus 1 dl bouillon, groentenat of melk en bind met
7 g aardappelmeel/maïzena of met 10 g bloem
Meng het bindmiddel aan met een gelijke hoeveelheid vloeistof.
Breng de rest van de vloeistof aan de kook.
Voeg het aangemengd bindmiddel al roerende toe.
De kooktijd varieert van enkele seconden voor aardappelmeel en maïzena tot 3 minuten voor bloem.
Voeg eventueel vulsel toe en peper en zout naar smaak en dieet.

10 g bloem en 10 g margarine (roux)
Smelt de margarine, voeg de bloem toe en roer deze door de margarine tot een samenhangende massa (roux) is verkregen.
Voeg de helft van de kokende vloeistof toe, breng de roux aan de kook en roer deze glad.
Voeg beetje bij beetje onder voortdurend roeren de andere helft toe en breng deze weer aan de kook.
Voeg eventueel vulsel toe en peper en zout naar smaak en dieet.

glutenvrije bloem (speciaal bestemd voor het glutenvrije dieet)
Maak hier bij voorkeur een roux van, omdat een aangemengde saus een lijmachtige structuur geeft.
De bereiding blijft hetzelfde als een roux met gewone bloem.

Gebruik per dl saus 1 dl hypoallergene melkvervanger en bind met
7 g aardappelmeel/maïzena of 10 g bloem
Meng het bindmiddel met een gelijke hoeveelheid koud water aan.
Meng de hypoallergene melkpoeder met ½ dl water aan tot een dik vloeibaar papje.
Raadpleeg voor de juiste verhouding hypoallergene melkpoeder/water de gebruiksaanwijzing op de verpakking.
Gebruik de hoeveelheid hypoallergene melkpoeder die nodig is om 1 dl hypoallergene melk te krijgen.
Breng ½ dl water aan de kook.
Voeg het aangemengd bindmiddel al roerende toe aan het kokende water.
De kooktijd varieert van enkele seconden voor aardappelmeel en maïzena tot 3 minuten voor bloem.
Roer de saus snel koud tot 70°C.
Voeg nu pas de aangemengde hypoallergene melkpoeder al roerende toe.
Verwarm de saus daarna niet meer om smaakverandering te voorkomen.
Voeg eventueel vulsel toe en peper en zout naar smaak en dieet.

10 g bloem en 10 g margarine (roux)
Meng de hypoallergene melkpoeder met ½ dl water aan tot een dik vloeibaar papje.

Raadpleeg voor de juiste verhouding hypoallergene melkpoeder/water de gebruiksaanwijzing op de verpakking.
Gebruik de hoeveelheid hypoallergene melkpoeder die nodig is om 1 dl hypoallergene melk te krijgen.
Breng ½ dl water aan de kook.
Smelt de margarine, voeg de bloem toe en roer deze door de margarine tot een samenhangende massa (roux) is verkregen.
Voeg de helft van het kokende water toe, breng de roux aan de kook en roer deze glad.
Voeg beetje bij beetje onder voortdurend roeren de andere helft toe en breng deze weer aan de kook.
Roer de saus snel koud tot 70°C.
Voeg nu pas de aangemengde hypoallergene melkpoeder al roerende toe.
Verwarm de saus daarna niet meer om smaakverandering te voorkomen.
Voeg eventueel vulsel toe en peper en zout naar smaak en dieet.

Glutenvrije bloem (speciaal bestemd voor het glutenvrije dieet)
Maak hier bij voorkeur een roux van, omdat een aangemengde saus een lijmachtige structuur geeft.
De bereiding blijft hetzelfde als een roux met gewone bloem.

VARIATIES

Varieer door gebruik te maken van

- Verse en/of gedroogde kruiden
  bieslook, marjolein, peterselie, rozemarijnselderij, venkel (tuinkruidensaus)
- Specerijen
  gember, kaneel, kerrie, koriander, kruidnagel, laurierblad, nootmuskaat, peper (bruine saus, wortelsaus)
- Fruit en vruchtesap
  appelsap, ananassap, bramesap, druivesap, peresap, sinaasappelsap (bramensaus, picassosaus)
- Zuivelprodukten
  margarine, kokosmelk, room (appelsaus, kerriesaus, pindasaus)
- Zaden
  sesamzaadjes (pindasaus)
- Bindmiddelen
  ontbijtkoek, rijstemeel (appelsaus, kerriesaus)
- Smaakmakers
  aroma, azijn, citroensap, diksap, gembersiroop, honing, ketjap, mosterd, pindakaas, sambal, suiker, Tabasco, tomatenpuree, wijn (duivelse saus, picassosaus, zoetzure saus)
- Dranken
  appelbrandewijn, madera, wijn (maderasaus, witte-wijnsaus)

Varieer in vulsel

- Verse en/of gedroogde kruiden
  bladselderij, bieslook, dille, dragon, kervel, peterselie (tuinkruidensaus)
- Groenten
  bleekselderij, bieten, champignons, courgette, kappertjes, knoflook, paprika, prei, tomaat, ui, venkel (courgettesaus, tomatensaus)
- Verse en/of geconserveerde vruchten
  abrikoos, ananas, appel, banaan, bramen, cocktailfruit, druiven, frambozen, krenten, mandarijn, meloen, peer, perzik, pruimen, rozijnen, tuttifrutti (picassosaus, zoetzure saus)
- Vlees, vleeswaren, vis, kip
  garnalen, rookspek (garnalenroomsaus, jachtsaus)
- Zuivelprodukten
  kaas (kaassaus)
- Pinda's, noten en zaden
  geraspte kokos, sesamzaad, zonnebloempitten (pindasaus, tahinsaus)
- Smaakmakers
  gember, kappertjes, mierikswortel, mosterd (kappertjessaus, mosterdsaus)

Appelsaus

Appelsaus kan gegeven worden bij kip en kalkoen.

Bereidingstijd: 15 minuten

Raadpleeg uw merkartikelenlijst van ALBA en/of uw dieetadvies.

- ½ plakje ontbijtkoek
- 2 appels
- 20 g margarine, eventueel overgebleven van de vleesbereiding
- 5 eetlepels ongezoet appelsap
- 1 eetlepel appelbrandewijn
- 1 eetlepel rozijnen
- kaneel
- peper, zout

Verkruimel de ontbijtkoek.
Maak de appels schoon en snijd ze in kleine blokjes.
Smelt de margarine en voeg al roerende het appelsap toe.
Voeg de ontbijtkoek, de appel, de appelbrandewijn en de rozijnen toe en voeg kaneel, peper en zout toe naar smaak en dieet.
Kook de appelsaus nog ongeveer 5 minuten zachtjes door.

DIEETAANPASSING

- **Additievenvrij**
  Gebruik ongezwavelde rozijnen en gebruik ontbijtkoek zonder toevoegingen. Voeg geen appelbrandewijn toe.
- **Glutenvrij**
  Gebruik in plaats van ontbijtkoek 1 eetlepel aardappelmeel of maïzena. Meng deze aan met 1 eetlepel koud water en voeg dit al roerend toe, nadat de saus 5 minuten heeft doorgekookt. Breng de saus opnieuw aan de kook. Raadpleeg de vervangingslijst indien geen aardappelmeel en maïzena gebruikt kan worden.
- **Koemelkvrij/lactosevrij**
  Gebruik koemelkvrije ontbijtkoek.
- **Saccharosevrij**
  Gebruik ontbijtkoek zonder toegevoegde suiker.

VARIATIES

- Voeg een scheutje zure room toe.

Ananassaus
Gebruik ananas en ananassap in plaats van appels en appelsap.

Perensaus
Gebruik peren en peresap in plaats van appels en appelsap.

Tuttifruttisaus
Gebruik 200 g ontpitte tuttifrutti in plaats van appels en rozijnen. Was en wel de tuttifrutti 12 uur in 5 dl water.

Bruine saus

Bruine saus kan gegeven worden bij bijvoorbeeld vlees zoals lamskarbonade en runderlappen en bij kalkoen.

Bereidingstijd: 50 minuten

Raadpleeg uw merkartikelenlijst van ALBA en/of uw dieetadvies.

1 worteltje
1 stukje bleekselderij
1 ui
1 eetlepel olie
2 dl bouillon
1 Spaanse peper
1 kruidnagel
1 laurierblad
30 g margarine
4 eetlepels bloem
ketjap
peper, zout
Worchestershiresaus

Maak de wortel en de bleekselderij schoon. Pel en snipper de ui.
Verhit de olie en bak de groenten hierin ongeveer 5 minuten.
Voeg de bouillon al roerende toe.
Maak de Spaanse peper schoon en snijd deze in stukjes.
Voeg de kruidnagel, het laurierblad en de Spaanse peper toe. Breng de bouillon opnieuw aan de kook, laat deze met de groenten en kruiden met het deksel op de pan ongeveer 30 minuten trekken en zeef deze.
Smelt de margarine, voeg de bloem toe en roer deze door de margarine tot een samenhangende massa (roux) is verkregen.
Verwarm de roux nog ongeveer 3 minuten zodat deze bruin wordt van kleur.
Voeg de helft van de bouillon toe, breng de roux aan de kook en roer deze glad.
Voeg beetje bij beetje onder voortdurend roeren de andere helft toe en breng de saus weer aan de kook.
Voeg ketjap, Worchestershiresaus, peper en zout toe naar smaak en dieet. Kook de bruine saus nog ongeveer 3 minuten zachtjes door.

DIEETAANPASSING

- **Additievenvrij**
  Voeg geen Worchestershiresaus toe en gebruik sojasaus zonder toevoegingen.
- **Glutenvrij**
  Gebruik glutenvrije bloem of rijstemeel in plaats van bloem of raadpleeg de vervangingslijst.
- **Notenvrij**
  Voeg geen Worchestershiresaus toe.
- **Sojavrij**
  Voeg geen ketjap toe.
- **Saccharosevrij**
  Voeg geen Worchestershiresaus toe en gebruik sojasaus zonder toegevoegde suiker.
- **Vis-, schaal- en schelpdierenvrij**
  Voeg geen Worchestershiresaus toe.

VARIATIES

Duivelse saus
Gebruik 1 dl bouillon en 1 dl witte wijn in plaats van bouillon.
Bak in de margarine eerst 25 g in blokjes gesneden rookspek uit, neem dit uit de pan.
Voeg de spekjes en 1 eetlepel tomatenketchup toe aan de duivelse saus.

Jachtsaus
Gebruik 1½ dl bouillon en ½ dl rode wijn in plaats van bouillon.
Bak in de margarine eerst ½ gepeld en gesnipperd teentje knoflook, 25 g in blokjes gesneden rookspek en ½ gepelde en gesnipperde ui, neem dit uit de pan en voeg het weer toe aan de jachtsaus.

Maderasaus
Gebruik 1 dl jus en 1 dl bouillon in plaats van bouillon.
Bak in de margarine 25 g in blokjes gesneden rookspek uit en neem dit uit de pan.
Voeg ¼-½ dl madera en de blokjes rookspek toe aan de maderasaus.

Paprikasaus
Fruit eerst in de margarine $^1/_2$ gepeld en gesnipperd teentje knoflook, $^1/_2$ schoongemaakte, in reepjes gesneden paprika en $^1/_2$ theelepel paprikapoeder.

Rode-wijnsaus
Gebruik 1 dl bouillon en 1 dl rode wijn in plaats van bouillon.
Voeg $^1/_2$ theelepel gedroogde rozemarijn hieraan toe.
Voeg naar smaak en dieet 1 eetlepel honing of gewelde rozijntjes toe aan de rode-wijnsaus.

Spaanse saus
Bak eerst in de margarine 25 g in blokjes gesneden rookspek en neem dit uit de pan.
Voeg 1 eetlepel tomatenketchup, 1 theelepel bruine suiker en de blokjes rookspek toe aan de Spaanse saus.

Champignonroomsaus

Champignonroomsaus kan gegeven worden bij vleesgerechten zoals biefstuk, karbonade, gehakt, tartaar en bij kip.

Bereidingstijd: 15 minuten

Raadpleeg uw merkartikelenlijst van ALBA en/of uw dieetadvies.

75 g champignons
15 g margarine
2 dl bouillon
2 eetlepels bloem
2 eetlepels koud water
$^1/_2$ citroen
1 eetlepel witte wijn
peper, zout
3 eetlepels ongeklopte slagroom

Maak de champignons schoon en snijd deze in plakjes.
Smelt de margarine, laat deze bruin worden en bak de champignons hierin ongeveer 5 minuten.
Breng de bouillon aan de kook en voeg deze toe aan de champignons. Meng de bloem aan met het koude water en voeg dit al roerende toe aan de bouillon.
Pers de citroen uit en voeg het gezeefde citroensap, de witte wijn, peper en zout naar smaak en dieet toe.
Kook de saus nog ongeveer 3 minuten zachtjes door.
Voeg al roerende de ongeklopte slagroom toe aan de champignonroomsaus.

DIEETAANPASSING

- **Additievenvrij**
  Voeg geen wijn toe.
- **Citrusvrij**
  Voeg geen citroensap toe.
- **Glutenvrij**
  Gebruik glutenvrije bloem of rijstemeel in plaats van bloem of raadpleeg de vervangingslijst.
- **Koemelkvrij/lactosevrij**
  Gebruik champignonsaus (zie blz. **41**) in plaats van champignonroomsaus.

VARIATIES

- Gebruik andere paddestoelen, bijvoorbeeld oesterzwammen en/of shiitakes in plaats van champignons.
- Voeg 1 theelepel groene peperkorrels toe.

Garnalenroomsaus
Gebruik garnalen in plaats van champignons en visbouillon in plaats van vleesbouillon.

Druivensaus

Druivensaus kan gegeven worden bij kalkoenfilet en kip.

Bereidingstijd: 15 minuten

Raadpleeg uw merkartikelenlijst van ALBA en/of uw dieetadvies.

2 dl ongezoet rood druivesap
1/2 theelepel mosterd
50 g koude margarine
2 eetlepels maïzena
2 eetlepels koud water
peper, zout

Breng het rode druivesap aan de kook.
Roer de mosterd erdoorheen en houd de saus aan de kook.
Voeg al roerende, klontje voor klontje, de koude margarine toe en voeg steeds het volgende klontje pas toe als het vorige helemaal is opgenomen.
Meng de maïzena aan met het koude water en voeg dit al roerende toe aan de saus.
Voeg peper en zout toe naar smaak en dieet.
Breng de druivensaus opnieuw aan de kook.

DIEETAANPASSING

- **Additievenvrij**
  Gebruik mosterd zonder toevoegingen.
- **Maïsvrij**
  Gebruik aardappelmeel of arrowroot in plaats van maïzena of raadpleeg de vervangingslijst.
- **Saccharosevrij**
  Gebruik mosterd zonder toegevoegde suiker.

VARIATIES

- Gebruik 1 dl witte wijn en 1 dl druivesap.
- Voeg 1 eetlepel honing of maïsmoutstroop toe.

Bessensaus
Gebruik ongezoet bessesap in plaats van druivesap.
Voeg eventueel diksap, honing of suiker toe naar smaak en dieet.

Bosvruchtensaus
Gebruik ongezoet bosvruchtesap in plaats van druivesap.

Bramensaus
Gebruik ongezoet bramesap in plaats van druivesap.
Voeg eventueel diksap, honing of suiker toe naar smaak en dieet.

Kerriesaus

Deze saus kan bijvoorbeeld gegeven worden bij groenten zoals bloemkool en prei, bij rijst, bij vlees zoals fricandeau, gehakt, tartaar, bij kip en bij vis zoals kabeljauw en scholrolletjes.

Bereidingstijd: 15 minuten

Raadpleeg uw merkartikelenlijst van ALBA en/of uw dieetadvies.

1/2 ui
1/2 eetlepel olie
2 theelepels kerrie
2 dl bouillon
2 eetlepels rijstemeel
2 eetlepels koud water
zout

Pel en snipper de ui.
Verhit de olie, fruit de ui hierin ongeveer 5 minuten en voeg de kerrie toe.
Voeg al roerende de bouillon toe en breng deze aan de kook.
Meng het rijstemeel met het koude water aan en voeg dit al roerende toe aan de bouillon.
Voeg zout toe naar smaak en dieet.
Kook de kerriesaus nog ongeveer 3 minuten zachtjes door.

INDIEN TOEGESTAAN
- Gebruik eventueel tarwebloem in plaats van rijstemeel.

VARIATIES
- Voeg 1 theelepel marjolein toe.
- Voeg 1 eetlepel diksap toe.
- Voeg 10 g margarine toe.
- Voeg 1 eetlepel ongeklopte slagroom toe.
- Voeg ½ gepureerde banaan of 2 in stukjes gesneden schijven ananas of 2 eetlepels gewelde rozijntjes toe.

Picassosaus

Picassosaus kan bijvoorbeeld gegeven worden bij vleesgerechten zoals gebakken lamsvlees, karbonade, tartaar, bij kip en bij visgerechten zoals gepocheerde kabeljauwfilet, gestoofde koolvis en gebakken wijting.

Bereidingstijd: 15 minuten

Raadpleeg uw merkartikelenlijst van ALBA en/of uw dieetadvies.

100 g peer
50 g perzik
50 g meloen
50 g druiven
1½ dl ongezoet appelsap
½ eetlepel aardappelmeel
½ eetlepel koud water

Maak de peer, de perzik en de meloen schoon en snijd ze in stukjes.
Was de druiven.
Breng het appelsap met de druiven, de peer, de perzik en de meloen aan de kook.
Meng het aardappelmeel aan met het koude water en voeg dit al roerende toe aan het appelsap met de vruchten.
Breng de picassosaus opnieuw aan de kook.

DIEETAANPASSING
- **Aardappelvrij**
  Gebruik arrowroot of maïzena in plaats van aardappelmeel of raadpleeg de vervangingslijst.

VARIATIES
- Gebruik abrikoos, ananas, appel, banaan, bessen, bramen, frambozen, kiwi, mandarijn en/of pruimen in plaats van peer, perzik, meloen en druif.
- Gebruik het sap van 1 citroen en/of sinaasappel, eventueel aangevuld met appelsap, in plaats van appelsap. Voeg diksap, honing of suiker toe naar smaak en dieet.
- Gebruik perensap in plaats van appelsap.
- Gebruik 1 blikje cocktailfruit à 400 g in plaats van appelsap, druiven, peer, perzik en meloen.

Pindasaus

Deze saus kan bijvoorbeeld gegeven worden bij oosterse gerechten zoals bami en nasi en bij de barbecue.

Bereidingstijd: 20 minuten

Raadpleeg uw merkartikelenlijst van ALBA en/of uw dieetadvies.

1/2 ui
1/2 eetlepel olie
75 g pindakaas
1 1/2 dl kokosmelk
1 eetlepel gembersiroop
1 theelepel sambal
1 theelepel suiker
2 eetlepels water
zout

Pel en snipper de ui.
Verhit de olie en fruit hierin de ui ongeveer 5 minuten.
Voeg al roerende de pindakaas, de kokosmelk, de gembersiroop, de sambal, de suiker en het water toe.
Voeg zout toe naar smaak en dieet.
Kook de pindasaus nog ongeveer 10 minuten zachtjes door.

DIEETAANPASSING

- **Additievenvrij**
  Gebruik pindakaas zonder toevoegingen en gebruik 2 gedroogde, gesnipperde Spaanse pepers in plaats van sambal of gebruik sambal zonder toevoegingen.
  Gebruik 1 theelepel gemberpoeder in plaats van 1 eetlepel gembersiroop.
- **Pinda- en notenvrij**
  Maak tahinsaus (zie blz. 40) in plaats van pindasaus.
- **Saccharosevrij**
  Gebruik diksap of gerstemoutstroop in plaats van suiker of raadpleeg de vervangingslijst.
  Gebruik 1 theelepel gemberpoeder in plaats van 1 eetlepel gembersiroop.

VARIATIES

- Gebruik melk in plaats van kokosmelk.
- Voeg 1/2 eetlepel sesamzaadjes toe.

Notensaus
Gebruik een noten- of zadenpasta, zoals sesamzaadpasta of zonnebloempittenpasta in plaats van pindakaas.

Tahinsaus

Deze sesamzaadpastasaus kan gegeven worden bij bijvoorbeeld menggerechten zoals gado gado, bij granen zoals gierst en rijst en bij vleesgerechten zoals saté.

Bereidingstijd: 15 minuten

Raadpleeg uw merkartikelenlijst van ALBA en/of uw dieetadvies.

1 dl water
75 g tahin
1/2 theelepel djahé
1/2 theelepel laos
1 theelepel sambal
1 theelepel suiker
1/2 theelepel zout
1 theelepel arrowroot
4 eetlepels koud water

Breng het water met de tahin al roerende aan de kook.
Voeg al roerende de djahé, de laos, de sambal, de suiker en het zout toe.
Meng de arrowroot aan met het koude water en voeg dit al roerende toe aan de saus.
Breng de tahinsaus opnieuw aan de kook.

DIEETAANPASSING

- **Additievenvrij**
  Gebruik 1 gedroogde, fijngeknipte Spaanse peper in plaats van sambal of gebruik sambal zonder toevoegingen.
- **Saccharosevrij**
  Gebruik diksap of honing in plaats van suiker of raadpleeg de vervangingslijst.

INDIEN TOEGESTAAN

- Gebruik $1^1/_2$ theelepel bloem of 1 theelepel maïzena in plaats van arrowroot of raadpleeg de vervangingslijst.

VARIATIES

- Gebruik kokosmelk in plaats van water.
- Gebruik een notenpasta of zadenpasta, zoals zonnebloempittenpasta in plaats van sesamzaadpasta.
- Voeg al roerende 1 eetlepel gemalen kokos toe aan de tahinsaus vlak voor het opdienen.

Witte saus

Witte saus kan bijvoorbeeld gegeven worden bij groenten zoals andijvie, bloemkool, broccoli en witlof.
Variaties van deze saus kunnen gegeven worden bij bijvoorbeeld vlees zoals karbonade en tartaar en bij kip.

Bereidingstijd: 10 minuten

Raadpleeg uw merkartikelenlijst van ALBA en/of uw dieetadvies.

2 dl melk
20 g margarine
$2^1/_2$ eetlepel bloem
peper, zout

Breng de melk aan de kook.
Smelt de margarine, voeg de bloem toe en roer deze door de margarine tot een samenhangende massa (roux) is verkregen.
Voeg de helft van de melk toe, breng de roux aan de kook en roer deze glad.
Voeg beetje bij beetje onder voortdurend roeren de andere helft toe en breng de saus weer aan de kook.
Voeg peper en zout toe naar smaak en dieet.
Kook de witte saus al roerende nog ongeveer 3 minuten zachtjes door.

DIEETAANPASSING

- **Glutenvrij**
  Gebruik rijstemeel of glutenvrije bloem in plaats van bloem of raadpleeg de vervangingslijst.
- **Koemelkvrij**
  Gebruik bouillon of sojamelk in plaats van koemelk of maak witte saus met hypoallergene melkvervanger (zie blz. 42).
- **Lactosevrij**
  Gebruik lactosevrije melk in plaats van koemelk.

VARIATIES

- Voeg $^1/_4$ theelepel nootmuskaat toe.

Béchamelsaus
Gebruik groentenat in plaats van melk.

Champignonsaus
Bak eerst 50 g schoongemaakte, in plakjes gesneden champignons ongeveer 5 minuten in de margarine.

Dillesaus
Voeg 2 theelepels gedroogde dille toe.

Dragonsaus
Voeg 2 theelepels gedroogde dragon toe.

Gembersaus
Fruit eerst 2 in stukjes gesneden gemberbolletjes ongeveer 5 minuten in de margarine en volg verder bovenstaand recept.
Voeg $^1/_2$ theelepel gemberpoeder, 1 eetlepel gewelde rozijnen en 1 eetlepel zilveruitjes toe.

Hamsaus
Voeg 40 g in reepjes gesneden ham toe.

Ham-preisaus
Bak eerst 30 g dunne reepjes ham en $^1/_4$ schoongemaakte, in ringetjes gesneden prei ongeveer 5 minuten in de margarine.

Kappertjessaus
Voeg 1 eetlepel kappertjes toe.

Kerriesaus
Fruit eerst ½ theelepel kerrie ongeveer 3 minuten in de margarine.

Kervelsaus
Voeg 2 eetlepels verse, gewassen en gehakte kervel toe.

Knoflooksaus
Fruit eerst 1 gepeld en gesnipperd teentje knoflook ongeveer 3 minuten in de margarine.

Mierikswortelsaus
Voeg 1 eetlepel geraspte mierikswortel toe.

Mosterdsaus
Voeg ½ eetlepel mosterd toe.

Paprikasaus
Fruit eerst ½ gepelde en gesnipperde ui en ¼ schoongemaakte, in reepjes gesneden paprika ongeveer 5 minuten in de margarine.

Peterseliesaus
Voeg 2 eetlepels verse gewassen en gehakte peterselie toe.

Tomatensaus
Gebruik tomatesap in plaats van melk.
Fruit eerst ½ gepelde en gesnipperde ui ongeveer 5 minuten in de margarine en volg verder bovenstaand recept.
Voeg 1 gewassen, ontvelde en in stukjes gesneden tomaat aan de saus toe.

Tuinkruidensaus
Fruit eerst 1 gepeld en gesnipperd sjalotje ongeveer 5 minuten in de margarine en volg verder bovenstaand recept.
Voeg ½ eetlepel verse, gewassen en gehakte bladselderij, ½ eetlepel verse, gewassen en gehakte kervel en ½ eetlepel verse, gewassen en gehakte peterselie toe.
Garneer de tuinkruidensaus met 3 gewassen sprietjes vers bieslook.

Uiensaus
Voeg hieraan 2 fijngesneden, glazig gebakken uien toe.

Veloutésaus
Gebruik bouillon in plaats van melk.

Venkelsaus
Bak eerst ⅛ gewassen en gesnipperde venkelknol ongeveer 5 minuten in de margarine en volg verder bovenstaand recept.
Voeg 1 eetlepel gewassen en gehakt venkelgroen toe en garneer de venkelsaus met een takje venkelgroen.

Witte saus van hypoallergene melkvervanger

Deze saus kan bijvoorbeeld gegeven worden bij groenten zoals andijvie, bloemkool, broccoli en witlof.
Variaties van deze saus kunnen gegeven worden bij bijvoorbeeld vlees zoals karbonade, tartaar en bij kip.

Bereidingstijd: 15 minuten

Raadpleeg uw merkartikelenlijst van ALBA en/of uw dieetadvies.

- 1½ dl water
- 15 g margarine
- 2 eetlepels bloem
- peper, zout
- hypoallergene melkpoeder
- 3 eetlepels water

Breng het water aan de kook.
Smelt de margarine, voeg de bloem toe en roer deze door de margarine tot een samenhangende massa (roux) is verkregen.

Voeg de helft van het water toe, breng de roux aan de kook en roer deze glad.
Voeg beetje bij beetje onder voortdurend roeren de andere helft toe en breng de saus weer aan de kook.
Voeg peper en zout toe naar smaak en dieet.
Kook de saus nog ongeveer 3 minuten zachtjes door.
Meng de hypoallergene melkpoeder aan met het lauwe water.
Raadpleeg voor de juiste verhouding hypoallergene melkpoeder/water de gebruiksaanwijzing op de verpakking.
Gebruik de hoeveelheid melkpoeder die nodig is om 2 dl hypoallergene melkvervanger te krijgen.
Roer de saus snel koud tot 70°C.
Voeg nu pas al roerende de aangelengde melkpoeder toe.
Verwarm de saus daarna niet meer om smaakverandering te voorkomen.

DIEETAANPASSING

- **Glutenvrij**
  Gebruik glutenvrije bloem of rijstemeel in plaats van bloem of raadpleeg de vervangingslijst.

VARIATIES

- Voeg 1/4 theelepel nootmuskaat toe.

Béchamelsaus
Gebruik groentenat in plaats van water en hypoallergene melkpoeder.

Champignonsaus
Bak eerst 50 g schoongemaakte, in plakjes gesneden champignons ongeveer 5 minuten in de margarine.

Dillesaus
Voeg 2 theelepels gedroogde dille toe.

Dragonsaus
Voeg 2 theelepels gedroogde dragon toe.

Gembersaus
Fruit eerst 2 in stukjes gesneden gemberbolletjes ongeveer 5 minuten in de margarine en volg verder bovenstaand recept.
Voeg 1/2 theelepel gemberpoeder, 1 eetlepel gewelde rozijnen en 1 eetlepel zilveruitjes toe.

Hamsaus
Voeg 40 g in reepjes gesneden ham toe.

Ham-preisaus
Bak eerst 30 g dunne reepjes ham en 1/4 schoongemaakte, in ringetjes gesneden prei ongeveer 5 minuten in de margarine.

Kappertjessaus
Voeg 1 eetlepel kappertjes toe.

Kerriesaus
Fruit eerst 1/2 theelepel kerrie ongeveer 3 minuten in de margarine.

Kervelsaus
Voeg 2 eetlepels verse, gewassen en gehakte kervel toe.

Knoflooksaus
Fruit eerst 1 gepeld en gesnipperd teentje knoflook ongeveer 3 minuten in de margarine.

Mierikswortelsaus
Voeg 1 eetlepel geraspte mierikswortel toe.

Mosterdsaus
Voeg 1/2 eetlepel mosterd toe.

Paprikasaus
Fruit eerst 1/2 gepelde en gesnipperde ui en 1/4 schoongemaakte, in reepjes gesneden paprika ongeveer 5 minuten in de margarine.

Peterseliesaus
Voeg 2 eetlepels verse gewassen en gehakte peterselie toe.

Tomatensaus
Gebruik tomatesap in plaats van water en hypoallergene melkvervanger.
Fruit eerst 1/2 gepelde en gesnipperde ui ongeveer 5 minuten in de margarine en volg verder bovenstaand recept.
Voeg 1 gewassen, ontvelde en in stukjes gesneden tomaat aan de saus toe.

Tuinkruidensaus
Fruit eerst 1 gepeld en gesnipperd sjalotje ongeveer 5 minuten in de margarine en volg verder bovenstaand recept.
Voeg 1/2 eetlepel verse, gewassen en gehakte bladselderij, 1/2 eetlepel verse, gewassen en gehakte kervel en 1/2 eetlepel verse, gewassen en gehakte peterselie toe.
Garneer de tuinkruidensaus met 3 gewassen sprietjes vers bieslook.

Uiensaus
Voeg hieraan 2 fijngesneden, glazig gebakken uien toe.

Veloutésaus
Gebruik witte saus met bouillon bereid.

Venkelsaus
Bak eerst 1/8 gewassen en gesnipperde venkelknol ongeveer 5 minuten in de margarine. Voeg 1 eetlepel gewassen en gehakt venkelgroen toe en garneer de venkelsaus met een takje venkelgroen.

Witte-wijnsaus

Deze saus kan bijvoorbeeld gegeven worden bij vis zoals kabeljauw, koolvis en schelvis.

Dit recept is niet geschikt voor het additievenvrije dieet.

Bereidingstijd: 10 minuten

Raadpleeg uw merkartikelenlijst van ALBA en/of uw dieetadvies.

1 dl melk
1/2 dl witte wijn
2 eetlepels maïzena
2 eetlepels koud water
peper, zout

Breng de melk met de witte wijn aan de kook.
Meng de maïzena aan met het koude water en voeg dit al roerende toe.
Voeg peper en zout toe naar smaak en dieet.
Breng de witte-wijnsaus opnieuw aan de kook.

DIEETAANPASSING

- **Koemelkvrij**
  Gebruik bouillon of sojamelk in plaats van koemelk.
- **Lactosevrij**
  Gebruik bouillon of lactosevrije melk.
- **Maïsvrij**
  Gebruik 3 eetlepels bloem of rijstemeel in plaats van maïzena of raadpleeg de vervangingslijst.

VARIATIES

- Gebruik bouilllon in plaats van melk.
- Voeg 2 eetlepels ongeklopte zure room toe.

Kruidige witte-wijnsaus
Voeg 1 à 2 eetlepels verse tuinkruiden toe zoals bieslook, peterselie en/of venkel.

Pittige witte-wijnsaus
Voeg $1/2$ eetlepel groene peperkorrels toe.

Wortelsaus

Deze saus kan bijvoorbeeld gegeven worden bij granen en deegwaren zoals gierst, graankoekjes, lasagne, macaroni, rijst en spaghetti.

Bereidingstijd: 35 minuten

Raadpleeg uw merkartikelenlijst van ALBA en/of uw dieetadvies.

100 g worteltjes
3 dl bouillon
1 theelepel koriander
zout
1 eetlepel rijstemeel
1 eetlepel koud water

Maak de worteltjes schoon, snijd deze in stukjes.
Breng de bouillon aan de kook, voeg de worteltjes toe en kook ze ongeveer 20 minuten.
Pureer de worteltjes en voeg de koriander en het zout toe naar smaak en dieet.
Breng de wortelpuree opnieuw aan de kook.
Meng het rijstemeel aan met het koude water en voeg dit al roerende toe aan de wortelpuree.
Kook de wortelsaus nog ongeveer 3 minuten zachtjes door.

INDIEN TOEGESTAAN
Gebruik eventueel tarwebloem in plaats van rijstemeel.

VARIATIES
- Fruit in 10 g margarine 1 gepelde en gesnipperde ui of $1/4$ schoongemaakte, kleingesneden prei 5 minuten en voeg deze toe aan de saus.
- Voeg 1 eetlepel verse, gewassen en gehakte tuinkruiden, zoals bieslook, peterselie en selderij toe.
- Voeg 2 eetlepels sinaasappelsap toe.

Bietensaus
Gebruik bietjes in plaats van worteltjes. Voeg eventueel diksap, honing of suiker toe naar smaak en dieet.

Courgettesaus
Gebruik 125 g courgette in plaats van worteltjes.

Zoetzure oosterse saus

Deze saus kan bijvoorbeeld gegeven worden bij oosterse gerechten zoals babi pangang en pittige kip.

Bereidingstijd: 10 minuten

Raadpleeg uw merkartikelenlijst van ALBA en/of uw dieetadvies.

$1\frac{1}{2}$ dl water
3 eetlepels azijn
$1/4$ theelepel sambal
1 eetlepel suiker
1 eetlepel tomatenpuree
1 eetlepel maïzena
1 eetlepel koud water

Breng het water aan de kook.
Voeg al roerende de azijn, sambal, suiker en tomatenpuree toe.
Meng de maïzena aan met het koude water en voeg dit al roerende toe aan de saus.
Breng de zoetzure oosterse saus al roerende opnieuw aan de kook.

DIEETAANPASSING
- **Additievenvrij**
  Gebruik 1 gedroogde fijngesnipperde Spaanse peper in plaats van sambal of gebruik sambal zonder toevoegingen.
  Pureer 1 gekookte tomaat of gebruik tomatenpuree zonder toevoegingen.

- **Maïsvrij**
  Gebruik 1½ eetlepel bloem of rijstemeel in plaats van maïzena of raadpleeg de vervangingslijst.
- **Saccharosevrij**
  Gebruik diksap of honing in plaats van suiker of raadpleeg de vervangingslijst.

VARIATIES
- Gebruik 2 druppels Tabasco of 1 theelepel ketjap in plaats van sambal.
- Voeg ½ eetlepel gewelde krenten toe.

KOUDE HARTIGE SAUZEN

Deze kunnen gegeven worden bij de lunch, bij een voorgerecht, bij het hoofdgerecht of als tussendoortje.
Houd er rekening mee dat kant-en-klaarprodukten zoals saus in flesjes, potjes en zakjes, ingrediënten kunnen bevatten die in het dieet niet zijn toegestaan.
Raadpleeg hiervoor uw dieetadvies en/of ALBA-lijst.

Hoeveelheid per persoon
1-2 eetlepels

VARIATIES
Varieer door vulsel toe te voegen
- Verse en/of gedroogde kruiden
  basilicum, bieslook, kervel, knoflook, kruidnagel, majoraan, peterselie (Italiaanse dressing, ravigotesaus)
- Specerijen
  kerrie (kerriemayonaise)
- Groenten
  augurkjes, bloemkool, boontjes, knolselderij, maïs, tomaten(puree), zilveruitjes (piccalilly, remouladesaus, tomatenmayonaise)
- Verse en gedroogde vruchten
  appel, bramen, mango, rozijnen, vlierbessen (appelchutney, mangomayonaise)
- Zuivelprodukten
  feta, Gorgonzola, kwark, slagroom, zure room, yoghurt (cocktailsaus)
- Smaakmakers
  citroensap, gember, honing, ketjap, mosterd, sambal, suiker, tomatenketchup, Worcestershiresaus, zout (citrusdressing, mayonaise)

Vervang eventueel de olie geheel of gedeeltelijk door
- kwark, soyanaise, yoghurt of zure room

Appelchutney

Deze saus kan bijvoorbeeld gegeven worden bij wild en gevogelte zoals kalkoen en konijn.

Bereidingstijd: 30 minuten
Bijzonder materiaal: 3 potten met een inhoud van 3½ dl

Raadpleeg uw merkartikelenlijst van ALBA en/of uw dieetadvies.

200 g rozijnen
1 kg appels
250 g uien
2½ dl azijn
¼ theelepel gemberpoeder
¼ theelepel gemalen kruidnagel
¼ theelepel gemalen mosterdzaad
¼ theelepel zout

Was en wel de rozijnen.
Maak de appels en de uien schoon en snijd ze in stukjes.
Breng de appels met tweederde deel van de azijn, het gemberpoeder, de kruidnagel, het mosterdzaad, de rozijnen, de uien en het zout aan de kook.
Kook het mengsel al roerende door, tot het op jamdikte is en voeg dan de rest van de azijn toe.
Maak de potten schoon zoals beschreven op blz. **358**.
Schenk de appelchutney in de potjes en pasteuriseer ze ongeveer 10 minuten.

DIEETAANPASSING
- **Additievenvrij**
  Gebruik ongezwavelde rozijnen.

VARIATIES
Bramenchutney
Gebruik 500 g appels en 500 g bramen in plaats van appels.

Vlierbessenchutney
Gebruik 500 g appels en 500 g vlierbessen in plaats van appels.

Imitatiemayonaise

1 dl = 6 eetlepels

Deze saus is bereid zonder ei en soja en kan gebruikt worden in plaats van mayonaise.

Bereidingstijd: 10 minuten

Raadpleeg uw merkartikelenlijst van ALBA en/of uw dieetadvies.

8 g margarine
1 eetlepel bloem
1 dl bouillon
1 eetlepel olie
1/2 eetlepel azijn
1 theelepel mosterd
peper, zout

Smelt de margarine, voeg de bloem toe en roer deze door de margarine tot een samenhangende massa (roux) is verkregen.
Voeg de helft van de bouillon toe, breng de roux aan de kook en roer deze glad.
Voeg beetje bij beetje onder voortdurend roeren de andere helft toe en breng de saus weer aan de kook.
Neem de pan van het vuur en voeg al roerende druppelsgewijs de olie toe.
Laat de saus al roerende snel afkoelen.
Meng de azijn en de mosterd door de saus.
Voeg aan de imitatiemayonaise peper en zout toe naar smaak en dieet.

DIEETAANPASSING
- **Additievenvrij**
  Gebruik mosterd zonder toevoegingen.
- **Glutenvrij**
  Gebruik glutenvrije bloem of rijstemeel in plaats van bloem of raadpleeg de vervangingslijst.
- **Saccharosevrij**
  Gebruik mosterd zonder toegevoegde suiker.

VARIATIES
- Gebruik kruidenazijn in plaats van gewone azijn.
- Gebruik één deel mayonaise en één deel kwark of yoghurt.
- Voeg 2 eetlepels ongeklopte zure room toe.
- Voeg 1 theelepel Worchestershiresaus toe.

Cocktailsaus
Voeg 4 eetlepels ongeklopte slagroom, 2 eetlepels cognac of sherry en 1/2 eetlepel tomatenpuree toe.
Voeg eventueel 1/2 theelepel paprikapoeder, 2 druppels Tabasco of 1/4 theelepel Worchestershiresaus toe.

Kerrie-imitatiemayonaise
Voeg 1/2 theelepel kerrie toe.

Mango-imitatiemayonaise
Voeg 1/4 gepureerde mango, 1/2 eetlepel vers, gewassen en gehakt bieslook en 1/2 eetlepel verse, gewassen en gehakte peterselie toe.

Mosterd-imitatiemayonaise
Voeg 1/2 eetlepel mosterd toe.

Tomaten-imitatiemayonaise
Voeg 1/2 eetlepel tomatenketchup toe.

Ravigotesaus
Voeg 1/2 eetlepel vers gesnipperd bieslook, 1/2 eetlepel verse gehakte kervel en 1/2 eetlepel verse gehakte peterselie toe.

Remouladesaus
Voeg 1 fijngesneden zoetzure augurk, 1/2 eetlepel vers, gewassen en gehakt bieslook, 1/2 eetlepel verse, gewassen en gehakte peterselie, 1 klein, gepeld en uitgeperst teentje knoflook en 1/4 gepeld en gesnipperd uitje toe.

Mayonaise

1 dl = 6 eetlepels

Deze saus kan bijvoorbeeld gegeven worden bij aardappelgerechten zoals gebakken aardappelen en pommes frites. Variaties van deze saus kunnen bijvoorbeeld gegeven worden bij cocktails, gebakken vis en bij barbecue, fondue en steengrill.

Bereidingstijd: 10 minuten

Raadpleeg uw merkartikelenlijst van ALBA en/of uw dieetadvies.

- 1 eierdooier
- 1 eetlepel azijn
- 1/2 theelepel mosterd
- peper, zout
- 2 dl olie, op kamertemperatuur

Meng de eierdooier met de azijn, de mosterd en peper en zout naar smaak en dieet. Voeg al roerende de olie druppelsgewijs, later straalsgewijs toe.
Voeg de volgende hoeveelheid olie pas toe, nadat de vorige goed is opgenomen.

DIEETAANPASSING

- **Additievenvrij**
  Gebruik mosterd zonder toevoegingen.
- **Kippeëivrij**
  Bereid imitatiemayonaise (zie blz. **47**) of sojanaise (zie blz. **49**).
- **Saccharosevrij**
  Gebruik mosterd zonder toegevoegde suiker.

VARIATIES

- Gebruik kruidenazijn in plaats van gewone azijn.
- Gebruik voor een minder vette saus één deel mayonaise en één deel kwark of yoghurt.
- Voeg 2 eetlepels ongeklopte zure room toe.
- Voeg 1 theelepel Worchestershiresaus toe.

Cocktailsaus
Voeg 4 eetlepels ongeklopte slagroom, 2 eetlepels cognac of sherry en 1/2 eetlepel tomatenpuree toe.
Voeg eventueel 1/2 theelepel paprikapoeder, 2 druppels Tabasco of 1/4 theelepel Worchestershiresaus toe.

Kerriemayonaise
Voeg 1/2 theelepel kerrie toe.

Mangomayonaise
Voeg 1/4 gepureerde mango, 1/2 eetlepel vers, gewassen en gehakt bieslook en 1/2 eetlepel verse, gewassen en gehakte peterselie toe.

Mosterdmayonaise
Voeg 1/2 eetlepel mosterd toe.

Tomatenmayonaise
Voeg 1/2 eetlepel tomatenketchup toe.

Ravigotesaus
Voeg 1/2 eetlepel vers gesnipperd bieslook, 1/2 eetlepel verse gehakte kervel en 1/2 eetlepel verse gehakte peterselie toe.

Remouladesaus
Voeg 1 fijngesneden zoetzure augurk, 1/2 eetlepel vers, gewassen en gehakt bieslook, 1/2 eetlepel verse, gewassen en gehakte peterselie, 1 klein, gepeld en uitgeperst teentje knoflook en 1/4 gepeld en gesnipperd uitje toe.

Piccalilly

Deze saus kan gegeven worden bij gebakken aardappelen, pommes frites, bij de barbecue, fondue en steengrill of als dipsaus.

Bereidingstijd: 25 minuten
Bijzonder materiaal: 3 jampotjes met een inhoud van 3½ dl

Raadpleeg uw merkartikelenlijst van ALBA en/of uw dieetadvies.

3 l water
15 g zout
1 kg groenten zoals bloemkool,
knolselderij, maïs, snijbonen,
ui, witte kool, worteltjes
5 eetlepels bloem
45 g mosterdpoeder
3 eetlepels suiker
1 eetlepel zout
¾ l azijn

Breng het water met het zout aan de kook. Maak de groenten schoon, snijd ze in kleine stukjes, voeg ze toe aan het water met zout en kook ze hierin ongeveer 2 minuten.
Giet de groenten af en laat ze uitlekken.
Meng de bloem met het mosterdpoeder, de suiker en het zout en voeg al roerende 5 eetlepels van de azijn toe.
Breng de rest van de azijn aan de kook en voeg dit al roerende toe aan de aangemengde bloem.
Breng het azijnmengsel opnieuw aan de kook en kook het ongeveer 5 minuten zachtjes door.
Maak de jampotjes schoon (zie blz. **358**). Schenk de piccalilly in de potjes en pasteuriseer ze ongeveer 10 minuten.

DIEETAANPASSING
- **Glutenvrij**
  Gebruik glutenvrije bloem of rijstemeel in plaats van tarwebloem of raadpleeg de vervangingslijst.
- **Saccharosevrij**
  Gebruik diksap of honing in plaats van suiker of raadpleeg de vervangingslijst.

VARIATIES
- Voeg na het koken van de saus komkommer of taugé toe.
- Voeg samen met de mosterdpoeder 1 theelepel kurkuma toe.

Sojanaise

1 dl = 6 eetlepels

Deze saus is bereid zonder ei en kan gebruikt worden in plaats van mayonaise.

Bereidingstijd: 5 minuten

Raadpleeg uw merkartikelenlijst van ALBA en/of uw dieetadvies.

50 g tahoe
½ eetlepel azijn
2 eetlepels bouillon
1 theelepel suiker
1 theelepel mosterd
peper, zout
1 eetlepel olie

Pureer de tahoe en voeg al roerende de azijn, de bouillon, de suiker, de mosterd en peper en zout toe naar smaak en dieet.
Voeg al roerende de olie druppelsgewijs, later straalsgewijs toe.
Voeg de volgende hoeveelheid olie pas toe, nadat de vorige goed is opgenomen.

DIEETAANPASSING
- **Additievenvrij**
  Gebruik mosterd zonder toevoegingen.
- **Saccharosevrij**
  Gebruik diksap of honing in plaats van suiker of raadpleeg de vervangingslijst en gebruik mosterd zonder toegevoegde suiker.

- **Sojavrij**
  Bereid imitatiemayonaise (zie blz. **47**) of mayonaise (zie blz. **48**).

VARIATIES
- Gebruik kruidenazijn in plaats van gewone azijn.
- Gebruik één deel sojanaise en één deel kwark of yoghurt.
- Voeg 2 eetlepels ongeklopte zure room toe.
- Voeg 1 theelepel Worchestershiresaus toe.

Cocktailsaus
Voeg 4 eetlepels ongeklopte slagroom, 2 eetlepels cognac of sherry en $^1/_2$ eetlepel tomatenpuree toe.
Voeg eventueel $^1/_2$ theelepel paprikapoeder, 2 druppels Tabasco of $^1/_4$ theelepel Worchestershiresaus toe.

Kerriesojanaise
Voeg $^1/_2$ theelepel kerrie toe.

Mangosojanaise
Voeg $^1/_4$ gepureerde mango, $^1/_2$ eetlepel vers, gewassen en gehakt bieslook en $^1/_2$ eetlepel verse, gewassen en gehakte peterselie toe.

Mosterdsojanaise
Voeg $^1/_2$ eetlepel mosterd toe.

Tomatensojanaise
Voeg $^1/_2$ eetlepel tomatenketchup toe.

Ravigotesaus
Voeg $^1/_2$ eetlepel vers gesnipperd bieslook, $^1/_2$ eetlepel verse gehakte kervel en $^1/_2$ eetlepel verse gehakte peterselie toe.

Remouladesaus
Voeg 1 fijngesneden zoetzure augurk, $^1/_2$ eetlepel vers, gewassen en gehakt bieslook, $^1/_2$ eetlepel verse, gewassen en gehakte peterselie, 1 klein, gepeld en uitgeperst teentje knoflook en $^1/_4$ gepeld en gesnipperd uitje toe.

Vinaigrettesaus

1 dl = 6 eetlepels

Deze saus wordt gegeven bij salades.

Bereidingstijd: 5 minuten

Raadpleeg uw merkartikelenlijst van ALBA en/of uw dieetadvies.

2 eetlepels azijn
4 eetlepels olie
$^1/_2$ theelepel mosterd
1 theelepel suiker
peper, zout

Voeg al roerende de azijn aan de olie toe. Meng de mosterd met de suiker door de saus en voeg peper en zout toe naar smaak en dieet.

DIEETAANPASSING
- **Additievenvrij**
  Gebruik mosterd zonder toevoegingen.
- **Saccharosevrij**
  Gebruik honing of maïsmoutstroop in plaats van suiker, of raadpleeg de vervangingslijst en gebruik mosterd zonder toegevoegde suiker.

VARIATIES
- Gebruik kruidenazijn in plaats van azijn.

Appeldressing
Voeg 2 eetlepels appelsap en 1 schoongemaakte, geraspte appel toe.

Augurkdressing
Voeg 1 eetlepel nat van zoetzure augurkjes en 2 fijngehakte augurkjes toe.

Citrusdressing
Gebruik 1 eetlepel citroensap en 1 eetlepel sinaasappelsap in plaats van azijn. Meng daarna 1 eetlepel honing door de saus.
Garneer de citrusdressing eventueel met wat muntblaadjes.

Franse dressing
Voeg 1 theelepel Franse mosterd, 1 theelepel honing, maïsmoutstroop of suiker en $^1/_2$ teentje gepelde en gesnipperde knoflook toe.

Gemberdressing
Voeg 1 eetlepel gembersiroop en 2 fijngesneden gemberbolletjes toe.

Italiaanse dressing
Voeg $^1/_2$ eetlepel vers, gewassen en gehakt basilicum, $^1/_2$ eetlepel vers gesnipperd bieslook, 1 teentje gepelde, gesnipperde knoflook, $^1/_2$ eetlepel vers, gewassen en gehakte majoraan en $^1/_2$ eetlepel verse, gewassen en gehakte peterselie toe.

Kappertjesdressing
Voeg $^1/_2$ eetlepel kappertjes toe.

Kerriedressing
Voeg 1 theelepel kerriepoeder, 1 eetlepel zoete ketjap, $^1/_2$ theelepel knoflookpoeder, 1 theelepel mosterd, $^1/_4$ theelepel peper en 1 theelepel suiker toe.

Paprika-tomaatdressing
Voeg $^1/_2$ theelepel chilisaus, 2 eetlepels honing of suiker, $^1/_2$ theelepel geraspte mierikswortel, $^1/_2$ theelepel mosterd, 1 theelepel paprikapoeder, $^1/_4$ theelepel peper en 2 eetlepels tomatenketchup toe.
Voeg eventueel 1 eetlepel in stukjes gesneden paprika of tomaat toe.

ZOETE SAUZEN

Zoete sauzen kunnen gegeven worden bij het hoofdgerecht en bij een nagerecht.
Ze kunnen zowel warm als koud geserveerd worden.
Houd er rekening mee dat kant-en-klaarprodukten zoals sauzen in flesjes, pakjes en potjes ingrediënten kunnen bevatten die in het dieet niet zijn toegestaan.
Raadpleeg hiervoor uw dieetadvies en/of ALBA-lijst.

Hoeveelheid per persoon
$^3/_4$-1 dl

Gebruik per dl saus 1 dl melk, room, vruchtenpuree, vruchtesap of wijn met $^1/_2$ eetlepel suiker en bind met
3 g aardappelmeel/maïzena of custard
Meng het bindmiddel aan met een gelijke hoeveelheid van de koude vloeistof, voeg de suiker toe.
Breng de rest van de vloeistof aan de kook.
Voeg het aangemengd bindmiddel al roerende toe.
De kooktijd is enkele seconden.
Serveer de saus warm of koud.

VARIATIES

Varieer door vulsel toe te voegen

- Kruiden en/of specerijen
  anijszaadjes, kaneel, kruidnagel, kruizemunt, pepermuntblaadjes (kaneelsaus, sinaasappelsaus)
- Verse en/of geconserveerde vruchten
  abrikoos, ananas, citroen(schil), banaan, kersen, meloen, peer, pruimen, rozijntjes, sinaasappelschil (chocoladesaus, kersensaus)
- Noten en zaden
  amandelen, anijszaadjes, cashewnoten, hazelnoten, kokos, pistache, zonnebloempitten (bosvruchtensaus, chocoladesaus)
- Suikerprodukten
  bruine basterdsuiker, honing, suiker (caramelsaus, cranberrysaus)
- Smaakmakers
  cacao, carobepoeder, chocolade, oploskoffie (chocoladesaus, mokkasaus)
- Dranken
  koffie, likeur, rum (rum-rozijnensaus)

Carobesaus van hypoallergene melkvervanger

Deze saus kan bijvoorbeeld gegeven worden bij nagerechten zoals fruit, pannekoeken, pudding en ijs en bij carobefondue.

Bereidingstijd: 10 minuten

Raadpleeg uw merkartikelenlijst van ALBA en/of uw dieetadvies.

$1\frac{1}{2}$ eetlepel carobepoeder
1 eetlepel maïzena
$1\frac{1}{2}$ dl koud water
1 eetlepel perendiksap
hypoallergene melkpoeder
3 eetlepels lauw water

Meng de carobepoeder met de maïzena en voeg al roerende $2\frac{1}{2}$ eetlepel van het koude water toe en voeg daarna het perendiksap toe.
Breng de rest van het water aan de kook, voeg al roerende de aangemengde carobe toe en breng de saus opnieuw aan de kook.
Roer de saus koud tot 70°C.
Meng de hypoallergene melkpoeder aan met het lauwe water.
Raadpleeg voor de juiste verhouding hypoallergene melkpoeder/water de gebruiksaanwijzing op de verpakking.
Gebruik de hoeveelheid melkpoeder die nodig is om 2 dl hypoallergene melkvervanger te verkrijgen.
Voeg al roerende de aangemengde hypoallergene melkpoeder toe.
Dien de carobesaus direct op zonder deze verder nog te verwarmen of roer de saus snel koud.

DIEETAANPASSING

- **Maïsvrij**
  Gebruik $1\frac{1}{2}$ eetlepel rijstemeel in plaats van maïzena of raadpleeg de vervangingslijst.

INDIEN TOEGESTAAN

- Gebruik suiker in plaats van perendiksap.

VARIATIES

- Voeg vlak voor het opdienen 1 eetlepel schoongemaakt en in stukjes gesneden fruit zoals abrikoos, ananas, banaan of peer toe.
- Voeg vlak voor het opdienen 1 eetlepel in stukjes gehakte chocolade toe.
- Voeg vlak voor het opdienen 1 eetlepel gehakte noten of zaden zoals amandelen, cashewnoten, hazelnoten, of zonnebloempitten toe.

Chocoladesaus
Gebruik cacao in plaats van carobe.

Kaneelsaus
Gebruik 1 theelepel kaneel in plaats van carobe en roer 10 g margarine door de saus vóór de hypoallergene melkvervanger wordt toegevoegd.

Karamelsaus
Gebruik 40 g suiker in plaats van carobe.
Breng het water aan de kook. Smelt de suiker in een braadpannetje, wacht tot de massa bruist en roer er dan pas in.
Voeg het kokende water al roerende toe aan de caramel, laat deze langzaam oplossen en breng hem opnieuw aan de kook.
Voeg al roerende de aangemengde maïzena zonder carobe en suiker toe, breng de saus opnieuw aan de kook.
Roer de saus koud tot 70°C.
Voeg al roerende de aangemengde hypoallergene melkpoeder toe.
Dien de karamelsaus direct op zonder deze verder nog te verwarmen of roer de saus snel koud.

Chocoladesaus

Deze saus kan bijvoorbeeld gebruikt worden bij nagerechten zoals fruit, pannekoeken, pudding en ijs en bij carobefondue.

Bereidingstijd: 15 minuten

Raadpleeg uw merkartikelenlijst van ALBA en/of uw dieetadvies.

1 1/2 eetlepel cacao
1 1/2 eetlepel maïzena
2 eetlepels suiker
2 dl koude melk

Meng de cacao met de maïzena en de suiker en voeg al roerende 2 eetlepels van de koude melk toe.
Breng de rest van de melk aan de kook, voeg al roerende het aangemengde cacaomengsel toe.
Breng de chocoladesaus opnieuw aan de kook.
Serveer de chocoladesaus direct warm of roer deze koud.

DIEETAANPASSING

- **Cacaovrij**
  Gebruik carobe in plaats van cacao.
- **Koemelkvrij**
  Gebruik sojamelk in plaats van koemelk of bereid chocoladesaus van hypoallergene melkvervanger (zie blz. **52**).
- **Lactosevrij**
  Gebruik lactosevrije melk in plaats van koemelk.
- **Maïsvrij**
  Gebruik 2 1/4 eetlepel rijstemeel in plaats van maïzena of raadpleeg de vervangingslijst.
- **Saccharosevrij**
  Gebruik honing of maïsmoutstroop in plaats van suiker of raadpleeg de vervangingslijst.

VARIATIES

- Voeg vlak voor het opdienen 1 eetlepel schoongemaakt en in stukjes gesneden fruit zoals abrikoos, ananas, banaan of peer toe.
- Voeg vlak voor het opdienen 1 eetlepel in stukjes gehakte chocolade toe.
- Voeg vlak voor het opdienen 1 eetlepel gehakte noten of zaden zoals amandelen, cashewnoten, hazelnoten of zonnebloempitten toe.

Carobesaus
Gebruik carobepoeder in plaats van cacao.

Kaneelsaus
Gebruik 1 theelepel kaneel in plaats van cacao en roer 10 g margarine door de kaneelsaus.

Karamelsaus
Gebruik 40 g suiker in plaats van cacao.
Breng de melk aan de kook. Smelt de suiker in een braadpannetje, wacht tot de massa bruist en roer er dan pas in.
Voeg de melk al roerende toe aan de karamel, laat deze langzaam oplossen en breng hem opnieuw aan de kook.
Voeg al roerende de aangemengde maïzena, zonder cacao en suiker, toe en breng de saus opnieuw aan de kook.

Cranberrysaus

Deze saus kan bijvoorbeeld gegeven worden bij wild en gevogelte zoals konijn en kalkoen en bij nagerechten zoals pannekoeken, rijstepap en ijs.

Bereidingstijd: 20 minuten
Koeltijd: 30 minuten

Raadpleeg uw merkartikelenlijst van ALBA en/of uw dieetadvies.

100 g cranberries
1 1/2 eetlepel bruine
basterdsuiker
2 eetlepels water
1/2 citroen
1 eetlepel suiker

Was de cranberries en houd er 5 achter.
Breng de cranberries met de bruine basterdsuiker en het water aan de kook en kook ze ongeveer 15 minuten.
Pers de citroen uit.
Voeg het citroensap en de suiker al roerende toe aan de saus. Pureer de saus, roer deze koud en plaats hem ongeveer 30 minuten in de koelkast.
Garneer de cranberrysaus met de achtergehouden cranberries.

DIEETAANPASSING

- **Citrusvrij**
  Voeg geen citroensap toe en gebruik 4 eetlepels water in plaats van 2 eetlepels.
- **Saccharosevrij**
  Gebruik diksap of honing in plaats van bruine basterdsuiker en suiker of raadpleeg de vervangingslijst.

VARIATIES

- Gebruik 50 g cranberries en 50 g rozijnen in plaats van de cranberries.
- Gebruik honing in plaats van bruine basterdsuiker.

Custardsaus

Deze saus kan bijvoorbeeld gegeven worden bij nagerechten zoals fruit, pannekoeken, pudding en ijs en bij gebak zoals cake en Apfelstrudel.

Bereidingstijd: 10 minuten

Raadpleeg uw merkartikelenlijst van ALBA en/of uw dieetadvies.

1/2 eetlepel custardpoeder
1 eetlepel suiker
2 dl koude melk

Meng de custardpoeder met de suiker en voeg al roerende 1/2 eetlepel van de koude melk toe.
Breng de rest van de melk aan de kook, voeg al roerende de aangemengde custard toe.
Breng de custardsaus opnieuw aan de kook.
Serveer de custardsaus direct warm of roer deze koud.

DIEETAANPASSING

- **Additievenvrij**
  Bereid vanillesaus (zie blz. **57**) in plaats van custardsaus.
- **Koemelkvrij**
  Gebruik sojamelk in plaats van koemelk of maak custardsaus van hypoallergene melkvervanger (zie blz. **55**).
- **Lactosevrij**
  Gebruik lactosevrije melk in plaats van koemelk.
- **Maïsvrij**
  Bereid vanillesaus van rijstemeel (zie blz. **57**) in plaats van custardsaus.
- **Saccharosevrij**
  Voeg geen suiker toe en voeg aan de nog warme custardsaus ahornsiroop of honing toe in plaats van suiker of raadpleeg de vervangingslijst.

VARIATIES

Citroen- of sinaasappelsaus
Voeg eerst aan de melk de gewassen, ge-

raspte schil van 1/4 citroen of sinaasappel toe, laat deze ongeveer 30 minuten trekken en verwijder hem.

Mokkasaus
Voeg al roerende 1 eetlepel oploskoffie toe.

Rum-rozijnensaus
Voeg 50 g gewassen rozijnen toe en voeg vlak voor het opdienen van de warme saus 2 eetlepels rum toe.

Custardsaus van hypoallergene melkvervanger

Deze saus kan bijvoorbeeld gegeven worden bij nagerechten zoals fruit, pannekoeken, pudding en ijs en bij gebak zoals cake en Apfelstrudel.

Bereidingstijd: 10 minuten

Raadpleeg uw merkartikelenlijst van ALBA en/of uw dieetadvies.

- 1/2 eetlepel custardpoeder
- 1 1/2 dl koud water
- hypoallergene melkpoeder
- 3 eetlepels lauw water
- 1 eetlepel maïsmoutstroop

Meng de custardpoeder met 1/2 lepel van het koude water aan.
Breng de rest van het water aan de kook, voeg al roerende de aangemengde custard toe en breng de saus opnieuw aan de kook.
Roer de saus snel koud tot 70°C.
Meng de hypoallergene melkpoeder aan met het lauwe water.
Raadpleeg voor de juiste verhouding hypoallergene melkpoeder/water de gebruiksaanwijzing op de verpakking.
Gebruik de hoeveelheid melkpoeder die nodig is om 2 dl hypoallergene melkvervanger te verkrijgen.
Voeg al roerende de aangemengde hypoallergene melkpoeder toe.
Roer de maïsmoutstroop door de saus.
Dien de custardsaus direct op zonder deze verder nog te verwarmen.

DIEETAANPASSING

- **Additievenvrij**
  Bereid vanillesaus van hypoallergene melkvervanger (zie blz. **58**) in plaats van custardsaus.
- **Maïsvrij**
  Bereid vanillesaus van hypoallergene melkvervanger en rijstemeel (zie blz. **58**) in plaats van custardsaus.
  Gebruik honing of gerstemoutstroop in plaats van maïsmoutstroop of raadpleeg de vervangingslijst.

INDIEN TOEGESTAAN

- Gebruik suiker in plaats van maïsmoutstroop.

VARIATIES

Citroen- of sinaasappelsaus
Voeg eerst aan het kokende water de gewassen, geraspte schil van 1/4 citroen of sinaasappel toe, laat deze ongeveer 30 minuten trekken en verwijder hem.

Mokkasaus
Voeg al roerende 1 eetlepel oploskoffie toe.

Rum-rozijnensaus
Voeg 50 g gewassen rozijnen toe en voeg vlak voor het opdienen van de warme saus 2 eetlepels rum toe.

Donkere bosvruchtensaus

Donkere bosvruchtensaus kan bijvoorbeeld gegeven worden bij nagerechten zoals flensjes en ijs.

Bereidingstijd: 15 minuten

Raadpleeg uw merkartikelenlijst van ALBA en/of uw dieetadvies.

100 g bosbessenjam
100 g zwarte-bessenjam
1 1/2 eetlepel water

Breng de bosbessenjam, de zwarte-bessenjam en het water al roerende aan de kook.
Kook de saus ongeveer 5 minuten.

DIEETAANPASSING

- **Additievenvrij**
  Gebruik jam zonder toevoegingen (zie blz. **362**).
- **Saccharosevrij**
  Gebruik vruchtenbeleg in plaats van jam, (zie blz. **363**).

VARIATIES

- Voeg vlak voor het opdienen de gewassen en geraspte schil van 1/4 citroen toe.
- Voeg vlak voor het opdienen 1/2 theelepel anijszaadjes toe.
- Voeg vlak voor het opdienen in stukjes gesneden fruit toe zoals 1/4 appel, 1/4 banaan of 1 eetlepel rode bessen.

Abrikozensaus
Gebruik abrikozenjam in plaats van bosbessen- en zwarte-bessenjam.

Bessensaus
Gebruik rode-bessengelei in plaats van bosbessen- en zwarte-bessenjam.

Kersensaus
Gebruik kersenjam in plaats van bosbessen- en zwarte-bessenjam.

GARNEERSUGGESTIE

- Garneer de donkere bosvruchtensaus met 1 eetlepel geraspte kokos.

Sinaasappelsaus

Sinaasappelsaus kan bijvoorbeeld gegeven worden bij nagerechten zoals fruit- en ijsdesserts.

Dit recept is niet geschikt voor het citrusvrije dieet.

Bereidingstijd: 15 minuten
Koeltijd: 30 minuten

Raadpleeg uw merkartikelenlijst van ALBA en/of uw dieetadvies.

2 sinaasappels
1 3/4 dl water
1 eetlepel suiker
1 eetlepel aardappelmeel
1 eetlepel koud water

Pers 1 sinaasappel uit, maak de andere sinaasappel schoon en verdeel deze in partjes.
Breng het sinaasappelsap met het water aan de kook en voeg al roerende de suiker toe.
Meng het aardappelmeel aan met het koude water, voeg dit al roerende bij het sinaasappelsap en breng het opnieuw aan de kook.
Koel de saus af.
Roer de partjes sinaasappel door de sinaasappelsaus.

DIEETAANPASSING

- **Aardappelvrij**
  Gebruik arrowroot in plaats van aardappelmeel of raadpleeg de vervangingslijst.
- **Saccharosevrij**
  Gebruik diksap of honing in plaats van suiker of raadpleeg de vervangingslijst.

VARIATIES

- Gebruik grapefruits in plaats van sinaasappels.

Ananassaus
Gebruik 2 dl ananassap in plaats van sinaasappelsap en water en gebruik 2 in stukjes gesneden schijven ananas in plaats van sinaasappelpartjes.

Bessensaus
Gebruik 2 dl bessesap in plaats van sinaasappelsap en water en gebruik 3 eetlepels bessen in plaats van sinaasappelpartjes.

Kersensaus
Gebruik 2 dl kersesap in plaats van sinaasappelsap en water en gebruik 1 eetlepel ontpitte kersen in plaats van sinaasappelpartjes.

Pruimensaus
Gebruik 1 dl pruimesap en 1 dl water in plaats van sinaasappelsap en water en gebruik 2 pruimen in plaats van 1 sinaasappel om in partjes te verdelen.

GARNEERSUGGESTIES

- Garneer de sinaasappelsaus met 1 theelepel verse, gewassen pepermuntblaadjes.
- Garneer de sinaasappelsaus met 1 theelepel anijszaadjes.

Vanillesaus

Deze saus kan bijvoorbeeld gegeven worden bij nagerechten zoals fruit, pannekoeken, pudding en ijs en bij gebak zoals cake en Apfelstrudel.

Bereidingstijd: 10 minuten

Raadpleeg uw merkartikelenlijst van ALBA en/of uw dieetadvies.

1 eierdooier
1/2 eetlepel maïzena
1 eetlepel suiker
2 dl koude melk
1/4 vanillestokje

Meng de eierdooier, de maïzena en de suiker met 1/2 eetlepel van de koude melk.
Breng de rest van de melk aan de kook met het vanillestokje en kook dit ongeveer 5 minuten.
Schraap het vanillestokje leeg in de melk en verwijder het stokje.
Voeg al roerende 1 eetlepel van de kokende melk toe aan de aangemengde maïzena, schenk het mengsel daarna al roerende in de kokende melk en breng de vanillesaus opnieuw aan de kook.
Serveer de vanillesaus direct warm of roer deze koud.

DIEETAANPASSING

- **Kippeëivrij**
  Bereid custardsaus (zie blz. **54**).
- **Koemelkvrij**
  Gebruik sojamelk in plaats van koemelk of bereid custardsaus van hypoallergene melkvervanger (zie blz. **55**).
- **Lactosevrij**
  Gebruik lactosevrije melk in plaats van koemelk.
- **Maïsvrij**
  Gebruik 3/4 eetlepel rijstemeel in plaats van maïzena of raadpleeg de vervangingslijst.
- **Saccharosevrij**
  Gebruik ahornsiroop of honing in plaats van suiker of raadpleeg de vervangingslijst.

VARIATIES

- Gebruik 1 zakje vanillesuiker in plaats van het vanillestokje.

Citroen-vanillesaus of sinaasappel-vanillesaus
Voeg eerst aan de melk de gewassen, geraspte schil van 1/4 citroen of sinaasappel toe, laat deze ongeveer 30 minuten trekken en verwijder hem.

Mokka-vanillesaus
Voeg al roerende 1 eetlepel oploskoffie toe.

Rumrozijnen-vanillesaus
Voeg 50 g gewassen rozijnen toe en voeg vlak voor het opdienen van de warme saus 2 eetlepels rum toe.

Vanillesaus van hypoallergene melkvervanger

Deze saus kan bijvoorbeeld gegeven worden bij nagerechten zoals fruit, pannekoeken, pudding en ijs en bij gebak zoals cake en Apfelstrudel.

Bereidingstijd: 10 minuten

Raadpleeg uw merkartikelenlijst van ALBA en/of uw dieetadvies.

1 eierdooier
1/2 eetlepel maïzena
1 1/2 dl koud water
1/4 vanillestokje
hypoallergene melkpoeder
3 eetlepels lauw water
1 eetlepel maïsmoutstroop

Meng de eidooier en de maïzena met 1/2 lepel van het koude water aan.
Breng de rest van het water aan de kook met het vanillestokje en kook dit ongeveer 5 minuten.
Schraap het vanillestokje leeg in het water en verwijder het stokje.
Voeg al roerende 1 eetlepel van het kokende water toe aan de aangemengde maïzena, schenk het mengsel daarna al roerende in het kokende water en breng dit opnieuw aan de kook.
Roer de saus snel koud tot 70°C.
Meng de hypoallergene melkpoeder aan met het lauwe water.
Raadpleeg voor de juiste verhouding hypoallergene melkpoeder/water de gebruiksaanwijzing op de verpakking.
Gebruik de hoeveelheid melkpoeder die nodig is om 2 dl hypoallergene melkvervanger te krijgen.
Voeg al roerende de aangemengde hypoallergene melkpoeder toe.
Roer de maïsmoutstroop door de saus.
Dien de custardsaus direct op zonder deze verder nog te verwarmen.

DIEETAANPASSING

- **Kippeëivrij**
  Bereid custardsaus van hypoallergene melkvervanger (zie blz. **55**) in plaats van vanillesaus.
- **Maïsvrij**
  Gebruik 3/4 eetlepel rijstemeel in plaats van maïzena of raadpleeg de vervangingslijst.
  Gebruik ahornsiroop in plaats van maïsmoutstroop of raadpleeg de vervangingslijst.

VARIATIES

- Gebruik 1 zakje vanillesuiker in plaats van het vanillestokje.

Mokka-vanillesaus
Voeg al roerende 1 eetlepel oploskoffie toe.

Rumrozijnen-vanillesaus
Voeg 50 g gewassen rozijnen toe en voeg vlak voor het opdienen van de warme saus 2 eetlepels rum toe.

VLEES

Vlees kan gegeven worden bij de lunch, als voorgerecht, bij het hoofdgerecht of als tussendoortje.
Mensen met een overgevoeligheid voor bepaalde soorten vlees (bijvoorbeeld varkensvlees) gebruiken vaker kalfsvlees, kalkoen- en kippevlees, lamsvlees, rundvlees en wild.
Houd er rekening mee dat kant-en-klaarprodukten zoals gemengd, gemarineerd en gepaneerd vlees ingrediënten kunnen bevatten die in het dieet niet zijn toegestaan.
Raadpleeg hiervoor uw dieetadvies en/of ALBA-lijst.

Hoeveelheid per persoon
Broodmaaltijd:
15 g vleeswaren per snee brood

Warme maaltijd:
75-100 g vlees
zout, peper
25 g margarine of olie

Snel bakken
Zout, kruid of marineer het vlees naar smaak en dieet.
Schroei het vlees dicht in de gebruinde margarine of de hete olie. Bak het vlees eerst aan de ene kant, daarna aan de andere kant vlug bruin in ongeveer 5 minuten. Verwerk het vet eventueel tot jus of saus.
Bereid op deze wijze mals en mager vlees dat van binnen rood moet blijven zoals baklap, biefstuk tartaar, runderbiefstuk en vlees dat vlug gaar of al gaar is zoals bloedworst, frikadellen, rolpens.

Langzaam bakken
Temper de warmtebron na 5 minuten en bak het vlees nog ongeveer 15 minuten. Verwerk het vet eventueel tot jus of saus.
Bereid op deze wijze mals vlees dat gaar gegeten wordt en niet snel uitdroogt zoals kalfsbiefstuk, rib- en lendekarbonades, koteletten, in plakken gesneden orgaanvlees zoals lever, niertjes, zwezerik, maar ook spek, varkensbiefstuk en varkensoester.

Bakken en nabraden
Zout en kruid het vlees naar smaak en dieet. Schroei het vlees dicht in de gebruinde margarine of olie. Wentel het vlees in een open pan op groot vuur ongeveer 10 minuten tot het een mooie donkerbruine kleur heeft gekregen. Temper daarna de warmtebron en bak het vlees nog eens 20 tot 30 minuten met het deksel op de pan. Verwerk het vet eventueel tot jus of saus.
Bereid op deze wijze vrij dik vlees dat gaar gegeten wordt en dat niet alleen gebakken, maar ook gebraden moet worden zoals gehakt, saucijsjes, schouderkarbonades, slavinken, varkenslappen of -rolletjes, verse worst en groot vlees (meer dan 500 g).

Bakken en stoven
Zout en kruid het vlees naar smaak en dieet. Schroei het vlees dicht in de gebruinde margarine of olie. Wentel het vlees in een open pan op groot vuur ongeveer 10 minuten tot het een mooie donkerbruine kleur heeft gekregen. Temper daarna de warmtebron en voeg 1 dl water of bouillon, ½ eetlepel zure vloeistof en de kruiden en specerijen naar smaak en dieet toe. Stoof het vlees 2½ - 3 uur met het deksel op de pan. Verwerk het stoofvocht eventueel tot een saus.
Bereid op deze wijze vlees met veel bindweefsel dat bij verhitting taai wordt zoals kalfslappen, lamslappen, of runderlappen.

Paneren en bakken
Nodig voor het paneren:
1 losgeklopt ei en 1 eetlepel paneermeel, of
1 eetlepel bloem aangemengd met 1 eetlepel water en 1 eetlepel paneermeel, of
1 eetlepel melk en 1 eetlepel paneermeel.
Paneermeel kan men eventueel van gedroogd oud brood maken.

Zout en kruid het vlees naar smaak en dieet. Wentel het vlees eerst door de vloeistof en daarna door het paneermeel.
Bak het gepaneerde vlees ongeveer 15 minuten op een getemperde warmtebron.
Bereid op deze wijze mager, dun uitgesneden vlees dat snel gaar is en kans op uitdrogen heeft zoals kalfskoteletten en -karbonades, kalfslapjes, kalfsoesters, lamskoteletten en Wiener schnitzel.

Koken
Breng 2 dl water of bouillon per persoon aan de kook. Voeg het vlees met het zout, de kruiden en specerijen naar smaak en dieet toe. De kooktijd varieert van ongeveer 15 minuten voor kip tot ongeveer 3 uur voor poelet of orgaanvlees.
Verwerk het kookvocht, met uitzondering van dat van orgaanvlees, eventueel tot een saus of soep.

Grilleren
Zout, kruid of marineer het vlees naar smaak en dieet.
Leg het vlees onder de roodgloeiende grill, keer het vlees regelmatig en grill het in 10 tot 25 minuten gaar.

VARIATIES
Varieer door gebruik te maken van
- Verse en/of gedroogde kruiden
  basilicum, knoflook, oregano, rozemarijn, tijm (croquetten, lamsvlees)
- Specerijen
  gemberpoeder, foelie, kerrie, koriander, kruidnagel, laurierblad, nootmuskaat, paprikapoeder, peper (runderlappen, vleesspies)
- Groenten
  champignons, stukjes maïskolf, paprika, prei, sjalotje, tomaat, ui, wortel, zilveruitjes (boeuf stroganoff, croquetten)
- Fruit
  abrikoos, ananas, appel, banaan, druif, kiwi, mandarijn, rozijntjes (koteletten, runderlappen, vleesspies)
- Zuivelprodukten
  kaas, melk, slagroom, yoghurt, zure room (boeuf stroganoff, croquetten)
- Noten
  gemalen kokos (lamsvlees)
- Smaakmakers
  azijn, citroensap, ketjap, mosterd, sambal, stroop, tomatenpuree (Vlaamse runderlappen, fondue)
- Dranken
  bier, sherry, wijn (boeuf stroganoff, runderlappen)

Varieer door verschillende gerechten te maken
- Vleescroquet, pâté (zie hoofdstuk Broodbeleg), vleesragoût, vleesspies

Varieer door er verschillende sauzen bij te serveren
- Champignonsaus, gembersaus, pepersaus, picassosaus, pindasaus, tahinsaus, uiensaus

Boeuf stroganoff

Bereidingstijd: 40 minuten

Raadpleeg uw merkartikelenlijst van ALBA en/of uw dieetadvies.

3/4 dl yoghurt
1 theelepel mosterd
peper en zout
1 ui
1 dl bouillon
2 eetlepels droge sherry
225 g ossehaas
100 g champignons

Meng de yoghurt met de mosterd en met peper en zout naar smaak en dieet.
Pel en snipper de ui.
Breng de bouillon aan de kook en voeg de droge sherry en de ui toe.
Kook dit ongeveer 10 minuten.
Snijd de ossehaas in dunne reepjes.

Maak de champignons schoon en snijd deze in plakjes.
Voeg de ossehaas en de champignons toe aan de bouillon en kook dit nog ongeveer 20 minuten.
Roer vlak voor het opdienen het yoghurtmengsel door de boeuf stroganoff.

DIEETAANPASSING

- **Additievenvrij**
  Voeg geen sherry toe. Gebruik mosterd zonder toevoegingen.
- **Koemelkvrij/lactosevrij**
  Gebruik een mosterdsaus (zie blz. **42**) in plaats van het yoghurtmengsel. Voeg peper en zout toe aan de bouillon.
- **Saccharosevrij**
  Gebruik mosterd zonder toegevoegde suiker.

VARIATIES

- Gebruik kwark in plaats van yoghurt.
- Gebruik tomatenketchup in plaats van mosterd.
- Laat met de ui 1/4 schoongemaakte en in ringen gesneden prei of 1/4 geschrapte en in plakjes gesneden winterwortel meetrekken.
- Gebruik wijn in plaats van sherry.

Fondue bourguignonne

vleesfondue

Voorbereidingstijd: 15 minuten
Bijzondere materialen: fonduepan of een pan met dikke bodem, spiritusbrander of réchaud, 2 fonduevorken

Raadpleeg uw merkartikelenlijst van ALBA en/of uw dieetadvies.

300 g vlees, kies meerdere soorten zoals biefstuk, fricandeau, gehakt, hamlapjes, kalfslapjes, kipfilet, lamsvlees, tartaar, varkenshaas
5 dl olie
peper, zout

Snijd het vlees in kleine blokjes, vorm van het gehakt balletjes en leg deze op een schaal.
Schenk de olie in een fonduepan en verwarm deze tot de damp er juist vanaf komt. Plaats de fonduepan daarna op een spiritusbrander of een réchaud en zorg ervoor dat deze op temperatuur blijft.
Prik het vlees aan een fonduevork en bak het in de olie.
Voeg na het bakken peper en zout toe naar smaak en dieet.

VARIATIES

Chinese fondue
Gebruik bouillon in plaats van olie.
Voeg aan de bouillon eventueel 2 eetlepels rijstwijn, droge sherry of ketjap toe.

Groentefondue
Gebruik groenten zoals plakjes champignons, roosjes bloemkool of broccoli, reepjes paprika, ringetjes prei, stukjes ui en plakjes wortel in plaats van vlees.

Visfondue
Gebruik dunne plakjes magere vis zoals kabeljauw, schelvis, schol, tong, wijting, zee-

duivel en/of schaal- en schelpdieren zoals garnalen en mosselen in plaats van vlees.

SERVEERSUGGESTIES
Serveer bij de vleesfondue:
- Hartige sauzen zoals cocktailsaus, kerriesaus, ravigotesaus
- Salades zoals aardappelsalade, bleekselderijsalade, rijstsalade, wortelsalade
- Stokbrood of gekookte rijst, nasi goreng of mihoen

Gebakken lamsvlees

Bereidingstijd: 40 minuten

Raadpleeg uw merkartikelenlijst van ALBA en/of uw dieetadvies.

200 g lamsvlees
peper, zout
1/2 eetlepel vers basilicum
100 g champignons
1/2 teentje knoflook
1/2 sjalotje
30 g margarine
1/2 dl bouillon

Bestrooi het lamsvlees met peper en zout naar smaak en dieet.
Was en hak het verse basilicum.
Maak de champignons schoon en snijd deze in plakjes.
Pel en snipper de knoflook en de sjalot.
Smelt de margarine en laat deze bruin worden.
Schroei het lamsvlees hierin aan beide kanten dicht.
Voeg de bouillon met het basilicum, de champignons, de knoflook en de sjalot toe.
Stoof het lamsvlees onder af en toe keren in ongeveer 30 minuten zachtjes gaar.

VARIATIES
- Gebruik 1/2 theelepel gemberpoeder, 1 theelepel kerrie en 1 theelepel kokos in plaats van basilicum.
- Marineer het vlees eerst ongeveer 2 uur in een marinade van 1 1/2 dl bouillon, 1 dl kruidenazijn, 1 laurierblad, 2 eetlepels olie, 1 theelepel gedroogde peterselie, 1/4 theelepel sambal en 1/2 ui.

Gourmet

Voorbereidingstijd: 45 minuten
Bijzondere materialen: gourmetstel en houten spatels

Raadpleeg uw merkartikelenlijst van ALBA en/of uw dieetadvies.

200 g vlees zoals biefstuk,
borrelworstjes, fricandeau,
gehakt, ham, minihamburgers,
kalfslapjes, kipfilet, lamsvlees,
rookspek, tartaar, ontbijtspek,
varkenshaas en/of
varkensschnitzel
200 g groenten zoals plakjes
champignons, plakjes courgette,
gesnipperde knoflook, gare
maïskorrels, reepjes paprika,
ringetjes prei, stukjes ontvelde
tomaat, gesnipperde ui en
plakjes wortel
100 g gekookte
minikrielaardappeltjes of rösti
margarine
verse kruiden zoals basilicum,
bieslook, peterselie, oregano
specerijen zoals kerrie,
paprikapoeder, peper
zout

Snijd het vlees in kleine blokjes, vorm van het gehakt balletjes en leg deze op een schotel.
Maak de groenten schoon, snijd ze in plakjes of reepjes en leg deze op een schotel.
Bak de rösti 10 minuten voor en doe deze in een schaal.
Was en hak de verse kruiden en leg deze in kleine schaaltjes.

Plaats het gourmetstel op tafel en zorg dat de pannetjes voldoende warm worden.
Geef ieder een eigen pannetje en een houten spatel om zelf te kunnen roerbakken.
Dek de tafel verder zoals gebruikelijk.
Plaats de margarine, de schalen, de specerijen en het zout op tafel.

VARIATIES

- Gebruik dunne plakjes magere vis zoals kabeljauw, schelvis, schol, tong, wijting, zalm, zeeduivel of schaal- en schelpdieren zoals garnalen en mosselen.
- Geef er fruit bij zoals stukjes ananas, blokjes appel, plakjes banaan besprenkeld met citroensap, plakjes kiwi, stukjes perzik, rozijntjes.
- Geef er eieren bij voor het maken van een omelet of roerei, eventueel gevuld met groenten of vis.
- Geef er kaas bij, geraspt en/of in blokjes.
- Geef er blokjes tahoe en/of tempé bij.
- Geef er 2 dl flensjesbeslag bij.
- Geef er smaakmakers bij zoals ketjap, mosterd, sambal, tomatenketchup, Worcestershiresaus.

SERVEERSUGGESTIES

Serveer bij de gourmet:

- Hartige sauzen zoals cocktailsaus, chutney, kerriesaus, knoflooksaus, ravigotesaus
- Salades zoals aardappelsalade, gemengde salade
- Stokbrood of gekookte rijst, nasi goreng, mihoen

Kalfsschnitzels

Bereidingstijd: 25 minuten

Raadpleeg uw merkartikelenlijst van ALBA en/of uw dieetadvies.

2 dunne kalfslapjes
peper, zout
3 eetlepels bloem
5 eetlepels koud water
5 eetlepels paneermeel
50 g margarine

Bestrooi de kalfslapjes met peper en zout naar smaak en dieet.
Meng de bloem aan met het koude water, haal de varkenslapjes door het bloempapje en daarna door het paneermeel.
Smelt de margarine en laat deze bruin worden.
Bak de lapjes in een open pan enkele minuten aan beide kanten bruin en bak ze daarna nog ongeveer 15 minuten zachtjes door.

DIEETAANPASSING

- **Additievenvrij**
  Gebruik paneermeel zonder toevoegingen.
- **Glutenvrij**
  Gebruik glutenvrije bloem of rijstemeel in plaats van bloem of raadpleeg de vervangingslijst.
  Gebruik glutenvrij paneermeel eventueel gemaakt van glutenvrij brood.
- **Kippeëivrij**
  Gebruik kippeëivrij paneermeel.
- **Koemelkvrij/lactosevrij**
  Gebruik koemelkvrij paneermeel.

INDIEN TOEGESTAAN

- Gebruik 1 losgeklopt eiwit in plaats van het bloempapje.

VARIATIES

Paprikaschnitzels
Bestrooi de lapjes met $1/2$ theelepel paprikapoeder en roer $1/2$ theelepel paprikapoeder door het paneermeel.

Varkensschnitzels
Gebruik varkenslapjes in plaats van kalfslapjes.

GARNEERSUGGESTIES
- Garneer de kalfsschnitzels met 1 schijfje citroen.
- Garneer de kalfsschnitzels met 1 takje gewassen peterselie.

Kalfsvleescroquetten

4 stuks

Bereidingstijd: 50 minuten
Koeltijd: 1 uur
Bijzonder materiaal: frituurpan

Raadpleeg uw merkartikelenlijst van ALBA en/of uw dieetadvies.

150 g kalfsvlees
1/2 ui
1/2 winterwortel
1 1/2 dl water
1/2 theelepel gedroogde foelie
10 witte peperkorrels
1 eetlepel verse peterselie
1/4 theelepel gedroogde tijm
1/2 theelepel zout
30 g margarine
4 eetlepels bloem
60 g paneermeel
50 g bloem
1 dl koud water
frituurvet of -olie

Snijd het kalfsvlees in heel kleine stukjes.
Pel en snipper de ui, schrap en was de winterwortel en snijd deze in plakjes.
Breng het water aan de kook met de foelie, het kalfsvlees, de ui, de winterwortel, de peperkorrels, de verse peterselie, de gedroogde tijm en het zout. Kook dit ongeveer 25 minuten zachtjes door.
Zeef de bouillon en verwijder de peperkorrels, de ui en de wortel.
Smelt de margarine, voeg de bloem toe en roer deze door de margarine tot een samenhangende massa (roux) is verkregen.
Voeg de helft van de bouillon toe, breng deze aan de kook en roer de roux glad.
Voeg beetje bij beetje onder voortdurend roeren de andere helft toe en breng deze weer aan de kook.
Voeg het kalfsvlees toe, roer de ragoût koud en laat deze ongeveer 1 uur in de koelkast afkoelen en opstijven.
Verdeel de ragoût in 4 gelijke porties en vorm er croquetten van.
Rol de croquetten aan alle kanten door het paneermeel.
Meng de bloem aan met het koude water en roer dit tot een dun papje.
Haal de croquetten door het bloempapje en rol ze nog eens door het paneermeel.
Bak de croquetten in heet frituurvet van 170°C, waar de damp juist vanaf komt ongeveer 3 à 4 minuten en laat ze goed uitlekken.

DIEETAANPASSING
- **Additievenvrij**
  Gebruik paneermeel zonder toevoegingen.
- **Glutenvrij**
  Gebruik glutenvrije bloem of rijstemeel in plaats van bloem of raadpleeg de vervangingslijst.
  Gebruik glutenvrij paneermeel, eventueel bereid van glutenvrij brood.
- **Kippeëivrij**
  Gebruik kippeëivrij paneermeel.
- **Koemelkvrij/lactosevrij**
  Gebruik koemelkvrij paneermeel.

INDIEN TOEGESTAAN
- Gebruik 1 losgeklopt eiwit in plaats van het bloempapje.

VARIATIES
- Gebruik 75 g vlees en 75 g champignons in plaats van vlees.
- Voeg 1/2 eetlepel melk, slagroom of zure room toe aan de ragoût.

- Voeg het sap van $^1/_4$ citroen toe aan de ragoût.
- Voeg $^1/_2$ eetlepel witte wijn toe aan de ragoût.

Groentecroquetten
Gebruik schoongemaakte en in kleine stukjes gesneden groenten zoals bloemkool, broccoli, paprika, prei, ui of wortel in plaats van vlees. Kook deze ongeveer 20 minuten. Gebruik eventueel het groentenat in plaats van bouillon.

Kaascroquetten
Gebruik geraspte oude kaas in plaats van gaar kalfsvlees.

Kipcroquetten
Gebruik kip in plaats van kalfsvlees, kook deze ongeveer 20 minuten in plaats van 25 minuten.

Rundvleescroquetten
Gebruik rundvlees in plaats van kalfsvlees, kook dit ongeveer $2^1/_2$ uur in plaats van 25 minuten.

Sojacroquetten
Gebruik sojabrokjes in plaats van vlees.

Viscroquetten
Gebruik vis in plaats van vlees, kook deze ongeveer 15 minuten in plaats van 25 minuten.

GARNEERSUGGESTIE

- Garneer de croquetten met een gewassen takje peterselie.

Varkenshaasje

Bereidingstijd: 40 minuten

Raadpleeg uw merkartikelenlijst van ALBA en/of uw dieetadvies.

1 ui
1 appel
250 g varkenshaas
$^1/_4$ theelepel nootmuskaat
peper, zout
50 g margarine

Pel en snipper de ui.
Maak de appel schoon en snijd deze in blokjes.
Bestrooi de varkenshaas met de nootmuskaat en met peper en zout naar smaak en dieet.
Smelt de margarine, laat deze bruin worden en bak het varkenshaasje snel bruin.
Voeg de appel en de ui toe en laat het, onder af en toe keren, nog ongeveer 25 minuten zachtjes stoven.
Snijd de varkenshaas vlak voor het opdienen in plakken.

VARIATIES

- Voeg samen met de appel en de ui $^1/_2$ schoongemaakte en in reepjes gesneden paprika toe.
- Voeg het sap van $^1/_4$ citroen toe.
- Voeg 2 eetlepels tomatenpuree toe.
- Voeg vlak voor het opdienen al roerende 1 dl slagroom of zure room toe.

GARNEERSUGGESTIE

- Garneer de varkenshaas vlak voor het opdienen met 2 schijven ananas.

Varkenskoteletten met appels

Bereidingstijd: 30 minuten

Raadpleeg uw merkartikelenlijst van ALBA en/of uw dieetadvies.

2 zure appels
2 varkenskoteletten
peper, zout
50 g margarine

Maak de appels schoon en snijd ze in plakken van ongeveer 1 cm dik.
Bestrooi de varkenskoteletten met peper en zout naar smaak en dieet.
Smelt de margarine, laat deze bruin worden, schroei hierin de varkenskoteletten dicht en bak deze nog ongeveer 5 minuten aan iedere kant.
Braad de varkenskoteletten daarna, onder af en toe keren, nog ongeveer 10 minuten zachtjes door.
Bak de appelschijven de laatste 10 minuten mee.
Bedek de varkenskoteletten vlak voor het opdienen dakpansgewijs met de gebakken appelschijven en verdeel de jus erover.

VARIATIES

- Gebruik 1 appel en 1 in de lengte gehalveerde banaan.
- Gebruik 2 gepureerde bananen in plaats van appels en voeg tijdens het bakken hiervan $1/4$ theelepel nootmuskaat en 1 eetlepel rum toe.
- Gebruik ananasschijven in plaats van appelschijven.
- Gebruik 100 g schoongemaakte verse of gewelde abrikozen of pruimen in plaats van appelschijven.

Vlaamse runderlappen

Bereidingstijd: 2 uur en 20 minuten

Raadpleeg uw merkartikelenlijst van ALBA en/of uw dieetadvies.

200 g runderlappen, zoals rib-, borst- of sukadelappen
1 eetlepel mosterd
peper, zout
50 g margarine
1 eetlepel azijn
$2^1/_2$ dl warme bouillon
2 kruidnagels
1 laurierblad
1 appel
1 ui

Bestrijk de runderlappen met mosterd en voeg peper en zout toe naar smaak en dieet.
Smelt de margarine, laat deze bruin worden en schroei de runderlappen hierin dicht.
Voeg de azijn, de warme bouillon, de kruidnagels en het laurierblad toe.
Maak de appel schoon en snijd deze in stukjes.
Pel en snipper de ui en voeg deze samen met de stukjes appel toe.
Stoof de runderlappen, onder af en toe keren, in ongeveer 2 uur zachtjes gaar.
Verwijder kruidnagels en laurierblad.

DIEETAANPASSING

- **Additievenvrij**
  Gebruik mosterd zonder toevoegingen.
- **Saccharosevrij**
  Gebruik mosterd zonder toegevoegde suiker.

VARIATIES

- Gebruik bier of water in plaats van bouillon.
- Voeg 1 eetlepel tomatenpuree toe.
- Voeg 2 eetlepels appel- of perenstroop toe.

Hachee
Snijd het vlees eerst in kleine stukjes.
Voeg eventueel 2 theelepels suiker toe.
Voeg 1 eetlepel bloem, aangemengd met 1 eetlepel koud water, al roerende toe om het stoofvocht te binden.

Vleesspies

Voorbereidingstijd: 2 uur
Bereidingstijd: 25 minuten
Bijzonder materiaal: 4 vleespennen

Raadpleeg uw merkartikelenlijst van ALBA en/of uw dieetadvies.

- 250 g vlees
- 1/2 teentje knoflook
- 2 eetlepels azijn
- 1 1/2 eetlepel olie
- 1/2 eetlepel verse oregano
- 1/4 eetlepel verse tijm
- peper, zout
- 4 laurierblaadjes

Snijd het vlees in stukjes.
Pel en snipper de knoflook.
Marineer het vlees ongeveer 2 uur in de azijn, knoflook, olie, oregano, tijm en peper en zout naar smaak en dieet.
Breek de laurierblaadjes in stukjes.
Neem het vlees uit de marinade en prik dit samen met de laurierblaadjes om en om aan de vleespennen.
Grill het vlees ongeveer 10 minuten in de oven of op de barbecue en keer het halverwege.

VARIATIES

- Gebruik diverse soorten vlees zoals bacon, runderbiefstukjes, gehaktballetjes, kipfilet, knakworstjes, lever, niertjes of varkensfricandeau.
- Gebruik stukjes groenten zoals champignons, plakjes gare maïskolf, diverse kleuren paprika, tomaat, ui, zoetzure zilveruitjes en/of fruit zoals abrikoos, appel, ananas, kiwi of perzik in plaats van laurierblaadjes.
- Gebruik een marinade van 2 eetlepels azijn, 2 eetlepels ketjap, 4 peperkorrels, 1 eetlepel olie, 1 theelepel tomatenpuree, 1 ui en witte wijn in plaats van bovenstaande marinade.
- Gebruik een marinade van 2 eetlepels ketjap, 2 eetlepels aangelengd diksap, 1 theelepel gemberpoeder en 1 theelepel knoflookpoeder in plaats van bovenstaande marinade.
- Gebruik een marinade van 4 eetlepels bouillon, 1 theelepel Worcestershiresaus, 1/2 theelepel djintan, 1/2 theelepel ketoembar en 1/2 theelepel koenjit in plaats van bovenstaande marinade.
- Bestrooi het vlees met 1/4 theelepel kerrie- of paprikapoeder in plaats van het vlees te marineren.

KIP, WILD EN GEVOGELTE

Wild en gevogelte is vers alleen verkrijgbaar als het jachtseizoen geopend is. Daarbuiten kan men echter steeds meer variaties in bevroren toestand verkrijgen.
Kip, wild en gevogelte kunnen gegeven worden bij de lunch, als voorgerecht, bij het hoofdgerecht of als tussendoortje.
Houd er rekening mee dat kant-en-klaarprodukten zoals gemarineerd wild of wildpâté ingrediënten kunnen bevatten die in het dieet niet toegestaan zijn.
Raadpleeg hiervoor uw dieetadvies en/of ALBA-lijst.

Hoeveelheid per persoon/bereiding
Men geeft meestal aan voor hoeveel personen 1 exemplaar van gemiddelde grootte kan dienen.

Haas: 2½ kg voor 8-10 personen
Braad dit vlees 2½-3½ uur.
Houtsnip, watersnip of duif: 1-2 personen
Braad dit vlees 30-45 minuten.
Kalkoen: 10-12 personen
Braad dit vlees 2½-4½ uur.
Kip: 3 personen
Braad dit vlees 45 minuten tot 1 uur.
Konijn: 3 personen
Stoof het vlees ongeveer 1 uur.
Reerug/reebout: 2-3 kg voor 8-12 personen
Braad dit vlees ongeveer 2½ uur.

Voor bereidingswijzen zie de inleiding van Vlees (zie blz. **59**). Verwerk het vet eventueel tot jus of saus.

VARIATIES

Varieer door gebruik te maken van

- Verse en/of gedroogde kruiden
  dragon, kummel, oregano, peterselie (gebakken kalkoenfilet, gekookte kipfilet)
- Specerijen
  foelie, gemberpoeder, jeneverbessen, kerrie, koriander, kruidnagel, laurierblad, paprikapoeder, peper (hazepeper, Indische kip, kip-kerrieragoût)
- Groenten
  champignons, maïskorrels, paprika, prei, selderij, ui (gevulde kip, kipragoût)
- Verse en/of gedroogde vruchten en vruchtesap
  ananas, appel(sap), gember(nat), kiwi, perzik(sap), rozijnen, stoofperen (gestoofde kip met vruchten, kipspies)
- Vlees
  gekookte ham, kippelevertjes, rookspek (gevulde kip, konijn, ragoût)
- Zuivelprodukten
  slagroom (kip in roomsaus)
- Dranken
  port, wijn (hazebout, kip-in-het-pannetje)
- Smaakmakers
  azijn, citroensap, ketjap, sambal, tomatenpuree, sambal (Indische kip, Italiaanse kip, ragoût)

Varieer door verschillende gerechten te maken

- Kipcroquet, kipperagoût, kippepâté (zie hoofdstuk Broodbeleg)

Varieer door er verschillende sauzen bij te serveren

- Cranberrysaus, kerriesaus, pruimensaus

Gebakken kalkoenfilet

Bereidingstijd: 20 minuten

Raadpleeg uw merkartikelenlijst van ALBA en/of uw dieetadvies.

200 g kalkoenfilet
peper, zout
100 g zoetzure zilveruitjes
50 g margarine
1/2 eetlepel verse dragon

Was de kalkoenfilet en bestrooi deze met peper en zout naar smaak en dieet.
Laat de zoetzure zilveruitjes goed uitlekken.
Smelt de margarine, laat deze bruin worden en schroei de kalkoenfilet dicht.
Was en hak de verse dragon en voeg deze samen met de zilveruitjes toe aan de kipfilet en bak deze zachtjes, onder af en toe keren, ongeveer 15 minuten.

DIEETAANPASSING

- **Additievenvrij**
  Gebruik 1 gepelde en gesnipperde ui in plaats van zilveruitjes.
- **Saccharosevrij**
  Gebruik 1 gepelde en gesnipperde ui in plaats van zilveruitjes.

VARIATIES

- Voeg 1/2 schoongemaakte en in stukjes gesneden appel toe.

Gebakken kipfilet
Gebruik kipfilet in plaats van kalkoenfilet.

Gekookte kipfilet

Bereidingstijd: 25 minuten

Raadpleeg uw merkartikelenlijst van ALBA en/of uw dieetadvies.

4 dl water
1 theelepel zout
2 kipfilets, ongeveer 200 g
1 stukje foelie

Breng het water met het zout aan de kook.
Was de kipfilets en voeg ze met de foelie toe aan het water.
Breng de bouillon opnieuw aan de kook en laat de kipfilets in een gesloten pan nog ongeveer 20 minuten zachtjes koken.

VARIATIE

Gekookte kipspies
Snijd de kipfilet voor het koken in stukjes.
Prik de stukjes gekookte kipfilet met schoongemaakt en in stukjes gesneden fruit zoals ananas, appel, kiwi of peer om-en-om aan een satépen.

GARNEERSUGGESTIE

- Garneer de gekookte kipfilet met 1 takje verse, gewassen peterselie.

SERVEERSUGGESTIE

- Serveer de gekookte kipfilets met 2 dl kerriesaus of mosterdsaus.

Gestoofde kip met ananas, perzik en gember

Bereidingstijd: 1 uur en 10 minuten
Aantal personen: 4

Raadpleeg uw merkartikelenlijst van ALBA en/of uw dieetadvies.

1 kip, ongeveer 1,1 kg
1 eetlepel milde
paprikapoeder
peper, zout
60 g margarine
1 dl ongezoet ananassap
1 dl bouillon
3 eetlepels gembernat
1 dl ongezoet perziksap
1 dl droge sherry
1 takje salie
1 takje selderij
1 schijf ananas
1 eetlepel gemberstukjes
1 perzik, in stukjes gesneden
3 eetlepels maïzena
3 eetlepels water

Was de kip en snijd deze in stukken. Bestrooi haar met de milde paprikapoeder en peper en zout naar smaak en dieet. Smelt de margarine, laat deze bruin worden en bak de kip hierin snel bruin in ongeveer 15 minuten.
Voeg ananassap, bouillon, gembernat, perziksap, droge sherry, salie en selderij toe en stoof de kip hierin zachtjes, onder af en toe keren, nog ongeveer 45 minuten.
Voeg de laatste 15 minuten de ananas, de gemberstukjes en de perzik toe. Neem de kip, de salie en de selderij uit de pan.
Meng de maïzena aan met het koude water, voeg dit toe aan het vocht en breng dit aan de kook.
Serveer de gestoofde kip overgoten met de vruchtensaus.

DIEETAANPASSING

- **Additievenvrij**
  Gebruik 2 dl bouillon en voeg geen sherry toe. Gebruik $1\frac{1}{2}$ dl bouillon en voeg geen gembernat toe.
  Gebruik 1 theelepel gemberpoeder in plaats van gemberstukjes.
- **Maïsvrij**
  Gebruik $4\frac{1}{2}$ eetlepel bloem of rijstemeel in plaats van maïzena of raadpleeg de vervangingslijst.
- **Saccharosevrij**
  Gebruik $1\frac{1}{2}$ dl bouillon in plaats van bouillon en gembernat en gebruik 1 theelepel gemberpoeder in plaats van gemberstukjes.

VARIATIES

- Gebruik 400 g kalkoenfilet in plaats van kip.
- Gebruik 2 theelepels kerrie in plaats van salie en selderij.
- Voeg 1 in plakjes gesneden banaan en/of 1 eetlepel gewelde rozijntjes toe.

Hazebout

Bereidingstijd: 3 uur

Raadpleeg uw merkartikelenlijst van ALBA en/of uw dieetadvies.

750 g hazebout
peper, zout
100 g margarine
50 g rookspek
1 eetlepel rode wijn
1 eetlepel bloem
1 eetlepel koud water

Was de hazebout en bestrooi deze met peper en zout naar smaak en dieet. Smelt de margarine, laat deze bruin worden en bak de hazebout snel bruin in ongeveer 5 minuten.
Snijd het rookspek in blokjes en voeg dit toe.

Braad de hazebout zachtjes in ongeveer 3 uur gaar, bedruip de bouten ieder kwartier, anders wordt het vlees hard en droog. Voeg zo nodig tussendoor 1 eetlepel water toe.
Haal de hazebout uit de pan en houd hem warm.
Voeg de rode wijn toe aan het braadvet.
Meng de bloem aan met het koude water en voeg dit al roerende toe aan de jus.

DIEETAANPASSING

- **Additievenvrij**
  Voeg geen rode wijn toe.
  Gebruik vers spek in plaats van rookspek.
- **Glutenvrij**
  Gebruik glutenvrije bloem of rijstemeel in plaats van bloem of raadpleeg de vervangingslijst.

VARIATIES

- Marineer de hazebouten eerst 1 dag in een marinade van 1 eetlepel azijn, 1 eetlepel honing, 1 eetlepel rode wijn en $1\frac{1}{4}$ dl water. Voeg 2 kruidnagels, 1 laurierblad, $\frac{1}{4}$ theelepel tijm, $\frac{1}{2}$ gepelde en gesnipperde ui en $\frac{1}{4}$ geschrapte en in plakjes gesneden winterwortel toe tijdens het braden.

Hazepeper van resten gebraden hazebout
Smelt 25 g margarine, laat deze bruin worden en fruit hierin 1 gepelde en gesnipperde ui. Voeg al roerende 25 g bloem toe, laat dit bruin worden en voeg 1 dl bouillon toe samen met 3 eetlepels kruidenazijn, $1\frac{1}{2}$ eetlepel bessengelei, 1 kruidnagel en 1 dl rode wijn. Kook de saus zachtjes ongeveer 15 minuten, voeg circa 250 g in stukjes gesneden hazebout toe.

Reebout
Gebruik reebout in plaats van hazebout en braad deze $2\frac{1}{2}$ uur.

Kalkoen in kerriesaus

Bereidingstijd: 40 minuten

Raadpleeg uw merkartikelenlijst van ALBA en/of uw dieetadvies.

1 ui
1 eetlepel olie
$\frac{1}{2}$ eetlepel kerrie
200 g kalkoenfilet
zout
$2\frac{1}{2}$ dl bouillon
$\frac{1}{2}$ eetlepel maïzena
$\frac{1}{2}$ eetlepel koud water

Pel en snipper de ui.
Verhit de olie en fruit de ui hierin ongeveer 5 minuten.
Voeg de kerrie toe en fruit deze ongeveer 1 minuut.
Was de kalkoenfilet, snijd deze in stukjes, voeg zout toe naar smaak en dieet. Voeg deze toe aan de ui met kerrie en bak de kalkoenfilet in ongeveer 5 minuten snel bruin.
Voeg de bouillon toe en stoof het gerecht zachtjes, onder af en toe keren, nog ongeveer 20 minuten.
Meng de maïzena aan met het koude water en voeg dit al roerende toe aan de kalkoenfilet.

DIEETAANPASSING

- **Maïsvrij**
  Gebruik 1 eetlepel bloem of rijstemeel in plaats van maïzena of raadpleeg de vervangingslijst.

VARIATIES

- Fruit met de ui $\frac{1}{4}$ schoongemaakte en in reepjes gesneden paprika mee.
- Voeg aan de bouillon het sap van $\frac{1}{4}$ citroen toe.
- Voeg 2 eetlepels slagroom of zure room toe aan de kerriesaus vlak voor het opdienen.

Kipfilet in kerriesaus
Gebruik kipfilet in plaats van kalkoenfilet.

Kip-in-het-pannetje

Bereidingstijd: 50 minuten

Raadpleeg uw merkartikelenlijst van ALBA en/of uw dieetadvies.

1 kip, ongeveer 750 g
peper, zout
90 g margarine

Was de kip en bestrooi deze met peper en zout naar smaak en dieet.
Leg in de buikholte 15 g margarine.
Smelt de rest van de margarine, laat deze bruin worden en bak de kip hierin snel aan alle kanten bruin in ongeveer 10 minuten.
Braad de kip hierna, onder af en toe keren, zachtjes nog ongeveer 40 minuten.

VARIATIES

- Voeg 5 minuten voor het einde van de baktijd 1 dl port of rode wijn toe.
- Voeg 10 minuten voor het einde van de baktijd 200 g schoongemaakte en in plakjes gesneden champignons toe.

Gevulde kip
Vul de kip voor het bakken met een gaar groente- of vleesmengsel.
Bak voor een vleesmengsel 50 g gehakt rul, voeg 50 g kleingesneden kippelevertjes en peper en zout naar smaak en dieet toe.
Week 1 snee verkruimeld brood in 3 eetlepels bouillon en voeg dit samen met 1 eetlepel sesamzaad toe aan het vleesmengsel.
Laat dit afkoelen en vul hiermee de kip.
Maak de opening dicht met cocktailprikkers.
Span hier draad om en braad de kip.
Smelt voor een groentemengsel 15 g margarine, laat deze bruin worden en bak hierin ½ schoongemaakte en in stukjes gesneden bleekselderij, ½ schoongemaakte en in ringen gesneden prei en 1 gepelde en gesnipperde ui.
Week 1 snee verkruimeld brood in 3 eetlepels bouillon en voeg dit samen met 1 eetlepel sesamzaad toe aan het groentemengsel.
Laat dit afkoelen en vul hiermee de kip.
Maak de opening dicht met cocktailprikkers.
Span hier draad om en braad de kip.

Indische kip
Bak de kip snel bruin en bestrooi deze daarna met ½ theelepel gemberpoeder en ½ theelepel koriander. Voeg 2 eetlepels ketjap, ½ teentje gepelde en gesnipperde knoflook, 1 theelepel sambal en 1 gepelde en gesnipperde ui toe.

Italiaanse kip
Snijd de kip in stukken en marineer deze eerst ten minste 2 uur in een marinade van 4 eetlepels azijn, 4 eetlepels citroensap, 2 geplette jeneverbessen, ½ theelepel koriander, 1 gepeld en gesnipperd teentje knoflook, 1 laurierblad, 4 eetlepels olie, 1 theelepel oregano, 2 geplette peperkorrels, 1 gepelde en gesnipperde ui en 1 dl witte wijn.
Laat de kip uitlekken, bestrooi deze met peper en zout naar smaak en dieet.
Haal de kip door 60 g bloem en bak deze.

Kip in roomsaus
Schenk 15 minuten voor het einde van de baktijd ½ dl ongeklopte slagroom over de kip.
Neem de kip uit de pan en houd haar warm.
Roer de aanbaksels in de pan los met 3 dl ongeklopte slagroom.
Breng de saus aan de kook en voeg al roerende 2 druppels azijn toe zodat de roomsaus gaat stremmen.
Voeg peper en zout toe naar smaak en dieet en schenk de roomsaus over de kip.

Kip met kerrie
Braad de kip even aan.
Fruit 2 theelepels kerrie en 1 gepelde en gesnipperde ui mee in de margarine en braad de kip verder.
Serveer de kip met 1 dl kerriesaus.

Spaanse kip
Gebruik cayennepeper in plaats van peper. Voeg 10 minuten voor het einde van de baktijd $\frac{1}{2}$ teentje gepelde en gesnipperde knoflook, $\frac{1}{4}$ rode en $\frac{1}{4}$ groene schoongemaakte en in reepjes gesneden paprika, 1 ontvelde en in stukjes gesneden tomaat en 1 gepelde en gesnipperde ui toe aan de kip.

Kipperagoût

Bereidingstijd: 20 minuten

Raadpleeg uw merkartikelenlijst van ALBA en/of uw dieetadvies.

$2\frac{1}{2}$ dl water
$\frac{1}{2}$ theelepel zout
2 kipfilets, ongeveer 200 g
50 g champignons
15 g margarine
2 eetlepels bloem

Breng het water met het zout aan de kook.
Was de kipfilets en snijd ze in stukjes.
Maak de champignons schoon en snijd ze in plakjes.
Voeg de kipfilets en de champignons toe aan het kokende water en kook deze ongeveer 10 minuten met het deksel op de pan zachtjes door.
Zeef de bouillon.
Smelt de margarine, voeg de bloem toe en roer deze door de margarine tot een samenhangende massa (roux) is verkregen.
Voeg de helft van de bouillon toe, breng de roux aan de kook en roer deze glad.
Voeg beetje bij beetje onder voortdurend roeren de andere helft toe en breng deze weer aan de kook.
Voeg de stukjes kip en plakjes champignon toe aan de kipperagoût.

DIEETAANPASSING

- **Glutenvrij**
  Gebruik glutenvrije bloem of rijstemeel in plaats van bloem of raadpleeg de vervangingslijst.

VARIATIES

- Gebruik 100 g kleingesneden gekookte ham en 1 kipfiletje in plaats van 2 kipfilets.
- Voeg 100 g gare groenten zoals plakjes champignons, maïskorrels en reepjes paprika toe.
- Voeg 2 eetlepels tomatenpuree toe.
- Voeg 1 eetlepel gewelde rozijntjes, $\frac{1}{2}$ schoongemaakte en in stukjes gesneden appel en 1 in stukjes gesneden schijf ananas toe.

Kip-kerrieragoût
Fruit eerst 1 gepelde en gesnipperde ui en 1 eetlepel kerrie in de margarine.

Konijn

Bereidingstijd: 2½ uur

Raadpleeg uw merkartikelenlijst van ALBA en/of uw dieetadvies.

600 g tam konijn
peper, zout
50 g margarine
1 teentje knoflook
1 ui
50 g rookspek
1½ dl bouillon
¼ theelepel kummel
¼ theelepel gedroogde tijm
½ dl witte wijn
2 aardappelen
100 g champignons

Was het konijn, snijd het in stukken en bestrooi het met peper en zout naar smaak en dieet.
Smelt de margarine, laat deze bruin worden en bak het konijn snel bruin in ongeveer 10 minuten.
Pel en snipper de knoflook en de ui.
Snijd het rookspek in dobbelsteentjes.
Voeg de bouillon, kummel, knoflook, rookspek, gedroogde tijm, ui en witte wijn toe en stoof het konijn, onder af en toe keren, in ongeveer 1½ uur.
Schil de aardappelen, snijd deze in blokjes, voeg ze toe en stoof het konijn nog eens ongeveer 30 minuten.
Maak de champignons schoon, snijd deze in plakjes, voeg ze toe en stoof het konijn nog 15 minuten.

DIEETAANPASSING

- **Aardappelvrij**
  Voeg 1 eetlepel bloem, aangelengd met 1 eetlepel koud water toe in plaats van aardappelen.
- **Additievenvrij**
  Gebruik 2 dl bouillon in plaats van ½ dl witte wijn en 1½ dl bouillon of gebruik ½ dl wit druivensap en 1½ dl bouillon.
  Gebruik vers spek in plaats van rookspek.

VARIATIES

- Gebruik gekookte ham in plaats van rookspek.
- Gebruik 10 gedroogde pruimen in plaats van champignons en stoof deze vanaf het begin mee.

PEULVRUCHTEN (VLEESVERVANGERS)

Onder vleesvervangers verstaan we gerechten, bereid van ei, kaas en peulvruchten welke de voedingsstoffen van vlees kunnen vervangen.
In dit boek treft u alleen recepten aan van peulvruchten, omdat ei en kaas vaak niet zijn toegestaan bij voedselovergevoeligheid.

Peulvruchten zijn erwten, kapucijners, linzen, sojabonen en witte en bruine bonen. Peulvruchten kunnen in het menu de plaats innemen van vlees, aardappelen, deegwaren of rijst of ermee gecombineerd worden.
Peulvruchten bevatten geen vitamine C en kunnen daarom geen groenten vervangen.
Ze kunnen gegeven worden bij het ontbijt, bij de lunch, als voorgerecht, bij het hoofdgerecht, als complete warme maaltijd of als tussendoortje.

Van sojabonen worden verschillende produkten gemaakt zoals sojamelk, tahoe ofwel tofu of sojakaas. Tempé is gefermenteerde sojakaas en TVP staat voor Textured Vegetable Products of gedroogd imitatievlees.
TVP is verkrijgbaar in droge brokjes of verwerkt tot burger, croquet of schnitzel.
Houd er rekening mee dat kant-en-klaarprodukten zoals burgers, sojapâté of worstjes ingrediënten kunnen bevatten die in het dieet niet zijn toegestaan.
Raadpleeg hiervoor uw dieetadvies en/of ALBA-lijst.

Hoeveelheid per persoon
50-100 g peulvruchten, afhankelijk van het al dan niet gebruiken van aardappelen, rijst of andere deegwaren in dezelfde maaltijd of
100 g tahoe of tempé of
75 g TVP

Koken
Was de peulvruchten en week ze 12 tot 24 uur in ruim water.
Week linzen niet of maximaal 1 uur.
Kook de peulvruchten gaar in het weekwater met zout: 5 g per liter. Zorg dat ze onder water staan.
De kooktijd varieert van 1 uur tot 1½ uur voor overjarige peulvruchten. De kooktijd voor sojabonen is ongeveer 3 uur.
Kook tahoe en tempé in water met zout: 5 g per liter of in bouillon. De kooktijd is ongeveer 15 minuten.
Strooi TVP in kokend water met zout: 5 g per liter of in kokende bouillon. De kooktijd hiervan is ongeveer 15 minuten.
Verwerk het kookvocht eventueel tot een saus.

Bakken
Snijd de tahoe of tempé in plakken en zout, kruid of marineer deze eventueel naar smaak en dieet.
Smelt 25 g margarine of verhit 2 eetlepels olie en bak hierin de tahoe of tempé.
De baktijd is 5-15 minuten.
Verwerk het vet eventueel tot een saus.
Wel de TVP ongeveer 15 minuten in ruim water met zout of in bouillon en geef het daarna de gewenste vorm, bijvoorbeeld burger, croquet of schnitzel.
Smelt 25 g margarine of verhit 2 eetlepels olie en bak hierin de tahoe of tempé.
De baktijd is 5-15 minuten.
Verwerk het vet eventueel tot een saus.

Paneren
Paneren kan met 1 ei en 1 eetlepel paneermeel of met 1 eetlepel bloem aangemengd met 1 eetlepel water en 1 eetlepel paneermeel of met 1 eetlepel melk en 1 eetlepel paneermeel.
Wentel de plakken tahoe of tempé eerst door de vloeistof en daarna door het paneermeel, herhaal beide handelingen eventueel.
Smelt 25 g margarine of verhit 2 eetlepels

olie en bak hierin de gepaneerde tahoe of tempé.
De baktijd is 5-15 minuten.

Grilleren
Snijd de tahoe of tempé in plakken of maak er blokjes van en rijg deze aan een satépen.
Zout, kruid of marineer eventueel naar smaak en dieet en leg de tahoe of tempé op een rooster in een roodgloeiende grill.

Frituren
Snijd de tahoe of tempé in plakken of blokjes of maak gebruik van gewelde, gevormde TVP.
Zout, kruid of marineer de tahoe, tempé of TVP naar smaak en dieet.
Frituur in hete olie of frituurvet van 170°C, waar de damp juist vanaf komt. De frituurtijd is 3-5 minuten.

VARIATIES
Varieer door gebruik te maken van
- Verse en/of gedroogde kruiden
  basilicum, bieslook, bonekruid, dille, knoflook, oregano, peterselie, selderij, tijm (bruine bonen, tahoeballen)
- Specerijen
  kerrie, laurierblad, paprikapoeder, peper, (tempéragoût, witte-bonensalade)
- Groenten
  asperges, bleekselderij, champigons, maïskorrels, paprika, prei, ui, wortel (bonengoelasj, linzenschotel, sojagroentecroquet)
- Verse en/of geconserveerde vruchten
  ananas, appel, mandarijntjes, rozijnen, stoofpeertjes (kapucijnersalade, tempéragoût)
- Vlees, vleeswaren, vis en kip
  reepjes ham, rookspek, tonijn (bonensalade, tempéragoût)
- Zuivelprodukten
  ei, kaas, melk en room (bonensalade, sojacroquet, tempéragoût)
- Pinda's, noten en zaden
  amandelen, lijnzaad, maanzaad, pinda's, sesamzaad, walnoten (bonensalade, tahoeballen)
- Smaakmakers
  citroensap, ketjap, mosterd, sambal, tomatenketchup (sojacroquet, tahoeballen)

Varieer door verschillende gerechten te maken
- Bonensalade, bonensoep (zie hoofdstuk Soepen) sojaburger, sojacroquet, tahoeschnitzel, tempéspies

Varieer door er verschillende sauzen bij te serveren
- Koude hartige sauzen
  vinaigrette (bonensalade)
- Warme hartige sauzen
  tahinsaus, tomatensaus, tuinkruidensaus, wortelsaus (sojaburger, tempéspies)

Adukischotel

Voorbereidingstijd: 12 uur
Bereidingstijd: 30 minuten
Baktijd: 20 minuten
Bijzondere materialen: oven en ovenschotel

Raadpleeg uw merkartikelenlijst van ALBA en/of uw dieetadvies.

150 g gedroogde adukibonen
5 dl koud water
1/2 theelepel zout
100 g zilvervliesrijst
1 ui
1 eetlepel olie
1 theelepel kerrie
1/4 prei
100 g rookspek
2 eetlepels bouillon

Was de adukibonen en week ze ongeveer 12 uur in het koude water.
Kook de adukibonen in het weekwater met zout ongeveer 1 1/2 uur.

Kook de zilvervliesrijst volgens de gebruiksaanwijzing op de verpakking.
Pel en snipper de ui.
Verhit de olie en fruit de ui hierin ongeveer 5 minuten.
Voeg de kerrie toe en fruit deze 1 minuut mee.
Maak de prei schoon en snijd deze in ringetjes.
Snijd het rookspek in dobbelsteentjes.
Voeg de prei, het rookspek, de rijst en de bouillon toe en roerbak alles nog 5 minuten.
Giet de adukibonen af, voeg deze toe, meng alles en leg de massa in een ingevette ovenschotel.
Bak de adukischotel in een voorverwarmde oven, gasstand 4/ 200°C, ongeveer 20 minuten.

DIEETAANPASSING

- **Additievenvrij**
  Gebruik in dobbelsteentjes gesneden vers spek in plaats van rookspek.

VARIATIES

- Gebruik kapucijners in plaats van adukibonen.
- Gebruik witte rijst in plaats van zilvervliesrijst.
- Voeg geraspte kaas toe in plaats van rookspek.
- Voeg melk toe in plaats van bouillon.
- Voeg gare maïskorrels toe in plaats van zilvervliesrijst.

Bonengoelasj

Bereidingstijd: 20 minuten

Raadpleeg uw merkartikelenlijst van ALBA en/of uw dieetadvies.

1 teentje knoflook
1 ui
100 g champignons
½ groene paprika
½ rode paprika
15 g margarine
2 eetlepels tomatenpuree
350 g gare bruine bonen
1½ dl bouillon
1 eetlepel maïzena
1 eetlepel koud water
peper, zout

Pel en snipper de knoflook en de ui.
Maak de champignons schoon en snijd deze in plakjes.
Maak de paprika schoon en snijd deze in reepjes.
Smelt de margarine, laat deze bruin worden en bak hierin de champignons, de paprika, de knoflook en de ui ongeveer 5 minuten.
Voeg de tomatenpuree toe en bak deze ongeveer 1 minuut mee.
Voeg de gare bruine bonen toe en daarna al roerende de bouillon.
Breng alles aan de kook.
Meng de maïzena aan met het koude water en voeg dit al roerende toe aan de bonengoelasj.
Breng deze opnieuw aan de kook.
Voeg peper en zout toe naar smaak en dieet.

DIEETAANPASSING

- **Additievenvrij**
  Gebruik puree van gekookte tomaten of gebruik tomatenpuree zonder toevoegingen.
- **Maïsvrij**
  Gebruik aardappelmeel of arrowroot in plaats van maïzena of raadpleeg de vervangingslijst.

VARIATIES
- Gebruik in plaats van bruine bonen, witte bonen.
- Voeg 2 eetlepels gare maïskorrels samen met de bonen toe.

Bruine bonen

Voorbereidingstijd: 12 uur
Bereidingstijd: 1 uur

Raadpleeg uw merkartikelenlijst van ALBA en/of uw dieetadvies.

175 g bruine bonen
$1\,^1/_2$ l water
1 laurierblad
1 theelepel zout
1 theelepel gedroogd
bonekruid
1 theelepel gedroogde dille

Was de bruine bonen en week ze ongeveer 12 uur in het water.
Kook de bruine bonen in het weekwater met het laurierblad en het zout ongeveer 1 uur.
Giet de bruine bonen af, gebruik het kookvocht eventueel voor het bereiden van soep of saus en verwijder het laurierblad.
Meng het bonekruid en de dille door de bruine bonen.

VARIATIES
- Kook 1 gepelde en in stukjes gesneden ui mee.

Citroenbonen
Gebruik citroenbonen in plaats van bruine bonen.

Groene erwten
Gebruik 125 g groene erwten in plaats van bruine bonen.
De kooktijd bedraagt $1^1/_2$-2 uur.
Gebruik bieslook en peterselie in plaats van bonekruid en dille.

Kapucijners
Gebruik kapucijners in plaats van bruine bonen.
De kooktijd bedraagt $1^1/_2$-2 uur.
Serveer de kapucijners eventueel met 1 dl tomatensaus.

Kivietsbonen
Gebruik kivietsbonen in plaats van bruine bonen.

Witte bonen
Gebruik witte bonen in plaats van bruine bonen.
Serveer de witte bonen eventueel met 1 dl saus zoals kerriesaus, tomatensaus of wortelsaus.

Gebakken tahoe

Dit gerecht is niet geschikt voor het sojavrije dieet.

Bereidingstijd: 10 minuten

Raadpleeg uw merkartikelenlijst van ALBA en/of uw dieetadvies.

2 plakken tahoe à 100 g
peper, zout
50 g margarine
$^1/_2$ eetlepel ketjap

Bestrooi de plakken tahoe met zout en peper naar smaak en dieet.
Smelt de margarine, laat deze bruin worden en bak de plakken tahoe hierin aan iedere kant ongeveer 3 minuten.
Neem de tahoe uit de pan en blus het braadvet af met de ketjap.

DIEETAANPASSING
- **Additievenvrij**
  Gebruik sojasaus zonder toevoegingen in plaats van ketjap.
- **Saccharosevrij**
  Gebruik sojasaus zonder toegevoegde suiker in plaats van ketjap.

VARIATIES

- Kook de plakken tahoe eerst 3 minuten in 2 dl bouillon.
- Marineer de plakken tahoe eerst ongeveer 30 minuten in een marinade van 2 eetlepels ketjap, 1 eetlepel sherry, 2 eetlepels water, 1/2 theelepel djintan, 1/2 theelepel koenjit en 1/2 theelepel ketoembar of 2 eetlepels ketjap, 2 eetlepels diksap, 2 eetlepels water, 1 theelepel gemberpoeder en 1 theelepel knoflookpoeder of 2 eetlepels ketjap, 2 eetlepels tomatenketchup, 2 eetlepels water, 2 theelepels paprikapoeder.
  Gebruik 1/2 eetlepel van de marinade in plaats van ketjap.
- Bestrijk de plakken tahoe voor het bakken met 1 theelepel sambal.
- Bestrijk de plakken tahoe voor het bakken met 1 theelepel mosterd.
- Bak fruit mee zoals 2 schijven ananas of 1 schoongemaakte en in plakjes gesneden appel.

Gebakken tempé
Gebruik tempé in plaats van tahoe.

Tahoespies
Snijd de tahoe in blokjes en marineer deze volgens een van de variaties.
Prik de gemarineerde tahoeblokjes aan 4 vleespennen.
Leg de tahoespies ongeveer 10 minuten op de barbecue of onder de roodgloeiende grill onder af en toe keren.

Linzenschotel met mosterdsaus

Bereidingstijd: 15 minuten
Baktijd: 15 minuten
Bijzondere materialen: ovenschotel, oven

Raadpleeg uw merkartikelenlijst van ALBA en/of uw dieetadvies.

250 g gehakt
1 ui
1 eetlepel verse peterselie
750 g gare linzen
2 eetlepels tomatenpuree
2 dl bouillon
15 g margarine
2 eetlepels bloem
2 dl bouillon
1 eetlepel mosterd
peper en zout

Bak het gehakt in ongeveer 5 minuten rul.
Pel en snipper de ui. Was en hak de verse peterselie.
Voeg de peterselie en de ui toe aan het gehakt en bak alles nog zachtjes ongeveer 5 minuten.
Voeg de gare linzen, de tomatenpuree en de bouillon toe, roer alles door elkaar en leg de massa in een ingevette ovenschotel.
Plaats deze ongeveer 15 minuten in een voorverwarmde oven, gasstand 4/200°C.
Breng de bouillon aan de kook.
Smelt de margarine, voeg de bloem toe en roer deze door de margarine tot een samenhangende massa (roux) is verkregen.
Voeg de helft van de bouillon toe, breng de roux aan de kook en roer deze glad.
Voeg beetje bij beetje onder voortdurend roeren de andere helft toe en breng deze weer aan de kook.
Voeg de mosterd en peper en zout naar smaak en dieet toe.
Schenk de mosterdsaus over de linzenschotel.

DIEETAANPASSING
- **Additievenvrij**
  Gebruik puree van gekookte tomaten of gebruik tomatenpuree zonder toevoegingen. Gebruik mosterd zonder toevoegingen.
  Gebruik in stukjes gesneden gare kipfilet in plaats van gehakt.
- **Glutenvrij**
  Gebruik glutenvrije bloem of rijstemeel in plaats van bloem of raadpleeg de vervangingslijst.
  Gebruik in stukjes gesneden gare kipfilet in plaats van gehakt.
- **Kippeëivrij**
  Gebruik in stukjes gesneden gare kipfilet in plaats van gehakt.
- **Koemelkvrij/lactosevrij**
  Gebruik in stukjes gesneden gare kipfilet in plaats van gehakt.

VARIATIES
- Gebruik basilicum of oregano in plaats van peterselie.
- Gebruik 1/4 geschrapte en geraspte wortel in plaats van tomatenpuree.
- Voeg 100 g schoongemaakte en in plakjes gesneden champignons toe.

Sojacroquetten

4 stuks

Dit gerecht is niet geschikt voor het sojavrije dieet.

Bereidingstijd: 50 minuten
Koeltijd: 1 uur
Bijzonder materiaal: frituurpan

Raadpleeg uw merkartikelenlijst van ALBA en/of uw dieetadvies.

75 g TVP
1 1/2 dl bouillon
1 eetlepel peterselie
1 ui
50 g champignons
15 g margarine
40 g margarine
40 g bloem
peper, zout
60 g paneermeel
50 g bloem
1 dl koud water
frituurvet of -olie

Wel de TVP ongeveer 10 minuten in 4 eetlepels van de bouillon. Breng de rest van de bouillon aan de kook.
Was en hak de peterselie.
Voeg de TVP en de peterselie toe aan de kokende bouillon en kook deze ongeveer 10 minuten.
Pel en snipper de ui, maak de champignons schoon en snijd deze in plakjes.
Smelt de margarine en fruit hierin de ui, voeg de champignons toe en bak deze ongeveer 5 minuten.
Zeef de bouillon en breng deze opnieuw aan de kook.
Smelt de margarine, voeg de bloem al roerende toe en roer deze door de margarine tot er een samenhangende massa (roux) is verkregen.
Voeg de helft van de bouillon toe, breng de roux aan de kook en roer deze glad.

Voeg beetje bij beetje onder voortdurend roeren de andere helft toe en breng deze weer aan de kook.
Voeg de champignons, de peterselie, de TVP, en de ui met peper en zout naar smaak en dieet toe aan de roux.
Roer de sojaragoût koud en laat deze nog ongeveer 1 uur in de koelkast opstijven.
Verdeel de ragoût in 4 gelijke porties en vorm er croquetten van.
Rol de croquetten aan alle kanten door het paneermeel.
Meng de bloem aan met het koude water, roer dit tot een papje en haal de croquetten hierdoor en daarna nog eens door het paneermeel.
Bak de sojacroquetten in heet frituurvet van 170°C, waar de damp juist vanaf komt ongeveer 3 à 4 minuten en laat ze goed uitlekken.

DIEETAANPASSING

- **Additievenvrij**
  Gebruik paneermeel zonder toevoegingen.
- **Glutenvrij**
  Gebruik boekweitemeel of glutenvrije bloem in plaats van bloem of raadpleeg de vervangingslijst.
  Gebruik glutenvrij paneermeel eventueel gemaakt van glutenvrij brood.
- **Kippeëivrij**
  Gebruik kippeëivrij paneermeel.
- **Koemelkvrij/lactosevrij**
  Gebruik koemelkvrij paneermeel.

INDIEN TOEGESTAAN

- Gebruik 1 losgeklopt eiwit in plaats van een bloempapje.

VARIATIES

- Gebruik 150 g tahoe in plaats van TVP. Wel de tahoe niet maar pureer deze.
- Voeg 1/2 eetlepel witte wijn toe aan de ragoût.
- Voeg 1/2 eetlepel room of melk toe aan de ragoût.
- Voeg het sap van 1/4 citroen toe aan de ragoût.

Soja-groentecroquetten
Gebruik 40 g TVP en 30 g gare fijngesneden groenten zoals bloemkool, broccoli, prei, ui en wortel in plaats van TVP.

GARNEERSUGGESTIE

- Garneer de sojacroquetten met 1 takje gewassen peterselie.

Tahoeballen

Dit recept is niet geschikt voor het sojavrije dieet.

Bereidingstijd: 25 minuten

Raadpleeg uw merkartikelenlijst van ALBA en/of uw dieetadvies.

200 g tahoe
10 g margarine
1 kleine ui
1 eetlepel verse peterselie
1 eetlepel verse selderij
1/2 eetlepel bloem
1 eetlepel ketjap
peper, zout
3 eetlepels bloem
5 eetlepels koud water
5 eetlepels paneermeel
60 g margarine

Pureer de tahoe.
Smelt de margarine.
Pel en snipper de ui en fruit deze hierin.
Was en hak de verse peterselie en de verse selderij.
Voeg de bloem, de ketjap, de peterselie, de selderij, de ui met peper en zout naar smaak en dieet toe aan de tahoe.
Meng alles door elkaar en vorm hier 2 ballen van.
Meng de bloem aan met het koude water, haal de ballen tahoe door het bloempapje en daarna door het paneermeel.
Smelt de margarine, laat deze bruin worden en bak hierin de tahoeballen aan iedere kant ongeveer 8 minuten.

DIEETAANPASSING

- **Additievenvrij**
  Gebruik een sojasaus en paneermeel zonder toevoegingen.
- **Glutenvrij**
  Gebruik boekweitemeel of glutenvrije bloem in plaats van bloem of raadpleeg de vervangingslijst.
  Gebruik glutenvrij paneermeel eventueel gemaakt van glutenvrij brood.
- **Kippeëivrij**
  Gebruik kippeëivrij paneermeel.
- **Koemelkvrij/lactosevrij**
  Gebruik koemelkvrij paneermeel.
- **Saccharosevrij**
  Gebruik sojasaus zonder toegevoegde suiker in plaats van ketjap.

INDIEN TOEGESTAAN

- Gebruik 1 losgeklopt eiwit in plaats van een bloempapje.

VARIATIES

- Gebruik 150 g TVP in plaats van tahoe. Wel deze eerst 10 minuten in 1/4 dl water en kook deze daarna 15 minuten in 2 dl bouillon.
- Gebruik zaden om te paneren zoals maanzaad, lijnzaad of sesamzaad in plaats van paneermeel.
- Kook de tahoe eerst 3 minuten in 2 dl bouillon.
- Marineer de tahoe eerst ongeveer 30 minuten in een marinade van 2 eetlepels ketjap, 1 eetlepel sherry, 2 eetlepels water, 1/2 theelepel djintan, 1/2 theelepel koenjit en 1/2 theelepel ketoembar of
  2 eetlepels ketjap, 2 eetlepels diksap, 2 eetlepels water, 1 theelepel gemberpoeder en 1 theelepel knoflookpoeder of
  2 eetlepels ketjap, 2 eetlepels tomatenketchup, 2 eetlepels water, 2 theelepels paprikapoeder.
- Fruit samen met de ui 1/4 schoongemaakte, fijngesnipperde prei.

Pittige tahoeballen
Voeg 1 theelepel sambal toe aan de gepureerde tahoe.

Tahoeballen met mosterd
Voeg 1/2 eetlepel mosterd toe aan de gepureerde tahoe.

Tahoeballen met paprika
Voeg ½ theelepel paprikapoeder toe aan de gepureerde tahoe en meng ½ theelepel paprikapoeder door het paneermeel.

Tahoe-borrelballetjes
Vorm, eventueel met behulp van een Parijs-aardappelmesje, kleine balletjes van de tahoe.

Tahoeschnitzels

Dit gerecht is niet geschikt voor het sojavrije dieet.

Bereidingstijd: 15 minuten

Raadpleeg uw merkartikelenlijst van ALBA en/of uw dieetadvies.

2 plakken tahoe à 100 g
peper, zout
3 eetlepels bloem
5 eetlepels koud water
5 eetlepels paneermeel
60 g margarine

Bestrooi de plakken tahoe met peper en zout naar smaak en dieet.
Meng de bloem aan met het koude water, haal de plakken tahoe door het bloempapje en daarna door het paneermeel.
Smelt de margarine, laat deze bruin worden en bak hierin de tahoeschnitzels aan iedere kant ongeveer 5 minuten.

DIEETAANPASSING

- **Additievenvrij**
  Gebruik paneermeel zonder toevoegingen.
- **Glutenvrij**
  Gebruik boekweitemeel of glutenvrije bloem in plaats van bloem of raadpleeg de vervangingslijst.
  Gebruik glutenvrij paneermeel eventueel gemaakt van glutenvrij brood.
- **Kippeëivrij**
  Gebruik kippeëivrij paneermeel.
- **Koemelkvrij/lactosevrij**
  Gebruik koemelkvrij paneermeel.

INDIEN TOEGESTAAN

- Gebruik 1 losgeklopt eiwit in plaats van een bloempapje.

VARIATIES

- Kook de plakken tahoe eerst 3 minuten in 2 dl bouillon.
- Marineer de plakken tahoe eerst ongeveer 30 minuten in een marinade van 2 eetlepels ketjap, 1 eetlepel sherry, 2 eetlepels water, ½ theelepel djintan, ½ theelepel koenjit en ½ theelepel ketoembar of 2 eetlepels ketjap, 2 eetlepels diksap, 2 eetlepels water, 1 theelepel gemberpoeder en 1 theelepel knoflookpoeder of 2 eetlepels ketjap, 2 eetlepels tomatenketchup, 2 eetlepels water, 2 theelepels paprikapoeder.

Gevulde tahoeschnitzels
Snijd de dikke plakken tahoe horizontaal door.
Bak in 15 g margarine ¼ schoongemaakte, fijngesnipperde prei en 1 gepelde en gesnipperde ui ongeveer 5 minuten.
Leg de prei en de ui tussen de plakken tahoe.

Pittige tahoeschnitzels
Bestrijk de tahoeplakken voor het bakken met 1 theelepel sambal.

Tahoe-mosterdschnitzels
Bestrijk de tahoeplakken voor het bakken met ½ eetlepel mosterd.

Tahoe-paprikaschnitzels
Bestrooi de tahoeplakken met ½ theelepel paprikapoeder en meng ½ theelepel paprikapoeder door het paneermeel.

GARNEERSUGGESTIES

- Garneer de tahoeschnitzels met 1 takje gewassen peterselie.

• Garneer de tahoeschnitzels met 1 schijfje citroen.

Tempéragoût

Dit gerecht is niet geschikt voor het sojavrije dieet.

Bereidingstijd: 40 minuten

Raadpleeg uw merkartikelenlijst van ALBA en/of uw dieetadvies.

200 g tempé
75 g champignons
2 worteltjes
1 eetlepel verse peterselie
½ l bouillon
½ theelepel tijm
1 ui
45 g margarine
45 g bloem
peper, zout

Snijd de tempé in blokjes.
Maak de champignons schoon, schrap de worteltjes en snijd deze in plakjes.
Was en hak de verse peterselie.
Breng de bouillon aan de kook.
Voeg de champignons, de peterselie, de tempé, de tijm en de wortel toe aan de bouillon en kook dit nog ongeveer 15 minuten.
Zeef de bouillon en breng deze opnieuw aan de kook.
Pel en snipper de ui, smelt de margarine, laat deze bruin worden en fruit de ui hierin.
Voeg de bloem aan het uienmengsel al roerende toe tot een samenhangende massa (roux) is verkregen.
Voeg de helft van de bouillon toe, breng de roux aan de kook en roer deze glad.
Voeg beetje bij beetje onder voortdurend roeren de andere helft toe en breng deze weer aan de kook.
Voeg de champignons, de peterselie, de tempé, de wortel en peper met zout naar smaak en dieet toe aan de roux.

DIEETAANPASSING

• **Glutenvrij**
Gebruik glutenvrije bloem of rijstemeel in plaats van tarwebloem of raadpleeg de vervangingslijst.

VARIATIES

• Voeg 1 eetlepel gewelde rozijntjes, ½ schoongemaakte en in stukjes gesneden appel en 1 in stukjes gesneden ananasschijf toe.
• Voeg 100 g schoongemaakte, gewassen groenten toe zoals maïs, paprika en prei in plaats van champignons en worteltjes.

Tahoeragoût
Gebruik tahoe in plaats van tempé.

Tempé-kerrieragoût
Fruit samen met de ui 1 eetlepel kerrie mee.

TVP-ragoût
Gebruik 150 g TVP in plaats van tempé en wel deze eerst 10 minuten in ¼ dl water.

GARNEERSUGGESTIE

• Garneer de tempéragoût met 1 takje gewassen peterselie.

Vegetarische burgers

Voorbereidingstijd: 12 uur
Bereidingstijd: 1 uur en 20 minuten
Koeltijd: ½ uur

Raadpleeg uw merkartikelenlijst van ALBA en/of uw dieetadvies.

- 125 g gedroogde kapucijners
- 5 dl koud water
- 5 sprietjes vers bieslook
- 2 takjes verse peterselie
- 1 teentje knoflook
- 1½ eetlepel bloem
- ½ theelepel paprikapoeder
- cayennepeper, zout
- 50 g margarine

Was de kapucijners en week ze ongeveer 12 uur in het koude water.
Kook de kapucijners in het weekvocht in ongeveer 1 uur gaar.
Giet de kapucijners af en pureer ze.
Was en hak het verse bieslook en de verse peterselie.
Pel de knoflook en pers deze uit.
Voeg de bloem, bieslook, geperste knoflook, paprikapoeder, peterselie, cayennepeper en zout naar smaak en dieet toe aan de gepureerde kapucijners.
Meng alles door elkaar, vorm van de kapucijnermassa 2 platte schijven van ongeveer 1½ cm dik en plaats deze 30 minuten in de koelkast om op te stijven.
Smelt de margarine, laat deze bruin worden en bak hierin de kapucijnerburgers aan iedere kant circa 5 minuten.

DIEETAANPASSING

- **Glutenvrij**
  Gebruik glutenvrije bloem of rijstemeel of raadpleeg de vervangingslijst.

VARIATIES

- Gebruik ¼ schoongemaakte en in reepjes gesneden prei en 1 kleine gepelde, gesnipperde ui in plaats van bieslook en peterselie.
- Voeg 1 eetlepel tomatenpuree toe.

Bonengehaktschijf
Gebruik gare witte bonen in plaats van kapucijners.

Sojaburgers
Gebruik sojabonen in plaats van kapucijners. De kooktijd is dan 3 uur.

Snelle sojaburgers
Gebruik 150 g TVP. Week deze eerst 10 minuten in ¼ dl water, en kook de TVP daarna 15 minuten in 2 dl bouillon.

Witte-bonensalade

Voorbereidingstijd: 12 uur
Bereidingstijd: 1 uur en 45 minuten
Koeltijd: 1 uur

Raadpleeg uw merkartikelenlijst van ALBA en/of uw dieetadvies.

- 75 g gedroogde witte bonen
- ½ kleine ui
- 1 laurierblad
- ½ theelepel gemalen zwarte peper
- ½ theelepel zout
- 1 teentje knoflook
- 1 eetlepel verse peterselie
- ½ verse Spaanse peper
- 1 eetlepel azijn
- 2 eetlepels olie
- peper, zout

Was de witte bonen en week ze ongeveer 12 uur in ruim water.
Pel en snipper de ui.
Voeg aan de bonen en het weekvocht

het laurierblad, de zwarte peper, de ui en het zout toe en kook dit ongeveer 1½ uur.
Verwijder het laurierblad en laat de bonen uitlekken.
Pel en snipper de knoflook.
Was en hak de peterselie.
Maak de Spaanse peper schoon en snijd deze in kleine stukjes.
Meng de azijn met de olie, de knoflook, de groene peper en de peterselie.
Roer de saus door de nog warme bonen.
Voeg peper en zout toe naar smaak en dieet.
Serveer de witte-bonensalade koud.

VARIATIES

- Meng 100 g in stukjes gesneden tonijn door de salade.
- Gebruik een andere soort azijn zoals dragonazijn, kruidenazijn of wijnazijn.

Bruine-bonen-aspergesalade
Gebruik bruine bonen in plaats van witte bonen en voeg 250 g gare asperges toe.

Kapucijnersalade
Gebruik 250 g gare kapucijners in plaats van 75 g gedroogde witte bonen. Pel en snipper 1 ui, fruit deze ongeveer 5 minuten in 15 g gebruinde margarine en voeg 2 theelepels kerrie en peper en zout naar smaak en dieet toe. Maak 1 appel schoon en snijd deze samen met 1 schijf ananas in blokjes.
Voeg de ananas en de appel aan het kerriemengsel toe en bak dit ongeveer 5 minuten mee.
Voeg de kapucijners toe.
Serveer de kapucijnersalade koud.

Kikkererwtensalade
Gebruik kikkererwten in plaats van witte bonen en volg verder bovenstaand recept.
Pel 1 hardgekookt ei. Pureer de eierdooier en meng deze met 1 eetlepel azijn en 2 eetlepels olie. Pel en snipper 1 teentje knoflook en ½ kleine ui en roer dit met 1 eetlepel kappertjes door de saus. Vermeng de saus met de kikkererwten en garneer de salade met 1 eetlepel gewassen en fijngesneden peterselie.

Linzensalade
Gebruik 250 g gare linzen in plaats van 75 g gedroogde witte bonen en voeg geen knoflook, laurierblad en Spaanse peper toe.
Maak ¼ bleekselderij schoon en snijd deze in stukjes.
Snijd 2 perziken in stukjes en voeg deze samen met de bleekselderij toe aan de linzensalade.

VIS

Vis kan gegeven worden bij de lunch, als voorgerecht, bij het hoofdgerecht of als tussendoortje.
Houd er rekening mee dat kant-en-klaarprodukten zoals vis in blik of vissalade, ingrediënten kunnen bevatten die in het dieet niet zijn toegestaan.
Raadpleeg hiervoor uw dieetadvies en/of ALBA-lijst.

Hoeveelheid per persoon

125 g voor schoongemaakte vis, 250 g voor hele vissen
25 g margarine of 2 eetlepels olie

Maak de vis eventueel schoon en was deze.

Bakken

Zout en kruid de vis naar smaak en dieet. Paneer de vis eventueel. Smelt de margarine of verhit de olie. Leg de vis hierin en bak deze snel bruin in 10-20 minuten, afhankelijk van de dikte van de vis. Verwerk het vet eventueel tot een saus.

Pocheren

Zout en kruid de vis naar smaak en dieet. Breng 1 l visbouillon aan de kook of gebruik water met 6 g zout en eventueel een scheutje azijn, citroensap of wijn. Voeg naar smaak en dieet kruiden en specerijen toe. Leg de vis in het pocheervocht en verhit dit opnieuw, maar zorg ervoor dat de vloeistof niet meer kookt, zodat de vis sappig blijft. Pocheer de vis 3-10 minuten. Verwerk het pocheervocht eventueel tot een saus.

Stoven

Smelt de margarine, voeg stukjes groenten toe zoals 1/4 paprika, enkele takjes selderij, 1 tomaat, 1/2 ui, 1/4 wortel en kruiden, specerijen en zout naar smaak en dieet.
Leg de vis hierin. Voeg eventueel een scheutje azijn, citroensap of wijn toe. Strooi wat paneermeel over de vis en leg stukjes margarine op en om de vis.
Boven een warmtebron
Laat de vis ongeveer 10-15 minuten afgedekt op een matig vuur stoven, totdat deze gaar is. Keer dikke moten eventueel halverwege de bereidingstijd, leg dan opnieuw stukjes margarine op en om de vis en bestrooi deze nogmaals met paneermeel.
Bereiding in de oven
Plaats de vis in het midden van een voorverwarmde oven, gasstand 4 à 5/180-225°C. Stoof de vis 15-30 minuten.
Verwerk het stoofvocht eventueel tot een saus.

Smoren in aluminiumfolie

Zout en kruid de vis naar smaak en dieet en leg deze op de aluminiumfolie. Voeg stukjes groenten toe zoals 1/4 paprika, enkele takjes selderij, 1 tomaat, 1/2 ui, 1/4 wortel en kruiden, specerijen en zout naar smaak en dieet. Leg klontjes margarine op de vis. Vouw de aluminiumfolie dicht. Leg de vis in een voorverwarmde oven, 250°C, gasstand 5 à 6, of onder de roodgloeiende grill. Smoor de vis 10-20 minuten.

Grilleren

Zout en kruid de vis naar smaak en dieet. Besmeer de vis eventueel met 1/2 eetlepel margarine of olie of paneer deze. Leg de vis onder de grill. Keer dikke moten halverwege de bereiding.
Grill de vis 10-15 minuten.

Frituren

Maak de vis eventueel schoon en was deze. Zout, kruid en paneer de vis. Bak de vis in heet frituurvet of olie van 170°C, waar de damp juist vanaf komt. Frituur de vis 3-5 minuten.

VARIATIES

Varieer door gebruik te maken van

- Verse en/of gedroogde kruiden
  basilicum, bieslook, bladselderij, dille,

dragon, peterselie, tijm (gepocheerde en gesmoorde vis)
- Specerijen
  foelie, kerrie, nootmuskaat, paprika, peper (gesmoorde vis, viskoekjes)
- Groenten
  bleekselderij, champignons, komkommer, paprika, prei, taugé, tomaten, ui, venkel, wortel (gepocheerde en gesmoorde vis, vispâté)
- Vruchten en vruchtesap
  ananas(sap), banaan, cocktailfruit, peer, perzik (gepaneerde vis met vruchtensaus)
- Dranken
  witte wijn (gepocheerde vis)
- Smaakmakers
  citroensap, gember, ketjap, mayonaise, mosterd, sambal (gepaneerde, gepocheerde en gesmoorde vis)

Varieer door verschillende gerechten te maken
- Paella (zie hoofdstuk Samengestelde gerechten), viskoekjes, viscroquetten (zie hoofdstuk Vlees), vispâté, visragoût (zie hoofdstuk Garneringen en vulsels)

Varieer door er verschillende sauzen bij te serveren
- Kerriesaus, kruidensaus, vruchtensaus, witte-wijnsaus

Gepaneerde visfilets met picassosaus

Bereidingstijd: 30 minuten

Raadpleeg uw merkartikelenlijst van ALBA en/of uw dieetadvies.

1 perzik
1/2 banaan
1 bolletje gember
200 g visfilets, zoals kabeljauw-, schelvis-, schol- en tongfilets
zout
1 ei
1 eetlepel koud water
40 g paneermeel
50 g margarine
4 schijven ananas op eigen sap
1/2 citroen
3 eetlepels ongezoet ananassap

Maak de perzik schoon en snijd deze in stukjes.
Maak de banaan schoon en snijd deze in plakjes.
Snijd de gember in dunne plakjes.
Was de visfilets, bestrooi ze met zout naar smaak en dieet en laat dit 10 minuten intrekken.
Klop het ei los met het koude water.
Haal de visfilets eerst door het ei en daarna door het paneermeel.
Smelt de margarine, laat deze bruin worden en bak de visfilets hierin aan beide kanten op laag vuur ongeveer 5 minuten.
Neem de visfilets uit de pan en houd ze warm.
Bak in de achtergebleven margarine de ananas, de banaan en de perzik ongeveer 3 minuten en leg dit samen met de gember bij de visfilets.
Pers 1/2 citroen uit, meng het sap met het ananassap, roer dit door de jus en

schenk dit over de gepaneerde visfilets met fruit.

DIEETAANPASSING

- **Additievenvrij**
  Gebruik verse ananas en ananassap zonder toevoegingen.
  Gebruik paneermeel zonder toevoegingen.
  Voeg 1/4 theelepel gemberpoeder toe aan de achtergebleven margarine in plaats van 1 bolletje gember.
- **Citrusvrij**
  Gebruik 1 dl ananassap in plaats van ananassap en citroensap.
- **Glutenvrij**
  Gebruik glutenvrij paneermeel, eventueel gemaakt van glutenvrij brood.
- **Kippeëivrij**
  Gebruik een bloempapje in plaats van het met water losgeklopte ei. Meng hiervoor 25 g bloem met 3 eetlepels koud water aan.
  Gebruik kippeëivrij paneermeel.
- **Koemelkvrij/lactosevrij**
  Gebruik koemelkvrij paneermeel.
- **Saccharosevrij**
  Voeg 1/4 theelepel gemberpoeder toe aan de achtergebleven margarine in plaats van 1 bolletje gember.

VARIATIES

- Bak 1/4 gepelde en gesnipperde ui mee.
- Bak 20 g amandelsnippers mee.
- Gebruik 1 blikje fruitcocktail à 400 g in plaats van ananas, banaan, perzik en ananassap.

Gebakken visfilets met champignons
Smoor 125 g schoongemaakte en in plakjes gesneden champignons in de jus in plaats van fruit.
Gebruik ongeklopte slagroom of witte wijn in plaats van ananas- en citroensap.
Garneer de gebakken visfilets met champignons eventueel met 1 eetlepel verse gewassen en gehakte peterselie.

Gepocheerde visfilets met witte-wijnsaus

Bereidingstijd: 1 uur

Raadpleeg uw merkartikelenlijst van ALBA en/of uw dieetadvies.

1/2 ui
1/4 wortel
1 theelepel peterselie
1 1/2 dl water
1/2 theelepel zout
1 blaadje foelie
100 g visgraten
250 g visfilets, zoals schol- of tongfilets
1/2 theelepel zout
1/2 citroen
3 eetlepels witte wijn of water
15 g margarine
2 eetlepels bloem

Pel en snipper de ui.
Schrap en was de wortel en snijd deze in stukjes.
Was en hak de peterselie.
Breng het water met zout aan de kook en voeg foelie, visgraten, peterselie, ui en wortel toe en kook dit ongeveer 30 minuten zachtjes door.
Zeef de visbouillon.
Was de visfilets, bestrooi ze met het zout en laat dit ongeveer 10 minuten intrekken.
Pers de halve citroen uit.
Breng de visbouillon weer aan de kook, leg de vis hierin, vul het vocht aan met het citroensap en de witte wijn of water totdat de vis juist onder water staat en pocheer de vis ongeveer 10 minuten.
Neem de visfilets uit het vocht en houd ze warm.
Zeef de visbouillon.
Smelt de margarine, voeg de bloem toe tot een samenhangende massa (roux) is verkregen.
Voeg de helft van de visbouillon toe, breng de roux aan de kook en roer deze glad.
Voeg beetje bij beetje onder voortdurend roeren de andere helft toe en breng deze weer aan de kook.
Schenk de witte-wijnsaus vlak voor het opdienen over de gepocheerde visfilets.

DIEETAANPASSING

- **Additievenvrij**
  Bereid gepocheerde visfilets met kruidensaus in plaats van witte-wijnsaus.
- **Citrusvrij**
  Voeg 1 eetlepel azijn toe in plaats van citroensap.
- **Glutenvrij**
  Gebruik boekweitemeel of glutenvrije bloem in plaats van bloem of raadpleeg de vervangingslijst.

VARIATIES

- Gebruik vismoten in plaats van visfilets en pocheer deze ongeveer 20 minuten.

Gepocheerde visfilets in kerriesaus
Gebruik water in plaats van witte wijn.
Voeg aan de gesmolten margarine 1 theelepel kerrie toe en fruit deze hierin ongeveer 1 minuut.
Maak de roux verder af.
Voeg 1 eetlepel kappertjes en 1 eetlepel zilveruitjes toe aan de saus.
Schenk de kerriesaus vlak voor het opdienen over de gepocheerde visfilets.

Gepocheerde visfilets met kruidensaus
Gebruik water in plaats van witte wijn en voeg aan de roux vlak voor het opdienen 1/2 eetlepel verse, gewassen en gehakte peterselie, 1/2 eetlepel vers, gewassen en gehakt bieslook en 1/2 eetlepel verse gewassen en gehakte dille toe.

Tongfilets met zalm
Rol de tongfilets na het zouten om 50 g gerookte zalm.

Visrolletjes in witte-wijnsaus
Rol de visfilets na het zouten op en maak ze vast met een draadje of prikker.

GARNEERSUGGESTIE
- Garneer de gepocheerde visfilets eventueel met 1 takje gewassen dille of peterselie.

Gesmoorde vis in aluminiumfolie

Bereidingstijd: 15 minuten
Baktijd: 20 minuten
Bijzondere materialen: aluminiumfolie, oven

Raadpleeg uw merkartikelenlijst van ALBA en/of uw dieetadvies.

2 eetlepels verse bladselderij
1/2 citroen
1/2 ui
250 g visfilets, zoals kabeljauw- of koolvisfilets
zout
1/4 theelepel gedroogd basilicum
1 theelepel gedroogd bieslook
1/4 theelepel gedroogde dille
1/4 theelepel gedroogde tijm

Was en hak de bladselderij.
Pers 1/2 citroen uit.
Pel en snipper 1/2 ui.
Was de visfilets, bestrooi ze met zout naar smaak en dieet en laat dit ongeveer 10 minuten intrekken.
Besprenkel de vis met het citroensap en leg basilicum, bieslook, dille, bladselderij, tijm en ui erop.
Verpak de vis in aluminiumfolie, zodat het uitlopend vocht niet uit de folie kan druipen.
Plaats het pakje ongeveer 20 minuten in een voorverwarmde oven, gasstand 4/200°C.

DIEETAANPASSING
- **Citrusvrij**
  Gebruik 1 eetlepel azijn in plaats van citroensap.

VARIATIES
- Gebruik moten vis of hele vissen zoals forel of makreel in plaats van visfilets en smoor deze ongeveer 30 minuten.
- Beleg de visfilets met 2 plakken kaas en 2 plakken bacon.
- Beleg de visfilets met 1/2 gepelde en gesnipperde ui, 50 g schoongemaakte champignons, 50 g schoongemaakte en in reepjes gesneden venkel en 1 eetlepel verse, gewassen en gehakte peterselie.
- Beleg de visfilets met 1/4 schoongemaakte en in reepjes gesneden paprika en 1/2 schoongemaakte en in ringen gesneden prei en bestrooi de vis met 1 theelepel chilipoeder in plaats van basilicum, bieslook, dille, selderij en tijm.
- Bestrijk de visfilets met 2 theelepels sambal in plaats van basilicum, bieslook, dille, selderij en tijm.

Gestoofde visfilet

Bereidingstijd: 40 minuten
Bijzondere materialen: ovenschotel en oven

Raadpleeg uw merkartikelenlijst van ALBA en/of uw dieetadvies.

250 g visfilets, zoals kabeljauw-en scholfilets
zout
1/2 ui
1/2 citroen
4 eetlepels water
1/4 theelepel gedroogd basilicum
1/4 theelepel gedroogd bieslook
1/4 theelepel gedroogde dille
1/4 theelepel gedroogde tijm
3 eetlepels paneermeel
50 g margarine

Was de visfilets, bestrooi ze met zout naar smaak en dieet en laat dit ongeveer 10 minuten intrekken.
Pel en snipper 1/2 ui.
Was 1/2 citroen en snijd deze in dunne schijfjes.
Leg de visfilets in een ovenschotel met het water, basilicum, bieslook, schijfjes citroen, dille, tijm en fijngesnipperde ui.
Bestrooi de vis met het paneermeel.
Verdeel de margarine in klontjes en leg deze op en om de vis.
Plaats de ovenschotel in een voorverwarmde oven, gasstand 4/200°C en laat deze in ongeveer 20 minuten gaar worden.

DIEETAANPASSING

- **Additievenvrij**
  Gebruik paneermeel zonder toevoegingen.
- **Citrusvrij**
  Besprenkel de vis met 1 eetlepel azijn, voeg geen citroenschijfjes toe.
- **Glutenvrij**
  Gebruik glutenvrij paneermeel, eventueel gemaakt van glutenvrij brood.
- **Kippeëivrij**
  Gebruik kippeëivrij paneermeel.
- **Koemelkvrij/lactosevrij**
  Gebruik koemelkvrij paneermeel.

VARIATIES

Gestoofde visfilets met champignons
Voeg 100 g schoongemaakte en in plakjes gesneden champignons aan de stoofschotel toe.

Gestoofde visfilets met paprika en taugé
Voeg 1/2 schoongemaakte en in reepjes gesneden paprika en 50 g gewassen taugé toe.

Gestoofde visfilets met tomaten
Voeg 2 schoongemaakte en in stukjes gesneden tomaten aan de stoofschotel toe, eventueel bestrooid met peper en zout.

Viskoekjes

8 stuks

Bereidingstijd: 20 minuten

Raadpleeg uw merkartikelenlijst van ALBA en/of uw dieetadvies.

75 g gare aardappelen
2 eetlepels melk
1/4 theelepel nootmuskaat
1/4 theelepel zout
75 g vis zonder vel of graat zoals kabeljauw of wijting
1 eetlepel verse peterselie
40 g paneermeel
50 g margarine

Maak stevige puree van de aardappelen, melk, nootmuskaat en zout.
Verdeel de vis in kleine stukjes.
Was en hak de peterselie.
Roer de vis en de peterselie door de aardappelpuree, vorm de massa tot een bal, vorm hier 8 platte koekjes van en haal deze door het paneermeel.
Smelt de margarine, laat deze bruin worden en bak hierin de viskoekjes aan beide kanten vlug bruin in ongeveer 5 minuten.

DIEETAANPASSING

- **Aardappelvrij**
  Gebruik gare gierst in plaats van aardappelen.
  Voeg dan geen nootmuskaat toe.
- **Additievenvrij**
  Gebruik paneermeel zonder toevoegingen.
- **Glutenvrij**
  Gebruik glutenvrij paneermeel, eventueel gemaakt van glutenvrij brood.
- **Kippeëivrij**
  Gebruik kippeëivrij paneermeel.
- **Koemelkvrij**
  Gebruik bouillon of sojamelk in plaats van koemelk.
  Gebruik koemelkvrij paneermeel.
- **Lactosevrij**
  Gebruik bouillon of lactosevrije melk in plaats van koemelk.
  Gebruik koemelkvrij paneermeel.

VARIATIE

- Gebruik tijm in plaats van nootmuskaat.

Zalmpâté

Bereidingstijd: 20 minuten
Koeltijd: 1 uur en 15 minuten
Bijzonder materiaal: cake- of pâtévorm met de inhoud van 1 l

Raadpleeg uw merkartikelenlijst van ALBA en/of uw dieetadvies.

1 groene paprika
1 eetlepel verse peterselie
½ komkommer
450 g zalm uit blik
200 g Hüttenkäse
3 eetlepels mayonaise
½ theelepel gedroogde dragon
peper, zout
8 blaadjes witte gelatine
1¼ dl water
½ citroen

Maak de paprika schoon en snijd deze in dunne reepjes.
Was en hak de verse peterselie.
Maak de komkommer schoon en snijd deze in dunne plakjes.
Pureer de zalm.
Meng paprika, peterselie en zalm en voeg de Hüttenkäse, mayonaise, gedroogde dragon met peper en zout naar smaak en dieet toe.
Week de blaadjes witte gelatine ongeveer 10 minuten in ruim koud water.
Verwarm het water, laat dit net niet koken en los de goed uitgeknepen gelatine hierin al roerende op.
Pers ½ citroen uit en roer het citroensap door de gelatine-oplossing.
Spoel de cakevorm om met koud water en schep 6 eetlepels van de gelatine-oplossing op de bodem van de cakevorm.
Leg de komkommerplakjes hierin dakpansgewijs en plaats dit ongeveer 15 minuten in de koelkast.
Roer de rest van de gelatine-oplossing door het zalmmengsel, doe dit in de cakevorm,

strijk de bovenkant glad en plaats de zalmpâté nog ongeveer 1 uur in de koelkast.
Houd de cakevorm voor het storten even in warm water, de randen laten dan gemakkelijk los.
Plaats een omgekeerde schaal midden op de cakevorm en keer ze samen om. Neem de cakevorm weg.

DIEETAANPASSING

- **Additievenvrij**
  Gebruik verse vis in plaats van vis uit blik.
  Gebruik 1 schijf meloen en vorm hier bolletjes van met behulp van een Parijsaardappelmesje of gebruik 4 plakken komkommer om te garneren in plaats van zilveruitjes.
  Gebruik zelfgemaakte mayonaise (zie blz. **48**) of mayonaise zonder toevoegingen.
- **Citrusvrij**
  Gebruik 1 eetlepel azijn in plaats van citroensap.
- **Kippeëivrij**
  Gebruik crème fraîche, imitatiemayonaise (zie blz. **47**) kwark of soyanaise (zie blz. **49**) in plaats van mayonaise.
- **Koemelkvrij/lactosevrij**
  Gebruik 200 g gepureerde vis zoals gare makreel of gare tonijn in plaats van Hüttenkäse of gebruik 650 g zalm in plaats van 450 g zalm en 200 g Hüttenkäse.
- **Saccharosevrij**
  Gebruik 1 schijf meloen en vorm hier bolletjes van met behulp van een Parijsaardappelmesje of gebruik 4 plakken komkommer om te garneren in plaats van zilveruitjes.
  Gebruik zelfgemaakte mayonaise (zie blz. **48**) of mayonaise zonder toegevoegde suiker.

VARIATIES

- Gebruik 1 gepelde en gesnipperde ui in plaats van paprika.
- Gebruik 1 schoongemaakte en in reepjes gesneden peer in plaats van komkommer.

Kabeljauwpâté
Gebruik gare, gepureerde kabeljauwfilets in plaats van zalm.

Makreelpâté
Gebruik gestoomde makreel in plaats van zalm.

GARNEERSUGGESTIE

- Garneer de zalmpâté met 8 gare asperges, 1/4 theelepel paprikapoeder, 1 eetlepel verse, gewassen en gehakte peterselie, 4 blaadjes gewassen sla en 8 zoetzure zilveruitjes.

SCHAAL- EN SCHELPDIEREN

Schaaldieren zijn bijvoorbeeld garnalen, krab en kreeft.
Schelpdieren zijn bijvoorbeeld mosselen, oesters en inktvis, vanwege de 'inwendige schelp'.
Schaal- en schelpdieren kunnen gegeven worden bij de lunch, als voorgerecht, bij het hoofdgerecht of als tussendoortje.
Er is slechts een beperkt aantal recepten met schaal- en schelpdieren opgenomen in dit kookboek.
Vaak blijken deze recepten niet geschikt voor mensen met een voedselovergevoeligheid.
Houd er rekening mee dat kant-en-klaarprodukten zoals salades en cocktails ingrediënten kunnen bevatten die in het dieet niet zijn toegestaan. Raadpleeg hiervoor uw dieetadvies en/of ALBA-lijst.

GARNALEN

Hoeveelheid per persoon
Dit varieert van 50 g (voorgerecht) tot 125 g (hoofdgerecht).

Frituren
Maak de garnalen schoon en was ze.
Wentel de gekookte garnalen door een beslag van 1 ei, 1 dl melk, 2½ eetlepel bloem en een mespuntje zout of paneer ze.
Frituur de garnalen in hete olie of frituurvet, waar juist de damp afkomt.

MOSSELEN

Hoeveelheid per persoon
Dit varieert van ½ kg met schelp bij verwerking in een gerecht tot 1 kg met schelp als hoofdgerecht.

Koken
Was de mosselen en leg ze een paar minuten in 30 g zout per l water zodat ze zich schoon kunnen spoelen.
Gooi de open mosselen weg.
Zet de mosselen op met ruim kokend water en zout, groenten en kruiden naar smaak en dieet.
Kook de mosselen ongeveer 5 minuten tot alle schelpen open zijn en schep ze af en toe om.
Verwijder de dichte mosselen, dit zijn schelpen gevuld met zand.

Bakken/frituren
Schud door de gekookte mosselen wat bloem en paneermeel en bak ze vlug in 45 g margarine of 3-4 eetlepels olie per persoon bruin.

VARIATIES

Varieer door gebruik te maken van
- Kruiden en/of specerijen
  laurier, peper, peterselie, selderij, tijm (garnalensalade, gekookte mosselen)
- Groenten
  prei, sjalotje, ui, wortel (gekookte mosselen)
- Zuivelprodukten
  ei, zure room (krabsalade)
- Smaakmakers
  mayonaise, mosterd (krabsalade)
- Dranken
  witte wijn (gekookte mosselen)

Varieer door verschillende gerechten te serveren
- Garnalencoctail, krabsalade, kreeftesoep

Varieer door er verschillende sauzen bij te serveren
- Kaassaus, knoflooksaus, mosterdsaus, ravigotesaus

Gefrituurde shrimps

(grote garnalen)

Bereidingstijd: 10 minuten

Raadpleeg uw merkartikelenlijst van ALBA en/of uw dieetadvies.

2 eetlepels bloem
1/2 theelepel zout
1/2 ei
1/2 dl melk
peper
frituurvet
12 gekookte (diepvries) shrimps

Maak van bloem, zout, ei en melk een beslag en voeg peper toe naar smaak en dieet.
Breng het frituurvet aan de kook tot er juist een damp afkomt. Haal de shrimps één voor één door het beslag, laat ze uitdruipen en frituur ze in de olie tot ze lichtbruin zijn.

DIEETAANPASSING

- **Glutenvrij**
  Gebruik boekweitemeel of glutenvrije bloem in plaats van bloem of raadpleeg de vervangingslijst.
- **Kippeëivrij**
  Voeg geen ei toe en gebruik 1 dl melk in plaats van 1/2 dl.
- **Koemelkvrij**
  Gebruik sojamelk of water in plaats van koemelk.
- **Lactosevrij**
  Gebruik lactosevrije melk in plaats van koemelk.

VARIATIE

- Haal afwisselend stukjes aubergine, courgette of sperziebonen door het beslag en frituur deze bruin.
  Serveer de shrimps en groenten gemengd.

Krabsalade

Bereidingstijd: 20 minuten

Raadpleeg uw merkartikelenlijst van ALBA en/of uw dieetadvies.

2 eieren
1 dl mayonaise
1 dl zure room
2 zoetzure augurken
1/2 eetlepel verse peterselie
1/4 eetlepel mosterd
peper, zout
300 g krab

Kook de eieren ongeveer 10 minuten.
Meng de mayonaise met de zure room.
Snijd de zoetzure augurken in kleine stukjes.
Was en hak de peterselie.
Meng augurken, mosterd en peterselie en voeg peper en zout toe naar smaak en dieet.
Houd de eieren onder koud water, pel ze en snijd ze in stukjes.
Snijd de krab in stukjes en meng deze samen met de stukjes ei en het augurken-mosterdmengsel door het mayonaisemengsel.

DIEETAANPASSING

- **Additievenvrij**
  Gebruik zelfgemaakte mayonaise (zie blz. **48**) of mayonaise zonder toevoegingen.
  Gebruik verse, gewassen augurken of 1/4 gewassen en in stukjes gesneden komkommer in plaats van zoetzure augurken.
- **Kippeëivrij**
  Gebruik 100 g schoongemaakte en in stukjes gesneden vruchten zoals ananas, appel, kiwi, peer en/of perzik in plaats van 2 eieren.
  Gebruik crème fraîche, imitatiemayonaise (zie blz. **47**), kwark of soyanaise (zie blz. **49**) in plaats van mayonaise.
- **Koemelkvrij/lactosevrij**
  Voeg geen zure room toe, gebruik 2 dl mayonaise.

- **Saccharosevrij**
  Gebruik verse of zure augurken of ¼ gewassen en in stukjes gesneden komkommer in plaats van zoetzure augurken. Gebruik zelfgemaakte mayonaise (zie blz. 48) of mayonaise zonder toegevoegde suiker.

VARIATIES

Garnalensalade
Gebruik garnalen in plaats van krab.

Tonijnsalade
Gebruik tonijn in plaats van krab.

AARDAPPELEN

Aardappelen kunnen gegeven worden bij de lunch, als voorgerecht, bij het hoofdgerecht of als tussendoortje.
Houd er rekening mee dat kant-en-klaarprodukten zoals huzarensalade of aardappelcroquetjes ingrediënten kunnen bevatten die niet in het dieet zijn toegestaan.
Raadpleeg hiervoor uw dieetadvies en/of ALBA-lijst.
Als vervanger van aardappelen kunnen granen gegeven worden.

Hoeveelheid per persoon
200-300 g

Koken
Schil de aardappelen dun, verwijder de pitjes en snijd de eventuele groene en blauwe delen weg.
Zet ze op met weinig kokend water en zout naar smaak en dieet.
Kook de aardappelen ongeveer 20 minuten.
Giet het water af, plaats de aardappelen opnieuw op de warmtebron en stoom ze droog.
Schud de aardappelen op zodat ze bloemig worden.

Bakken/frituren
Maak de aardappelen schoon.
Snijd de rauwe of gekookte aardappelen in de gewenste vorm, bijvoorbeeld pommes frites, Parijse aardappeltjes, chips of in plakken.
Smelt 25 g margarine of verhit 2 eetlepels olie per persoon en bak de gekookte aardappelen 5-10 minuten.
Bereid rauwe aardappelen twee keer in olie of frituurvet: de eerste keer in matig heet vet van 150°C ongeveer 5 minuten; de tweede keer in heet vet van 190°C, waar de damp juist afkomt ongeveer 3 minuten.
Voeg zout toe naar smaak en dieet.

VARIATIES

Varieer door gebruik te maken van

- Verse en/of gedroogde kruiden
  bieslook, bleekselderij, kervel, peterselie, rozemarijn, salie, venkel (gekruide aardappelen, gepoft aardappelpakketje)
- Specerijen
  kerrie, nootmuskaat, paprikapoeder, peper (aardappelpuree, rösti)
- Groenten
  asperges, augurken, bieten, knoflook, paprika, prei, taugé, ui, wortel (aardappelsalade, huzarensalade)
- Fruit
  aardbeien, ananas, appel, banaan, kersen, kiwi, mandarijn, meloen, sinaasappel (aardappelsalade)
- Vlees, vleeswaren of vis
  ansjovis, gehakt, ham, haring, rookspek, tonijn, zalm (gevulde aardappelen, huzarensalade, rösti)
- Zuivelprodukten
  ei, kaas, slagroom, zure room (aardappelpuree, aardappelsalade)
- Noten en zaden
  hazelnoten, maanzaad, sesamzaad, walnoten (aardappelsalade)
- Smaakmakers
  azijn, kappertjes, mayonaise, mosterd, suiker, tomatenketchup (gepoft aardappelpakketje, huzarensalade)

Varieer door verschillende gerechten te maken

- Aardappelpuree, aardappelcroquetjes, aardappelsalade, aardappelsoep (zie hoofdstuk Soep), pommes chips, gepofte aardappelen, huzarensalade, Parijse aardappeltjes, pommes frites, rösti

Varieer door er verschillende sauzen bij te serveren

- Koude hartige sausen
  dressing van kwark, zure room of yoghurt, mayonaise, sojanaise, vinaigrette (aardappelsalade, huzarensalade)

- Warme hartige sausen
champignonsaus, kerriesaus, paprikasaus, tomatensaus, tuinkruidensaus (gekookte of gebakken aardappelen)

Aardappelpuree

Bereidingstijd: 30 minuten

Raadpleeg uw merkartikelenlijst van ALBA en/of uw dieetadvies.

500 g aardappelen
2 dl water
1/4 theelepel zout
3 eetlepels bouillon
25 g margarine
nootmuskaat

Maak de aardappelen schoon en was ze.
Breng het water met het zout aan de kook, voeg de aardappelen toe en kook deze in ongeveer 20 minuten gaar.
Giet de aardappelen af.
Pureer de aardappelen en voeg de bouillon, de margarine en de nootmuskaat naar smaak en dieet toe.
Klop de aardappelpuree luchtig.

INDIEN TOEGESTAAN

- Gebruik melk in plaats van bouillon.
- Voeg 1 losgeklopt ei toe tijdens het pureren.

VARIATIES

- Spuit de puree eventueel met behulp van een spuitzak in toefjes en plaats deze in de oven zodat ze een bruin korstje krijgen.
- Maak met behulp van een ijsschep bolletjes van de puree.
- Maak een rand van aardappelpuree met behulp van een spuitzak of een ingevette rijstrand. Plaats een platte schaal ondersteboven op de gevulde rijstrand en keer ze samen om.
Neem de rijstrand voorzichtig weg.
Vul de rijstrand vlak voor het opdienen met ragoût, gemaakt van 175 g vlees en 2 dl bouillon of 250 g groenten.
- Vul een ovenschotel met puree, strijk de bovenkant glad, bestrooi deze dun met 1 eetlepel paneermeel en leg hierop 25 g in klontjes verdeelde margarine.
Plaats de ovenschotel ongeveer 15 minuten in een voorverwarmde oven, gasstand 5/240°C.

Aardappelcroquetjes - 6 stuks
Voeg geen bouillon toe aan de puree zodat deze steviger wordt. Verdeel de puree in 6 porties en vorm hier croquetten van.
Meng 50 g bloem aan met 1 dl koud water en haal de aardappelcroquetjes eerst door 60 g paneermeel, dan door het bloempapje en daarna nog eens door het paneermeel.
Bak de aardappelcroquetjes in hete olie of frituurvet van 170°C, waar de witte damp juist vanaf komt ongeveer 3 minuten.

Aardappel-kastanjepuree
Maak puree van 250 g aardappelen en verwarm 1 blikje kastanjepuree à 250 g in 2 eetlepels bouillon.
Roer de kastanjepuree door de aardappelpuree.

Aardappelkoekjes - 6 stuks
Voeg geen bouillon toe aan de puree zodat deze steviger wordt. Vorm van de puree platte koekjes en wentel deze door 50 g paneermeel. Smelt 50 g margarine, laat deze bruin worden en bak de aardappelkoekjes aan beide kanten in ongeveer 3 minuten snel bruin.

Aardappelpuree, restverwerking
Verwarm de gekookte aardappelen in 1 dl bouillon en pureer ze.

Aardappelpuree met gefruite uitjes en uitgebakken spekjes
Bak 1 gepelde en gesnipperde ui en 50 g spekblokjes ongeveer 10 minuten uit en voeg dit toe aan de aardappelpuree.

Aardappelpuree met geraspte kaas
Voeg 2 eetlepels geraspte kaas aan de puree toe.

Aardappelpuree met kerrie
Fruit 1 gepelde en gesnipperde ui en 2 theelepels kerrie ongeveer 5 minuten en voeg dit toe aan de aardappelpuree.

Aardappelpuree met paprika
Smoor 1/2 schoongemaakte en in reepjes gesneden paprika ongeveer 5 minuten en voeg dit toe aan de aardappelpuree.

Aardappelpuree met peterselie
Voeg 1 eetlepel gewassen en gehakte peterselie toe.

Aardappelpuree met wortelpuree
Pureer 375 g gekookte aardappelen.
Pureer 125 g gare wortelen en meng deze door 125 g aardappelpuree. Spuit torentjes van een laagje aardappelpuree, een laagje aardappel-wortelpuree en weer een laagje aardappelpuree.

Gebakken aardappelen

van gare aardappelen

Voorbereidingstijd: 5 minuten
Bereidingstijd: 10 minuten

Raadpleeg uw merkartikelenlijst van ALBA en/of uw dieetadvies.

500 g gare aardappelen
60 g margarine of 3/4 dl olie
1/2 theelepel zout

Snijd de gare aardappelen in dikke plakken.
Smelt de margarine en laat deze bruin worden of verhit de olie tot de damp er juist vanaf komt en bak de plakken gare aardappel, onder af en toe keren, snel bruin in ongeveer 10 minuten.
Strooi het zout over de gebakken aardappelen.

VARIATIES
- Voeg 100 g in blokjes gesneden kaas toe en verwarm deze 1 minuut mee.
- Pel en snipper 1 ui en bak deze de laatste 5 minuten mee.
- Fruit eerst 1/2 theelepel kerrie 1 minuut in de margarine.
- Voeg 1 eetlepel vers, gehakt bieslook of peterselie toe.

Gebakken aardappelen

van rauwe aardappelen

Voorbereidingstijd: 10 minuten
Bereidingstijd: 20 minuten

Raadpleeg uw merkartikelenlijst van ALBA en/of uw dieetadvies.

500 g aardappelen
40 g margarine of 1/2 dl olie
1/2 theelepel zout

Maak de aardappelen schoon en snijd ze in plakken.
Smelt de margarine en laat deze bruin worden of verhit de olie totdat de damp er juist vanaf komt en bak hierin de aardappelen in een gesloten pan ongeveer 15 minuten.
Bak de aardappelen daarna nog ongeveer 5 minuten in een open pan onder af en toe keren.
Strooi het zout over de gebakken aardappelen.

VARIATIES
- Voeg 100 g in blokjes gesneden kaas toe en verwarm deze 1 minuut mee.
- Pel en snipper 1 ui en bak deze de laatste 5 minuten mee.
- Fruit eerst 1/2 theelepel kerrie 1 minuut in de margarine.

- Voeg 1 eetlepel vers, gehakt bieslook of peterselie toe.

Gekruide aardappelen

Bereidingstijd: 30 minuten

Raadpleeg uw merkartikelenlijst van ALBA en/of uw dieetadvies.

500 g aardappelen
2 dl water
1/4 theelepel zout
1 eetlepel vers bieslook
1 eetlepel verse kervel

Maak de aardappelen schoon en was ze.
Breng het water met het zout aan de kook, voeg de aardappelen toe en kook deze in ongeveer 20 minuten gaar.
Giet de aardappelen af en stoom ze droog.
Was en hak het verse bieslook en de verse kervel en strooi dit vlak voor het opdienen over de aardappelen.

VARIATIES

- Gebruik peterselie, rozemarijn of venkel in plaats van kervel en bieslook.
- Verwarm de gekookte aardappelen even in 25 g margarine en bestrooi deze daarna met het verse bieslook en kervel.

Gevulde aardappelen
Halveer de gekookte aardappelen en hol ze uit.
Meng 50 g gehakt met 1/4 theelepel nootmuskaat, peper, zout en 1/4 gepelde en gesnipperde ui.
Vul de uitgeholde aardappelen met het gehaktmengsel.
Leg de aardappelen in een ingevette ovenschotel en plaats deze in een voorverwarmde oven, gasstand 5/240°C en bak de gevulde aardappelen ongeveer 10 minuten.

Gepofte aardappelpakketjes

Bereidingstijd: 5 minuten
Baktijd: 30 minuten
Bijzondere materialen: aluminiumfolie, barbecue of oven

Raadpleeg uw merkartikelenlijst van ALBA en/of uw dieetadvies.

4 aardappelen
50 g margarine
1 theelepel gedroogde rozemarijn
peper, zout

Maak de aardappelen schoon en snijd ze in de lengte in vieren.
Besmeer de plakken aardappel met de margarine en bestrooi ze met de gedroogde rozemarijn en met peper en zout naar smaak en dieet.
Leg de plakken aardappel weer op elkaar in de oorspronkelijke vorm en verpak ze in aluminiumfolie.
Pof de aardappelen ongeveer 30 minuten op de barbecue of bak ze ongeveer 30 minuten in een voorverwarmde oven, gasstand 5/240°C.

VARIATIES

- Gebruik kerrie of salie in plaats van rozemarijn.
- Besmeer de plakken aardappel met mosterd of tomatenketchup in plaats van ze te bestrooien met rozemarijn.
- Leg tussen de plakken aardappel schoongemaakte en in plakjes gesneden champignons of schoongemaakte en in ringen gesneden paprika's en/of uien.

Pommes frites

Bereidingstijd: 20 minuten
Bijzonder materiaal: frituurpan

Raadpleeg uw merkartikelenlijst van ALBA en/of uw dieetadvies.

500 g aardappelen
frituurvet of -olie
zout

Maak de aardappelen schoon, snijd deze in dikke plakken en daarna in reepjes.
Dep de reepjes aardappel droog en frituur deze de eerste keer in matig heet frituurvet van 150°C ongeveer 5 minuten.
Frituur de pommes frites voor de tweede maal in frituurvet van 190°C, waar de blauwe damp vanaf komt nog 3 minuten.
Bestrooi de pommes frites met zout naar smaak en dieet.

VARIATIES

- Bestrooi de gebakken pommes frites met 1 eetlepel verse, fijngehakte peterselie of bieslook.

Parijse aardappeltjes
Steek uit grote, rauwe aardappelen met een Parijs-aardappelmesje kleine aardappelballetjes.
Kook de aardappeltjes in 2 dl water met $^1/_4$ theelepel zout ongeveer 10 minuten en laat ze daarna goed uitlekken.
Frituur de Parijse aardappeltjes ongeveer 4 minuten goudbruin in frituurvet van 190°C, waar de blauwe damp vanaf komt.

Pommes chips
Schaaf de rauwe aardappelen in zeer dunne plakjes en dep deze droog.
Frituur de pommes chips maar één keer ongeveer 3 minuten in frituurvet van 190°C, waar de blauwe damp vanaf komt.

Vogelnestjes
Snijd de aardappelen in extra dunne reepjes en frituur deze maar één keer in frituurvet van 190°C, waar de blauwe damp vanaf komt ongeveer 10 minuten. Keer de aardappelreepjes regelmatig of schud ze om.
Leg de gefrituurde aardappelreepjes in de vorm van een vogelnestje op een bord en vul deze met 100 g fruit, groenten of vlees.

Rösti

Bereidingstijd: 35 minuten

Raadpleeg uw merkartikelenlijst van ALBA en/of uw dieetadvies.

500 g aardappelen
25 g margarine
1 theelepel salie
1$^1/_2$ theelepel zout

Maak de aardappelen schoon en rasp ze.
Smelt de helft van de margarine, voeg de geraspte aardappelen toe en vorm hier steeds een koek van.
Bak de aardappelrasp aan iedere kant 3 minuten snel lichtbruin en schuif deze na het omscheppen weer tot een koek bijeen.
Leg een deksel op de pan en bak de rösti aan iedere kant 5 minuten zachtjes gaar.
Verdeel de rest van de margarine in klontjes over de rösti en voeg de salie en het zout toe.
Bak de rösti aan iedere kant nog ongeveer 5 minuten tot een goudbruine korst ontstaat.

VARIATIES

- Bak $^1/_2$ gepelde gesnipperde ui mee.
- Bak eerst 25 g rookspek uit in 15 g margarine en gebruik 1 theelepel zout in plaats van 1$^1/_2$ theelepel.
- Meng 5 eetlepels geraspte kaas door de rauwe aardappelrasp.
  Gebruik 1 theelepel zout in plaats van 1$^1/_2$ theelepel.
- Gebruik nootmuskaat in plaats van salie.

Aardappel-bietensalade

Voorbereidingstijd: 1 uur
Bereidingstijd: 20 minuten

Raadpleeg uw merkartikelenlijst van ALBA en/of uw dieetadvies.

2 gare rode bieten
1 eetlepel azijn
125 g gare aardappelen
peper, zout
1 dl mayonaise

Maak de bieten schoon, snijd ze in blokjes, meng ze met de azijn en laat dit ongeveer 1 uur marineren.
Snijd de aardappelen in blokjes.
Meng de aardappelblokjes met de bieten en bestrooi ze met peper en zout naar smaak en dieet.
Schenk de mayonaise over de salade.

DIEETAANPASSING

- **Additievenvrij**
  Gebruik zelfgemaakte mayonaise (zie blz. **48**) of mayonaise zonder toevoegingen.
- **Kippeëivrij**
  Gebruik crème fraîche, imitatiemayonaise (zie blz. **47**) kwark of sojanaise (zie blz. **49**) in plaats van mayonaise.
- **Saccharosevrij**
  Gebruik zelfgemaakte mayonaise (zie blz. **48**) of gebruik mayonaise zonder toegevoegde suiker.

VARIATIES

- Gebruik een andere soort azijn zoals dragonazijn, kruidenazijn of wijnazijn.
- Voeg 1 schoongemaakte en in blokjes gesneden appel toe.
- Voeg 2 in stukjes gesneden zoetzure augurken toe.

Aardappelsalade met sinaasappel
Snijd 175 g gekookte aardappelen in grote stukken.
Maak 1 sinaasappel schoon en verdeel deze in partjes.
Pel en snipper 1/2 ui.
Maak 1/2 rode paprika schoon en snijd deze in dunne reepjes.
Meng 1 eetlepel azijn met 2 eetlepels olie en voeg peper en zout toe naar smaak en dieet.
Meng alle ingrediënten met elkaar.

Aardappelsalade met tonijn
Pel en pureer 1 hardgekookt ei.
Meng 125 g gare en in blokjes gesneden aardappelen met 1 eetlepel azijn, het ei, 1/2 eetlepel kappertjes, 1 eetlepel gewassen en fijngehakte peterselie en 100 g in stukjes gesneden tonijn.
Roer 1 dl mayonaise vlak voor het serveren door de aardappel-tonijnsalade.

Zoetzure aardappelsalade
Pel 1 hardgekookt ei en snijd het in stukjes.
Pel en snipper 1 ui.
Snijd 150 g gare aardappelen in blokjes en meng deze met het ei, de ui, 2 in stukjes gesneden zoetzure augurken en 1 eetlepel gewassen en fijngehakte peterselie.
Voeg aan 2 eetlepels mayonaise 1/2 eetlepel azijn, 1/2 eetlepel mosterd, 1 eetlepel olie en 1/2 eetlepel suiker, peper en zout naar smaak en dieet toe.
Schenk de saus vlak voor het opdienen over de zoetzure aardappelsalade.

GARNEERSUGGESTIES

- Garneer de aardappelsalade met 1 in plakjes gesneden hardgekookt ei.
- Garneer de aardappelsalade met 1/4 gewassen en in plakjes gesneden komkommer.

Aardappelsalade

Bereidingstijd: 25 minuten
Koeltijd: 30 minuten

Raadpleeg uw merkartikelenlijst van ALBA en/of uw dieetadvies.

300 g aardappelen
1 dl water
1/4 theelepel zout
75 g taugé
2 1/2 dl water
8 sprietjes bieslook
1 stengel bleekselderij
1 theelepel maanzaadjes
2 eetlepels azijn
1/2 theelepel mosterd
1 theelepel suiker
4 eetlepels olie

Maak de aardappelen schoon.
Breng het water met het zout aan de kook, voeg de aardappelen toe en kook ze ongeveer 15 minuten.
Giet de aardappelen af en snijd ze in blokjes.
Was de taugé.
Breng het water aan de kook, voeg de taugé toe en kook deze ongeveer 2 minuten en laat ze uitlekken.
Was en hak het bieslook.
Maak de bleekselderij schoon en snijd deze in stukjes.
Rooster de maanzaadjes al roerende ongeveer 5 minuten in een droge koekepan.
Meng de azijn met de mosterd en de suiker.
Voeg al roerende, beetje bij beetje de olie toe.
Roer de maanzaadjes door de dressing.
Voeg aan de blokjes aardappel het bieslook, de bleekselderij, de maanzaadjesdressing en de taugé toe en meng alles door elkaar.
Plaats de aardappelsalade ongeveer 30 minuten in de koelkast.

DIEETAANPASSING

- **Additievenvrij**
  Gebruik mosterd zonder toevoegingen.
- **Saccharosevrij**
  Gebruik diksap of honing in plaats van suiker of raadpleeg de vervangingslijst en gebruik mosterd zonder toegevoegde suiker.

VARIATIES

- Gebruik sesamzaadjes in plaats van maanzaadjes.
- Gebruik het sap van 1/4 citroen in plaats van azijn.
- Gebruik dille in plaats van bieslook.
- Gebruik appelazijn, dragonazijn of kruidenazijn in plaats van azijn.
- Voeg 1/2 teentje gepelde en gesnipperde knoflook toe.
- Voeg 1 eetlepel kappertjes toe.
- Voeg 1 schoongemaakte, in blokjes gesneden appel toe.

Aardappelsalade met groente
Gebruik 100 g stevige, gare groenten, zoals bloemkoolroosjes, broccoliroosjes, boontjes, stukjes rauwe paprika, plakjes wortel en 200 g aardappelen.

Aardappelsalade met ham
Gebruik 100 g in blokjes gesneden gekookte ham en 200 g aardappelen.

Aardappelsalade met vis
Gebruik 100 g vis uit blik zoals ansjovis, tonijn of zalm en 200 g aardappelen.

Huzarensalade

Bereidingstijd: 20 minuten
Koeltijd: 1 uur
Afwerking/garnering: 15 minuten

Raadpleeg uw merkartikelenlijst van ALBA en/of uw dieetadvies.

- 500 g aardappelen
- 2 dl water
- 1/4 theelepel zout
- 200 g gaar koud vlees zoals fricandeau, kip of runderstooflapjes
- 1 ui
- 1 appel
- 1 eetlepel azijn
- 1/2 theelepel mosterd
- 1/2 theelepel suiker
- peper, zout
- 2 eetlepels olie

Maak de aardappelen schoon en snijd deze in blokjes.
Breng het water met het zout aan de kook, voeg de aardappelblokjes toe en kook ze ongeveer 5 minuten.
Snijd het vlees in kleine blokjes.
Pel en snipper de ui.
Maak de appel schoon en snijd deze in blokjes.
Meng de azijn met de mosterd, de suiker en peper en zout naar smaak en dieet.
Voeg de olie al roerende toe aan de azijn en roer alles door elkaar tot een vinaigrettesaus.
Meng de aardappelen met de appel, de ui, de vinaigrettesaus en het vlees.
Plaats de huzarensalade ongeveer 1 uur in de koelkast.
Werk de huzarensalade af volgens onderstaand recept.

DIEETAANPASSING

- **Aardappelvrij**
  Gebruik gare gierst of rijst in plaats van aardappelen.
- **Additievenvrij**
  Voeg geen zoetzure augurk en zilveruitjes toe en gebruik bolletjes meloen en extra groenten.
  Gebruik mosterd zonder toevoegingen.
- **Maïsvrij**
  Gebruik doperwtjes of meloenbolletjes in plaats van maïs.
- **Vis-, schaal- en schelpdierenvrij**
  Gebruik vlees zoals gekookte ham of kipfilet in plaats van vis-, schaal- of schelpdieren.
- **Saccharosevrij**
  Gebruik diksap of honing in plaats van suiker of raadpleeg de vervangingslijst.
  Gebruik verse of zure augurkjes en zure zilveruitjes en gebruik mosterd zonder toegevoegde suiker.

INDIEN TOEGESTAAN

- Bedek de huzarensalade voor het garneren met 1 eetlepel mayonaise, slasaus of sojanaise.

VARIATIES

- Gebruik 4 eetlepels mayonaise, sojanaise, slasaus of zure room in plaats van vinaigrettesaus.
- Voeg 2 in blokjes gesneden zoetzure augurken toe aan de blokjes aardappel.

Haringsalade
Gebruik 2 zure haringen in plaats van vlees.
Voeg geen zout toe aan de vinaigrettesaus.

Huzarensalade met ei
Gebruik 4 hardgekookte eieren in plaats van vlees.

Gegarneerde huzarensalade

4 blaadjes sla
750 g huzarensalade
2 zoetzure augurken
1/4 komkommer
2 worteltjes
8 gare asperges
2 eetlepels gare maïskorrels
2 eetlepels stukjes gare vis zoals garnaaltjes, haring, makreel, paling, zalm
1 eetlepel zoetzure zilveruitjes
2 takjes peterselie
5 radijsjes
1 sprietje bieslook

Maak de blaadjes sla schoon en leg deze op 2 borden.
Leg de huzarensalade eventueel met behulp van een ijsschep hier op.
Snijd de augurken in een waaier.
Was de komkommer en snijd deze in plakjes.
Schrap en rasp de worteltjes.
Leg om de bergjes huzarensalade de asperges, de augurk, de komkommer, de maïskorrels, de vis, de worteltjes en de zilveruitjes.
Was de peterselietakjes en plant de takjes als boompjes in de huzarensalade, houd één kant vrij voor het radijsmuisje.
Maak de radijsjes schoon en was ze.
Prik voor ieder bord 2 radijsjes met een cocktailprikker aan elkaar voor de kop en het lijfje van het muisje.
Snijd van het overgebleven radijsje 4 gelijke plakken voor de oortjes.
Maak met een scherp mesje 2 inkepingen in het bovenste radijsje voor de oortjes en schuif de plakken radijs hierin.
Prik met een cocktailprikker de openingen voor oogjes en neusje in het bovenste radijsje.
Was het bieslook en knip dit in kleine stukjes die in de openingen van ogen en neus worden geschoven.
Garneer de huzarensalade met het radijsmuisje.
Serveer de huzarensalade koel.

VARIATIES

- Gebruik 2 eetlepels gare groenten zoals bloemkool, boontjes, broccoli, doperwten, reepjes paprika en rettich in plaats van asperges, augurk, komkommer, wortel en zoetzure zilveruitjes.
- Maak een boompje van gare broccoli in plaats van peterselie.
- Gebruik een wortelmuisje van bijvoorbeeld hotelworteltjes in plaats van een radijsmuisje of maak een muisje van bolletjes meloen, eventueel gemaakt met behulp van een Parijs-aardappelmesje.
- Gebruik 1/2 peer, perzik of tomaat gevuld met doperwten, maïskorrels of met makreel of zalm in plaats van een radijsmuisje.
- Gebruik cocktailworstjes, rolletjes fricandeau, rolletjes ham, stukjes kip, rolletjes kiprollade en rolletjes worst in plaats van vis.

GRANEN

Granen zijn uitgebreid in dit kookboek opgenomen, omdat deze ook als vervanger van aardappelen gebruikt kunnen worden bij een aardappelvrij dieet.
Granen kunnen gegeten worden bij het ontbijt, bij de lunch, bij het hoofdgerecht, als nagerecht of als tussendoortje.
Houd er rekening mee dat kant-en-klaarprodukten zoals mueslirepen of griesmeelpudding ingrediënten kunnen bevatten die in het dieet niet zijn toegestaan.
Raadpleeg hiervoor uw dieetadvies en/of ALBA-lijst.

Granen worden verwerkt tot allerlei produkten. Bij het verwijderen van het buitenste laagje van de graankorrel, de zemel, gaan waardevolle voedingsstoffen, zoals vitamine B en ijzer, verloren. Daarom hebben onbewerkte graanprodukten (volkorengraanprodukten) de voorkeur.

Granen kunnen op de volgende manieren verwerkt worden

Vlokken
De graankorrel wordt geweekt, platgewalst en daarna gedroogd.
Soms worden de vlokken voor het drogen nog gestoomd om een snelkookprodukt te krijgen. Door deze bewerking zijn de vlokken lichter verteerbaar en kunnen ze eventueel rauw of geweekt gegeten worden.

Grutten
De graankorrels zijn in grotere en kleinere stukken gebroken.

Gries
Dit zijn gebroken graankorrels, fijner dan grutten.

Meel
De graankorrel wordt fijngemalen tot meel. Volkorenmeel bevat nog alle onderdelen van de graankorrel, ook de zemel.

Bloem
Het volkorenmeel wordt gezeefd, waardoor delen van de zemel verwijderd worden.

Deegwaren
De graankorrel (meestal tarwe) wordt verwerkt tot deegwaar zoals macaroni, spaghetti of vermicelli.

ZILVERVLIESRIJST EN (VOLKOREN)DEEGWAREN

Hoeveelheid per persoon
30-40 g voor een lunchgerecht
60-100 g voor een hoofdgerecht

Bereid deze produkten volgens de gebruiksaanwijzing op de verpakking.

GIERST EN BOEKWEIT

Hoeveelheid per persoon
80-100 g
2 dl kokend water
zout

Rooster het graan in een ingevette pan op een matige warmtebron.
Zet de geroosterde gierst en boekweit op met het kokende water en het zout.
De kooktijd varieert van 20-25 minuten.

TARWE EN ROGGE

Hoeveelheid per persoon
60-80 g
2 dl kokend water
zout

Week de tarwe of de rogge ongeveer 12 uur.
Zet ze op met het kokende water en het zout.
De kooktijd varieert van 1 uur voor tarwe tot 1½ uur voor rogge.

GERST EN GORT

Gort is bewerkte gerst.

Hoeveelheid per persoon
50-60 g
1 dl kokend water
zout

Week de gerst of gort ongeveer 12 uur.
Zet ze op met het kokende water en het zout.
De kooktijd is ongeveer 1 uur.

VARIATIES

Varieer door gebruik te maken van

- Verse en/of gedroogde kruiden
  basilicum, bieslook, komijn, lavas, peterselie, majoraan, selderij (boekweitepannekoeken, rijsttimbaaltje)
- Specerijen
  kerrie, koriander, kurkuma, saffraan, (gierstrisotto, saffraanrijst)
- Groenten
  aubergine, augurk, bleekselderij, boontjes, champignon, courgette, doperwten, komkommer, knoflook, maïs, olijven, paprika, prei, tomaat, ui, venkel, wortel (Japanse salade, rijstrand)
- Verse en/of geconserveerde vruchten en vruchtesap
  ananas, appel(sap), banaan, druiven, krenten, perzik(sap), rozijnen, tuttifrutti (gekruide gort, rijstsalade)
- Vlees, vleeswaren, vis en kip
  kabeljauw, makreel, ontbijtspek, ragoût, tonijn, zalm (gierstpannekoeken, rijstrand)
- Zuivelprodukten
  ei, Parmezaanse kaas (boekweitsoufflé, rijstrisotto)
- Tahoe/tempé
  (tahoe-boekweitepannekoeken)
- Pinda's, noten en zaden
  amandel, cashewnoot, hazelnoot, kokos, maanzaad, sesamzaad, zonnebloempitten (Indonesische salade, gekruide gierst)
- Smaakmakers
  ketjap, tomatenketchup (Japanse salade, tarwepannekoeken)

Varieer door verschillende gerechten te maken

- Boekweitekoekjes, boekweitpannekoeken, brood, gierstsoufflé, giersttimbaaltje, griesmeelpudding, haverstoofpot, macaroni, mie, muesli, spaghetti en rijstrand

Varieer door er verschillende sauzen bij te serveren

- Zoete sauzen
  bessensaus, bramensaus (griesmeelpudding)
- Hartige sauzen
  champignonsaus, kerriesaus, tomatensaus, tuinkruidensaus (macaroni, mie, risotto, spaghetti)

Boekweit- of gierstrisotto

Bereidingstijd: 30 minuten

Raadpleeg uw merkartikelenlijst van ALBA en/of uw dieetadvies.

100 g boekweit of gierst
1/2 eetlepel olie
2 1/2 dl bouillon
1/2 theelepel zout

Was de boekweit of gierst en laat deze uitlekken.
Verhit de olie, voeg de boekweit of gierst toe en rooster deze langzaam en al roerende totdat deze verkleurt en opengaat.
Voeg al roerende de bouillon en het zout toe en breng dit aan de kook.
Kook de boekweit- of gierstrisotto ongeveer 20 minuten zachtjes door.

VARIATIES

- Voeg na het koken 1 eetlepel verse, gewassen en gehakte kruiden toe zoals basilicum, bieslook, lavas of peterselie.
- Voeg 1 theelepel kerrie of koriander toe tijdens het roosteren van de boekweit of gierst.
- Smoor 75 g schoongemaakte en in plakjes

gesneden champignons mee tijdens het roosteren van de boekweit of gierst.

Boekweitekoekjes/gierstkoekjes - 6 stuks
Pureer de risotto. Vorm van de puree platte koekjes en wentel deze door 60 g paneermeel. Smelt 50 g margarine, laat deze bruin worden en bak de koekjes in 5 minuten aan beide kanten bruin.

Boekweitcroquetten/gierstcroquetten - 6 stuks
Pureer de risotto, verdeel deze in 6 porties en vorm er croquetten van.
Meng 50 g bloem aan met 1 dl koud water en haal de boekweit- of gierstcroquetten eerst door 60 g paneermeel, dan door het bloempapje en daarna nog eens door het paneermeel. Bak de croquetten ongeveer 3 minuten in hete olie of frituurvet van 170°C, waar de damp juist vanaf komt.

Boekweitpuree/gierstpuree
Pureer de risotto en voeg hieraan 10 g margarine toe. Klop deze luchtig en spuit de puree eventueel met behulp van een spuitzak in toefjes of vorm er met behulp van een ijsschep bolletjes van.

Boekweitrand/gierstrand
Bereid gierstrisotto of boekweitrisotto volgens bovenstaand recept en druk deze stevig in een ingevette rijstrandvorm. Vul de vorm altijd helemaal. Plaats een platte schaal ondersteboven op de gevulde rijstrandvorm en keer ze samen om. Neem de rijstrandvorm voorzichtig weg. Vul de rand vlak voor het opdienen met ragoût, gemaakt van 2 dl bouillon en 200 g vlees of met 250 g gare groente en garneer de rijstrand met 1 eetlepel schoongemaakte en in reepjes gesneden paprika of 1 gewassen takje peterselie.

Boekweitstoofpot/gierststoofpot
Smoor in 1 eetlepel olie ½ gepelde en gesnipperde ui en ¼ schoongemaakte en in ringen gesneden prei en voeg ¼ dl bouillon en 250 g schoongemaakte en in blokjes gesneden groenten zoals bleekselderij, doperwten, koolrabi, venkel of wortel toe. Stoof dit ongeveer 15 minuten, meng de gekookte boekweit of gierst hierdoor en stoof het stoofpotje nog 5 minuten zachtjes na.

Boekweitsoufflé/gierstsoufflé
Smoor in 1 eetlepel olie ½ gepelde en gesnipperde ui en ¼ schoongemaakte en in ringen gesneden prei en voeg ¼ dl bouillon en 150 g schoongemaakte en in blokjes gesneden groenten zoals bleekselderij, doperwten, koolrabi, venkel of wortel toe. Stoof dit ongeveer 15 minuten, meng de gekookte boekweit of gierst hierdoor en stoof het stoofpotje nog 5 minuten zachtjes na. Schep 1 stijfgeklopt eiwit door de boekweit- of gierststoofpot. Doe de massa meteen in een ingevette ovenschotel. Bak de soufflé in een voorverwarmde oven, gasstand 3 à 4/180°C ongeveer 30 minuten.

Boekweittimbaaltjes/giersttimbaaltjes met champignons - 2 stuks
Voeg tijdens het roosteren van de boekweit of gierst 75 g champignons toe, volg verder bovenstaand recept en maak er boekweit- of gierstpuree van. Druk de puree stevig aan in 2 ingevette timbaalvormpjes. Plaats een bord ondersteboven op het gevulde timbaalvormpje en keer ze samen om. Neem het vormpje weg. Garneer het timbaaltje met een tot een waaier gesneden zoetzure augurk, ½ eetlepel schoongemaakte in reepjes gesneden paprika of 1 gewassen takje peterselie.

Tahoe-boekweitekoek/tahoe-gierstkoek
Pureer 100 g tahoe. Maak ¼ prei schoon en snijd deze in ringen.
Schrap, was en rasp 2 worteltjes. Maak 75 g champignons schoon en snijd deze in plakjes. Pel en snipper ½ ui en fruit deze in 15 g margarine. Voeg de champignons, de prei

en de worteltjes toe en bak dit ongeveer 15 minuten.
Meng de gare boekweit- of gierstrisotto door de tahoe en voeg het groentemengsel hieraan toe. Voeg 2 eetlepels verse kruiden toe zoals basilicum, bieslook, lavas, peterselie of oregano.
Vorm er een koek van en leg deze op een ingevette bakplaat.
Bak de tahoe-gierst- of -boekweitekoek in een voorverwarmde oven, gasstand 3 à 4/ 180°C ongeveer 30 minuten.

Boekweitepannekoeken

4 stuks

Bereidingstijd: 20 minuten
Rijstijd: 1 uur

Raadpleeg uw merkartikelenlijst van ALBA en/of uw dieetadvies.

5 g verse gist of 1/4 eetlepel gistkorrels
2 1/2 dl lauw water
150 g boekweitemeel
1 theelepel zout
4 eetlepels olie of 40 g margarine

Meng de verse gist aan met 1 1/2 lepel van het lauwe water.
Verwerk gistkorrels volgens de gebruiksaanwijzing op de verpakking.
Meng het boekweitemeel met het zout en maak een kuiltje in het midden.
Schenk de gistoplossing in het kuiltje en roer het boekweitemeel er beetje bij beetje door.
Voeg de rest van het lauwe water beetje bij beetje toe en roer het beslag glad.
Laat het beslag, met een vochtige doek afgedekt, op een warme tochtvrije plaats ongeveer 1 uur rijzen.
Smelt 1/4 deel van de margarine en laat deze bruin worden of verhit de olie.
Schenk 1/4 deel van het beslag, eventueel met behulp van een pollepel, in de pan en laat dit snel over de gehele bodem uitvloeien.
Bak de pannekoeken langzaam aan beide kanten bruin.
Keer de pannekoek als de bovenkant droog is.
Verwerk de rest van het beslag op dezelfde manier.

VARIATIES

- Bak 1 eetlepel verse, gewassen en gehakte kruiden mee zoals bieslook, peterselie, selderij.
- Bak 1 theelepel gedroogde kruiden mee zoals basilicum, oregano, rozemarijn.
- Bak 1 gepelde en gesnipperde ui en 50 g in reepjes gesneden ontbijtspek mee.
- Bak 1/4 schoongemaakte en in ringen gesneden prei en/of 1/4 schoongemaakte en in reepjes gesneden paprika mee.
- Voeg 2 eetlepels geraspte kaas toe aan het beslag.
- Bestrijk de pannekoek vlak voor het opdienen met tomatenketchup.
- Serveer de pannekoeken, opgerold, gevuld met 250 g gare groenten of een ragoût, gemaakt van 200 g vlees en 2 dl bouillon.
- Gebruik 2 theelepels bakpoeder in plaats van gist en koud koolzuurhoudend bronwater in plaats van lauw water.

Champignonpannekoeken
Maak 150 g champignons schoon en snijd ze in plakjes. Pel en snipper 1 ui. Smelt 50 g margarine, laat deze bruin worden en bak hierin de champignons en ui ongeveer 5 minuten. Voeg 1 eetlepel verse, gewassen en gehakte peterselie toe en peper en zout naar smaak en dieet. Verdeel het mengsel over de 4 pannekoeken en vouw ze dubbel.

Eierpannekoeken
Gebruik 1 ei in plaats van aangemengde gist.

Maïspannekoeken
Gebruik maïsmeel in plaats van boekweitemeel. Voeg na het rijzen 75 g maïskorrels door het beslag.

Olijfpannekoeken
Bereid het beslag. Snijd 2 ansjovisfilets in reepjes, halveer 8 olijven, pel en snipper 1 ui en snijd 2 Weense worstjes in stukjes. Gebruik voor iedere pannekoek ¼ deel van de ingrediënten. Fruit de ui in de gebruinde margarine. Voeg de ansjovisfilets, olijven en worstjes toe en bak ze ongeveer 5 minuten mee. Schenk het beslag erover en bak de olijfpannekoek langzaam gaar met het deksel op de pan. Keer de pannekoeken niet om.
Serveer de pannekoeken eventueel met 100 g geraspte kaas.

Spekpannekoeken
Voeg aan het beslag na het rijzen 75 g dun gesneden en uitgebakken rookspek toe.

Spinaziepannekoeken
Voeg aan het beslag 150 g ontdooide diepvriesspinazie en 75 g hamspek toe. Serveer de spinaziepannekoeken met Parmezaanse kaas.

Tarwepannekoeken
Gebruik tarwemeel in plaats van boekweitemeel.

Gekruide gerst of gort

Voorbereidingstijd: 5-10 uur
Bereidingstijd: 50 minuten
Wachttijd: 1½ uur

Raadpleeg uw merkartikelenlijst van ALBA en/of uw dieetadvies.

100 g gerstekorrels of gort
3 dl water
½ theelepel koriander
½ theelepel zout

Was de gerst of gort en week deze 5-10 uur in het water.
Breng de gerst of gort in het weekwater langzaam aan de kook en kook dit zachtjes ongeveer 50 minuten.
Voeg de koriander en het zout toe, laat de gekruide gerst of gort nog 1½ uur staan en verwarm deze opnieuw.

VARIATIES
- Voeg 1 eetlepel verse, gewassen en gehakte selderij toe in plaats van koriander.
- Voeg 1 eetlepel fruit toe zoals stukjes ananas, schoongemaakte en in blokjes gesneden appel of gewelde rozijntjes.
- Voeg 1 eetlepel ketjap toe.
- Voeg 1 eetlepel zonnebloempitten toe.

Gerst- of gortpuree
Pureer de gekookte gerst of gort, voeg 10 g margarine toe en klop deze luchtig.
Spuit de puree eventueel met behulp van een spuitzak in toefjes of vorm er met behulp van een ijsschep bolletjes van.

Gekruide haver

Voorbereidingstijd: 5-10 uur
Bereidingstijd: 1 uur
Wachttijd: 2 uur

Raadpleeg uw merkartikelenlijst van ALBA en/of uw dieetadvies.

150 g haverkorrels
3¼ dl water
1 eetlepel verse majoraan
½ theelepel zout

Was de haverkorrels en week deze 5 à 10 uur in het water.
Kook de haver in het weekwater ongeveer 1 uur zachtjes door.
Voeg de majoraan en het zout toe en laat de gekruide haver nog 2 uur staan en verwarm deze opnieuw.

VARIATIES

- Gebruik 1 theelepel koriander of vers basilicum in plaats van majoraan.
- Gebruik geëeste haver in plaats van haverkorrels.
  Dit is voorbewerkte haver zonder weektijd en een kortere kooktijd. Was de haver niet, gebruik 3½ dl water, kook de geëeste haverkorrels 20 minuten en laat deze 1 uur staan.

Haverkoekjes
Meng de gekookte haver met 1 eetlepel bloem, 50 g fijngemalen hazelnoten, 2 theelepels koriander, 10 g margarine, 2 eetlepels verse gehakte peterselie en 2 geschrapte en geraspte worteltjes. Vorm van deze massa 6 platte ronde koekjes en wentel deze door 60 g paneermeel.
Smelt 50 g margarine, laat deze bruin worden en bak de haverkoekjes in 5 minuten aan beide kanten bruin.

Haverstoofpot
Smoor in 1 eetlepel olie ½ gepelde en gesnipperde ui en ¼ schoongemaakte en in ringen gesneden prei en voeg ¼ dl bouillon en 250 g schoongemaakte en in blokjes gesneden groenten zoals bleekselderij, doperwten, koolrabi, venkel of wortel toe. Stoof dit ongeveer 15 minuten, meng de gekookte haverkorrels hierdoor en stoof het haverstoofpotje zachtjes nog 5 minuten.

Gekruide tarwe

Voorbereidingstijd: 5-10 uur
Bereidingstijd: 1 uur
Wachttijd: 3 uur

Raadpleeg uw merkartikelenlijst van ALBA en/of uw dieetadvies.

100 g tarwekorrels
2½ dl water
1 eetlepel verse majoraan
½ theelepel zout

Was de tarwekorrels en week deze 5 à 10 uur in het water.
Kook de tarwe in het weekwater zachtjes ongeveer 1 uur.
Voeg de verse, gewassen en gehakte majoraan en het zout toe, laat de gekruide tarwe nog 3 uur staan en verwarm deze opnieuw.

VARIATIES

- Gebruik 1 theelepel koriander of 1 eetlepel vers, gewassen en gehakt basilicum in plaats van majoraan.
- Gebruik tarwe-thermogrutten in plaats van tarwekorrels. Week deze niet. Was de thermogrutten en zet deze op met 1½ dl water in plaats van 2½ dl. Breng de thermogrutten aan de kook en kook deze ongeveer 25 minuten langzaam door. Voeg de majoraan en het zout toe en laat de gekruide tarwe-thermogrutten nog 20 minuten staan.

Couscous
Breng 100 g couscous met 1½ dl bouillon en 1 theelepel zout aan de kook. Volg verder bovenstaand recept. Laat de couscous nog 30 minuten nawellen in plaats van 3 uur.

Tarwestoofpot
Smoor in 1 eetlepel olie ½ gepelde gesnipperde ui en ¼ schoongemaakte en in ringen gesneden prei en voeg ¼ dl bouillon en 250 g schoongemaakte en in blokjes gesneden groenten zoals bleekselderij, doperwten, koolrabi, venkel of wortel toe. Stoof dit ongeveer 15 minuten, meng de gekookte tarwekorrels hierdoor en stoof het tarwe-groentestoofpotje zachtjes nog 5 minuten na.

Italiaanse rijstsalade

Bereidingstijd: 15 minuten

Raadpleeg uw merkartikelenlijst van ALBA en/of uw dieetadvies.

- 200 g gare rijst
- 4 eetlepels ongezoet appelsap
- 1 groene paprika
- 1 rode paprika
- 1 komkommer
- 1 ui
- 1 teentje knoflook
- 1½ eetlepel azijn
- 3 eetlepels olie
- 1 theelepel gedroogd basilicum
- cayennepeper, zout
- 200 g gare maïskorrels
- 12 blauwe druiven

Meng de gare rijst met het appelsap.
Maak de groene en de rode paprika schoon en snijd deze in reepjes. Maak de komkommer schoon en snijd deze in blokjes.
Pel en snipper de ui.
Pers de knoflook uit.
Meng de azijn met de olie en voeg het basilicum, de knoflook, cayennepeper en zout naar smaak en dieet toe aan de vinaigrettesaus.
Meng de komkommer, de maïskorrels, de paprika en de ui samen met de vinaigrettesaus door de rijst.
Was de blauwe druiven en garneer de rijstsalade hiermee.

DIEETAANPASSING

- **Maïsvrij**
  Gebruik doperwten in plaats van maïs.

VARIATIES

- Gebruik 50 g gare sperzieboontjes en ¼ geschrapte en geraspte winterwortel in plaats van groene en rode paprika.
- Gebruik doperwten in plaats van maïs.
- Gebruik peresap in plaats van appelsap.

Afrikaanse rijstsalade
Gebruik 2 bananen in plaats van paprika's, 5 eetlepels gewelde rozijnen en 2 eetlepels geschaafde amandelen in plaats van maïs. Gebruik ¼ theelepel koriander en ¼ theelepel komijn in plaats van 1 theelepel basilicum.

Japanse rijstsalade
Bereid de rijstsalade volgens bovenstaand recept, gebruik 200 g gare worteltjes in plaats van paprika's en 200 g gare doperwtjes in plaats van maïs. Voeg geen appelsap toe. Gebruik ½ theelepel gemberpoeder in plaats van gedroogd basilicum en voeg aan de vinaigrettesaus 2 eetlepels sojasaus toe.

Rijstsalade met kaas
Gebruik 1 appel in plaats van komkommer, 1 stengel bleekselderij in plaats van de rode paprika en 200 g in blokjes gesneden kaas in plaats van maïskorrels.

Rijstsalade met kwark
Gebruik 1 dl kwark in plaats van de vinaigrettesaus.

Rijstsalade met vis
Gebruik 200 g in stukjes gesneden gare vis zoals kabeljauw, makreel of zalm in plaats van de paprika's en gebruik 2 eetlepels gewassen en gehakte verse peterselie in plaats van basilicum.

Rijstsalade met vruchten
Gebruik 2 in stukjes gesneden schijven ananas, 2 schoongemaakte en in stukjes gesneden bananen, 2 schoongemaakte en in reepjes gesneden perziken, 5 eetlepels gewelde rozijnen en 12 groene druiven in plaats van de paprika's, de komkommer, de ui en de maïs.
Voeg geen vinaigrettesaus toe, voeg eventueel nog 2 eetlepels appelsap toe.

Rijstrisotto

Bereidingstijd: 40 minuten
Wachttijd: 30 minuten

Raadpleeg uw merkartikelenlijst van ALBA en/of uw dieetadvies.

125 g zilvervliesrijst
1/2 eetlepel olie
1/2 ui
bouillon of water
1/2 theelepel zout

Was de zilvervliesrijst en laat deze uitlekken. Verhit de olie, voeg de rijst toe en rooster deze langzaam al roerend tot de rijst licht begint te kleuren.
Pel en snipper de ui en voeg deze aan de rijst toe.
Voeg de bouillon of het water toe, raadpleeg voor de juiste hoeveelheid de verpakking. Voeg het zout toe, roer alles even door en breng het aan de kook. Kook de risotto ongeveer 30 minuten zachtjes door en laat deze daarna 30 minuten staan.

VARIATIES

- Fruit 1 theelepel kerrie mee met de rijst.
- Bestrooi de risotto vlak voor het opdienen met 2 eetlepels geraspte Parmezaanse kaas.
- Fruit 75 g schoongemaakte en in plakjes gesneden champignons mee met de rijst.

Gele rijst
Los 1/2 theelepel kurkuma op in de bouillon en volg verder bovenstaand recept.

Indonesische zilvervliesrijst
Voeg tijdens het koken 1 theelepel koenjit en 1/2 theelepel sereh toe aan de rijst en volg verder bovenstaand recept.
Garneer de rijst vlak voor het opdienen met 1/2 eetlepel geraspte kokos.

Pilav
Fruit met de ui 1 gepeld en gesnipperd teentje knoflook, 1/2 theelepel kerrie en het sap van 1/2 citroen mee.
Voeg tijdens het roosteren van de rijst 1/4 theelepel kaneel toe.
Voeg tijdens het koken van de rijst 2 theelepels rozijnen toe.

Rijstrand
Bereid risotto volgens bovenstaand recept en druk de gekookte rijst stevig in een ingevette rijstrandvorm. Vul deze altijd helemaal. Plaats een platte schaal ondersteboven op de gevulde rijstrand en keer ze samen om. Neem de rijstrandvorm voorzichtig weg. Vul de rijstrand vlak voor het opdienen met ragoût, gemaakt van 2 dl bouillon en 200 g vlees of met 250 g gare groente en garneer de rijstrand met 1 eetlepel schoongemaakte en in reepjes gesneden paprika of met 1 gewassen takje peterselie.

Rijsttimbaaltjes met champignons 2 stuks
Fruit 75 g schoongemaakte en in plakjes gesneden champignons mee, volg verder bovenstaand recept en druk de rijst stevig aan in 2 ingevette timbaalvormpjes. Plaats een bord ondersteboven op het gevulde timbaalvormpje en keer ze samen om. Neem het timbaalvormpje voorzichtig weg. Garneer het rijsttimbaaltje met een tot een waaier gesneden zoetzure augurk, 1/2 eetlepel schoongemaakte en in reepjes gesneden paprika of 1 gewassen takje peterselie.

Saffraanrijst
Los 1/4 theelepel saffraan op in de bouillon en volg verder bovenstaand recept.

GROENTEN

Groenten kunnen gegeven worden bij het ontbijt, bij de lunch, als voorgerecht, bij het hoofdgerecht of als tussendoortje. Houd er rekening mee dat kant-en-klaarprodukten, zoals groenten-à-la-crême, ingrediënten kunnen bevatten die in het dieet niet zijn toegestaan. Raadpleeg hiervoor uw dieetadvies en/of ALBA-lijst.

Hoeveelheid per persoon
300-400 g voor slinkgroenten zoals andijvie
150-200 g voor niet-slinkgroenten zoals bloemkool
75-100 g voor rauwe groenten zoals sla
½ theelepel zout

Snijd of rasp de groenten zo laat mogelijk en niet kleiner dan nodig is in verband met het verlies aan vitamine C.

Koken
Maak de groenten schoon en was ze.
Zet ze op met weinig kokend water en zout.
Zet bladgroenten alleen op met aanhangend water.
De kooktijd varieert van 5-15 minuten voor slinkgroenten, 10-25 minuten voor niet-slinkgroenten en 45-60 minuten voor grote asperges, bieten, bleekselderij, doperwten en tuinbonen.

Smoren
Maak de groenten schoon en was ze.
Voeg zout, kruiden en/of specerijen toe naar smaak en dieet.
Smoor de groenten in een gesloten pan op een matige warmtebron en schep ze af en toe om.
De bereidingstijd varieert bijvoorbeeld van 10 minuten voor andijvie tot 15 minuten voor savooiekool.

Roerbakken
Maak de groenten schoon en was ze.
Voeg zout, kruiden en/of specerijen toe naar smaak en dieet.
Smelt 10 g margarine of verhit ½ eetlepel olie per persoon en bak de groenten hierin snel knapperig onder voortdurend roeren.
De bereidingstijd varieert bijvoorbeeld van 5 minuten voor ui tot 10 minuten voor sperzieboontjes.

Werk de groenten af op een van de volgende manieren

Met margarine
Overgiet of vermeng de groenten met 20 g margarine bijvoorbeeld bij sperzieboontjes, tuinboontjes en worteltjes.

Met een vochtopnemende stof
Vermeng de groenten met 2 eetlepels broodkruim, beschuit of paneermeel bijvoorbeeld bij sterk vochtloslatende groenten zoals andijvie, spinazie en witlof.

Met aardappelmeel of maïzena
Bind het groentevocht met 7 g aangemengd aardappelmeel of maizena per dl vocht en voeg eventueel margarine toe bijvoorbeeld bij Chinese kool, savooiekool en spitskool.

Met melk
Giet het kookvocht af, voeg melk toe, bind de melk met 7 g aangemengd aardappelmeel of maïzena per dl melk en voeg eventueel margarine toe; bijvoorbeeld bij groenten met een sterk uitkomende smaak zoals andijvie, prei en spinazie.

Met een saus
Vermeng de groenten met 1 dl saus van melk of groentenat, bijvoorbeeld bleekselderij, bloemkool, schorseneren en venkel.

Salade
Meng de rauwe of koude, gare groenten met 1-1½ dl koude hartige saus. Maak salades van slinkgroenten kort voor het gebruik klaar.

Laat salades van harde groenten enige tijd, met de slasaus vermengd, staan.

VARIATIES

Varieer door gebruik te maken van

- Verse en/of gedroogde kruiden
  basilicum, bieslook, citroenmelisse, dille, kervel, kummel, oregano, peterselie, rozemarijn, selderij, tijm (asperges, peultjes, ratatouille)
- Specerijen
  kerrie, kruidnagel, laurierblad, nootmuskaat (andijvie, bieten, doperwten, ratatouille)
- Groenten
  artisjok, aubergine, bleekselderij, bloemkool, broccoli, champignon, courgette, knoflook, knolselderij, koolraap, maïskorrels, paprika, prei, sperzieboontjes, taugé, tomaat, ui, wortel (bieten, ratatouille, tricolores)
- Verse en/of geconserveerde vruchten
  ananas, appel, banaan, kiwi, mandarijnpartjes, mango, peer, perzik, rozijnen, vijgen (salades, rode kool, zuurkool)
- Vlees, vleeswaren, vis en kip
  gehakt, spekblokjes (Chinese kool, doperwten)
- Tahoe, tempé
  (ratatouille)
- Zuivelprodukten
  ei, geraspte kaas, margarine (asperges, gegratineerde spruitjes, gevulde andijviekropjes, paksoi)
- Brood
  geroosterde stukjes brood (stoofsla)
- Pinda's, noten en zaden
  kastanje (spruitjes)
- Dranken
  wijn (prei 'au vin')
- Smaakmakers
  azijn, ketjap, sambal, suiker (Chinese kool, gemarineerde groente, schorseneren, taugé)

Varieer door verschillende gerechten te maken

- Gevulde bleekselderij, groentefondue, groenteragoût, groentetimbaaltje, ratatouille, rauwkostsalade

Varieer door er verschillende sauzen bij te serveren

- Koude hartige sauzen
  dressing van kwark, zure room of yoghurt, mayonaisesaus, vinaigrette (rauwkost)
- Warme hartige sauzen
  kaassaus, kerriesaus, paprikasaus, pindasaus, tomatensaus, tuinkruidensaus, witte saus (gekookte, roergebakken of gesmoorde groenten)

Andijvie

Bereidingstijd: 30 minuten

Raadpleeg uw merkartikelenlijst van ALBA en/of uw dieetadvies.

750 g andijvie
1/2 theelepel zout
1 eetlepel maïzena
1 eetlepel koud water

Spoel de andijviekropjes in hun geheel schoon, verwijder de minder mooie delen, snijd de stronk eraf en snijd de andijvie in reepjes.
Was de andijvie meerdere keren, breng ze daarna met aanhangend water en het zout aan de kook en kook ze ongeveer 10 minuten zachtjes (schep de andijvie na 5 minuten koken een keer om).
Meng de maïzena aan met het koude water, voeg dit al roerende toe aan de andijvie en breng deze aan de kook.

DIEETAANPASSING

- **Maïsvrij**
  Gebruik 1 1/2 eetlepel boekweitemeel of rijstemeel in plaats van maïzena of raadpleeg de vervangingslijst.

VARIATIES

- Gebruik paneermeel in plaats van maïzena.

- Voeg 1/4 theelepel geraspte nootmuskaat toe aan de gekookte andijvie.
- Voeg 50 g uitgebakken spekblokjes toe aan de gekookte andijvie.

Andijvie met witte saus
Bereid de andijvie zonder aangemengde maïzena toe te voegen en giet deze af. Vang het kookvocht op. Smelt 15 g margarine, voeg 2 eetlepels bloem toe en roer deze door de margarine tot een samenhangende massa (roux) is verkregen. Vul het kookvocht van de groenten aan met hete bouillon tot 1 1/2 dl. Voeg de helft van het bouillonvocht toe, breng de roux aan de kook en roer deze glad. Voeg beetje bij beetje onder voortdurend roeren de andere helft toe en breng deze weer aan de kook. Meng het sausje door de andijvie.

Gegratineerde andijvie
Leg de gekookte andijvie in een ingevette ovenschotel.
Bestrooi de andijvie met 5 eetlepels geraspte kaas en gratineer deze ongeveer 10 minuten in een voorverwarmde oven, gasstand 6/240°C.

Gevulde andijviekropjes
Snijd de andijvie niet in reepjes maar kook de kropjes in hun geheel. Hol de gare kropjes uit en vul deze met roerei, gemaakt van 4 eieren, of 200 g rul gebakken gehakt.

Gevulde andijvierolletjes
Snijd de andijvie niet in reepjes maar maak de bladeren los en kook deze volgens bovenstaand recept. Schep de andijviebladeren uit het kookvocht en laat ze uitlekken. Leg op de andijviebladeren roerei, gemaakt van 4 eieren, of 200 g rul gebakken gehakt. Rol de bladeren op en leg ze met de naad naar onderen in een ingevette ovenschotel. Bestrooi de gevulde andijvierolletjes met 2 eetlepels paneermeel en leg er 25 g in klontjes verdeelde margarine over. Plaats de ovenschotel ongeveer 20 minuten in een voorverwarmde oven, gasstand 6/240°C.

GARNEERSUGGESTIE

- Garneer de andijvie met 1 in reepjes gesneden omelet.
  Leg de reepjes eventueel in een vlechtwerk over de andijvie.

Asperges

Bereidingstijd: 1 uur

Raadpleeg uw merkartikelenlijst van ALBA en/of uw dieetadvies.

500 g asperges
3 dl water
1/4 theelepel zout

Schil de asperges vanaf de kop, snijd de onderste houtachtige delen weg en was ze. Breng het water met het zout aan de kook en kook de asperges hierin ongeveer 45 minuten.

VARIATIES

- Schenk 50 g gesmolten margarine over de gare asperges.

Asperges met witte saus
Giet de gekookte asperges af en vang het kookvocht op. Smelt 15 g margarine, voeg 2 eetlepels bloem toe en roer deze door de margarine tot een samenhangende massa (roux) is verkregen. Vul het kookvocht van de asperges aan met hete bouillon tot 1 1/2 dl. Voeg de helft van het bouillonvocht toe, breng de roux aan de kook en roer deze glad. Voeg beetje bij beetje onder voortdurend roeren de andere helft toe en breng deze weer aan de kook. Schenk de witte saus over de asperges.

GARNEERSUGGESTIES

- Garneer de asperges met 2 in plakjes gesneden hardgekookte eieren.
- Garneer de asperges met 1 eetlepel verse, gewassen en gehakte peterselie.

Bieten

Bereidingstijd: 1 uur en 45 minuten

Raadpleeg uw merkartikelenlijst van ALBA en/of uw dieetadvies.

500 g bieten
4 dl water
1/4 theelepel zout
1 eetlepel azijn
15 g margarine
1 theelepel suiker
1 eetlepel aardappelmeel
1 eetlepel koud water

Spoel de bieten af.
Breng ruim water aan de kook en kook de bieten hierin ongeveer 1½ uur (tot het vel makkelijk loslaat).
Giet de bieten af, ontvel ze en snijd ze in plakjes.
Breng het water met zout, azijn, margarine en suiker aan de kook.
Meng het aardappelmeel aan met het koude water en voeg dit al roerende toe aan het kokende water.
Voeg de bieten toe en stoof alles zachtjes nog ongeveer 10 minuten.

DIEETAANPASSING

- **Aardappelvrij**
  Gebruik arrowroot of maïzena in plaats van aardappelmeel of raadpleeg de vervangingslijst.
- **Saccharosevrij**
  Gebruik diksap of honing in plaats van suiker of raadpleeg de vervangingslijst.

VARIATIES

- Stoof 1 gepelde en gesnipperde ui mee.
- Voeg 1 kruidnagel en 1 laurierblad toe aan het stoofvocht.
- Voeg 100 g geschilde en in blokjes gesneden appel toe aan het stoofvocht.

Bleekselderij

Bereidingstijd: 50 minuten

Raadpleeg uw merkartikelenlijst van ALBA en/of uw dieetadvies.

1 struik bleekselderij
3 dl water
1/2 theelepel zout

Snijd de voet van de struik bleekselderij en het eventuele groene blad weg. Was de losgekomen stelen en snijd ze in stukjes.
Controleer bij de buitenste stengel of het nodig is harde nerven te verwijderen. Breek daartoe een stukje van de onder- of bovenkant en trek dit met eventuele nerven langs de stengel weg.
Breng het water met het zout aan de kook en kook de bleekselderij hierin ongeveer 45 minuten.

SERVEERSUGGESTIE

- Serveer de bleekselderij met 1 dl saus zoals kerriesaus of tomatensaus.

Bloemkool

Bereidingstijd: 30 minuten

Raadpleeg uw merkartikelenlijst van ALBA en/of uw dieetadvies.

1/2 bloemkool
2 dl water
1/2 theelepel zout

Zet eventueel de bloemkool met de stronk naar onderen 30 minuten in water met zout om rupsen te verwijderen.
Snijd de stronk van de bloemkool en verwijder de blaadjes tussen de roosjes.
Verdeel de bloemkool in roosjes en was deze.
Breng het water met het zout aan de kook en kook de bloemkool hierin ongeveer 15 minuten.

VARIATIES

Bloemkool au gratin

Kook de bloemkool in haar geheel en giet haar af.
Leg de bloemkool in een ingevette ovenschotel en schenk er 2 dl kaassaus over.
Bestrooi de bloemkool in de saus met 2 eetlepels geraspte kaas en gratineer deze ongeveer 5 minuten in een voorverwarmde oven gasstand 6/240°C.

Bloemkool met witte saus

Giet de gekookte bloemkool af en vang het kookvocht op. Smelt 15 g margarine, voeg 2 eetlepels bloem toe en roer deze door de margarine tot een samenhangende massa (roux) is verkregen. Vul het kookvocht aan met hete bouillon tot 1½ dl. Voeg de helft van het bouillonvocht toe, breng de roux aan de kook en roer deze glad. Voeg beetje bij beetje onder voortdurend roeren de andere helft toe en breng deze weer aan de kook. Schenk het sausje over de bloemkool.

Broccoli

Bereidingstijd: 25 minuten

Raadpleeg uw merkartikelenlijst van ALBA en/of uw dieetadvies.

250 g broccoli
2 dl water
½ theelepel zout

Was de broccoli en snijd het onderste deel van de stronk af.
Schil de stelen tot vlak bij de top en snijd ze vanaf de onderkant kruiselings in zodat 4 dunnere steeltjes ontstaan, dan worden ze tegelijk met de roosjes gaar.
De stelen kunnen ook gewoon in kleine stukjes worden gesneden.
Breng het water met het zout aan de kook en kook de broccoli hierin ongeveer 15 minuten.

VARIATIES

Broccoli au gratin

Bestrooi de gekookte broccoli met 4 eetlepels geraspte kaas en gratineer deze ongeveer 5 minuten in een voorverwarmde oven, gasstand 6/240°C.

Gesauteerde broccoli

Kook de broccoli 10 minuten en laat deze uitlekken.
Smelt 30 g margarine en laat deze bruin worden, of verhit 2 eetlepels olie en roerbak hierin de broccoli ongeveer 5 minuten.

SERVEERSUGGESTIE

- Smelt 10 g margarine, schenk deze over de broccoli en bestrooi deze met ¼ theelepel nootmuskaat.

Chinese kool met gehakt

Bereidingstijd: 20 minuten

Raadpleeg uw merkartikelenlijst van ALBA en/of uw dieetadvies.

100 g rookspek
250 g gehakt zoals kippe-, lams- of rundergehakt
1 ui
500 g Chinese kool
1/2 theelepel kummel
2 eetlepels cognac
peper, zout
2 eetlepels verse peterselie

Snijd het rookspek in blokjes en bak dit ongeveer 5 minuten uit.
Voeg het gehakt toe en bak dit ongeveer 5 minuten rul.
Pel en snipper de ui.
Was de Chinese kool, snijd deze in reepjes en laat ze uitlekken.
Voeg de Chinese kool, de kummel en de ui aan het vlees toe en roerbak alles ongeveer 5 minuten.
Voeg de cognac toe en smoor alles ongeveer 5 minuten.
Voeg peper en zout naar smaak en dieet toe.
Was en hak de verse peterselie en garneer hiermee de Chinese kool met gehakt.

DIEETAANPASSING

- **Additievenvrij**
  Gebruik rookvlees in plaats van rookspek en voeg dit samen met de Chinese kool toe. Gebruik in stukjes gesneden kipfilet in plaats van gehakt. Voeg geen cognac toe.
- **Glutenvrij**
  Gebruik in stukjes gesneden kipfilet in plaats van gehakt.
- **Kippeëivrij**
  Gebruik in stukjes gesneden kipfilet in plaats van gehakt.
- **Koemelkvrij/lactosevrij**
  Gebruik in stukjes gesneden kipfilet in plaats van gehakt.

VARIATIES

- Voeg 1 eetlepel ketjap en 1/2 theelepel sambal toe.
- Voeg 100 g schoongemaakte en in plakjes gesneden champignons met de Chinese kool aan het vlees toe.
- Meng 400 g gare rijst door de Chinese kool met gehakt.

Doperwten

Bereidingstijd: 40 minuten tot 1 uur

Raadpleeg uw merkartikelenlijst van ALBA en/of uw dieetadvies.

500 g doperwten
2 dl water
zout

Dop de doperwten en was ze.
Breng het water aan de kook en voeg de doperwten toe.
Voeg geen zout toe om verkleuren en barsten van de erwten te voorkomen. Kook de doperwten afhankelijk van de dikte ongeveer 10 tot 25 minuten.
Giet de erwten af en voeg zout toe naar smaak en dieet.

VARIATIES

- Voeg 10 g in klontjes verdeelde margarine toe.
- Voeg 1 eetlepel gewassen en gehakte verse peterselie toe.

Doperwten met spek en ui
Smelt 10 g margarine, laat deze bruin worden en bak hierin 1 gepelde en gesnipperde ui met 50 g in dobbelsteentjes gesneden rookspek ongeveer 5 minuten. Voeg dit toe aan de gare doperwten.

Mexico-mix
Voeg 1/4 schoongemaakte en in reepjes gesneden gele en rode paprika aan de gare doperwten toe.

Tricolores
Bereid 200 g doperwten en voeg 200 g gare maïskorrels en 200 g gare worteltjes toe.
Dien de groenten gemengd op.

Triolïënne
Bereid 300 g doperwten en voeg 200 g gare worteltjes toe.
Dien de groenten gemengd op.

Gemarineerde groenten

Bereidingstijd: 35 minuten

Raadpleeg uw merkartikelenlijst van ALBA en/of uw dieetadvies.

500 g groenten zoals aubergine,
bleekselderij, broccoli, rode
biet, venkel, winterwortel
1 dl bouillon
$1\frac{1}{2}$ dl azijn
2 eetlepels olie
peper, zout

Maak de groenten schoon, snijd ze in stukjes en blancheer ze.
Giet de groenten af en laat ze uitlekken.
Meng de bouillon, de azijn en de olie en voeg peper en zout toe naar smaak en dieet.
Leg de groenten hierin, schep ze af en toe om en marineer ze ongeveer 15 minuten.
Serveer de gemarineerde groenten koud.

VARIATIES

- Voeg $\frac{1}{2}$ gepelde en geraspte ui, $\frac{1}{2}$ eetlepel gewassen en gehakte peterselie en 1 laurierblad toe aan de marinade.
- Maak een marinade van 1 eetlepel azijn, 1 eetlepel olie, $1\frac{1}{4}$ dl rode wijn, 3 eetlepels water met $\frac{1}{4}$ schoongemaakte en in ringen gesneden prei, $\frac{1}{2}$ eetlepel verse, gewassen en gehakte selderij, $\frac{1}{2}$ gepelde en gesnipperde ui en $\frac{1}{4}$ theelepel gedroogde tijm, $\frac{1}{4}$ theelepel gemalen kruidnagel en peper en zout naar smaak en dieet.
- Bak de groenten eerst in de olie, voeg daaraan de overige ingrediënten toe, marineer dit 30 minuten en serveer de groenten koud.
- Gebruik kruidenazijn in plaats van gewone azijn.

Gemarineerde groenten in Chinese marinade
Marineer de groenten ongeveer 30 minuten in een marinade van 3 eetlepels bouillon, $\frac{1}{4}$ theelepel gemalen foelie, $1\frac{1}{2}$ cm schoongemaakte en in plakken gesneden gemberwortel, 1 gepeld en uitgeperst teentje knoflook, $\frac{1}{2}$ eetlepel gewassen en gehakte verse peterselie, 4 geplette peperkorrels, 2 eetlepels pinda's, 3 eetlepels sherry, 3 eetlepels sojasaus, 1 gepelde en gesnipperde ui, $\frac{1}{4}$ geschrapte en geraspte winterwortel.
Serveer de groenten koud.

Gestoofde prei

Bereidingstijd: 30 minuten

Raadpleeg uw merkartikelenlijst van ALBA en/of uw dieetadvies.

500 g prei
$\frac{1}{2}$ dl water
$\frac{1}{2}$ theelepel zout
$1\frac{1}{2}$ eetlepel bloem
$1\frac{1}{2}$ eetlepel koud water

Verwijder de minder mooie delen van de prei, was ze en snijd ze klein.
Breng het water met het zout aan de kook en kook de prei hierin ongeveer 20 minuten (schep de prei na ongeveer 10 minuten koken een keer om).
Giet de prei af, vang het kookvocht op en breng dit aan de kook.
Meng de bloem aan met het koude water, voeg dit al roerende toe aan het kookvocht en kook het sausje ongeveer 3 minuten.
Roer het sausje door de gestoofde prei.

DIEETAANPASSING

- **Glutenvrij**
  Gebruik glutenvrije bloem of rijstemeel in plaats van bloem of raadpleeg de vervangingslijst.

VARIATIES

- Voeg $1/4$ theelepel nootmuskaat toe aan de gestoofde prei.

Gesmoorde prei
Maak de prei schoon. Breng een bodempje water aan de kook en leg hierin de prei. Voeg 15 g margarine toe en smoor de prei hierin 30 minuten.

Gesmoorde prei met kaas
Maak de prei schoon. Breng een bodempje water aan de kook en leg hierin de prei. Voeg 15 g margarine toe en smoor de prei hierin 20 minuten.
Leg de prei in een ingevette ovenschotel, bestrooi de prei met 100 g geraspte kaas en plaats deze ongeveer 10 minuten in een voorverwarmde oven, gasstand 6/240°C.

Prei 'au vin'
Kook de prei 15 minuten in plaats van 20 minuten. Giet deze af en maak geen saus. Leg de prei in een ingevette ovenschotel en schenk er $1\frac{1}{2}$ dl rode wijn bij. Bedek de bovenkant met 2 eetlepels paneermeel en leg hierop 50 g in klontjes verdeelde margarine.
Plaats de schotel ongeveer 15 minuten in een voorverwarmde oven, gasstand 6/240°C.

SERVEERSUGGESTIE

- Serveer de gestoofde prei met 1 dl saus bijvoorbeeld hamsaus, kaassaus of tomatensaus.

Koolraap

Bereidingstijd: 35 minuten

Raadpleeg uw merkartikelenlijst van ALBA en/of uw dieetadvies.

750 g koolraap
4 dl water
$1/2$ theelepel zout
1 eetlepel aardappelmeel
1 eetlepel koud water

Schil de koolraap, snijd ze in plakken, was ze en snijd de plakken in blokjes of reepjes.
Breng het water met het zout aan de kook en kook hierin de koolraap ongeveer 25 minuten.
Meng het aardappelmeel aan met het koude water, voeg dit al roerende toe aan de koolraap en breng deze aan de kook.

DIEETAANPASSING

- **Aardappelvrij**
  Gebruik arrowroot of maïzena in plaats van aardappelmeel of raadpleeg de vervangingslijst.

VARIATIES

- Voeg $1/4$ theelepel nootmuskaat toe.

Gestoofde uien
Gebruik 4 uien in plaats van koolraap.

Knolselderij
Gebruik knolselderij in plaats van koolraap.

Koolraap met witte saus
Giet de gekookte koolraap af. Voeg geen aangelengd aardappelmeel toe. Smelt 15 g margarine, voeg 2 eetlepels bloem toe en roer deze door de margarine tot een samenhangende massa (roux) is verkregen. Vul het kookvocht van de groenten aan met hete bouillon tot $1\frac{1}{2}$ dl. Voeg de helft van het bouillonvocht toe, breng de roux aan de kook en roer deze glad. Voeg beetje bij beetje onder voortdurend roeren de andere

helft toe en breng deze weer aan de kook.
Meng de witte saus door de koolraap.

GARNEERSUGGESTIE
- Bestrooi de gekookte koolraap met 2 eetlepels geraspte kaas.

SERVEERSUGGESTIE
- Serveer de koolraap met 1 dl kaassaus.

Paksoi

Bereidingstijd: 20 minuten

Raadpleeg uw merkartikelenlijst van ALBA en/of uw dieetadvies.

500 g paksoi
1 ui
50 g margarine
3 dl water
1½ eetlepel azijn
1 theelepel zout
1 eetlepel maïzena
1 eetlepel koud water

Snijd de minder mooie buitenste bladeren en de bladvoet van de paksoi weg, was deze en snijd de paksoi in reepjes.
Pel en snipper de ui.
Smelt de margarine en voeg de azijn, de paksoi, de ui, het water en het zout toe en kook alles ongeveer 10 minuten.
Maak de maïzena aan met het koude water en voeg dit al roerende toe aan de paksoi en breng dit aan de kook.

DIEETAANPASSING
- **Maïsvrij**
  Gebruik 1½ eetlepel bloem of rijstemeel in plaats van maïzena of raadpleeg de vervangingslijst.

VARIATIES
- Voeg 2 eetlepels verse, gewassen en gehakte kruiden toe zoals bieslook, kervel, peterselie of venkel.
- Voeg 1 theelepel kerrie toe.
- Voeg 100 g geraspte kaas toe aan de paksoi.
- Voeg 100 g in reepjes gesneden ham door de paksoi.

Peultjes

Bereidingstijd: 25 minuten

Raadpleeg uw merkartikelenlijst van ALBA en/of uw dieetadvies.

500 g peultjes
4 dl water
½ theelepel zout
15 g margarine

Haal de peultjes af en was ze.
Breng het water met het zout aan de kook en kook hierin de peultjes ongeveer 15 minuten.
Giet de peultjes af en leg er de in klontjes verdeelde margarine op.

VARIATIE
Peultjes met worteltjes
Bereid 250 g peultjes en voeg hieraan 250 g gare worteltjes toe. Serveer de groenten gemengd.

GARNEERSUGGESTIE
- Garneer de peultjes met 1 eetlepel verse, gewassen en gehakte peterselie.

Ratatouille

Bereidingstijd: 30 minuten

Raadpleeg uw merkartikelenlijst van ALBA en/of uw dieetadvies.

400 g gemengde groenten zoals
bloemkool, champignons en prei
1 eetlepel verse kervel
50 g margarine
1/4 theelepel zout
1 eetlepel bloem
1 eetlepel koud water

Maak de groenten schoon en snijd ze in stukken.
Was en hak de verse kervel.
Smelt de margarine en smoor hierin de groenten ongeveer 15 minuten.
Voeg de kervel en het zout toe.
Maak de bloem aan met het koude water, voeg dit al roerende toe aan de groenten en smoor deze nog ongeveer 3 minuten.

DIEETAANPASSING
- **Glutenvrij**
  Gebruik glutenvrije bloem of rijstemeel in plaats van bloem of raadpleeg de vervangingslijst.

VARIATIES
- Gebruik andere groenten zoals aubergine, artisjok, asperge, bleekselderij, bloemkool, broccoli, champignon, courgette, knolselderij, koolraap, paprika, pompoen, prei, schorseneren, sperziebonen, spruitjes, taugé, tomaat, ui, venkel, winterwortel.
- Gebruik andere kruiden zoals basilicum, bieslook, citroenmelisse, dille, peterselie, rozemarijn, oregano, selderij of tijm in plaats van kervel.
- Voeg 1 theelepel kerrie aan de groenten toe tijdens het smoren.

Groenteragoût
Gebruik 200 g groenten van één of meerdere soorten in plaats van 500 g groenten. Bereid de groenten volgens bovenstaand recept maar voeg geen aangelengde bloem toe. Smelt 30 g margarine, voeg 4 eetlepels bloem toe en roer deze door de margarine tot een samenhangende massa (roux) is verkregen. Vul het smoorvocht van de groenten aan met hete bouillon tot 3 dl.
Voeg de helft van het bouillonvocht toe, breng de roux aan de kook en roer deze glad. Voeg beetje bij beetje onder voortdurend roeren de andere helft toe en breng deze weer aan de kook. Kook de saus nog ongeveer 3 minuten zachtjes door.
Voeg de groenten toe en peper en zout naar smaak en dieet.
Voeg eventueel 1 eetlepel gewelde rozijntjes of gehakte noten toe aan de groenteragoût.

Rode kool met appelsterren

Bereidingstijd: 30 minuten
Bijzonder materiaal: appelboor

Raadpleeg uw merkartikelenlijst van ALBA en/of uw dieetadvies.

500 g rode kool
1 dl water
1 theelepel zout
1/4 theelepel kaneel
2 kruidnagelen
1 laurierblad
1 eetlepel suiker
1 appel
1/2 eetlepel aardappelmeel
1/2 eetlepel koud water
1 eetlepel azijn
10 g margarine

Maak de rode kool schoon en snijd deze fijn. Breng het water met het zout aan de kook en voeg de rode kool met de kaneel, de kruidnagelen, het laurierblad en de suiker toe.

Kook de rode kool ongeveer 20 minuten. Schil de appel en maak deze schoon met behulp van een appelboor, zodat de appel heel blijft. Snijd er 2 plakken van en snijd de rest van de appel in stukjes.
Voeg de appelstukjes aan de rode kool toe en kook deze nog ongeveer 5 minuten.
Snijd van iedere plak appel een ster.
Verwijder de kruidnagelen en het laurierblad uit de kool.
Meng het aardappelmeel aan met het koude water en voeg dit al roerende toe aan de rode kool.
Breng de rode kool opnieuw aan de kook en voeg de azijn en de margarine toe.
Garneer de rode kool met de appelsterren.

DIEETAANPASSING
- **Aardappelvrij**
  Gebruik arrowroot of maïzena in plaats van aardappelmeel of raadpleeg de vervangingslijst.
- **Saccharosevrij**
  Gebruik diksap of honing in plaats van suiker of raadpleeg de vervangingslijst.

VARIATIE
- Gebruik 2 eetlepels gewassen rozijnen in plaats van appel.

Savooiekool

Bereidingstijd: 30 minuten

Raadpleeg uw merkartikelenlijst van ALBA en/of uw dieetadvies.

300 g savooiekool
2 dl water
1/2 theelepel zout
1 eetlepel bloem
1 eetlepel koud water
1/4 theelepel nootmuskaat

Verwijder de buitenste bladeren van de savooiekool, snijd deze doormidden, schaaf de kool fijn en was deze.
Breng het water met het zout aan de kook en kook de savooiekool hierin ongeveer 20 minuten.
Giet de savooiekool af, vang 1 dl kookvocht op en breng dit aan de kook.
Meng de bloem aan met het koude water, voeg dit al roerende toe aan het kookvocht en kook de saus nog ongeveer 3 minuten.
Meng de saus door de savooiekool en bestrooi deze met de nootmuskaat.

DIEETAANPASSING
- **Glutenvrij**
  Gebruik glutenvrije bloem of rijstemeel in plaats van bloem of raadpleeg de vervangingslijst.

VARIATIES
- Voeg 1 eetlepel ketjap toe in plaats van een saus te maken van het kookvocht.

Gevulde koolrolletjes
Maak de kool schoon, schaaf deze niet, maar maak de bladeren los. Bereid de koolbladeren volgens bovenstaand recept. Schep de koolbladeren uit het kookvocht en laat ze uitlekken. Vul de koolbladeren met bijvoorbeeld 100 g rul gebakken gehakt of met eierragoût, gemaakt van 2 eieren. Rol de bladeren op en leg ze met de naad naar onderen in een ingevette ovenschotel. Bestrooi de gevulde koolrolletjes met 2 eetlepels paneermeel en leg er 25 g in klontjes verdeelde margarine over. Plaats de ovenschotel ongeveer 20 minuten in een voorverwarmde oven, gasstand 6/240°C.

Spitskool
Gebruik spitskool in plaats van savooiekool.

Witte kool
Gebruik witte kool in plaats van savooiekool.

SERVEERSUGGESTIE
- Serveer de savooiekool met 1 dl saus bijvoorbeeld kerriesaus, pindasaus of tomatensaus.

Schorseneren

Bereidingstijd: 40 minuten

Raadpleeg uw merkartikelenlijst van ALBA en/of uw dieetadvies.

1 eetlepel azijn
750 g schorseneren
1 eetlepel azijn
1/2 theelepel zout

Voeg de azijn toe aan een ruime hoeveelheid water zodat de schorseneren helemaal onderstaan. Schrap de schorseneren onder water om verkleuren te voorkomen.
Was de schorseneren.
Breng water met de azijn en het zout aan de kook en kook de schorseneren hierin ongeveer 25 minuten.

INDIEN TOEGESTAAN

- Gebruik melk in plaats van azijn.

VARIATIES

- Voeg 1/4 theelepel nootmuskaat toe aan de gekookte schorseneren.
- Bestrooi de gekookte schorseneren met 2 eetlepels kaas of 1 eetlepel kaas en 1 eetlepel in dunne reepjes gesneden gekookte ham.

Schorseneren met witte saus
Giet de schorseneren af, vang het kookvocht op en vul dit met hete bouillon aan tot 1½ dl. Smelt 15 g margarine, voeg 2 eetlepels bloem toe en roer deze door de margarine tot een samenhangende massa (roux) is verkregen. Voeg de helft van het kookvocht toe, breng de roux aan de kook en roer deze glad. Voeg beetje bij beetje onder voortdurend roeren de andere helft toe en breng deze weer aan de kook. Kook de saus nog ongeveer 3 minuten zachtjes door. Meng de witte saus door de schorseneren.

Schorseneren met een kaassaus
Meng 1½ dl kaassaus door de gekookte schorseneren.

Snijbonen

Bereidingstijd: 30 minuten

Raadpleeg uw merkartikelenlijst van ALBA en/of uw dieetadvies.

300 g snijbonen
2 dl water
1/2 theelepel zout
15 g margarine

Haal de snijbonen af, was en snijd ze.
Breng het water met het zout aan de kook en kook de snijbonen hierin ongeveer 20 minuten.
Giet de snijbonen af en leg er de in klontjes verdeelde margarine over.

VARIATIES

- Voeg 1/4 theelepel nootmuskaat toe aan de snijbonen.

Snijbonen met witte bonen
Kook 250 g snijbonen en voeg 200 g gare witte bonen toe.
Dien deze gemengd op of leg de witte bonen op een bedje van snijbonen.

Sperziebonen

Bereidingstijd: 30 minuten

Raadpleeg uw merkartikelenlijst van ALBA en/of uw dieetadvies.

300 g sperziebonen
2 dl water
1/2 theelepel zout
15 g margarine
1/4 theelepel nootmuskaat

Haal de sperziebonen af, breek en was ze.
Breng het water met het zout aan de kook en kook de sperziebonen hierin ongeveer 20 minuten.

Giet ze af en leg er de in klontjes verdeelde margarine over.
Bestrooi de sperzieboontjes met de nootmuskaat.

VARIATIES
- Laat de sperziebonen heel, kook ze volgens bovenstaand recept en bind ze daarna in bosjes bij elkaar met een sprietje bieslook.

Sperziebonen met ham en tomatensaus
Meng de sperziebonen met 1 dl tomatensaus in plaats van margarine en nootmuskaat. Snijd 50 g ham in stukjes en meng deze door de sperziebonen.

Sperziebonen met peer en rookspek
Bak 150 g in dobbelsteentjes gesneden rookspek ongeveer 10 minuten uit. Voeg de sperzieboontjes, het water en het zout toe en kook de sperziebonen met het rookspek ongeveer 10 minuten. Maak 1 peer schoon en snijd deze in stukjes.
Voeg deze toe aan de sperziebonen met rookspek en kook alles nog ongeveer 10 minuten zachtjes door.

Spruitjes

Bereidingstijd: 30 minuten

Raadpleeg uw merkartikelenlijst van ALBA en/of uw dieetadvies.

500 g spruitjes
4 dl water
1/2 theelepel zout
15 g margarine

Snijd de stronkjes van de spruitjes, verwijder de minder mooie blaadjes en was ze.
Breng het water met het zout aan de kook en kook hierin de spruitjes ongeveer 15 minuten.
Giet de spruitjes af en leg er de in klontjes verdeelde margarine op.

VARIATIES
- Voeg 1/4 theelepel nootmuskaat toe aan de gare spruitjes.

Gegratineerde spruitjes
Leg de gekookte spruitjes in een ingevette ovenschotel, bestrooi ze met 2 eetlepels geraspte kaas of met 2 eetlepels paneermeel en voeg dan 25 g in klontjes verdeelde margarine toe en gratineer ze ongeveer 20 minuten in een voorverwarmde oven, gasstand 6/240°C.

Spruitjes met kastanjes
Was 200 g kastanjes, snijd aan de platte kant een kruisvormige inkeping en kook ze in ruim kokend water ongeveer 45 minuten. Giet ze af en pel ze. Meng de kastanjes door de gare spruitjes.

Stoofsla

Bereidingstijd: 25 minuten

Raadpleeg uw merkartikelenlijst van ALBA en/of uw dieetadvies.

750 g stoofsla
1/2 theelepel zout

Verwijder de minder mooie blaadjes uit de stoofsla en snijd de stoofsla daarna in reepjes.
Was de stoofsla meerdere keren, breng ze daarna met aanhangend water en het zout aan de kook en kook de stoofsla ongeveer 10 minuten zachtjes. Giet na 5 minuten koken de helft van het kookvocht weg.
Giet de stoofsla af.

VARIATIES
- Voeg 1/4 theelepel nootmuskaat toe.
- Giet de stoofsla niet af maar bind het vocht met 1 eetlepel aardappelmeel of maïzena aangelengd met 1 eetlepel koud water. Voeg dit al roerende toe aan de stoofsla en breng deze aan de kook.

Postelein
Gebruik postelein in plaats van stoofsla.

Snijbiet
Gebruik snijbiet in plaats van stoofsla, giet deze pas na de kooktijd af. Hak de gekookte snijbiet.

Spinazie
Gebruik spinazie in plaats van stoofsla, giet deze pas na de kooktijd af. Hak de gekookte spinazie.

Stoofsla met witte saus
Giet de gekookte stoofsla af en vang het kookvocht op.
Smelt 15 g margarine, voeg 2 eetlepels bloem toe roer deze door de margarine tot een samenhangende massa (roux) is verkregen. Vul het kookvocht van de groenten aan met hete bouillon tot 1½ dl. Voeg de helft van het bouillonvocht toe, breng de roux aan de kook en roer deze glad. Voeg beetje bij beetje onder voortdurend roeren de andere helft toe en breng deze weer aan de kook. Meng het sausje door de stoofsla.

GARNEERSUGGESTIE
Stoofsla met soldaatjes
Garneer de stoofsla met 1 sneetje geroosterd en in reepjes gesneden brood.

Taugé met prei

Bereidingstijd: 15 minuten

Raadpleeg uw merkartikelenlijst van ALBA en/of uw dieetadvies.

250 g taugé
1 prei
100 g rookvlees
25 g margarine
1 eetlepel ketjap
peper, zout

Was de taugé in ruim water, waardoor de losse groene dopjes boven komen drijven en verwijder deze.
Laat de taugé goed uitlekken.
Maak de prei schoon en snijd deze in dunne ringen.
Snijd het rookvlees in fijne reepjes.
Smelt de margarine, laat deze bruin worden en roerbak hierin ongeveer 3 minuten de prei en de taugé.
Voeg de ketjap en het rookvlees toe en peper en zout naar smaak en dieet.

DIEETAANPASSING
- **Additievenvrij**
  Gebruik sojasaus zonder toevoegingen in plaats van ketjap.
- **Sojavrij**
  Voeg tomatenketchup toe in plaats van ketjap of gebruik 1 theelepel mosterd, ½ theelepel sambal of 1 theelepel Worcestershiresaus in plaats van 1 eetlepel ketjap.
- **Saccharosevrij**
  Gebruik sojasaus zonder toegevoegde suiker in plaats van ketjap.

VARIATIES
- Gebruik kip in plaats van rookvlees.
- Gebruik 1 theelepel mosterd of ½ theelepel sambal in plaats van ketjap.

Taugé met kerrie
Smelt 25 g margarine, laat deze bruin worden en fruit hierin 1 gepelde en gesnipperde ui. Voeg 250 g schoongemaakte taugé, 2 theelepels kerrie, 1 gepeld en uitgeperst teentje knoflook en peper en zout naar smaak en dieet toe en roerbak alles ongeveer 3 minuten. Garneer de taugé met kerrie met 2 eetlepels gewassen en gehakte verse selderij.

Tuinboontjes

Bereidingstijd: 40 minuten

Raadpleeg uw merkartikelenlijst van ALBA en/of uw dieetadvies.

1½ kg tuinboontjes
5 dl water
½ theelepel zout
15 g margarine

Dop de tuinboontjes en was ze.
Breng het water met het zout aan de kook en kook de tuinboontjes hierin ongeveer 25 minuten.
Giet de tuinboontjes af en leg er de in klontjes verdeelde margarine over.

INDIEN TOEGESTAAN

- Voeg 1 eetlepel melk toe aan het kookvocht. De tuinboontjes blijven dan blanker van kleur.

VARIATIES

- Smelt 15 g margarine, laat deze bruin worden en bak hierin 100 g in dobbelsteentjes gesneden rookspek. Meng dit door de gare tuinbonen. Voeg het bakvet toe in plaats van de margarine.
- Voeg 100 g in dobbelsteentjes gesneden gekookte ham of rookvlees toe aan de gare tuinboontjes.

Tuinboontjes met witte saus
Vang het kookvocht op. Smelt 15 g margarine, voeg 2 eetlepels bloem toe en roer deze door de margarine tot een samenhangende massa (roux) is verkregen. Vul het kookvocht van de groenten aan met hete bouillon tot 1½ dl. Voeg de helft van het bouillonvocht toe, breng de roux aan de kook en roer deze glad. Voeg beetje bij beetje onder voortdurend roeren de andere helft toe en breng deze weer aan de kook. Kook de saus nog ongeveer 3 minuten zachtjes door. Roer de witte saus door de tuinboontjes. Voeg eventueel bonekruid en/of blokjes gekookte ham toe.

Tuinboontjes met worteltjes
Gebruik 250 g gedopte tuinboontjes en schrap 250 g worteltjes. Kook deze samen volgens bovenstaand recept.

GARNEERSUGGESTIE

- Garneer de tuinboontjes met ½ eetlepel vers bonekruid.

Venkel

Bereidingstijd: 20 minuten

Raadpleeg uw merkartikelenlijst van ALBA en/of uw dieetadvies.

400 g knolvenkel
4 dl water
½ theelepel zout

Verwijder het buitenste blad van de knolvenkel en snijd de stengels af tot vlak boven de knol. Bewaar het venkelgroen.
Was en halveer de venkelknol of snijd deze in plakken.
Breng het water met het zout aan de kook en kook de venkel hierin ongeveer 15 minuten.
Was en hak het venkelgroen.
Giet de venkel af en garneer deze met het venkelgroen.

VARIATIES

Gegratineerde venkel
Leg de gekookte venkel in een ingevette ovenschotel, bestrooi deze met 4 eetlepels geraspte kaas en gratineer deze ongeveer 5 minuten in een voorverwarmde oven, gasstand 6/240°C.

Gesmoorde venkel
Maak de venkel schoon en snijd deze in plakken. Verhit 1 eetlepel olie en bak de venkel zachtjes ongeveer 10 minuten, onder af en toe keren. Smoor eventueel 1 gepeld en gesnipperd teentje knoflook mee.

Venkel met wortelen
Bereid 200 g venkel en voeg 200 g gekookte worteltjes toe. Serveer de groenten gemengd.

SERVEERSUGGESTIE
- Serveer de venkel met 1 dl saus, bijvoorbeeld hamsaus, tomatensaus of witte saus.

Witlof

Bereidingstijd: 25 minuten
Bijzonder materiaal: draadjes

Raadpleeg uw merkartikelenlijst van ALBA en/of uw dieetadvies.

4 kropjes witlof
4 dl water
1/2 theelepel zout

Was de kropjes witlof en bind ze dicht met de draadjes.
Breng het water met het zout aan de kook en kook hierin het witlof ongeveer 20 minuten.
Giet het witlof af en verwijder de draadjes.

VARIATIES
- Omwikkel het witlof na het koken met 4 plakken ham.

Gegratineerd witlof
Leg het gekookte witlof in een ingevette ovenschotel en verdeel hierover 40 g margarine in klontjes. Meng 2 eetlepels paneermeel met 100 g geraspte kaas en bestrooi hiermee het witlof of gebruik 100 g paneermeel en 50 g in klontjes verdeelde margarine.
Gratineer het witlof ongeveer 5 minuten in een voorverwarmde oven, gasstand 6/240°C. Gebruik eventueel gemalen kokos in plaats van paneermeel.

Roodlof
Gebruik roodlof in plaats van witlof.

SERVEERSUGGESTIE
- Serveer het witlof met 1 dl saus, bijvoorbeeld hamsaus of witte saus.

Worteltjes

Bereidingstijd: 25 minuten

Raadpleeg uw merkartikelenlijst van ALBA en/of uw dieetadvies.

400 g worteltjes
4 dl water
1 theelepel zout
10 g margarine

Schrap de worteltjes.
Breng het water met het zout aan de kook en kook hierin de worteltjes 15-25 minuten.
Giet de worteltjes af en voeg de margarine toe.

VARIATIES
- Voeg 1 eetlepel gewelde rozijntjes toe aan de worteltjes.
- Voeg 1/2 eetlepel suiker toe tijdens het koken.

GARNEERSUGGESTIES
- Garneer de worteltjes met 1 gewassen takje peterselie.
- Garneer de worteltjes met 1 gewassen takje venkelloof.

Zuurkool

Dit gerecht is niet geschikt voor het koemelkvrije/lactosevrije dieet.

Bereidingstijd: 25 minuten

Raadpleeg uw merkartikelenlijst van ALBA en/of uw dieetadvies.

- 1 ui
- 25 g margarine
- 3 eetlepels bouillon
- 1 eetlepel honing
- 250 g zuurkool

Pel en snipper de ui.
Smelt de margarine, laat deze bruin worden en fruit hierin de ui ongeveer 5 minuten.
Voeg de bouillon, de honing en de zuurkool toe en stoof dit ongeveer 15 minuten.

DIEETAANPASSING

- **Saccharosevrij**
  Gebruik eventueel diksap in plaats van honing of raadpleeg de vervangingslijst.

VARIATIES

- Voeg 1 geschilde en in stukjes gesneden mango toe samen met de honing.
- Voeg 6 geschilde en in stukjes gesneden vijgen toe samen met de honing.
- Stoof 1 schoongemaakte en geraspte appel mee.
- Voeg $2\frac{1}{2}$ eetlepel gewelde rozijnen toe.
- Bak $\frac{1}{2}$ schoongemaakte en in reepjes gesneden groene paprika en 100 g in stukjes gesneden salami met de ui mee.
- Voeg 2 in stukjes gesneden schijven ananas toe samen met de honing.

Bietensalade

Bereidingstijd: 15 minuten

Raadpleeg uw merkartikelenlijst van ALBA en/of uw dieetadvies.

- 100 g gekookte bieten
- 4 zoetzure augurken
- 2 eetlepels zoetzure zilveruitjes
- 1 gare aardappel
- 1 eetlepel azijn
- mosterd
- peper en zout
- 2 eetlepels olie
- 25 g veldsla
- 1 appel

Schil de gekookte bieten.
Snijd de zoetzure augurken en de zoetzure zilveruitjes in stukjes.
Pureer de aardappel en meng deze met de augurken en zilveruitjes. Meng de azijn met de mosterd, peper en zout naar smaak en dieet en voeg al roerende druppelsgewijs de olie toe.
Was de veldsla en snijd deze in reepjes.
Maak de appel schoon en snijd deze in blokjes.
Meng alle ingrediënten door elkaar.

DIEETAANPASSING

- **Aardappelvrij**
  Voeg geen aardappel toe.
- **Additievenvrij**
  Gebruik verse augurken of $\frac{1}{4}$ komkommer in plaats van zoetzure augurken en pel en snipper $\frac{1}{2}$ ui in plaats van zoetzure zilveruitjes. Gebruik mosterd zonder toevoegingen.
- **Saccharosevrij**
  Gebruik verse of zure augurken en zure zilveruitjes of gebruik $\frac{1}{4}$ komkommer in plaats van zoetzure augurken en pel en snipper $\frac{1}{2}$ ui in plaats van zoetzure zilveruitjes.
  Gebruik mosterd zonder toegevoegde suiker.

Bleekselderijsalade met ananas, appel en rozijnen

Bereidingstijd: 10 minuten

Raadpleeg uw merkartikelenlijst van ALBA en/of uw dieetadvies.

2 schijven ananas
2 stelen bleekselderij
1 appel
2 eetlepels rozijnen
2 blaadjes sla
1/2 citroen
1 eetlepel mayonaise
peper, zout

Snijd de schijven ananas in stukjes.
Maak de stelen bleekselderij schoon en snijd ze in stukjes.
Maak de appel schoon en snijd deze in blokjes.
Was de rozijnen en de blaadjes sla.
Pers de citroen uit.
Meng de mayonaise met het citroensap en voeg peper en zout toe naar smaak en dieet.
Meng de ananas, de appel, de bleekselderij en de rozijnen met de saus en verdeel de bleekselderijsalade over de blaadjes sla.

DIEETAANPASSING

- **Additievenvrij**
  Gebruik zelfgemaakte mayonaise (zie blz. **48**) of mayonaise zonder toevoegingen.
  Gebruik ongezwavelde rozijnen.
  Gebruik verse ananas.
- **Citrusvrij**
  Gebruik 1 eetlepel azijn in plaats van citroensap.
- **Kippeëivrij**
  Gebruik crème fraîche, imitatiemayonaise (zie blz. **47**), kwark, sojanaise (zie blz. **49**) of vinaigrettesaus (zie blz. **50**) in plaats van mayonaise.
- **Saccharosevrij**
  Gebruik zelfgemaakte mayonaise (zie blz. **48**) of gebruik mayonaise zonder toegevoegde suiker.
  Gebruik verse ananas of ananas in blik zonder toegevoegde suiker.

VARIATIES

- Gebruik gehakte walnoten in plaats van rozijnen.
- Gebruik 5 dadels in plaats van rozijnen.

Knolselderijsalade met ananas, appel en rozijnen
Gebruik 1/4 schoongemaakte en geraspte knolselderij in plaats van bleekselderij.

Courgettesalade

Bereidingstijd: 15 minuten

Raadpleeg uw merkartikelenlijst van ALBA en/of uw dieetadvies.

1 courgette
2 1/2 dl water
1/2 ui
1/4 citroen
1/4 theelepel gedroogd basilicum
1 theelepel suiker
1/4 theelepel gemalen witte peper
1/4 theelepel zout
4 eetlepels olie

Schil de courgette eventueel en snijd deze in schijfjes.
Breng het water aan de kook en kook de schijfjes courgette hierin ongeveer 5 minuten.
Laat ze uitlekken.
Pel en snipper de ui.
Pers de citroen uit en voeg het gedroogde basilicum, de suiker, de gemalen witte peper en het zout hieraan toe.
Voeg al roerende, beetje bij beetje, de olie toe.
Voeg dit aan de courgette en de ui toe.

Schenk de basilicumsaus over de courgettesalade.
Serveer de courgettesalade koud.

DIEETAANPASSING
- **Citrusvrij**
  Gebruik 2 eetlepels azijn in plaats van citroensap.
- **Saccharosevrij**
  Gebruik diksap of honing in plaats van suiker of raadpleeg de vervangingslijst.

VARIATIES
- Gebruik 1 schoongemaakte en in blokjes gesneden aubergine in plaats van courgette.
- Voeg 1 schoongemaakte en in stukjes gesneden avocado toe aan de courgettesalade.
  Gebruik dan majoraan in plaats van basilicum.

Koolrabisalade

Bereidingstijd: 10 minuten

Raadpleeg uw merkartikelenlijst van ALBA en/of uw dieetadvies.

2 koolrabi's
4 worteltjes
$^{1}/_{2}$ citroen
2 appels
$2^{1}/_{2}$ dl mayonaise
1 theelepel gedroogde dille
1 theelepel suiker

Breek de bladstelen af van de koolrabi's, bewaar de jonge blaadjes voor de garnering.
Schil de koolrabi's, was en rasp ze.
Schrap en rasp de worteltjes.
Pers de citroen uit.
Maak de appels schoon en rasp ze.
Meng de mayonaise met de appel, het citroensap, de gedroogde dille, de koolrabi, de suiker en de wortel.
Was en hak de jonge koolrabiblaadjes en garneer hiermee de koolrabisalade.

DIEETAANPASSING
- **Additievenvrij**
  Gebruik zelfgemaakte mayonaise (zie blz. **48**) of mayonaise zonder toevoegingen.
- **Citrusvrij**
  Gebruik 1 eetlepel azijn in plaats van citroensap.
- **Kippeëivrij**
  Gebruik 2 eetlepels imitatiemayonaise (zie blz. **47**), sojanaise (zie blz. **49**) of vinaigrettesaus (zie blz. **50**) in plaats van mayonaise.
- **Saccharosevrij**
  Gebruik diksap of honing in plaats van suiker of raadpleeg de vervangingslijst.
  Gebruik zelfgemaakte mayonaise (zie blz. **48**) of gebruik mayonaise zonder toegevoegde suiker.

VARIATIES
- Voeg 50 g gewelde rozijntjes toe aan de koolrabisalade.
- Voeg 2 eetlepels gare maïskorrels toe aan de koolrabisalade.

Sla

Bereidingstijd: 15 minuten

Raadpleeg uw merkartikelenlijst van ALBA en/of uw dieetadvies.

300 g sla
100 g bacon
1 ui
15 g margarine
1 eetlepel vers bieslook
1 eetlepel verse peterselie
1/4 theelepel peper

Maak één of meerdere soorten sla schoon, snijd deze in reepjes (veldsla hoeft niet gesneden te worden) en meng ze.
Snijd de bacon in reepjes.
Pel en snipper de ui.
Smelt de margarine, laat deze bruin worden en bak hierin de bacon en de ui ongeveer 10 minuten zachtjes.
Was en hak bieslook en peterselie.
Voeg het bieslook, de peper en de peterselie toe aan de bacon met ui, laat dit afkoelen en schep dit vlak voor het serveren op de sla.

DIEETAANPASSING

- **Additievenvrij**
  Gebruik eventueel kip in plaats van bacon.

VARIATIES

- Gebruik andere soorten sla zoals bataviasla, eikebladsla (feuille de chêne), kropsla, krulandijvie, lollo rosso, rode sla (roodlof of radicchio), Romaanse sla (Romeinse sla, salade romaine), veldsla, ijsbergsla.
- Meng één soort sla met 1 schoongemaakte en in stukjes gesneden stengel bleekselderij en 1/2 schoongemaakte en in stukjes gesneden venkelknol.
- Voeg aan de bacon en ui 50 g gehakte noten toe tijdens het fruiten.

Venkelknolsalade met ansjovis

Bereidingstijd: 10 minuten

Raadpleeg uw merkartikelenlijst van ALBA en/of uw dieetadvies.

1 venkelknol
5 olijven
4 ansjovisfilets
1 eetlepel verse peterselie
2 eetlepels olie
1 eetlepel azijn
peper, zout

Snijd zo nodig de bruine plekken van de venkelknol en verwijder het buitenste blad.
Snijd de stengels vlak boven de venkelknol af, snijd deze in dunne reepjes en was deze.
Snijd de olijven in dunne plakjes.
Snijd de ansjovisfilets in kleine stukjes.
Was en hak de verse peterselie.
Meng de olie met de azijn en de verse peterselie en voeg peper en zout toe naar smaak en dieet.
Meng de ansjovis met de olijven en de venkelknol en schenk de saus over de venkelknolsalade met ansjovis.

DIEETAANPASSING

- **Visvrij**
  Gebruik 100 g in blokjes gesneden kaas of rookvlees in plaats van ansjovisfilets.

VARIATIES

- Gebruik een andere vissoort zoals makreel of tonijn in plaats van ansjovis.
- Gebruik vers bieslook in plaats van peterselie.

GARNEERSUGGESTIE

- Garneer de venkelknolsalade met ansjovis met 1 gewassen takje venkelgroen.

Witlofsalade

Bereidingstijd: 15 minuten

Raadpleeg uw merkartikelenlijst van ALBA en/of uw dieetadvies.

1/2 eetlepel mosterd
1 eetlepel azijn
2 eetlepels olie
peper, zout
suiker
150 g witlof
1 appel
1 sinaasappel

Meng de mosterd met de azijn en voeg de olie al roerende druppelsgewijs toe.
Voeg peper, zout en suiker toe naar smaak en dieet.
Maak het witlof schoon, snijd dit vlak voor het opdienen in reepjes en meng deze direct met de saus.
Maak de appel en de sinaasappel schoon, snijd deze in stukjes en meng deze door het witlof.

DIEETAANPASSING

- **Additievenvrij**
  Gebruik mosterd zonder toevoegingen.
- **Citrusvrij**
  Gebruik 2 in stukjes gesneden schijven ananas of 20 blauwe druiven in plaats van 1 sinaasappel.
- **Saccharosevrij**
  Gebruik mosterd zonder toegevoegde suiker.
  Gebruik eventueel diksap of honing in plaats van suiker of raadpleeg de vervangingslijst.

VARIATIES

- Voeg 1/2 schoongemaakte, gewassen en in stukjes gesneden paprika toe.
- Voeg 1/2 eetlepel gedroogde dragon of marjolein toe.
- Voeg 2 eetlepels gewassen en gewelde rozijnen toe.
- Voeg 2 eetlepels gepelde en gehakte walnoten toe.
- Voeg 2 in stukjes gesneden augurken toe.

Wortelsalade

Bereidingstijd: 15 minuten

Raadpleeg uw merkartikelenlijst van ALBA en/of uw dieetadvies.

125 g worteltjes
2 schijven ananas
3 eetlepels ongezoet ananassap
2 eetlepels azijn
4 eetlepels olie
1 eetlepel gehakte walnoten
1 eetlepel tuinkers

Schrap en rasp de worteltjes.
Snijd de ananas in stukjes.
Meng het ananassap met de azijn en voeg beetje bij beetje de olie toe.
Meng de worteltjes met de ananasdressing, de stukjes ananas en de gehakte walnoten.
Was de tuinkers en garneer de wortelsalade hiermee.

DIEETAANPASSING

- **Additievenvrij**
  Gebruik verse ananas.
- **Notenvrij**
  Gebruik gewelde rozijntjes of gare maïskorrels in plaats van walnoten.
- **Saccharosevrij**
  Gebruik verse ananas of ananas uit blik zonder toegevoegde suiker.

VARIATIES

- Gebruik het sap van 1/4 citroen in plaats van azijn.
- Gebruik 3 eetlepels mayonaise in plaats van de ananasdressing.
- Gebruik 1 schoongemaakte en in stukjes

gesneden appel, banaan, peer, 1/8 meloen of 2 eetlepels gare maïskorrels in plaats van ananas en gebruik appelsap in plaats van ananassap.
- Voeg 1/2 theelepel kerrie toe aan de dressing.

Wortelsalade met gember
Schrap het vel van 25 g gemberwortel en rasp deze. Jonge gemberwortels zijn zacht en nauwelijks vezelig. Bij het raspen van oudere gemberwortels moeten de oudere vezels verwijderd worden. Voeg de geraspte gemberwortel toe aan de wortelsalade.

SAMENGESTELDE GERECHTEN

Een samengesteld gerecht wil zeggen dat aardappelen, macaroni, peulvruchten of rijst, groenten en vlees als één gerecht worden geserveerd. Hiertoe behoren bijvoorbeeld stamppotten, ovenschotels en gemengde gerechten.
Samengestelde gerechten kunnen gegeven worden bij de lunch of als hoofdgerecht.
Houd er rekening mee dat kant-en-klaarprodukten zoals pizza's of bamischotels, ingrediënten kunnen bevatten die in het dieet niet zijn toegestaan. Raadpleeg hiervoor uw dieetadvies en/of ALBA-lijst.

Dit hoofdstuk is als volgt ingedeeld:
Stamppotten
Ovenschotels
Gemengde gerechten

STAMPPOTTEN

Een stamppot is een typisch Nederlands gerecht, waarvan de aardappelen en groenten in het algemeen in één pan worden gekookt en daarna worden gestampt of gepureerd.
Stamppot wordt meestal gegeven als hoofdgerecht.
Houd er rekening mee dat kant-en-klaarprodukten zoals diepvriesmaaltijden ingrediënten kunnen bevatten die in het dieet niet zijn toegestaan.
Raadpleeg hiervoor uw dieetadvies en/of ALBA-lijst.

Hoeveelheid per persoon
300 g aardappelen
300 g groenten met een weinig uitkomende smaak zoals wortelen of
150 g groenten met een sterk uitkomende smaak zoals boerenkool en spruitjes of
75 g rauwe groenten zoals andijvie
$^1/_2$-1 theelepel zout
75-100 g vlees, meegekookt of er apart bij gegeven
15-20 g margarine
$^1/_4$ dl bouillon, kookvocht, melk of een combinatie hiervan

Maak de aardappelen en groenten schoon, was en snijd ze in stukken.
Breng het water met het zout aan de kook, voeg de aardappelen en de groenten toe en breng dit opnieuw aan de kook. Voeg bij stamppot met rauwe groenten de groenten nog niet toe.
Voeg kruiden en/of specerijen toe naar smaak en dieet.
De bereidingstijd varieert van 30-45 minuten.
Giet het kookvocht af en bewaar dit.
Verwarm de bouillon of de melk.
Pureer de aardappelen en groenten en voeg bouillon, kookvocht, melk of een combinatie hiervan samen met de margarine toe.
Meng de rauwe groenten nu pas door de aardappelpuree.
Verwarm de stamppot nog even.

VARIATIES
Varieer door gebruik te maken van
- Specerijen
  nootmuskaat, paprikapoeder, peper (hutspot)
- Groenten
  andijvie, boerenkool, koolraap, spruitjes, ui, wortelen, zuurkool (stamppot)
- Verse en/of geconserveerde vruchten
  ananas, appel, banaan, mandarijn, rozijnen (hete bliksem, zuurkoolstamppot)
- Vlees
  spekjes (zuurkoolstamppot)
- Zuivelprodukten
  kaas, room (stamppot van rauwe savooiekool)
- Smaakmakers
  azijn, mosterd, piccalilly (stamppot van rauwe andijvie)

Hutspot

stamppot van wortelen en ui

Bereidingstijd: 45 minuten

Raadpleeg uw merkartikelenlijst van ALBA en/of uw dieetadvies.

600 g aardappelen
150 g uien
600 g wortelen
3 dl water
1 theelepel zout
40 g margarine
nootmuskaat, peper

Maak de aardappelen schoon en snijd ze in stukjes.
Pel en snipper de uien.
Schrap de wortelen en snijd deze in stukjes.
Breng het water met het zout aan de kook, leg de wortelen onder in de pan met daarop de aardappelen en de uien en kook dit ongeveer 30 minuten.
Giet de aardappelen en de groenten af en bewaar het kookvocht.
Pureer de aardappelen, de uien en de wortelen en meng ze door elkaar.
Roer ½ dl van het kookvocht en de margarine door de hutspot.
Voeg nootmuskaat en peper toe naar smaak en dieet.

DIEETAANPASSING

- **Aardappelvrij**
  Gebruik 300 g gare gierst in plaats van aardappelen en voeg deze toe aan de gare uien en wortelen.

INDIEN TOEGESTAAN

- Gebruik ½ dl melk in plaats van kookvocht.

VARIATIES

- Gebruik ½ dl bouillon in plaats van kookvocht.
- Verwerk bij gebruik van jus, minder margarine in de hutspot.

Boerenkoolstamppot
Gebruik 300 g schoongemaakte en fijngesneden boerenkool in plaats van wortelen en 1 kg aardappelen. Voeg geen uien toe.

Stamppot van appelen (hete bliksem)
Gebruik 250 g schoongemaakte en in stukjes gesneden zoete appelen en 300 g schoongemaakte en in stukjes gesneden zure appelen in plaats van wortelen. Voeg geen uien toe.

Stamppot van savooiekool
Gebruik schoongemaakte en fijngesneden savooiekool in plaats van wortelen. Voeg geen uien toe. Kook de savooiekool 20 minuten in plaats van 30 minuten.

Stamppot van stoofsla
Gebruik 500 g schoongemaakte en in reepjes gesneden sla in plaats van wortelen. Voeg geen uien toe. Kook de aardappelen eerst 10 minuten, voeg daarna de stoofsla toe en kook dit samen nog 10 minuten.

Stamppot van witte kool
Gebruik schoongemaakte en fijngesneden witte kool in plaats van wortelen. Voeg geen uien toe.

Stamppot van zuurkool
Gebruik 250 g zuurkool in plaats van wortelen. Voeg geen uien toe.

MENUSUGGESTIES

- Geef bij hutspot 200 g gekookte klapstuk of hachee.
- Geef bij boerenkoolstamppot 200 g rookworst of gehakt.
- Geef bij stamppot van savooiekool of witte kool 200 g gehakt of geraspte of in blokjes gesneden kaas.

- Geef bij hete bliksem 200 g gebakken bloedworst.
- Geef bij stamppot van zuurkool 200 g gekookt pekel- of rookspek.

Stamppot van rauwe andijvie

Bereidingstijd: 30 minuten

Raadpleeg uw merkartikelenlijst van ALBA en/of uw dieetadvies.

600 g aardappelen
1 1/2 dl water
1 theelepel zout
150 g andijvie
40 g margarine
3 eetlepels melk
nootmuskaat

Maak de aardappelen schoon en snijd ze in stukjes.
Breng het water met het zout aan de kook, voeg de aardappelen toe en kook ze ongeveer 20 minuten.
Giet de aardappelen af.
Maak de andijvie schoon en snijd deze heel fijn.
Pureer de aardappelen en voeg de margarine en de melk toe en de nootmuskaat naar smaak en dieet.
Meng de andijvie er bij gedeelten doorheen.
Verwarm de stamppot van rauwe andijvie nog even.

DIEETAANPASSING

- **Aardappelvrij**
  Gebruik 300 g gare gierst in plaats van aardappelen.
- **Koemelkvrij**
  Gebruik bouillon, kookvocht of sojamelk in plaats van koemelk.
- **Lactosevrij**
  Gebruik bouillon, kookvocht of lactosevrije melk in plaats van koemelk.

VARIATIES

- Verwerk bij gebruik van jus, minder margarine in de stamppot van rauwe andijvie.
- Voeg 1/4 theelepel peper en 2 eetlepels azijn toe.

Stamppot van rauwe raapstelen
Gebruik raapstelen in plaats van andijvie.

Stamppot van rauwe spinazie
Gebruik spinazie in plaats van andijvie.

Stamppot van rauwe zuurkool
Gebruik zuurkool in plaats van andijvie.
Voeg geen nootmuskaat toe.

MENUSUGGESTIES

- Geef bij stamppot van rauwe andijvie 200 g gehakt of gebakken spek.
- Geef bij stamppot van raapstelen 150 g kaas in blokjes of 200 g gehakt.
- Geef bij stamppot van rauwe spinazie 2 gebakken kaasplakken of 200 g gehakt.
- Geef bij stamppot van rauwe zuurkool 200 g gebakken verse worst of gehakt.

OVENSCHOTELS

Een ovenschotel is een gemengd gerecht dat in de oven wordt bereid. Meestal hebben de ingrediënten van een ovenschotel een voorbewerking ondergaan.
Ovenschotels kunnen gegeven worden als hoofdgerecht of als nagerecht.
Houd er rekening mee dat kant-en-klaarprodukten zoals lasagne en macaroni ingrediënten kunnen bevatten die in het dieet niet zijn toegestaan. Raadpleeg hiervoor uw dieetadvies en/of ALBA-lijst.

Hoeveelheid per persoon
100-200 g gare aardappelen of vervangers
75-100 g gare groenten
50-75 g gaar vlees, vis of vervanger
1 eetlepel paneermeel
1 eetlepel margarine

Leg de gare bestanddelen laag-om-laag in een ingevette ovenschotel en zorg dat de aardappelen, deegwaren of rijst de bovenste laag vormen.
Bedek de bovenkant met een laagje paneermeel en in klontjes verdeelde margarine. Plaats de ovenschotel in een voorverwarmde oven van 240°C, gasstand 6. De bereidingstijd varieert van 30-45 minuten.

VARIATIES

Varieer door gebruik te maken van

- Verse en/of gedroogde kruiden
  basilicum, bieslook, oregano, peterselie (groentefilosoof, lasagne)
- Specerijen
  kerrie (groentefilosoof)
- Groenten
  artisjok, asperges, augurkjes, bleekselderij, bloemkool, champignons, knoflook, knolselderij, koolraap, maïskorrels, paprika, prei, rode kool, sperziebonen, spruitjes, tomaten, ui, witlof, wortel (groentefilosoof, jachtschotel, lasagne)
- Verse en/of geconserveerde vruchten
  ananas, appel, banaan, cocktailfruit, perzik, rozijntjes (jachtschotel)
- Vlees, vleeswaren, vis, en kip
  gehakt, kipfilet, ham, rookspek (groentefilosoof, lasagne)
- Zuivelprodukten
  kaas en zure room (groentefilosoof, lasagne)
- Smaakmakers
  tomatenpuree (lasagne)
- Dranken
  witte wijn (lasagne)

Groentefilosoof

Bereidingstijd: 30 minuten
Baktijd: 15 minuten
Bijzondere materialen: oven, ovenschotel

Raadpleeg uw merkartikelenlijst van ALBA en/of uw dieetadvies.

400 g groenten zoals bloemkool,
koolraap, knolselderij,
soepgroenten, sperziebonen,
spruitjes en winterwortel
40 g margarine
peper, zout
300 g aardappelpuree
2 eetlepels paneermeel
10 g margarine

Maak de groenten schoon en snijd ze in stukjes.
Smelt de margarine en smoor hierin de groenten ongeveer 20 minuten.
Voeg peper en zout toe naar smaak en dieet.
Leg de groenten in een ingevette ovenschotel en leg hierop de aardappelpuree.
Bedek de aardappelpuree met het paneermeel en de in klontjes verdeelde margarine.
Gratineer de groentefilosoof ongeveer 15 minuten in een voorverwarmde oven, gasstand 4/200°C.

DIEETAANPASSING

- **Aardappelvrij**
  Gebruik gierstpuree (zie blz. 109) of gare witte bonen in plaats van aardappelen.
- **Additievenvrij**
  Gebruik paneermeel zonder toevoegingen.
- **Glutenvrij**
  Gebruik glutenvrij paneermeel, eventueel gemaakt van glutenvrij brood.
- **Kippeëivrij**
  Gebruik kippeëivrij paneermeel.
- **Koemelkvrij/lactosevrij**
  Gebruik koemelkvrij paneermeel.

VARIATIES
- Gebruik 5 eetlepels geraspte kaas in plaats van het paneermeel en de margarine.
- Voeg 1 eetlepel gewassen en gehakte verse kruiden toe aan de aardappelpuree zoals bieslook en peterselie.
- Voeg 1 theelepel kerrie toe aan de puree.
- Voeg 1 eetlepel geraspte kaas toe.
- Smoor met de groenten 1 gepelde en gesnipperde ui en 50 g in blokjes gesneden rookspek mee.

Witte-bonenfilosoof
Gebruik gare witte bonen in tomatensaus in plaats van aardappelpuree.

Jachtschotel

Bereidingstijd: 30 minuten
Baktijd: 15 minuten
Bijzondere materialen: ovenschotel, oven

Raadpleeg uw merkartikelenlijst van ALBA en/of uw dieetadvies.

2 uien
25 g margarine
200 g gaar vlees, kip of wild zonder bot
1 appel
1½ dl bouillon
¼ theelepel gemalen kruidnagel
1 eetlepel maïzena
1 eetlepel koud water
300 g aardappelpuree
2 eetlepels paneermeel
20 g margarine

Pel en snipper de uien.
Smelt de margarine, laat deze bruin worden en bak de uien hierin ongeveer 5 minuten. Snijd het gare vlees in stukjes.
Maak de appel schoon en snijd deze in blokjes.
Voeg de appel, de bouillon, de gemalen kruidnagel en het vlees toe aan de uien en stoof dit ongeveer 5 minuten.
Meng de maïzena aan met het koude water, voeg dit al roerende toe aan de massa en laat het aan de kook komen.
Leg het vleesmengsel en de aardappelpuree laag-om-laag in een ingevette ovenschotel, gebruik aardappelpuree voor de laatste laag. Bestrooi de ovenschotel met paneermeel en leg hier de in klontjes verdeelde margarine op. Plaats de ovenschotel ongeveer 15 minuten in een voorverwarmde oven, gasstand 4/200°C.

DIEETAANPASSING
- **Aardappelvrij**
  Gebruik gierst in plaats van aardappel.
- **Additievenvrij**
  Gebruik paneermeel zonder toevoegingen.
- **Glutenvrij**
  Gebruik glutenvrij paneermeel, eventueel gemaakt van glutenvrij brood.
- **Kippeëivrij**
  Gebruik kippeëivrij paneermeel.
- **Koemelkvrij/lactosevrij**
  Gebruik koemelkvrij paneermeel.
- **Maïsvrij**
  Gebruik 1½ eetlepel boekweitemeel of rijstemeel in plaats van maïzena of raadpleeg de vervangingslijst.

VARIATIES
- Gebruik 1 in ringen gesneden paprika in plaats van 2 uien.
- Gebruik 2 schijven ananas of 2 perziken in plaats van appel.

Jachtschotel met kip en witlof
Gebruik gare kip in plaats van vlees. Leg in de ovenschotel ook steeds 1 laag gare stukjes witlof, 300 g in totaal.

Jachtschotel met lever en champignons
Gebruik gare lever in plaats van vlees en 150 g champignons in plaats van uien.

Jachtschotel met rode kool
Voeg steeds 1 laag gare rode kool, 300 g in totaal, toe.

Lasagne

Italiaanse ovenschotel met pasta in bladvorm

Dit gerecht is niet geschikt voor het glutenvrije dieet.

Bereidingstijd: 35 minuten
Baktijd: 30 minuten
Bijzondere materialen: oven, ovenschotel

Raadpleeg uw merkartikelenlijst van ALBA en/of uw dieetadvies.

1 teentje knoflook
1 ui
2 eetlepels olie
1 stengel bleekselderij
1 winterwortel
125 g gehakt
100 g rauwe ham, in een
dikke plak gesneden
3 eetlepels bouillon
2 eetlepels witte wijn
½ theelepel basilicum
½ theelepel oregano
peper, zout
25 g margarine
3 eetlepels bloem
2½ dl melk
250 g lasagne
5 eetlepels geraspte
Parmezaanse kaas
20 g margarine

Pel en snipper de knoflook en de ui
Verhit de olie en fruit hierin de knoflook en de ui ongeveer 5 minuten.
Maak de bleekselderij schoon en snijd deze in stukjes.
Schrap de wortel en snijd deze in stukjes.
Voeg de bleekselderij en de wortel aan de ui en knoflook toe en fruit alles ongeveer 5 minuten.
Voeg het gehakt toe en bak dit al roerende rul.
Snijd de rauwe ham in blokjes.
Voeg de bouillon, de ham, de witte wijn, het basilicum, de oregano en peper en zout toe naar smaak en dieet en kook alles zachtjes ongeveer 20 minuten.
Smelt 25 g margarine, voeg de bloem toe en roer deze door de margarine tot een samenhangende massa (roux) is verkregen.
Voeg de helft van de melk toe, breng de roux aan de kook en roer deze glad.
Voeg beetje bij beetje onder voortdurend roeren de andere helft toe en breng deze weer aan de kook.
Kook de saus nog ongeveer 3 minuten door.
Bereid de lasagne volgens de gebruiksaanwijzing op de verpakking en laat deze uitlekken.
Leg in een ingevette ovenschaal laag-om-laag de lasagne, het groentemengsel, de saus en de geraspte Parmezaanse kaas.
Zorg ervoor dat de bovenste lagen uit saus en geraspte kaas bestaan.
Leg klontjes margarine boven op het gerecht en plaats de lasagne ongeveer 30 minuten in een voorverwarmde oven, gasstand 4/200°C.

DIEETAANPASSING

- **Additievenvrij**
  Gebruik 225 g in stukjes gesneden kipfilet in plaats van gehakt en ham. Voeg geen witte wijn toe.
- **Koemelkvrij**
  Gebruik bouillon of sojamelk in plaats van koemelk en gebruik in stukjes gesneden kipfilet in plaats van gehakt.
  Gebruik koemelkvrije ham.
  Gebruik 1 eetlepel koemelkvrij paneermeel en 25 g in klontjes verdeelde margarine in plaats van geraspte kaas.
- **Lactosevrij**
  Gebruik bouillon of lactosevrije melk in plaats van koemelk en gebruik een harde Hollandse kaassoort in plaats van geraspte Parmezaanse kaas.

Gebruik koemelkvrije ham en gebruik in stukjes gesneden kipfilet in plaats van gehakt.

- **Saccharosevrij**
  Gebruik ham zonder toegevoegde suiker en gebruik in stukjes gesneden kipfilet in plaats van gehakt.

VARIATIES

- Gebruik andere groenten voor het groentemengsel zoals schoongemaakte en in stukjes gesneden bloemkool, broccoli, champignons, maïs, paprika, prei en tomaten.
- Voeg 2 eetlepels tomatenpuree aan het groentemengsel toe.
- Gebruik gehakt, kipfilet of rookvlees in plaats van rauwe ham.

GEMENGDE GERECHTEN

Een gemengd gerecht is een samengesteld gerecht waarbij de ingrediënten afzonderlijk of in één pan bereid kunnen worden. De bestanddelen worden met elkaar vermengd en als één gerecht geserveerd.
Gemengde gerechten kunnen gegeven worden bij de lunch of als hoofdgerecht.
Houd er rekening mee dat kant-en-klaarprodukten zoals macaroni ingrediënten kunnen bevatten die in het dieet niet zijn toegestaan.
Raadpleeg hiervoor uw dieetadvies en/of ALBA-lijst.

Hoeveelheid per persoon
100-200 g gare aardappelen, rijst of vervangers
75-100 g gaar vlees, vis of vervangers
150-300 g gare of rauwe groenten

Vermeng alle gare ingrediënten met elkaar.
Voeg kruiden, specerijen en zout toe naar smaak en dieet.
Verwerk het kookvocht eventueel tot een saus.

VARIATIES
Varieer door gebruik te maken van

- Verse en/of gedroogde kruiden
  basilicum, bieslook, bladselderij, kervel, majoraan, oregano, peterselie, tijm (paella, pizza, spaghetti)
- Specerijen
  chilipoeder, gemberpoeder, kerrie, peper, saffraan (chili con carne, nasi, paella)
- Groenten
  aubergine, bietjes, bleekselderij, bloemkool, broccoli, courgette, erwtjes, kool, knoflook, maïs, olijven, peultjes, prei, snijboontjes, spitskool, taugé, tomaten, ui, venkel, wortel (bami, groentetaart, pizza, quiches)
- Paddestoelen
  champignons, oesterzwammen
- Verse en/of geconserveerde vruchten
  ananas, appel, rozijnen (spaghetti, pilav)
- Vlees, vleeswaren, vis en kip
  ham, kipfilet, salami (pizza, macaroni)
- Vis, schaal- en schelpdieren
  ansjovis, garnalen, inktvis, mosselen, tonijn, zalm (nasi, groentetaart, pilav)
- Tahoe/tempé
  (chili con tahoe, pizza)
- Zuivelprodukten
  crème fraîche, Goudse kaas, Gorgonzola, Gruyère, zure room (macaroni, pizza)
- Pinda's, noten en zaden
  amandelen en cashewnoten (pilav, spaghetti)
- Smaakmakers
  ketjap, sambal, Tabasco, tomatenketchup, Worcestershiresaus (bami, chili con carne)

Varieer door er verschillende sausen bij te serveren

- Warme hartige sausen
  kruidensaus, pindasaus, tomatensaus, wortelsaus (spaghetti, nasi)

Bami

Bereidingstijd: 40 minuten

Raadpleeg uw merkartikelenlijst van ALBA en/of uw dieetadvies.

200 g mie
1 stengel bleekselderij
125 g snijbonen
250 g spitskool
5 dl water
2 theelepels zout
100 g varkensvlees
1 theelepel gemberpoeder
1 theelepel peper
$^1/_4$ theelepel zout
1 teentje knoflook
1 ui
50 g taugé
1 prei
3 eetlepels olie
50 g gekookte ham
50 g garnalen
1 eetlepel ketjap
peper, zout
2 eieren
2 eetlepels melk
$^1/_4$ theelepel zout
20 g margarine

Bereid de mie volgens de gebruiksaanwijzing op de verpakking.
Maak de bleekselderij en de snijbonen schoon en snijd ze in stukjes, maak de spitskool schoon en schaaf deze in dunne reepjes.
Breng het water met het zout aan de kook en kook de groenten hierin ongeveer 5 minuten.
Snijd het varkensvlees in blokjes en bestrooi deze met het gemberpoeder, de peper en het zout.
Pel en snipper de knoflook en de ui.
Was de taugé.
Maak de prei schoon en snijd deze in reepjes.
Verhit de olie en bak het vlees hierin ongeveer 5 minuten, voeg de knoflook, de prei en de ui toe en bak alles nog ongeveer 5 minuten.
Voeg de groenten en de taugé toe en bak ze onder voortdurend omscheppen ongeveer 10 minuten mee.
Snijd de gekookte ham in reepjes en voeg ze met de garnalen en de mie toe aan het mengsel van groente en vlees.
Voeg de ketjap met peper en zout naar smaak en dieet toe.
Klop de eieren los met de melk en het zout.
Smelt de margarine, laat deze bruin worden en bak hierin een omelet van de losgeklopte eieren. Rol de omelet op en snijd deze in smalle reepjes.
Garneer de bami met de reepjes omelet.

DIEETAANPASSING

- **Additievenvrij**
  Gebruik sojasaus zonder toevoegingen in plaats van ketjap. Gebruik mie zonder toevoegingen. Gebruik reepjes kipfilet in plaats van gekookte ham.
- **Glutenvrij**
  Gebruik glutenvrije mie of mihoen.
- **Koemelkvrij**
  Gebruik water of sojamelk in plaats van koemelk en gebruik koemelkvrije gekookte ham.
- **Lactosevrij**
  Gebruik water of lactosevrije melk in plaats van koemelk en gebruik koemelkvrije gekookte ham.
- **Kippeëivrij**
  Gebruik reepjes ham of kipfilet in plaats van omelet. Gebruik mie die niet bijgekleurd is met ei.
- **Saccharosevrij**
  Gebruik sojasaus zonder suiker in plaats van ketjap. Gebruik reepjes kipfilet in plaats van gekookte ham of gebruik gekookte ham zonder toegevoegde suiker.
- **Schaal- en schelpdierenvrij**
  Gebruik 100 g ham in plaats van 50 g ham en garnalen.

- **Sojavrij**
  Voeg geen ketjap toe. Gebruik eventueel 1 theelepel Worcestershiresaus in plaats van ketjap.

VARIATIES
- Gebruik kippevlees of gehakt in plaats van varkensvlees.
- Gebruik andere groenten zoals schoongemaakte en in stukjes gesneden Chinese kool, peultjes, sperziebonen, witte kool en wortelen.

Chili con carne

Mexicaans gerecht van bruine bonen

Bereidingstijd: 20 minuten

Raadpleeg uw merkartikelenlijst van ALBA en/of uw dieetadvies.

1 teentje knoflook
1 ui
1 paprika
3 eetlepels olie
200 g gehakt
1 theelepel chilipoeder
½ theelepel karwij
1 theelepel gedroogde oregano
300 g gare bruine bonen
3 eetlepels bonennat
1 theelepel Worchestershiresaus
1 theelepel Tabasco
peper, zout

Pel en snipper de knoflook en de ui.
Maak de paprika schoon en snijd deze in stukjes.
Verhit de olie en bak hierin de knoflook, de paprika en de ui ongeveer 5 minuten.
Voeg het gehakt toe en bak dit al roerende rul.
Voeg het chilipoeder, de karwij en de oregano toe.
Voeg de bruine bonen toe met het bonennat.
Voeg de Worchestershiresaus en de Tabasco toe en peper en zout naar smaak en dieet.
Verwarm de chili con carne opnieuw.

DIEETAANPASSING
- **Additievenvrij**
  Gebruik 1 eetlepel sojasaus zonder toevoegingen in plaats van Worchestershiresaus.
- **Pinda- en notenvrij**
  Gebruik 1 eetlepel sojasaus of ketjap in plaats van Worchestershiresaus.
- **Saccharosevrij**
  Gebruik 1 eetlepel sojasaus zonder toegevoegde suiker in plaats van Worchestershiresaus.
- **Vis-, schaal- en schelpdierenvrij**
  Gebruik 1 eetlepel sojasaus of ketjap in plaats van Worcestershiresaus.

VARIATIES
- Voeg 5 eetlepels tomatenketchup toe.

Chili con tahoe
Gebruik tahoe in plaats van gehakt. Bestrijk de blokken tahoe met 1 theelepel djinten en 1 theelepel koriander en peper en zout naar smaak en dieet. Snijd de tahoe in blokjes en bak deze samen met de ui.

Hartige groente-tonijntaart

Bereidingstijd: 45 minuten
Rijstijd: 1 uur en 25 minuten
Baktijd: 35 minuten
Bijzondere materialen: springvorm met een inhoud van 24 cm, oven

Raadpleeg uw merkartikelenlijst van ALBA en/of uw dieetadvies.

10 g verse gist of 1 1/4 eetlepel gistkorrels
1 1/4 dl lauw water
25 g margarine
250 g bloem
3 theelepels zout
bloem
2 1/2 dl bouillon
1 stengel bleekselderij
1/2 bloemkool
150 g sperzieboontjes
200 g worteltjes
2 eetlepels bloem
2 eetlepels koud water
150 g tonijn uit blik
1 eetlepel verse peterselie

Meng de gist met 5 eetlepels van het lauwe water.
Verwerk gistkorrels volgens de gebruiksaanwijzing op de verpakking.
Smelt de margarine.
Meng de gezeefde bloem met het zout en maak in het midden een kuiltje.
Schenk de gistoplossing in het kuiltje en roer de bloem hier beetje bij beetje door.
Voeg de margarine bij de rest van het lauwe water, voeg dit beetje bij beetje toe aan de massa en meng alles door elkaar.
Bestuif het werkblad met de bloem en kneed het deeg ongeveer 10 minuten tot het soepel en elastisch is.
Laat het deeg, met een vochtige doek afgedekt, op een warme tochtvrije plaats ongeveer 40 minuten rijzen.
Kneed het deeg ongeveer 5 minuten en bekleed hiermee de ingevette springvorm.
Laat het deeg in de vorm opnieuw, afgedekt met een vochtige doek, op een warme tochtvije plaats 45 minuten rijzen.
Breng de bouillon aan de kook.
Maak de bleekselderij, de bloemkool, de sperzieboontjes en de worteltjes schoon, snijd ze in stukjes en voeg deze aan de bouillon toe.
Kook de groenten ongeveer 5 minuten, giet ze af en bewaar het groentenat en breng dit opnieuw aan de kook.
Meng de bloem aan met het koude water en voeg dit al roerende toe aan het groentenat.
Kook de saus ongeveer 3 minuten door en roer deze door de groenten.
Giet de tonijn af, verwijder eventueel graatjes en pureer deze.
Was en hak de verse peterselie.
Voeg de peterselie en de tonijn al roerende toe aan de groenten met het sausje.
Verdeel de massa over het deeg in de springvorm.
Bak de hartige groente-tonijntaart ongeveer 35 minuten in een voorverwarmde oven, gasstand 6/240°C.

DIEETAANPASSING

- **Additievenvrij**
  Gebruik makreel of andere verse vis.
- **Glutenvrij**
  Gebruik 125 g boekweitemeel en 125 g rijstemeel of 250 g glutenvrije bloem in plaats van bloem of raadpleeg de vervangingslijst.
- **Visvrij**
  Gebruik gaar gehakt of gare kip in plaats van vis.

VARIATIES

- Gebruik andere groenten zoals broccoli, champignons, maïs, paprika, tomaat, venkel, ui.
- Gebruik andere kruiden zoals basilicum, bladselderij en oregano in plaats van peterselie.

- Roerbak de groenten in plaats van ze te koken.
- Gebruik gaar gehakt of gare kip in plaats van vis.
- Gebruik verse makreel in plaats van tonijn.

Macaroni/spaghetti met venkel

Bereidingstijd: 30 minuten

Raadpleeg uw merkartikelenlijst van ALBA en/of uw dieetadvies.

250 g macaroni/spaghetti
125 g venkel
2 dl water
1 theelepel zout
1 teentje knoflook
1 ui
2 eetlepels olie
2 eetlepels rozijnen
2 eetlepels gepelde amandelen
peper, zout

Kook de macaroni/spaghetti volgens de gebruiksaanwijzing op de verpakking en laat deze uitlekken.
Maak de venkel schoon en snijd deze in stukjes.
Breng het water met het zout aan de kook en kook hierin de venkel ongeveer 20 minuten. Pel en snipper de knoflook en de ui. Verhit de olie en fruit hierin de knoflook en de ui ongeveer 5 minuten. Was de rozijnen. Voeg de amandelen, rozijnen en venkel aan de ui en knoflook toe.
Meng de macaroni/spaghetti met het groentemengsel, voeg peper en zout toe naar smaak en dieet en verwarm de macaroni/spaghetti nog even.

DIEETAANPASSING

- **Additievenvrij**
  Gebruik ongezwavelde rozijnen. Gebruik macaroni/spaghetti zonder toevoegingen.
- **Glutenvrij**
  Gebruik glutenvrije macaroni/spaghetti.
- **Kippeëivrij**
  Gebruik macaroni/spaghetti die niet met ei is bijgekleurd.
- **Notenvrij**
  Voeg geen amandelen toe.

VARIATIES

- Gebruik een andere groente of een mengsel van groenten in plaats van venkel zoals schoongemaakte en in stukjes gesneden bleekselderij, bloemkool, broccoli, champignons, courgette, maïs, paprika, prei, tomaat en wortel.
- Voeg 200 g vlees of vis toe zoals garnalen, gaar gehakt, blokjes gekookte ham, gare mosselen, reepjes salami, tonijn en zalm.
- Voeg verschillende kruiden toe zoals 1 theelepel gedroogde basilicum, 1 theelepel gedroogde oregano, 1 theelepel gedroogde peterselie, 1 theelepel gedroogde tijm.
- Serveer er geraspte kaas bij zoals Goudse en Parmezaanse kaas.
- Voeg 200 g kaas in blokjes toe zoals Gorgonzola, Goudse, Gruyère of een combinatie hiervan.
- Voeg 2 eetlepels crème fraîche of zure room toe aan het groentemengsel.
- Varieer door gebruik te maken van andere vormen macaroni zoals elleboogjes-, lint-, schelp- of spiraalmacaroni.

SERVEERSUGGESTIE

- Serveer er 4 dl saus bij zoals tomatensaus, tuinkruidensaus of wortelsaus.

Nasi goreng

Indonesische gebakken rijstschotel

Bereidingstijd: 40 minuten

Raadpleeg uw merkartikelenlijst van ALBA en/of uw dieetadvies.

200 g rijst
1 teentje knoflook
1 ui
1 prei
3 eetlepels olie
1/2 theelepel djinten
1/2 theelepel ketoembar
1 theelepel sambal
75 g gaar varkensvlees
75 g gekookte ham, in een dikke plak gesneden
75 g garnalen
1 eetlepel ketjap
peper, zout
2 eieren
2 eetlepels melk
1/4 theelepel zout
20 g margarine

Bereid de rijst volgens de gebruiksaanwijzing op de verpakking.
Pel en snipper de knoflook en de ui.
Maak de prei schoon en snijd deze in dunne ringen.
Verhit de olie en voeg hieraan de knoflook, prei en ui en de djinten, ketoembar en sambal toe en fruit dit ongeveer 5 minuten.
Snijd het varkensvlees en de ham in blokjes, voeg ze met de helft van de garnalen aan het kruidenmengsel toe en bak alles 5 minuten.
Voeg de rijst bij gedeelten toe onder voortdurend omscheppen.
Voeg de ketjap toe en peper en zout naar smaak en dieet.
Klop de eieren los met de melk en het zout.
Smelt de margarine en bak hierin een omelet van het eiermengsel.
Rol de omelet op en snijd deze in smalle reepjes.
Garneer de nasi goreng met de reepjes omelet en de rest van de garnalen.

DIEETAANPASSING

- **Additievenvrij**
  Gebruik sambal zonder toevoegingen en gebruik sojasaus zonder toevoegingen in plaats van ketjap.
  Gebruik kip in plaats van gekookte ham.
- **Kippeëivrij**
  Gebruik dunne reepjes ham of kipfilet in plaats van een omelet.
- **Koemelkvrij**
  Gebruik water of sojamelk in plaats van melk en gebruik koemelkvrije gekookte ham.
- **Lactosevrij**
  Gebruik water of lactosevrije melk in plaats van melk en gebruik koemelkvrije gekookte ham.
- **Saccharosevrij**
  Gebruik sojasaus zonder toegevoegde suiker in plaats van ketjap en gebruik gekookte ham zonder toegevoegde suiker.
- **Sojavrij**
  Gebruik 1 theelepel Worchestershiresaus in plaats van ketjap.
- **Schaal- en schelpdierenvrij**
  Gebruik 150 g ham in plaats van 75 g ham en garnalen.

VARIATIES

- Gebruik kippevlees in plaats van varkensvlees.
- Voeg 1/4 theelepel trassi aan het kruidenmengsel toe.
- Voeg 1/2 theelepel djahé en 1/2 theelepel laos toe aan het kruidenmengsel.

Paella

Spaanse rijstschotel

Bereidingstijd: 35 minuten
Bijzondere materialen: braadpan, gietijzeren pan of wok

Raadpleeg uw merkartikelenlijst van ALBA en/of uw dieetadvies.

1 ui
1 teentje knoflook
1/2 aubergine
2 tomaten
3 eetlepels olie
200 g visfilets; gebruik bij voorkeur meerdere vissoorten zoals kabeljauw, poon, schelvis, schol en wijting
1/2 eetlepel paprikapoeder
1 draadje saffraan
1/2 theelepel gedroogde tijm
150 g rijst
4 dl visbouillon
1 theelepel zout
1/2 theelepel zwarte peper
6 grote gare ongepelde garnalen
100 g gare mosselen in hun schelp

Pel en snipper de ui en de knoflook.
Maak de aubergine schoon en snijd deze in stukjes.
Ontvel de tomaten en snijd deze in vieren.
Verhit de olie en fruit de aubergine, knoflook, tomaat, en ui hierin ongeveer 5 minuten.
Snijd de visfilets in stukjes en voeg ze aan het uienmengsel toe.
Voeg het paprikapoeder, de saffraan, de tijm en de rijst toe en fruit alles nog ongeveer 5 minuten.
Voeg de visbouillon, het zout en de zwarte peper aan het vismengsel toe en breng dit al roerende aan de kook.
Kook de paella zachtjes ongeveer 25 minuten.
Leg de ongepelde garnalen en mosselen in hun schelp op de paella.

DIEETAANPASSING

- **Vis-, schaal- en schelpdierenvrij**
  Bereid paella met kip in plaats van met vis, garnalen en mosselen.

VARIATIES

- Gebruik peterselie en marjolein in plaats van saffraan en tijm.
- Gebruik 250 g gare doperwtjes in plaats van tomaten.
- Voeg 250 g inktvis uit blik toe aan de paella.
- Voeg 8 olijven toe aan de paella.

Paella met kip
Gebruik kip in plaats van vis, garnalen en mosselen.

Pilav

Bereidingstijd: 40 minuten

Raadpleeg uw merkartikelenlijst van ALBA en/of uw dieetadvies.

200 g kipfilet
1 ui
5 eetlepels rozijnen
30 g margarine
1/4 theelepel gemberpoeder
200 g rijst
4 dl bouillon
50 g geroosterde cashewnoten
peper, zout

Snijd de kipfilet in dunne reepjes.
Pel en snipper de ui.
Was de rozijnen.
Smelt de margarine, laat deze bruin worden, bak hierin de kip ongeveer 10 minuten en neem deze eruit.
Voeg de ui en het gemberpoeder toe aan de margarine en fruit het mengsel ongeveer 5 minuten.
Voeg de rijst toe en meng alles door elkaar.
Voeg de bouillon toe en kook de rijst met de kruiden ongeveer 25 minuten.
Voeg de laatste 5 minuten de kip en rozijnen toe.
Giet de rijst af.
Voeg de cashewnoten en peper en zout naar smaak en dieet toe aan de pilav.

DIEETAANPASSING

- **Additievenvrij**
  Gebruik ongezwavelde rozijnen.
- **Notenvrij**
  Voeg geen cashewnoten toe.

VARIATIES

- Voeg 1 teentje gepeld en gesnipperd knoflook samen met de ui toe.
- Gebruik gare vis in plaats van kipfilet zoals garnalen, mosselen, tonijn en zalm, bak deze niet en volg verder bovenstaand recept.

SERVEERSUGGESTIE

- Geef er een salade bij zoals bietensalade, witlofsla of wortelsalade.

Pizza

Bereidingstijd: 25 minuten
Rijstijd: 1 uur
Baktijd: 20 minuten
Bijzondere materialen: 2 vlaaivormen met een doorsnede van 20 cm, oven

Raadpleeg uw merkartikelenlijst van ALBA en/of uw dieetadvies.

Bodem
18 g verse gist of 1 eetlepel gistkorrels
2 dl lauw water
300 g bloem
2 theelepels zout
2 eetlepels olie

Meng de gist aan met 3 eetlepels van het lauwe water.
Verwerk gistkorrels volgens de gebruiksaanwijzing op de verpakking.
Meng de gezeefde bloem met het zout en maak een kuiltje in het midden.
Schenk de aangemengde gistoplossing in het kuiltje, roer de bloem er beetje bij beetje door en voeg de rest van het lauwe water beetje bij beetje toe.
Kneed het geheel ongeveer 10 minuten tot een soepel deeg.
Laat het deeg, met een vochtige doek toegedekt op een warme, tochtvrije plaats, ongeveer 1 uur rijzen.
Kneed het deeg opnieuw.
Rol het deeg uit, bekleed hiermee de ingevette vlaaivormen en druk het deeg plat tot aan de rand van de vorm. Zet de randen van het deeg tegen de vlaaivorm.
Bestrijk het deeg met de olie en leg er een vulling (zie hiernaast) op.
Bak de pizza's ongeveer 25 minuten in een voorverwarmde oven, gasstand 5/220°C.

DIEETAANPASSING

• **Glutenvrij**

Gebruik 150 g boekweitemeel en 150 g rijstemeel of 300 g glutenvrije bloem in plaats van bloem of raadpleeg de vervangingslijst.

Vulling

Pizza di broccoli
Maak 100 g broccoli schoon, verdeel deze in roosjes en kook ze ongeveer 5 minuten in 1 dl kokend water met ½ theelepel zout. Maak 50 g champignons, 50 g rode paprika en 50 g prei schoon en snijd alles in stukjes. Meng 200 g kwark met 2 gekookte eieren, 200 g in stukjes gesneden kaas, 100 g in reepjes gesneden ham en 75 g in reepjes gesneden salami. Voeg de groenten met 1 theelepel zout hieraan toe en leg dit mengsel op de pizzabodem.
Garneer de pizza met 1 eetlepel gedroogd basilicum, 1 eetlepel gedroogde oregano, ½ theelepel peper, 1 theelepel gedroogde peterselie en besprenkel de pizza met 1 eetlepel olie.

Pizza alla casalinga
Maak 1 groene, 1 rode en 1 gele paprika schoon en snijd deze in reepjes. Beleg de pizzabodem met de paprika, 6 gare artisjokbodems en 15 ontpitte olijven. Bestrooi de vulling met 40 g geraspte kaas en besprenkel de pizza met 1 eetlepel olie.

Pizza met mosselen
Beleg de pizzabodem met 300 g gekookte mosselen, 3 schoongemaakte en in plakjes gesneden tomaten, 50 g in reepjes gesneden rauwe ham, 150 g schoongemaakte en in plakjes gesneden champignons en 6 in plakjes gesneden gevulde olijven.
Bestrooi de vulling met 4 eetlepels geraspte kaas en 1 eetlepel Italiaanse kruiden en besprenkel alles met 1 eetlepel olie.

Pizza alla napoletana
Beleg de pizzabodem met 400 g schoongemaakte en in plakjes gesneden tomaten. Leg hierop 200 g in plakjes gesneden Mozzarella, garneer het geheel met 10 ansjovisfilets, bestrooi de pizza met 1 eetlepel gedroogde oregano en besprenkel de vulling met 1 eetlepel olie.

Pizza met groenten en tahoe of vis
Smelt 25 g margarine, laat deze bruin worden en smoor hierin ongeveer 5 minuten schoongemaakte en in stukjes gesneden groenten zoals 75 g broccoli, 50 g champignons, 75 g koolraap en 50 g maïs. Voeg 150 g gemarineerde blokjes tahoe, tonijn of zalm toe en 1 eetlepel basilicum, 1 eetlepel gedroogde oregano, 1 theelepel tijm en peper en zout naar smaak en dieet. Vul de pizzabodem met het mengsel. Bestrijk de pizzabodem eventueel eerst met 2 dl wortelsaus.

Quiches

hartige taartjes, 4 stuks

Bereidingstijd: 30 minuten
Baktijd: 30 minuten
Bijzondere materialen: 4 caisses, oven

Raadpleeg uw merkartikelenlijst van ALBA en/of uw dieetadvies.

50 g bloem
1/2 theelepel zout
25 g koude margarine
1/2 eetlepel koud water
1/2 eetlepel bloem
1/2 sjalotje
1/2 eetlepel vers bieslook
1/2 eetlepel verse bladselderij
1/2 eetlepel verse kervel
1/2 eetlepel verse peterselie
1/8 venkelknol
15 g margarine
250 g gehakt
peper, zout

Meng de gezeefde bloem met het zout, voeg de koude margarine en het koude water toe en kneed alles.
Bestuif het werkblad met de bloem en rol het deeg hierop uit tot 1/2 cm dikte.
Bekleed de ingevette caisses met het deeg.
Pel en snipper het sjalotje.
Was en hak de bieslook, bladselderij, kervel, peterselie en venkelknol.
Smelt de margarine, laat deze bruin worden en fruit hierin het sjalotje en de venkelknol ongeveer 5 minuten.
Voeg het gehakt toe en bak dit rul en voeg de bieslook, bladselderij, kervel en peterselie toe.
Voeg peper en zout toe naar smaak en dieet.
Verdeel de massa over het deeg en bak de taartjes ongeveer 30 minuten in een voorverwarmde oven, gasstand 3/180°C.

DIEETAANPASSING

- **Additievenvrij**
  Gebruik in stukjes gesneden kipfilet in plaats van gehakt.
- **Glutenvrij**
  Gebruik 25 g boekweitemeel en 25 g rijstemeel of 50 g glutenvrije bloem in plaats van bloem of raadpleeg de vervangingslijst. Gebruik in stukjes gesneden kipfilet in plaats van gehakt.
- **Kippeëivrij**
  Gebruik in stukjes gesneden kipfilet in plaats van gehakt.
- **Koemelkvrij/lactosevrij**
  Gebruik in stukjes gesneden kipfilet in plaats van gehakt.

VARIATIES

- Gebruik in blokjes gesneden gekookte ham of kip in plaats van gehakt.
- Fruit 1/4 schoongemaakte en in reepjes gesneden rode paprika mee en 1 theelepel paprikapoeder.

NAGERECHTEN

Nagerechten of toetjes brengen afwisseling, verhogen de voedingswaarde van de warme maaltijd en zijn bovendien gezellig. Deze gerechten kunnen gegeven worden bij het ontbijt, bij de lunch, als nagerecht of als tussendoortje.
Houd er rekening mee dat kant-en-klaar produkten zoals vla, pudding, pappen, muesli en dergelijke, ingrediënten kunnen bevatten die in het dieet niet zijn toegestaan.
Raadpleeg hiervoor uw dieetadvies en/of ALBA-lijst.

De nagerechten zijn in dit kookboek in de volgende categorieën onderverdeeld:
Nagerechten zonder melk
Nagerechten met melk
  Vla
  Pudding
  Pap
Zoete ovenschotels
Gebakken nagerechten
IJs
Vruchtengerechten

NAGERECHTEN ZONDER MELK

Deze nagerechten kunnen als basis hebben

- Beschuiten (ananasbeschuiten)
- Chocolade (chocoladefondue, chocolademousse)
- Gort/griesmeel/macaroni/rijst (vruchtengruwel, rijst met rabarber)
- Vruchtesap/vruchtenmoes met bindmiddel (rödgröd, vruchtengeleipudding)

Hoeveelheid per persoon
Dit varieert van $1\frac{1}{2}$-$2\frac{1}{2}$ dl per persoon.

Aardbeienvla

Bereidingstijd: 15 minuten
Koeltijd: 30 minuten

Raadpleeg uw merkartikelenlijst van ALBA en/of uw dieetadvies.

250 g aardbeien
3 eetlepels water
$2\frac{1}{2}$ eetlepel honing
2 eetlepels maïzena
2 eetlepels koud water

Maak de aardbeien schoon, breng ze met het water aan de kook en kook ze ongeveer 5 minuten.
Pureer de aardbeien, voeg de honing toe en vul de aardbeienpuree eventueel aan met vruchtesap of water tot 3 dl.
Breng de massa aan de kook.
Meng de maïzena aan met het koude water, voeg dit al roerende toe en breng de massa opnieuw aan de kook.
Laat de aardbeienvla onder af en toe roeren koud worden.

DIEETAANPASSING

- **Maïsvrij**
  Gebruik arrowroot of 3 eetlepels rijstemeel in plaats van maïzena of raadpleeg de vervangingslijst.
- **Saccharosevrij**
  Gebruik eventueel diksap in plaats van honing of raadpleeg de vervangingslijst.

VARIATIES

- Gebruik custard in plaats van maïzena.
- Voeg 1 zakje vanillesuiker toe.

Ananasvla
Gebruik 3 dl ananassap in plaats van 250 g aardbeien en 3 eetlepels water.

Carobevla
Gebruik 3 dl peresap in plaats van 250 g aardbeien en 3 eetlepels water.
Voeg 2 eetlepels carobepoeder toe aan de

maïzena en 3 eetlepels honing in plaats van 2½ eetlepel.

Chocoladevla
Gebruik 3 dl peresap in plaats van 250 g aardbeien en 3 eetlepels water.
Voeg 2 eetlepels cacao toe aan de maïzena en 3 eetlepels honing in plaats van 2½ eetlepel.

Citroenvla
Gebruik het sap van 2 citroenen en 2 dl water in plaats van 250 g aardbeien en 3 eetlepels water. Gebruik 4 eetlepels honing in plaats van 2½ eetlepel.

Kersenvla
Gebruik 3 dl kersesap in plaats van 250 g aardbeien en 3 eetlepels water.

Perenvla
Gebruik 3 peren in plaats van 250 g aardbeien.

Perzikvla
Gebruik 4 perziken in plaats van 250 g aardbeien.

Ananasbeschuiten

Bereidingstijd: 20 minuten

Raadpleeg uw merkartikelenlijst van ALBA en/of uw dieetadvies.

2 beschuiten
30 g margarine
2 schijven ananas
1 eetlepel aardbeienjam
2 dl ananassap
1 eetlepel suiker
1 eetlepel aardappelmeel
1 eetlepel koud water

Besmeer de beschuiten aan beide kanten met margarine.
Smelt de rest van de margarine, laat deze bruin worden en bak hierin de beschuiten aan beide kanten ongeveer 5 minuten.
Leg op iedere beschuit een schijf ananas en vul de holte in de ananas met de aardbeienjam.
Breng het ananassap aan de kook en voeg de suiker toe.
Meng het aardappelmeel aan met het koude water en voeg dit al roerende toe aan het kokende ananassap. Breng de saus opnieuw aan de kook. Serveer de ananassaus apart bij de ananasbeschuiten.

DIEETAANPASSING

- **Aardappelvrij**
  Gebruik arrowroot of gebruik ½ blaadje gelatine in plaats van aardappelmeel. Week de gelatine ongeveer 10 minuten in ruim koud water en knijp deze goed uit. Los de gelatine al roerende op in het iets afgekoelde ananassap en laat dit onder af en toe roeren geleiachtig worden.
  Kook de saus niet meer.
- **Additievenvrij**
  Gebruik aardbeienjam en beschuiten zonder toevoegingen.
  Gebruik verse ananas.
- **Glutenvrij**
  Gebruik glutenvrije toost of crackers in plaats van beschuiten.
- **Kippeëivrij**
  Gebruik kippeëivrije beschuiten.
- **Saccharosevrij**
  Gebruik beschuiten zonder toegevoegde suiker. Gebruik diksap of honing in plaats van suiker of raadpleeg de vervangingslijst. Gebruik aardbeienvruchtenbeleg (zie blz. **363**) in plaats van aardbeienjam en gebruik verse ananas of ananas uit blik zonder toegevoegde suiker. Gebruik ongezoet ananassap.

VARIATIES

- Gebruik appel- of peresap in plaats van ananassap.
- Gebruik een andere jam zoals abrikozenjam, bosbessenjam of kersenjam.

Beschuiten met appelmoes of rabarbermoes
Verwarm 250 g appel- of rabarbermoes en voeg hieraan 1/2 theelepel kaneel toe, bedek er de beschuiten mee.

Beschuiten met bosbessensaus
Verwarm 1 dl bosvruchtensaus en schenk deze over de beschuiten.

Perzikbeschuiten
Gebruik een gehalveerde en ontpitte perzik in plaats van ananas. Snijd van de bolle kant van de perzik een schijfje zodat deze blijft staan op de beschuit en vul de holte in de perzik met aardbeienjam. Gebruik perziksap in plaats van ananassap.

Chocoladefondue

Bereidingstijd: 20 minuten
Bijzonder materiaal: réchaud

Raadpleeg uw merkartikelenlijst van ALBA en/of uw dieetadvies.

2 schijven ananas
2 plakken cake
1 peer
4 eetlepels gemalen kokos
150 g pure chocolade
3 eetlepels slagroom
1 eetlepel sterke koffie

Snijd de ananas in stukjes en de cake in blokjes.
Maak de peer schoon en snijd deze in stukjes.
Doop de vruchten in de gemalen kokos.
Hak de chocolade.
Verwarm de slagroom langzaam en voeg de stukjes chocolade en de sterke koffie toe en laat de chocolade ongeveer 5 minuten zachtjes smelten.
Houd de chocoladefondue op een réchaud warm en doop de vruchten en de cake erin.

DIEETAANPASSING

- **Additievenvrij**
  Bereid cake zonder toevoegingen (zie blz. **278**) en gebruik chocolade zonder toevoegingen. Gebruik verse ananas.
- **Cacaovrij**
  Gebruik carobe in plaats van chocolade.
- **Glutenvrij**
  Bereid glutenvrije cake (zie blz. **278**).
- **Kippeëivrij**
  Bereid kippeëivrije cake (zie blz. **282**).
- **Koemelkvrij**
  Bereid koemelkvrije cake (zie blz. **278**) en gebruik pure chocolade zonder melk. Gebruik sojamelk of water in plaats van slagroom.
- **Lactosevrij**
  Gebruik koemelkvrije cake (zie blz. **278**) en pure chocolade zonder melk. Gebruik lactosevrije melk of water in plaats van slagroom.
- **Notenvrij**
  Voeg geen kokos toe.
- **Saccharosevrij**
  Bereid saccharosevrije cake (zie blz. **278**) en chocolade zonder toegevoegde suiker. Gebruik verse ananas of ananas uit blik zonder toegevoegde suiker.

VARIATIES

- Gebruik andere soorten fruit zoals appel, banaan, kersen en kiwi.
- Gebruik lange vingers in plaats van cake.
- Voeg 1 eetlepel cognac of rum toe aan de chocoladefondue.
- Voeg 1/2 eetlepel fijngehakte noten toe aan de chocoladefondue.

Chocolademousse

Dit gerecht is niet geschikt voor het kippeëivrije dieet.

Bereidingstijd: 20 minuten
Koeltijd: 30 minuten

Raadpleeg uw merkartikelenlijst van ALBA en/of uw dieetadvies.

75 g pure chocolade
2 eieren
2 eetlepels suiker

Hak de chocolade.
Splits de eieren en meng de eierdooiers met 1 eetlepel suiker.
Smelt de chocolade au bain-marie.
Meng de dooiers met iets hete chocolade en voeg daarna het eimengsel toe aan de chocolade, laat de chocolade 15 minuten afkoelen.
Klop de eiwitten met de rest van de suiker stijf en schep ze door de chocolade.
Verdeel de chocolademousse over 2 coupes en serveer deze koud.

DIEETAANPASSING
- **Additievenvrij**
  Gebruik chocolade zonder toevoegingen.
- **Cacaovrij**
  Gebruik carobe in plaats van chocolade.
- **Koemelkvrij/lactosevrij**
  Gebruik koemelkvrije chocolade.
- **Saccharosevrij**
  Gebruik honing of maïsmoutstroop in plaats van suiker of raadpleeg de vervangingslijst.
  Gebruik chocolade zonder toegevoegde suiker.

VARIATIES
- Voeg 1 eetlepel mint- of vruchtenlikeur toe aan de gesmolten chocolade.
- Voeg 1 eetlepel sterke koffie toe aan de gesmolten chocolade.
- Voeg ½ theelepel kaneel toe aan de gesmolten chocolade.

GARNEERSUGGESTIE
- Garneer de chocolademousse met 1 eetlepel geroosterde amandelsnippers.

Gekarameliseerde appels

Dit gerecht is niet geschikt voor het saccharosevrije dieet.

Bereidingstijd: 30 minuten
Baktijd: 15 minuten
Bijzondere materialen: appelboor, ovenschotel en oven

Raadpleeg uw merkartikelenlijst van ALBA en/of uw dieetadvies.

2 appels
30 g margarine
2 eetlepels suiker
100 g suiker
1½ eetlepel geschaafde amandelen

Schil de appels en boor het klokhuis eruit met behulp van een appelboor, zodat de appel heel blijft.
Smelt de margarine en schenk de helft hiervan over de appels.
Rol de appels door de suiker en zet ze in een ingevette ovenschotel.
Bak de appels ongeveer 15 minuten in een voorverwarmde oven, gasstand 6/240°C.
Smelt de suiker zonder te roeren, laat het mengsel iets afkoelen en roer de rest van de margarine erdoor, zodat karamel ontstaat.
Vul de appels met de amandelen en schenk de karamel erover.

DIEETAANPASSING
- **Notenvrij**
  Gebruik 2 eetlepels gewelde rozijnen of krenten in plaats van geschaafde amandelen.

VARIATIES

Appels met bitterkoekjesvulling

Vul de appels met verkruimelde bitterkoekjes in plaats van amandelen.
Schenk geen karamel over de appels.

Appels met jam

Vul de appels met 4 eetlepels jam van bijvoorbeeld aardbeien, abrikozen, bosbessen, bramen en kersen in plaats van amandelen.
Schenk geen karamel over de appels.

Appels met kaneelvulling

Vul de appels met 1 eetlepel zachte margarine, gemengd met 1 eetlepel suiker en 2 theelepels kaneel in plaats van amandelen.
Bestrooi de appels met een mengsel van 1 eetlepel suiker en 1 theelepel kaneel.

Heldere vruchtengeleipudding

Bereidingstijd: 40 minuten
Koeltijd: 3 uur
Bijzonder materiaal: puddingvorm met een inhoud van ½ l

Raadpleeg uw merkartikelenlijst van ALBA en/of uw dieetadvies.

- 2 schijven ananas
- 2 perziken
- 4 blaadjes witte gelatine
- 4 dl ongezoet appelsap
- ½ dl kersenlikeur
- 2 eetlepels suiker
- 50 g kersen zonder pit
- ½ perzik
- 1 schijf ananas
- 4 kersen zonder pit

Maak de ananas en de perziken schoon en snijd ze in stukjes.
Week de gelatine ongeveer 10 minuten in ruim koud water en knijp deze uit.
Breng het appelsap met de kersenlikeur en de suiker aan de kook, laat dit iets afkoelen en los al roerende de gelatine hierin op.
Laat een laagje vruchtengelei stijf worden in een met koud water omgespoelde puddingvorm.
Leg hierop een deel van de ananas, perzik en kersen in een mooi mozaïek en zorg dat de vruchten de rand van de puddingvorm niet raken.
Giet een tweede laagje vruchtengelei op de vruchten zodra deze goed zijn vastgehecht en laat dit weer stijf worden.
Ga hiermee door tot de vruchten en de vruchtengelei opgebruikt zijn. Zorg dat de vruchten niet boven de gelei uitsteken.
Laat de pudding ongeveer 3 uur opstijven.
Houd de puddingvorm om te storten even in warm water, de randen laten dan gemakkelijk los.
Plaats een omgekeerd bord midden op de puddingvorm en keer ze samen om.
Maak ½ perzik schoon en snijd deze in stukjes.
Neem de puddingvorm weg en garneer de vruchtengeleipudding met de ananas, de kersen en de perzik.

DIEETAANPASSING

- **Additievenvrij**
  Gebruik verse ananas, perziken en kersen. Voeg geen kersenlikeur toe.
- **Saccharosevrij**
  Gebruik honing of diksap in plaats van suiker of raadpleeg de vervangingslijst. Voeg geen kersenlikeur toe.
  Gebruik vers fruit of blikfruit zonder toegevoegde suiker.

VARIATIES

- Gebruik andere vruchten zoals aardbeien, ontpitte abrikozen, appels, druiven, frambozen, litchi's, meloen, papaja, peer, ontpitte pruim in plaats van ananas, kersen of perziken.
- Gebruik bij blikfruit of fruit uit pot in plaats van appelsap, het fruitsap (gebruik

geen kersesap, de pudding wordt dan niet helder).
- Gebruik 2 kleine vormpjes met een inhoud van $2^1/_2$ dl in plaats van 1 grote puddingvorm.
- Voeg $^1/_2$ eetlepel citroensap toe aan het appelsap.
- Gebruik agar-agarvlokken in plaats van gelatine.
  Breng het appelsap met de kersenlikeur en de suiker aan de kook, los al roerende 2 eetlepels agar-agarvlokken hierin op.

Appelgeleipudding
Gebruik 350 g appels in plaats van bovengenoemde vruchten, maak ze schoon en snijd ze in blokjes. Kook de appelstukjes in het appelsap en de suiker tot ze glazig zijn. Voeg geen kersenlikeur toe. Houd enkele mooie stukjes achter voor de garnering.
Gebruik 2 rode en 2 witte blaadjes gelatine.

Bordure Richelieu
ananas in wijngelei (6 personen)
Gebruik 6 in stukjes gesneden schijven ananas of een blikje van 5 dl in plaats van bovengenoemde vruchten. Gebruik ananassap in plaats van appelsap en voeg hieraan 3 dl rijnwijn toe.
Voeg geen kersenlikeur toe.
Gebruik 12 blaadjes gelatine in plaats van 4 en neem een puddingrand met een inhoud van $1^1/_2$ l.
Vul de holte van de pudding na het storten met 200 g schoongemaakte verse vruchten.

Druiven in wijngelei
Gebruik 350 g druiven in plaats van bovengenoemde vruchten en gebruik 6 blaadjes gelatine in plaats van 4 blaadjes.
Breng $1^3/_4$ dl water, $2^1/_4$ dl zoete witte wijn met de suiker aan de kook. Voeg geen kersenlikeur toe.
Gebruik voor de garnering 50 g druiven.

Meloengeleipudding
Gebruik 1 kleine meloen van ongeveer 500 g in plaats van de vruchten. Maak de meloen schoon en schep er bolletjes uit, eventueel met behulp van een Parijs-aardappelmesje. Houd enkele mooie exemplaren achter voor de garnering.
Gebruik 6 blaadjes witte gelatine in plaats van 4 blaadjes.

Rode rabarbergeleipudding
Gebruik 400 g gekookte rabarber in plaats van fruit en gebruik eventueel frambozesap in plaats van appelsap.
Gebruik 90 g suiker in plaats van 2 eetlepels en voeg geen kersenlikeur toe.

GARNEERSUGGESTIE
- Garneer de vruchtengeleipudding met 3 eetlepels slagroom, die is stijf geklopt met $^1/_2$ eetlepel suiker, honing of maïsmoutstroop of garneer met imitatieslagroom.

Muesli

Bereidingstijd: 15 minuten

Raadpleeg uw merkartikelenlijst van ALBA en/of uw dieetadvies.

$^1/_2$ citroen
2 dl koude vruchtenthee zoals
aardbeienthee,
bosvruchtenthee, citroenthee,
kaneelthee, kersenthee,
mandarijnenthee,
passievruchtenthee
4 eetlepels havermout
2 eetlepels honing
4 abrikozen
100 g druiven
2 eetlepels gepelde hazelnoten

Pers $^1/_2$ citroen uit.
Meng het citroensap met de vruchtenthee, de havermout en de honing.

Maak de abrikozen schoon, ontpit ze en snijd ze in schijfjes.
Was de druiven.
Hak de hazelnoten in stukjes.
Voeg de hazelnoten en de vruchten toe aan het mengsel en roer alles goed door elkaar.

DIEETAANPASSING
- **Additievenvrij**
  Gebruik vruchtenthee zonder toevoegingen.
- **Citrusvrij**
  Voeg geen citroensap toe.
- **Glutenvrij**
  Gebruik boekweitvlokken of maïsvlokken in plaats van havermoutvlokken.
- **Notenvrij**
  Gebruik gewelde rozijnen in plaats van fijngehakte hazelnoten.
- **Saccharosevrij**
  Gebruik eventueel diksap in plaats van honing of raadpleeg de vervangingslijst.

INDIEN TOEGESTAAN
- Gebruik karnemelk, kwark, melk, sojamelk of yoghurt in plaats van vruchtenthee.

VARIATIES
- Gebruik ander fruit zoals 1 schoongemaakte en in stukjes gesneden appel, 1 geschilde en in partjes verdeelde sinaasappel en ½ geschilde en in plakjes gesneden banaan.
- Gebruik andere noten zoals walnoten, cashewnoten, amandelen.
- Voeg 1 eetlepel zaden toe zoals lijnzaad, sesamzaad of zonnebloempitten.

Plumpudding

Engelse kerstpudding, liefst enige weken vóór gebruik maken en koel bewaren.

Bereidingstijd: 1½ uur
Bijzondere materialen:
2 puddingvormpjes met een inhoud van 2 dl, aluminiumfolie, draadje

Raadpleeg uw merkartikelenlijst van ALBA en/of uw dieetadvies.

30 g kalfsniervet
5 eetlepels bloem
1 sneetje oud brood
1 zure appel
4 eetlepels rozijnen
2 eetlepels gepelde amandelen
¼ theelepel nootmuskaat
1 eetlepel oranjesnippers
2 eetlepels gesnipperde sukade
¼ theelepel zout
1 ei
2½ eetlepel suiker
3 eetlepels rum

Snijd het kalfsniervet in stukjes en meng het met de bloem.
Snijd de korsten van het brood en verkruimel het.
Maak de appel schoon en rasp deze.
Was de rozijnen.
Hak de amandelen.
Meng alle ingrediënten tot en met het zout door elkaar tot een samenhangende massa is verkregen.
Klop het ei los met de suiker en 1 eetlepel rum en roer dit door het deeg.
Vul de ingevette puddingvormpjes met het deeg en dek ze af met aluminiumfolie. Vouw hierin een plooi zodat het deeg kan rijzen en bind het aluminiumfolie vast met een draadje rond de puddingvorm.
Verwarm de pudding ongeveer 1½ uur au bain-marie.
Warm de plumpudding vlak voor het gebruik au bain-marie op, plaats een omge-

keerd bord midden op het puddingvormpje, keer ze samen om en laat de pudding ongeveer 5 minuten staan.
Verwarm 2 eetlepels rum maar kook deze niet en schenk de rum op en om de plumpudding en flambeer deze.

DIEETAANPASSING
- **Additievenvrij**
  Gebruik ongezwavelde rozijnen en gebruik brood zonder toevoegingen.
  Gebruik de geraspte schil van 1 gewassen, onbespoten citroen of sinaasappel in plaats van oranjesnippers. Voeg geen sukade toe.
  Garneer de plumpudding met een rode strik en hulst in plaats van flamberen met rum.
- **Citrusvrij**
  Voeg geen oranjesnippers en sukade toe.
- **Glutenvrij**
  Gebruik glutenvrije bloem of gebruik 2½ eetlepel boekweitemeel en 2½ eetlepel rijstemeel in plaats van bloem.
  Gebruik glutenvrij brood.
- **Kippeëivrij**
  Voeg 3 eetlepels water toe in plaats van 1 ei.
- **Koemelkvrij/lactosevrij**
  Gebruik koemelkvrij brood.
- **Notenvrij**
  Voeg geen amandelen toe.
- **Saccharosevrij**
  Gebruik honing of maïsmoutstroop in plaats van suiker of raadpleeg de vervangingslijst.
  Flambeer de pudding niet met rum.

VARIATIES
- Gebruik bruine basterdsuiker in plaats van suiker.
- Gebruik cognac in plaats van rum.
- Gebruik fijngehakte bigarreaux in plaats van amandelen.
- Gebruik de gewassen en fijngeraspte schil van 1 citroen of sinaasappel in plaats van oranjesnippers.
- Gebruik 1 theelepel gemberpoeder in plaats van nootmuskaat.
- Gebruik ½ geschrapte en geraspte wortel in plaats van appel.
- Voeg ½ theelepel koekkruiden toe aan het mengsel.
- Voeg ½ eetlepel stroop toe aan het mengsel.

SERVEERSUGGESTIE
- Serveer er 2 dl warme saus bij zoals chocoladesaus of vanillesaus.

Rijstrand met gedroogde pruimen

Voorbereidingstijd: 12 uur
Bereidingstijd: 40 minuten
Bijzonder materiaal: rijstrand met een inhoud van ½ l

Raadpleeg uw merkartikelenlijst van ALBA en/of uw dieetadvies.

100 g gedroogde pruimen
5 dl water
3 eetlepels suiker
1 eetlepel aardappelmeel
1 eetlepel koud water
60 g droogkokende rijst
½ theelepel zout

Was de gedroogde pruimen, week deze ongeveer 12 uur in het water en ontpit ze.
Voeg de suiker toe en kook de vruchten in het weekwater ongeveer 10 minuten.
Meng het aardappelmeel aan met 1 eetlepel koud water en voeg dit al roerende aan de kokende vloeistof toe.
Kook de droogkokende rijst in water met het zout volgens de gebruiksaanwijzing op de verpakking.
Spoel de rijstrand om met heet water, vul deze met rijst en druk deze stevig aan. Plaats een omgekeerd bord midden op de rijstrand en keer ze samen om.

Neem de rijstrand voorzichtig weg en vul de holte met de pruimen.

DIEETAANPASSING
- **Aardappelvrij**
  Gebruik arrowroot of maïzena in plaats van aardappelmeel of raadpleeg de vervangingslijst.
- **Additievenvrij**
  Gebruik ongezwavelde pruimen.
- **Saccharosevrij**
  Gebruik diksap of honing in plaats van suiker of raadpleeg de vervangingslijst.

VARIATIES
- Gebruik gedroogde abrikozen of tuttifrutti in plaats van pruimen.
- Gebruik 300 g compote van verse vruchten in plaats van pruimen.
- Gebruik 300 g vruchtenmoes zoals abrikozenmoes, perenmoes, rabarbermoes.
- Gebruik gort in plaats van rijst. Houd de bereidingstijd aan volgens de gebruiksaanwijzing op de verpakking.

Rödgröd

Bereidingstijd: 20 minuten
Koeltijd: 3 uur
Bijzonder materiaal:
2 puddingvormpjes met een inhoud van $1\frac{1}{2}$ dl

Raadpleeg uw merkartikelenlijst van ALBA en/of uw dieetadvies.

$1\frac{1}{2}$ dl ongezoet bessesap
$1\frac{1}{2}$ dl water
$4\frac{1}{2}$ eetlepel griesmeel
5 eetlepels suiker

Breng het bessesap met het water aan de kook.
Meng het griesmeel met de suiker, voeg dit al roerende toe aan de vloeistof en kook dit ongeveer 6 minuten.
Doe de massa in de met koud water omgespoelde puddingvormpjes en laat de pudding ongeveer 3 uur opstijven.
Houd de puddingvormpjes even in warm water, de randen laten dan gemakkelijk los.
Plaats een omgekeerd bord midden op de puddingvormpjes en keer ze samen om.
Neem de puddingvormpjes voorzichtig weg.

DIEETAANPASSING
- **Glutenvrij**
  Gebruik maïsgriesmeel in plaats van tarwegriesmeel.
- **Saccharosevrij**
  Gebruik diksap of honing in plaats van suiker of raadpleeg de vervangingslijst.

VARIATIES
- Gebruik bramesap in plaats van bessesap.
- Gebruik citroensap in plaats van bessesap. Voeg eventueel nog 2 eetlepels suiker extra toe.
- Gebruik kersesap in plaats van bessesap.

SERVEERSUGGESTIES
- Serveer de rödgröd met 2 dl vanillesaus.

- Leg op de pudding een gezichtje van fruit, bijvoorbeeld ogen van krentjes of rozijntjes, een neus van appel en een mond van kersen of perzikreepjes.
- Garneer de pudding voor Kerstmis met een rode strik en hulsttakjes, voor Pasen met pure paaseitjes of carobe-eitjes, of gebruik een niet-eetbare garnering zoals paddestoeltjes en kuikentjes.

Vruchtengruwel

Bereidingstijd: 40 minuten

Raadpleeg uw merkartikelenlijst van ALBA en/of uw dieetadvies.

50 g gedroogde vruchten zoals
abrikozen, appel, krenten,
pruimen of rozijnen
1 kaneelstokje
3 eetlepels parelgort
3 eetlepels suiker

Was de gedroogde vruchten en voeg deze samen met het kaneelstokje toe aan de parelgort.
Bereid de parelgort volgens de gebruiksaanwijzing op de verpakking.
Verwijder het kaneelstokje en voeg de suiker toe.
De vruchtengruwel kan warm of koud geserveerd worden.

DIEETAANPASSING
- **Additievenvrij**
  Gebruik ongezwavelde gedroogde vruchten.
- **Glutenvrij**
  Gebruik rijst in plaats van parelgort.
- **Saccharosevrij**
  Gebruik diksap of honing in plaats van suiker of raadpleeg de vervangingslijst.

VARIATIES
- Kook de gort in water met 1 dl ongezoet rode-bessesap.
- Gebruik vruchtesap zoals ananassap, appelsap en druivesap in plaats van water.
- Gebruik de schil van 1 citroen in plaats van een kaneelstokje.

SERVEERSUGGESTIE
- Serveer de vruchtengruwel met 2 eetlepels gehakte noten zoals amandelen, hazelnoten en walnoten.

Warme kersenpudding

Bereidingstijd: 20 minuten
Baktijd: 1 uur
Bijzondere materialen:
2 puddingvormpjes met een inhoud van $1^1/_4$ dl, aluminiumfolie, draadje

Raadpleeg uw merkartikelenlijst van ALBA en/of uw dieetadvies.

2 eetlepels schenkstroop
12 bigarreaux
4 eetlepels bloem
½ eetlepel bakpoeder
1 eetlepel witte basterdsuiker
4 eetlepels paneermeel
25 g gemalen rundvet
5 eetlepels water

Schenk in de 2 ingevette puddingvormpjes 2 eetlepels schenkstroop.
Halveer de bigarreaux en leg in ieder vormpje 6 halve bigarreaux met de snijkant naar boven.
Hak de rest van de bigarreaux grof.
Zeef de bloem, het bakpoeder en de basterdsuiker in een kom en voeg het paneermeel en het rundvet toe.
Voeg de helft van het water toe en roer de massa glad.
Voeg de gehakte bigarreaux met de rest van het water al roerende toe aan de massa en klop het deeg ongeveer 5 minuten.
Verdeel de massa over de puddingvormpjes en dek deze af met aluminiumfolie.
Vouw hierin een plooi zodat het deeg kan

rijzen en bind de aluminiumfolie met een draadje vast rondom de puddingvormpjes. Verwarm de kersenpudding ongeveer 1 uur au bain-marie.
Houd de puddingvormpjes om te storten even in warm water, de randen laten dan makkelijk los.
Plaats een omgekeerd bordje midden op het puddingvormpje en keer ze samen om. Neem de puddingvormpjes weg.

DIEETAANPASSING
- **Additievenvrij**
  Gebruik paneermeel en stroop zonder toevoegingen.
  Gebruik schoongemaakt en in stukjes gesneden fruit zoals ontpitte abrikozen, appel, druiven, kersen, meloenbolletjes en peer in plaats van bigarreaux.
- **Glutenvrij**
  Gebruik glutenvrije bloem of gebruik 2 eetlepels boekweitemeel en 2 eetlepels rijstemeel in plaats van bloem.
  Gebruik glutenvrij paneermeel eventueel gemaakt van glutenvrij brood.
- **Kippeëivrij**
  Gebruik kippeëivrij paneermeel.
- **Koemelkvrij/lactosevrij**
  Gebruik koemelkvrij paneermeel.
- **Saccharosevrij**
  Gebruik honing of diksap in plaats van witte basterdsuiker en gerstemout- of maïsmoutstroop in plaats van schenkstroop of raadpleeg de vervangingslijst.
  Gebruik schoongemaakt en in stukjes gesneden fruit zoals ontpitte abrikozen, appel, druiven, kersen, meloenbolletjes en peer in plaats van bigarreaux.

VARIATIES
- Gebruik honing in plaats van stroop.
- Gebruik 35 g schoongemaakte en in stukjes gesneden ontpitte abrikozen, appel, kersen, meloenbolletjes en vijgen in plaats van bigarreaux.
- Gebruik margarine in plaats van rundvet.
- Klop 1 ei door het beslag. Gebruik dan 3 eetlepels water minder.

SERVEERSUGGESTIE
- Serveer de warme kersenpudding met 2 dl warme vanillesaus.

Zoete droge rijst

Bereidingstijd: 30 minuten

Raadpleeg uw merkartikelenlijst van ALBA en/of uw dieetadvies.

75 g droogkokende rijst
$1/2$ theelepel zout
10 g margarine
2 eetlepels suiker

Kook de rijst in water met het zout volgens de gebruiksaanwijzing op de verpakking. Serveer de rijst met de margarine en suiker.

DIEETAANPASSING
- **Saccharosevrij**
  Gebruik 1 eetlepel appel-perenstroop zonder toegevoegde suiker of diksap in plaats van suiker of raadpleeg de vervangingslijst.

VARIATIES
- Gebruik bruine suiker of stroop in plaats van suiker.

Citroenrijst
Was 1 citroen en schil deze. Voeg de citroenschil toe aan het water en laat deze ongeveer 10 minuten meetrekken. Verwijder de citroenschil.

Deense rijstsoep
Breng 3 dl water met 30 g rijst, een gewassen stukje citroenschil, 30 g gewassen rozijnen, 30 g gewassen krenten en $1/2$ theelepel zout aan de kook en kook dit volgens de gebruiksaanwijzing op de verpakking. Voeg 40 g suiker en $1^1/2$ dl bessesap of ander

vruchtesap toe. Verwijder de citroenschil. Serveer het gerecht warm of koud.

Gort met rozijnen
Gebruik parelgort in plaats van rijst en voeg 4 eetlepels gewassen rozijnen toe aan de nog warme gort.

Macaroni met rozijnen
Gebruik gebroken macaroni in plaats van rijst en voeg 4 eetlepels gewassen rozijnen toe aan de nog warme macaroni.

Rijst met abrikozenmoes
Voeg 4 eetlepels abrikozenmoes toe aan de nog warme rijst.

Rijst met appelmoes
Voeg 4 eetlepels appelmoes toe aan de nog warme rijst.

Rijst met krenten of rozijnen
Voeg 4 eetlepels gewassen krenten of rozijnen toe aan de nog warme rijst.

Rijst met rabarbermoes
Voeg 4 eetlepels rabarbermoes toe aan de nog warme rijst.

NAGERECHTEN MET MELK

In plaats van koemelk kan ook sojamelk of lactosevrije melk worden gebruikt. De bereidingswijze is hetzelfde.
Nagerechten op basis van hypoallergene melkvervanger vergen een andere bereidingswijze, die steeds apart beschreven wordt.

VLA

Vla is een gebonden melkgerecht dat altijd koud gegeten wordt.
Vla kan gegeven worden als nagerecht of als tussendoortje.
Houd er rekening mee dat kant-en-klaar produkten ingrediënten kunnen bevatten die in het dieet niet zijn toegestaan.
Raadpleeg hiervoor uw dieetadvies en/of ALBA-lijst.

Hoeveelheid per persoon
Dit varieert van 1½-2½ dl vla per persoon.

Vla van koemelk of sojamelk
Gebruik voor 2½ dl vla:
10 g bindmiddel zoals custard of maïzena
2½ dl melk
eventueel smaakmaker zoals cacao, gember, koffie
18 g suiker of ander zoetmiddel zoals diksap of honing
(gebruik 30 g suiker bij sterk uitkomende smaakmakers zoals chocolade en koffie)

Meng het bindmiddel aan met een gelijke hoeveelheid van de koude melk. Voeg eventueel suiker en smaakmaker toe. Breng de resterende melk aan de kook. Voeg het aangemengde bindmiddel al roerende toe. Kook de vla nog enkele seconden door. Roer de vla snel koud. Voeg, indien geen suiker werd gebruikt, vlak voor het opdienen een ander zoetmiddel al roerende toe. De vla kan anders teruglopen.

Vla van hypoallergene melkvervanger
Gebruik voor 2½ dl vla:
10 g bindmiddel zoals custard of maïzena
2 dl water
eventueel smaakmaker zoals cacao, gember en koffie
18 g suiker of ander zoetmiddel zoals ahornsiroop en maïsmoutstroop
(gebruik 30 g suiker bij sterk uitkomende smaakmakers zoals chocolade en koffie)

hypoallergene melkpoeder
$^1/_2$ dl water

Meng het bindmiddel aan met een gelijke hoeveelheid van het koude water. Voeg eventueel suiker en smaakmaker toe.
Breng de rest van het water aan de kook. Meng de hypoallergene melkpoeder met de $^1/_2$ dl water aan tot een dik vloeibaar papje. Raadpleeg voor de juiste verhouding hypoallergene melkpoeder/water de gebruiksaanwijzing op de verpakking. Gebruik de hoeveelheid melkpoeder die nodig is om $2^1/_2$ dl hypoallergene melkvervanger te verkrijgen.
Voeg het aangemengd bindmiddel al roerende toe aan het kokende water en kook dit nog enkele seconden door.
Roer de massa snel koud tot ongeveer 70°C. Voeg nu pas de aangemengde hypoallergene melkpoeder al roerende toe. Voeg, indien geen suiker werd gebruikt, vlak voor het opdienen een ander zoetmiddel al roerende toe. Verwarm de vla hoogstens tot 70°C om smaakverandering te voorkomen.

Vla van agar-agar
Gebruik voor $2^1/_2$ dl vla:
$2^1/_2$ dl melk
18 g suiker of ander zoetmiddel zoals honing of gerstemoutstroop
(gebruik 30 g suiker bij sterke uitkomende smaakmakers zoals chocolade, koffie)
smaakmaker zoals cacao, gember, koffie en vruchten
$^1/_2$ eetlepel agar-agarvlokken

Maak de vla niet langer dan 3 uur van tevoren omdat agar-agar na enige tijd het vastgehouden vocht gedeeltelijk loslaat.
Breng de melk aan de kook. Voeg eventueel de suiker en de smaakmaker toe. Voeg de agar-agarvlokken al roerende bij de melk en kook deze nog 10 minuten. Roer de vla snel koud. Voeg, indien geen suiker werd gebruikt, vlak voor het opdienen een ander zoetmiddel al roerende toe.

Vla van bladgelatine
Gebruik voor $2^1/_2$ dl vla:
$2^1/_2$ g bladgelatine
$2^1/_2$ dl melk
18 g suiker of ander zoetmiddel zoals honing of gerstemoutstroop
(gebruik 30 g suiker bij sterke uitkomende smaakmakers zoals chocolade en koffie)
smaakmaker zoals cacao, gember, koffie en vanillestokje

Week de bladgelatine ongeveer 10 minuten in ruim koud water en knijp deze uit. Breng de melk aan de kook. Voeg eventueel de suiker en de smaakmaker toe. Laat de melk iets afkoelen en los al roerende de gelatine hierin op. Laat de vla onder af en toe roeren geleiachtig en koud worden. Voeg, indien geen suiker werd gebruikt, vlak voor het opdienen een ander zoetmiddel al roerende toe.

Vla van hypoallergene melkvervanger en agar-agar
Gebruik voor $2^1/_2$ dl vla:
2 dl water
eventueel smaakmaker zoals cacao, gember en koffie
18 g suiker of ander zoetmiddel zoals ahornsiroop en maïsmoutstroop
(gebruik 30 g suiker bij sterk uitkomende smaakmakers zoals chocolade en koffie)
$^1/_2$ eetlepel agar-agarvlokken
hypoallergene melkpoeder
$^1/_2$ dl water

Maak de vla niet langer dan 3 uur van tevoren omdat agar-agar na enige tijd het vastgehouden vocht gedeeltelijk loslaat.
Breng het water met eventueel de suiker en de smaakmaker aan de kook. Voeg de agar-agar toe en kook deze ongeveer 10 minuten.
Meng de hypoallergene melkpoeder met de $^1/_2$ dl water aan tot een dik vloeibaar papje. Raadpleeg voor de juiste verhouding hypo-

allergene melkpoeder/water de gebruiksaanwijzing op de verpakking. Gebruik de hoeveelheid melkpoeder die nodig is om 2½ dl hypoallergene melkvervanger te verkrijgen.
Roer het water snel koud tot ongeveer 70°C. Voeg nu pas de aangemengde hypoallergene melkpoeder al roerende toe.
Voeg, indien geen suiker werd gebruikt, vlak voor het opdienen een ander zoetmiddel al roerende toe.
Verwarm de vla hoogstens tot 70°C om smaakverandering te voorkomen.

Vla van hypoallergene melkvervanger en bladgelatine
Gebruik voor 2½ dl vla:
2½ g bladgelatine
2 dl water
eventueel smaakmaker zoals cacao, gember en koffie
18 g suiker of ander zoetmiddel zoals ahornsiroop en maïsmoutstroop
(gebruik 30 g suiker bij sterk uitkomende smaakmakers zoals chocolade en koffie)
hypoallergene melkpoeder
½ dl water

Week de bladgelatine ongeveer 10 minuten in ruim koud water en knijp deze uit. Breng het water met eventueel de suiker en de smaakmaker aan de kook en laat dit iets afkoelen.
Los al roerende de gelatine hierin op.
Meng de hypoallergene melkpoeder met de ½ dl water aan tot een dik vloeibaar papje. Raadpleeg voor de juiste verhouding hypoallergene melkpoeder/water de gebruiksaanwijzing op de verpakking.
Gebruik de hoeveelheid hypoallergene melkpoeder die nodig is om 2½ dl hypoallergene melkvervanger te verkrijgen.
Roer het water snel koud tot ongeveer 70°C.
Voeg al roerende de aangemengde hypoallergene melkpoeder toe en laat de vla onder af en toe roeren geleiachtig en koud worden. Voeg, indien geen suiker werd gebruikt, vlak voor het opdienen een ander zoetmiddel al roerende toe.
Verwarm de vla hoogstens tot 70°C om smaakverandering te voorkomen.

VARIATIES

Varieer door vulsel door de vla te mengen

- Verse en/of geconserveerde vruchten
  stukjes verse aardbeien, appel, bessesap, citroen, frambozen, gember, peren, rozijnen (Deense vla, frambozenvla, vla met verse vruchten)
- Zuivelprodukten
  eiwit, room, (chocolade-roomvla, schuimige vanillevla)
- Noten
  fijngehakte amandel, kokos, hazelnoten, walnoot (chocoladevla, koffievla)
- Koekjes
  biscuits, bitterkoekjes, lange vingers (koffievla)
- Carobe- of chocoladeprodukten
  hagelslag, vlokken
- Jam of vruchtenbeleg
- Dranken
  likeur (karamelvla)

Varieer door de vla te garneren met

- Sauzen
  bessensaus, karamelsaus, carobe- of chocoladesaus, kersensaus, vanillesaus, vruchtensaus
- (Imitatie)slagroom
- Carobe- of chocoladevlokken, -hagel
- Jam of vruchtenbeleg

Aardbeienvla

Bereidingstijd: 25 minuten
Koeltijd: 20 minuten

Raadpleeg uw merkartikelenlijst van ALBA en/of uw dieetadvies.

- 250 g aardbeien
- 2½ blaadje witte gelatine
- 2 dl melk
- 4 eetlepels suiker

Maak de aardbeien schoon, houd enkele mooie achter voor de garnering en pureer ze.
Week de gelatine ongeveer 10 minuten in ruim koud water en knijp deze uit.
Breng de melk met de suiker aan de kook.
Voeg de aardbeienpuree al roerende toe en laat deze iets afkoelen. Los al roerende de gelatine hierin op.
Roer de aardbeienvla koud.
Garneer de aardbeienvla met de achtergehouden aardbeien.

DIEETAANPASSING

- **Additievenvrij**
  Gebruik verse aardbeien.
- **Koemelkvrij**
  Gebruik sojamelk in plaats van koemelk of bereid aardbeienvla van hypoallergene melkvervanger (zie blz. **168**).
- **Lactosevrij**
  Gebruik lactosevrije melk in plaats van koemelk.
- **Saccharosevrij**
  Voeg geen suiker toe. Roer vlak voor het opdienen honing of diksap door de aardbeienvla of raadpleeg de vervangingslijst.

VARIATIES

Aardbeien-roomvla
Gebruik 1 dl melk en volg verder bovenstaand recept.
Voeg 1 dl ongeklopte room toe aan de iets afgekoelde aardbeienpuree.

Ananasvla
Gebruik 2½ dl ananassap in plaats van gepureerde aardbeien.

Citroenvla
Gebruik het sap van 2 citroenen in plaats van aardbeien en gebruik 2½ dl melk in plaats van 2 dl melk.
Voeg eventueel nog 2 eetlepels suiker toe.

Frambozenvla
Gebruik frambozen in plaats van aardbeien.

Perenvla
Gebruik 3 peren in plaats van 250 g aardbeien.

Perzikvla
Gebruik 4 ontpitte perziken in plaats van aardbeien.

GARNEERSUGGESTIE

- Garneer de aardbeienvla met 3 eetlepels slagroom, die is stijf geklopt met ½ eetlepel suiker, honing of maïsmoutstroop of garneer met imitatieslagroom.

SERVEERSUGGESTIE

- Serveer bij de aardbeienvla 2 dl warme vanillesaus.

Aardbeienvla van hypoallergene melkvervanger

Bereidingstijd: 25 minuten
Koeltijd: 30 minuten

Raadpleeg uw merkartikelenlijst van ALBA en/of uw dieetadvies.

250 g aardbeien
1 dl water
4 eetlepels suiker
$2^1/_2$ blaadje witte gelatine
hypoallergene melkpoeder
1 dl water

Maak de aardbeien schoon, houd enkele mooie achter voor de garnering en pureer ze.
Breng het water met de suiker aan de kook.
Week de gelatine ongeveer 10 minuten in ruim koud water en knijp deze uit.
Meng de hypoallergene melkpoeder aan met het water.
Raadpleeg voor de juiste verhouding hypoallergene melkpoeder/water de gebruiksaanwijzing op de verpakking.
Gebruik de hoeveelheid poeder die nodig is om 2 dl hypoallergene melk te verkrijgen.
Roer het water koud tot 70°C en voeg al roerende de aangelengde hypoallergene melkpoeder en de aardbeienpuree toe.
Los hierin de gelatine op.
Laat de aardbeienvla onder af en toe roeren geleiachtig en koud worden. Garneer de aardbeienvla met de achtergehouden aardbeien.

DIEETAANPASSING

- **Saccharosevrij**
  Voeg geen suiker toe. Roer vlak voor het opdienen honing of diksap door de aardbeienvla of raadpleeg de vervangingslijst.

VARIATIES

Ananasvla
Gebruik $2^1/_2$ dl ananassap in plaats van gepureerde aardbeien.

Citroenvla
Gebruik het sap van 2 citroenen in plaats van aardbeien en gebruik $2^1/_2$ dl hypoallergene melkvervanger in plaats van 2 dl. Voeg eventueel nog 2 eetlepels suiker toe.

Frambozenvla
Gebruik frambozen in plaats van aardbeien.

Perenvla
Gebruik 3 peren in plaats van 250 g aardbeien.

Perzikvla
Gebruik 4 ontpitte perziken in plaats van aardbeien.

GARNEERSUGGESTIE

- Garneer de aardbeienvla met 3 eetlepels imitatieslagroom.

SERVEERSUGGESTIE

- Serveer bij de aardbeienvla 2 dl warme vanillesaus van hypoallergene melkvervanger.

Chocoladevla

Bereidingstijd: 15 minuten
Koeltijd: 30 minuten

Raadpleeg uw merkartikelenlijst van ALBA en/of uw dieetadvies.

$2^1/_2$ eetlepel cacao
3 eetlepels maïzena
4 eetlepels suiker
5 dl melk

Meng de cacao, de maïzena en de suiker en voeg al roerende 3 eetlepels van de koude melk toe.
Breng de rest van de melk aan de kook, voeg al roerende de aangemengde maïzena toe en breng de vla opnieuw aan de kook.
Roer de chocoladevla koud.

DIEETAANPASSING

- **Cacaovrij**
  Gebruik carobepoeder in plaats van cacao.
- **Koemelkvrij**
  Gebruik sojamelk in plaats van koemelk of bereid chocoladevla van hypoallergene melkvervanger (zie blz. **169**).
- **Lactosevrij**
  Gebruik lactosevrije melk in plaats van koemelk.
- **Maïsvrij**
  Gebruik 4½ eetlepel rijstemeel in plaats van maïzena of bereid chocoladevla van agar-agar (zie blz. **177**) of gelatine (zie blz. **178**).
- **Saccharosevrij**
  Voeg geen suiker toe. Roer vlak voor het opdienen honing of diksap door de chocoladevla of raadpleeg de vervangingslijst.

VARIATIES

- Voeg vlak voor het opdienen 1 eetlepel cacao-, koffie- of mintlikeur toe.

Chocoladevla met peren
Maak 2 peren schoon en snijd deze in dunne plakjes.
Houd enkele stukjes achter voor de garnering.
Schenk de chocoladevla over de peren en garneer deze met de achtergehouden stukjes peer.

GARNEERSUGGESTIES

- Garneer de chocoladevla met 3 eetlepels slagroom, die is stijf geklopt met ½ eetlepel suiker, honing of maïsmoutstroop of garneer met imitatieslagroom.
- Garneer de chocoladevla met 2 mokkaschuimpjes.
- Garneer de chocoladevla met 1 eetlepel gehakte noten zoals amandel, hazelnoot en walnoot.

SERVEERSUGGESTIE

- Serveer de chocoladevla met 2 dl vanillesaus.

Chocoladevla van hypoallergene melkvervanger

Bereidingstijd: 20 minuten
Koeltijd: 30 minuten

Raadpleeg uw merkartikelenlijst van ALBA en/of uw dieetadvies.

2½ eetlepel cacao
3 eetlepels maïzena
4 eetlepels suiker
4 dl water
hypoallergene melkpoeder
1 dl water

Meng de cacao en de maïzena met de suiker en voeg al roerende 3 eetlepels van het koude water toe.
Breng de rest van het water aan de kook.
Meng de hypoallergene melkpoeder aan met het water.
Raadpleeg voor de juiste verhouding hypoallergene melkpoeder/water de gebruiksaanwijzing op de verpakking.
Gebruik de hoeveelheid poeder die nodig is om 5 dl hypoallergene melk te verkrijgen.
Voeg de aangemengde maïzena al roerende toe aan het kokende water en breng alles opnieuw aan de kook.
Roer de vla snel koud tot 70°C.
Voeg al roerende de aangemengde hypoallergene melkpoeder toe aan het mengsel en roer dit verder koud.

DIEETAANPASSING

- **Cacaovrij**
  Gebruik carobepoeder in plaats van cacao.
- **Maïsvrij**
  Gebruik 4½ eetlepel rijstemeel in plaats van maïzena of bereid chocoladevla van hypoallergene melkvervanger en agar-agar (zie blz. **181**) of gelatine (zie blz. **182**).
- **Saccharosevrij**
  Voeg geen suiker toe. Roer vlak voor het

opdienen honing of diksap door de chocoladevla of raadpleeg de vervangingslijst.

VARIATIE

Chocoladevla met peren

Maak 2 peren schoon en snijd deze in dunne plakjes.

Houd enkele stukjes peer achter voor de garnering.

Schenk de chocoladevla over de peren en garneer deze met de achtergehouden stukjes peer.

GARNEERSUGGESTIES

- Garneer de chocoladevla met 3 eetlepels imitatieslagroom.
- Garneer de chocoladevla met 2 koekjes.
- Garneer de chocoladevla met 1 eetlepel gehakte noten zoals amandel, hazelnoot of walnoot.

SERVEERSUGGESTIE

- Serveer de chocoladevla met 2 dl vanillesaus van hypoallergene melkvervanger.

Custardvla

Bereidingstijd: 15 minuten
Koeltijd: 30 minuten

Raadpleeg uw merkartikelenlijst van ALBA en/of uw dieetadvies.

3 eetlepels custard
3 eetlepels suiker
5 dl melk

Meng de custard met de suiker en voeg al roerende 3 eetlepels van de koude melk toe.

Breng de rest van de melk aan de kook, voeg al roerende de aangemengde custard toe. Breng de vla opnieuw aan de kook.

Roer de custardvla koud.

DIEETAANPASSING

- **Additievenvrij**
  Bereid vanillevla in plaats van custardvla (zie blz. **175**).
- **Koemelkvrij**
  Gebruik sojamelk in plaats van koemelk of gebruik custardvla van hypoallergene melkvervanger (zie blz. **171**).
- **Lactosevrij**
  Gebruik lactosevrije melk in plaats van koemelk.
- **Maïsvrij**
  Gebruik 4½ eetlepel rijstemeel in plaats van custard. Laat een vanillestokje van 5 cm ongeveer 25 minuten in de melk trekken. Verwijder het daarna en volg verder bovenstaand recept.
  Of bereid vanillevla van agar-agar (zie blz. **176**) of van gelatine (zie blz. **178**).
- **Saccharosevrij**
  Voeg geen suiker toe.
  Roer vlak voor het opdienen ahornsiroop of honing door de custardvla of raadpleeg de vervangingslijst.

VARIATIES

Custardvla met geraspte appel

Voeg 1 schoongemaakte, geraspte appel toe aan de warme vla en serveer de custardvla met geraspte appel warm.

Custardvla met stukjes appel

Maak 1 appel schoon, snijd deze in stukjes, kook ze ongeveer 5 minuten in de melk. Serveer de custardvla met stukjes appel warm of koud.

GARNEERSUGGESTIES

- Garneer de custardvla met 3 eetlepels slagroom, die is stijf geklopt met ½ eetlepel suiker, honing of maïsmoutstroop of garneer met imitatieslagroom.
- Garneer de custardvla met chocoladevlokken, chocoladehagel of carobehagel, eventueel met behulp van een sjabloon (zie blz. **372**).
- Garneer de custardvla met 1 eetlepel jam

zoals aarbeien-, abrikozen-, bosbessen- of kersenjam.

SERVEERSUGGESTIE
- Serveer bij de custardvla 2 dl warme chocoladesaus.

Custardvla van hypoallergene melkvervanger

Bereidingstijd: 20 minuten
Koeltijd: 30 minuten

Raadpleeg uw merkartikelenlijst van ALBA en/of uw dieetadvies.

3 eetlepels custard
3 eetlepels suiker
4 dl water
hypoallergene melkpoeder
1 dl water

Meng de custard met de suiker en voeg al roerende 3 eetlepels van het koude water toe. Breng de rest van het water aan de kook. Meng de hypoallergene melkpoeder aan met het water.
Raadpleeg voor de juiste verhouding hypoallergene melkpoeder/water de gebruiksaanwijzing op de verpakking.
Gebruik de hoeveelheid poeder die nodig is om 5 dl hypoallergene melk te verkrijgen.
Voeg de aangemengde custard al roerende toe aan het kokende water en breng alles opnieuw aan de kook.
Roer de vla snel koud tot 70°C.
Voeg al roerende de aangemengde hypoallergene melkpoeder toe aan het mengsel en roer deze verder koud.

DIEETAANPASSING
- **Additievenvrij**
  Bereid vanillevla van hypoallergene melkvervanger (zie blz. **179**) in plaats van custardvla.
- **Maïsvrij**
  Gebruik 4½ eetlepel rijstemeel in plaats van custard. Laat 1 vanillestokje van ongeveer 5 cm ongeveer 25 minuten trekken in het water. Verwijder het daarna en volg verder bovenstaand recept.
  Of bereid vanillevla van hypoallergene melkvervanger en agar-agar (zie blz. **180**) of van gelatine (zie blz. **182**).
- **Saccharosevrij**
  Voeg geen suiker toe. Roer vlak voor het opdienen ahornsiroop of honing door de custardvla of raadpleeg de vervangingslijst.

VARIATIES
Custardvla met geraspte appel
Voeg 1 schoongemaakte, geraspte appel toe aan de nog warme vla.

Custardvla met stukjes appel
Maak 1 appel schoon, snijd deze in stukjes, kook ze ongeveer 5 minuten in het water mee. Serveer de custardvla met stukjes appel warm of koud.

GARNEERSUGGESTIES
- Garneer de custardvla met 3 eetlepels imitatieslagroom.
- Garneer de custardvla met chocoladevlokken, chocoladehagel of carobehagel, eventueel met behulp van een sjabloon (zie blz. **372**).
- Garneer de custardvla met 1 eetlepel jam zoals aarbeien-, abrikozen-, bosbessen- of kersenjam.

SERVEERSUGGESTIE
- Serveer bij de custardvla 2 dl warme chocoladesaus van hypoallergene melkvervanger.

Karamelvla

Dit gerecht is niet geschikt voor het saccharosevrije dieet.

Bereidingstijd: 15 minuten
Koeltijd: 30 minuten
Bijzonder materiaal: braadpan

Raadpleeg uw merkartikelenlijst van ALBA en/of uw dieetadvies.

3 eetlepels maïzena
5 dl melk
6 eetlepels suiker

Meng de maïzena aan met 3 eetlepels van de koude melk.
Smelt de suiker, laat deze bruin branden tot ruim de helft van het oppervlak schuimt.
Voeg ineens de rest van de koude melk toe en roer totdat de karamel is opgelost.
Voeg de aangemengde maïzena al roerende toe aan de karamel.
Breng de vla opnieuw aan de kook.
Roer de karamelvla koud.

DIEETAANPASSING

- **Koemelkvrij**
  Gebruik sojamelk in plaats van koemelk of bereid karamelvla van hypoallergene melkvervanger (zie blz. 172).
- **Lactosevrij**
  Gebruik lactosevrije melk in plaats van koemelk.
- **Maïsvrij**
  Gebruik $4^1/_2$ eetlepel rijstemeel in plaats van maïzena of gebruik 2 eetlepels agar-agarvlokken in plaats van 3 eetlepels aangemengde maïzena. Kook de vla 10 minuten en roer deze koud.

VARIATIES

- Voeg aan de karamelvla 1 eetlepel likeur toe zoals amandellikeur.

Karamel-roomvla
Gebruik 4 dl melk in plaats van 5 dl.
Voeg 1 dl ongeklopte slagroom toe aan de iets afgekoelde vla.

Hopjesvla
Voeg 2 eetlepels sterke koffie toe aan de melk.

GARNEERSUGGESTIES

- Garneer de karamelvla met 3 eetlepels slagroom, die is stijf geklopt met $^1/_2$ eetlepel suiker, honing of maïsmoutstroop of garneer met imitatieslagroom.
- Garneer de karamelvla met chocoladevlokken, chocoladehagel of carobehagel, eventueel met behulp van een sjabloon (zie blz. 372).
- Garneer de karamelvla met 1 eetlepel gehakte noten zoals amandelen, hazelnoten en walnoten.
- Garneer de karamelvla met 1 biscuitje, café noir, lange vinger of mokkaschuimpje.

SERVEERSUGGESTIE

- Serveer bij de karamelvla 2 dl vanillesaus.

Karamelvla van hypoallergene melkvervanger

Dit gerecht is niet geschikt voor het saccharosevrije dieet.

Bereidingstijd: 25 minuten
Koeltijd: 30 minuten
Bijzonder materiaal: braadpan

Raadpleeg uw merkartikelenlijst van ALBA en/of uw dieetadvies.

3 eetlepels maïzena
4 dl water
6 eetlepels suiker
hypoallergene melkpoeder
1 dl water

Meng de maïzena aan met 3 eetlepels van het koude water.
Smelt de suiker, laat deze bruin branden tot ruim de helft van het oppervlak schuimt.
Voeg ineens de rest van het koude water toe en roer totdat de karamel is opgelost.
Meng de hypoallergene melkpoeder aan met het water. Raadpleeg voor de verhouding de gebruiksaanwijzing op de verpakking.
Gebruik de hoeveelheid poeder die nodig is om 5 dl hypoallergene melk te verkrijgen.
Voeg de aangemengde maïzena al roerende toe aan de karamel en breng alles opnieuw aan de kook.
Roer de vla snel koud tot 70°C.
Voeg al roerende de aangemengde hypoallergene melkpoeder toe aan de karamelvla en roer deze verder koud.

DIEETAANPASSING

- **Maïsvrij**
  Gebruik 4½ eetlepel rijstmeel in plaats van maïzena of gebruik 2 eetlepels agar-agarvlokken in plaats van 3 eetlepels aangemengde maïzena. Kook de vla 10 minuten en roer deze dan koud tot 70°C. Volg verder bovenstaand recept.

VARIATIES

- Voeg ½ zakje vanillesuiker toe aan de karamelvla.

Hopjesvla
Voeg 2 eetlepels sterke koffie toe aan het water.

GARNEERSUGGESTIES

- Garneer de karamelvla met 3 eetlepels imitatieslagroom.
- Garneer de karamelvla met chocoladevlokken, chocoladehagel of carobehagel, eventueel met behulp van een sjabloon (zie blz. **372**).
- Garneer de karamelvla met 1 eetlepel gehakte noten zoals amandelen, hazelnoten en walnoten.
- Garneer de karamelvla met 2 biscuitjes of koekjes.

SERVEERSUGGESTIE

- Serveer bij de karamelvla 2 dl warme vanillesaus van hypoallergene melkvervanger.

Koffievla

Bereidingstijd: 15 minuten
Koeltijd: 30 minuten

Raadpleeg uw merkartikelenlijst van ALBA en/of uw dieetadvies.

3 eetlepels maïzena
4 eetlepels suiker
5 dl melk
2 eetlepels sterke koffie

Meng de maïzena met de suiker en voeg al roerende 3 eetlepels van de koude melk toe.
Breng de rest van de melk aan de kook, voeg de sterke koffie toe en voeg al roerende de aangelengde maïzena toe.
Breng de vla opnieuw aan de kook.
Roer de koffievla koud.

DIEETAANPASSING

- **Koemelkvrij**
  Gebruik sojamelk in plaats van koemelk of gebruik koffievla van hypoallergene melkvervanger (zie blz. **174**).
- **Lactosevrij**
  Gebruik lactosevrije melk in plaats van koemelk.
- **Maïsvrij**
  Gebruik 4½ eetlepel rijstemeel in plaats van maïzena of bereid koffievla van agar-agar (zie blz. **177**) of gelatine (zie blz. **178**).
- **Saccharosevrij**
  Voeg geen suiker toe.
  Roer vlak voor het opdienen honing of maïsmoutstroop door de koffievla of raadpleeg de vervangingslijst.

VARIATIES

- Voeg $^1/_2$ zakje vanillesuiker extra toe aan de koffievla.
- Voeg aan de koffievla 1 eetlepel likeur toe zoals amandellikeur of bananenlikeur.

Koffie-roomvla
Gebruik 4 dl melk in plaats van 5 dl. Voeg 1 dl ongeklopte slagroom toe aan de iets afgekoelde koffievla.

Koffievla met banaan
Maak 1 banaan schoon en snijd deze in plakjes. Bereid koffievla en schenk deze over de plakjes banaan.

Koffievla met gemalen kokos
Meng 2 eetlepels gemalen kokos door de koffievla.

GARNEERSUGGESTIES

- Garneer de koffievla met 3 eetlepels slagroom, die is stijf geklopt met $^1/_2$ eetlepel suiker, honing of maïsmoutstroop of met 3 eetlepels imitatieslagroom.
- Garneer de koffievla met chocoladevlokken, chocoladehagel of carobehagel, eventueel met behulp van een sjabloon (zie blz. **372**).
- Garneer de koffievla met 1 eetlepel gehakte noten zoals amandelen, hazelnoten of walnoten.
- Garneer de koffievla met 1 biscuitje, café noir, lange vinger of mokkaschuimpje.

SERVEERSUGGESTIE

- Serveer bij de koffievla 2 dl warme vanillesaus.

Koffievla van hypoallergene melkvervanger

Bereidingstijd: 20 minuten
Koeltijd: 30 minuten

Raadpleeg uw merkartikelenlijst van ALBA en/of uw dieetadvies.

3 eetlepels maïzena
4 eetlepels suiker
4 dl water
2 eetlepels sterke koffie
hypoallergene melkpoeder
1 dl water

Meng de maïzena met de suiker en voeg al roerende 3 eetlepels van het koude water toe.
Breng de rest van het water aan de kook, voeg de sterke koffie toe.
Meng de hypoallergene melkpoeder aan met het water.
Raadpleeg voor de juiste verhouding hypoallergene melkpoeder/water de gebruiksaanwijzing op de verpakking.
Gebruik de hoeveelheid poeder die nodig is om 5 dl hypoallergene melk te verkrijgen.
Voeg de aangemengde maïzena al roerende toe aan het kokende water en breng alles opnieuw aan de kook.
Roer de vla snel koud tot 70°C.
Voeg al roerende de aangemengde hypoallergene melkpoeder toe aan de koffievla en roer deze verder koud.

DIEETAANPASSING

- **Maïsvrij**
  Gebruik $4^1/_2$ eetlepel rijstemeel in plaats van maïzena of bereid koffievla van agaragar (zie blz. **181**) of gelatine (zie blz. **182**).
- **Saccharosevrij**
  Voeg geen suiker toe. Roer vlak voor het opdienen honing of maïsmoutstroop door de koffievla of raadpleeg de vervangingslijst.

VARIATIES

- Voeg 1/2 zakje vanillesuiker extra toe aan de koffievla.
- Voeg aan de koffievla 1 eetlepel likeur toe zoals amandellikeur of bananenlikeur.

Koffievla met banaan
Maak 1 banaan schoon en snijd deze in plakjes.
Bereid koffievla en schenk deze over de plakjes banaan.

Koffievla met gemalen kokos
Meng 2 eetlepels gemalen kokos door de koffievla.

GARNEERSUGGESTIES

- Garneer de koffievla met 1 dl imitatieslagroom.
- Garneer de koffievla met chocoladevlokken, chocoladehagel of carobehagel, eventueel met behulp van een sjabloon (zie blz. 372).
- Garneer de koffievla met 1 eetlepel gehakte noten zoals amandelen, hazelnoten of walnoten.
- Garneer de koffievla met 2 biscuitjes of koekjes.

SERVEERSUGGESTIE

- Serveer bij de koffievla 2 dl warme vanillesaus van hypoallergene melkvervanger.

Vanillevla

Bereidingstijd: 35 minuten
Koeltijd: 30 minuten

Raadpleeg uw merkartikelenlijst van ALBA en/of uw dieetadvies.

1 ei
3 eetlepels suiker
3 eetlepels maïzena
5 dl melk
1 vanillestokje van ongeveer 5 cm

Meng het ei met de suiker.
Meng de maïzena aan met 3 eetlepels koude melk, voeg het ei al roerende toe. Snijd het vanillestokje open.
Breng de rest van de melk aan de kook, voeg het vanillestokje toe, laat dit ongeveer 25 minuten trekken en verwijder het stokje.
Voeg al roerende 2 eetlepels van de kokende melk toe aan de aangemengde maïzena, schenk het mengsel daarna al roerende in de kokende melk en breng de vla opnieuw aan de kook.
Roer de vanillevla koud.

DIEETAANPASSING

- **Kippeëivrij**
  Bereid vanillevla zonder ei (zie blz. **183**).
- **Koemelkvrij**
  Gebruik sojamelk in plaats van koemelk of bereid vanillevla van hypoallergene melkvervanger (zie blz. **179**).
- **Lactosevrij**
  Gebruik lactosevrije melk in plaats van koemelk.
- **Maïsvrij**
  Gebruik 4 1/2 eetlepel rijstmeel in plaats van maïzena of bereid vanillevla van agar-agar (zie blz. **176**) of gelatine (zie blz. **178**).
- **Saccharosevrij**
  Voeg geen suiker toe. Roer vlak voor het opdienen ahornsiroop of honing door de vanillevla of raadpleeg de vervangingslijst.

VARIATIES

Deense vla

Breng ½ dl water met ½ dl bessesap, 5 eetlepels rozijnen en 2 eetlepels suiker aan de kook. Meng 2 theelepels aardappelmeel aan met 2 theelepels koud water, voeg dit al roerende toe en breng het bessesap opnieuw aan de kook. Roer de bessenvla koud.

Bereid vanillevla en schenk deze over de afgekoelde bessenvla.

Gembervla

Snijd 2 eetlepels gemberbolletjes in stukjes, houd 2 bolletjes achter voor garnering en meng de gemberstukjes met 3 eetlepels gembernat door de afgekoelde vanillevla.

Schuimige vanillevla

Gebruik 1 eidooier in plaats van 1 ei en gebruik 3½ eetlepel maïzena. Klop het eiwit van 1 ei stijf en schep dit luchtig door de vanillevla.

Vanille-roomvla

Gebruik 4 dl melk. Voeg 1 dl ongeklopte slagroom toe aan de iets afgekoelde vanillevla.

Vanillevla met bitterkoekjes/lange vingers

Week 4 bitterkoekjes/lange vingers in 3 eetlepels melk en eventueel 3 eetlepels likeur of rum. Schenk de vanillevla hierover.

Garneer de vanillevla met 2 bitterkoekjes/lange vingers.

Vanillevla met verse vruchten

Maak 200 g verse vruchten schoon zoals aardbeien, bessen, bramen of frambozen of schil 2 sinaasappels en snijd ze in stukjes.

Bestrooi de vruchten met 2 eetlepels witte basterdsuiker.

Houd enkele mooie vruchten achter voor de garnering.

Bedek de vruchten met de vanillevla.

GARNEERSUGGESTIES

- Garneer de vanillevla met 3 eetlepels slagroom, die is stijf geklopt met ½ eetlepel suiker, honing of maïsmoutstroop of garneer met imitatieslagroom.
- Garneer de vanillevla met chocoladevlokken, chocoladehagel of carobehagel, eventueel met behulp van een sjabloon (zie blz. **372**).
- Garneer de vanillevla met 1 eetlepel jam zoals aarbeien-, abrikozen-, bosbessen- of kersenjam.

SERVEERSUGGESTIE

- Serveer bij de vanillevla 2 dl warme chocoladesaus.

Vanillevla van agar-agar

Deze vanillevla bevat geen ei en is daarom licht van kleur.

Bereidingstijd: 35 minuten
Koeltijd: 30 minuten

Raadpleeg uw merkartikelenlijst van ALBA en/of uw dieetadvies.

5 dl melk
3 eetlepels suiker
1 vanillestokje van ongeveer 5 cm
2 eetlepels agar-agarvlokken

Breng de melk met de suiker aan de kook.

Snijd het vanillestokje open en voeg dit toe aan de melk, laat dit ongeveer 25 minuten zachtjes trekken.

Verwijder het vanillestokje.

Voeg al roerende de agar-agarvlokken toe aan de kokende melk en kook de vla nog 10 minuten.

Laat de vanillevla onder af en toe roeren geleiachtig en koud worden.

DIEETAANPASSING

- **Koemelkvrij**
  Gebruik sojamelk in plaats van koemelk of bereid vanillevla van hypoallergene melkvervanger (zie blz. **179**).
- **Lactosevrij**
  Gebruik lactosevrije melk in plaats van koemelk.
- **Saccharosevrij**
  Voeg geen suiker toe. Roer vlak voor het opdienen ahornsiroop of diksap door de vanillevla, of raadpleeg de vervangingslijst.

VARIATIES

Carobevla
Meng 2½ eetlepel carobepoeder aan met 2½ eetlepel van de koude melk en voeg dit al roerende toe aan de kokende melk.
Gebruik 4 eetlepels suiker.
Voeg eventueel stukjes peer toe.

Chocoladevla
Meng 2½ eetlepel cacao aan met 2½ eetlepel van de koude melk en voeg dit al roerende toe aan de kokende melk.
Gebruik 4 eetlepels suiker.
Voeg eventueel stukjes peer toe.

Custardvla
Voeg geen vanillestokje toe aan de melk en gebruik custard in plaats van maïzena.

Deense vla
Breng ½ dl water met ½ dl bessesap, 5 eetlepels rozijnen en 2 eetlepels suiker aan de kook.
Meng 2 theelepels aardappelmeel aan met 2 theelepels koud water, voeg dit al roerende toe en breng het bessesap opnieuw aan de kook.
Roer de bessenvla koud.
Bereid de vanillevla en schenk deze over de afgekoelde bessenvla.

Gembervla
Snijd 2 eetlepels gemberbolletjes in stukjes, houd 2 bolletjes achter voor garnering en meng de gemberstukjes met 3 eetlepels gembernat door de afgekoelde vanillevla.

Koffievla
Voeg 2 eetlepels sterke koffie toe aan de kokende melk, gebruik 4 eetlepels suiker en voeg geen vanillestokje toe.
Voeg eventueel stukjes banaan toe of 2 eetlepels gemalen kokos.

Vanille-roomvla
Gebruik 4 dl melk. Voeg 1 dl ongeklopte slagroom toe aan de iets afgekoelde vanillevla.

Vanillevla met verse vruchten
Maak 200 g verse vruchten schoon zoals aardbeien, bessen, bramen of frambozen of schil 2 sinaasappels en snijd ze in stukjes. Bestrooi de vruchten met 2 eetlepels witte basterdsuiker. Houd enkele mooie vruchten achter voor de garnering.
Bedek de vruchten met de vanillevla.

GARNEERSUGGESTIES

- Garneer de vanillevla met 3 eetlepels slagroom, die is stijf geklopt met ½ eetlepel suiker, honing of maïsmoutstroop of garneer met imitatieslagroom.
- Garneer de vanillevla met chocoladevlokken, chocoladehagel of carobehagel, eventueel met behulp van een sjabloon (zie blz. **372**).
- Garneer de vanillevla met 1 eetlepel jam zoals aarbeien-, abrikozen-, bosbessen- of kersenjam.

SERVEERSUGGESTIE

- Serveer bij de vanillevla 2 dl warme chocoladesaus.

Vanillevla van gelatine

Deze vanillevla bevat geen ei en is daarom licht van kleur.

Bereidingstijd: 35 minuten
Koeltijd: 30 minuten

Raadpleeg uw merkartikelenlijst van ALBA en/of uw dieetadvies.

2½ blaadje gelatine
5 dl melk
3 eetlepels suiker
1 vanillestokje van ongeveer 5 cm

Week de gelatine ongeveer 10 minuten in ruim koud water en knijp deze uit.
Breng de melk met de suiker aan de kook.
Snijd het vanillestokje open en voeg dit toe aan de melk, laat dit ongeveer 25 minuten zachtjes trekken.
Verwijder het vanillestokje.
Laat de melk iets afkoelen en los al roerende de gelatine hierin op.
Laat de vanillevla onder af en toe roeren geleiachtig en koud worden.

DIEETAANPASSING

- **Koemelkvrij**
  Gebruik sojamelk in plaats van koemelk of bereid vanillevla met gelatine van hypoallergene melkvervanger (zie blz. **182**).
- **Lactosevrij**
  Gebruik lactosevrije melk in plaats van koemelk.
- **Saccharosevrij**
  Voeg geen suiker toe. Roer vlak voor het opdienen ahornsiroop of diksap door de vanillevla, of raadpleeg de vervangingslijst.

VARIATIES

Carobevla
Meng 2½ eetlepel carobepoeder aan met 2½ eetlepel van de koude melk en voeg dit al roerende toe aan de kokende melk.
Gebruik 4 eetlepels suiker in plaats van 3 eetlepels en voeg geen vanillestokje toe.
Voeg eventueel stukjes peer toe.

Chocoladevla
Meng 2½ eetlepel cacao aan met 2½ eetlepel van de koude melk en voeg dit al roerende toe aan de kokende melk.
Gebruik 4 eetlepels suiker in plaats van 3 eetlepels en voeg geen vanillestokje toe.
Voeg eventueel stukjes peer toe.

Gembervla
Snijd 2 eetlepels gemberbolletjes in stukjes, houd 2 bolletjes achter en meng de gemberstukjes met 3 eetlepels gembernat door de afgekoelde vanillevla.
Garneer de vanillevla met de achtergehouden bolletjes gember.

Koffievla
Voeg 2 eetlepels sterke koffie toe aan de kokende melk en gebruik 4 eetlepels suiker.
Voeg geen vanillestokje toe.
Voeg eventueel stukjes banaan toe of 2 eetlepels gemalen kokos.

Vanillevla met verse vruchten
Maak 200 g verse vruchten schoon zoals aardbeien, bessen, bramen of frambozen of schil 2 sinaasappels en snijd ze in stukjes.
Bestrooi de vruchten met 2 eetlepels witte basterdsuiker.
Houd enkele mooie vruchten achter voor de garnering.
Bereid vanillevla en bedek de vruchten hiermee.
Garneer de vanillevla met de achtergehouden vruchten.

Vanille-roomvla
Gebruik 4 dl melk in plaats van 5 dl.
Voeg 1 dl ongeklopte slagroom toe aan de iets afgekoelde vanillevla.

GARNEERSUGGESTIES

- Garneer de vanillevla met 3 eetlepels slagroom, die is stijf geklopt met $^1/_2$ eetlepel suiker, honing of maïsmoutstroop of met imitatieslagroom.
- Garneer de vanillevla met chocoladevlokken, chocoladehagel of carobehagel, eventueel met behulp van een sjabloon (zie blz. **372**).
- Garneer de vanillevla met 1 eetlepel jam zoals aarbeien-, abrikozen-, bosbessen- of kersenjam.

Vanillevla van hypoallergene melkvervanger

Deze vanillevla bevat geen ei en is daarom licht van kleur.

Bereidingstijd: 35 minuten
Koeltijd: 30 minuten

Raadpleeg uw merkartikelenlijst van ALBA en/of uw dieetadvies.

3 eetlepels maïzena
3 eetlepels suiker
4 dl water
1 vanillestokje van ongeveer 5 cm
hypoallergene melkpoeder
1 dl water

Meng de maïzena met de suiker en voeg al roerende 3 eetlepels van het water toe.
Breng de rest van het water aan de kook.
Snijd het vanillestokje open en voeg het toe aan het kokende water, laat dit ongeveer 25 minuten zachtjes trekken.
Verwijder het vanillestokje.
Meng de hypoallergene melkpoeder aan met het water.
Raadpleeg voor de juiste verhouding hypoallergene melkpoeder/water de gebruiksaanwijzing op de verpakking.
Gebruik de hoeveelheid poeder die nodig is om 5 dl hypoallergene melk te verkrijgen.
Voeg de aangemengde maïzena al roerende toe aan het kokende water en breng alles opnieuw aan de kook.
Roer de vla snel koud tot 70°C.
Voeg al roerende de aangemengde hypoallergene melkpoeder toe aan het mengsel en roer deze verder koud.

DIEETAANPASSING

- **Maïsvrij**
  Gebruik $4^1/_2$ eetlepel rijstemeel in plaats van maïzena of bereid vanillevla van hypo-

allergene melkvervanger en agar-agar, (zie blz. **180**) of gelatine (zie blz. **182**).

- **Saccharosevrij**
  Voeg geen suiker toe. Roer vlak voor het opdienen ahornsiroop of honing door de vanillevla of raadpleeg de vervangingslijst.

VARIATIES

Deense vla
Breng ½ dl water met ½ dl bessesap, 5 eetlepels rozijnen en 2 eetlepels suiker aan de kook. Meng 2 theelepels aardappelmeel aan met 2 theelepels koud water, voeg dit al roerende toe en breng het bessesap opnieuw aan de kook. Roer de bessenvla koud.
Bereid de vanillevla en schenk deze over de afgekoelde bessenvla.

Gembervla
Snijd 2 eetlepels gemberbolletjes in stukjes, houd 2 bolletjes achter voor garnering en meng de gemberstukjes met 3 eetlepels gembernat door de afgekoelde vanillevla.

Vanillevla met verse vruchten
Maak 200 g verse vruchten schoon zoals aardbeien, bessen, bramen of frambozen of schil 2 sinaasappels en snijd ze in stukjes. Bestrooi de vruchten met 2 eetlepels witte basterdsuiker.
Houd enkele mooie vruchten achter voor de garnering.
Bedek de vruchten met de vanillevla.

GARNEERSUGGESTIES

- Garneer de vanillevla met 3 eetlepels imitatieslagroom.
- Garneer de vanillevla met chocoladevlokken, chocoladehagel of carobehagel, eventueel met behulp van een sjabloon (zie blz. **372**).
- Garneer de vanillevla met 1 eetlepel jam zoals aarbeien-, abrikozen-, bosbessen- of kersenjam.

SERVEERSUGGESTIE

- Serveer bij de vanillevla 2 dl warme chocoladesaus.

Vanillevla van hypoallergene melkvervanger en agar-agar

Deze vanillevla bevat geen ei en is daarom licht van kleur.

Bereidingstijd: 35 minuten
Koeltijd: 30 minuten

Raadpleeg uw merkartikelenlijst van ALBA en/of uw dieetadvies.

4 dl water
3 eetlepels suiker
1 vanillestokje van ongeveer
5 cm
2 eetlepels agar-agarvlokken
hypoallergene melkpoeder
1 dl water

Breng 4 dl water met de suiker aan de kook.
Snijd het vanillestokje open en voeg het toe aan het kokende water, laat dit ongeveer 25 minuten zachtjes trekken.
Verwijder het vanillestokje.
Voeg al roerende de agar-agarvlokken toe aan het kokende water en kook deze 10 minuten.
Meng de hypoallergene melkpoeder aan met de dl water.
Raadpleeg voor de juiste verhouding hypoallergene melkpoeder/water de gebruiksaanwijzing op de verpakking.
Gebruik de hoeveelheid melkpoeder die nodig is om 5 dl hypo-allergene melk te verkrijgen.
Roer het suikerwater met de agar-agar snel koud tot 70°C.

Voeg al roerende de aangelengde hypo-allergene melkpoeder toe.
Laat de vanillevla onder af en toe roeren geleiachtig en koud worden.

DIEETAANPASSING

- **Saccharosevrij**
  Voeg geen suiker toe. Roer vlak voor het opdienen ahornsiroop of diksap door de vanillevla, of raadpleeg de vervangingslijst.

VARIATIES

Carobevla
Meng $2\frac{1}{2}$ eetlepel carobepoeder aan met $2\frac{1}{2}$ eetlepel van het koude water en voeg dit al roerende toe aan het kokende water.
Gebruik 4 eetlepels suiker.
Voeg eventueel stukjes peer toe.

Chocoladevla
Meng $2\frac{1}{2}$ eetlepel cacao aan met $2\frac{1}{2}$ eetlepel van het koude water en voeg dit al roerende toe aan het kokende water.
Gebruik 4 eetlepels suiker.
Voeg eventueel stukjes peer toe.

Deense vla
Breng $\frac{1}{2}$ dl water met $\frac{1}{2}$ dl bessesap, 5 eetlepels rozijnen en 2 eetlepels suiker aan de kook.
Meng 2 theelepels aardappelmeel aan met 2 theelepels koud water, voeg dit al roerende toe en breng het bessesap opnieuw aan de kook.
Roer de bessenvla koud.
Bereid de vanillevla en schenk deze over de afgekoelde bessenvla.

Gembervla
Bereid vanillevla volgens bovenstaand recept.
Snijd 2 eetlepels gemberbolletjes in stukjes, houd enkele mooie stukjes achter en meng de andere stukjes met 3 eetlepels gembernat door de afgekoelde vanillevla.
Garneer de vanillevla met de achtergehouden stukjes gember.

Koffievla
Voeg 2 eetlepels sterke koffie toe aan het kokende water en gebruik 4 eetlepels suiker in plaats van 3 eetlepels.
Voeg geen vanillestokje toe. Volg verder bovenstaand recept.
Voeg eventueel stukjes banaan toe of 2 eetlepels gemalen kokos.

Vanillevla met verse vruchten
Maak 200 g verse vruchten schoon zoals aardbeien, bessen, bramen of frambozen of schil 2 sinaasappels en snijd ze in stukjes.
Bestrooi de vruchten met 2 eetlepels witte basterdsuiker. Houd enkele mooie vruchten achter voor de garnering.
Bereid vanillevla volgens bovenstaand recept en bedek de vruchten hiermee. Garneer de vanillevla met de achtergehouden vruchten.

GARNEERSUGGESTIES

- Garneer de vanillevla met 3 eetlepels imitatieslagroom.
- Garneer de vanillevla met chocoladevlokken, chocoladehagel of carobehagel, eventueel met behulp van een sjabloon (zie blz. **372**).
- Garneer de vanillevla met 1 eetlepel jam zoals aardbeien-, abrikozen-, bosbessen- of kersenjam.

Vanillevla van hypoallergene melkvervanger en gelatine

Deze vanillevla bevat geen ei en is daarom licht van kleur.

Bereidingstijd: 25 minuten
Koeltijd: 30 minuten

Raadpleeg uw merkartikelenlijst van ALBA en/of uw dieetadvies.

2½ blaadje gelatine
4 dl water
3 eetlepels suiker
1 vanillestokje van ongeveer 5 cm
hypoallergene melkpoeder
1 dl water

Week de gelatine ongeveer 10 minuten in ruim koud water en knijp deze uit.
Breng 4 dl water met de suiker aan de kook.
Snijd het vanillestokje open, voeg dit toe aan het kokende water en laat het ongeveer 25 minuten trekken.
Verwijder het vanillestokje.
Meng de hypoallergene melkpoeder aan met het koude water.
Raadpleeg voor de juiste verhouding hypoallergene melkpoeder/water de gebruiksaanwijzing op de verpakking.
Gebruik de hoeveelheid poeder die nodig is om 5 dl hypoallergene melk te verkrijgen.
Roer het water koud tot 70°C.
Voeg al roerende de aangelengde hypoallergene melkpoeder toe.
Los de gelatine al roerende hierin op en laat de vanillevla onder af en toe roeren geleiachtig en koud worden.

DIEETAANPASSING

- **Saccharosevrij**
  Voeg geen suiker toe. Roer vlak voor het opdienen ahornsiroop of diksap door de vanillevla, of raadpleeg de vervangingslijst.

VARIATIES

Carobevla
Meng 2½ eetlepel carobepoeder aan met 2½ eetlepel van het koude water en voeg dit al roerende toe aan het kokende water.
Gebruik 4 eetlepels suiker in plaats van 3 eetlepels en voeg geen vanillestokje toe.
Voeg eventueel stukjes peer toe.

Chocoladevla
Meng 2½ eetlepel cacao aan met 2½ eetlepel van het koude water en voeg dit al roerende toe aan het kokende water.
Gebruik 4 eetlepels suiker in plaats van 3 eetlepels en voeg geen vanillestokje toe.
Voeg eventueel stukjes peer toe.

Gembervla
Snijd 2 eetlepels gemberbolletjes in stukjes, houd 2 bolletjes achter en meng de gemberstukjes met 3 eetlepels gembernat door de afgekoelde vanillevla.
Garneer de vanillevla met de achtergehouden bolletjes gember.

Koffievla
Voeg 2 eetlepels sterke koffie toe aan het kokende water en gebruik 4 eetlepels suiker in plaats van 3 eetlepels.
Voeg geen vanillestokje toe.
Voeg eventueel 2 eetlepels kokos toe.

Vanillevla met verse vruchten
Maak 200 g verse vruchten schoon zoals aardbeien, bessen, bramen of frambozen of schil 2 sinaasappels en snijd ze in stukjes.
Bestrooi de vruchten met 2 eetlepels witte basterdsuiker.
Houd enkele mooie vruchten achter voor de garnering.
Bedek de vruchten met de vanillevla.

GARNEERSUGGESTIES

- Garneer de vanillevla met 3 eetlepels imitatieslagroom.
- Garneer de vanillevla met chocoladevlokken, chocoladehagel of carobehagel, eventueel met behulp van een sjabloon (zie blz. **372**).
- Garneer de vanillevla met 1 eetlepel jam zoals aardbeien-, abrikozen-, bosbessen- of kersenjam.

Vanillevla van sojamelk

Deze vanillevla bevat geen ei en is daarom licht van kleur.

Bereidingstijd: 35 minuten
Koeltijd: 30 minuten

Raadpleeg uw merkartikelenlijst van ALBA en/of uw dieetadvies.

3 eetlepels maïzena
3 eetlepels suiker
5 dl sojamelk
1 vanillestokje van ongeveer 5 cm

Meng de maïzena met de suiker en voeg al roerende 3 eetlepels van de sojamelk toe. Breng de rest van de sojamelk aan de kook. Snijd het vanillestokje open en voeg dit toe aan de sojamelk, laat dit ongeveer 25 minuten zachtjes trekken.
Verwijder het vanillestokje.
Voeg al roerende de aangemengde maïzena toe aan de kokende sojamelk. Breng de vla opnieuw aan de kook.
Roer de vanillevla koud.

DIEETAANPASSING

- **Sojavrij**
  Bereid vanillevla van hypoallergene melkvervanger (zie blz. **179**) of gebruik koemelk in plaats van sojamelk.
- **Maïsvrij**
  Gebruik 4½ eetlepel rijstemeel in plaats van maïzena of bereid vanillevla van agar-agar (zie blz. **176**), of vanillevla met gelatine (zie blz. **178**).
- **Saccharosevrij**
  Voeg geen suiker toe. Roer vlak voor het opdienen ahornsiroop of diksap door de vanillevla of raadpleeg de vervangingslijst.

INDIEN TOEGESTAAN

- Gebruik koemelk in plaats van sojamelk.

VARIATIES

Deense vla
Breng ½ dl water met ½ dl bessesap, 5 eetlepels rozijnen en 2 eetlepels suiker aan de kook. Meng 2 theelepels aardappelmeel aan met 2 theelepels koud water, voeg dit al roerende toe en breng het bessesap opnieuw aan de kook. Roer de bessenvla koud.
Bereid de vanillevla en schenk deze over de afgekoelde bessenvla.

Gembervla
Snijd 2 eetlepels gemberbolletjes in stukjes, houd 2 bolletjes achter voor garnering en meng de gemberstukjes met 3 eetlepels gembernat door de afgekoelde vanillevla.

Schuimige vanillevla
Gebruik 1 eierdooier in plaats van 1 ei en gebruik 3½ eetlepel maïzena. Klop het eiwit van 1 ei stijf en schep dit luchtig door de vanillevla.

Vanilleroomvla
Gebruik 4 dl melk. Voeg 1 dl ongeklopte slagroom toe aan de iets afgekoelde vanillevla.

Vanillevla met bitterkoekjes/lange vingers
Week 4 bitterkoekjes/lange vingers in 3 eetlepels melk en eventueel 3 eetlepels likeur of rum.
Schenk de vanillevla hierover.
Garneer de vanillevla met 2 bitterkoekjes/lange vingers.

Vanillevla met verse vruchten
Maak 200 g verse vruchten schoon zoals aardbeien, bessen, bramen of frambozen of schil 2 sinaasappels en snijd ze in stukjes. Bestrooi de vruchten met 2 eetlepels witte basterdsuiker. Houd enkele mooie vruchten achter voor de garnering.
Bedek de vruchten met de vanillevla.

GARNEERSUGGESTIES
- Garneer de vanillevla met 3 eetlepels slagroom, die is stijf geklopt met $1/2$ eetlepel suiker, honing of maïsmoutstroop of garneer met imitatieslagroom.
- Garneer de vanillevla met chocoladevlokken, chocoladehagel of carobehagel, eventueel met behulp van een sjabloon (zie blz. **372**).
- Garneer de vanillevla met 1 eetlepel jam zoals aardbeien-, abrikozen-, bosbessen- of kersenjam.

SERVEERSUGGESTIE
- Serveer 2 dl warme chocoladesaus erbij.

PUDDING

Pudding is een nagerecht, dat uit de puddingvorm zijn vorm behoudt.
Pudding kan gegeven worden bij de lunch, als nagerecht of als tussendoortje.
Houd er rekening mee dat kant-en-klaarprodukten zoals chocoladepudding, griesmeelpudding en dergelijke, ingrediënten bevatten die in het dieet niet zijn toegestaan.
Raadpleeg hiervoor uw dieetadvies en/of ALBA-lijst.

Hoeveelheid per persoon
Dit varieert van $1\frac{1}{2}$-2 dl pudding per persoon met 1 dl saus of $1/4$ dl slagroom.

Pudding van koemelk of sojamelk
Gebruik per 2 dl pudding:
16 g custard of maïzena of 18 g griesmeel
2 dl melk
eventueel smaakmaker zoals cacao, gember, vanillestokje
16 g suiker of ander zoetmiddel zoals ahornsiroop en diksap
(gebruik 24 g suiker bij sterk uitkomende smaakmakers zoals chocolade en koffie)

Meng fijn bindmiddel, zoals custard of maïzena aan met een gelijke hoeveelheid van de koude melk.
Voeg eventueel suiker en smaakmaker toe.
Breng de resterende melk aan de kook.
Voeg het aangemengde bindmiddel al roerende toe.
Strooi grof bindmiddel zoals griesmeel al roerende in de kokende melk. De kooktijd varieert van enkele seconden voor custard en maïzena tot enkele minuten voor griesmeel.
Voeg, indien geen suiker werd gebruikt, een ander zoetmiddel al roerende toe.
Breng de massa over in een met koud water omgespoelde puddingvorm. Bedek de pudding met huishoudfolie om velvorming te voorkomen. Laat de pudding in ongeveer 3 uur koud en stijf worden. Stort de pudding pas vlak voor het gebruik. Houd de puddingvorm om te storten even in warm water, zo laten de randen makkelijk los. Plaats een omgekeerd bord midden op de puddingvorm en keer ze samen om. Neem de puddingvorm voorzichtig weg.

Pudding van hypoallergene melkvervanger
Gebruik voor 2 dl pudding:
16 g bindmiddel zoals custard of maïzena of 18 g griesmeel
$1\frac{1}{2}$ dl water
eventueel smaakmaker zoals cacao, gember, koffie
16 g suiker of ander zoetmiddel zoals ahornsiroop, maïsmoutstroop
(gebruik 24 g suiker bij sterk uitkomende smaakmakers zoals chocolade en koffie)
hypoallergene melkpoeder
$1/2$ dl water

Meng fijn bindmiddel aan met een gelijke hoeveelheid van het koude water. Voeg eventueel suiker en smaakmaker toe.
Breng de rest van het water aan de kook.
Meng de hypoallergene melkpoeder met de ½ dl water aan tot een dik vloeibaar papje. Raadpleeg voor de juiste verhouding hypoallergene melkpoeder/water de gebruiksaanwijzing op de verpakking. Gebruik de hoeveelheid melkpoeder die nodig is om 2 dl hypoallergene melkvervanger te verkrijgen.
Strooi grof bindmiddel al roerende in het kokende water.
Voeg het aangemengd fijn bindmiddel al roerende toe aan het kokende water en kook dit nog enkele seconden door.
Roer de massa snel koud tot ongeveer 70°C. Voeg nu pas de aangemengde hypoallergene melkpoeder al roerende toe. Voeg, indien geen suiker werd gebruikt, het zoetmiddel toe.
De hypoallergene melk mag niet hoger verhit worden dan 70°C omdat er anders smaakverandering optreedt.
Breng de massa over in een met koud water omgespoelde puddingvorm. Bedek de pudding met huishoudfolie om velvorming te voorkomen. Laat de pudding in ongeveer 3 uur koud en stijf worden. Stort de pudding pas vlak voor het gebruik. Houd de puddingvorm om te storten even in warm water, zo laten de randen makkelijk los. Plaats een omgekeerd bord midden op de puddingvorm en keer ze samen om. Neem de puddingvorm voorzichtig weg.

Pudding van agar-agar
Gebruik voor 2 dl pudding:
¾ eetlepel agar-agarvlokken
2 dl melk
eventueel smaakmaker zoals cacao, gember, vanillestokje
16 g suiker of ander zoetmiddel zoals diksap of honing
(gebruik 24 g suiker bij sterk uitkomende smaakmakers zoals chocolade, koffie)

Maak de pudding niet langer dan 3 uur van tevoren omdat agar-agar na enige tijd het vastgehouden vocht gedeeltelijk loslaat.
Breng de melk aan de kook en voeg hieraan eventueel de suiker en de smaakmaker toe.
Voeg al roerende de agar-agarvlokken toe aan de melk en kook deze nog 10 minuten.
Voeg, indien geen suiker werd gebruikt een ander zoetmiddel toe.
Breng de massa over in een met koud water omgespoelde puddingvorm. Bedek de pudding met huishoudfolie om velvorming te voorkomen. Laat de pudding in ongeveer 1 uur koud en stijf worden.
Stort de pudding pas vlak voor het gebruik.
Houd de puddingvorm om te storten even in warm water, zo laten de randen makkelijk los. Plaats een omgekeerd bord midden op de puddingvorm en keer ze samen om.
Neem de puddingvorm voorzichtig weg.

Pudding van bladgelatine
Gebruik voor 2 dl pudding:
5 g gelatine
2 dl melk
eventueel smaakmaker zoals cacao, gember, vanillestokje
16 g suiker of ander zoetmiddel zoals diksap of honing
(gebruik 24 g suiker bij sterk uitkomende smaakmakers zoals chocolade en koffie)

Gebruik 10% bladgelatine minder indien de pudding pas de volgende dag gebruikt wordt.
Week de bladgelatine ongeveer 10 minuten in ruim koud water en knijp deze uit.
Breng de melk aan de kook, voeg eventueel suiker en smaakmaker toe. Laat de melk iets afkoelen en los al roerende de gelatine hierin op. Voeg, indien geen suiker werd gebruikt, een ander zoetmiddel toe.
Laat de pudding onder af en toe roeren geleiachtig worden, voordat deze in de met koud water omgespoelde puddingvorm wordt overgebracht. Bedek de pudding met huishoudfolie om velvorming te voor-

komen. Laat de pudding in ongeveer 3 uur koud en stijf worden. Stort de pudding vlak voor gebruik. Houd de puddingvorm om te storten even in warm water, zo laten de randen makkelijk los. Plaats een omgekeerd bord midden op de puddingvorm en keer ze samen om. Neem de puddingvorm voorzichtig weg.

Pudding van hypoallergene melkvervanger en agar-agar
Gebruik voor 2 dl pudding:
3/4 eetlepel agar-agarvlokken
1 1/2 dl water
eventueel smaakmaker zoals cacao, gember en koffie
16 g suiker of ander zoetmiddel zoals ahornsiroop, maïsmoutstroop
(gebruik 24 g suiker bij sterk uitkomende smaakmakers zoals chocolade en koffie)
hypoallergene melkpoeder
1/2 dl water

Maak de pudding niet langer dan 3 uur van tevoren omdat agar-agar na enige tijd het vastgehouden vocht gedeeltelijk loslaat.
Breng het water aan de kook.
Meng de hypoallergene melkpoeder met de 1/2 dl water tot een dik vloeibaar papje. Raadpleeg voor de juiste verhouding hypoallergene melkpoeder/water de gebruiksaanwijzing op de verpakking.
Gebruik de hoeveelheid melkpoeder die nodig is voor de aangegeven 2 dl water.
Voeg eventueel suiker en smaakmaker al roerende toe aan het kokende water.
Voeg de agar-agarvlokken al roerende toe aan het kokende water en kook deze nog 10 minuten.
Roer de vloeistof snel koud tot 70°C. Voeg nu pas de aangelengde hypoallergene melkpoeder al roerende toe. De hypoallergene melk mag niet hoger verhit worden dan 70°C omdat er anders smaakverandering optreedt.
Voeg indien geen suiker werd gebruikt, een ander zoetmiddel toe. Breng de massa over in een met koud water omgespoelde puddingvorm.
Bedek de pudding met huishoudfolie om velvorming te voorkomen.
Laat de pudding in ongeveer 1 uur koud en stijf worden. Stort de pudding pas vlak voor het gebruik. Houd de puddingvorm om te storten even in warm water, zo laten de randen makkelijk los. Plaats een omgekeerd bord midden op de puddingvorm en keer ze samen om. Neem de puddingvorm voorzichtig weg.

Pudding van hypoallergene melkvervanger en bladgelatine
Gebruik voor 2 dl pudding:
5 g gelatine
2 dl hypoallergene melkvervanger
eventueel smaakmaker zoals cacao, gember, koffie
16 g suiker of ander zoetmiddel zoals ahornsiroop, maïsmoutstroop
(gebruik 24 g suiker bij sterk uitkomende smaakmakers zoals chocolade en koffie)

Gebruik 10% bladgelatine minder indien de pudding pas de volgende dag gebruikt wordt.
Week de bladgelatine ongeveer 10 minuten in ruim koud water en knijp deze uit.
Bereid hypoallergene melkvervanger volgens de gebruiksaanwijzing op de verpakking.
Verwarm de hypoallergene melkvervanger samen met de smaakmaker en eventueel de suiker tot 70°C. De hypoallergene melk mag niet hoger verhit worden dan 70°C omdat er anders smaakverandering optreedt.
Los al roerende de gelatine hierin op.
Voeg, indien geen suiker werd gebruikt, een ander zoetmiddel toe. Laat de pudding onder af en toe roeren geleiachtig worden.
Breng de massa over in een met koud water omgespoelde puddingvorm. Bedek de pudding met huishoudfolie om velvorming te voorkomen. Laat de pudding in ongeveer 3 uur koud en stijf worden. Stort de pudding pas vlak voor het gebruik.

Houd de puddingvorm om te storten even in warm water, zo laten de randen makkelijk los.
Plaats een omgekeerd bord midden op de puddingvorm en keer ze samen om. Neem de puddingvorm voorzichtig weg.

VARIATIES

Varieer door vulsel door de pudding te mengen

- Verse en/of geconserveerde vruchten
  stukjes aardbei, bessen, bramen, frambozen, gekonfijte vruchtjes, gember, peren, rozijnen (chipolatapudding, diplomaatpudding)
- Zuivelprodukten
  crème fraîche, eiwit, kwark, room, vla (custardroompudding, kwarkpudding, yoghurt met beschuit)
- Noten
  amandel, kokos, hazelnoot (koffiepudding)
- Koekjes en beschuit
  biscuitje (chocoladepudding)
- Suikerprodukten
  karamel, honing, vanillesuiker (crème caramel, sneeuwpudding)
- Carobe- of chocoladeprodukten
  hagelslag, vlokken
- Jam of vruchtenbeleg
- Dranken
  rum, sterke koffie (hopjespudding, kabinetpudding)

Varieer door de pudding te garneren met

- Sauzen
  abrikozensaus, carobe- of chocoladesaus, kokossaus, vruchtencompote
- Imitatieslagroom of slagroom
- Carobe- of chocoladehagel of -vlokken
- Jam of vruchtenbeleg
- Poedersuiker

Varieer door de pudding in een ander vormpje te bereiden

- Tulbandvormpje

Aardbeienbavarois

Bereidingstijd: 30 minuten
Koeltijd: 3 uur
Bijzondere materialen:
2 puddingvormpjes met een inhoud van 2 dl, huishoudfolie

Raadpleeg uw merkartikelenlijst van ALBA en/of uw dieetadvies.

200 g aardbeien
2½ eetlepel basterdsuiker
4 blaadjes witte gelatine
1 eiwit
1 dl slagroom
1 eetlepel suiker
3 eetlepels slagroom
½ eetlepel suiker

Maak de aardbeien schoon, houd enkele mooie exemplaren achter, en pureer ze.
Vul de aardbeienpuree zo nodig aan met water of vruchtesap tot 2 dl en verwarm deze samen met de basterdsuiker.
Week de gelatine 10 minuten in ruim koud water, knijp deze goed uit en los deze op in de warme, maar niet kokende aardbeienpuree. Laat deze onder af en toe roeren geleiachtig worden.
Bestrijk de puddingvormpjes met een deel van het eiwit en klop de rest van het eiwit stijf.
Klop de slagroom met de suiker stijf, schep deze met de aardbeienpuree en het stijf geklopt eiwit luchtig door elkaar.
Doe de puddingmassa over in de puddingvormpjes. Bedek de aardbeienbavarois met huishoudfolie om velvorming te voorkomen. Laat de aardbeienbavarois ongeveer 3 uur koud en stijf worden.
Houd de puddingvormpjes om te storten even in warm water, zo laten de randen gemakkelijk los.
Plaats een omgekeerd bord in het midden op de puddingvormpjes en keer deze samen om. Neem de puddingvormpjes voorzichtig weg.

Klop de slagroom stijf met de suiker en garneer de aardbeienbavarois met de achtergehouden aardbeien en de slagroom.

DIEETAANPASSING

- **Kippeëivrij**
  Gebruik geen eiwit, vet de puddingvorm in met olie en gebruik $1\frac{1}{2}$ dl slagroom in plaats van 1 dl.
- **Koemelkvrij/lactosevrij**
  Gebruik niet te stijf geklopte imitatieslagroom (zie blz. **332**) in plaats van slagroom en garneer hier ook mee.
- **Saccharosevrij**
  Voeg honing of maïsmoutstroop toe aan de aardbeienpuree en de slagroom in plaats van suiker of raadpleeg de vervangingslijst.

VARIATIES

Ananasbavarois
Gebruik 2 dl ananassap in plaats van aardbeien en garneer met 1 in stukjes gesneden schijf ananas.

Frambozenbavarois
Gebruik frambozen in plaats van aardbeien.

Sinaasappelbavarois
Gebruik 2 dl sinaasappelsap in plaats van aardbeien en garneer met $\frac{1}{2}$ in partjes verdeelde sinaasappel.
Gebruik eventueel mooie uitgeholde sinaasappelschillen in plaats van de puddingvormpjes.

Aardbeienpudding

Bereidingstijd: 25 minuten
Koeltijd: 3 uur
Bijzondere materialen:
2 puddingvormpjes met een inhoud van 2 dl, huishoudfolie

Raadpleeg uw merkartikelenlijst van ALBA en/of uw dieetadvies.

250 g aardbeien
5 blaadjes witte gelatine
2 dl melk
4 eetlepels suiker

Maak de aardbeien schoon, houd enkele mooie exemplaren achter, en pureer ze.
Week de gelatine ongeveer 10 minuten in ruim koud water en knijp deze uit.
Breng de melk met de suiker aan de kook.
Voeg de aardbeienpuree al roerende toe.
Laat het mengsel iets afkoelen en los al roerende de gelatine hierin op.
Vul de met koud water omgespoelde puddingvormpjes helemaal.
Bedek de aardbeienpudding met huishoudfolie om velvorming te voorkomen en laat deze in ongeveer 3 uur koud en stijf worden.
Houd de puddingvormpjes om te storten even in warm water, zo laten de randen makkelijk los.
Plaats een omgekeerd bord in het midden op de puddingvormpjes en keer ze samen om. Neem de puddingvormpjes voorzichtig weg.
Garneer de aardbeienpudding met de achtergehouden aardbeien.

DIEETAANPASSING

- **Koemelkvrij**
  Gebruik sojamelk in plaats van koemelk of bereid aardbeienpudding van hypoallergene melkvervanger (zie blz. **189**).
- **Lactosevrij**
  Gebruik lactosevrije melk in plaats van koemelk.

- **Saccharosevrij**
  Gebruik geen suiker. Voeg diksap of honing toe aan de nog warme aardbeienpudding of raadpleeg de vervangingslijst.

VARIATIES

Aardbeien-roompudding
Gebruik 1 dl melk in plaats van 2 dl en roer 1 dl ongeklopte room met de aardbeienpuree door de iets afgekoelde melk.

Ananaspudding
Gebruik 2½ dl ananassap in plaats van gepureerde aardbeien.

Citroenpudding
Gebruik het sap van 2 citroenen in plaats van aardbeien en gebruik 2½ dl melk in plaats van 2 dl. Voeg eventueel nog 2 eetlepels suiker toe.

Frambozenpudding
Gebruik frambozen in plaats van aardbeien.

Perenpudding
Gebruik 3 peren in plaats van 250 g aardbeien.

Perzikpudding
Gebruik 4 perziken in plaats van aardbeien.

GARNEERSUGGESTIE

- Garneer de aardbeienpudding met 3 eetlepels slagroom, die is stijf geklopt met ½ eetlepel suiker of maïsmoutstroop, of met imitatieslagroom.

SERVEERSUGGESTIE

- Serveer bij de aardbeienpudding 2 dl vanillesaus.

Aardbeienpudding van hypoallergene melkvervanger

Bereidingstijd: 25 minuten
Koeltijd: 3 uur
Bijzondere materialen:
2 puddingvormpjes met een inhoud van 2 dl, huishoudfolie

Raadpleeg uw merkartikelenlijst van ALBA en/of uw dieetadvies.

250 g aardbeien
4 blaadjes witte gelatine
1 dl water
4 eetlepels suiker
hypoallergene melkvervanger
1 dl water

Maak de aardbeien schoon, houd enkele mooie exemplaren achter, en pureer ze.
Week de gelatine ongeveer 10 minuten in ruim koud water en knijp deze uit.
Breng 1 dl water met de suiker aan de kook.
Meng de hypoallergene melkpoeder aan met de dl water.
Raadpleeg voor de verhouding hypoallergene melkpoeder/water de gebruiksaanwijzing op de verpakking.
Gebruik de hoeveelheid melkpoeder die nodig is voor het maken van 2 dl hypoallergene melkvervanger.
Voeg al roerende de aardbeienpuree toe aan het kokende water en laat dit afkoelen tot 70°C.
Voeg de aangemengde hypoallergene melkpoeder al roerende toe.
Los al roerende de gelatine hierin op.
Doe de puddingmassa over in de met koud water omgespoelde puddingvormpjes. Bedek de aardbeienpudding met huishoudfolie om velvorming te voorkomen en laat deze in ongeveer 3 uur koud en stijf worden.
Houd de puddingvormpjes om te storten even in warm water, zo laten de randen makkelijk los.

Plaats een omgekeerd bord in het midden op de puddingvormpjes en keer ze samen om. Neem de puddingvormpjes voorzichtig weg.
Garneer de aardbeienpudding met de achtergehouden aardbeien.

DIEETAANPASSING
- **Saccharosevrij**
  Gebruik geen suiker. Voeg diksap of honing toe aan de nog warme aardbeienpudding of raadpleeg de vervangingslijst.

VARIATIES
Ananaspudding
Gebruik 2½ dl ananassap in plaats van gepureerde aardbeien.

Citroenpudding
Gebruik het sap van 2 citroenen in plaats van aardbeien en gebruik 3 dl melk in plaats van 2 dl melk. Voeg eventueel nog 2 eetlepels suiker toe.

Frambozenpudding
Gebruik frambozen in plaats van aardbeien.

Perenpudding
Gebruik 3 peren in plaats van 250 g aardbeien.

Perzikpudding
Gebruik 4 perziken in plaats van aardbeien.

GARNEERSUGGESTIE
- Garneer de aardbeienpudding met 3 eetlepels imitatieslagroom.

SERVEERSUGGESTIE
- Serveer bij de aardbeienpudding 2 dl vanillesaus van hypoallergene melkvervanger.

Carobepudding van hypoallergene melkvervanger

Bereidingstijd: 20 minuten
Koeltijd: 3 uur
Bijzondere materialen:
2 puddingvormpjes met een inhoud van 2 dl, huishoudfolie

Raadpleeg uw merkartikelenlijst van ALBA en/of uw dieetadvies.

2½ eetlepel carobepoeder
4 eetlepels maïzena
4 eetlepels suiker
3 dl water
hypoallergene melkpoeder
1 dl water

Meng de carobepoeder en de maïzena aan met de suiker en voeg al roerende 3 eetlepels van het koude water toe.
Breng de rest van het water aan de kook.
Meng de hypoallergene melkpoeder aan met de dl water.
Raadpleeg voor de verhouding hypoallergene melkpoeder/water de gebruiksaanwijzing op de verpakking. Gebruik de hoeveelheid melkpoeder die nodig is voor het maken van 4 dl hypoallergene melkvervanger.
Voeg de aangemengde maïzena al roerende toe aan het kokende water en breng alles opnieuw aan de kook.
Roer de pudding snel koud tot 70°C.
Voeg al roerende de aangemengde hypoallergene melkpoeder toe aan het mengsel en vul de met koud water omgespoelde puddingvormpjes helemaal.
Bedek de carobepudding met huishoudfolie om velvorming te voorkomen en laat deze in ongeveer 3 uur koud en stijf worden.
Houd de puddingvormpjes om te storten even in warm water, zo laten de randen makkelijk los.

Plaats een omgekeerd bord in het midden op de puddingvormpjes en keer ze samen om. Neem de puddingvormpjes voorzichtig weg.

DIEETAANPASSING

- **Maïsvrij**
  Gebruik 6 eetlepels rijstemeel in plaats van maïzena. Of bereid carobepudding van agar-agar (zie blz. **211**) of gelatine (zie blz. **213**).
- **Saccharosevrij**
  Gebruik geen suiker. Voeg honing of diksap toe aan de nog warme carobepudding of raadpleeg de vervangingslijst.

INDIEN TOEGESTAAN

- Gebruik cacao in plaats van carobepoeder.

VARIATIE

Carobepudding met peren
Maak 2 peren schoon en snijd deze in dunne plakjes.
Houd enkele stukjes peer achter voor de garnering.
Bereid de carobepudding en schenk deze over de peren.
Garneer de carobepudding met de achtergehouden stukjes peer.

GARNEERSUGGESTIES

- Garneer de carobepudding met 3 eetlepels imitatieslagroom.
- Garneer de carobepudding met 2 koekjes.
- Garneer de carobepudding met 1 eetlepel gehakte noten zoals amandel, hazelnoot of walnoot.

SERVEERSUGGESTIE

- Serveer de carobepudding met 2 dl vanillesaus van hypoallergene melkvervanger.

Chocoladepudding

Bereidingstijd: 15 minuten
Koeltijd: 3 uur
Bijzondere materialen:
2 puddingvormpjes met een inhoud van 2 dl, huishoudfolie

Raadpleeg uw merkartikelenlijst van ALBA en/of uw dieetadvies.

2½ eetlepel cacao
4 eetlepels maïzena
4 eetlepels suiker
4 dl melk

Meng de cacao, de maïzena en de suiker en voeg al roerende 3 eetlepels van de koude melk toe.
Breng de rest van de melk aan de kook, voeg al roerende de aangemengde maïzena toe en breng de pudding opnieuw aan de kook.
Vul de met koud water omgespoelde puddingvormpjes helemaal.
Bedek de chocoladepudding met huishoudfolie om velvorming te voorkomen en laat deze in ongeveer 3 uur koud en stijf worden.
Houd de puddingvormpjes even in warm water, zo laten de randen makkelijk los.
Plaats een omgekeerd bord in het midden op de puddingvormpjes en keer ze samen om. Neem de puddingvormpjes voorzichtig weg.

DIEETAANPASSING

- **Cacaovrij**
  Gebruik carobepoeder in plaats van cacao.
- **Koemelkvrij**
  Gebruik sojamelk in plaats van koemelk of bereid chocoladepudding van hypoallergene melkvervanger (zie blz. **191**).
- **Lactosevrij**
  Gebruik lactosevrije melk in plaats van koemelk.
- **Maïsvrij**
  Gebruik 6 eetlepels rijstemeel in plaats

van maïzena. Of bereid chocoladepudding van agar-agar (zie blz. **206**) of gelatine (zie blz. **208**).

- **Saccharosevrij**
  Gebruik geen suiker. Voeg honing of diksap toe aan de nog warme chocoladepudding of raadpleeg de vervangingslijst.

VARIATIES

Voeg 1 eetlepel cacao-, koffie- of mintlikeur aan de nog warme chocoladepudding toe.

Chocoladepudding met peren
Maak 2 peren schoon en snijd deze in dunne plakjes.
Houd enkele stukjes peer achter voor de garnering.
Bereid de chocoladepudding en schenk deze over de peren.
Garneer de chocoladepudding met de achtergehouden stukjes peer.

GARNEERSUGGESTIES

- Garneer de chocoladepudding met 3 eetlepels slagroom, die is stijf geklopt met ½ eetlepel suiker of maïsmoutstroop of met imitatieslagroom.
- Garneer de chocoladepudding met 2 schuimpjes.
- Garneer de chocoladepudding met 1 eetlepel gehakte noten zoals amandel, hazelnoot of walnoot.

SERVEERSUGGESTIE

- Serveer de chocoladepudding met 2 dl vanillesaus.

Custardpudding

Bereidingstijd: 15 minuten
Koeltijd: 3 uur
Bijzondere materialen:
2 puddingvormpjes met een inhoud van 2 dl, huishoudfolie

Raadpleeg uw merkartikelenlijst van ALBA en/of uw dieetadvies.

4 eetlepels custard
3 eetlepels suiker
4 dl melk

Meng de custard met de suiker en voeg al roerende 3 eetlepels van de koude melk toe.
Breng de rest van de melk aan de kook, voeg al roerende de aangemengde custard toe. Breng de pudding opnieuw aan de kook.
Vul de met koud water omgespoelde puddingvormpjes helemaal.
Bedek de custardpudding met huishoudfolie om velvorming te voorkomen en laat deze in ongeveer 3 uur koud en stijf worden.
Houd de puddingvormpjes om te storten even in warm water, zo laten de randen makkelijk los.
Plaats een omgekeerd bord midden op de puddingvormpjes en keer ze samen om.
Neem de puddingvormpjes voorzichtig weg.

DIEETAANPASSING

- **Additievenvrij**
  Bereid vanillepudding (zie blz. **203**) in plaats van custardpudding.
- **Koemelkvrij**
  Gebruik sojamelk in plaats van koemelk of bereid de custardpudding van hypoallergene melkvervanger (zie blz. **193**).
- **Lactosevrij**
  Gebruik lactosevrije melk in plaats van koemelk.
- **Maïsvrij**
  Gebruik 6 eetlepels rijstemeel in plaats

van custard. Laat 1 vanillestokje van 5 cm ongeveer 25 minuten in de melk trekken. Verwijder dit daarna en volg verder bovenstaand recept.
Of bereid vanillepudding van agar-agar, (zie blz. **206**) of gelatine (zie blz. **207**).

- **Saccharosevrij**
Gebruik geen suiker. Voeg ahornsiroop of honing toe aan de nog warme custardpudding of raadpleeg de vervangingslijst.

VARIATIES

Chipolatapudding
Voeg aan de nog warme custardpudding 1 eetlepel gewelde rozijnen, 1 eetlepel vruchtenlikeur en 2 eetlepels in stukjes gesneden gekonfijte vruchtjes toe.

Crème caramel
Smelt 75 g suiker en laat deze lichtbruin branden. Schenk de karamel in de puddingvormpjes en schenk de custardpudding hierover.

Custard-roompudding
Gebruik 3 dl melk in plaats van 4 dl en voeg 1 dl ongeklopte slagroom toe aan de iets afgekoelde custardpudding.

Custardpudding met verse vruchten
Maak 200 g verse vruchten schoon zoals aardbeien, bessen, bramen of frambozen of schil 2 sinaasappels en snijd ze in stukjes. Bestrooi de vruchten met 2 eetlepels witte basterdsuiker. Houd enkele mooie vruchten achter.
Bereid custardpudding en bedek de vruchten hiermee.
Garneer de custardpudding met de achtergehouden vruchten.

GARNEERSUGGESTIES

- Garneer de custardpudding met 3 eetlepels slagroom, die is stijf geklopt met $^1/_2$ eetlepel suiker of maïsmoutstroop of met 3 eetlepels imitatieslagroom.
- Garneer de custardpudding met chocoladevlokken, chocoladehagel of carobehagel, eventueel met behulp van een sjabloon (zie blz. **372**).
- Leg op de pudding een gezichtje van fruit, bijvoorbeeld ogen van druiven, krentjes of meloen, een neus van appel of peer en een mond van kersen of perzikreepjes.
Maak eventueel haren van jam, carobe- of chocoladehagel, glucose of poedersuiker en gehakte nootjes.
- Garneer de custardpudding met 1 eetlepel jam zoals aardbeien-, abrikozen-, bosbessen- of kersenjam.

SERVEERSUGGESTIE

- Serveer bij de custardpudding 2 dl karamelsaus, warme chocoladesaus, een vruchtensaus of 4 eetlepels vruchtencompote.

Custardpudding van hypoallergene melkvervanger

Bereidingstijd: 20 minuten
Koeltijd: 3 uur
Bijzondere materialen:
2 puddingvormpjes met een inhoud van 2 dl, huishoudfolie

Raadpleeg uw merkartikelenlijst van ALBA en/of uw dieetadvies.

4 eetlepels custard
3 eetlepels suiker
3 dl water
hypoallergene melkpoeder
1 dl water

Meng de custard met de suiker en voeg al roerende 3 eetlepels van het koude water toe.
Breng de rest van het water aan de kook.
Meng de hypoallergene melkpoeder aan met 1 dl water.
Raadpleeg voor de verhouding hypoaller-

gene melkpoeder/water de gebruiksaanwijzing op de verpakking. Gebruik de hoeveelheid melkpoeder die nodig is voor het maken van 4 dl hypoallergene melkvervanger. Voeg de aangemengde custard al roerende toe aan het kokende water en breng alles opnieuw aan de kook.
Roer de pudding snel koud tot 70°C.
Voeg al roerende de aangemengde hypoallergene melkpoeder toe aan het mengsel en vul de met koud water omgespoelde puddingvormpjes helemaal.
Bedek de custardpudding met huishoudfolie om velvorming te voorkomen en laat deze in ongeveer 3 uur koud en stijf worden.
Houd de puddingvormpjes om te storten even in warm water, zo laten de randen makkelijk los.
Plaats een omgekeerd bord in het midden op de puddingvormpjes en keer ze samen om. Neem de puddingvormpjes voorzichtig weg.

DIEETAANPASSING

- **Additievenvrij**
  Bereid vanillepudding (zie blz. **209**) in plaats van custardpudding.
- **Maïsvrij**
  Gebruik 6 eetlepels rijstemeel in plaats van custard. Laat 1 vanillestokje van 5 cm ongeveer 25 minuten trekken in het water. Verwijder het daarna en volg verder bovenstaand recept.
  Of bereid vanillepudding van agar-agar (zie blz. **211**) of gelatine (zie blz. **213**).
- **Saccharosevrij**
  Gebruik geen suiker. Voeg ahornsiroop of honing toe aan de nog warme custardpudding of raadpleeg de vervangingslijst.

VARIATIES

Chipolatapudding
Voeg aan de nog warme custardpudding 1 gewelde eetlepel rozijnen, 1 eetlepel vruchtenlikeur en 2 eetlepels in stukjes gesneden gekonfijte vruchtjes toe.

Crème caramel
Smelt 75 g suiker en laat deze lichtbruin branden. Schenk de karamel in de puddingvormpjes en schenk de custardpudding hierover.

Custardpudding met verse vruchten
Maak 200 g verse vruchten schoon zoals aardbeien, bessen, bramen of frambozen of schil 2 sinaasappels en snijd ze in stukjes. Bestrooi de vruchten met 2 eetlepels witte basterdsuiker. Houd enkele mooie vruchten achter.
Bereid custardpudding en bedek de vruchten hiermee.
Garneer de custardpudding met de achtergehouden vruchten.

GARNEERSUGGESTIES

- Garneer de custardpudding met 3 eetlepels imitatieslagroom.
- Garneer de custardpudding met chocoladevlokken, chocoladehagel of carobehagel, eventueel met behulp van een sjabloon (zie blz. **372**).
- Leg op de pudding een gezichtje van fruit, bijvoorbeeld ogen van druiven, krentjes of meloen, een neus van appel of peer en een mond van kersen of perzikreepjes.
  Maak eventueel haren van jam, carobe- of chocoladehagel, glucose of poedersuiker.
- Garneer de custardpudding met 1 eetlepel jam zoals aarbeien-, abrikozen-, bosbessen- of kersenjam.

SERVEERSUGGESTIE

- Serveer bij de custardpudding 2 dl karamelsaus van hypoallergene melkvervanger, warme chocoladesaus van hypoallergene melkvervanger, een vruchtensaus of 4 eetlepels vruchtencompote.

Griesmeelpudding

Bereidingstijd: 20 minuten
Koeltijd: 3 uur
Bijzondere materialen:
2 puddingvormpjes met een inhoud van 2 dl, huishoudfolie

Raadpleeg uw merkartikelenlijst van ALBA en/of uw dieetadvies.

4 dl melk
4 eetlepels griesmeel
3 eetlepels suiker

Breng de melk aan de kook.
Meng het griesmeel met de suiker, voeg dit al roerende aan de kokende melk toe en kook dit zachtjes ongeveer 5 minuten.
Doe de puddingmassa over in de met koud water omgespoelde puddingvormpjes. Bedek de griesmeelpudding met huishoudfolie om velvorming te voorkomen. Laat de griesmeelpudding in ongeveer 3 uur koud en stijf worden.
Houd de puddingvormpjes om te storten even in warm water, de randen laten dan makkelijk los.
Plaats een omgekeerd bord in het midden op de puddingvormpjes en keer deze samen om. Neem de puddingvormpjes voorzichtig weg.

DIEETAANPASSING

- **Glutenvrij**
  Gebruik maïsgriesmeel in plaats van tarwegriesmeel.
- **Koemelkvrij**
  Gebruik sojamelk in plaats van koemelk of bereid griesmeelpudding van hypoallergene melkvervanger (zie blz. **196**).
- **Lactosevrij**
  Gebruik lactosevrije melk in plaats van koemelk.
- **Saccharosevrij**
  Voeg geen suiker toe en voeg gerstemoutstroop, appel-perenstroop zonder toegevoegde suiker of vruchtendiksap toe aan de nog warme griesmeelpudding of raadpleeg de vervangingslijst.

VARIATIES

- Was 4 eetlepels rozijnen, voeg ze toe aan de melk en laat ze ongeveer 10 minuten meetrekken.
- Was 1 citroen en schil deze. Voeg de citroenschil toe aan de melk en laat deze ongeveer 10 minuten meetrekken. Verwijder de citroenschil.
- Gebruik een puddingrand met een inhoud van 4 dl in plaats van puddingvormpjes. Vul de holte in de griesmeelpudding na het storten met 2 dl warme vruchtenmoes of -compote.

Sneeuwpudding
Voeg met de suiker 1 zakje vanillesuiker extra toe.
Schep 2 stijf geslagen eiwitten door de nog warme pudding.

GARNEERSUGGESTIE

- Garneer de griesmeelpudding met 4 biscuits.

SERVEERSUGGESTIE

- Serveer de griesmeelpudding met 2 dl bessensaus, stroopsaus of met 4 eetlepels vruchtencompote.

Griesmeelpudding van hypoallergene melkvervanger

Bereidingstijd: 20 minuten
Koeltijd: 3 uur
Bijzondere materialen:
2 puddingvormpjes met een inhoud van 2 dl, huishoudfolie

Raadpleeg uw merkartikelenlijst van ALBA en/of uw dieetadvies.

3 dl water
4 eetlepels griesmeel
3 eetlepels suiker
hypoallergene melkpoeder
1 dl water

Breng het water aan de kook.
Meng het griesmeel met de suiker, voeg dit al roerende aan het kokende water toe en kook dit zachtjes ongeveer 5 minuten.
Meng de hypoallergene melkpoeder aan met de dl water.
Raadpleeg voor de verhouding hypoallergene melkpoeder/water de gebruiksaanwijzing op de verpakking.
Gebruik de hoeveelheid melkpoeder die nodig is voor het maken van 4 dl hypoallergene melkvervanger.
Roer de pudding snel koud tot 70°C.
Voeg de aangemengde hypoallergene melkpoeder al roerende toe aan de pudding.
Doe de puddingmassa over in de met koud water omgespoelde puddingvormpjes. Bedek de griesmeelpudding met huishoudfolie om velvorming te voorkomen. Laat de griesmeelpudding in ongeveer 3 uur koud en stijf worden.
Houd de puddingvormpjes om te storten even in warm water, de randen laten dan makkelijk los.
Plaats een omgekeerd bord in het midden op de puddingvormpjes en keer deze samen om. Neem de puddingvormpjes voorzichtig weg.

DIEETAANPASSING

- **Glutenvrij**
  Gebruik maïsgriesmeel in plaats van tarwegriesmeel.
- **Saccharosevrij**
  Voeg geen suiker toe en voeg appelperenstroop zonder toegevoegde suiker of gerstemoutstroop aan de nog warme griesmeelpudding toe of raadpleeg de vervangingslijst.

VARIATIES

- Was 4 eetlepels rozijnen, voeg ze toe aan het water en laat ze ongeveer 10 minuten meetrekken.
- Was 1 citroen en schil deze. Voeg de citroenschil toe aan het water en laat deze ongeveer 10 minuten trekken.
  Verwijder de citroenschil.
- Gebruik een puddingrand met een inhoud van 4 dl in plaats van puddingvormpjes. Vul de holte in de griesmeelpudding na het storten met 2 dl warme vruchtenmoes of -compote.

GARNEERSUGGESTIE

- Garneer de griesmeelpudding met 4 biscuits.

SERVEERSUGGESTIE

- Serveer de griesmeelpudding met 2 dl bessensaus, stroopsaus of met 4 eetlepels vruchtencompote.

Kabinetpudding

Bereidingstijd: 30 minuten
Koeltijd: 3 uur
Bijzondere materialen:
2 puddingvormpjes met een inhoud van 2 dl, huishoudfolie

Raadpleeg uw merkartikelenlijst van ALBA en/of uw dieetadvies.

1 eetlepel krenten
1 eetlepel rozijnen
3 biscuitjes
2 eetlepels rum
3½ dl melk
3 eetlepels suiker
4 blaadjes witte gelatine

Was en wel de krenten en de rozijnen en laat ze uitlekken.
Breek de biscuitjes in stukjes en week ze in de rum.
Breng de melk met de suiker aan de kook.
Week de gelatine 10 minuten in ruim koud water, knijp deze uit en los deze al roerende op in de iets afgekoelde melk.
Laat de pudding onder af en toe roeren geleiachtig worden en meng er dan de geweekte biscuitjes en de krenten en rozijnen door.
Doe de puddingmassa over in de met koud water omgespoelde puddingvormpjes als de krenten en rozijnen niet meer zakken.
Bedek de kabinetpudding met huishoudfolie om velvorming te voorkomen.
Laat de kabinetpudding in ongeveer 3 uur koud en stijf worden.
Houd de puddingvormpjes om te storten even in warm water, de randen laten dan makkelijk los.
Plaats een omgekeerd bord in het midden op de puddingvormpjes en keer deze samen om. Neem de puddingvormpjes voorzichtig weg.

DIEETAANPASSING

- **Additievenvrij**
  Gebruik biscuitjes zonder toevoegingen en ongezwavelde krenten en rozijnen. Gebruik sterke koffie in plaats van rum.
- **Glutenvrij**
  Gebruik glutenvrije biscuitjes.
- **Koemelkvrij**
  Gebruik koemelkvrije biscuitjes. Gebruik sojamelk in plaats van koemelk of bereid kabinetpudding van hypoallergene melkvervanger (zie blz. **198**).
- **Lactosevrij**
  Gebruik lactosevrije biscuitjes en gebruik lactosevrije melk in plaats van koemelk.
- **Saccharosevrij**
  Gebruik biscuitjes zonder suiker.
  Voeg geen suiker toe, maar voeg ahornsiroop of diksap toe aan de nog warme kabinetpudding of raadpleeg de vervangingslijst.
  Gebruik sterke koffie in plaats van rum.

VARIATIES

- Gebruik bitterkoekjes, kaneelbiscuitjes of lange vingers in plaats van biscuitjes.
- Gebruik sterke koffie in plaats van rum.
- Gebruik 2 eetlepels schoongemaakte en in stukjes gesneden vruchtjes zoals ontpitte abrikoos, appel en peer in plaats van krenten en rozijnen.
- Voeg aan de kokende melk 1 eetlepel custard, aangemengd met 1 eetlepel koud water toe. Breng de custardvla opnieuw aan de kook en volg verder bovenstaand recept.
- Gebruik 2½ dl melk in plaats van 3½ dl en roer 1 dl ongeklopte room door de iets afgekoelde kabinetpudding.

Chipolatapudding
Gebruik in stukjes gesneden gekonfijte vruchtjes in plaats van krenten en rozijnen en gebruik marasquin in plaats van rum.

Diplomaatpudding
Gebruik ½ eetlepel gewassen krenten en ½ eetlepel in stukjes gesneden gekonfijte vruchtjes in plaats van 1 eetlepel krenten. Gebruik marasquin in plaats van rum.

GARNEERSUGGESTIE
- Garneer de kabinetpudding met 3 eetlepels slagroom, die is stijf geklopt met $1/2$ eetlepel suiker of maïsmoutstroop of met imitatieslagroom.

SERVEERSUGGESTIE
- Serveer bij de kabinetpudding 2 dl vruchtensaus.

Kabinetpudding van hypoallergene melkvervanger

Bereidingstijd: 30 minuten
Koeltijd: 3 uur
Bijzondere materialen:
2 puddingvormpjes met een inhoud van 2 dl, huishoudfolie

Raadpleeg uw merkartikelenlijst van ALBA en/of uw dieetadvies.

1 eetlepel krenten
1 eetlepel rozijnen
3 biscuitjes
2 eetlepels rum
$2^1/_2$ dl water
3 eetlepels suiker
hypoallergene melkvervanger
1 dl water
4 blaadjes witte gelatine

Was en wel de krenten en de rozijnen en laat ze uitlekken.
Breek de biscuitjes in stukjes en week ze in de rum.
Breng het water met de suiker aan de kook.
Meng de hypoallergene melkpoeder aan met het water.
Raadpleeg voor de verhouding hypoallergene melkpoeder/water de gebruiksaanwijzing op de verpakking.
Gebruik de hoeveelheid melkpoeder die nodig is voor het maken van $3^1/_2$ dl hypoallergene melkvervanger.
Week de gelatine in ruim koud water, knijp deze uit en los deze al roerende op in het iets afgekoelde water.
Roer de massa verder koud tot 70°C.
Voeg al roerende de aangemengde hypoallergene melkpoeder toe.
Laat de pudding onder af en toe roeren geleiachtig worden en meng er dan de geweekte biscuitjes, de krenten en rozijnen door.
Doe de puddingmassa over in de met koud water omgespoelde puddingvormpjes als de krenten en rozijnen niet meer zakken.
Bedek de kabinetpudding met huishoudfolie om velvorming te voorkomen.
Laat de kabinetpudding in ongeveer 3 uur koud en stijf worden.
Houd de puddingvormpjes om te storten even in warm water, de randen laten dan gemakkelijk los.
Plaats een omgekeerd bord in het midden op de puddingvormpjes en keer deze samen om. Neem de puddingvormpjes voorzichtig weg.

DIEETAANPASSING
- **Additievenvrij**
  Gebruik biscuitjes zonder toevoegingen en ongezwavelde krenten en rozijnen. Gebruik sterke koffie in plaats van rum.
- **Glutenvrij**
  Gebruik glutenvrije biscuitjes.
- **Koemelkvrij/lactosevrij**
  Gebruik koemelkvrije biscuitjes.
- **Saccharosevrij**
  Voeg geen suiker toe en gebruik biscuitjes zonder suiker.
  Voeg ahornsiroop of diksap toe aan de nog warme kabinetpudding of raadpleeg de vervangingslijst.
  Voeg sterke koffie toe in plaats van rum.

VARIATIES
- Gebruik bitterkoekjes of lange vingers in plaats van biscuitjes.
- Gebruik sterke koffie in plaats van rum.
- Gebruik 2 eetlepels schoongemaakte en

in stukjes gesneden vruchtjes zoals ontpitte abrikoos, appel en peer in plaats van krenten en rozijnen.

Chipolatapudding
Gebruik in stukjes gesneden gekonfijte vruchtjes in plaats van krenten en rozijnen en gebruik marasquin in plaats van rum.

Diplomaatpudding
Gebruik ½ eetlepel krenten en ½ eetlepel in stukjes gesneden gekonfijte vruchtjes in plaats van 1 eetlepel krenten.
Gebruik marasquin in plaats van rum.

GARNEERSUGGESTIE

- Garneer de kabinetpudding met 3 eetlepels imitatieslagroom.

SERVEERSUGGESTIE

- Serveer bij de kabinetpudding 2 dl vruchtensaus.

Karamelpudding

Dit gerecht is niet geschikt voor het saccharosevrije dieet.

Bereidingstijd: 15 minuten
Koeltijd: 3 uur
Bijzondere materialen: braadpan, 2 puddingvormpjes met een inhoud van 2 dl, huishoudfolie

Raadpleeg uw merkartikelenlijst van ALBA en/of uw dieetadvies.

4 eetlepels maïzena
4 dl melk
6 eetlepels suiker

Meng de maïzena aan met 3 eetlepels van de koude melk.
Smelt de suiker in de braadpan, laat de suiker bruin branden tot ruim de helft van het oppervlak schuimt.
Voeg ineens de rest van de koude melk toe en roer totdat de karamel is opgelost.
Voeg de aangemengde maïzena al roerende toe aan de karamel.
Breng de pudding opnieuw aan de kook en vul de met koud water omgespoelde puddingvormpjes helemaal.
Bedek de karamelpudding met huishoudfolie om velvorming te voorkomen en laat deze in ongeveer 3 uur koud en stijf worden.
Houd de puddingvormpjes om te storten even in warm water, zo laten de randen makkelijk los.
Plaats een omgekeerd bord in het midden op de puddingvormpjes en keer ze samen om. Neem de puddingvormpjes voorzichtig weg.

DIEETAANPASSING

- **Koemelkvrij**
  Gebruik sojamelk in plaats van koemelk of bereid karamelpudding van hypoallergene melkvervanger (zie blz. 200).

- **Lactosevrij**
  Gebruik lactosevrije melk in plaats van koemelk.
- **Maïsvrij**
  Gebruik 6 eetlepels rijstemeel in plaats maïzena of gebruik 1½ eetlepel agar-agarvlokken in plaats van de aangemengde maïzena.
  Breng de pudding opnieuw aan de kook en kook deze nog 10 minuten.

VARIATIES

- Voeg 1 eetlepel likeur zoals amandellikeur toe aan de nog warme pudding.

Karamel-roompudding
Gebruik 3 dl melk in plaats van 4 dl en voeg 1 dl ongeklopte slagroom toe aan de iets afgekoelde karamelpudding.

Hopjespudding
Bereid karamelpudding en voeg 2 eetlepels sterke koffie toe aan de nog warme karamelpudding.

GARNEERSUGGESTIES

- Garneer de karamelpudding met 3 eetlepels slagroom, die is stijf geklopt met ½ eetlepel suiker, honing of maïsmoutstroop of met imitatieslagroom.
- Garneer de karamelpudding met chocoladevlokken, chocoladehagel of carobehagel, eventueel met behulp van een sjabloon (zie blz. **372**).
- Garneer de karamelpudding met 1 eetlepel gehakte noten zoals amandelen, hazelnoten en walnoten.
- Garneer de karamelpudding met een biscuitje, café noir, lange vinger of mokkaschuimpje.

SERVEERSUGGESTIE

- Serveer bij de karamelpudding 2 dl vanillesaus.

Karamelpudding van hypoallergene melkvervanger

Dit gerecht is niet geschikt voor het saccharosevrije dieet.

Bereidingstijd: 25 minuten
Koeltijd: 3 uur
Bijzondere materialen: braadpan, 2 puddingvormpjes met een inhoud van 2 dl, huishoudfolie

Raadpleeg uw merkartikelenlijst van ALBA en/of uw dieetadvies.

4 eetlepels maïzena
3 dl water
6 eetlepels suiker
hypoallergene melkpoeder
1 dl water

Meng de maïzena aan met 3 eetlepels van het koude water.
Smelt de suiker in de braadpan, laat de suiker bruin branden tot ruim de helft van het oppervlak schuimt.
Voeg ineens de rest van het koude water toe en roer totdat de karamel is opgelost.
Meng de hypoallergene melkpoeder aan met het water. Raadpleeg voor de verhouding hypoallergene melkpoeder/water de gebruiksaanwijzing op de verpakking. Gebruik de hoeveelheid melkpoeder die nodig is voor het maken van 4 dl hypoallergene melkvervanger.
Voeg de aangemengde maïzena al roerende toe aan de karamel en breng alles opnieuw aan de kook.
Roer de pudding snel koud tot 70°C.
Voeg al roerende de aangemengde hypoallergene melkpoeder toe aan de karamelpudding en vul de met koud water omgespoelde puddingvormpjes helemaal.
Bedek de karamelpudding met huishoudfolie om velvorming te voorkomen en laat deze in ongeveer 3 uur koud en stijf worden.

Houd de puddingvormpjes om te storten even in warm water, zo laten de randen makkelijk los.
Plaats een omgekeerd bord in het midden op de puddingvormpjes en keer ze samen om. Neem de puddingvormpjes voorzichtig weg.

DIEETAANPASSING

- **Maïsvrij**
  Gebruik 6 eetlepels rijstemeel in plaats maïzena of gebruik 1½ eetlepel agar-agarvlokken in plaats van de aangemengde maïzena.
  Breng het water met agar-agar opnieuw aan de kook en kook dit nog 10 minuten.
  Volg verder bovenstaand recept.

VARIATIE

Hopjespudding
Bereid karamelpudding en voeg 2 eetlepels sterke koffie toe aan de nog warme karamelpudding.

GARNEERSUGGESTIES

- Garneer de pudding met 3 eetlepels imitatieslagroom.
- Garneer de karamelpudding met chocoladevlokken, chocoladehagel of carobehagel, eventueel met behulp van een sjabloon.
- Garneer de karamelpudding met 1 eetlepel gehakte noten zoals amandelen, hazelnoten en walnoten.
- Garneer de karamelpudding met 2 koekjes.

SERVEERSUGGESTIE

- Serveer bij de karamelpudding 2 dl vanillesaus van hypoallergene melkvervanger.

Koffiepudding

Bereidingstijd: 15 minuten
Koeltijd: 30 minuten
Bijzondere materialen:
2 puddingvormpjes met een inhoud van 2 dl, huishoudfolie

Raadpleeg uw merkartikelenlijst van ALBA en/of uw dieetadvies.

4 eetlepels maïzena
4 eetlepels suiker
4 dl melk
2 eetlepels sterke koffie

Meng de maïzena met de suiker en voeg al roerende 3 eetlepels van de koude melk toe.
Breng de rest van de melk aan de kook, voeg de sterke koffie toe. Breng de pudding opnieuw aan de kook en vul de met koud water omgespoelde puddingvormpjes helemaal.
Bedek de koffiepudding met huishoudfolie om velvorming te voorkomen en laat deze in ongeveer 3 uur koud en stijf worden.
Houd de puddingvormpjes om te storten even in warm water, zo laten de randen makkelijk los.
Plaats een omgekeerd bord in het midden op de puddingvormpjes en keer ze samen om. Neem de puddingvormpjes voorzichtig weg.

DIEETAANPASSING

- **Koemelkvrij**
  Gebruik sojamelk in plaats van koemelk of bereid koffiepudding van hypoallergene melkvervanger (zie blz. **202**).
- **Lactosevrij**
  Gebruik lactosevrije melk in plaats van koemelk.
- **Maïsvrij**
  Gebruik 6 eetlepels rijstemeel in plaats van maïzena. Of bereid koffiepudding van agar-agar (zie blz. **207**) of gelatine (zie blz. **208**).

- **Saccharosevrij**
  Gebruik geen suiker. Voeg honing of maïsmoutstroop toe aan de nog warme koffiepudding of raadpleeg de vervangingslijst.

VARIATIES
- Voeg ½ zakje vanillesuiker extra toe aan de melk.
- Voeg 1 eetlepel likeur zoals amandellikeur, bananenlikeur of koffielikeur toe aan de nog warme koffiepudding.

Koffie-roompudding
Gebruik 3 dl melk in plaats van 4 dl en voeg 1 dl ongeklopte slagroom toe aan de iets afgekoelde koffiepudding.

Koffiepudding met banaan
Maak 1 banaan schoon en snijd deze in plakjes.
Bereid koffiepudding en schenk deze over de plakjes banaan.

Koffiepudding met gemalen kokos
Meng 2 eetlepels gemalen kokos door de nog warme koffiepudding.

GARNEERSUGGESTIES
- Garneer de koffiepudding met 3 eetlepels slagroom, die is stijf geklopt met ½ eetlepel suiker, of maïsmoutstroop.
- Garneer de koffiepudding met chocoladevlokken, chocoladehagel of carobehagel, eventueel met behulp van een sjabloon.
- Garneer de koffiepudding met 1 eetlepel gehakte noten zoals amandelen, hazelnoten en walnoten.
- Garneer de koffiepudding met een biscuitje, café noir, lange vinger of mokkaschuimpje.

SERVEERSUGGESTIE
- Serveer bij de koffiepudding 2 dl warme vanillesaus.

Koffiepudding van hypoallergene melkvervanger

Bereidingstijd: 20 minuten
Koeltijd: 3 uur
Bijzondere materialen:
2 puddingvormpjes met een inhoud van 2 dl, huishoudfolie

Raadpleeg uw merkartikelenlijst van ALBA en/of uw dieetadvies.

4 eetlepels maïzena
4 eetlepels suiker
3 dl water
2 eetlepels sterke koffie
hypoallergene melkpoeder
1 dl water

Meng de maïzena met de suiker en voeg al roerende 3 eetlepels van het koude water toe.
Breng de rest van het water aan de kook, voeg de sterke koffie toe.
Meng de hypoallergene melkpoeder aan met de dl water.
Raadpleeg voor de verhouding hypoallergene melkpoeder/water de gebruiksaanwijzing op de verpakking. Gebruik de hoeveelheid melkpoeder die nodig is voor het maken van 4 dl hypoallergene melkvervanger.
Voeg de aangemengde maïzena al roerende toe aan het kokende water en breng dit opnieuw aan de kook.
Roer de pudding snel koud tot 70°C.
Voeg al roerende de aangemengde hypoallergene melkpoeder toe aan het mengsel en vul de met koud water omgespoelde puddingvormpjes helemaal.
Bedek de koffiepudding met huishoudfolie om velvorming te voorkomen en laat deze in ongeveer 3 uur koud en stijf worden.
Houd de puddingvormpjes om te storten even in warm water, zo laten de randen makkelijk los.
Plaats een omgekeerd bord in het midden op de puddingvormpjes en keer ze samen

om. Neem de puddingvormpjes voorzichtig weg.

DIEETAANPASSING
- **Maïsvrij**
  Gebruik 6 eetlepels rijstemeel in plaats van maïzena. Of bereid koffiepudding van agar-agar (zie blz. **212**) of gelatine (zie blz. **214**).
- **Saccharosevrij**
  Gebruik geen suiker. Voeg honing of maïsmoutstroop toe aan de nog warme koffiepudding of raadpleeg de vervangingslijst.

VARIATIES
- Voeg ½ zakje vanillesuiker extra aan het water toe.

Koffiepudding met banaan
Maak 1 banaan schoon en snijd deze in plakjes.
Bereid koffiepudding volgens bovenstaand recept en schenk deze over de plakjes banaan.

Koffiepudding met gemalen kokos
Bereid koffiepudding en meng 2 eetlepels gemalen kokos door de nog warme koffiepudding.

GARNEERSUGGESTIES
- Garneer de koffiepudding met 1 dl stijf geklopte imitatieslagroom.
- Garneer de koffiepudding met chocoladevlokken, chocoladehagel of carobehagel, eventueel met behulp van een sjabloon.
- Garneer de koffiepudding met 1 eetlepel gehakte noten zoals amandelen, hazelnoten en walnoten.
- Garneer de koffiepudding met 2 biscuitjes of koekjes.

SERVEERSUGGESTIE
- Serveer bij de koffiepudding 2 dl warme vanillesaus van hypoallergene melkvervanger.

Vanillepudding

Bereidingstijd: 35 minuten
Koeltijd: 3 uur
Bijzondere materialen:
2 puddingvormpjes met een inhoud van 2 dl, huishoudfolie

Raadpleeg uw merkartikelenlijst van ALBA en/of uw dieetadvies.

1 ei
3 eetlepels suiker
4 eetlepels maïzena
4 dl melk
1 vanillestokje van ongeveer 5 cm

Meng het ei met de suiker.
Meng de maïzena aan met 2 eetlepels van de koude melk, voeg het ei al roerende toe.
Snijd het vanillestokje open.
Breng de rest van de melk aan de kook, voeg het vanillestokje toe laat dit ongeveer 25 minuten trekken en verwijder het.
Voeg al roerende 2 eetlepels van de kokende melk toe aan de aangemengde maïzena, schenk het mengsel daarna al roerende in de kokende melk en breng de pudding opnieuw aan de kook.
Vul de met koud water omgespoelde puddingvormpjes helemaal.
Bedek de pudding met huishoudfolie om velvorming te voorkomen en laat deze in ongeveer 3 uur koud en stijf worden.
Houd de puddingvormpjes om te storten even in warm water, zo laten de randen makkelijk los.
Plaats een omgekeerd bord midden op de puddingvormpjes en keer ze samen om. Neem de puddingvormpjes voorzichtig weg.

DIEETAANPASSING
- **Kippeëivrij**
  Bereid vanillepudding zonder ei (zie blz. **205**), gebruik eventueel gewone melk in plaats van sojamelk.

- **Koemelkvrij**
  Gebruik sojamelk in plaats van koemelk of bereid vanillepudding van hypoallergene melkvervanger (zie blz. 209).
- **Lactosevrij**
  Gebruik lactosevrije melk in plaats van koemelk.
- **Maïsvrij**
  Gebruik 6 eetlepels rijstemeel in plaats van maïzena. Of bereid vanillepudding van agar-agar (zie blz. 206) of gelatine (zie blz. 207).
- **Saccharosevrij**
  Gebruik geen suiker. Voeg ahornsiroop of diksap toe aan de nog warme vanillepudding of raadpleeg de vervangingslijst.

VARIATIES

Chipolatapudding
Voeg aan de nog warme pudding 1 eetlepel vruchtenlikeur, 1 eetlepel gewelde rozijnen en 1 eetlepel in stukjes gesneden gekonfijte vruchtjes toe.

Crème caramel
Smelt 75 g suiker en laat deze lichtbruin branden. Schenk de karamel in de puddingvormpjes en schenk hierover de vanillepudding.

Vanillepudding met verse vruchten
Maak 200 g verse vruchten schoon zoals aardbeien, bessen, bramen of frambozen of schil 2 sinaasappels en snijd ze in stukjes. Bestrooi de vruchten met 2 eetlepels witte basterdsuiker. Houd enkele mooie vruchten achter.
Bedek de vruchten met de vanillepudding en garneer deze met de achtergehouden vruchten.

Vanille-roompudding
Gebruik 3 dl melk in plaats van 4 dl.
Voeg 1 dl ongeklopte slagroom toe aan de iets afgekoelde vanillepudding.

GARNEERSUGGESTIES

- Garneer de vanillepudding met 3 eetlepels slagroom, die is stijf geklopt met ½ eetlepel suiker, honing of maïsmoutstroop of met 3 eetlepels imitatieslagroom.
- Garneer de vanillepudding met chocoladevlokken, chocoladehagel of carobehagel, eventueel met behulp van een sjabloon.
- Leg op de pudding een gezichtje van fruit, bijvoorbeeld ogen van druiven, krentjes of meloen, een neus van appel of peer en een mond van kersen of perzikreepjes.
  Maak eventueel haren van jam, carobe- of chocoladehagel, glucose of poedersuiker.
- Garneer de vanillepudding met 1 eetlepel jam zoals aardbeien-, abrikozen-, bosbessen- of kersenjam.
- Gebruik tulbandvormpjes in plaats van puddingvormpjes en vul de holtes met vers fruit.

SERVEERSUGGESTIE

- Serveer bij de vanillepudding 2 dl warme karamelsaus, chocoladesaus, een vruchtensaus of 4 eetlepels vruchtencompote.

Vanillepudding met sojamelk

Deze pudding bevat geen ei en is daarom licht van kleur.

Bereidingstijd: 35 minuten
Koeltijd: 3 uur
Bijzondere materialen:
2 puddingvormpjes met een inhoud van 2 dl, huishoudfolie

Raadpleeg uw merkartikelenlijst van ALBA en/of uw dieetadvies.

4 eetlepels maïzena
3 eetlepels suiker
4 dl sojamelk
1 vanillestokje van ongeveer 5 cm

Meng de maïzena met de suiker en voeg al roerende 3 eetlepels van de koude sojamelk toe.
Breng de rest van de sojamelk aan de kook.
Snijd het vanillestokje open en voeg het toe aan de sojamelk.
Laat dit ongeveer 25 minuten zachtjes trekken.
Verwijder het vanillestokje.
Voeg al roerende 2 eetlepels van de kokende sojamelk toe aan de aangemengde maïzena, schenk het mengsel daarna al roerende in de kokende sojamelk en breng de pudding opnieuw aan de kook.
Vul de met koud water omgespoelde puddingvormpjes helemaal.
Bedek de pudding met huishoudfolie om velvorming te voorkomen en laat deze in ongeveer 3 uur koud en stijf worden.
Houd de puddingvormpjes om te storten even in warm water, zo laten de randen makkelijk los.
Plaats een omgekeerd bord midden op de puddingvormpjes en keer ze samen om. Neem de puddingvormpjes voorzichtig weg.

DIEETAANPASSING

- **Sojavrij**
  Gebruik koemelk in plaats van sojamelk of bereid vanillepudding van hypoallergene melkvervanger (zie blz. 209).
- **Maïsvrij**
  Gebruik 6 eetlepels rijstemeel in plaats van maïzena. Of bereid vanillepudding van agar-agar (zie blz. 206) of gelatine (zie blz. 207).
- **Saccharosevrij**
  Gebruik geen suiker. Voeg ahornsiroop of diksap toe aan de nog warme vanillepudding of raadpleeg de vervangingslijst.

INDIEN TOEGESTAAN

- Gebruik koemelk in plaats van sojamelk.

VARIATIES

Chipolatapudding
Voeg aan de nog warme pudding 1 eetlepel vruchtenlikeur, 1 eetlepel gewelde rozijnen en 1 eetlepel in stukjes gesneden gekonfijte vruchtjes toe.

Crème caramel
Smelt 75 g suiker en laat deze lichtbruin branden. Schenk de karamel in de puddingvormpjes en schenk hierover de vanillepudding.

Vanillepudding met verse vruchten
Maak 200 g verse vruchten schoon zoals aardbeien, bessen, bramen of frambozen of schil 2 sinaasappels en snijd ze in stukjes.
Bestrooi de vruchten met 2 eetlepels witte basterdsuiker. Houd enkele mooie vruchten achter.
Bedek de vruchten met de vanillepudding en garneer deze met de achtergehouden vruchten.

GARNEERSUGGESTIES

- Garneer de vanillepudding met 3 eetlepels imitatieslagroom.
- Garneer de vanillepudding met chocoladevlokken, chocoladehagel of carobe-

hagel, eventueel met behulp van een sjabloon.

- Leg op de pudding een gezichtje van fruit, bijvoorbeeld ogen van druiven, krentjes of meloen, een neus van appel of peer en een mond van kersen of perzikreepjes.
  Maak eventueel haren van jam, carobe- of chocoladehagel, glucose of poedersuiker.
- Garneer de vanillepudding met 1 eetlepel jam zoals aardbeien-, abrikozen-, bosbessen- of kersenjam.
- Gebruik tulbandvormpjes in plaats van puddingvormpjes en vul de holtes met vers fruit.

SERVEERSUGGESTIE

- Serveer bij de vanillepudding 2 dl karamelsaus, warme chocoladesaus, een vruchtensaus of 4 eetlepels vruchtencompote.

Vanillepudding van agar-agar

Deze pudding bevat geen ei en is daarom licht van kleur.

Bereidingstijd: 35 minuten
Koeltijd: 3 uur
Bijzondere materialen:
2 puddingvormpjes met een inhoud van 2 dl, huishoudfolie

Raadpleeg uw merkartikelenlijst van ALBA en/of uw dieetadvies.

4 dl melk
3 eetlepels suiker
1 vanillestokje van
ongeveer 5 cm
1½ eetlepel agar-agarvlokken

Breng de melk met de suiker aan de kook.
Snijd het vanillestokje open, voeg het toe aan de melk en laat dit ongeveer 25 minuten zachtjes trekken.
Verwijder het vanillestokje.
Voeg de agar-agarvlokken al roerende toe aan de kokende melk en kook deze nog 10 minuten.
Laat de vanillepudding onder af en toe roeren geleiachtig worden.
Vul de met koud water omgespoelde puddingvormpjes helemaal.
Bedek de pudding met huishoudfolie om velvorming te voorkomen en laat deze in ongeveer 1 uur koud en stijf worden.
Houd de puddingvormpjes om te storten even in warm water, zo laten de randen makkelijk los.
Plaats een omgekeerd bord in het midden op de puddingvormpjes en keer ze samen om.
Neem de puddingvormpjes voorzichtig weg.

DIEETAANPASSING

- **Koemelkvrij**
  Gebruik sojamelk in plaats van koemelk of bereid vanillepudding van hypoallergene melkpoeder en agar-agar (zie blz. **211**).
- **Lactosevrij**
  Gebruik lactosevrije melk in plaats van koemelk.
- **Saccharosevrij**
  Gebruik geen suiker. Voeg ahornsiroop of diksap toe aan de nog warme vanillepudding of raadpleeg de vervangingslijst.

VARIATIES

Carobepudding
Meng 2½ eetlepel carobepoeder aan met 2½ eetlepel van de koude melk en voeg dit al roerende toe aan de kokende melk. Gebruik 4 eetlepels suiker in plaats van 3. Voeg geen vanillestokje toe. Garneer de carobepudding eventueel met dunne plakjes peer.

Chipolatapudding
Voeg aan de nog warme vanillepudding 1 eetlepel vruchtenlikeur, 1 eetlepel gewelde rozijnen en 1 eetlepel in stukjes gesneden gekonfijte vruchtjes toe.

Chocoladepudding
Meng 2½ eetlepel cacao aan met 2½ eetlepel van de koude melk en voeg dit al roerende toe aan de kokende melk. Gebruik 4 eetlepels suiker in plaats van 3. Voeg geen vanillestokje toe.
Garneer de chocoladepudding eventueel met dunne plakjes peer.

Crème caramel
Smelt 75 g suiker en laat deze lichtbruin branden. Schenk de karamel in de puddingvormpjes en schenk hierover de vanillepudding.

Gemberpudding
Snijd 2 eetlepels gemberbolletjes in stukjes. Houd enkele mooie stukjes achter voor de garnering. Meng de gemberstukjes met 3 eetlepels gembernat door de nog warme vanillepudding. Garneer de gemberpudding na het storten met de achtergehouden gemberstukjes.

Koffiepudding
Voeg 2 eetlepels sterke koffie toe aan de kokende melk. Gebruik 4 eetlepels suiker in plaats van 3. Voeg geen vanillestokje toe. Voeg eventueel 1 in stukjes gesneden banaan toe of 2 eetlepels gemalen kokos.

Vanillepudding met verse vruchten
Maak 200 g verse vruchten schoon zoals appel, kersen, mandarijntjes, meloen of peer en snijd ze in stukjes. Bestrooi de vruchten met 2 eetlepels witte bastersuiker. Houd enkele mooie vruchten achter voor de garnering. Bedek de vruchten met de vanillepudding en garneer deze met de achtergehouden vruchten.

Vanille-roompudding
Gebruik 3 dl melk in plaats van 4 dl en voeg 1 dl ongeklopte slagroom toe aan de iets afgekoelde vanillepudding.

GARNEERSUGGESTIES

- Garneer de vanillepudding met 3 eetlepels slagroom, die is stijf geklopt met ½ eetlepel suiker of maïsmoutstroop of met imitatieslagroom.
- Garneer de vanillepudding met chocoladevlokken, chocoladehagel of carobehagel, eventueel met behulp van een sjabloon.
- Leg op de pudding een gezichtje van fruit, bijvoorbeeld ogen van druiven, krentjes of meloen, een neus van appel of peer en een mond van kersen of perzikreepjes.
  Maak eventueel haren van jam, carobe- of chocoladehagel, glucose of poedersuiker.
- Garneer de vanillepudding met 1 eetlepel jam zoals aardbeien-, abrikozen-, bosbessen- of kersenjam.
- Gebruik tulbandvormpjes in plaats van puddingvormpjes en vul de holtes met vers fruit.

SERVEERSUGGESTIE

- Serveer bij de vanillepudding 4 eetlepels vruchtencompote.

Vanillepudding van gelatine

Deze pudding bevat geen ei en is daarom licht van kleur.

Bereidingstijd: 35 minuten
Koeltijd: 3 uur
Bijzondere materialen:
2 puddingvormpjes met een inhoud van 2 dl, huishoudfolie

Raadpleeg uw merkartikelenlijst van ALBA en/of uw dieetadvies.

5 blaadjes gelatine
4 dl melk
3 eetlepels suiker
1 vanillestokje van
ongeveer 5 cm

Week de gelatine ongeveer 10 minuten in ruim koud water en knijp deze uit.
Breng de melk met de suiker aan de kook.
Snijd het vanillestokje open, voeg het toe aan de melk en laat dit ongeveer 25 minuten zachtjes trekken.
Laat de melk iets afkoelen en los al roerende de gelatine hierin op. Laat de pudding zachtjes doorkoken tot een voor, die erin getrokken wordt, juist te zien blijft. Verwijder het vanillestokje en laat de vanillepudding onder af en toe roeren geleiachtig worden.
Vul de met koud water omgespoelde puddingvormpjes helemaal.
Bedek de pudding met huishoudfolie om velvorming te voorkomen en laat deze in ongeveer 3 uur koud en stijf worden.
Houd de puddingvormpjes om te storten even in warm water, zo laten de randen makkelijk los.
Plaats een omgekeerd bord midden op de puddingvormpjes en keer ze samen om. Neem de puddingvormpjes voorzichtig weg.

DIEETAANPASSING

- **Koemelkvrij**
  Gebruik sojamelk in plaats van koemelk of bereid vanillepudding van hypoallergene melkpoeder en gelatine (zie blz. **213**).
- **Lactosevrij**
  Gebruik lactosevrije melk in plaats van koemelk.
- **Saccharosevrij**
  Gebruik geen suiker. Voeg ahornsiroop of diksap toe aan de nog warme vanillepudding of raadpleeg de vervangingslijst.

VARIATIES

Carobepudding
Meng 2½ eetlepel carobepoeder aan met 2½ eetlepel van de koude melk en voeg dit al roerende toe aan de kokende melk. Gebruik 4 eetlepels suiker in plaats van 3. Voeg geen vanillestokje toe. Garneer de carobepudding eventueel met dunne plakjes peer.

Chipolatapudding
Voeg aan de nog warme vanillepudding 1 eetlepel vruchtenlikeur, 1 eetlepel gewelde rozijnen en 1 eetlepel in stukjes gesneden gekonfijte vruchtjes toe.

Chocoladepudding
Meng 2½ eetlepel cacao aan met 2½ eetlepel van de koude melk en voeg dit al roerende toe aan de kokende melk. Gebruik 4 eetlepels suiker in plaats van 3. Voeg geen vanillestokje toe.
Garneer de chocoladepudding eventueel met dunne plakjes peer.

Crème caramel
Smelt 75 g suiker en laat deze lichtbruin branden. Schenk de karamel in de puddingvormpjes en schenk hierover de vanillepudding.

Gemberpudding
Snijd 2 eetlepels gemberbolletjes in stukjes. Houd enkele mooie stukjes achter voor de garnering. Meng de gemberstukjes met 3 eetlepels gembernat door de nog warme vanillepudding. Garneer de gemberpudding na het storten met de achtergehouden gemberstukjes.

Koffiepudding
Voeg 2 eetlepels sterke koffie toe aan de kokende melk. Gebruik 4 eetlepels suiker in plaats van 3. Voeg geen vanillestokje toe. Voeg eventueel 1 in stukjes gesneden banaan toe of 2 eetlepels gemalen kokos.

Vanillepudding met verse vruchten
Maak 200 g verse vruchten schoon zoals appel, kersen, mandarijntjes, meloen of peer en snijd ze in stukjes. Bestrooi de vruchten met 2 eetlepels witte basterdsuiker. Houd enkele mooie vruchten achter voor de garnering. Bereid de vanillepudding en bedek de vruchten hiermee.
Garneer de vanillepudding met de achtergehouden vruchten.

Vanille-roompudding
Gebruik 3 dl melk in plaats van 4 dl en voeg 1 dl ongeklopte slagroom toe aan de iets afgekoelde vanillepudding.

GARNEERSUGGESTIES
- Garneer de vanillepudding met 3 eetlepels slagroom, die is stijf geklopt met ½ eetlepel suiker of maïsmoutstroop of met imitatieslagroom.
- Garneer de vanillepudding met chocoladevlokken, chocoladehagel of carobehagel, eventueel met behulp van een sjabloon.
- Leg op de pudding een gezichtje van fruit, bijvoorbeeld ogen van druiven, krentjes of meloen, een neus van appel of peer en een mond van kersen of perzikreepjes.
  Maak eventueel haren van jam, carobe- of chocoladehagel, glucose of poedersuiker.
- Garneer de vanillepudding met 1 eetlepel jam zoals aardbeien-, abrikozen-, bosbessen- of kersenjam.
- Gebruik tulbandvormpjes in plaats van puddingvormpjes en vul de holtes met vers fruit.

SERVEERSUGGESTIE
- Serveer bij de vanillepudding 4 eetlepels vruchtencompote.

Vanillepudding van hypoallergene melkvervanger

Deze pudding bevat geen ei en is daarom licht van kleur.

Bereidingstijd: 35 minuten
Koeltijd: 3 uur
Bijzondere materialen:
2 puddingvormpjes met een inhoud van 2 dl, huishoudfolie

Raadpleeg uw merkartikelenlijst van ALBA en/of uw dieetadvies.

4 eetlepels maïzena
3 eetlepels suiker
3 dl koud water
1 vanillestokje van ongeveer 5 cm
hypoallergene melkpoeder
1 dl water

Meng de maïzena met de suiker en voeg al roerende 3 eetlepels van het koude water toe.
Breng de rest van het water aan de kook.
Snijd het vanillestokje open en voeg het toe aan het kokende water.
Laat dit ongeveer 25 minuten zachtjes trekken.
Verwijder het vanillestokje.
Meng de hypoallergene melkpoeder aan met 1 dl water.
Raadpleeg voor de verhouding hypoallergene melkpoeder/water de gebruiksaanwijzing op de verpakking. Gebruik de hoeveelheid melkpoeder die nodig is voor het maken van 4 dl hypoallergene melkvervanger.
Voeg de aangemengde maïzena al roerende toe aan het kokende water en breng alles opnieuw aan de kook.
Roer de pudding snel koud tot 70°C.
Voeg al roerende de aangemengde hypoallergene melkpoeder toe aan het mengsel

en vul de met koud water omgespoelde puddingvormpjes helemaal.
Bedek de pudding met huishoudfolie om velvorming te voorkomen en laat deze in ongeveer 3 uur koud en stijf worden.
Houd de puddingvormpjes om te storten even in warm water, zo laten de randen makkelijk los.
Plaats een omgekeerd bord midden op de puddingvormpjes en keer ze samen om. Neem de puddingvormpjes voorzichtig weg.

DIEETAANPASSING

- **Maïsvrij**
  Gebruik 6 eetlepels rijstemeel in plaats van 4 eetlepels maïzena. Of bereid vanillepudding van agar-agar (zie blz. **211**) of gelatine (zie blz. **213**).
- **Saccharosevrij**
  Gebruik geen suiker. Voeg ahornsiroop of diksap toe aan de nog warme vanillepudding of raadpleeg de vervangingslijst.

VARIATIES

Chipolatapudding
Voeg aan de nog warme vanillepudding 1 eetlepel vruchtenlikeur, 1 eetlepel gewelde rozijnen en 1 eetlepel in stukjes gesneden gekonfijte vruchtjes toe.

Crème caramel
Smelt 75 g suiker en laat deze lichtbruin branden. Schenk de karamel in de puddingvormpjes en schenk de vanillepudding hierover.

Vanillepudding met verse vruchten
Maak 200 g verse vruchten schoon zoals aardbeien, bessen, bramen of frambozen of schil 2 sinaasappels en snijd ze in stukjes. Bestrooi de vruchten met 2 eetlepels witte basterdsuiker. Houd enkele mooie vruchten achter.
Bereid vanillepudding, bedek de vruchten hiermee en garneer de vanillepudding met de achtergehouden vruchten.

GARNEERSUGGESTIES

- Garneer de vanillepudding met 3 eetlepels imitatieslagroom.
- Garneer de vanillepudding met chocolade- of carobehagel, eventueel met behulp van een sjabloon.
- Leg op de pudding een gezichtje van fruit, bijvoorbeeld ogen van druiven, krentjes of meloen, een neus van appel of peer en een mond van kersen of perzikreepjes.
  Maak eventueel haren van jam, carobe- of chocoladehagel, glucose of poedersuiker.
- Garneer de vanillepudding met 1 eetlepel jam zoals aardbeien-, abrikozen-, bosbessen- of kersenjam.
- Gebruik tulbandvormpjes in plaats van puddingvormpjes en vul de holtes met vers fruit.

SERVEERSUGGESTIE

- Serveer bij de vanillepudding 2 dl karamelsaus van hypoallergene melkvervanger, warme chocoladesaus van hypoallergene melkvervanger, een vruchtensaus of 4 eetlepels vruchtencompote.

Vanillepudding van hypoallergene melkvervanger en agar-agar

Deze pudding bevat geen ei en is daarom licht van kleur.

Bereidingstijd: 35 minuten
Koeltijd: 3 uur
Bijzondere materialen:
2 puddingvormpjes met een inhoud van 2 dl, huishoudfolie

Raadpleeg uw merkartikelenlijst van ALBA en/of uw dieetadvies.

3 dl water
3 eetlepels suiker
1 vanillestokje van ongeveer 5 cm
1½ eetlepel agar-agarvlokken
hypoallergene melkpoeder
1 dl water

Breng het water met de suiker aan de kook.
Snijd het vanillestokje open, voeg het toe aan het water en laat dit ongeveer 25 minuten zachtjes trekken.
Verwijder het vanillestokje.
Voeg al roerende de agar-agarvlokken toe aan het kokende water en kook deze nog 10 minuten.
Meng de hypoallergene melkpoeder aan met de dl water.
Raadpleeg voor de verhouding hypoallergene melkpoeder/water de gebruiksaanwijzing op de verpakking.
Gebruik de hoeveelheid melkpoeder die nodig is voor het maken van 4 dl hypoallergene melkvervanger.
Roer de massa snel koud tot 70°C. Voeg al roerende de aangemengde hypoallergene melkpoeder toe. Laat de pudding onder af en toe roeren geleiachtig worden.
Vul de met koud water omgespoelde puddingvormpjes helemaal.
Bedek de pudding met huishoudfolie om velvorming te voorkomen en laat deze in ongeveer 1 uur koud en stijf worden.
Houd de puddingvormpjes om te storten even in warm water, zo laten de randen makkelijk los.
Plaats een omgekeerd bord op de puddingvormpjes en keer ze samen om. Neem de puddingvormpjes voorzichtig weg.

DIEETAANPASSING

- **Saccharosevrij**
  Gebruik geen suiker. Voeg ahornsiroop of diksap toe aan de nog warme vanillepudding of raadpleeg de vervangingslijst.

VARIATIES

Carobepudding
Meng 2½ eetlepel carobepoeder aan met 2½ eetlepel van het koude water en voeg dit al roerende toe aan het kokende water. Gebruik 4 eetlepels suiker in plaats van 3. Voeg geen vanillestokje toe. Garneer de carobepudding eventueel met dunne plakjes peer.

Chipolatapudding
Voeg aan de nog warme vanillepudding 1 eetlepel vruchtenlikeur, 1 eetlepel gewelde rozijnen en 1 eetlepel in stukjes gesneden gekonfijte vruchtjes toe.

Chocoladepudding
Meng 2½ eetlepel cacao aan met 2½ eetlepel van het koude water en voeg dit al roerende toe aan het kokende water. Gebruik 4 eetlepels suiker in plaats van 3. Voeg geen vanillestokje toe.
Garneer de chocoladepudding eventueel met dunne plakjes peer.

Crème caramel
Smelt 75 g suiker en laat deze lichtbruin branden.
Schenk de karamel in de puddingvormpjes en schenk hierover de vanillepudding.

Gemberpudding
Snijd 2 eetlepels gemberbolletjes in stukjes. Houd enkele mooie stukjes achter voor de garnering. Meng de gemberstukjes met 3 eetlepels gembernat door de nog warme vanillepudding. Garneer de gemberpudding na het storten met de achtergehouden gemberstukjes.

Koffiepudding
Voeg 2 eetlepels sterke koffie toe aan het kokende water. Gebruik 4 eetlepels suiker in plaats van 3. Voeg geen vanillestokje toe. Voeg eventueel 1 in stukjes gesneden banaan toe of 2 eetlepels gemalen kokos.

Vanillepudding met verse vruchten
Maak 200 g verse vruchten schoon zoals appel, kersen, mandarijntjes, meloen of peer en snijd ze in stukjes. Bestrooi de vruchten met 2 eetlepels witte basterdsuiker. Houd enkele mooie vruchten achter voor de garnering. Bereid de vanillepudding, bedek de vruchten hiermee en garneer deze met de achtergehouden vruchten.

GARNEERSUGGESTIES

- Garneer de vanillepudding met 3 eetlepels imitatieslagroom.
- Garneer de vanillepudding met chocoladevlokken, chocoladehagel of carobehagel, eventueel met behulp van een sjabloon.
- Leg op de pudding een gezichtje van fruit, bijvoorbeeld ogen van druiven, krentjes of meloen, een neus van appel of peer en een mond van kersen of perzikreepjes.
  Maak eventueel haren van jam, carobe- of chocoladehagel, glucose of poedersuiker.
- Garneer de vanillepudding met 1 eetlepel jam zoals aardbeien-, abrikozen-, bosbessen- of kersenjam.
- Gebruik tulbandvormpjes in plaats van puddingvormpjes en vul de holtes met vers fruit.

SERVEERSUGGESTIE

- Serveer bij de vanillepudding 4 eetlepels vruchtencompote.

Vanillepudding van hypoallergene melkvervanger en gelatine

Deze pudding bevat geen ei en is daarom licht van kleur.

Bereidingstijd: 35 minuten
Koeltijd: 3 uur
Bijzondere materialen:
2 puddingvormpjes met een inhoud van 2 dl, huishoudfolie

Raadpleeg uw merkartikelenlijst van ALBA en/of uw dieetadvies.

5 blaadjes gelatine
3 dl water
3 eetlepels suiker
1 vanillestokje van ongeveer 5 cm
hypoallergene melkpoeder
1 dl water

Week de gelatine ongeveer 10 minuten in ruim koud water en knijp deze uit.
Breng het water met de suiker aan de kook.
Snijd het vanillestokje open, voeg het toe aan de melk en laat dit ongeveer 25 minuten zachtjes trekken.
Meng de hypoallergene melkpoeder aan met het water.
Raadpleeg voor de verhouding hypoallergene melkpoeder/water de gebruiksaanwijzing op de verpakking.
Gebruik de hoeveelheid melkpoeder die nodig is voor het maken van 4 dl hypoallergene melkvervanger.
Laat het water iets afkoelen en los al roerende de gelatine hierin op. Roer de massa snel koud tot 70°C. Voeg al roerende de aangemengde hypoallergene melkpoeder toe.
Verwijder het vanillestokje.
Laat de vanillepudding onder af en toe roeren geleiachtig worden.
Vul de met koud water omgespoelde puddingvormpjes helemaal.
Bedek de pudding met huishoudfolie om velvorming te voorkomen en laat deze in ongeveer 3 uur koud en stijf worden.
Houd de puddingvormpjes om te storten even in warm water, zo laten de randen makkelijk los.
Plaats een omgekeerd bord midden op de puddingvormpjes en keer ze samen om. Neem de puddingvormpjes voorzichtig weg.

DIEETAANPASSING

- **Saccharosevrij**
  Gebruik geen suiker. Voeg ahornsiroop of diksap toe aan de nog warme vanillepudding of raadpleeg de vervangingslijst.

VARIATIES

Carobepudding
Meng 2½ eetlepel carobepoeder aan met 2½ eetlepel van het koude water en voeg dit al roerende toe aan het kokende water. Gebruik 4 eetlepels suiker in plaats van 3. Voeg geen vanillestokje toe. Garneer de carobepudding eventueel met dunne plakjes peer.

Chipolatapudding
Voeg aan de nog warme vanillepudding 1 eetlepel vruchtenlikeur, 1 eetlepel gewelde rozijnen en 1 eetlepel in stukjes gesneden gekonfijte vruchtjes toe.

Chocoladepudding
Meng 2½ eetlepel cacao aan met 2½ eetlepel van het koude water en voeg dit al roerende toe aan het kokende water. Gebruik 4 eetlepels suiker in plaats van 3. Voeg geen vanillestokje toe.
Garneer de chocoladepudding eventueel met dunne plakjes peer.

Crème caramel
Smelt 75 g suiker en laat deze lichtbruin

branden. Schenk de karamel in de puddingvormpjes en schenk hierover de vanillepudding.

Gemberpudding
Snijd 2 eetlepels gemberbolletjes in stukjes. Houd enkele mooie stukjes achter voor de garnering. Meng de gemberstukjes met 3 eetlepels gembernat door de nog warme vanillepudding. Garneer de gemberpudding na het storten met de achtergehouden gemberstukjes.

Koffiepudding
Voeg 2 eetlepels sterke koffie toe aan het kokende water. Gebruik 4 eetlepels suiker in plaats van 3. Voeg geen vanillestokje toe. Voeg eventueel 1 in stukjes gesneden banaan toe of 2 eetlepels gemalen kokos.

Vanillepudding met verse vruchten
Maak 200 g verse vruchten schoon zoals appel, kersen, mandarijntjes, meloen of peer en snijd ze in stukjes. Bestrooi de vruchten met 2 eetlepels witte basterdsuiker.
Houd enkele mooie vruchten achter voor de garnering. Bereid de vanillepudding en bedek de vruchten hiermee.
Garneer de vanillepudding met de achtergehouden vruchten.

GARNEERSUGGESTIES

- Garneer de vanillepudding met 3 eetlepels imitatieslagroom.
- Garneer de vanillepudding met chocoladevlokken, chocoladehagel of carobehagel, eventueel met behulp van een sjabloon.
- Leg op de pudding een gezichtje van fruit, bijvoorbeeld ogen van druiven, krentjes of meloen, een neus van appel of peer en een mond van kersen of perzikreepjes.
  Maak eventueel haren van jam, carobe- of chocoladehagel, glucose of poedersuiker.
- Garneer de vanillepudding met 1 eetlepel jam zoals aardbeien-, abrikozen-, bosbessen- of kersenjam.
- Gebruik tulbandvormpjes in plaats van puddingvormpjes en vul de holtes met vers fruit.

SERVEERSUGGESTIE

- Serveer bij de vanillepudding 4 eetlepels vruchtencompote.

Yoghurtpudding

Dit gerecht is niet geschikt voor het koemelkvrije en/of lactosevrije dieet.

Bereidingstijd: 20 minuten
Koeltijd: 3 uur
Bijzondere materialen:
2 puddingvormpjes met een inhoud van 2 dl, huishoudfolie

Raadpleeg uw merkartikelenlijst van ALBA en/of uw dieetadvies.

1 citroen
½ dl water
5 eetlepels suiker
4 blaadjes witte gelatine
1 blaadje rode gelatine
4 dl yoghurt

Was de citroen, schil deze en pers hem uit. Breng het water met de suiker aan de kook, voeg de citroenschil toe en laat deze ongeveer 10 minuten trekken. Verwijder de citroenschil.
Week de gelatine in ruim koud water, knijp deze goed uit en los deze al roerende op in het iets afgekoelde water.
Voeg het citroensap toe.
Schenk de gelatine-oplossing al roerende bij de yoghurt en laat de massa onder af en toe roeren geleiachtig worden. Bedek de yoghurtpudding met huishoudfolie om velvorming te voorkomen.
Doe de massa over in de met koud water omgespoelde puddingvormpjes en laat de yoghurtpudding in ongeveer 3 uur koud en stijf worden.
Houd de puddingvormpjes om te storten even in warm water, zo laten de randen gemakkelijk los.
Plaats een omgekeerd bord midden op de puddingvormpjes en keer ze samen om. Neem de puddingvormpjes voorzichtig weg.

DIEETAANPASSING
- **Additievenvrij**
  Gebruik onbespoten citroen.
- **Citrusvrij**
  Gebruik 3 eetlepels rood bessesap of druivesap in plaats van het citroensap.
- **Saccharosevrij**
  Gebruik geen suiker. Voeg honing of diksap toe aan de nog warme yoghurtpudding of raadpleeg de vervangingslijst.

VARIATIES
- Gebruik 2 dl vla en 2 dl yoghurt of 200 g vruchtenmoes en 2 dl yoghurt.
- Gebruik karnemelk in plaats van yoghurt. Gebruik dan 3½ blaadje witte gelatine.

Kwark- of umerpudding
Gebruik kwark of umer in plaats van yoghurt.

SERVEERSUGGESTIE
- Serveer de yoghurtpudding met 2 dl warme vanillesaus.

PAP

Pap is een dik gebonden melkgerecht, dat warm wordt geserveerd.
Pap kan gegeven worden bij het ontbijt, als nagerecht of als tussendoortje.
Houd er rekening mee dat kant-en-klaar produkten zoals havermoutpap, gortepap en dergelijke, ingrediënten kunnen bevatten die in het dieet niet zijn toegestaan. Raadpleeg hiervoor uw dieetadvies en/of ALBA-lijst.

Hoeveelheid per persoon
Dit varieert van 2-2½ dl.

Pap van koemelk, karnemelk of sojamelk
Gebruik per 2 dl pap:
11 g custard of maïzena, 12 g bloem, 13 g

griesmeel, 16 g havermout, 22 g gort of rijst
(indien karnemelk gebruikt wordt, moet u ongeveer 15 % meer bindmiddel nemen omdat zuur de bindkracht van het bindmiddel vermindert)
10 g suiker of ander zoetmiddel zoals honing of maïsmoutstroop

Meng fijn bindmiddel (zoals custard of maïzena) aan met een gelijke hoeveelheid van de koude melk/karnemelk.
Breng de resterende melk aan de kook.
Voeg het aangemengde bindmiddel al roerende toe.
Strooi grof bindmiddel (zoals griesmeel, havermout) al roerende in de kokende melk.
De kooktijd varieert van enkele seconden (custard, maïzena) tot enkele minuten (bloem, griesmeel) tot 10 minuten (havermout), 20 minuten (boekweitgrutjes), 1 uur (rijst) en 1½ uur (gort).
Voeg de suiker of het zoetmiddel toe.

De kooktijd bij gebruik van karnemelk is wat langer omdat het zetmeel in zuur minder snel gaar wordt. Goed doorroeren!

Pap van hypoallergene melkvervanger
Gebruik per 2 dl pap:
11 g custard of maïzena, 12 g bloem, 13 g griesmeel, 16 g havermout, 22 g gort of rijst
1½ dl water
hypoallergene melkpoeder
½ dl water
10 g suiker of ander zoetmiddel zoals honing of maïsmoutstroop

Meng fijn bindmiddel (zoals custard of maïzena) aan met een gelijke hoeveelheid van het koude water.
Breng de rest van het water aan de kook.
Meng de hypoallergene melkpoeder met de ½ dl koud water aan tot een dik vloeibaar papje.
Raadpleeg voor de juiste verhouding hypoallergene melkpoeder/water de gebruiksaanwijzing op de verpakking.
Gebruik de hoeveelheid hypoallergene melkpoeder die nodig is om 2 dl hypoallergene melkvervanger te verkrijgen.
Voeg het aangemengd bindmiddel al roerende toe aan het kokende water.
Strooi grof bindmiddel (zoals griesmeel) al roerende in het kokend water.
De kooktijd varieert van enkele seconden (custard, maïzena) tot enkele minuten (bloem, griesmeel) tot 10 minuten (havermout), 20 minuten (boekweitgrutjes), 1 uur (rijst) en 1½ uur (gort).
Roer de pap snel koud tot 70°C.
Voeg nu pas de aangelengde hypoallergene melkpoeder al roerende toe.
Voeg de suiker of het zoetmiddel toe.

VARIATIES

Varieer door vulsel door de pap te mengen

- Verse en/of geconserveerde vruchten
  appel, appelmoes, banaan, citroenschil, krenten, rozijnen, tuttifruttimoes (karnemelksepap, havermoutpap)
- Specerijen
  kaneel, vanillestokje (beschuitpap, rijstepap)
- Carobe- of chocoladeprodukten
  cacao, carobepoeder (chocoladerijst)
- Jam of vruchtenbeleg (gortepap, griesmeelpap)
- Noten
  amandel, kokos, hazelnoot (lammetjespap)
- Suikerprodukten
  diksap, honing, stroop, vanillesuiker (custardpap, lammetjespap)
- Zuivelprodukten
  eiwit, margarine (karnemelksepap, rijstebrij)

Varieer door van verschillende granen gebruik te maken

- Boekweitgrutjes, boekweitemeel, gort, rijstemeel (grutjespap, boekweitepap)

Beschuitpap

Bereidingstijd: 10 minuten

Raadpleeg uw merkartikelenlijst van ALBA en/of uw dieetadvies.

5 dl melk
2 eetlepels suiker
5 beschuiten

Verwarm de melk met de suiker.
Voeg de beschuiten toe en week ze ongeveer 5 minuten in de melk.
Verwarm de beschuitpap nog even.

DIEETAANPASSING

- **Additievenvrij**
  Gebruik beschuiten zonder toevoegingen.
- **Glutenvrij**
  Gebruik glutenvrije crackers of toost in plaats van beschuiten. Week deze 15 minuten in plaats van 5 minuten.
- **Kippeëivrij**
  Gebruik kippeëivrije beschuiten.
- **Koemelkvrij**
  Gebruik sojamelk of hypoallergene melkvervanger in plaats van koemelk.
  Gebruik koemelkvrije beschuiten.
- **Lactosevrij**
  Gebruik lactosevrije melk in plaats van koemelk en gebruik lactosevrije beschuiten.
- **Saccharosevrij**
  Gebruik beschuiten zonder toegevoegde suiker.
  Gebruik appel-perenstroop zonder toegevoegde suiker of maïsmoutstroop in plaats van suiker of raadpleeg de vervangingslijst.

VARIATIES

- Voeg 4 eetlepels gewassen gewelde rozijnen of krenten toe.
- Voeg $1/4$ theelepel kaneel toe.

Broodpap
Gebruik 3 in blokjes gesneden sneetjes brood zonder korst in plaats van 5 beschuiten en week deze 15 minuten in plaats van 5 minuten.

Custardpap

Bereidingstijd: 5 minuten

Raadpleeg uw merkartikelenlijst van ALBA en/of uw dieetadvies.

4 eetlepels custard
2 eetlepels suiker
5 dl melk

Meng de custard met de suiker en voeg al roerende 4 eetlepels van de koude melk toe.
Breng de rest van de melk aan de kook, voeg al roerende de aangemengde custard toe en breng de custardpap opnieuw aan de kook.

DIEETAANPASSING

- **Additievenvrij**
  Gebruik maïzena in plaats van custard en laat 1 vanillestokje van 5 cm ongeveer 25 minuten in de melk trekken.
  Verwijder het daarna en volg verder bovenstaand recept.
- **Koemelkvrij**
  Gebruik sojamelk in plaats van koemelk of bereid custardpap van hypoallergene melkvervanger (zie blz. **218**).
- **Lactosevrij**
  Gebruik lactosevrije melk in plaats van koemelk.
- **Maïsvrij**
  Gebruik 6 eetlepels rijstemeel in plaats van custard en laat 1 vanillestokje van 5 cm ongeveer 25 minuten in de melk trekken. Verwijder het daarna en volg verder bovenstaand recept.
- **Saccharosevrij**
  Voeg geen suiker toe.

Voeg appel-perenstroop zonder toegevoegde suiker of vruchtenbeleg toe aan de warme pap of raadpleeg de vervangingslijst.

VARIATIES
- Voeg $^1/_4$ theelepel kaneel toe.
- Laat de gewassen schil van $^1/_2$ citroen ongeveer 5 minuten meetrekken in de melk. Verwijder deze daarna.

Maïzenapap
Gebruik maïzena in plaats van custard. Voeg eventueel 1 zakje vanillesuiker toe.

Custardpap van hypoallergene melkvervanger

Bereidingstijd: 10 minuten

Raadpleeg uw merkartikelenlijst van ALBA en/of uw dieetadvies.

4 eetlepels custard
2 eetlepels suiker
4 dl water
hypoallergene melkpoeder
1 dl water

Meng de custard met de suiker en voeg al roerende 4 eetlepels van het koude water toe.
Breng de rest van het water aan de kook, voeg al roerende de aangemengde custard toe en breng de custardpap opnieuw aan de kook.
Roer de pap snel koud tot 70°C.
Meng de hypoallergene melkpoeder aan met 1 dl water.
Raadpleeg voor de juiste verhouding hypoallergene melkpoeder/water de gebruiksaanwijzing op de verpakking.
Gebruik de hoeveelheid melkpoeder die nodig is om 5 dl hypoallergene melkvervanger te verkrijgen.
Voeg de aangemengde hypoallergene melkpoeder al roerende toe aan de custardpap.

DIEETAANPASSING
- **Additievenvrij**
  Gebruik maïzena in plaats van custard en laat 1 vanillestokje van 5 cm ongeveer 25 minuten in het water trekken.
  Verwijder het daarna en volg verder bovenstaand recept.
- **Maïsvrij**
  Gebruik 6 eetlepels rijstemeel in plaats van custard en laat 1 vanillestokje van 5 cm ongeveer 25 minuten in het water trekken. Verwijder het daarna en volg verder bovenstaand recept.
- **Saccharosevrij**
  Voeg geen suiker toe.
  Voeg diksap, appel-perenstroop zonder toegevoegde suiker of vruchtenbeleg toe aan de warme pap of raadpleeg de vervangingslijst.

VARIATIES
- Voeg $^1/_4$ theelepel kaneel toe.
- Laat de gewassen schil van $^1/_2$ citroen ongeveer 5 minuten trekken in het water en verwijder deze daarna.

Maïzenapap
Gebruik maïzena in plaats van custard. Voeg eventueel 1 zakje vanillesuiker toe.

Griesmeelpap

Bereidingstijd: 10 minuten

Raadpleeg uw merkartikelenlijst van ALBA en/of uw dieetadvies.

5 dl melk
$3^1/_2$ eetlepel griesmeel
1 eetlepel keukenstroop

Breng de melk aan de kook.
Strooi het griesmeel al roerende in de kokende melk, breng de massa opnieuw aan de kook en kook deze al roerende ongeveer 4 minuten.
Serveer de griesmeelpap met de keukenstroop.

DIEETAANPASSING

- **Glutenvrij**
  Gebruik maïsgriesmeel in plaats van tarwegriesmeel.
- **Koemelkvrij**
  Gebruik sojamelk in plaats van koemelk of bereid griesmeelpap van hypoallergene melkvervanger (zie blz. **219**).
- **Lactosevrij**
  Gebruik lactosevrije melk in plaats van koemelk.
- **Saccharosevrij**
  Gebruik appel-perenstroop zonder toegevoegde suiker of maïsmoutstroop in plaats van keukenstroop of raadpleeg de vervangingslijst.

VARIATIES

- Gebruik 2 eetlepels suiker, gemengd met $^1/_2$ theelepel kaneel, in plaats van keukenstroop.
- Gebruik 1 dl vruchtensaus of 150 g vruchtencompote of -moes of 1 eetlepel jam in plaats van keukenstroop.
- Voeg aan de melk 1 opengesneden vanillestokje van ongeveer 5 cm of 1 zakje vanillesuiker toe.
  Verwijder het vanillestokje vlak voor het opdienen.
- Voeg aan de melk de schil van 1 gewassen citroen toe en verwijder deze vlak voor het opdienen.
- Voeg aan de melk 1 theelepel kaneel toe.
- Voeg samen met het griesmeel 2 eetlepels gewassen rozijnen en/of krenten toe.

Griesmeelpap van hypoallergene melkvervanger

Bereidingstijd: 10 minuten

Raadpleeg uw merkartikelenlijst van ALBA en/of uw dieetadvies.

4 dl water
$3^1/_2$ eetlepel griesmeel
hypoallergene melkpoeder
1 dl water
1 eetlepel keukenstroop

Breng het water aan de kook.
Strooi het griesmeel al roerende in het kokende water, breng de massa opnieuw aan de kook en kook deze al roerende ongeveer 4 minuten.
Roer de pap snel koud tot 70°C.
Meng de hypoallergene melkpoeder aan met de dl water.
Raadpleeg voor de juiste verhouding hypoallergene melkpoeder/water de gebruiksaanwijzing op de verpakking.
Gebruik de hoeveelheid melkpoeder die nodig is om 5 dl hypoallergene melkvervanger te verkrijgen.
Voeg de aangemengde hypoallergene melkpoeder al roerende toe aan de rijstepap.
Serveer de griesmeelpap met de keukenstroop.

DIEETAANPASSING

- **Glutenvrij**
  Gebruik maïsgriesmeel in plaats van tarwegriesmeel.

- **Saccharosevrij**
  Serveer de griesmeelpap met 1 eetlepel appel-perenstroop zonder toegevoegde suiker of maïsmoutstroop in plaats van keukenstroop of raadpleeg de vervangingslijst.

VARIATIES
- Gebruik 2 eetlepels suiker, gemengd met $1/2$ theelepel kaneel, in plaats van bruine basterdsuiker.
- Gebruik 1 dl vruchtensaus of 150 g vruchtencompote of -moes of 1 eetlepel jam in plaats van bruine basterdsuiker.
- Voeg aan het water 1 opengesneden vanillestokje van ongeveer 5 cm of 1 zakje vanillesuiker toe.
  Verwijder het vanillestokje vlak voor het opdienen.
- Voeg aan het water de schil van 1 gewassen citroen toe en verwijder deze vlak voor het opdienen.
- Voeg aan het water 1 theelepel kaneel toe.
- Voeg samen met de rijst 2 eetlepels gewassen rozijnen en/of krenten toe.

Havermoutpap

Dit gerecht is niet geschikt voor het glutenvrije dieet.

Bereidingstijd: 15 minuten

Raadpleeg uw merkartikelenlijst van ALBA en/of uw dieetadvies.

5 dl melk
40 g havermout
2 eetlepels suiker

Breng de melk aan de kook.
Strooi de havermout al roerende in de kokende melk, breng deze aan de kook en kook de massa onder af en toe roeren zachtjes ongeveer 10 minuten.
Serveer de havermoutpap met de suiker.

DIEETAANPASSING
- **Koemelkvrij**
  Gebruik sojamelk in plaats van koemelk of bereid havermoutpap van hypoallergene melkvervanger (zie blz. **221**).
- **Lactosevrij**
  Gebruik lactosevrije melk in plaats van koemelk.
- **Saccharosevrij**
  Gebruik appel-perenstroop zonder toegevoegde suiker of maïsmoutstroop in plaats van suiker of raadpleeg de vervangingslijst.

VARIATIES
- Gebruik 1 eetlepel stroop en 10 g in klontjes verdeelde margarine in plaats van suiker.

Carobe-havermoutpap
Meng 3 eetlepels suiker met $2\frac{1}{2}$ eetlepel carobepoeder, voeg dit al roerende toe aan de pap en breng deze opnieuw aan de kook. Serveer de carobe-havermoutpap zonder suiker.

Chocolade-havermoutpap
Meng 3 eetlepels suiker met $2\frac{1}{2}$ eetlepel cacao, voeg dit al roerende toe aan de pap en breng deze opnieuw aan de kook. Serveer de chocolade-havermoutpap zonder suiker.

Havermoutpap met appel
Voeg 1 schoongemaakte en geraspte appel, 1 theelepel kaneel en 1 eetlepel honing toe.

Havermoutpap met banaan
Voeg 1 schoongemaakte en in plakjes gesneden banaan en 2 eetlepels pindakaas toe.

Havermoutpap van hypoallergene melkvervanger

Dit gerecht is niet geschikt voor het glutenvrije dieet.

Bereidingstijd: 15 minuten

Raadpleeg uw merkartikelenlijst van ALBA en/of uw dieetadvies.

- 4 dl water
- 40 g havermout
- hypoallergene melkpoeder
- 1 dl water
- 2 eetlepels suiker

Breng het water aan de kook.
Strooi de havermout al roerende in het water, breng de massa aan de kook en kook deze onder af en toe roeren zachtjes ongeveer 10 minuten.
Roer de pap snel koud tot 70°C.
Meng de hypoallergene melkpoeder aan met de dl water.
Raadpleeg voor de juiste verhouding hypoallergene melkpoeder/water de gebruiksaanwijzing op de verpakking.
Gebruik de hoeveelheid melkpoeder die nodig is om 5 dl hypoallergene melkvervanger te verkrijgen.
Voeg de aangemengde hypoallergene melkpoeder al roerende toe aan de havermoutpap.
Serveer de havermoutpap met de suiker.

DIEETAANPASSING

- **Saccharosevrij**
  Gebruik appel-perenstroop zonder toegevoegde suiker of maïsmoutstroop in plaats van suiker of raadpleeg de vervangingslijst.

VARIATIES

- Gebruik 1 eetlepel stroop en 10 g in klontjes verdeelde margarine in plaats van suiker.

Havermoutpap met appel
Voeg 1 schoongemaakte en geraspte appel, 1 theelepel kaneel en 1 eetlepel honing toe.

Havermoutpap met banaan
Voeg 1 schoongemaakte en in plakjes gesneden banaan toe.

Carobe-havermoutpap
Meng $2^1/_2$ eetlepel carobepoeder aan met $2^1/_2$ eetlepel water, voeg dit al roerende toe aan het water.

Chocolade-havermoutpap
Meng $2^1/_2$ eetlepel cacao aan met $2^1/_2$ eetlepel koud water, voeg dit al roerende toe aan het water.

Karnemelksepap

Dit gerecht is niet geschikt voor het koemelkvrije en/of het lactosevrije dieet.

Bereidingstijd: 10 minuten

Raadpleeg uw merkartikelenlijst van ALBA en/of uw dieetadvies.

- 5 eetlepels boekweitemeel
- 5 dl karnemelk
- 3 eetlepels keukenstroop

Meng het boekweitemeel aan met 5 eetlepels van de koude karnemelk.
Voeg al roerende de rest van de karnemelk hieraan toe. Kook de massa onder af en toe roeren ongeveer 5 minuten.
Serveer de karnemelksepap met de keukenstroop.

DIEETAANPASSING

- **Saccharosevrij**
  Gebruik appel-perenstroop zonder toegevoegde suiker of maïsmoutstroop in plaats van keukenstroop of raadpleeg de vervangingslijst.

VARIATIES

Appelenpap uit de Betuwe

Meng 4½ eetlepel bloem aan met 4½ eetlepel karnemelk en voeg al roerende 3 dl karnemelk en 1½ dl appelmoes toe.
Kook de massa.
Serveer de appelenpap uit de Betuwe met 1 eetlepel bruine suiker, gemengd met ½ theelepel kaneel, in plaats van keukenstroop.

Brabantse karnemelksepap

Gebruik 4 eetlepels bloem in plaats van boekweitemeel.
Gebruik 2 eetlepels keukenstroop bestrooid met ½ eetlepel suiker.

Grutjespap

Gebruik boekweitgrutjes in plaats van boekweitemeel.
Gebruik 2 eetlepels keukenstroop en 10 g in klontjes verdeelde margarine.

Vlaamse karnemelksepap

Meng 3 eetlepels bloem aan met 3 eetlepels karnemelk, voeg 4¾ dl karnemelk en 2 eetlepels gewassen rozijnen toe.
Volg verder bovenstaand recept.
Klop 1 eiwit stijf.
Klop 1 eierdooier met 2 eetlepels suiker en 1 zakje vanillesuiker en meng deze met het eiwit.
Voeg het ei toe aan de iets afgekoelde Vlaamse karnemelksepap.

Lammetjespap

Bereidingstijd: 5 minuten

Raadpleeg uw merkartikelenlijst van ALBA en/of uw dieetadvies.

3½ eetlepel bloem
2 eetlepels bruine basterdsuiker
5 dl melk

Meng de bloem met de bruine basterdsuiker en voeg al roerende 3½ eetlepel koude melk toe.
Breng de rest van de melk aan de kook, voeg al roerende de aangemengde bloem toe en kook de lammetjespap nog ongeveer 3 minuten.

DIEETAANPASSING

- **Glutenvrij**
  Gebruik boekweitemeel of rijstemeel in plaats van bloem of raadpleeg de vervangingslijst.
- **Koemelkvrij**
  Gebruik sojamelk in plaats van koemelk of bereid lammetjespap van hypoallergene melkvervanger (zie blz. **223**).
- **Lactosevrij**
  Gebruik lactosevrije melk in plaats van koemelk.
- **Saccharosevrij**
  Voeg geen basterdsuiker toe.
  Voeg appel-perenstroop zonder toegevoegde suiker of maïsmoutstroop toe aan de warme pap of raadpleeg de vervangingslijst.

VARIATIES

- Gebruik 1 eetlepel suikerstroop of honing in plaats van bruine basterdsuiker.
- Gebruik boekweitemeel of rijstemeel in plaats van bloem.
- Voeg 1 eetlepel geraspte kokos toe.
- Voeg 1 zakje vanillesuiker extra toe.

Lammetjespap van hypoallergene melkvervanger

Bereidingstijd: 10 minuten

Raadpleeg uw merkartikelenlijst van ALBA en/of uw dieetadvies.

$3\frac{1}{2}$ eetlepel bloem
2 eetlepels bruine basterdsuiker
4 dl water
hypoallergene melkpoeder
1 dl water

Meng de bloem met de basterdsuiker en voeg al roerende $3\frac{1}{2}$ eetlepel van het koude water toe.
Breng de rest van het water aan de kook, voeg al roerende de aangemengde bloem toe en breng de lammetjespap opnieuw aan de kook.
Roer de pap snel koud tot 70°C.
Meng de hypoallergene melkpoeder aan met de dl water.
Raadpleeg voor de juiste verhouding hypoallergene melkpoeder/water de gebruiksaanwijzing op de verpakking.
Gebruik de hoeveelheid melkpoeder die nodig is om 5 dl hypoallergene melkvervanger te verkrijgen.
Voeg de aangemengde hypoallergene melkpoeder al roerende toe aan de lammetjespap.

DIEETAANPASSING
- **Glutenvrij**
  Gebruik boekweitemeel of rijstemeel in plaats van tarwebloem of raadpleeg de vervangingslijst.
- **Saccharosevrij**
  Voeg geen basterdsuiker toe.
  Voeg appel-perenstroop zonder toegevoegde suiker of maïsmoutstroop toe aan de warme pap of raadpleeg de vervangingslijst.

VARIATIES
- Gebruik 1 eetlepel suikerstroop of honing in plaats van bruine basterdsuiker.
- Gebruik boekweitemeel of rijstemeel in plaats van bloem.
- Voeg 1 eetlepel geraspte kokos toe.
- Voeg 1 zakje vanillesuiker extra toe.

Rijstepap

Bereidingstijd: 1 uur en 5 minuten

Raadpleeg uw merkartikelenlijst van ALBA en/of uw dieetadvies.

5 dl melk
4 eetlepels paprijst
2 eetlepels bruine basterdsuiker

Breng de melk aan de kook.
Was de rijst en strooi deze al roerende in de melk, breng de massa aan de kook en kook deze onder af en toe roeren zachtjes ongeveer 1 uur.
Serveer de rijstepap met de bruine basterdsuiker.

DIEETAANPASSING
- **Koemelkvrij**
  Gebruik sojamelk in plaats van koemelk of bereid rijstepap van hypoallergene melkvervanger (zie blz. **224**).
- **Lactosevrij**
  Gebruik lactosevrije melk in plaats van koemelk.
- **Saccharosevrij**
  Gebruik appel-perenstroop zonder toegevoegde suiker of maïsmoutstroop in plaats van bruine basterdsuiker of raadpleeg de vervangingslijst.

VARIATIES
- Gebruik 2 eetlepels suiker gemengd met $\frac{1}{2}$ theelepel kaneel in plaats van bruine basterdsuiker.
- Gebruik 150 g gewassen, geweekte en

ontpitte tuttifrutti of appel-, abrikozen- of pruimencompote in plaats van bruine basterdsuiker.

- Voeg aan de melk 1 opengesneden vanillestokje van ongeveer 5 cm of 1 zakje vanillesuiker toe.
  Verwijder het vanillestokje vlak voor het opdienen.
- Voeg aan de melk de schil van 1 gewassen citroen toe en verwijder deze vlak voor het opdienen.
- Voeg aan de melk 1 theelepel kaneel toe.
- Voeg samen met de rijst 2 eetlepels gewassen rozijnen en/of krenten toe.

Boekweitepap
Gebruik boekweitgrutten in plaats van rijst en kook deze ongeveer 20 minuten. Serveer de boekweitepap met honing in plaats van bruine basterdsuiker.

Caroberijst
Meng 3 eetlepels suiker met 2½ eetlepel carobepoeder, voeg dit al roerende toe aan de rijstepap en breng deze opnieuw aan de kook.
Serveer de pap zonder basterdsuiker.

Chocoladerijst
Meng 3 eetlepels suiker met 2½ eetlepel cacao, voeg deze al roerende toe aan de rijstepap en breng deze opnieuw aan de kook.
Serveer de pap zonder de basterdsuiker.

Gortpap
Gebruik gort die 12 uur in 5 dl water geweekt is, in plaats van rijst.
Serveer de gortpap met 4 eetlepels jam in plaats van bruine basterdsuiker.

Rijstebrij
Gebruik 75 g rijst in plaats van 4 eetlepels.
Serveer de rijstebrij met 2 eetlepels suiker en 10 g in klontjes verdeelde margarine.

Rijstepap van hypoallergene melkvervanger

Bereidingstijd: 1 uur en 5 minuten

Raadpleeg uw merkartikelenlijst van ALBA en/of uw dieetadvies.

4 dl water
4 eetlepels paprijst
hypoallergene melkpoeder
1 dl water
2 eetlepels bruine basterdsuiker

Breng het water aan de kook.
Was de paprijst, strooi deze al roerende in het water, breng de massa aan de kook en kook deze zachtjes onder af en toe roeren ongeveer 1 uur.
Roer de pap snel koud tot 70°C.
Meng de hypoallergene melkpoeder aan met de dl water.
Raadpleeg voor de juiste verhouding hypoallergene melkpoeder/water de gebruiksaanwijzing op de verpakking.
Gebruik de hoeveelheid melkpoeder die nodig is om 5 dl hypoallergene melkvervanger te verkrijgen.
Voeg de aangemengde hypoallergene melkpoeder al roerende toe aan de rijstepap.
Serveer de rijstepap met de bruine basterdsuiker.

DIEETAANPASSING

- **Saccharosevrij**
  Gebruik appel-perenstroop zonder toegevoegde suiker of maïsmoutstroop in plaats van bruine basterdsuiker of raadpleeg de vervangingslijst.

VARIATIES

- Gebruik 2 eetlepels suiker, gemengd met ½ theelepel kaneel, in plaats van bruine basterdsuiker.
- Gebruik 150 g gewassen, geweekte en

ontpitte tuttifrutti of appel-, abrikozen- of pruimencompote in plaats van bruine basterdsuiker.

- Voeg aan het water 1 opengesneden vanillestokje van ongeveer 5 cm of 1 zakje vanillesuiker toe.
  Verwijder het vanillestokje vlak voor het opdienen.
- Voeg aan het water de schil van 1 gewassen citroen toe en verwijder deze vlak voor het opdienen.
- Voeg aan het water 1 theelepel kaneel toe.
- Voeg samen met de rijst 2 eetlepels gewassen rozijnen en/of krenten toe.

Boekweitepap
Gebruik boekweitgrutten in plaats van rijst en kook deze ongeveer 20 minuten. Serveer de boekweitepap met honing in plaats van bruine basterdsuiker.

Carobrijst
Meng 3 eetlepels suiker met 2½ eetlepel carobepoeder, voeg dit al roerende toe aan het rijstewater en breng deze opnieuw aan de kook. Serveer de pap zonder basterdsuiker.

Chocoladerijst
Meng 3 eetlepels suiker met 2½ eetlepel cacao, voeg deze al roerende toe aan het rijstewater en breng dit opnieuw aan de kook. Serveer de pap zonder de basterdsuiker.

Gortpap
Gebruik gort, die 12 uur in 5 dl water geweekt is, in plaats van rijst. Serveer de gortpap met 4 eetlepels jam in plaats van bruine basterdsuiker.

Rijstebrij
Gebruik 75 g rijst in plaats van 4 eetlepels. Serveer de rijstebrij met 2 eetlepels suiker en 10 g in klontjes verdeelde margarine.

ZOETE OVENSCHOTELS

Een zoete ovenschotel is een nagerecht dat bereid wordt in de oven en dat warm in een ovenschaal wordt opgediend.
Zoete ovenschotels kunnen gegeven worden bij de lunch of als nagerecht.

Hoeveelheid per persoon
1 à 2 sneetjes brood of beschuit, besmeerd met margarine
1½ dl pap of vla
jam en/of koekjes en/of noten en/of vruchten
1 mespunt kaneel
1 theelepel suiker
1 eetlepel paneermeel
10 g margarine

Leg het brood, de beschuiten of de pap en het vulsel laag-om-laag in de schaal. De bovenste laag moet brood, beschuit of pap zijn.
Bedek de bovenkant met een mengsel van kaneel, paneermeel, suiker en kleine klontjes margarine.
Plaats de ovenschotel in het midden van de voorverwarmde oven, gasstand 5 à 6/230°C. De bereidingstijd varieert van 10-20 minuten.

VARIATIES

Varieer door vulsel door de zoete ovenschotels te mengen

- Verse en/of geconserveerde vruchten
  abrikozenmoes, (zure) appels, krenten, peren, rozijnen, sinaasappelsap, -rasp (beschuitschotel, rabarberpudding)
- Specerijen
  kaneel, vanillestokje (rijsteschotel met appel en rabarber)

Varieer door de zoete ovenschotel te serveren met

- imitatieslagroom of slagroom

Beschuitschotel met appelmoes

Bereidingstijd: 30 minuten
Baktijd: 10 minuten
Bijzondere materialen: ovenschotel, oven

Raadpleeg uw merkartikelenlijst van ALBA en/of uw dieetadvies.

375 g appels
3 eetlepels water
4 eetlepels suiker
4 beschuiten
10 g margarine
3 eetlepels cider
10 g margarine

Maak de appels schoon en snijd ze in stukjes. Breng het water aan de kook en voeg de appels en de suiker hieraan toe en kook dit ongeveer 10 minuten.
Verkruimel de beschuiten en meng $^3/_4$ deel hiervan met de appelmoes, voeg de margarine en de cider toe.
Doe de massa over in een ingevette ovenschotel.
Smelt de margarine, schenk deze over de massa en bestrooi de beschuitschotel met de rest van de beschuiten.
Plaats de schotel ongeveer 10 minuten in een voorverwarmde oven gasstand 7/260°C.

DIEETAANPASSING

- **Additievenvrij**
  Gebruik water of appelsap in plaats van cider en gebruik beschuiten zonder toevoegingen.
- **Glutenvrij**
  Gebruik glutenvrije crackers of toost in plaats van beschuiten.
- **Kippeëivrij**
  Gebruik kippeëivrije beschuiten.
- **Saccharosevrij**
  Gebruik beschuiten zonder toegevoegde suiker.
  Gebruik diksap of honing in plaats van suiker of raadpleeg de vervangingslijst.

VARIATIES

- Gebruik 250 g ander vruchtenmoes zoals abrikozenmoes of rabarbermoes.
- Voeg $^1/_4$ theelepel kaneel aan de appelmoes toe.

GARNEERSUGGESTIE

- Garneer de beschuitschotel met 1 dl slagroom die is stijf geklopt met 3 eetlepels suiker of maïsmoutstroop, of met imitatieslagroom.

Rabarberpudding

Bereidingstijd: 25 minuten
Baktijd: 1 uur
Bijzondere materialen: ovenschotel, aluminiumfolie, oven

Raadpleeg uw merkartikelenlijst van ALBA en/of uw dieetadvies.

250 g rabarber
3 eetlepels water
3 eetlepels suiker
1 eetlepel suikerstroop
3 sneetjes brood
35 g margarine
1 eetlepel suiker

Maak de rabarber schoon en snijd deze in stukken van ongeveer 2 cm lengte.
Breng het water aan de kook, voeg de rabarber en de suiker toe, kook dit ongeveer 5 minuten en giet de rabarber af.
Bestrijk de ovenschaal met de suikerstroop en het brood met de margarine.
Leg 1 sneetje brood met de besmeerde kant naar boven in de ovenschaal en bedek deze met de helft van de rabarber.
Leg hierop weer 1 sneetje brood met de besmeerde kant naar boven met daarop de rest van de rabarber. Leg het laatste sneetje met de besmeerde kant naar onderen en druk dit aan.
Sluit de ovenschaal met aluminiumfolie.
Bak de pudding ongeveer 1 uur in een voorverwarmde oven, gasstand 3 à 4/190°C.
Bestrooi de rabarberpudding met de suiker en plaats de ovenschotel nog ongeveer 5 minuten terug in de oven zonder aluminiumfoliedeksel zodat de suiker karameliseert.

DIEETAANPASSING

- **Additievenvrij**
  Gebruik brood zonder toevoegingen.
- **Glutenvrij**
  Gebruik glutenvrij brood.
- **Koemelkvrij/lactosevrij**
  Gebruik koemelkvrij brood.
- **Saccharosevrij**
  Gebruik appeldiksap in plaats van suiker en appelstroop zonder toegevoegde suiker in plaats van suikerstroop of raadpleeg de vervangingslijst. Voeg geen suiker toe om te karameliseren.

VARIATIES

- Neem zure appels in plaats van rabarber.
- Was 1 sinaasappel en rasp de schil. Pers de sinaasappel uit en roer de sinaasappelrasp en het -sap door het rabarbermengsel.

Rijstschotel met appels en rabarber

Bereidingstijd: 30 minuten
Baktijd: 20 minuten
Bijzondere materialen: ovenschotel, oven

Raadpleeg uw merkartikelenlijst van ALBA en/of uw dieetadvies.

75 g rijst
2 appels
125 g rabarber
3 eetlepels suiker
1 theelepel kaneel
1 eetlepel suiker

Kook de rijst volgens de gebruiksaanwijzing op de verpakking.
Maak de appels en de rabarber schoon en snijd ze in stukjes.
Kook de appels en rabarber de laatste 15 minuten met de rijst mee en voeg de suiker toe.
Meng de kaneel met 1 eetlepel suiker.
Leg het rijstmengsel in een ingevette ovenschotel en bestrooi deze met het kaneelmengsel.
Plaats de rijstschotel met appels en rabarber ongeveer 20 minuten in een voorverwarmde oven, gasstand 5 à 6/230°C.

DIEETAANPASSING

- **Saccharosevrij**
  Gebruik appeldiksap of honing in plaats van suiker of raadpleeg de vervangingslijst.

VARIATIES

- Gebruik andere vruchten of vruchtenmoes zoals schoongemaakte en ontpitte abrikozen, peren of perziken.
- Kook de rijst volgens de gebruiksaanwijzing op de verpakking met 1 opengesneden vanillestokje.
  Verwijder het stokje vlak voor het opdienen of voeg samen met de suiker 1 zakje vanillesuiker toe aan de rijst.
- Voeg samen met de appel 1 eetlepel gewassen krenten, rozijnen of gehakte noten toe aan de rijst.
- Bestrooi de bovenkant van het gerecht met 10 g paneermeel voordat het de oven ingaat.

Gortschotel met appels en rabarber
Gebruik parelgort in plaats van rijst.

GEBAKKEN NAGERECHTEN

Een gebakken nagerecht is een gerecht dat gefrituurd of gebakken wordt om een bruin korstje te verkrijgen.
Deze gerechten kunnen gegeven worden als nagerecht of als tussendoortje.
Houd er rekening mee dat kant-en-klaar produkten zoals poffertjes, oliebollen en dergelijke, ingrediënten kunnen bevatten die in het dieet niet zijn toegestaan.
Raadpleeg hiervoor uw dieetadvies en/of ALBA-lijst.

Gebruik per 100 g bloem
Voor oliebollen: 1 dl melk of water en 5 g gist
Voor beignets: 1½ dl melk of water en 4 g gist
Voor poffertjes: 1¾ dl melk of water en 4 g gist
Voor pannekoeken: 2 dl melk of water en 4 g gist
Voor flensjes: 3⅓ dl melk of water en 2 eieren

Meng de gist met wat van het lauwe vocht en voeg de suiker toe. Of verwerk droge gist volgens de gebruiksaanwijzing op de verpakking.
Meng de gezeefde bloem met het zout en maak in het midden een kuiltje.
Schenk de gistoplossing in het kuiltje en meng de bloem vanuit het kuiltje.
Voeg de rest van het vocht beetje bij beetje toe en roer het deeg glad.
Voeg eventueel vulsel toe.
Laat het beslag, met een vochtige doek toegedekt, op een warme tochtvrije plaats ongeveer 1 uur rijzen.
Beslag zonder gist hoeft niet te rijzen.
Smelt 5-10 g margarine, laat deze bruin worden en bak het gerecht hierin snel bruin.
Keer het gerecht niet voordat de bovenkant droog is.
Frituur de oliebollen of beignets in heet frituurvet of olie van 180°C, waar de damp juist vanaf komt.
De bereidingstijd varieert van 3 minuten (beignets) tot 5 minuten (oliebollen).

VARIATIES

Varieer door vulsel aan het beslag toe te voegen

- Specerijen
  kaneel, nootmuskaat (appelstrudel, poffertjes)
- Verse en/of geconserveerde vruchten
  abrikozen, ananas, appel, banaan, gember, kersen, krenten, rozijnen, sukade (beignets, oliebollen, pannekoeken)
- Zuivelprodukten
  ei, melk, room (drie-in-de-pan, oliebollen, wentelteefjes)
- Noten en zaden
  hazelnoten, kokos, maanzaad, sesam-

zaad, walnoten (appelstrudel, pannekoeken, wentelteefjes)
- Suikerprodukten
vanillesuiker (poffertjes)
- Dranken
kirsch, likeur, rum (flensjes, poffertjes)

Varieer door het gerecht te serveren met
- Specerijen
kaneel (oliebollen)
- Verse en/of geconserveerde vruchten
abrikozenmoes, banaan, kiwi, krenten, litchi's, sinaasappel (flensjes, poffertjes)
- Zuivelprodukten
ijs (crêpe Alaska)
- Noten en zaden
cashewnoot, hazelnoot, walnoot (flensjes)
- Suikerprodukten
basterdsuiker, honing, poedersuiker, stroop, vanillesuiker (appelstrudel, pannekoeken)
- Jam en vruchtenbeleg (poffertjes, wentelteefjes)
- Sauzen
likeursaus, vruchtensaus, chocoladesaus (flensjes, pannekoeken)

Varieer door van verschillende granen gebruik te maken
- Boekweitemeel, maïsmeel, roggemeel, rijstemeel (flensjes, pannekoeken)

Appelbeignets

8 stuks

Bereidingstijd: 1 uur en 15 minuten
Bijzondere materialen: appelboor, keukenpapier

Raadpleeg uw merkartikelenlijst van ALBA en/of uw dieetadvies.

2 appels
1 eetlepel suiker
1/2 theelepel kaneel
50 g bloem
1 theelepel bakpoeder
1/4 theelepel zout
3/4 dl water
olie
2 eetlepels poedersuiker

Schil de appels en boor deze uit met behulp van een appelboor, zodat de appels heel blijven.
Verdeel de appels in 8 schijven.
Meng de suiker met de kaneel en bestrooi hiermee de appels.
Meng de gezeefde bloem met de bakpoeder en het zout.
Voeg al roerende beetje bij beetje het water toe en roer het beslag glad.
Verhit de olie totdat deze begint te dampen, 170°C.
Haal de appelplakken een voor een door het beslag en bak ze ongeveer 3 minuten.
Laat de appelbeignets uitlekken op keukenpapier en bestrooi ze met de poedersuiker.

DIEETAANPASSING

- **Additievenvrij**
Gebruik eventueel glucose in plaats van poedersuiker.
- **Glutenvrij**
Gebruik glutenvrije bloem of raadpleeg de vervangingslijst.
- **Saccharosevrij**
Gebruik diksap of honing in plaats van

suiker en gebruik glucose in plaats van poedersuiker of raadpleeg de vervangingslijst.

INDIEN TOEGESTAAN

- Gebruik ½ ei en 3 eetlepels water in plaats van bakpoeder en ¾ dl water.
- Gebruik melk in plaats van water.

VARIATIES

Abrikozenbeignets
Gebruik 8 geweekte en ontpitte abrikozen in plaats van appelplakken, voeg geen kaneel toe.

Ananasbeignets
Gebruik 8 ananasschijven in plaats van appelplakken, voeg geen kaneel toe.

Bananenbeignets
Gebruik 8 schoongemaakte en in de lengte gehalveerde bananen in plaats van appelplakken.

Appel-rozijnenstrudel

Bereidingstijd: 40 minuten
Wachttijd: 30 minuten
Baktijd: 40 minuten
Bijzondere materialen: bakplaat, oven

Raadpleeg uw merkartikelenlijst van ALBA en/of uw dieetadvies.

50 g bloem
1 theelepel azijn
½ eetlepel olie
2 eetlepels koud water
¼ theelepel zout
2 appels
1 theelepel kaneel
1 eetlepel rozijnen
3 eetlepels suiker
bloem
25 g margarine
1 theelepel maanzaadjes
1 theelepel witte basterdsuiker

Meng de gezeefde bloem met de azijn, de olie, het koude water en het zout en kneed alles ongeveer 10 minuten tot het deeg smeuïg en glad is. Voeg eventueel nog wat water toe.
Leg het deeg ongeveer 30 minuten afgedekt op een warme plaats.
Maak de appels schoon, rasp deze en meng ze met de kaneel, de rozijnen en de suiker.
Bestuif het werkblad met de bloem en rol het deeg hierop uit tot een langwerpige lap van ½ cm dikte.
Smelt de margarine en bestrijk het deeg met de helft hiervan.
Verdeel het appelmengsel over het deeg, vouw de korte zijkanten naar binnen en rol daarna het deeg eenmaal op.
Leg de strudel met de naad naar beneden op een ingevette bakplaat en bestrijk hem met de rest van de margarine.
Bak de strudel ongeveer 40 minuten in een voorverwarmde oven, gasstand 3/180°C.
Bestrijk de strudel tijdens het bakken af en toe met margarine.
Meng de maanzaadjes met de witte basterdsuiker en bestrooi na het bakken de appel-rozijnenstrudel hiermee.

DIEETAANPASSING

- **Additievenvrij**
  Gebruik ongezwavelde rozijnen.
- **Glutenvrij**
  Gebruik glutenvrije bloem of raadpleeg de vervangingslijst.
- **Saccharosevrij**
  Gebruik diksap of honing in plaats van suiker en glucose in plaats van witte basterdsuiker of raadpleeg de vervangingslijst.

VARIATIES

- Gebruik sesamzaadjes of geroosterde amandelsnippers in plaats van maanzaadjes.
- Voeg ¼ theelepel nootmuskaat toe aan het deeg.

• Bestrooi de appel-rozijnenstrudel met 1 eetlepel poedersuiker in plaats van witte basterdsuiker en maanzaadjes.

Drie-in-de-pan

12 stuks

Bereidingstijd: 15 minuten
Baktijd: 5 minuten
Bijzondere materialen: ijsbolletjestang

Raadpleeg uw merkartikelenlijst van ALBA en/of uw dieetadvies.

250 g zelfrijzend bakmeel
1/2 theelepel zout
2 1/2 dl water
40 g margarine
3 eetlepels suiker

Meng het gezeefde zelfrijzend bakmeel met het zout.
Voeg al roerende beetje bij beetje het water toe en roer het beslag glad.
Smelt 10 g margarine, laat deze bruin worden en schep, eventueel met behulp van een ijsbolletjestang, 3 porties beslag hierin.
Bak drie-in-de-pan vlug, keer ze pas als de bovenkant droog is en bak ze nog ongeveer 1 minuut.
Verwerk de rest van het beslag op dezelfde manier.
Serveer drie-in-de-pan met de suiker.

DIEETAANPASSING

- **Additievenvrij**
  Gebruik 200 g bloem en 1 eetlepel bakpoeder in plaats van 200 g zelfrijzend bakmeel.
- **Glutenvrij**
  Gebruik glutenvrije bloem en 1 zakje bakpoeder in plaats van zelfrijzend bakmeel of raadpleeg de vervangingslijst.
- **Saccharosevrij**
  Gebruik glucose in plaats van suiker of raadpleeg de vervangingslijst.

INDIEN TOEGESTAAN

- Voeg 1/2 ei toe aan het beslag en gebruik 2 1/4 dl water in plaats van 2 1/2 dl.
- Gebruik melk in plaats van water.

VARIATIES

- Voeg 1 schoongemaakte en geraspte appel toe aan het beslag.
- Voeg 5 eetlepels gewassen rozijnen of krenten toe aan het beslag.
- Meng de suiker met 1 theelepel kaneel.

Flensjes

8 stuks

Bereidingstijd: 20 minuten

Raadpleeg uw merkartikelenlijst van ALBA en/of uw dieetadvies.

75 g bloem
1/4 theelepel zout
2 theelepels bakpoeder
2 dl water
1 eetlepel olie
40 g margarine

Meng de gezeefde bloem met de bakpoeder en het zout.
Voeg al roerende beetje bij beetje het water toe en roer het beslag glad. Voeg de olie toe.
Verdeel de margarine in 8 klontjes, smelt 1 klontje en laat dit bruin worden.
Schenk eventueel met behulp van een pollepel het beslag in de pan en laat dit snel over de gehele bodem uitvloeien.
Bak de flensjes aan weerskanten snel bruin.
Verwerk de rest van het beslag op dezelfde manier.
Houd de flensjes warm op een verwarmd bord in de oven of op een réchaud.

DIEETAANPASSING

- **Glutenvrij**
  Gebruik glutenvrije bloem of boekweite-

meel in plaats van bloem of raadpleeg de vervangingslijst.

INDIEN TOEGESTAAN

- Gebruik melk in plaats van water.

VARIATIES

- Voeg 1/4 dl rum of kirsch toe aan het beslag.
- Gebruik 50 g bloem en 25 g maïsmeel in plaats van 75 g bloem.
- Gebruik koolzuurhoudend mineraalwater in plaats van water en in plaats van bakpoeder.

Chinese flensjes
Pel 12 litchi's.
Smelt 10 g margarine en voeg de litchi's samen met het sap van 1/4 citroen, 1 1/2 eetlepel suiker en 1 eetlepel vruchtenlikeur toe.
Verwarm alles zachtjes ongeveer 10 minuten.
Serveer de saus bij de flensjes.

Crêpes Alaska
Leg op ieder flensje 3 bolletjes ijs en bestrooi ze met 1 eetlepel poedersuiker.

Crêpes Suzette flensjes met likeursaus
Was 2 sinaasappels, rasp de schillen en pers ze uit. Smelt 40 g margarine, voeg 30 g poedersuiker en de sinaasappelrasp toe en verwarm dit tot de margarine bruin is. Voeg 1/2 blikje mandarijnpartjes, het sinaasappelsap en 1 eetlepel oranjesnippers toe en meng alles door elkaar. Laat de saus iets inkoken en voeg 1 eetlepel sinaasappellikeur toe.
Haal de flensjes een voor een door de saus en en vouw ze op. Schenk er 1/2 dl voorverwarmde cognac overheen en steek deze aan. Serveer de flensjes geflambeerd.

Flensjes met notenboter
Hak 100 g gepelde noten fijn, zoals hazelnoten, walnoten, cashewnoten en rooster ze bruin in 20 g gesmolten margarine. Voeg 3 eetlepels suiker toe en laat dit even mee karameliseren. Meng er 2 theelepels kaneel door en blus het geheel met 1 1/2 dl water af.
Verdeel de notenmassa over de flensjes en rol ze op.

Flensjes Tropicana
Maak 1 banaan, 2 kiwi's en 2 mandarijntjes schoon en snijd ze in stukjes. Snijd 2 ananasschijven in stukjes en voeg alle ingrediënten toe aan 20 g gesmolten en bruin geworden margarine.
Voeg 1/2 theelepel gemberpoeder toe en 2 eetlepels suiker.
Vul de flensjes met het fruitmengsel, rol ze op en bestrooi ze met 50 g poedersuiker.

Gevulde flensjes met abrikozenmoes
Vul ieder flensje met 2 eetlepels abrikozenmoes en vouw ze dubbel.

Gevulde flensjes met appelmoes
Vul ieder flensje met 2 eetlepels appelmoes en vouw ze dubbel.

Kaneelflensjes
Meng door het beslag 1 theelepel kaneel en 2 eetlepels rum.

SERVEERSUGGESTIES

- Serveer de flensjes opgerold of vouw ze in vieren en leg ze dakpansgewijs neer.
- Serveer de flensjes met 4 eetlepels honing, bruine basterdsuiker, jam, stroop, 2 dl chocoladesaus of een vruchtensaus.

Oliebollen

10 stuks

Bereidingstijd: ½ uur
Rijstijd: 1 uur
Baktijd: 5 minuten
Bijzondere materialen: ijsbolletjestang, keukenpapier

Raadpleeg uw merkartikelenlijst van ALBA en/of uw dieetadvies.

10 g verse gist of ½ zakje gistkorrels
2¼ dl lauw water
1 theelepel suiker
250 g bloem
½ theelepel zout
frituurvet of -olie
3 eetlepels poedersuiker

Meng de gist met 3 eetlepels van het lauwe water en voeg de suiker toe. Verwerk gistkorrels volgens de gebruiksaanwijzing op de verpakking.
Meng de gezeefde bloem met het zout en maak in het midden een kuiltje.
Schenk de gistoplossing in het kuiltje en roer de bloem er beetje bij beetje door.
Voeg de rest van het lauwe water beetje bij beetje toe en roer het beslag glad.
Laat het beslag, met een vochtige doek afgedekt, op een warme tochtvrije plaats ongeveer 1 uur rijzen.
Verhit de olie totdat deze begint te dampen, 170°C.
Doop twee lepels of een ijsbolletjestang in de olie zodat het beslag niet plakt en schep het beslag hiermee in bolletjes in de olie. Niet meer dan 4 bolletjes tegelijk, anders koelt de olie te sterk af.
Frituur de oliebollen ongeveer 5-8 minuten. Keer ze halverwege eenmaal om, eventueel met behulp van een schuimspaan en neem ze uit de olie.
Frituur de rest van het beslag op dezelfde manier.
Laat de oliebollen uitlekken op keukenpapier en bestrooi ze met de poedersuiker.

DIEETAANPASSING

- **Additievenvrij**
  Gebruik eventueel glucose in plaats van poedersuiker.
- **Glutenvrij**
  Gebruik glutenvrije bloem of raadpleeg de vervangingslijst.
- **Saccharosevrij**
  Gebruik honing of maïsmoutstroop in plaats van suiker en gebruik glucose in plaats van poedersuiker of raadpleeg de vervangingslijst.

INDIEN TOEGESTAAN

- Gebruik melk in plaats van water.

VARIATIES

- Bestrooi de oliebollen met een mengsel van 100 g poedersuiker en 1 eetlepel kaneel.

Oliebollen met appel, krenten en rozijnen
Maak ½ appel schoon, snijd deze in stukjes en voeg deze samen met 4 eetlepels gewassen krenten en 4 eetlepels gewassen rozijnen vóór het rijzen toe aan het beslag.

Oliebollen met krenten en rozijnen
Voeg 4 eetlepels gewassen krenten en 4 eetlepels gewassen rozijnen vóór het rijzen toe aan het beslag.

Oliebollen met sukade
Voeg 2 eetlepels gehakte sukade vóór het rijzen toe aan het beslag.

Pannekoeken

4 stuks

Bereidingstijd: 15 minuten
Rijstijd: 1 uur
Baktijd: 5 minuten

Raadpleeg uw merkartikelenlijst van ALBA en/of uw dieetadvies.

10 g verse gist of 1/2 zakje gistkorrels
4 dl lauw water
1/2 theelepel suiker
250 g bloem
1 theelepel zout
20 g margarine

Meng de verse gist aan met 1 1/2 eetlepel van het lauwe water en voeg de suiker toe. Verwerk gistkorrels volgens de gebruiksaanwijzing op de verpakking.
Meng de gezeefde bloem met het zout en maak een kuiltje in het midden.
Schenk de gistoplossing in het kuiltje en roer de bloem er beetje bij beetje door.
Voeg de rest van het lauwe water beetje bij beetje toe en roer het beslag glad.
Laat het beslag, met een vochtige doek afgedekt, op een warme tochtvrije plaats ongeveer 1 uur rijzen.
Smelt 1/4 deel van de margarine en laat deze bruin worden.
Schenk 1/4 deel van het beslag in de pan en laat dit snel over de gehele bodem uitvloeien.
Bak de pannekoek langzaam aan beide kanten bruin.
Keer de pannekoek pas als de bovenkant droog is.
Verwerk de rest van het beslag op dezelfde manier.
Houd de pannekoeken warm op een verwarmd bord in de oven of op een réchaud.

DIEETAANPASSING

- **Glutenvrij**
  Gebruik glutenvrije bloem of boekweitemeel in plaats van bloem of raadpleeg de vervangingslijst.
- **Saccharosevrij**
  Gebruik honing of maïsmoutstroop in plaats van suiker of raadpleeg de vervangingslijst.

INDIEN TOEGESTAAN

- Voeg 1/2 ei toe aan het beslag, gebruik dan 2 1/4 dl water in plaats van 2 1/2 dl.
- Gebruik melk in plaats van water.

VARIATIES

- Gebruik 125 g bloem en 125 g boekweitmeel in plaats van 250 g bloem.
- Gebruik 200 g bloem en 50 g roggebloem in plaats van 250 g bloem.

Appelpannekoeken
Voeg na het rijzen aan het beslag 1 schoongemaakte en geraspte appel toe.

Bananenpannekoeken
Maak 4 bananen schoon, pureer ze en roer ze na het rijzen door het beslag.

Gemberpannekoeken
Voeg na het rijzen 4 eetlepels in stukjes gesneden gemberbolletjes toe.

Kersenpannekoeken
Leg op iedere pannekoek tijdens het bakken 100 g ontpitte kersen en bak de pannekoek langzaam met het deksel op de pan. Keer de kersenpannekoeken niet. Serveer ze met 2 eetlepels suiker, gemengd met 1/2 theelepel kaneel.

Kokospannekoeken
Gebruik boekweitemeel in plaats van bloem en voeg na het rijzen 50 g geraspte kokos toe aan het beslag.
Serveer de kokospannekoeken met 2 dl chocoladesaus.

Krenten- en rozijnenpannekoeken
Voeg na het rijzen aan het beslag 50 g ge-

wassen krenten en 50 g gewassen rozijnen toe.

Spekpannekoeken
Snijd 150 g rookspek in dunne plakjes en bak deze zonder toevoeging van margarine langzaam uit. Gebruik het spekvet om de pannekoeken in te bakken en leg op iedere pannekoek $^1/_4$ deel van de spekjes.

SERVEERSUGGESTIES

- Vouw de pannekoeken in vieren en leg ze dakpansgewijs neer.
- Serveer de pannekoeken met 4 eetlepels honing, bruine basterdsuiker, jam, stroop, 2 dl vruchtensaus of chocoladesaus.

Poffertjes

20 stuks

Bereidingstijd: 15 minuten
Rijstijd: 1 uur
Baktijd: 3 minuten
Bijzonder materiaal: poffertjespan

Raadpleeg uw merkartikelenlijst van ALBA en/of uw dieetadvies.

10 g gist of $^1/_2$ zakje gistkorrels
$2^1/_2$ dl lauw water
1 theelepel suiker
200 g bloem
$^1/_2$ theelepel zout
20 g margarine
5 eetlepels suiker

Meng de gist aan met 3 eetlepels van het lauwe water en voeg de suiker toe. Verwerk gistkorrels volgens de gebruiksaanwijzing op de verpakking.
Meng de gezeefde bloem met het zout en maak een kuiltje in het midden.
Schenk de gistoplossing in het kuiltje en roer de bloem er beetje bij beetje door.
Voeg de rest van het lauwe water beetje bij beetje toe en roer het beslag glad.
Laat het beslag, met een vochtige doek afgedekt, op een warme tochtvrije plaats ongeveer 1 uur rijzen.
Vul de ingevette holtes van de poffertjespan met beslag en bak de poffertjes snel, keer ze als de bovenkant helemaal droog is en bak ze nog ongeveer 1 minuut.
Serveer de poffertjes met de margarine en de suiker.

DIEETAANPASSING

- **Glutenvrij**
  Gebruik glutenvrije bloem of raadpleeg de vervangingslijst.
- **Saccharosevrij**
  Gebruik honing of maïsmoutstroop in plaats van suiker en glucose in plaats van suiker voor de garnering of raadpleeg de vervangingslijst.

INDIEN TOEGESTAAN

- Voeg $^1/_2$ ei toe aan het beslag, gebruik dan $2^1/_4$ dl water in plaats van $2^1/_2$ dl.
- Gebruik melk in plaats van water.

VARIATIES

- Gebruik 100 g bloem en 100 g boekweitemeel in plaats van bloem.
- Voeg voor het rijzen $^1/_2$ zakje vanillesuiker toe aan het beslag.
- Voeg voor het rijzen $^1/_2$ eetlepel likeur toe aan het beslag.
- Voeg voor het rijzen $^1/_2$ theelepel kaneel toe aan het beslag.

SERVEERSUGGESTIES

- Serveer de poffertjes met 1 eetlepel jam of vruchtenbeleg.
- Serveer de poffertjes met schoongemaakt en in plakjes gesneden fruit zoals banaan, kiwi en sinaasappel.

Wentelteefjes

Dit gerecht is niet geschikt voor het kippeëivrije dieet.

Bereidingstijd: 15 minuten

Raadpleeg uw merkartikelenlijst van ALBA en/of uw dieetadvies.

2 eieren
2 1/2 dl melk
75 g basterdsuiker
1 eetlepel vanillesuiker
4 sneetjes brood
40 g margarine
1 theelepel kaneel
2 eetlepels basterdsuiker

Meng de eieren met de melk, de basterdsuiker en de vanillesuiker.
Snijd de korsten van het brood.
Leg de sneetjes brood in het eiermengsel en laat dit ongeveer 5 minuten intrekken.
Smelt de margarine, laat deze bruin worden en bak hierin de uitgelekte sneetjes brood aan beide kanten ongeveer 5 minuten.
Meng de kaneel en de basterdsuiker en bestrooi de wentelteefjes hiermee.

DIEETAANPASSING

- **Additievenvrij**
  Voeg geen vanillesuiker toe.
  Gebruik brood zonder toevoegingen.
- **Glutenvrij**
  Gebruik glutenvrij brood.
- **Koemelkvrij**
  Gebruik sojamelk in plaats van koemelk en gebruik koemelkvrij brood.
- **Lactosevrij**
  Gebruik lactosevrije melk in plaats van koemelk en gebruik lactosevrij brood.
- **Saccharosevrij**
  Gebruik honing of maïsmoutstroop in plaats van basterdsuiker en vanillesuiker in het eiermengsel. Garneer de wentelteefjes met glucose en kaneel in plaats van basterdsuiker en kaneel of raadpleeg de vervangingslijst.

VARIATIES

- Gebruik room in plaats van melk.
- Gebruik rozijnenbrood in plaats van gewoon brood.

Wentelteefjes met noten
Bestrooi elk sneetje brood met 10 g fijngehakte noten, nadat het brood in het eiermengsel geweekt is.

SERVEERSUGGESTIES

- Verwarm 1/4 dl rum, schenk deze over de wentelteefjes en flambeer ze bij het opdienen.
- Serveer de wentelteefjes met 4 eetlepels jam of vruchtenbeleg.

IJS

IJs kan gegeven worden als nagerecht of als tussendoortje.
Houd er rekening mee dat kant-en-klaarprodukten zoals schepijs, ijslolly's en dergelijke, ingrediënten kunnen bevatten die in het dieet niet zijn toegestaan.
Raadpleeg hiervoor uw dieetadvies en/of ALBA-lijst.

IJs kan gemaakt worden van:
water (waterijs)
vruchten (sorbetijs)
melk of room (roomijs)

VARIATIES

Varieer door vulsel toe te voegen

- Specerijen
  kaneel (kaneelijs)
- Verse en/of geconserveerde vruchten
  aardbeien, citroensap, frambozen, peren, perzik (sorbetijs, citroenijs)
- Carobe- of chocoladeprodukten
  cacao of carobepoeder (chocolade-ijs)

- Suikerprodukten
  diksap, limonadesiroop (waterijs)
- Zuivelprodukten
  ei, kwark, melk, slagroom, yoghurt (vanille-roomijs, vruchtencrèmesorbet, waterijs)
- Dranken
  likeur (vanille-roomijs, koffie-hazelnoot-roomijs)

Varieer door het ijs te serveren met
- Verse en/of geconserveerde vruchten
  aardbeien, ananas, bessen, bramen, kersen (sorbetijs, vanille-roomijs met ananas)
- (Imitatie)slagroom
- Koekjes
  lange vingers, rolletjes, soepstengels, waaiers
- Dranken
  advocaat, champagne, koolzuurhoudend bronwater, mousserende wijn (sorbetijs)
- Niet-eetbare garnering
  figuurprikkertjes, glasfiguurtjes, paraplutjes

Varieer door er verschillende sauzen bij te serveren
Carobe- of chocoladesaus, vanillesaus, vruchtensaus.

Sorbetijs

2 personen

Bereidingstijd: 15 minuten
Wachttijd: 5 uur
Bijzondere materialen: mixer, diepvriesdoos met deksel en een inhoud van ½ l, koelkast met vriesvak op koudste stand of diepvries

Raadpleeg uw merkartikelenlijst van ALBA en/of uw dieetadvies.

250 g fruit zoals aardbeien, abrikozen, kiwi, peer, perzik
1 dl water
75 g suiker

Maak het fruit schoon en pureer het, eventueel met behulp van een mixer.
Breng het water met de suiker aan de kook en kook dit al roerende tot alle suiker is opgelost.
Voeg de suikeroplossing al roerende bij de vruchtenpuree.
Doe de massa over in een diepvriesdoos en plaats deze 1 uur in het diepvriesvak zonder deksel.
Roer met een vork het halfbevroren mengsel goed door elkaar en herhaal dit tot gebruik ieder uur.
Als het mengsel niet wordt doorgeroerd, wordt het ijs hard.
Doe nu steeds een deksel op de doos en plaats deze terug in het vriesvak.
Neem het sorbetijs ongeveer 20 minuten voor gebruik uit het diepvriesvak.

DIEETAANPASSING
- **Additievenvrij**
  Gebruik vers fruit.
- **Saccharosevrij**
  Gebruik diksap of honing in plaats van suiker of raadpleeg de vervangingslijst.
  Gebruik vers fruit of blikfruit waaraan geen suiker is toegevoegd.

VARIATIES
- Voeg het sap van ¼ citroen toe aan de vruchtenpuree.
- Week 2 blaadjes gelatine ongeveer 10 minuten in ruim koud water en voeg de uitgeknepen gelatine al roerende toe aan de iets afgekoelde suikeroplossing.
  Volg verder bovenstaand recept.
  Het ijs wordt minder hard door de gelatine.

Spoom
Overgiet het sorbetijs vlak voor het opdienen met ½ dl koolzuurhoudend bronwater, champagne of mousserende wijn voor een extra feestelijk dessert.

Vruchtencrèmesorbet
Klop 1 eiwit stijf en voeg dit aan het half-

bevroren vruchtenmengsel (na 1 uur vriezen) toe.

Vruchtenijs met melk
Gebruik melk in plaats van water en volg verder bovenstaand recept.

GARNEERSUGGESTIES
- Garneer het sorbetijs met 3 eetlepels slagroom, die is stijf geklopt met $1/2$ eetlepel suiker of maïsmoutstroop, of met imitatieslagroom.
- Garneer het sorbetijs met 100 g schoongemaakte en in stukjes gesneden verse vruchten.
- Garneer het sorbetijs met niet-eetbare garnering zoals parapluutje of dierenfiguurtje van papier of plastic.

Vanille-roomijs

Bereidingstijd: 10 minuten
Wachttijd: 3 uur
Bijzondere materialen: mixer, diepvriesbakje met deksel en een inhoud van $1/2$ l, koelkast met vriesvak op koudste stand of diepvries

Raadpleeg uw merkartikelenlijst van ALBA en/of uw dieetadvies.

$2^1/_4$ dl slagroom
$3^1/_2$ eetlepel poedersuiker
1 eetlepel vanillesuiker

Klop, eventueel met behulp van een mixer, de slagroom met de poedersuiker en de vanillesuiker halfstijf.
Doe de massa over in een diepvriesbakje met deksel en plaats dit ongeveer 3 uur in het diepvriesvak.
Klop de halfbevroren massa na ongeveer $1^1/_2$ uur nog 5 minuten en plaats deze weer terug in het diepvriesvak.
Neem het vanille-roomijs ongeveer 10 minuten voor gebruik uit het diepvriesvak.

DIEETAANPASSING
- **Additievenvrij**
  Voeg geen vanillesuiker toe.
  Gebruik eventueel honing in plaats van poedersuiker.
- **Koemelkvrij/lactosevrij**
  Bereid sorbetijs in plaats van vanille-roomijs (zie blz. 237).
- **Saccharosevrij**
  Gebruik honing of maïsmoutstroop in plaats van poedersuiker of raadpleeg de vervangingslijst. Voeg geen vanillesuiker toe.

VARIATIES
- Gebruik $1^1/_4$ dl slagroom en 1 dl kwark in plaats van $2^1/_4$ dl slagroom.
- Voeg 2 eetlepels likeur toe aan de slagroom voor het kloppen.

Bananen-roomijs
Voeg 1 gepureerde banaan en 4 verkruimelde bitterkoekjes toe aan het vanille-roomijs voor het bevriezen.

Carobe-roomijs
Voeg 1 eetlepel carobe toe aan de poedersuiker en gebruik 5 eetlepels poedersuiker.

Chocolade-roomijs
Voeg 1 eetlepel cacao toe aan de poedersuiker en gebruik 5 eetlepels poedersuiker.

Citroen-roomijs
Voeg het sap van $1/2$ citroen voor het kloppen aan de slagroom toe en gebruik 5 eetlepels poedersuiker.

Kaneel-roomijs
Voeg 1 theelepel kaneel toe aan de poedersuiker.

Koffie-hazelnootroomijs
Voeg 1 eetlepel extra sterke koffie en 2 eetlepels gehakte hazelnoten aan de slagroom toe voor het bevriezen. Gebruik 5 eetlepels poedersuiker.

Mokka-roomijs
Voeg 1 eetlepel extra sterke koffie aan de slagroom toe voor het bevriezen. Gebruik 5 eetlepels poedersuiker.

Pepermunt-chocoladeroomijs
Voeg 1 eetlepel cacao toe aan de poedersuiker en gebruik 5 eetlepels poedersuiker in plaats van $3^1/_2$ eetlepel.
Voeg 1 eetlepel pepermuntlikeur of 2 druppeltjes pepermuntolie aan het vanille-roomijs toe voor het bevriezen.

Pepermunt-roomijs
Voeg 1 eetlepel pepermuntlikeur of 2 druppeltjes pepermuntolie aan het vanille-roomijs toe voor het bevriezen.

Vruchten-roomijs
Voeg 100 g schoongemaakte en gepureerde vruchten zoals aardbeien, abrikozen, frambozen, peren, perziken en 4 eetlepels witte basterdsuiker toe aan het vanille roomijs voor het bevriezen.

Yoghurt-roomijs
Gebruik $1^1/_4$ dl yoghurt en $1^1/_4$ dl slagroom.

Cake met vanille-roomijs en vruchten
Besprenkel 2 plakken cake met 2 eetlepels chocoladelikeur en leg op iedere plak cake 1 bolletje vanille-roomijs met daarop 50 g schoongemaakte verse vruchten.

Coupe poire Hélène
Leg 2 halve peren met de bolle kant naar onderen en schep in elk kuiltje een bolletje vanille-roomijs en serveer er 1 dl warme chocoladesaus bij.

Pêche Melba
Leg 2 halve perziken met de bolle kant naar onderen en schep in elk kuiltje een bolletje vanille-roomijs. Serveer dit met 100 g schoongemaakte en gepureerde frambozen en 2 eetlepels witte basterdsuiker.

Profiteroles au chocolat
Vul 2 soezen met vanille-roomijs en schenk hierover 1 dl warme chocoladesaus.

Vanille-roomijs met ananas en amandelen
Serveer de bolletjes vanille-roomijs op 2 schijven ananas en bestrooi deze met 1 eetlepel geschaafde amandelen.

SERVEERSUGGESTIES

- Serveer het vanille-roomijs met 3 eetlepels slagroom die is stijf geklopt met $^1/_2$ eetlepel honing of suiker, of gebruik imitatieslagroom.
- Serveer het vanille-roomijs met 100 g verse schoongemaakte en in stukjes verdeelde vruchten zoals aardbeien, frambozen en perzik.
  Bestrooi de vruchten met 1 eetlepel witte basterdsuiker.
- Serveer het vanille-roomijs met 100 g kersen en 1 dl kersensaus.

Waterijs

6 ijslolly's

Bereidingstijd: 3 minuten
Wachttijd: 3 uur
Bijzondere materialen: 6 ijsvormpjes met stokjes, koelkast met vriesvak op koudste stand of diepvriezer

Raadpleeg uw merkartikelenlijst van ALBA en/of uw dieetadvies.

3 dl vruchtesap zoals appelsap, sinaasappelsap, ananassap, aangelengd frambozendiksap

Verdeel het vruchtesap over de ijsvormpjes en plaats deze ongeveer 3 uur in de vriezer.
Spoel het ijsvormpje af onder lauw water en neem het vormpje voorzichtig weg.

DIEETAANPASSING

- **Saccharosevrij**
  Gebruik vruchtesap zonder toegevoegde suiker.

VARIATIES

- Gebruik aangelengde limonadesiroop in plaats van vruchtesap.

Melk-ijslolly's
Gebruik hypoallergene melk, lactosevrije melk, sojamelk of koemelk in plaats van vruchtesap.

Yoghurt-ijslolly's
Gebruik yoghurt, eventueel gezoet met limonadesiroop of diksap in plaats van vruchtesap.

VRUCHTENGERECHTEN

Vruchtengerechten kunnen gegeven worden bij het ontbijt, bij de lunch, als voorgerecht, bij het hoofdgerecht, als nagerecht of als tussendoortje.
Houd er rekening mee dat kant-en-klaarprodukten zoals appelmoes, fruitcocktail en dergelijke, ingrediënten kunnen bevatten die in het dieet niet zijn toegestaan. Raadpleeg hiervoor uw dieetadvies en/of ALBA-lijst.

Vruchtengerechten zijn in dit kookboek in de volgende categorieën onderverdeeld:
gebakken en/of geflambeerde vruchten
compote
moes
salades

Hoeveelheid per persoon
Dit varieert van 125 g (compote, moes) tot 150 g (verse fruitsalade).

COMPOTE

Was de vruchten, maak ze schoon maar laat ze heel.
Breng weinig water met eventueel suiker of andere zoetstof aan de kook en kook de vruchten zachtjes hierin zonder te roeren.
De bereidingstijd varieert van 5-15 minuten.
Serveer dit gerecht koud.

MOES

Was de vruchten, maak ze schoon en snijd ze in stukjes.
Breng weinig water met eventueel suiker of andere zoetstof aan de kook en kook de vruchten hierin zachtjes onder af en toe roeren.
De bereidingstijd varieert van 10-15 minuten.
Pureer de vruchten. Breng voor gebonden vruchtenmoes de vruchtenpuree opnieuw aan de kook.
Voeg aardappelmeel, aangemengd met koud water, al roerende toe en breng de massa opnieuw aan de kook.
Serveer dit gerecht warm of koud.

VARIATIES

Varieer door smaakmakers toe te voegen

- Specerijen
  kaneel (geflambeerde vruchten)
- Verse en/of geconserveerde vruchten
  ananas, mango, peer, perzik, citroensap (compote, gebakken mango, gevulde appelmoes)
- Broodprodukten
  verkruimelde beschuit (Zweedse appelmoes)
- Eiwit
  stijf geklopt (compote of moes met schuimkop)
- Noten
  walnoten (meloennagerecht)
- Suikerprodukten
  basterdsuiker, suiker, vanillesuiker (compote, perendessert)
- Dranken
  likeur, rum, wijn (fruitsalade, geflambeerde vruchten, stoofperen)

Varieer door het vruchtengerecht te serveren met

- Zuivelprodukten
  kwark, pudding, vla, ijs (compote)
- Sauzen
  chocoladesaus (perenegel, -muis)
- Gebakken nagerechten
  flensjes, pannekoeken (compote)
- (Imitatie)slagroom
  (gebakken banaan)
- Verse en/of geconserveerde vruchten
  rozijnen (gebakken banaan, perenegel)
- Noten en zaden
  amandelen, hazelnoten, walnoten, zonnebloempitten (compote, perenegel, -muis)

Appelcompote

Bereidingstijd: 20 minuten
Koeltijd: 30 minuten

Raadpleeg uw merkartikelenlijst van ALBA en/of uw dieetadvies.

6 kersen
3 appels
1 dl witte wijn
4 eetlepels suiker
½ eetlepel aardappelmeel
½ eetlepel koud water

Maak de kersen schoon.
Halveer de appels en maak ze schoon.
Breng de witte wijn met de suiker aan de kook en pocheer hierin de appels ongeveer 10 minuten.
Neem de appels uit de vloeistof en leg ze met de holle kant naar boven. Leg in iedere holte 1 kers.
Maak het aardappelmeel aan met het koude water en voeg dit al roerende bij de kokende vloeistof.
Breng de vloeistof opnieuw aan de kook.
Schenk de afgekoelde saus over de appels en serveer de appelcompote koud.

DIEETAANPASSING

- **Aardappelvrij**
  Gebruik arrowroot in plaats van aardappelmeel of raadpleeg de vervangingslijst.
- **Additievenvrij**
  Gebruik wit druivesap in plaats van witte wijn en gebruik vers fruit.
- **Saccharosevrij**
  Gebruik vers fruit of blikfruit zonder toegevoegde suiker. Gebruik diksap of honing in plaats van suiker of raadpleeg de vervangingslijst.

VARIATIES

- Gebruik appelsap of wit druivesap in plaats van witte wijn.
- Gebruik water in plaats van witte wijn en voeg de schil en het sap van ½ citroen toe. Verwijder de citroenschil voordat het aardappelmeel wordt toegevoegd.
- Gebruik 2 eetlepels rode-bessengelei in plaats van 6 kersen.
- Voeg ¼ theelepel kaneel toe aan de saus.
- Voeg 2 eetlepels likeur toe aan de saus.
- Voeg 1 eetlepel gewassen rozijntjes toe en pocheer deze mee.
- Voeg 1 zakje vanillesuiker extra toe aan de saus.

Abrikozencompote
Gebruik 6 gewelde en ontpitte abrikozen in plaats van appels.
Pocheer deze ongeveer 5 minuten.

Perencompote
Gebruik peren in plaats van appels.

Perzikencompote
Gebruik ontpitte perziken in plaats van appels en pocheer deze ongeveer 5 minuten.

Sinaasappelcompote
Maak 2 sinaasappels schoon en snijd ze in plakken.
Pers 1 sinaasappel uit, los 4 eetlepels witte basterdsuiker in het sap op en voeg ¼ theelepel kaneel toe.

Besprenkel de plakken sinaasappel met 2 eetlepels sinaasappellikeur en schenk de saus erover.

SERVEERSUGGESTIES
- Serveer de appelcompote met pudding, kwark, vla, yoghurt of ijs.
- Serveer de appelcompote, bestrooid met 1 eetlepel gehakte noten zoals hazelnoten of walnoten.

Appelmoes

Bereidingstijd: 20 minuten

Raadpleeg uw merkartikelenlijst van ALBA en/of uw dieetadvies.

500 g appels
1/2 dl water
75 g suiker
1/4 theelepel kaneel

Maak de appels schoon en snijd ze in stukjes.
Breng het water met de suiker aan de kook en kook de appels hierin zachtjes ongeveer 10 minuten.
Pureer de appels eventueel en voeg de kaneel toe.
Serveer de appelmoes warm of koud.

DIEETAANPASSING
- **Saccharosevrij**
  Gebruik diksap of honing in plaats van suiker of raadpleeg de vervangingslijst.

VARIATIES
- Gebruik andere verse vruchten zoals ontpitte abrikozen, peren, ontpitte perziken.
- Voeg 1 zakje vanillesuiker extra toe of kook 1 opengesneden vanillestokje van ongeveer 2 1/2 cm mee en verwijder dit na het koken.

Appelmoesschotel met schuimkop
Klop 1 eiwit stijf met 4 eetlepels suiker en leg dit op de appelmoes in een ingevette ovenschotel. Plaats de appelmoes met schuimkop ongeveer 1 uur in een voorverwarmde oven, gasstand 1/140°C en serveer deze direct.

Abrikozen-, pruimen- of tuttifruttimoes
Was 75 g abrikozen, pruimen of tuttifrutti, week ze ongeveer 12 uur in 1 1/2 dl water en ontpit ze. Kook de vruchten in het weekwater met 3 eetlepels suiker ongeveer 10 minuten. Pureer de vruchten. Breng de moes opnieuw aan de kook en voeg 1/2 eetlepel aardappelmeel, aangemengd met 1/2 eetlepel water toe. Breng de moes opnieuw aan de kook. Serveer de moes koud.

Gebonden appelmoes
Meng 2 1/2 eetlepel aardappelmeel aan met 2 1/2 eetlepel koud water, voeg dit al roerende toe aan de kokende massa en breng deze opnieuw aan de kook.

Gevulde appelmoes
Roer 50 g gewelde rozijnen of 50 g in partjes verdeelde mandarijntjes door de appelmoes.

Rabarbermoes
Gebruik rabarber in plaats van appels, voeg 100 g suiker toe in plaats van 75 g.

Zweedse appelmoesschotel
Meng 2 verkruimelde beschuiten met 1 eetlepel suiker en 1/2 theelepel kaneel en leg dit op de appelmoes in een ingevette ovenschotel. Leg hierop 20 g in klontjes verdeelde margarine.
Plaats de Zweedse appelmoesschotel ongeveer 15 minuten in een voorverwarmde oven, gasstand 4/200°C.

Compote van gedroogde vruchten

Voorbereidingstijd: 12 uur
Bereidingstijd: 20 minuten

Raadpleeg uw merkartikelenlijst van ALBA en/of uw dieetadvies.

- 150 g gedroogde vruchten zoals abrikozen, appeltjes, peertjes, pruimen, rozijnen, tuttifrutti of vijgen
- 4 dl water
- 2 eetlepels honing
- 1 eetlepel aardappelmeel
- 1 eetlepel koud water

Was de vruchten, week ze 12 uur in het water en ontpit ze eventueel.
Breng de vruchten in het weekwater met de honing aan de kook en kook ze ongeveer 15 minuten.
Neem de vruchten uit de vloeistof en houd deze aan de kook.
Meng het aardappelmeel aan met het koude water, voeg dit al roerende toe aan de kokende vloeistof en breng de saus opnieuw aan de kook.
Schenk de saus over de vruchten en serveer de compote van vruchten warm of koud.

DIEETAANPASSING
- **Additievenvrij**
  Gebruik ongezwavelde gedroogde vruchten.
- **Aardappelvrij**
  Gebruik arrowroot in plaats van aardappelmeel of raadpleeg de vervangingslijst.
- **Saccharosevrij**
  Gebruik eventueel diksap of dadelstroop in plaats van honing of raadpleeg de vervangingslijst.

VARIATIES
- Gebruik helder vruchtesap zoals appelsap of wit druivesap in plaats van water.
- Gebruik witte basterdsuiker in plaats van honing.
- Voeg 1 zakje vanillesuiker extra toe aan de saus.
- Kook 1 kaneelstokje mee en verwijder dit na het koken.
- Voeg 1 eetlepel likeur toe aan de saus.

Compote van gedroogde vruchten met schuimkop
Leg de compote in een ingevette ovenschotel. Klop 1 eiwit stijf met 4 eetlepels suiker, bedek de gehele compote hiermee.
Plaats de compote ongeveer 1 uur in een voorverwarmde oven gasstand 1/140°C en serveer deze direct.

SERVEERSUGGESTIE
- Serveer de compote van gedroogde vruchten met 2 flensjes, 250 g kwark, 2 pannekoeken, 250 g umer, vla of ijs.

Fruitsalade

Bereidingstijd: 10 minuten

Raadpleeg uw merkartikelenlijst van ALBA en/of uw dieetadvies.

- 6 blauwe druiven
- 6 witte druiven
- 1 perzik
- 1/4 suikermeloen
- 2 eetlepels witte basterdsuiker

Was de druiven.
Maak de perzik schoon en ontpit deze. Maak de suikermeloen schoon en snijd de vruchten in blokjes.
Meng de vruchten met de witte basterdsuiker en verdeel de vruchten over 2 coupes.

DIEETAANPASSING
- **Additievenvrij**
  Gebruik vers fruit.
- **Saccharosevrij**
  Gebruik diksap of honing in plaats van

witte basterdsuiker of raadpleeg de vervangingslijst.
Gebruik vers fruit of blikfruit zonder toegevoegde suiker.

VARIATIES
- Voeg 1 zakje vanillesuiker extra toe aan de vruchten.
- Voeg 1 eetlepel likeur toe aan de vruchten.

Appelsalade met kokos
Maak 2 appels schoon, snijd ze in stukjes en besprenkel ze met het sap van ½ citroen. Meng de appels met ¼ theelepel gemberpoeder, 3 eetlepels kokos, 1 eetlepel likeur en 2 eetlepels suiker.

Fruitcocktail
Meng 2 eetlepels ongeklopte slagroom, zure room of imitatieslagroom door de fruitsalade.

Gemengde bessensalade
Gebruik 75 g kruisbessen, 75 g rode en 75 g zwarte bessen in plaats van druiven, meloen en perzik. Voeg 2 eetlepels rode wijn toe.

Gevulde meloen met fruitsalade
Vul ½ uitgeholde meloen met de fruitsalade.

Kiwi-vruchtensalade
Gebruik 2 kiwi's en 1 schijf ananas in plaats van druiven en meloen. Voeg 2 eetlepels gekonfijte gember, 1 eetlepel gembersiroop en 1 eetlepel gewelde rozijnen toe aan de fruitsalade.

Meloen-druivensalade
Gebruik 2 in stukjes gesneden schijven ananas in plaats van perzik. Voeg aan de salade 1 eetlepel ananassap en 1 eetlepel mintlikeur toe.

Spaanse perensalade
Gebruik 75 g rode bessen en 2 peren in plaats van druiven, meloen en perzik.

Voeg 1 eetlepel chocoladelikeur en 1 eetlepel geraspte kokos toe aan de salade.

Lentesalade
Gebruik 1 appel, 2 bananen en 2 sinaasappels in plaats van druiven, perzik en meloen.

Zomersalade
Gebruik 100 g aardbeien, 100 g rode bessen en 100 g frambozen in plaats van druiven, perzik en meloen.

Herfstsalade
Gebruik 1 peer in plaats van druiven.

Wintersalade
Gebruik 1 appel en 1 mandarijn in plaats van meloen en perzik.

Gebakken bananen

Bereidingstijd: 10 minuten

Raadpleeg uw merkartikelenlijst van ALBA en/of uw dieetadvies.

2 bananen
2 eetlepels honing
1 eetlepel geschaafde
amandelen
10 g margarine

Maak de bananen schoon en bestrijk ze met de honing.
Wentel de bananen door de geschaafde amandelen.
Smelt de margarine, laat deze bruin worden en bak de bananen hierin aan iedere kant ongeveer 2 minuten.

DIEETAANPASSING
- **Notenvrij**
  Gebruik geen geschaafde amandelen. Garneer de gebakken banaan met 1 eetlepel gewelde rozijntjes.

- **Saccharosevrij**
  Gebruik eventueel diksap of maïsmoutstroop in plaats van honing of raadpleeg de vervangingslijst.

VARIATIES
- Besprenkel de gebakken bananen met het sap van ½ citroen of ½ sinaasappel en bestrijk ze met honing.

Gebakken ananas
Gebruik 4 plakken ananas in plaats van 2 bananen.

Gebakken appels of peren
Gebruik appels of peren in plaats van bananen en halveer deze.

Gebakken mango
Gebruik 1 gehalveerde en ontpitte mango in plaats van 2 bananen.

Gebakken perzik
Gebruik perziken in plaats van bananen en halveer en ontpit deze.

GARNEERSUGGESTIES
- Garneer de gebakken banaan met 3 eetlepels slagroom, stijf geklopt met ½ eetlepel suiker, honing of maïsmoutstroop of garneer met 3 eetlepels imitatieslagroom.
- Garneer de gebakken bananen met 1 eetlepel gewelde rozijnen.

Geflambeerde vruchten

Bereidingstijd: 15 minuten
Baktijd: 15 minuten
Bijzondere materialen: ovenschotel, aluminiumfolie, oven

Raadpleeg uw merkartikelenlijst van ALBA en/of uw dieetadvies.

½ theelepel kaneel
100 g suiker
2 schijven ananas
2 bananen
1 sinaasappel
30 g margarine
4 eetlepels rum

Meng de kaneel met de suiker.
Snijd de ananas in stukjes.
Maak de bananen en de sinaasappel schoon en snijd ze in stukjes.
Leg de vruchten in een ingevette ovenschotel, bestrooi ze met het mengsel van kaneel en suiker en leg de in klontjes verdeelde margarine erop.
Bak de vruchten, afgedekt met aluminiumfolie, ongeveer 15 minuten in een voorverwarmde oven, gasstand 4/200°C.
Verwarm de rum maar kook deze niet.
Schenk de rum over de vruchten, steek deze aan en serveer de geflambeerde vruchten direct.

DIEETAANPASSING
- **Additievenvrij**
  Gebruik vers fruit. Voeg geen rum toe.
- **Citrusvrij**
  Gebruik perzik in plaats van sinaasappel.
- **Saccharosevrij**
  Gebruik diksap of honing in plaats van suiker of raadpleeg de vervangingslijst. Gebruik vers fruit of blikfruit zonder toegevoegde suiker. Voeg geen rum toe.

VARIATIES
- Gebruik vruchtenlikeur in plaats van rum.

- Gebruik ander fruit zoals appel, grapefruit, kiwi, meloen, ontpitte mango, perzik, passievrucht en peer.
- Voeg aan het mengsel van kaneel en suiker ½ theelepel gemberpoeder toe.

Meloennagerecht

Bereidingstijd: 10 minuten
Koeltijd: 30 minuten
Bijzonder materiaal:
Parijs-aardappelmesje

Raadpleeg uw merkartikelenlijst van ALBA en/of uw dieetadvies.

¼ suikermeloen
⅛ watermeloen
¼ citroen
2 eetlepels poedersuiker
1¼ dl zoete witte wijn

Maak de suiker- en de watermeloen schoon.
Pers de citroen uit.
Schep met behulp van het Parijs-aardappelmesje bolletjes uit de meloen.
Pureer de rest van het vruchtvlees en voeg het citroensap, de poedersuiker en de witte wijn toe.
Leg de bolletjes meloen in de saus en serveer het meloennagerecht gekoeld.

DIEETAANPASSING
- **Additievenvrij**
  Gebruik wit druivesap in plaats van witte wijn.
- **Citrusvrij**
  Voeg geen citroensap toe.
- **Saccharosevrij**
  Gebruik honing of glucose in plaats van poedersuiker of raadpleeg de vervangingslijst.

VARIATIES
- Gebruik ¾ dl vruchtenlikeur en ¾ dl wit druivesap in plaats van 1¼ dl witte wijn.
- Bestrooi het meloennagerecht met 1 eetlepel gehakte walnoten.

Perendessert

Bereidingstijd: 15 minuten

Raadpleeg uw merkartikelenlijst van ALBA en/of uw dieetadvies.

1½ dl rode wijn
1 theelepel kaneel
70 g suiker
2 handperen
70 g pure chocolade
10 g margarine

Breng de rode wijn met de kaneel en de suiker aan de kook.
Schil de handperen maar laat het steeltje eraan.
Voeg de peren toe aan de rode wijn en pocheer ze zachtjes ongeveer 5 minuten. Laat de peren in het vocht afkoelen.
Smelt de chocolade en de margarine zachtjes en schenk de warme chocoladesaus over het perendessert.

DIEETAANPASSING
- **Additievenvrij**
  Gebruik peresap in plaats van rode wijn.
  Gebruik pure chocolade zonder toevoegingen.
- **Cacaovrij**
  Gebruik carobe in plaats van chocolade.
- **Koemelkvrij/lactosevrij**
  Gebruik pure chocolade zonder melk.
- **Saccharosevrij**
  Gebruik chocolade zonder suiker.
  Gebruik diksap of honing in plaats van suiker of raadpleeg de vervangingslijst.

VARIATIES
Perenegel
Maak stekels door 1 eetlepel zonnebloem-

pitten in de peren te steken, zodat egels ontstaan. Maak oogjes van rozijntjes.
Schenk geen chocoladesaus over de peren.

Perenmuis
Leg de peren plat en verwijder het steeltje.
Maak met rozijnen 2 oogjes en met een platgedrukte rozijn een snuitje. Maak oren van 2 halve amandelen.
Maak een staart van een dropveter of van chocoladesaus.
Schenk geen chocoladesaus over de peer.

Poire belle Hélène
Gebruik $1^1/_2$ dl water en 1 zakje vanillesuiker in plaats van wijn.

Perenwaaier
Snijd de peren èn de steeltjes voor het koken in tweeën.
Snijd de peer na het koken in de lengte van onderaf in $^1/_2$ cm dikke schijven, laat de schijven boven bij de steel vastzitten.
Leg de peer als een waaier op het bord.

Stoofperen

Bereidingstijd: 15 minuten
Kooktijd: 2 uur

Raadpleeg uw merkartikelenlijst van ALBA en/of uw dieetadvies.

750 g stoofperen
2 dl water
$^1/_4$ dl bessesap
$^1/_4$ theelepel kaneel
4 eetlepels suiker

Maak de stoofperen schoon en halveer grote peren.
Breng het water met het bessesap, de kaneel en de suiker aan de kook, voeg de stoofperen toe en kook ze zachtjes ongeveer 2 uur.
Serveer de stoofperen warm of koud.

DIEETAANPASSING

- **Saccharosevrij**
Gebruik bessesap zonder toegevoegde suiker en gebruik diksap of honing in plaats van suiker of raadpleeg de vervangingslijst.

VARIATIE

- Gebruik rode wijn of rood druivesap in plaats van bessesap.

BROOD, GEBAK EN KOEKJES

Brood en gebak kunnen gegeven worden bij het ontbijt, bij de lunch, als voorgerecht, als hoofdgerecht, als nagerecht of als tussendoortje.
Mensen met een overgevoeligheid voor gluten, moeten brood, gebak en koekjes vaker zelf bereiden. Daarom vindt u in dit kookboek met name hiervoor geschikte recepten.
Houd er rekening mee dat kant-en-klaarprodukten zoals taart, cake, gebak, krentebollen, pizza's en dergelijke, ingrediënten kunnen bevatten die in het dieet niet zijn toegestaan.
Raadpleeg hiervoor uw dieetadvies en/of ALBA-lijst.

Brood, gebak en koekjes zijn in dit kookboek in de volgende categorieën onderverdeeld:
Brooddeeg/gistdeeg
Zandtaartdeeg
Cakedeeg
Biscuitdeeg
Bladerdeeg
Soezendeeg
Koekjes

Aandachtspunten bij het bakken met glutenvrije bloem
Vocht
Bij gebruik van grotere hoeveelheden glutenvrije bloem bijvoorbeeld voor brood, kan het nodig zijn dat meer vocht gebruikt moet worden dan het recept aangeeft. Raadpleeg de gebruiksaanwijzing op de verpakking voor de juiste verhouding bloem/vocht.

Bakvorm
Glutenvrij deeg blijft vaak dunner, waardoor het tijdens het bakken over de rand van het bakblik kan lopen. Neem een vorm die voldoende ruim is. Bij de bereiding van broodjes is het vaak nodig vormpjes te gebruiken.
Een echte broodvorm is niet altijd de meest geschikte bakvorm voor glutenvrij brood. Een cakevorm is meestal van dunner materiaal gemaakt en geleidt de warmte beter zodat met name ook het deeg onder in de vorm goed gaar wordt.

Structuur
Glutenvrij brood wijkt wat betreft structuur altijd af van gewoon brood. Door het ontbreken van gluten zal het brood minder rijzen en kan het kruimeliger zijn. Dit laatste kan voorkomen worden door aan het deeg, vlak voor het rijsproces, 100 g geraspte rauwe aardappel toe te voegen.

Kleur
Bij het gebruik van glutenvrije bloem blijft het gebak altijd lichter van kleur. Houd toch de aangegeven baktijd aan. Om de gewenste kleur te benaderen, zijn er diverse mogelijkheden, bijvoorbeeld het toevoegen van cacao of custard aan het deeg of het bestrijken van het deeg met ei of abrikozenjam.

BROODDEEG/GISTDEEG

Gistdeeg wordt gebruikt voor brood, bolus en vlaai (zoet gistdeeg) en voor pizza en groentetaart (hartig gistdeeg).
Houd er rekening mee dat kant-en-klaarprodukten zoals brood, worstebroodjes en dergelijke, ingrediënten kunnen bevatten die in het dieet niet zijn toegestaan.
Raadpleeg hiervoor uw dieetadvies en/of ALBA-lijst.

Brooddeeg/gistdeeg
Gebruik voor brooddeeg/gistdeeg per 100 g bloem:
3 g verse gist of 1 g gedroogde gistkorrels
2 g zout
0,6 dl vocht (melk of water)

Meng de gist met 5 eetlepels van het lauwe vocht. Verwerk gistkorrels volgens de gebruiksaanwijzing op de verpakking.
Meng de gezeefde bloem met het zout en maak in het midden een kuiltje. Schenk de gistoplossing in het kuiltje en roer de bloem hier beetje bij beetje door.
Voeg de rest van het lauwe vocht beetje bij beetje toe en meng alles door elkaar.
Bestuif het werkblad met wat bloem en kneed het deeg ongeveer 10 minuten tot het soepel en elastisch is (glutenvrij deeg hoeft niet gekneed te worden).
Laat het deeg met een vochtige doek afgedekt op een warme, tochtvrije plaats 40-60 minuten rijzen.
Voeg eventueel vulsel toe.
Kneed het deeg opnieuw en verwerk het volgens het gekozen recept.
Leg het deeg op een ingevette bakplaat of doe het over in een ingevette broodvorm en laat het opnieuw afgedekt ½ uur rijzen. Vul de vorm voor maximaal tweederde deel om uitrijzen te voorkomen.
Plaats de bakplaat of het rooster met de bakvorm in het midden van de voorverwarmde oven, gasstand 5/220°C voor gevuld deeg en gasstand 6/240°C voor ongevuld deeg.
De bereidingstijd varieert van 25 minuten (broodjes) tot 45 minuten (brood, krentenbrood).
Controleer of het brood of gebak gaar is (klop met de bolle kant van een lepel op het brood, het brood is gaar als het hol klinkt).

ZUURDESEM

Zuurdesem kan gebruikt worden voor de bereiding van brooddeeg zonder gist.
De zuurdesem moet eerst zelf bereid worden voordat men met de bereiding van zuurdesemdeeg kan beginnen.
Zuurdesembrood kan niet bereid worden voor het glutenvrij dieet.

Zuurdesem

Gebruik voor 100 g zuurdesem:
40 g bloem
1 theelepel honing of ander zoetmiddel
1 dl vocht (water, karnemelk of brooddrank)

Meng de gezeefde bloem met de honing en het vocht.
Doe dit mengsel over in een glazen pot en sluit deze af.
Bewaar de pot op kamertemperatuur.
Roer het beslag 's ochtends en 's avonds goed door.
Voed de zuurdesem met 30 g bloem en eventueel 1 eetlepel lauw water zodra er zich blaasjes in gaan vormen en het beslag duidelijk is gaan gisten.
Herhaal dit twee maal, telkens na 12 uur.
De zuurdesem is klaar als deze na het voor de laatste maal toevoegen van bloem weer is gaan gisten.
Bewaar de zuurdesem desgewenst tot maximaal 1 week in de koelkast.

Zuurdesemdeeg

Gebruik voor zuurdesemdeeg per 100 g bloem:
40 g zuurdesem
½ dl water
4½ g zout

Meng de zuurdesem met het lauwe water.
Meng de gezeefde bloem met het zout en maak in het midden een kuiltje.
Schenk de aangemengde zuurdesem in het kuiltje en roer de bloem hier beetje bij beetje door en meng alles door elkaar.
Bestuif het werkblad met wat bloem en kneed het deeg hierop ongeveer 10 minuten.
Laat het deeg met een vochtige doek toegedekt op een warme, tochtvrije plaats minstens 3-4 uur rijzen.
Voeg eventueel vulsel toe.
Kneed het deeg opnieuw ongeveer 5 minuten en verwerk het volgens het gekozen recept.

Leg het deeg op een ingevette bakplaat of doe het deeg over in een ingevette broodvorm en laat het opnieuw afgedekt 1 uur rijzen.
Vul de vorm voor maximaal tweederde deel om uitrijzen te voorkomen.
Plaats de bakplaat of het rooster met de bakvorm in het midden van de voorverwarmde oven, gasstand 5/220°C voor gevuld deeg en gasstand 6/240°C voor ongevuld deeg.
De bereidingstijd varieert van 25 minuten (broodjes) tot 45 minuten (brood, krentenbrood).

VARIATIES

Varieer door aan het deeg smaakmakers toe te voegen

- Verse en/of gedroogde kruiden of specerijen
  anijs, bieslook, bladselderij, gember, kaneel, kervel, koekkruiden, kruidnagel, nootmuskaat, peterselie (kruidenbrood, kruidkoek)
- Verse en/of geconserveerde vruchten
  abrikoos, appel, banaan, dadels, krenten, olijven, rozijnen, sukade, gekonfijte vruchten (vruchtenbrood, rozijnenbrood).
- Noten en zaden
  amandel, hazelnoot, maanzaad, paranoten, sesamzaad, walnoten (notenbrood, maanzaadbrood)
- Zuivelprodukten
  kaas, melk (uien-kaasbrood, melkbrood)
- Vleeswaren
  spekjes (spek-kaasbrood)
- Suikerprodukten
  honing, jam, stroopsoorten of vruchtenbeleg, vanillesuiker (bolussen, vlaai)

Varieer door het gebak te garneren of te vullen met

- Specerijen
  kaneel (bolussen)
- Verse en/of geconserveerde vruchten
  abrikozen, ananas, appel, kersen, kruisbessen, pruimen (vruchtenvlaai, abrikozenbroodje)
- Zuivelprodukten
  (imitatie)slagroom, ijs (vlaai, wafels)
- Vlees en vleeswaren
  gehakt (worstebroodje)
- Suikerprodukten
  glazuur, jam, paaseitjes, poedersuiker, stroopsoorten (wafels, zoete broodjes)
- Vulsels
  amandelspijs, -pers, banketbakkersroom (kerstbrood met spijs, wafels)
- Sauzen
  chocoladesaus (wafels)
- Niet-eetbare garnering
  kaarsjes, paaskuikentjes, parapluutjes

Varieer door van verschillende granen gebruik te maken

- Boekweitemeel, maïsmeel, roggemeel, rijstemeel, tarwemeel of door het toevoegen van enkele eetlepels boekweitgrutten, havervlokken, havermout of geplette tarwevlokken

Varieer door in verschillende vormen te bakken

- Bolletje, knipbrood, krans, poppetje, stokbrood en vlecht

Abrikozenbroodjes

6 stuks

Bereidingstijd: 20 minuten
Baktijd: 30 minuten
Bijzondere materialen: 6 aluminium vormpjes, oven

Raadpleeg uw merkartikelenlijst van ALBA en/of uw dieetadvies.

1 eetlepel bakpoeder
90 g rijstemeel
$2^1/_2$ eetlepel suiker
1 theelepel zout
1 ei
3 eetlepels water
3 geweekte abrikozen

Meng de bakpoeder, het gezeegde rijstemeel, de suiker en het zout en maak in het midden een kuiltje.
Klop het ei los en voeg het water toe.
Schenk het eiermengsel in het kuiltje, roer het meel hier beetje bij beetje door en meng alles door elkaar.
Vet de vormpjes in en verdeel het deeg hierover.
Halveer de abrikozen, ontpit ze en leg ze met de bolle kant in het midden van het deeg.
Bak het deeg ongeveer 30 minuten in een voorverwarmde oven, gasstand 3/180°C.
Verwijder de vormpjes en laat de abrikozenbroodjes afkoelen.

DIEETAANPASSING

- **Additievenvrij**
  Gebruik ongezwavelde abrikozen.
- **Kippeëivrij**
  Voeg geen ei toe.
  Gebruik 1 dl water in plaats van 3 eetlepels water.
- **Saccharosevrij**
  Gebruik diksap of honing in plaats van suiker of raadpleeg de vervangingslijst.
  Gebruik eventueel abrikozen uit blik zonder toegevoegde suiker.

INDIEN TOEGESTAAN

- Gebruik bloem in plaats van rijstemeel.
- Gebruik melk in plaats van water.

VARIATIES

- Voeg 50 g geweekte, in stukjes gesneden en ontpitte pruimen toe aan het deeg.
- Bestrijk de nog warme broodjes met 6 eetlepels abrikozenjam.

Geglazuurde abrikozenbroodjes
Bestrijk de broodjes met vruchtenglazuur, gemaakt van 50 g poedersuiker.

Boekweitebrood

Bereidingstijd: 15 minuten
Rijstijd: 1 uur en 15 minuten
Baktijd: 55 minuten
Bijzondere materialen: broodvorm met een inhoud van $1^1/_2$ l, oven

Raadpleeg uw merkartikelenlijst van ALBA en/of uw dieetadvies.

25 g verse gist of $1^1/_4$ zakje gistkorrels
$2^1/_2$ dl lauw water
2 eetlepels suiker
400 g boekweitemeel
3 theelepels zout
boekweit
2 eetlepels water

Meng de gist met 5 eetlepels van het lauwe water en voeg de suiker toe. Verwerk gistkorrels volgens de gebruiksaanwijzing op de verpakking.
Meng het boekweitemeel met het zout en maak in het midden een kuiltje.
Schenk de aangemengde gistoplossing in het kuiltje en roer het meel beetje bij beetje hierdoor. Voeg de rest van het vocht toe.
Bestuif het werkblad met de boekweit en kneed het deeg ongeveer 10 minuten tot het soepel is.
Laat het, onder een vochtige doek toege-

dekt, op een warme tochtvrije plaats ongeveer 30 minuten rijzen. Kneed het deeg opnieuw.
Rol het deeg uit tot een rechthoek, rol deze op en leg het met de naad naar onderen in een ingevette broodvorm.
Laat het opnieuw, met een vochtige doek toegedekt, op een warme tochtvrije plaats ongeveer 45 minuten rijzen.
Bak het deeg ongeveer 55 minuten in een voorverwarmde oven, gasstand 4/200°C.
Bestrijk het brood 5 minuten voor het einde van de baktijd met het water.
Verwijder de broodvorm en laat het boekweitebrood afkoelen.

DIEETAANPASSING

- **Saccharosevrij**
  Gebruik maïsmoutstroop in plaats van suiker of raadpleeg de vervangingslijst.

VARIATIES

- Gebruik 200 g boekweitemeel en 200 g glutenvrije bloem (speciaal bestemd voor het glutenvrije dieet) in plaats van 400 g boekweitemeel.
- Meng 50 g boekweitvlokken door het deeg.

Boekweit-maïsmeelbrood
Gebruik 30 g gist of 1½ zakje gistkorrels en gebruik 200 g boekweitemeel en 200 g maïsmeel.

Boekweit-rijstebloembrood
Gebruik 200 g boekweitemeel en 200 g rijstemeel.

Broodjes
Verdeel het deeg in 8 gelijke porties. Bak het deeg in ingevette cakevormpjes ongeveer 20 minuten.

Knipbrood
Knip ongeveer 10 minuten voor het einde van de laatste rijsperiode een gleuf in de bovenkant van het brood (in de lengterichting).

Kruidenbrood
Voeg voor het rijzen 3 eetlepels gewassen en gehakte groene kruiden toe aan het deeg zoals bieslook, bladselderij, kervel en peterselie.

Kruidkoek
Voeg voor het rijzen 1 theelepel kaneel, 3 theelepels koekkruiden, ¼ theelepel kruidnagel en 75 g gewassen en gewelde rozijnen toe aan het deeg.

Maanzaad- en sesamzaadbrood
Bestrijk het deeg voor het bakken met water en 4 eetlepels maanzaad of sesamzaad of meng deze door het deeg.

Melkbrood
Gebruik lauwe melk in plaats van water.

Notenbrood
Voeg 200 g gepelde en gehakte amandelen toe aan het deeg.

Olijvenbrood
Voeg na de eerste rijsperiode 75 g gesneden en ontpitte olijven, 1 theelepel Provençaalse kruiden en 1½ eetlepel olijfolie toe aan het deeg.

Spek-kaasbrood
Voeg na de eerste rijsperiode 100 g gebakken spekblokjes en 150 g in kleine blokjes gesneden kaas toe aan het deeg.

Stokbrood
Vorm van het deeg 2 gelijke rollen, die puntig uitlopen en kerf ze bovenop een paar keer in. Leg ze op een ingevette bakplaat, laat ze voor de tweede maal rijzen en bak ze ongeveer 20 minuten.

Tijgerbrood
Bestrijk het deeg voor het bakken met 2 eetlepels rijstebloem, aangelengd met 1 dl melk of water.

Uien-kaasbrood
Voeg na de eerste rijsperiode 200 g gebakken uiesnippers en 75 g in blokjes gesneden kaas toe aan het deeg.

Vakantiebrood
Bak het deeg niet in de oven maar verwarm het au bain-marie ongeveer 2-3 uur.

Vruchtenbrood
Voeg na de eerste rijsperiode 160 g gewassen, geweekte, ontpitte en in stukjes gesneden abrikozen, appeltjes, krenten, pruimen, rozijnen en tuttifrutti toe aan het deeg.

Kaneelwafeltjes

6 stuks

Bereidingstijd: 10 minuten
Bijzonder materiaal: plat wafelijzer

Raadpleeg uw merkartikelenlijst van ALBA en/of uw dieetadvies.

150 g bloem
2 eetlepels koolzuurhoudend bronwater
2 theelepels kaneel
75 g margarine
75 g witte basterdsuiker
½ theelepel zout
bloem

Meng de gezeefde bloem, het bronwater, de kaneel, de margarine, de witte basterdsuiker en het zout.
Bestrooi het werkblad met de bloem, kneed hierop het deeg ongeveer 5 minuten en verdeel het in kleine balletjes.
Verwarm een ingevet wafelijzer en bak de balletjes deeg hierin ongeveer 3 minuten aan beide kanten.
Serveer de kaneelwafeltjes warm of koud.

DIEETAANPASSING
- **Glutenvrij**
Gebruik 75 g boekweitemeel en 75 g rijstemeel in plaats van bloem of gebruik glutenvrije bloem.
- **Saccharosevrij**
Gebruik diksap of honing in plaats van witte basterdsuiker of raadpleeg de vervangingslijst.

GARNEERSUGGESTIES
- Garneer de kaneelwafels met 6 eetlepels jam, vruchtenbeleg of cocktailfruit.
- Garneer de kaneelwafels met 3 eetlepels slagroom die is stijf geklopt met ½ eetlepel suiker, of met imitatieslagroom.

SERVEERSUGGESTIES
- Leg op iedere kaneelwafel 2 bolletjes sorbetijs en schenk 1 dl warme chocoladesaus of kersensaus over de wafels.
- Bestrijk de kaneelwafels met 1 dl banketbakkersroom.

Kersenvlaai

Bereidingstijd: 20 minuten
Rijstijd: 1 uur en 20 minuten
Baktijd: 30 minuten
Bijzondere materialen: zandtaartvorm met een doorsnede van 22 cm of vlaaivorm, oven

Raadpleeg uw merkartikelenlijst van ALBA en/of uw dieetadvies.

9 g verse gist of ½ zakje gistkorrels
1 dl water
1 eetlepel honing
150 g bloem
1 theelepel zout
30 g margarine
bloem
750 g kersen
60 g witte basterdsuiker

Meng de gist met 1 eetlepel van het lauwe water en voeg de honing toe. Verwerk gistkorrels volgens de gebruiksaanwijzing op de verpakking.
Meng de gezeefde bloem en het zout en maak in het midden een kuiltje.
Schenk de gistoplossing in het kuiltje en roer de bloem beetje bij beetje hierdoor.
Smelt de margarine en voeg deze samen met de rest van het lauwe water beetje bij beetje toe en meng alles goed door elkaar.
Bestuif het werkblad met de bloem en kneed hierop het deeg ongeveer 10 minuten tot het soepel en elastisch is.
Laat het deeg, met een vochtige doek afgedekt, op een warme tochtvrije plaats ongeveer 40 minuten rijzen.
Rol het deeg uit tot een lap van ½ cm dikte en steek hieruit een grote ronde plak van 22 cm doorsnede.
Bekleed een ingevette zandtaartvorm met het deeg en maak een rand van 2 cm hoog.
Prik de bodem hier en daar in en laat het deeg, opnieuw met een vochtige doek afgedekt, op een warme tochtvrije plaats ongeveer 40 minuten rijzen.
Was de kersen, ontpit ze en leg ze met de open kant naar boven dicht tegen elkaar aan op het deeg.
Leg het deeg overvol met kersen, de vruchten krimpen tijdens het bakken.
Bestrooi de kersen met de witte basterdsuiker.
Werk de vlaai af op een van de onderstaande manieren.
Bak het deeg ongeveer 30 minuten in een voorverwarmde oven, gasstand 4/200°C.

Afwerking vlaai

Vlaai met een deksel van kruimeldeeg
Meng 150 g bloem met 100 g margarine en 100 g suiker en snijd de margarine met twee messen klein tot de grootte van een bruine boon. De massa moet kruimelig blijven.
Strooi de kruimels gelijkmatig over de vruchten.

Vlaai met een vlechtwerk van deeg
Houd ¼ deel van het deeg achter en maak hiervan een vlechtwerk op de kersen.

Vlaai met gelei
Breng 4 dl vruchtesap zoals appelsap, ananassap en kersesap aan de kook.
Meng 2 eetlepels aardappelmeel aan met 2 eetlepels koud water, voeg dit al roerende toe aan het kokende vruchtesap en breng het opnieuw aan de kook.
Schenk het gebonden vruchtesap direct na het bakken over de vlaai.

DIEETAANPASSING

- **Aardappelvrij**
  Gebruik 2 blaadjes gelatine in plaats van aardappelmeel.
  Week de gelatine ongeveer 10 minuten in ruim koud water en knijp deze uit. Los de gelatine al roerende op in het iets afgekoelde vruchtesap. Kook het vruchtesap daarna niet meer.
- **Additievenvrij**
  Gebruik vers fruit.
- **Glutenvrij**
  Gebruik glutenvrije bloem.
  Dit deeg hoeft geen tweede keer in de vorm te rijzen.
- **Saccharosevrij**
  Gebruik eventueel diksap of maïsmoutstroop in plaats van honing en witte basterdsuiker of raadpleeg de vervangingslijst.
  Gebruik vruchtesap zonder toegevoegde suiker en gebruik vers fruit of blikfruit zonder toegevoegde suiker.

VARIATIES

- Gebruik melk in plaats van water.
- Voeg 2 eetlepels suiker aan het deeg toe.
- Bestrijk het eventuele vlechtwerk vlak voor het bakken met 1 losgeklopt ei.
- Bestrooi de uitgerezen bodem met 1 theelepel kaneel.
- Gebruik volkorenmeel in plaats van bloem.

- Steek 5 kleine ronde plakken uit de lap deeg in plaats van 1 grote voor eenpersoonsvlaaitjes. Gebruik 5 eenpersoonsvlaaivormpjes in plaats van een grote vlaaivorm.

Abrikozenvlaai
Gebruik gewassen, geweekte, ontpitte en gepureerde abrikozen in plaats van kersen. Werk de vlaai af met een vlechtwerk van deeg.

Abrikozen-kruimelvlaai
Gebruik gewassen, geweekte, ontpitte en gepureerde abrikozen in plaats van kersen. Werk de vlaai af met een deksel van kruimeldeeg.

Ananasvlaai
Gebruik in stukjes gesneden ananas in plaats van kersen.
Werk de vlaai af met gelei.

Ananas-kruimelvlaai
Gebruik in stukjes gesneden ananas in plaats van kersen.
Werk de vlaai af met een deksel van kruimeldeeg.

Appelvlaai
Gebruik schoongemaakte en in schijfjes gesneden appels in plaats van kersen. Leg de schijfjes appel dakpansgewijs over elkaar op het deeg. Werk de vlaai af met gelei.

Appel-rozijnenvlaai
Gebruik 600 g gewassen en in schijfjes gesneden appels en 100 g gewassen en gewelde rozijnen in plaats van kersen. Leg de schijfjes appel met de rozijnen dakpansgewijs over elkaar op het deeg.
Werk de vlaai af met een vlechtwerk van deeg.

Gemengde vruchtenvlaai
Leg 750 g schoongemaakte en in stukjes verdeelde vruchten zoals ontpitte abrikoos, ananas, appel, ontpitte kersen en perzik in een mooi mozaïek op het deeg. Werk de vlaai af met gelei.

Kempen-kruimelvlaai
Gebruik 600 g gewassen en in schijfjes gesneden appels en 100 g gewassen en gewelde rozijnen in plaats van kersen. Leg de schijfjes appel met de rozijnen dakpansgewijs over elkaar op het deeg.
Werk de vlaai af met een deksel van kruimeldeeg.

Kruisbessenvlaai met schuimkop
Gebruik schoongemaakte kruisbessen in plaats van kersen en bak het deeg 20 minuten in plaats van 30 minuten.
Klop 4 eiwitten stijf en voeg in gedeelten 240 g suiker toe. Spuit het schuim met behulp van een spuitzak op de kruisbessen na het bakken en bak het deeg daarna nog ongeveer 40 minuten op gasstand 1/140°C.

Pruimenvlaai
Gebruik gewassen, geweekte, ontpitte en gepureerde pruimen in plaats van kersen. Werk de pruimenvlaai af met een vlechtwerk van deeg.

Pruimen-kruimelvlaai
Gebruik gewassen, geweekte, ontpitte en gepureerde pruimen in plaats van kersen. Werk de pruimenvlaai af met een deksel van kruimeldeeg.

Kerstbrood

Bereidingstijd: 30 minuten
Rijstijd: 2 uur en 15 minuten
Baktijd: 40 minuten
Bijzondere materialen: bakplaat, oven, rood lint, hulsttakjes

Raadpleeg uw merkartikelenlijst van ALBA en/of uw dieetadvies.

60 g verse gist of 3 zakjes gistkorrels
3½ dl lauw water
2 theelepels suiker
750 g bloem
100 g basterdsuiker
3 theelepels zout
175 g margarine
½ eetlepel bloem
150 g krenten
250 g rozijnen
75 g bigarreaux
75 g sukade
2 eetlepels water

Meng de gist aan met 1 dl van het lauwe water en voeg de suiker toe. Verwerk gistkorrels volgens de gebruiksaanwijzing op de verpakking.
Meng de gezeefde bloem met de basterdsuiker en het zout en maak in het midden een kuiltje.
Smelt de margarine en voeg de rest van het water hieraan toe.
Schenk de gistoplossing in het kuiltje en roer de bloem beetje bij beetje hierdoor.
Voeg de margarine beetje bij beetje toe en meng alles door elkaar.
Bestuif het werkblad met de bloem en kneed het deeg ongeveer 15 minuten tot het soepel en elastisch is.
Laat het deeg, met een vochtige doek afgedekt, op een warme tochtvrije plaats ongeveer 45 minuten rijzen.
Was de krenten en rozijnen en laat ze goed uitlekken.
Snijd de bigarreaux en de sukade in kleine stukjes en meng ze door de krenten en rozijnen.
Bestuif het werkblad met de bloem, voeg het rozijnenmengsel toe aan het deeg en kneed het opnieuw ongeveer 5 minuten.
Laat het deeg, met een vochtige doek afgedekt, op een warme tochtvrije plaats nogmaals ongeveer 1 uur rijzen.
Vorm van het deeg een dikke ovaalvormige koek, sla deze dubbel, zodat de onderkant iets uitsteekt en druk de helften op elkaar.
Leg het deeg op een ingevette bakplaat en laat het in een lauwe oven, gasstand 1/140°C nog 30 minuten rijzen.
Bak het deeg ongeveer 40 minuten in een voorverwarmde oven, gasstand 6/240°C.
Bestrijk het brood 5 minuten voor het einde van de baktijd met het water.
Laat het kerstbrood afkoelen en versier het met rood lint en hulsttakjes.

DIEETAANPASSING

- **Additievenvrij**
  Gebruik ongezwavelde krenten en rozijnen. Voeg geen bigarreaux en sukade toe. Gebruik eventueel de geraspte schil van 1 onbespoten citroen en 1 sinaasappel.
- **Citrusvrij**
  Gebruik in stukjes gesneden geweekte en ontpitte abrikozen in plaats van sukade.
- **Glutenvrij**
  Gebruik glutenvrije bloem. Raadpleeg de aanwijzing op de verpakking voor de juiste verhouding bloem/vocht. Roer de ingrediënten goed door elkaar, dit deeg hoeft niet gekneed te worden en maar één keer te rijzen (ongeveer 45 minuten). Het deeg is dun, gebruik daarom een vorm die voldoende ruim is, vul deze maximaal tot tweederde. Een cakevorm geeft een mooier bakresultaat dan een broodvorm.
- **Saccharosevrij**
  Gebruik honing of maïsmoutstroop in plaats van suiker en basterdsuiker of raadpleeg de vervangingslijst.

Gebruik de geraspte schil van 1 citroen en 1 sinaasappel in plaats van bigarreaux en sukade.

VARIATIES

- Voeg 1 eetlepel vanillesuiker voor het kneden toe.
- Voeg 1 eetlepel vruchtenlikeur of rum voor het kneden toe.
- Voeg 2 eetlepels gepelde en gehakte amandelen samen met de rozijnen toe.

Kerstbrood met amandelspijs
Vorm van 200 g amandelspijs een rol en leg deze op het deeg.
Vorm er een ovaalvormige koek van en druk deze rond de amandelspijs goed aan.

Paasbrood
Voeg 200 g krenten en 200 g rozijnen toe in plaats van krenten en rozijnen, bigarreaux en sukade.
Versier het brood met geel lint en niet-eetbare paaskuikentjes of met geel glazuur, gemaakt van 100 g poedersuiker.
Geef er op een bordje margarine bij in de vorm van een lammetje, gemaakt met behulp van een botervormpje.

Paasbrood met amandelspijs
Voeg 100 g krenten en 100 g rozijnen toe in plaats van krenten en rozijnen, bigarreaux en sukade.
Vorm van 200 g amandelspijs een rol en leg deze op het deeg.
Vorm er een ovaalvormige koek van en druk deze rond de amandelspijs goed aan.
Versier het brood met geel lint en niet-eetbare paaskuikentjes of met een geel glazuur, gemaakt van 100 g poedersuiker.
Geef er op een bordje margarine bij in de vorm van een lammetje, gemaakt met behulp van een botervormpje.

SERVEERSUGGESTIES

- Bestrooi het kerstbrood met 3 eetlepels poedersuiker.
- Geef er op een bordje margarine bij in de vorm van een kerstklokje. Druk de margarine hiervoor eerst in een klein bakvormpje.

Paasbroodjes

12 stuks

Bereidingstijd: 20 minuten
Rijstijd: 1 uur en 25 minuten
Baktijd: 20 minuten
Bijzondere materialen: bakplaat, oven

Raadpleeg uw merkartikelenlijst van ALBA en/of uw dieetadvies.

25 g verse gist of 1¼ zakje gistkorrels
3¾ dl lauw water
1 eetlepel honing
500 g bloem
3 theelepels zout
bloem
2 eetlepels water

Meng de gist met 5 eetlepels van het lauwe water en voeg de honing toe. Verwerk gistkorrels volgens de gebruiksaanwijzing op de verpakking.
Meng de gezeefde bloem en het zout en maak in het midden een kuiltje. Schenk de gistoplossing in het kuiltje en roer de bloem hier beetje bij beetje door.
Voeg de rest van het lauwe water beetje bij beetje toe en meng alles door elkaar.
Bestuif het werkblad met de bloem en kneed het deeg ongeveer 10 minuten tot het soepel en elastisch is.
Laat het deeg, met een vochtige doek afgedekt, op een warme tochtvrije plaats ongeveer 40 minuten rijzen.
Verdeel het deeg in 12 gelijke porties, vorm er bolletjes van en leg ze op een ingevette bakplaat.
Laat dit opnieuw, afgedekt met een vochtige doek, op een warme tochtvrije plaats 45 minuten rijzen.

Bak de broodjes ongeveer 20 minuten in een voorverwarmde oven, gasstand 7/260°C. Bestrijk de broodjes 5 minuten voor het einde van de baktijd met het water.
Laat de broodjes afkoelen.
Hol de paasbroodjes zó uit, dat er een ei, een kaars in de vorm van een ei of een plastic ei in past. Leg eerst wat tuinkers in de holte en leg daar het ei, de kaars of een plastic ei met verrassing op.

DIEETAANPASSING

- **Glutenvrij**
  Gebruik glutenvrije bloem. Raadpleeg de gebruiksaanwijzing op de verpakking voor de juiste verhouding bloem/vocht. Roer de ingrediënten goed door elkaar, dit deeg hoeft niet gekneed te worden en maar één keer te rijzen (45 minuten). Het deeg is dun, gebruik daarom kleine ingevette cakevormpjes en vul deze met het deeg tot maximaal tweederde van de vormpjes. Volg verder bovenstaand recept.
- **Saccharosevrij**
  Gebruik eventueel maïsmoutstroop in plaats van honing of raadpleeg de vervangingslijst.

VARIATIES

Broodmannetjes - 8 stuks
Verdeel het deeg in 8 porties.
Vorm uit iedere portie eerst 2 armen en daarna een poppetje, bestaande uit hoofd, romp en benen.
Knip de zijkanten van de romp in om later de armen in te stoppen.
Leg op de romp een ongekookt ei of een prop zilverpapier ter grootte van een plastic ei als noodvulling.
Leg de armen over het ei of over de noodvulling en stop de bovenarmen in de ingeknipte zijkanten van de romp.
Laat het deeg voor de tweede keer rijzen.
Verwijder de noodvulling na het bakken en leg hier het plastic ei met verrassing erin voor in de plaats.

Gevlochten broodjes - 8 stuks
Verdeel het deeg in 8 porties.
Verdeel iedere portie in 3 delen en rol deze uit tot 3 vingerdikke deegrollen. Vlecht het deeg tot een streng.
Druk de uiteinden van het gevlochten deeg goed tegen elkaar.
Laat de gevlochten broodjes voor de tweede keer rijzen.

Pittige maïs-rijstebroodjes

6 stuks

Bereidingstijd: 15 minuten
Baktijd: 20 minuten
Bijzondere materialen: 6 aluminium vormpjes, oven

Raadpleeg uw merkartikelenlijst van ALBA en/of uw dieetadvies.

1 eetlepel bakpoeder
$^{1}/_{4}$ theelepel chilipoeder
100 g maïsmeel
$^{1}/_{4}$ theelepel gedroogde majoraan
$^{1}/_{4}$ theelepel gedroogde oregano
100 g rijstemeel
1 theelepel zout
1 ei
2 eetlepels honing
$2^{1}/_{2}$ dl water
1 eetlepel olie
1 eetlepel water

Meng de bakpoeder, de chilipoeder, het gezeefde maïsmeel, de majoraan, de oregano, het gezeefde rijstemeel en het zout en maak in het midden een kuiltje.
Klop het ei los en voeg al roerende de honing en het water toe.
Schenk het eiermengsel in het kuiltje en roer het meel hier beetje bij beetje door.
Voeg de olie al roerende, beetje bij beetje toe en roer alles goed door elkaar.
Vet de vormpjes in en vul deze met het deeg.
Bak het deeg ongeveer 20 minuten in een voorverwarmde oven, gasstand 4/200°C.
Bestrijk de broodjes 5 minuten voor het einde van de baktijd met het water.
Verwijder de vormpjes en laat de pittige maïs-rijstebroodjes afkoelen.

DIEETAANPASSING

- **Kippeëivrij**
  Voeg geen ei toe en gebruik 3 dl water.
- **Maïsvrij**
  Gebruik boekweitemeel of glutenvrije bloem (speciaal bestemd voor het glutenvrije dieet) in plaats van maïsmeel.
- **Saccharosevrij**
  Gebruik eventueel maïsmoutstroop in plaats van honing of raadpleeg de vervangingslijst.

VARIATIES

- Gebruik melk of kwark in plaats van water.
- Gebruik 1 theelepel kaneel in plaats van majoraan en oregano.
- Bestrooi de maïs-rijstebroodjes voor het bakken met 50 g geraspte kaas.

Pudding-kruimelvlaai

Bereidingstijd: 20 minuten
Rijstijd: 1 uur en 20 minuten
Baktijd: 30 minuten
Bijzondere materialen: zandtaartvorm met een doorsnede van 22 cm of vlaaivorm, oven

Raadpleeg uw merkartikelenlijst van ALBA en/of uw dieetadvies.

9 g gist of $^{1}/_{2}$ zakje gistkorrels
1 dl lauw water
1 eetlepel suiker
150 g bloem
1 theelepel zout
bloem
150 g bloem
100 g margarine
100 g suiker
4 dl koude vanillepudding

Meng de gist met 1 eetlepel van het lauwe water en voeg de suiker toe. Verwerk gistkorrels volgens de gebruiksaanwijzing op de verpakking.
Meng de gezeefde bloem met het zout en maak in het midden een kuiltje.
Schenk de gistoplossing in het kuiltje en roer de bloem beetje bij beetje hierdoor.

Voeg de rest van het water beetje bij beetje toe en meng alles goed door elkaar.
Bestuif het werkblad met de bloem en kneed het deeg hierop ongeveer 10 minuten tot het soepel en elastisch is.
Laat het deeg, met een vochtige doek toegedekt, op een warme tochtvrije plaats ongeveer 40 minuten rijzen.
Rol het deeg uit tot een lap van ½ cm dikte en steek hieruit een grote ronde plak van 22 cm doorsnede.
Leg de deeglap in een ingevette zandtaartvorm en maak een rand van 2 cm hoog.
Prik de bodem hier en daar in en laat het deeg, opnieuw met een vochtige doek afgedekt, op een warme tochtvrije plaats ongeveer 40 minuten rijzen.
Meng de bloem, de margarine en de suiker en snijd de margarine met twee messen klein tot de grootte van een bruine boon.
De massa moet kruimelig blijven.
Vul het deeg met de vanillepudding en strooi hierover de kruimels.
Bak het deeg ongeveer 30 minuten in een voorverwarmde oven, gasstand 4/200°C.
Laat de kruimelvlaai afkoelen en verwijder de vorm.

DIEETAANPASSING

- **Additievenvrij**
  Gebruik vanillepudding zonder toevoegingen (zie blz. **203**).
- **Glutenvrij**
  Gebruik glutenvrije bloem.
  Dit deeg hoeft geen tweede keer in de vorm te rijzen.
- **Kippeëivrij**
  Gebruik kippeëivrije vanillepudding (zie blz. **203**) of gebruik custardpudding (zie blz. **192**).
- **Koemelkvrij/lactosevrij**
  Gebruik koemelkvrije vanillepudding (zie blz. **204**, blz. **205** of blz. **209**).
- **Maïsvrij**
  Gebruik maïsvrije vanillepudding (zie blz. **206**).
- **Saccharosevrij**
  Gebruik diksap in plaats van suiker of raadpleeg de vervangingslijst en gebruik vanillepudding zonder suiker (zie blz. **204**).

VARIATIE

Rijstevlaai
Gebruik 4 dl rijstepap in plaats van vanillepudding.

Rijstebrood

Bereidingstijd: 30 minuten
Rijstijd: 1 uur en 10 minuten
Baktijd: 30 minuten
Bijzondere materialen: broodvorm met een inhoud van 2 l, oven

Raadpleeg uw merkartikelenlijst van ALBA en/of uw dieetadvies.

20 g gist of 1 zakje gistkorrels
5 1/2 dl lauw water
1 theelepel suiker
1 1/2 eetlepel basterdsuiker
40 g johannesbrood
500 g rijstemeel
3 theelepels zout
2 eetlepels water

Meng de gist met 5 eetlepels van het lauwe water en voeg de suiker toe. Verwerk gistkorrels volgens de gebruiksaanwijzing op de verpakking.
Meng de basterdsuiker, het gezeefde johannesbrood, het gezeefde rijstemeel en het zout en maak in het midden een kuiltje.
Schenk de aangemengde gistoplossing in het kuiltje en roer het meel beetje bij beetje hierdoor.
Voeg de rest van het vocht toe.
Bestuif het werkblad met rijstemeel en kneed het deeg ongeveer 10 minuten.
Laat het, onder een vochtige doek toegedekt, op een warme, tochtvrije plaats ongeveer 20 minuten rijzen. Kneed het deeg opnieuw.
Rol het deeg uit tot een rechthoek, rol deze op en leg hem met de naad naar onderen in een ingevette broodvorm.
Laat het opnieuw, met een vochtige doek toegedekt, op een warme, tochtvrije plaats ongeveer 50 minuten rijzen.
Bak het deeg ongeveer 40 minuten in een voorverwarmde oven, gasstand 4/200°C.
Bestrijk het brood 5 minuten voor het einde van de baktijd met het water.
Verwijder de broodvorm en laat het rijstebrood afkoelen.

DIEETAANPASSING

- **Saccharosevrij**
  Gebruik honing of maïsmoutstroop in plaats van suiker en basterdsuiker of raadpleeg de vervangingslijst.

VARIATIES

- Bestrijk het deeg voor het bakken met 1 losgeklopt ei.

Broodjes
Bereid het deeg volgens bovenstaand recept.
Verdeel het deeg in 8 gelijke porties.
Bak het deeg in ingevette cakevormpjes ongeveer 20 minuten.

Knipbrood
Bereid het deeg volgens bovenstaand recept. Knip ongeveer 10 minuten voor het einde van de laatste rijsperiode een gleuf in de bovenkant van het brood (in de lengterichting).

Kruidenbrood
Voeg voor het rijzen 3 eetlepels gewassen en gehakte groene kruiden toe aan het deeg zoals bieslook, bladselderij, kervel en peterselie.

Kruidkoek
Voeg voor het rijzen 1 theelepel kaneel, 3 theelepels koekkruiden, 1/4 theelepel kruidnagel en 75 g gewassen en gewelde rozijnen toe aan het deeg.

Maanzaad- en sesamzaadbrood
Bestrijk het deeg voor het bakken met water en 4 eetlepels maanzaad of sesamzaad of meng deze door het deeg.

Melkbrood
Gebruik lauwe melk in plaats van water.

Notenbrood
Voeg 200 g gepelde en gehakte amandelen toe aan het deeg.

Olijvenbrood
Voeg na de eerste rijsperiode 75 g gesneden en ontpitte olijven, 1 theelepel Provençaalse kruiden en $1^1/_2$ eetlepel olijfolie toe aan het deeg.

Spek-kaasbrood
Voeg na de eerste rijsperiode 100 g gebakken spekblokjes en 150 g in kleine blokjes gesneden kaas toe aan het deeg.

Stokbrood
Vorm van het deeg 2 gelijke rollen, die puntig uitlopen en kerf ze bovenop een paar keer in. Leg ze op een ingevette bakplaat, laat ze voor de tweede maal rijzen en bak ze ongeveer 20 minuten.

Tijgerbrood
Bestrijk het deeg voor het bakken met 2 eetlepels rijstebloem, aangelengd met 1 dl melk of water.

Uien-kaasbrood
Voeg na de eerste rijsperiode 200 g gebakken uiesnippers en 75 g in blokjes gesneden kaas toe aan het deeg.

Vakantiebrood
Bak het deeg niet in de oven maar verwarm het au bain-marie ongeveer 2-3 uur.

Vruchtenbrood
Voeg na de eerste rijsperiode 160 g gewassen, geweekte, ontpitte en in stukjes gesneden abrikozen, appeltjes, krenten, pruimen, rozijnen en tuttifrutti toe aan het deeg.

Rozijnenbrood

Bereidingstijd: 35 minuten
Rijstijd: 60 minuten
Baktijd: 40 minuten
Bijzondere materialen: broodvorm met een inhoud van $1^1/_2$ l, oven

Raadpleeg uw merkartikelenlijst van ALBA en/of uw dieetadvies.

250 g rozijnen
30 g verse gist of $1^1/_2$ zakje
gistkorrels
3 dl lauw water
2 theelepels suiker
200 g boekweitemeel
200 g maïsmeel
2 eetlepels witte
basterdsuiker
3 theelepels zout
2 eieren
25 g margarine
boekweitemeel
2 eetlepels water

Was de rozijnen, wel ze ongeveer 15 minuten in heet water en laat ze uitlekken.
Meng de gist aan met 5 eetlepels van het lauwe water en voeg de suiker hieraan toe. Verwerk de gistkorrels volgens de gebruiksaanwijzing op de verpakking.
Meng het gezeefde boekweitemeel met het gezeefde maïsmeel, voeg de witte basterdsuiker en het zout toe en maak in het midden een kuiltje.
Klop de eieren los.
Smelt de margarine en voeg de rest van het water hieraan toe.
Schenk het eiermengsel, het gistmengsel en de margarine in het kuiltje, roer het meel er beetje bij beetje door en meng alles door elkaar.
Bestuif het werkblad met boekweitemeel en kneed het deeg ongeveer 10 minuten.
Laat het, onder een vochtige doek toegedekt, op een warme, tochtvrije plaats ongeveer 30 minuten rijzen.

Voeg de rozijnen toe en kneed het deeg opnieuw.
Rol het deeg uit tot een rechthoek, rol deze op en leg hem met de naad naar onderen in een ingevette broodvorm.
Bak het deeg ongeveer 50 minuten in een voorverwarmde oven, gasstand 5/220°C.
Bestrijk het brood 5 minuten voor het einde van de baktijd met het water.
Verwijder de broodvorm en laat het rozijnenbrood afkoelen.

DIEETAANPASSING

- **Additievenvrij**
  Gebruik ongezwavelde rozijnen.
- **Kippeëivrij**
  Voeg geen eieren toe. Gebruik 4 dl water in plaats van 3 dl.
- **Maïsvrij**
  Gebruik boekweitemeel of rijstemeel in plaats van maïsmeel of raadpleeg de vervangingslijst.
- **Saccharosevrij**
  Gebruik honing of diksap in plaats van suiker en witte basterdsuiker of raadpleeg de vervangingslijst.

VARIATIES

- Bestrooi het deeg vlak voor het bakken met 25 g geschaafde amandelen.
- Voeg aan het deeg 1 theelepel gemberpoeder, 1 theelepel kaneel en 1/4 theelepel nootmuskaat toe.

Appel-rozijnenbrood
Voeg tegelijk met de rozijnen 1 schoongemaakte en geraspte appel en 1/2 theelepel kaneel toe.

Krentenbrood
Gebruik krenten in plaats van rozijnen of gebruik 100 g krenten en 150 g rozijnen.

Krentenbroodjes
Gebruik krenten in plaats van rozijnen en verdeel het deeg in gelijke porties. Bak het deeg in ingevette aluminium vormpjes ongeveer 20 minuten.

Notenbrood
Gebruik 250 g gepelde en grof gehakte noten zoals cashewnoten, hazelnoten en walnoten in plaats van rozijnen.

Rozijnenbroodjes
Bereid het deeg volgens bovenstaand recept. Verdeel het deeg in gelijke porties. Bak het deeg in ingevette aluminium vormpjes ongeveer 20 minuten.

Stroopbolussen

5 stuks

Dit gerecht is niet geschikt voor het glutenvrije dieet.

Bereidingstijd: 30 minuten
Rijstijd: 1 uur en 10 minuten
Baktijd: 30 minuten
Bijzondere materialen: aluminium vormpjes, ingevet papier, oven

Raadpleeg uw merkartikelenlijst van ALBA en/of uw dieetadvies.

25 g gist of 1 1/4 zakje gistkorrels
1 1/4 dl lauw water
1 eetlepel honing
250 g bloem
1 1/2 theelepel zout
65 g margarine
bloem
150 g margarine
1 theelepel kaneel
200 g keukenstroop

Meng de gist met 3 eetlepels van het lauwe water en voeg de honing toe. Verwerk gistkorrels volgens de gebruiksaanwijzing op de verpakking.

Meng de gezeefde bloem met het zout en maak in het midden een kuiltje.
Schenk de gistoplossing in het kuiltje en roer de bloem beetje bij beetje hierdoor.
Smelt de margarine, voeg deze samen met de rest van het lauwe water beetje bij beetje toe en meng alles goed door elkaar.
Bestuif het werkblad met de bloem en kneed het deeg hierop ongeveer 10 minuten tot het soepel en elastisch is.
Laat het deeg, met een vochtige doek toegedekt, op een warme tochtvrije plaats ongeveer 40 minuten rijzen.
Rol het deeg uit tot een lap van ½ cm dikte.
Snijd hiervan lange repen van 2 cm breed.
Bekleed de ingevette aluminium vormpjes met het deeg.
Rol de helft van de reepjes deeg vanuit het midden naar de kant zodat de bodem en de zijkant geheel bedekt zijn.
Rol zo, dat steeds elke volgende winding tegen de vorige aan ligt. Plak een volgende reep steeds met water aan de vorige.
Smelt de margarine en voeg de kaneel en de keukenstroop al roerende toe.
Bestrijk het deeg met tweederde deel van dit stroopmengsel.
Maak van de overige repen deeg een tweede laag op de eerste, nu beginnende van de buitenzijde.
Bedek het deeg met de rest van het stroopmengsel en laat het, opnieuw met een vochtige doek afgedekt, op een warme tochtvrije plaats 30 minuten rijzen.
Dek de vormpjes af met ingevet papier en bak het deeg ongeveer 30 minuten in een voorverwarmde oven, gasstand 4/200°C.
Laat de stroopbolussen afkoelen en verwijder de vormpjes.

DIEETAANPASSING
- **Saccharosevrij**
  Gebruik eventueel maïsmoutstroop in plaats van honing en gebruik appelperenstroop zonder toegevoegde suiker of maïsmoutstroop in plaats van keukenstroop of raadpleeg de vervangingslijst.

INDIEN TOEGESTAAN
- Voeg ½ ei aan het deeg toe.
- Gebruik melk in plaats van water.

VARIATIES
Gemberbolussen
Gebruik 5 eetlepels kleingesneden gember en 200 g gemberstroop in plaats van keukenstroop en kaneel.

Marmeladebolussen
Gebruik 5 eetlepels oranjemarmelade in plaats van keukenstroop en kaneel.

Volkorenbrood met zuurdesem

Dit gerecht is niet geschikt voor het glutenvrije dieet.

Bereidingstijd: 20 minuten
Rijstijd: 4 uur
Baktijd: 1 uur en 15 minuten
Bijzondere materialen: broodvorm met een inhoud van 1½ l, oven

Raadpleeg uw merkartikelenlijst van ALBA en/of uw dieetadvies.

200 g zuurdesem (zie blz. **249**)
3 dl lauw water
500 g tarwemeel
3 theelepels zout
tarwemeel

Meng de zuurdesem met het lauwe water.
Meng het gezeefde tarwemeel met het zout en maak in het midden een kuiltje.
Schenk de aangemengde zuurdesem in het kuiltje, roer het meel hier beetje bij beetje door en meng alles door elkaar.
Bestuif het werkblad met het tarwemeel en kneed het deeg hierop ongeveer 5 minuten tot het soepel is.
Laat het deeg, met een vochtige doek afge-

dekt, op een warme tochtvrije plaats ongeveer 3 uur rijzen.
Bestuif het werkblad nogmaals met tarwemeel en kneed het deeg nog ongeveer 5 minuten.
Rol het deeg uit tot een rechthoek, rol deze op en leg hem met de naad naar onderen in een ingevette broodvorm.
Laat het deeg opnieuw, afgedekt met een vochtige doek en op een tochtvrije plaats, 1 uur rijzen.
Bak het deeg ongeveer 1 uur en 15 minuten in een voorverwarmde oven, gasstand 4/ 200°C.
Verwijder de vorm en laat het brood afkoelen.

VARIATIES

Broodjes
Verdeel het deeg in 12 gelijke porties, vorm er bolletjes, puntjes, 'slakkehuizen' of kleine vlechtbroodjes van en leg ze op een ingevet bakblik. Bak het deeg ongeveer 20 minuten.

Knipbrood
Knip ongeveer 10 minuten voor het einde van de laatste rijsperiode een gleuf in de bovenkant van het brood (in de lengterichting).

Kruidenbrood
Voeg voor het rijzen 3 eetlepels gewassen en gehakte groene kruiden toe aan het deeg zoals bieslook, bladselderij, kervel en peterselie.

Kruidkoek
Voeg voor het rijzen 1 theelepel kaneel, 3 theelepels koekkruiden, $^1/_4$ theelepel kruidnagel en 75 g gewassen en gewelde rozijnen toe aan het deeg.

Maanzaad- en sesamzaadbrood
Bestrijk het deeg voor het bakken met 2 eetlepels water en 4 eetlepels maanzaad of sesamzaad of meng ze door het deeg.

Melkbrood
Gebruik lauwe melk in plaats van water.

Notenbrood
Voeg 200 g gepelde en gehakte amandelen toe aan het deeg.

Olijvenbrood
Voeg na de eerste rijsperiode 75 g gesneden en ontpitte olijven, 1 theelepel Provençaalse kruiden en $1^1/_2$ eetlepel olijfolie toe aan het deeg.

Spek-kaasbrood
Voeg na de eerste rijsperiode 100 g gebakken spekblokjes en 150 g in kleine blokjes gesneden kaas toe aan het deeg.

Stokbrood
Vorm van het deeg 2 gelijke rollen, die puntig uitlopen en kerf ze bovenop een paar keer in. Leg ze op een ingevette bakplaat, laat ze voor de tweede maal rijzen en bak ze ongeveer 20 minuten.

Tijgerbrood
Bestrijk het deeg voor het bakken met 2 eetlepels rijstebloem, aangelengd met 1 dl melk of water.

Uien-kaasbrood
Voeg na de eerste rijsperiode 200 g gebakken uiesnippers en 75 g in blokjes gesneden kaas toe aan het deeg.

Vakantiebrood
Bak het deeg niet in de oven maar verwarm het au bain-marie ongeveer 2-3 uur.

Vruchtenbrood
Voeg na de eerste rijsperiode 160 g gewassen, geweekte, ontpitte en in stukjes gesneden abrikozen, appeltjes, krenten, pruimen, rozijnen en tuttifrutti toe aan het deeg.

Wafels

Bereidingstijd: 15 minuten
Baktijd: 3 minuten
Bijzonder materiaal: plat wafelijzer

Raadpleeg uw merkartikelenlijst van ALBA en/of uw dieetadvies.

70 g margarine
1 ei
10 g bakpoeder
250 g bloem
2 dl melk
2 eetlepels suiker
1 dl water
1 dl koolzuurhoudend
bronwater
50 g poedersuiker

Smelt de margarine.
Splits het ei.
Meng de gezeefde bakpoeder, de bloem, de eierdooier, de margarine, de melk, de suiker en het water en roer alles goed door elkaar.
Voeg het bronwater al roerende beetje bij beetje toe.
Klop het eiwit stijf en schep dit door het deeg.
Verwarm het ingevette wafelijzer.
Schenk het beslag, eventueel met behulp van een juslepel, in het wafelijzer, sluit dit direct en bak het deeg ongeveer 3 minuten aan beide kanten.
Bestrooi de wafels met de poedersuiker en serveer ze warm of koud.

DIEETAANPASSING

- **Glutenvrij**
  Gebruik glutenvrije bloem.
- **Kippeëivrij**
  Voeg geen ei toe, gebruik 1½ dl bronwater in plaats van 1 dl.
- **Koemelkvrij**
  Gebruik 3 dl water in plaats van melk en water of gebruik sojamelk in plaats van koemelk.
- **Lactosevrij**
  Gebruik 3 dl water in plaats van melk en water of gebruik lactosevrije melk in plaats van koemelk.
- **Saccharosevrij**
  Gebruik diksap of honing in plaats van suiker en gebruik glucose in plaats van poedersuiker of raadpleeg de vervangingslijst.

VARIATIES

- Gebruik volkorenmeel in plaats van bloem.
- Gebruik 125 g bloem en 125 g roggebloem in plaats van bloem.
- Gebruik 125 g bloem en 125 g boekweitemeel in plaats van bloem.
- Voeg 75 g gewassen en gewelde rozijnen aan het deeg toe.
- Voeg 100 g gewassen, ontpitte en fijngesneden dadels aan het deeg toe.
- Voeg 100 g schoongemaakte en geraspte appel aan het deeg toe.
- Voeg 1 theelepel gemalen anijs aan het deeg toe.

Bierwafels
Gebruik bier in plaats van koolzuurhoudend bronwater.

Wittebrood

Bereidingstijd: 20 minuten
Rijstijd: 1 uur en 25 minuten
Baktijd: 25 minuten
Bijzondere materialen: broodvorm met een inhoud van 1½ l, oven

Raadpleeg uw merkartikelenlijst van ALBA en/of uw dieetadvies.

- 20 g verse gist of 1 zakje gistkorrels
- 3½ dl lauw water
- 1 eetlepel honing
- 500 g bloem
- 3 theelepels zout
- bloem
- 2 eetlepels water

Meng de gist met 5 eetlepels van het lauwe water en voeg de honing toe. Bereid gistkorrels volgens de gebruiksaanwijzing op de verpakking.
Meng de gezeefde bloem en het zout en maak in het midden een kuiltje. Schenk de gistoplossing in het kuiltje en roer de bloem hier beetje bij beetje door.
Voeg de rest van het lauwe water beetje bij beetje toe en meng alles door elkaar.
Bestuif het werkblad met de bloem en kneed het deeg ongeveer 10 minuten tot het soepel en elastisch is.
Laat het deeg, met een vochtige doek afgedekt, op een warme tochtvrije plaats ongeveer 40 minuten rijzen.
Rol het deeg uit tot een rechthoek, rol deze op en leg hem met de naad naar onderen in een ingevette broodvorm.
Laat dit opnieuw, afgedekt met een vochtige doek, op een warme tochtvrije plaats 45 minuten rijzen.
Bak het deeg ongeveer 25 minuten in een voorverwarmde oven, gasstand 6/240°C.
Bestrijk het brood 5 minuten voor het einde van de baktijd met het water.
Verwijder de broodvorm en laat het brood afkoelen.

DIEETAANPASSING

• Glutenvrij
Gebruik glutenvrije bloem. Raadpleeg de gebruiksaanwijzing op de verpakking voor de juiste verhouding bloem/vocht. Roer de ingrediënten goed door elkaar, dit deeg hoeft niet gekneed te worden en maar één keer ongeveer 45 minuten te rijzen.
Het deeg is dun, gebruik daarom een voldoende ruime vorm, vul deze maximaal tot tweederde.
Een cakevorm geeft een mooier bakresultaat dan een broodvorm.

• Saccharosevrij
Gebruik eventueel maïsmoutstroop in plaats van honing of raadpleeg de vervangingslijst.

VARIATIES

Broodjes
Bereid het deeg volgens bovenstaand recept. Verdeel het deeg in 12 gelijke porties, vorm er bolletjes, puntjes, 'slakkehuizen' of kleine vlechtbroodjes van en leg ze op een ingevet bakblik.
Bak het deeg ongeveer 20 minuten.

Bruinbrood
Gebruik 250 g bloem en 250 g volkorenmeel in plaats van 500 g bloem.

Knipbrood
Knip ongeveer 10 minuten voor het einde van de laatste rijsperiode een gleuf in de bovenkant van het brood (in de lengterichting).

Kruidenbrood
Voeg voor het rijzen 3 eetlepels gewassen en gehakte groene kruiden toe aan het deeg zoals bieslook, bladselderij, kervel en peterselie.

Kruidkoek
Voeg voor het rijzen 1 theelepel kaneel, 3 theelepels koekkruiden, ¼ theelepel kruid-

nagel en 75 g gewassen en gewelde rozijnen toe aan het deeg.

Maanzaad- en sesamzaadbrood
Bestrijk het deeg voor het bakken met water en 4 eetlepels maanzaad of sesamzaad of meng deze door het deeg.

Melkbrood
Gebruik lauwe melk in plaats van water.

Notenbrood
Voeg 200 g gepelde en gehakte amandelen toe aan het deeg.

Olijvenbrood
Voeg na de eerste rijsperiode 75 g gesneden en ontpitte olijven, 1 theelepel Provençaalse kruiden en 1½ eetlepel olijfolie toe aan het deeg.

Spek-kaasbrood
Voeg na de eerste rijsperiode 100 g gebakken spekblokjes en 150 g in kleine blokjes gesneden kaas toe aan het deeg.

Stokbrood
Vorm van het deeg 2 gelijke rollen, die puntig uitlopen en kerf ze bovenop een paar keer in. Leg ze op een ingevette bakplaat, laat ze voor de tweede maal rijzen en bak ze ongeveer 20 minuten.

Tijgerbrood
Bestrijk het deeg voor het bakken met 2 eetlepels rijstebloem, aangelengd met 1 dl melk of water.

Uien-kaasbrood
Voeg na de eerste rijsperiode 200 g gebakken uiesnippers en 75 g in blokjes gesneden kaas toe aan het deeg.

Vakantiebrood
Bak het deeg niet in de oven maar verwarm het au bain-marie ongeveer 2-3 uur.

Volkorenbrood
Gebruik volkorenmeel in plaats van bloem. De hoeveelheid vocht kan afwijkend zijn. Raadpleeg hiervoor de gebruiksaanwijzing op de verpakking.

Volkorenbrood met spekjes
Gebruik volkorenmeel in plaats van bloem. De hoeveelheid vocht kan afwijkend zijn. Raadpleeg hiervoor de gebruiksaanwijzing op de verpakking.
Voeg na de eerste rijsperiode 200 g gebakken spekblokjes toe aan het deeg.

Vruchtenbrood
Voeg na de eerste rijsperiode 160 g gewassen, geweekte, ontpitte en in stukjes gesneden abrikozen, appeltjes, krenten, pruimen, rozijnen en tuttifrutti toe aan het deeg.

Worstebroodjes

4 stuks

Dit recept is niet geschikt voor het additievenvrije, glutenvrije, koemelkvrije en/of kippeëivrije dieet.

Bereidingstijd: 20 minuten
Rijstijd: 1 uur
Baktijd: 25 minuten
Bijzondere materialen: aluminium vormpjes, oven

Raadpleeg uw merkartikelenlijst van ALBA en/of uw dieetadvies.

10 g gist of 1/2 zakje gistkorrels
1 1/2 dl lauw water
1 theelepel suiker
75 g boekweitemeel
75 g rijstemeel
1 theelepel zout
15 g margarine
2 eetlepels boekweitemeel
120 g gehakt
peper, zout
water

Meng de gist met 2 eetlepels van het lauwe water en voeg de suiker toe. Bereid gistkorrels volgens de gebruiksaanwijzing op de verpakking.
Meng het gezeefde boekweitemeel met het gezeefde rijstemeel en het zout en maak in het midden een kuiltje.
Smelt de margarine en voeg de rest van het water hieraan toe.
Schenk de gistoplossing in het kuiltje en roer het meel hier beetje bij beetje door. Voeg al roerende de margarine toe en meng alles door elkaar. Bestuif het werkblad met de helft van het boekweitemeel en kneed het deeg ongeveer 10 minuten.
Laat het, onder een vochtige doek toegedekt, op een warme, tochtvrije plaats ongeveer 30 minuten rijzen.
Meng het gehakt met peper en zout naar smaak en dieet.
Vorm van het gehakt 4 worstjes en rol deze door de rest van het boekweitemeel.
Rol het deeg uit tot een rechthoek, snijd hiervan 4 gelijke lapjes en bestrijk de randen van de lapjes met wat water.
Verpak elk worstje in een lapje deeg en plak de naden goed aan elkaar.
Leg de deegpakketjes met de naad naar onderen, in de ingevette vormpjes en laat ze met een vochtige doek toegedekt op een warme tochtvrije plaats nog ongeveer 30 minuten rijzen.
Bak het deeg ongeveer 25 minuten in een voorverwarmde oven, gasstand 5/220°C.
Bestrijk de broodjes 5 minuten voor het einde van de baktijd met wat water.
Neem de worstebroodjes uit de vormpjes en laat ze afkoelen.

DIEETAANPASSING

- **Saccharosevrij**
  Gebruik honing of maïsmoutstroop in plaats van suiker of raadpleeg de vervangingslijst.

INDIEN TOEGESTAAN

- Gebruik 150 g bloem in plaats van boekweitemeel en rijstemeel.
- Gebruik 3/4 dl lauwe melk en 3/4 dl lauw water in plaats van water.

VARIATIE

- Voeg 2 eetlepels vleeskruiden toe aan het gehakt.

ZANDTAARTDEEG

Zandtaartdeeg wordt gebruikt voor appeltaart, open vruchtentaart, gevulde koek, speculaas en sprits.
Houd er rekening mee dat kant-en-klaarprodukten zoals zandtaart en dergelijke, ingrediënten kunnen bevatten die in het dieet niet zijn toegestaan.
Raadpleeg hiervoor uw dieetadvies en/of ALBA-lijst.

Gebruik voor zoet zandtaartdeeg per 100 g bloem:
50 g basterdsuiker
1 g zout
75 g margarine

Meng de gezeefde bloem met de basterdsuiker en het zout.
Voeg de margarine toe en snijd deze in kleine stukjes met behulp van twee messen.
Kneed het deeg tot een stevige bal.
Plaats het deeg ongeveer ½ uur in de koelkast om op te stijven.
Verwerk het deeg zoals in het gekozen recept staat aangegeven tot de gewenste taart of koekjes.
Vet de vorm of bakplaat in met margarine en bestuif deze daarna eventueel met bloem of gebruik bakpapier.
Plaats het rooster met de bakvorm of de bakplaat in het midden van een voorverwarmde oven, gasstand 3/180°C.
De baktijd varieert van 20 minuten (koekjes) tot ruim 1 uur (taart).
Controleer of het gebak gaar is door erin te prikken.
De breinaald of het satéstokje blijft droog als het gebak gaar is.

VARIATIES

Varieer door aan het deeg toe te voegen

- Verse en/of gedroogde kruiden en specerijen
  anijspoeder, foelie, kaneel, koekkruiden, kruidnagel (linzertorte, speculaas)
- Verse en/of geconserveerde vruchten
  gember (gembertaart)
- Pinda's, noten en zaden
  amandel (linzertorte)
- Zuivelprodukten
  ei (zandtaart)
- Suikerprodukten
  bruine suiker, honing, stroopsoorten, vanillesuiker

Varieer door het gebak te garneren of te vullen met

- Verse en/of geconserveerde vruchten
  aardbeien, ananas, appel, bosbessen, citroenrasp, kruisbessen, litchi's, peren, rozijnen, tuttifrutti (boterkoek met bessen, vruchtentaart)
- Noten
  amandelen, kokos, walnoten (appeltaart, speculaas)
- Zuivelproduken
  ei, kwark (kwarktaart, speculaas)
- Suikerprodukten
  Glazuur, jam of vruchtenbeleg, poedersuiker, vanillesuiker (penseetaart, zandtaart)
- Vulling
  Amandelspijs, -pers (appeltaart, gevulde boterkoek)

Varieer door van verschillende granen gebruik te maken

- Boekweitemeel, rijstemeel

Varieer door in verschillende vormen te bakken

- Zandtaartvormpjes, éénpersoonsvlaaitjes

Appeltaart

Bereidingstijd: 40 minuten
Baktijd: 50 minuten
Bijzondere materialen: springvorm met een doorsnede van 18 cm, oven

Raadpleeg uw merkartikelenlijst van ALBA en/of uw dieetadvies.

160 g bloem
5 eetlepels witte basterdsuiker
½ theelepel zout
100 g margarine
500 g appels
1 theelepel kaneel
3 eetlepels witte basterdsuiker
2 eetlepels abrikozenjam

Meng de gezeefde bloem met de witte basterdsuiker en het zout.
Voeg de margarine toe en snijd deze in kleine stukjes met behulp van twee messen.
Kneed het deeg tot een stevige bal.
Houd 1/4 deel van het deeg achter, bekleed met de rest van het deeg een ingevette springvorm en maak een rand van 2 cm hoog.
Maak de appels schoon, snijd ze in dunne schijfjes en meng ze met de kaneel en de witte basterdsuiker.
Leg de schijfjes appel dakpansgewijs over elkaar op het deeg en leg hierover een vlechtwerk van het achtergehouden deeg.
Bestrijk het vlechtwerk met de abrikozenjam.
Bak het deeg ongeveer 50 minuten in een voorverwarmde oven, gasstand 3/180°C.
Laat de appeltaart afkoelen en verwijder de springvorm.

DIEETAANPASSING

- **Additievenvrij**
  Gebruik jam zonder toevoegingen.
- **Glutenvrij**
  Gebruik glutenvrije bloem of 80 g boekweitemeel en 80 g rijstemeel in plaats van bloem.
- **Saccharosevrij**
  Gebruik honing of maïsmoutstroop in plaats van witte basterdsuiker of raadpleeg de vervangingslijst.
  Gebruik abrikozenvruchtenbeleg (zie blz. **364**) in plaats van abrikozenjam.

VARIATIES

- Voeg 75 g gewassen en gewelde krenten en rozijnen toe aan het appelmengsel.
- Voeg 4 eetlepels in stukjes gesneden gekonfijte gember toe aan het appelmengsel.
- Voeg 4 eetlepels gemalen kokos toe aan het appelmengsel.
- Maak met behulp van een deegroller 50 g gepelde walnoten fijn. Bedek het deeg hiermee en rangschik hierop de appels. Leg 20 gepelde walnoten tussen de appelschijfjes.
- Bedek het deeg met 50 g amandelspijs (zie blz. **327**) en leg daarop de appelschijfjes.

Appel-abrikozentaart
Gebruik 75 g gewassen, geweekte en ontpitte abrikozen en 375 g appels in plaats van 500 g appels. Voeg 1 eetlepel witte basterdsuiker toe in plaats van 3 eetlepels.

Kwarktaart
Splits 3 eieren en meng de eierdooiers met 70 g witte basterdsuiker en 350 g kwark.
Was en rasp de schil van 1/2 citroen en voeg deze toe aan het kwarkmengsel.
Klop de eiwitten stijf en schep ze door de kwark.
Was en wel 75 g rozijnen, voeg deze met 1 eetlepel in stukjes gesneden gember toe aan het kwarkmengsel en vul de taart hiermee.
Leg er geen vlechtwerk van het achtergehouden deeg op.

Pruimentaart
Gebruik gewassen, geweekte en ontpitte pruimen in plaats van appels. Voeg 70 g witte basterdsuiker toe in plaats van 3 eetlepels.

Tuttifruttitaart
Gebruik gewassen, geweekte en ontpitte tuttifrutti in plaats van appels. Voeg 70 g witte basterdsuiker toe in plaats van 3 eetlepels.

Boterkoek

Bereidingstijd: 10 minuten
Baktijd: 15 minuten
Bijzondere materialen: boterkoekvorm met een doorsnede van 18 cm, oven

Raadpleeg uw merkartikelenlijst van ALBA en/of uw dieetadvies.

150 g bloem
75 g witte basterdsuiker
1/2 theelepel zout
150 g margarine

Meng de gezeefde bloem met de witte basterdsuiker en het zout.
Voeg de margarine toe en snijd deze in kleine stukjes met behulp van twee messen.
Kneed het deeg tot een stevige bal.
Doe het deeg over in een ingevette boterkoekvorm en bak het ongeveer 15 minuten in een voorverwarmde oven, gasstand 3/ 180°C.
Laat de boterkoek bijna geheel afkoelen in de vorm en verwijder deze daarna.

DIEETAANPASSING

- **Glutenvrij**
  Gebruik glutenvrije bloem of 75 g boekweitemeel en 75 g rijstemeel in plaats van bloem.
- **Saccharosevrij**
  Gebruik honing of maïsmoutstroop in plaats van witte basterdsuiker of raadpleeg de vervangingslijst.

VARIATIES

- Bestrijk het deeg voor het bakken met 1/2 losgeklopt ei.
- Bestrijk de afgekoelde boterkoek met glazuur, gemaakt van 75 g poedersuiker.

Bosbessen-boterkoek
Bekleed een ingevette springvorm met een doorsnede van 18 cm met het deeg en maak een rand van 2 cm hoog.
Was 500 g bosbessen, meng deze met 100 g gemalen amandelen, 1 theelepel kaneel, 100 g suiker en 1 zakje vanillesuiker en bedek het deeg hiermee.
Leg 75 g in stukjes gesneden margarine op het bosbessenmengsel.
Bak het deeg ongeveer 25 minuten.

Boterkoek met gember
Leg voor het bakken 50 g in stukjes gesneden gekonfijte gember op het deeg.

Gevulde boterkoek
Verdeel het deeg in 2 plakken en leg hiertussen 100 g amandelspijs.

Penseetaart

Dit gerecht is niet geschikt voor het notenvrije dieet.

Bereidingstijd: 35 minuten
Baktijd: 45 minuten
Bijzondere materialen: springvorm met een doorsnede van 18 cm, oven

Raadpleeg uw merkartikelenlijst van ALBA en/of uw dieetadvies.

160 g bloem
4 eetlepels witte basterdsuiker
1/2 theelepel zout
100 g margarine
200 g amandelspijs (zie blz. **327**)
4 eetlepels abrikozenjam

Meng de gezeefde bloem met de witte basterdsuiker en het zout.
Voeg de margarine toe en snijd deze in kleine stukjes met behulp van twee messen.
Kneed het deeg tot een stevige bal.
Houd 1/4 deel van het deeg achter, bekleed een ingevette springvorm met de rest van het deeg en maak een rand van 2 cm hoog.
Verdeel de amandelspijs over het deeg en leg hierover een vlechtwerk van het achtergehouden deeg.

Bak het deeg ongeveer 1 uur in een voorverwarmde oven, gasstand 3/180°C. Verwarm de abrikozenjam en bestrijk de bovenkant van de taart hiermee. Laat de penseetaart afkoelen en verwijder de vorm.

DIEETAANPASSING

- **Additievenvrij**
  Gebruik jam zonder toevoegingen (zie blz. **362**) en gebruik amandelspijs zonder toevoegingen (zie blz. **327**).
- **Citrusvrij**
  Gebruik amandelpers (zie blz. **327**) in plaats van amandelspijs.
- **Glutenvrij**
  Gebruik glutenvrije bloem of 80 g boekweitemeel en 80 g rijstemeel in plaats van bloem.
- **Kippeëivrij**
  Gebruik amandelpers (zie blz. **327**) in plaats van amandelspijs.
- **Saccharosevrij**
  Gebruik honing of maïsmoutstroop in plaats van witte basterdsuiker of raadpleeg de vervangingslijst. Gebruik abrikozenvruchtenbeleg (zie blz. **363**) in plaats van abrikozenjam.
  Gebruik amandelspijs zonder suiker (zie blz. **327**).

VARIATIES

- Garneer de penseetaart met glazuur, gemaakt van 100 g poedersuiker, in plaats van abrikozenjam.

Gevulde koeken - 8 stuks
Rol het deeg uit tot een plak van 1/2 cm dikte en steek hieruit 16 ronde plakken.
Leg 8 plakken deeg op een ingevette bakplaat.
Verdeel de amandelspijs over de plakken en leg hierop de rest van de plakken.
Druk de randen van het deeg goed aan en leg op iedere koek een gehalveerde amandel.
Bak de koeken ongeveer 30 minuten.

Penseetaartjes
Doe het deeg over in 8 ingevette vormpjes en bak deze ongeveer 30 minuten.

Speculaaspop

4 middelgrote poppen

Bereidingstijd: 20 minuten
Baktijd: 30 minuten
Bijzondere materialen: speculaasplank, bakplaat, oven

Raadpleeg uw merkartikelenlijst van ALBA en/of uw dieetadvies.

75 g boekweitemeel
75 g rijstemeel
1 eetlepel bakpoeder
4 eetlepels bruine basterdsuiker
1/4 theelepel foelie
1/2 theelepel gember
1 1/2 theelepel kaneel
1/2 theelepel gemalen kruidnagel
1/2 theelepel koriander
1/4 theelepel nootmuskaat
1/2 theelepel zout
100 g margarine
boekweitemeel
1 eetlepel gepelde amandelen

Meng het boekweitemeel, rijstemeel en bakpoeder met de bruine basterdsuiker, de specerijen en het zout.
Voeg de margarine toe en snijd deze in kleine stukjes met behulp van twee messen.
Bestrooi de speculaasvorm met het boekweitemeel.
Doe het deeg over in de speculaasvorm, keer het deeg op de ingevette bakplaat en bak het ongeveer 30 minuten in een voorverwarmde oven, gasstand 3/180°C.
Laat de speculaas iets afkoelen en steek de amandelen erin.

DIEETAANPASSING

- **Notenvrij**
  Garneer de speculaas niet met amandelen.
- **Saccharosevrij**
  Gebruik honing of maïsmoutstroop in plaats van bruine basterdsuiker of raadpleeg de vervangingslijst.

INDIEN TOEGESTAAN

- Gebruik 150 g bloem in plaats van boekweitemeel en rijstemeel.

VARIATIES

- Bestrijk de speculaas voor het bakken met ½ losgeklopt ei.
- Kneed door het deeg 2 eetlepels gepelde en gehakte amandelen.

Gevulde speculaas
Rol het deeg uit tot een plak van ongeveer ½ cm dikte en verdeel deze in 2 gelijke lappen.
Leg 1 lap deeg op een ingevette bakplaat, verdeel hierover 200 g amandelspijs en leg hierop de andere lap.
Druk de randen van het deeg goed aan en garneer de speculaas met de amandelen.
Bak de speculaas ongeveer 1 uur.

Kruidnoten
Vorm van het deeg bolletjes ter grootte van een knikker en bak ze ongeveer 20 minuten.

Speculaasjes - 20 stuks
Rol het deeg uit tot een rechthoek met een dikte van ongeveer ½ centimeter en steek met behulp van een koekjesstekertje of speculaasplankje hier vormpjes uit. Leg op elk speculaasje een gepelde amandel. De baktijd van de speculaasjes is ongeveer 15 minuten.

Vruchtentaart

Bereidingstijd: 20 minuten
Baktijd: 45 minuten
Bijzondere materialen: springvorm met een doorsnede van 20 cm, vetvrij papier, oven

Raadpleeg uw merkartikelenlijst van ALBA en/of uw dieetadvies.

200 g bloem
70 g witte basterdsuiker
1 theelepel zout
120 g margarine
100 g gedroogde peulvruchten of 250 g rijst
1 dl appelsap
½ eetlepel aardappelmeel
½ eetlepel koud water

Meng de gezeefde bloem met de witte basterdsuiker en het zout.
Voeg de margarine toe en snijd deze in kleine stukjes met behulp van twee messen.
Kneed het deeg tot een stevige bal.
Bekleed een ingevette springvorm met het deeg en maak een rand van 2 cm hoog.
Bedek het deeg met vetvrij papier en vul het met de peulvruchten of de rijst (steunvulling).
Bak het deeg ongeveer 30 minuten in een voorverwarmde oven, gasstand 3/180°C.
Verwijder het papier met het steunvulsel en bak het deeg daarna nog ongeveer 15 minuten.
Laat het deeg afkoelen en verwijder de vorm.
Vul de taart vlak voor het opdienen met een van onderstaande vullingen.
Breng het appelsap aan de kook.
Meng het aardappelmeel aan met het koude water, voeg dit al roerende toe aan het kokende sap, breng het opnieuw aan de kook en bedek de vruchten hiermee.

DIEETAANPASSING

- **Aardappelvrij**
  Gebruik ½ blaadje gelatine in plaats van

½ eetlepel aardappelmeel. Week de gelatine ongeveer 10 minuten in ruim koud water en knijp deze goed uit. Los de gelatine op in het iets afgekoelde vruchtesap, laat dit onder af en toe roeren geleiachtig worden en bedek de vruchten hiermee.

- **Glutenvrij**
Gebruik glutenvrije bloem of 100 g boekweitemeel en 100 g rijstemeel in plaats van bloem.
- **Saccharosevrij**
Gebruik honing of maïsmoutstroop in plaats van witte (basterd) suiker of raadpleeg de vervangingslijst.

Vullingen

Aardbeien-frambozentaart
Meng 250 g gewassen en schoongemaakte aardbeien met 250 g gewassen en schoongemaakte frambozen en 75 g witte basterdsuiker of diksap. Gebruik aardbeiesap of frambozesap in plaats van appelsap.

Abrikozentaart
Gebruik 500 g schoongemaakte, ontpitte en gehalveerde abrikozen en leg ze met de bolle kant naar boven op de taart.

Ananastaart
Gebruik 6 schijven ananas en 12 ontpitte kersen. Leg in iedere holte van een ananasschijf 2 kersen.
Gebruik ananassap in plaats van appelsap.

Kersentaart
Meng 500 g schoongemaakte en ontpitte kersen met 75 g witte basterdsuiker en 1 theelepel kaneel.
Gebruik kersesap in plaats van appelsap.

Kruisbessentaart
Meng 500 g schoongemaakte kruisbessen met 150 g witte basterdsuiker en 4 eetlepels gemalen kokos. Gebruik wit druivesap in plaats van appelsap.

Litchi'staart
Gebruik 500 g schoongemaakte litchi's en voeg 2 theelepels kersenlikeur toe.

Perentaart
Meng 500 g schoongemaakte en in schijfjes gesneden zachte peren met 50 g witte basterdsuiker en 1 theelepel kaneel.
Gebruik peresap in plaats van appelsap.

Perzikentaart
Gebruik 500 g schoongemaakte en ontpitte perziken en 50 g suiker.

Vruchtentaart
Meng 1 schoongemaakte en in plakjes gesneden banaan, 150 g schoongemaakte bramen en 150 g schoongemaakte witte druiven met 50 g witte basterdsuiker.

VARIATIES

- Bestrijk de taart, voordat deze gevuld wordt met vruchten, met 1 dl banketbakkersroom, 1 dl slagroom die is stijf geklopt met 1 eetlepel diksap, of gebruik 1 dl imitatieslagroom.

Kleine vruchtentaartjes
Doe het deeg over in 6 ingevette zandtaartvormpjes en bak deze de eerste keer ongeveer 20 minuten en de tweede keer ongeveer 10 minuten.

Vruchtengebak met schuimkop
Klop 3 eiwitten stijf met 3 eetlepels suiker of honing.
Spuit met behulp van een spuitzak het stijf geklopte eiwit op de vruchtentaart en bak deze daarna nog 10 minuten in een voorverwarmde oven, gasstand 4/200°C.

GARNEERSUGGESTIE

- Garneer de vruchtentaart met 1 dl slagroom die is stijf geklopt met 1 eetlepel diksap of met 1 dl imitatieslagroom.

Zandtaart

Bereidingstijd: 20 minuten
Baktijd: 1 uur
Bijzondere materialen: springvorm met een doorsnede van 20 cm, oven

Raadpleeg uw merkartikelenlijst van ALBA en/of uw dieetadvies.

200 g bloem
100 g witte basterdsuiker
1 theelepel zout
150 g margarine
4 eetlepels poedersuiker

Meng de gezeefde bloem met de witte basterdsuiker en het zout.
Voeg de margarine toe en snijd deze in kleine stukjes met behulp van twee messen.
Kneed het deeg tot een stevige bal.
Rol het deeg uit en bekleed de bodem van een ingevette springvorm hiermee.
Bak het deeg ongeveer 1 uur in een voorverwarmde oven, gasstand 3/180°C.
Laat de taart afkoelen, verwijder de vorm en bestrooi de zandtaart met de poedersuiker.

DIEETAANPASSING

- **Glutenvrij**
  Gebruik glutenvrije bloem of gebruik 100 g boekweitemeel en 100 g rijstemeel in plaats van bloem.
- **Saccharosevrij**
  Gebruik honing of maïsmoutstroop in plaats van witte basterdsuiker en gebruik glucose in plaats van poedersuiker.

VARIATIES

- Voeg 1 eierdooier toe aan het deeg; het gebak wordt daardoor iets zachter.
- Voeg 2 theelepels kaneel toe aan het deeg.
- Voeg 1 theelepel gemalen anijs en 1 theelepel koriander toe aan het deeg.
- Garneer de zandtaart met glazuur, gemaakt van 100 g poedersuiker in plaats van poedersuiker.

Gembertaart
Gebruik 75 g witte basterdsuiker in plaats van 100 g. Voeg 2 eetlepels stroop, 1 eetlepel gemberstroop, 1 theelepel kaneel en 100 g in stukjes gesneden gekonfijte gember toe.

Linzertorte
Voeg aan het deeg $^1/_2$ theelepel kaneel, $^1/_2$ theelepel gemalen kruidnagel en 200 g gemalen en gepelde amandelen toe.
Houd $^1/_4$ deel van het deeg achter, bekleed met de rest een ingevette springvorm en maak een rand van 2 cm hoog.
Leg op het deeg 250 g jam of vruchtenbeleg en leg hierover een vlechtwerk van het achtergehouden deeg.

Zandtaartjes
Doe het deeg over in 10 ingevette zandtaartvormpjes en bak deze 30 minuten.

CAKEDEEG

Cakedeeg wordt gebruikt voor cake, kruidkoek en open vruchtentaart.
Houd er rekening mee dat kant-en-klaarprodukten ingrediënten kunnen bevatten die in het dieet niet zijn toegestaan.
Raadpleeg hiervoor uw dieetadvies en/of ALBA-lijst.

Gebruik voor **cake** per 100 g bloem:
100 g margarine
100 g suiker of ander zoetmiddel
$1^1/_2$ g zout
2 eieren

Roer de margarine met de suiker en het zout tot een schuimige massa.
Roer de eieren een voor een door de massa, voeg het volgende ei pas toe als het vorige volledig in de massa is opgenomen.
Klop de massa, eventueel met behulp van een mixer, ongeveer 5 minuten.

Schep de gezeefde bloem beetje bij beetje luchtig door de massa.
Doe de massa direct over in ingevette en met bloem bestoven cakevorm(pjes). Vul de vorm voor maximaal tweederde deel, om uitrijzen te voorkomen.
Plaats het rooster met de bakvorm(pjes) in het midden van een voorverwarmde oven, gasstand 2/160°C. Open de ovendeur niet om inzakken te voorkomen.
De baktijd varieert van 25 minuten (kleine cakejes) tot 1½ uur (grote taart).
Controleer of het gebak gaar is door erin te prikken.
De breinaald of het satéstokje blijft droog als het gebak gaar is.
Laat de cake ongeveer 10 minuten afkoelen en neem de cakevorm voorzichtig weg.

Gebruik voor **eivrije cake** per 100 g bloem:
15 g custard
75 g poedersuiker
10 g vanillesuiker
10 g bakpoeder
50 g margarine
1 dl vocht (melk of water)

Meng de gezeefde bloem, de custardpoeder, de bakpoeder, de poedersuiker en de vanillesuiker.
Smelt margarine en voeg deze, met het water, al roerende toe.
Klop het deeg, eventueel met behulp van een mixer, ongeveer 5 minuten. Volg verder de bereidingswijze van cake.

VARIATIES

Varieer door aan het deeg smaakmakers toe te voegen

- Specerijen
  gemberpoeder, kaneel, koekkruiden, kruidnagel (kruidkoek, plumcake)
- Verse en/of geconserveerde vruchten
  appel, citroenrasp, dadels, gember, krenten, oranjesnippers, pruimen, rozijnen, sinaasappelrasp (gembercake, sinaasappelcake, vruchtenkoek)
- Zuivelprodukten
  hangop, kwark, umer (kwarkkoek)
- Noten
  amandel, cashewnoot, kokos, walnoot (amandelcake, kokoscake, notencake)
- Suikerprodukten
  honing, kandijsuiker, marsepein, vanillesuiker (honingcake, kruidkoek)
- Carobe- of chocoladeprodukten
  carobepoeder, cacao (chocoladecake)
- Dranken
  koffie, likeur, rum (koffiecake, rumrozijnencake)

Varieer door het gebak te garneren met

- Crème au beurre, glazuur, (imitatie)slagroom, jam, mokkacrème, poedersuiker, snoepjes, vruchtenbeleg, zilverpilletjes
- Niet-eetbare garnering
  figuurprikkers, glasfiguurtjes, kaarsjes, parapluutjes, vlaggetjes

Varieer door van verschillende granen gebruik te maken

- Boekweitemeel, rijstemeel, roggemeel, volkorenmeel

Varieer bij speciale gelegenheden door in verschillende vormen te bakken

- Boot, kleine cakejes, cijfer, denneboom, hart, letter, tulband

Cake

Bereidingstijd: 15 minuten
Baktijd: 1 uur en 15 minuten
Bijzondere materialen: mixer, cakevorm met een inhoud van 1 l, oven

Raadpleeg uw merkartikelenlijst van ALBA en/of uw dieetadvies.

150 g margarine
150 g suiker
1 zakje vanillesuiker
1/4 theelepel zout
3 eieren
150 g bloem
4 eetlepels poedersuiker

Roer de margarine met de suiker, de vanillesuiker en het zout tot een schuimige massa.
Roer de eieren een voor een door de massa, voeg het volgende ei pas toe als het vorige volledig in de massa is opgenomen.
Klop de massa, eventueel met behulp van een mixer, nog ongeveer 5 minuten.
Schep de gezeefde bloem beetje bij beetje luchtig door de massa.
Doe de massa direct over in de ingevette en met bloem bestoven cakevorm.
Vul de vorm voor maximaal tweederde om uitrijzen te voorkomen.
Bak het deeg ongeveer 1 uur en 15 minuten in een voorverwarmde oven, gasstand 2/160°C.
Open de oven niet om inzakken te voorkomen.
De cake is gaar als een breinaald die erin gestoken wordt, er droog uitkomt. Laat de cake afkoelen en neem de cakevorm voorzichtig weg. Bestrooi de afgekoelde cake met de poedersuiker.

DIEETAANPASSING

- **Additievenvrij**
  Voeg geen vanillesuiker toe.
  Gebruik eventueel glucose in plaats van poedersuiker.
- **Glutenvrij**
  Gebruik glutenvrije bloem.
- **Kippeëivrij**
  Bereid eivrije cake, (zie blz. **282**).
- **Saccharosevrij**
  Gebruik honing of maïsmoutstroop in plaats van suiker of raadpleeg de vervangingslijst. Voeg geen vanillesuiker toe. Gebruik glucose of fructose in plaats van poedersuiker.

VARIATIES

Amandelcake
Voeg 5 eetlepels gehakte amandelen en 2 eetlepels amandellikeur toe aan het deeg.

Appelcake
Voeg 2 schoongemaakte en in stukjes gesneden appels en 1 theelepel kaneel toe aan het deeg.
Kook 100 g abrikozenjam ongeveer 5 minuten en bestrijk hiermee de afgekoelde appelcake. Bestrooi de cake niet meer met poedersuiker.

Carobe- of chocoladecake
Voeg 5 eetlepels gehakte carobe of pure chocolade en eventueel 2 eetlepels chocoladelikeur toe aan het deeg. Garneer de afgekoelde cake eventueel met carobe- of chocoladeglazuur, gemaakt van 100 g poedersuiker in plaats van met poedersuiker.

Citroencake
Voeg de gewassen en geraspte schil van 1 citroen toe aan het deeg. Garneer de afgekoelde citroencake eventueel met citroenglazuur gemaakt van 100 g poedersuiker in plaats van met poedersuiker.

Dadelcake
Voeg 100 g ontpitte en in stukjes gesneden gekonfijte dadels toe aan het deeg.
Garneer de afgekoelde dadelcake eventueel met honingglazuur, gemaakt van 100 g poedersuiker in plaats van met poedersuiker.

Gembercake
Voeg 75 g in stukjes gesneden gekonfijte gember en 2 eetlepels gembernat toe aan het deeg.
Garneer de afgekoelde gembercake eventueel met gember-kaneelglazuur, gemaakt van 100 g poedersuiker in plaats van met poedersuiker.

Gevulde cake
Wel 4 eetlepels gewassen krenten en 4 eetlepels gewassen rozijnen in 1 dl rum en voeg ze samen met 4 eetlepels oranjesnippers toe aan het deeg.
Garneer de afgekoelde gevulde cake eventueel met rumglazuur, gemaakt van 100 g poedersuiker in plaats van met poedersuiker.

Honingcake
Gebruik honing in plaats van suiker.
Garneer de afgekoelde honingcake eventueel met honingglazuur, gemaakt van 100 g poedersuiker in plaats van met poedersuiker.

Kleine cakejes
Gebruik 8 kleine vormpjes en bak de cakejes 25 minuten.
Garneer de afgekoelde kleine cakejes eventueel met een glazuur, gemaakt van 100 g poedersuiker of met 4 eetlepels verwarmde abrikozenjam. Bestrooi ze eventueel met 2 eetlepels geraspte kokos. Bestrooi de cakejes dan niet meer met poedersuiker.

Koffiecake
Voeg 2 eetlepels oploskoffie, ½ theelepel kaneel en 2 eetlepels koffielikeur toe aan het deeg.
Garneer de afgekoelde koffiecake eventueel met koffieglazuur, gemaakt van 100 g poedersuiker in plaats van met poedersuiker.

Kokoscake
Voeg 75 g geraspte kokos en 2 eetlepels kokoslikeur toe aan het deeg.
Garneer de afgekoelde kokoscake eventueel met chocolade-kokosglazuur, gemaakt van 100 g poedersuiker in plaats van met poedersuiker.

Kruidcake
Voeg ½ theelepel gemberpoeder, 2 theelepels kaneel en ½ theelepel gemalen kruidnagel toe aan het deeg of 1 eetlepel koekkruiden. Garneer de afgekoelde kruidcake eventueel met kaneelglazuur, gemaakt van 100 g poedersuiker of met 4 eetlepels appel-perenstroop, bestrooid met 2 eetlepels sesamzaad in plaats van met poedersuiker.

Marmercake
Meng 2 eetlepels cacao of carobepoeder en 2½ eetlepel witte basterdsuiker aan met 2 eetlepels water en roer dit cacaomengsel door eenderde deel van het deeg.
Vul de cakevorm laag-om-laag met het lichte en het donkere deeg.

Marsepeincake
Voeg verkruimelde marsepein, gemaakt van 100 g amandelen aan het deeg toe.
Bestrijk de marsepeincake eventueel met chocolade-amandelglazuur gemaakt van 100 g poedersuiker in plaats van met poedersuiker.

Plumcake
Voeg 4 geweekte, ontpitte en in stukjes verdeelde abrikozen, 1 eetlepel gepelde en gehakte amandelen, de gewassen en geraspte schil van 1 citroen, ¼ theelepel gemberpoeder, 1 theelepel kaneel, ¼ theelepel kardemom, 1 eetlepel gewassen en gewelde krenten, ¼ theelepel gemalen kruidnagel, ¼ theelepel koriander, 1 eetlepel oranjesnippers, 1 eetlepel gewassen en gewelde rozijnen en 1 eetlepel in stukjes gesneden sukade toe aan het deeg.

Rumcake
Voeg 100 g verkruimelde bitterkoekjes en 2 eetlepels rum toe aan het deeg.

Rum-rozijnencake
Voeg 75 g gewassen en in 1 dl rum gewelde rozijnen toe aan het deeg.

Sinaasappelcake
Voeg de gewassen en geraspte schil van 1 sinaasappel en 1 eetlepel sinaasappellikeur toe aan het deeg.
Garneer de afgekoelde sinaasappelcake eventueel met sinaasappelglazuur, gemaakt van 100 g poedersuiker in plaats van met poedersuiker.

Tulband
Voeg 4 eetlepels in stukjes gesneden bigarreaux, 4 eetlepels oranjesnippers en 4 eetlepels gewassen rozijnen toe aan het deeg. Bak de cake in een tulbandvorm met een inhoud van 1 l in plaats van een cakevorm.
Kersttulband
Versier de tulband met een rood lint of rode strik, takjes hulst en kaarsjes.
Paastulband
Garneer de tulband met geel glazuur, gemaakt van 100 g poedersuiker en versier deze met eitjes of kuikentjes in plaats van met poedersuiker.

Vijgencashewnootcake
Voeg 4 eetlepels schoongemaakte en in stukjes gesneden gekonfijte vijgen en 4 eetlepels gepelde en gehakte cashewnoten toe aan het deeg. Garneer de afgekoelde vijgencashewnootcake eventueel met honingnotenglazuur, gemaakt van 100 g poedersuiker in plaats van met poedersuiker.

Walnootcake
Voeg 100 g gehakte walnoten, 1 theelepel kaneel en ¼ theelepel gemalen kruidnagel toe aan het deeg. Voeg aan de poedersuiker 1 theelepel kaneel toe en bestrooi de afgekoelde walnootcake hiermee.

GARNEERSUGGESTIES

- Garneer de cake met 1 dl slagroom, die is stijf geklopt met 1 eetlepel suiker of maïsmoutstroop of garneer met 1 dl imitatieslagroom.
- Garneer de cake met crème au beurre, gemaakt van 100 g margarine.
- Bestrooi de cake met poedersuiker met behulp van een sjabloon.
- Snijd de cake horizontaal doormidden, besmeer de helft met 4 eetlepels stijf geklopte slagroom, imitatieslagroom, jam of vruchtenbeleg en leg de andere helft er weer bovenop.
- Versier de cake met confetti, krentjes, snoepjes, zilverpillen en niet-eetbare garnering zoals beestjes, kaarsjes, parapluutjes, vlaggetjes.

CAKES VOOR SPECIALE GELEGENHEDEN

Bootcake
Garneer de cake niet met poedersuiker.
Snijd de cake horizontaal doormidden, besmeer de helft met 4 eetlepels abrikozenjam en leg de andere helft van de cake er weer bovenop. Bestrijk de cake rondom en bovenop met een carobe- of chocoladeglazuur, gemaakt van 100 g poedersuiker.
Leg op het nog zachte glazuur rozijntjes, kleine ronde snoepjes of zonnebloempitten. Steek er eventueel kaarsjes in en 2 masten gemaakt van satéprikkers met vlaggen van gekleurd papier.
Steek aan de zijkanten van de bootcake (sjabloon op blz. **376**) lolly's als roeispanen, 3 of 4 aan elke kant. Serveer de bootcake op een blauw servet.

Cijfer- of lettercakejes
Bereid één gewone en één chocoladecake/carobecake.
Garneer deze niet met poedersuiker.
Snijd de cake in even dikke plakken. Steek met behulp van een glas rondjes uit de lichte en de donkere cake.
Steek uit de rondjes donkere cake met een vormpje een cijfer of letter (sjabloon op blz. **381**) en doe hetzelfde bij de lichte cake.

Druk het lichte cijfer/letter in de opening van de donkere cake en druk het donkere cijfer/letter in de opening van de lichte cake.

Denneboomcake
Bereid een cake in een springvorm van 20 cm doorsnede in plaats van een cakevorm. Garneer deze niet met poedersuiker.
Snijd hieruit een denneboom, eventueel met behulp van een sjabloon (zie blz. **372**).
Bestrijk de denneboom helemaal met groen glazuur, gemaakt van 200 g poedersuiker.
Versier de groene denneboom met kerstballen en slingers van wit glazuur, gemaakt van 25 g poedersuiker en rood glazuur gemaakt van 25 g poedersuiker.
Verwerk het rode en witte glazuur pas als het groene glazuur helemaal hard is geworden.
Garneer de denneboom eventueel met zilverpilletjes.

Dobbelsteencake
Garneer de cake niet met poedersuiker.
Snijd uit de cake vierkante blokken en maak de stippen van de dobbelsteen met chocolade- of carobeglazuur, gemaakt van 50 g poedersuiker.

Klokcake
Bak een cake in een springvorm van 20 cm doorsnede in plaats van in een cakevorm. Garneer deze niet met poedersuiker.
Bestrijk de cake helemaal met glazuur, gemaakt van 200 g poedersuiker en laat dit helemaal hard worden.
Spuit hier dan pas de klokcijfers op van carobe- of chocoladeglazuur, gemaakt van 100 g poedersuiker.

Moederdagcake
Bereid een cake in een springvorm van 20 cm doorsnede in plaats van een cakevorm. Garneer deze niet met poedersuiker.
Snijd hieruit, eventueel met behulp van een sjabloon (zie blz. **373**) een hart of gebruik een hartvormige cakevorm.
Bestrijk het hart helemaal met rose glazuur, gemaakt van 200 g poedersuiker en spuit hierop met carobe-of chocoladeglazuur, gemaakt van 50 g poedersuiker de tekst 'Voor Moeder'.
Garneer het hart eventueel nog met suikerbloemen of zilverpillen.

Negerzoen van cake
Garneer de cake niet met poedersuiker.
Snijd uit de cake piramiden, in de vorm van een negerzoen.
Bestrijk deze helemaal met chocolade- of carobeglazuur, gemaakt van 200 g poedersuiker.

Paashaascake
Bereid een cake in een springvorm van 20 cm doorsnede in plaats van een cakevorm. Garneer deze niet met poedersuiker.
Snijd uit de cake met behulp van een sjabloon (zie blz. **377**), een paashaas.
Bestrijk de paashaas helemaal met geel glazuur, gemaakt van 200 g poedersuiker en verwerk de andere kleuren glazuur, gemaakt van ieder 50 g poedersuiker, zoals bij het sjabloon staat aangegeven.

Vaderdagcake
Garneer de cake niet met poedersuiker.
Snijd uit de cake een stropdas, eventueel met behulp van een sjabloon (zie blz. **375**).
Bestrijk de stropdas zoals bij het sjabloon staat aangegeven met glazuur, elke kleur gemaakt van 50 g poedersuiker.

Eivrije cake

Bereidingstijd: 10 minuten
Baktijd: 1 uur en 15 minuten
Bijzondere materialen: mixer, cakevorm met een inhoud van $1\frac{1}{2}$ l, oven

Raadpleeg uw merkartikelenlijst van ALBA en/of uw dieetadvies.

315 g bloem
$1\frac{1}{2}$ zakje bakpoeder
45 g custardpoeder
2 zakjes vanillesuiker
225 g witte basterdsuiker
150 g margarine
3 dl water
4 eetlepels poedersuiker

Meng de gezeefde bloem met de bakpoeder, de custardpoeder, de vanillesuiker en de witte basterdsuiker.
Smelt de margarine, schenk het water hierbij en voeg dit samen al roerende toe.
Klop het deeg met behulp van een mixer ongeveer 5 minuten.
Doe de massa direct over in de ingevette en met bloem bestoven cakevorm.
Vul de vorm voor maximaal tweederde deel om uitrijzen te voorkomen.
Bak het deeg ongeveer 1 uur en 15 minuten in een voorverwarmde oven, gasstand 3/180°. Open de oven niet om inzakken te voorkomen. De cake is gaar als een breinaald die erin gestoken wordt, er droog uitkomt.
Laat de cake afkoelen en neem de cakevorm voorzichtig weg. Bestrooi de afgekoelde cake met de poedersuiker.

DIEETAANPASSING

- **Additievenvrij**
  Voeg geen vanillesuiker toe en gebruik eventueel glucose in plaats van poedersuiker.
  Gebruik 250 g bloem in plaats van bloem en custard.
  De cake blijft dan lichter van kleur.
- **Glutenvrij**
  Gebruik glutenvrije bloem.
- **Maïsvrij**
  Gebruik 250 g bloem in plaats van bloem en custard.
  De cake blijft dan lichter van kleur.
- **Saccharosevrij**
  Gebruik honing of maïsmoutstroop in plaats van poedersuiker of raadpleeg de vervangingslijst.
  Voeg geen vanillesuiker toe.
  Gebruik glucose of fructose in plaats van poedersuiker.
  Of bereid eivrije, saccharosevrije cake (zie blz. **286**).

VARIATIES

Amandelcake
Voeg 5 eetlepels gehakte amandelen en 2 eetlepels amandellikeur toe aan het deeg.

Appelcake
Voeg 2 schoongemaakte en in stukjes gesneden appels en 1 theelepel kaneel toe aan het deeg.
Kook 100 g abrikozenjam ongeveer 5 minuten en bestrijk hiermee de afgekoelde appelcake. Bestrooi de cake niet meer met poedersuiker.

Carobe- of chocoladecake
Voeg 5 eetlepels gehakte carobe of pure chocolade en eventueel 2 eetlepels chocoladelikeur toe aan het deeg. Garneer de afgekoelde cake eventueel met carobe- of chocoladeglazuur, gemaakt van 100 g poedersuiker in plaats van met poedersuiker.

Citroencake
Voeg de gewassen en geraspte schil van 1 citroen toe aan het deeg. Garneer de afgekoelde citroencake eventueel met citroenglazuur gemaakt van 100 g poedersuiker in plaats van met poedersuiker.

Dadelcake
Voeg 100 g ontpitte en in stukjes gesneden gekonfijte dadels toe aan het deeg.
Garneer de afgekoelde dadelcake eventueel met honingglazuur, gemaakt van 100 g poedersuiker in plaats van met poedersuiker.

Gembercake
Voeg 75 g in stukjes gesneden gekonfijte gember en 2 eetlepels gembernat toe aan het deeg.
Garneer de afgekoelde gembercake eventueel met gember-kaneelglazuur, gemaakt van 100 g poedersuiker in plaats van met poedersuiker.

Gevulde cake
Wel 4 eetlepels gewassen krenten en 4 eetlepels gewassen rozijnen in 1 dl rum en voeg ze samen met 4 eetlepels oranjesnippers toe aan het deeg.
Garneer de afgekoelde gevulde cake eventueel met rumglazuur, gemaakt van 100 g poedersuiker in plaats van met poedersuiker.

Honingcake
Gebruik honing in plaats van suiker.
Garneer de afgekoelde honingcake eventueel met honingglazuur, gemaakt van 100 g poedersuiker in plaats van met poedersuiker.

Kleine cakejes
Gebruik 8 kleine vormpjes en bak de cakejes 25 minuten.
Garneer de afgekoelde kleine cakejes eventueel met een glazuur, gemaakt van 100 g poedersuiker of met 4 eetlepels verwarmde abrikozenjam. Bestrooi ze eventueel met 2 eetlepels geraspte kokos. Bestrooi de cakejes dan niet meer met poedersuiker.

Koffiecake
Voeg 2 eetlepels oploskoffie, $^1/_2$ theelepel kaneel en 2 eetlepels koffielikeur toe aan het deeg.
Garneer de afgekoelde koffiecake eventueel met koffieglazuur, gemaakt van 100 g poedersuiker in plaats van met poedersuiker.

Kokoscake
Voeg 75 g geraspte kokos en 2 eetlepels kokoslikeur toe aan het deeg.
Garneer de afgekoelde kokoscake eventueel met chocolade-kokosglazuur, gemaakt van 100 g poedersuiker in plaats van met poedersuiker.

Kruidcake
Voeg $^1/_2$ theelepel gemberpoeder, 2 theelepels kaneel en $^1/_2$ theelepel gemalen kruidnagel toe aan het deeg of 1 eetlepel koekkruiden. Garneer de afgekoelde kruidcake eventueel met kaneelglazuur, gemaakt van 100 g poedersuiker of met 4 eetlepels appel-perenstroop, bestrooid met 2 eetlepels sesamzaad in plaats van met poedersuiker.

Marmercake
Meng 2 eetlepels cacao of carobepoeder en $2^1/_2$ eetlepel witte basterdsuiker aan met 2 eetlepels water en roer dit cacaomengsel door eenderde deel van het deeg.
Vul de cakevorm laag-om-laag met het lichte en het donkere deeg.

Marsepeincake
Voeg verkruimelde marsepein, gemaakt van 100 g amandelen aan het deeg toe.
Bestrijk de marsepeincake eventueel met chocolade-amandelglazuur gemaakt van 100 g poedersuiker in plaats van met poedersuiker.

Plumcake
Voeg 4 geweekte, ontpitte en in stukjes verdeelde abrikozen, 1 eetlepel gepelde en gehakte amandelen, de gewassen en geraspte schil van 1 citroen, $^1/_4$ theelepel gemberpoeder, 1 theelepel kaneel, $^1/_4$ theelepel kardemom, 1 eetlepel gewassen en gewelde krenten, $^1/_4$ theelepel gemalen kruidnagel, $^1/_4$ theelepel koriander, 1 eetlepel oranje-

snippers, 1 eetlepel gewassen en gewelde rozijnen en 1 eetlepel in stukjes gesneden sukade toe aan het deeg.

Rumcake
Voeg 100 g verkruimelde bitterkoekjes en 2 eetlepels rum toe aan het deeg.

Rum-rozijnencake
Voeg 75 g gewassen en in 1 dl rum gewelde rozijnen toe aan het deeg.

Sinaasappelcake
Voeg de gewassen en geraspte schil van 1 sinaasappel en 1 eetlepel sinaasappellikeur toe aan het deeg.
Garneer de afgekoelde sinaasappelcake eventueel met sinaasappelglazuur, gemaakt van 100 g poedersuiker in plaats van met poedersuiker.

Tulband
Voeg 4 eetlepels in stukjes gesneden bigarreaux, 4 eetlepels oranjesnippers en 4 eetlepels gewassen rozijnen toe aan het deeg.
Bak de cake in een tulbandvorm met een inhoud van 1 l in plaats van een cakevorm.
Kersttulband
Versier de tulband met een rood lint of rode strik, takjes hulst en kaarsjes.
Paastulband
Garneer de tulband met geel glazuur, gemaakt van 100 g poedersuiker en versier deze met eitjes of kuikentjes in plaats van met poedersuiker.

Vijgen-cashewnootcake
Voeg 4 eetlepels schoongemaakte en in stukjes gesneden gekonfijte vijgen en 4 eetlepels gepelde en gehakte cashewnoten toe aan het deeg. Garneer de afgekoelde vijgen-cashewnootcake eventueel met honingnotenglazuur, gemaakt van 100 g poedersuiker in plaats van met poedersuiker.

Walnootcake
Voeg 100 g gehakte walnoten, 1 theelepel kaneel en 1/4 theelepel gemalen kruidnagel toe aan het deeg. Voeg aan de poedersuiker 1 theelepel kaneel toe en bestrooi de afgekoelde walnootcake hiermee.

GARNEERSUGGESTIES

- Garneer de cake met 1 dl slagroom, die is stijf geklopt met 1 eetlepel suiker of maïsmoutstroop of garneer met 1 dl imitatieslagroom.
- Garneer de cake met crème au beurre, gemaakt van 100 g margarine.
- Bestrooi de cake met poedersuiker met behulp van een sjabloon.
- Snijd de cake horizontaal doormidden, besmeer de helft met 4 eetlepels stijf geklopte slagroom, imitatieslagroom, jam of vruchtenbeleg en leg de andere helft er weer bovenop.
- Versier de cake met confetti, krentjes, snoepjes, zilverpillen en niet-eetbare garnering zoals beestjes, kaarsjes, paraplutjes, vlaggetjes.

CAKES VOOR SPECIALE GELEGENHEDEN

Bootcake
Garneer de cake niet met poedersuiker.
Snijd de cake horizontaal doormidden, besmeer de helft met 4 eetlepels abrikozenjam en leg de andere helft van de cake er weer bovenop. Bestrijk de cake rondom en bovenop met een carobe- of chocoladeglazuur, gemaakt van 100 g poedersuiker.
Leg op het nog zachte glazuur rozijntjes, kleine ronde snoepjes of zonnebloempitten. Steek er eventueel kaarsjes in en 2 masten gemaakt van satéprikkers met vlaggen van gekleurd papier.
Steek aan de zijkanten van de bootcake (sjabloon op pag. **376**) lolly's als roeispanen, 3 of 4 aan elke kant. Serveer de bootcake op een blauw servet.

Cijfer- of lettercakejes
Bereid één gewone en één chocoladecake/carobecake.
Garneer deze niet met poedersuiker.
Snijd de cake in even dikke plakken. Steek met behulp van een glas rondjes uit de lichte en de donkere cake.
Steek uit de rondjes donkere cake met een vormpje een cijfer of letter (sjabloon op blz. **381**) en doe hetzelfde bij de lichte cake. Druk het lichte cijfer/letter in de opening van de donkere cake en druk het donkere cijfer/letter in de opening van de lichte cake.

Denneboomcake
Bereid een cake in een springvorm van 20 cm doorsnede in plaats van een cakevorm. Garneer deze niet met poedersuiker.
Snijd hieruit een denneboom, eventueel met behulp van een sjabloon (zie blz. **372**).
Bestrijk de denneboom helemaal met groen glazuur, gemaakt van 200 g poedersuiker.
Versier de groene denneboom met kerstballen en slingers van wit glazuur, gemaakt van 25 g poedersuiker en rood glazuur gemaakt van 25 g poedersuiker.
Verwerk het rode en witte glazuur pas als het groene glazuur helemaal hard is geworden.
Garneer de denneboom eventueel met zilverpilletjes.

Dobbelsteencake
Garneer de cake niet met poedersuiker.
Snijd uit de cake vierkante blokken en maak de stippen van de dobbelsteen met chocolade- of carobeglazuur, gemaakt van 50 g poedersuiker.

Klokcake
Bak een cake in een springvorm van 20 cm doorsnede in plaats van in een cakevorm.
Garneer deze niet met poedersuiker.
Bestrijk de cake helemaal met glazuur, gemaakt van 200 g poedersuiker en laat dit helemaal hard worden.
Spuit hier dan pas de klokcijfers op van carobe- of chocoladeglazuur, gemaakt van 100 g poedersuiker.

Moederdagcake
Bereid een cake in een springvorm van 20 cm doorsnede in plaats van een cakevorm. Garneer deze niet met poedersuiker.
Snijd hieruit, eventueel met behulp van een sjabloon (zie blz. **373**), een hart of gebruik een hartvormige cakevorm.
Bestrijk het hart helemaal met rose glazuur, gemaakt van 200 g poedersuiker en spuit hierop met carobe-of chocoladeglazuur, gemaakt van 50 g poedersuiker de tekst 'Voor Moeder'.
Garneer het hart eventueel nog met suikerbloemen of zilverpillen.

Negerzoen van cake
Garneer de cake niet met poedersuiker.
Snijd uit de cake piramiden, in de vorm van een negerzoen.
Bestrijk deze helemaal met chocolade- of carobeglazuur, gemaakt van 200 g poedersuiker.

Paashaascake
Bereid een cake in een springvorm van 20 cm doorsnede in plaats van een cakevorm. Garneer deze niet met poedersuiker.
Snijd uit de cake met behulp van een sjabloon (zie blz. **377**), een paashaas.
Bestrijk de paashaas helemaal met geel glazuur, gemaakt van 200 g poedersuiker en verwerk de andere kleuren glazuur, gemaakt van ieder 50 g poedersuiker, zoals bij het sjabloon staat aangegeven.

Vaderdagcake
Garneer de cake niet met poedersuiker.
Snijd uit de cake een stropdas, eventueel met behulp van een sjabloon (zie blz. **375**).
Bestrijk de stropdas met glazuur, elke kleur gemaakt van 50 g poedersuiker, zoals bij het sjabloon staat aangegeven.

Eivrije saccharosevrije cake

Bereidingstijd: 10 minuten
Baktijd: 1 uur en 15 minuten
Bijzondere materialen: mixer, cakevorm met een inhoud van 1 l, oven

Raadpleeg uw merkartikelenlijst van ALBA en/of uw dieetadvies.

250 g bloem
1 zakje bakpoeder
150 g honing
100 g margarine
1 1/2 dl koolzuurhoudend mineraalwater
4 eetlepels glucose of fructose

Meng de gezeefde bloem met de bakpoeder en de honing.
Smelt de margarine en voeg deze met het koolzuurhoudend mineraalwater al roerende toe.
Klop het deeg met behulp van een mixer ongeveer 5 minuten.
Doe de massa direct over in de ingevette en met bloem bestoven cakevorm.
Vul de vorm voor maximaal tweederde deel om uitrijzen te voorkomen.
Bak het deeg ongeveer 1 uur en 15 minuten in een voorverwarmde oven, gasstand 3/ 180°C.
Open de oven niet om inzakken te voorkomen.
De cake is gaar als een breinaald die erin gestoken wordt, er droog uitkomt.
Laat de cake afkoelen en neem de cakevorm voorzichtig weg.
Bestrooi de afgekoelde cake met de glucose of fructose.

DIEETAANPASSING

- **Glutenvrij**
  Gebruik glutenvrije bloem.
- **Saccharosevrij**
  Gebruik eventueel ahornsiroop of maïsmoutstroop in plaats van honing of raadpleeg de vervangingslijst.

VARIATIES

Amandelcake
Voeg 5 eetlepels gehakte amandelen toe aan het deeg.

Appelcake
Voeg 2 schoongemaakte en in stukjes gesneden appels en 1 theelepel kaneel toe aan het deeg.
Kook 100 g abrikozenvruchtenbeleg ongeveer 5 minuten en bestrijk hiermee direct de afgekoelde appelcake.
Bestrooi de appelcake niet meer met glucose.

Carobe- of chocoladecake
Voeg 5 eetlepels gehakte carobe of pure chocolade toe aan het deeg. Garneer de afgekoelde cake eventueel met carobe- of chocoladeglazuur, gemaakt van 100 g glucose in plaats van met glucose.

Citroencake
Voeg de gewassen en geraspte schil van 1 citroen toe aan het deeg. Garneer de afgekoelde citroencake eventueel met citroenglazuur, gemaakt van 100 g glucose in plaats van met glucose.

Gevulde cake
Wel 4 eetlepels gewassen krenten en 4 eetlepels gewassen rozijnen en voeg ze samen met 4 eetlepels oranjesnippers toe aan het deeg. Garneer de afgekoelde gevulde cake eventueel met glazuur, gemaakt van 100 g glucose in plaats van met glucose.

Kleine cakejes
Gebruik 12 kleine vormpjes en bak de cakejes 25 minuten.
Garneer de afgekoelde kleine cakejes eventueel met een glazuur, gemaakt van 100 g glucose of met 5 eetlepels verwarmde abrikozenvruchtenbeleg in plaats van met glucose.

Bestrooi ze eventueel met 2 eetlepels geraspte kokos.

Koffiecake
Voeg 2 eetlepels oploskoffie, $1/2$ theelepel kaneel toe aan het deeg. Garneer de afgekoelde koffiecake eventueel met koffieglazuur, gemaakt van 100 g glucose in plaats van met glucose.

Kokoscake
Voeg 75 g geraspte kokos toe aan het deeg. Garneer de afgekoelde kokoscake eventueel met chocoladekokosglazuur, gemaakt van 100 g glucose in plaats van met glucose.

Kruidcake
Voeg $1/2$ theelepel gemberpoeder, 2 theelepels kaneel en $1/2$ theelepel gemalen kruidnagel toe aan het deeg.
Garneer de afgekoelde kruidcake eventueel met kaneelglazuur, gemaakt van 100 g glucose of met 4 eetlepels appel-perenstroop (zonder toegevoegde suiker), bestrooid met 2 eetlepels sesamzaad in plaats van met glucose.

Marmercake
Meng 2 eetlepels cacao of carobepoeder aan met 2 eetlepels water en roer dit cacaomengsel samen met $2^1/_2$ eetlepel honing door eenderde deel van het deeg.
Vul de cakevorm laag-om-laag met het lichte en het donkere deeg.

Plumcake
Voeg 4 geweekte, ontpitte en in stukjes verdeelde abrikozen, 1 eetlepel gepelde en gehakte amandelen, de gewassen en geraspte schil van 1 citroen, $1/4$ theelepel gemberpoeder, 1 theelepel kaneel, $1/4$ theelepel kardemom, 1 eetlepel gewassen en gewelde krenten, $1/4$ theelepel gemalen kruidnagel, $1/4$ theelepel koriander en 1 eetlepel gewassen en gewelde rozijnen toe aan het deeg.

Rozijnencake
Voeg 75 g gewassen en gewelde rozijnen toe aan het deeg.

Sinaasappelcake
Voeg de gewassen en geraspte schil van 1 sinaasappel toe aan het deeg. Garneer de afgekoelde sinaasappelcake eventueel met sinaasappelglazuur, gemaakt van 100 g glucose in plaats van met glucose.

Tulband
Voeg 3 eetlepels gewassen rozijnen, 3 eetlepels gewassen krenten en 1 gewassen en geraspte schil van 1 sinaasappel toe aan het deeg. Bak de cake in een tulbandvorm met een inhoud van 1 l in plaats van een cakevorm.

Kersttulband
Versier de tulband met een rood lint of rode strik, takjes hulst en kaarsjes.

Paastulband
Garneer de tulband met geel glazuur, gemaakt van 100 g glucose en versier deze met eitjes zonder suiker of kuikentjes.

Vijgen-cashewnootcake
Voeg 4 eetlepels schoongemaakte en in stukjes gesneden gekonfijte vijgen en 4 eetlepels gepelde en gehakte cashewnoten toe aan het deeg.
Garneer de afgekoelde vijgen-cashewnootcake eventueel met honing-notenglazuur, gemaakt van 100 g glucose in plaats van met glucose.

Walnootcake
Voeg 100 g gehakte walnoten, 1 theelepel kaneel en $1/4$ theelepel gemalen kruidnagel toe aan het deeg. Voeg 1 theelepel kaneel toe aan de glucose en bestrooi de afgekoelde walnootcake hiermee.

GARNEERSUGGESTIES

- Garneer de cake met 1 dl slagroom, die is stijf geklopt met 1 eetlepel honing of garneer met 1 dl imitatieslagroom.

- Garneer de cake met crème au beurre, gemaakt van 100 g margarine.
- Bestrooi de cake met 8 eetlepels glucose, eventueel met behulp van een sjabloon (zie blz. **372**).
- Snijd de cake horizontaal doormidden, besmeer de helft met 4 eetlepels stijf geklopte slagroom, imitatieslagroom of vruchtenbeleg en leg de andere helft er weer bovenop.
- Versier de cake met confetti, krentjes en niet-eetbare garnering zoals beestjes, kaarsjes, parapluutjes, vlaggetjes.

CAKES VOOR SPECIALE GELEGENHEDEN

Bootcake
Bereid een cake.
Snijd de cake horizontaal doormidden, besmeer de helft met 4 eetlepels abrikozenvruchtenbeleg en leg de andere helft van de cake er weer bovenop.
Bestrijk de cake rondom en bovenop met een carobe- of chocoladeglazuur, gemaakt van 100 g glucose in plaats van met glucose.
Leg op het nog zachte glazuur rozijntjes, kleine ronde saccharosevrije snoepjes of zonnebloempitten. Steek er eventueel kaarsjes in en 2 masten gemaakt van satéprikkers met vlaggen van gekleurd papier.
Steek aan de zijkanten van de bootcake (sjabloon op pag. **376**) maïsmoutlolly's als roeispanen, 3 of 4 aan elke kant.
Serveer de bootcake op een blauw servet.

Cijfer- of lettercakejes
Bereid één gewone en één chocoladecake/carobecake. Snijd de cake in even dikke plakken. Steek met behulp van een glas rondjes uit de lichte en de donkere cake.
Steek uit de rondjes donkere cake met een vormpje een cijfer of letter (sjabloon op blz. **381**) en doe hetzelfde bij de lichte cake. Druk het lichte cijfer/letter in de opening van de donkere cake en druk het donkere cijfer/letter in de opening van de lichte cake.

Denneboomcake
Bereid een cake in een springvorm van 20 cm doorsnede in plaats van in een cakevorm. Garneer de cake niet met glucose.
Snijd hieruit een denneboom, eventueel met behulp van een sjabloon (zie blz. **372**).
Bestrijk de denneboom helemaal met groen glazuur, gemaakt van 200 g glucose.
Versier de groene denneboom met kerstballen en slingers van wit glazuur, gemaakt van 25 g glucose en rood glazuur, gemaakt van 25 g glucose.
Verwerk het rode en witte glazuur pas als het groene glazuur helemaal hard is geworden.

Dobbelsteencake
Garneer de cake niet met glucose.
Snijd uit de cake vierkante blokken en maak de dobbelsteen met chocolade- of carobeglazuur, gemaakt van 50 g glucose.

Klokcake
Bak een cake in een springvorm van 20 cm doorsnede in plaats van in een cakevorm. Garneer de cake niet met glucose. Bestrijk de cake helemaal met glazuur, gemaakt van 200 g glucose en spuit hier met carobe- of chocoladeglazuur, gemaakt van 100 g glucose de klokcijfers op.

Moederdagcake
Bereid een cake in een springvorm van 20 cm in plaats van een cakevorm. Garneer de cake niet met glucose.
Snijd hieruit eventueel met behulp van een sjabloon (zie blz. **373**), een hart of gebruik een hartvormige bakvorm.
Bestrijk het hart helemaal met rose glazuur, gemaakt van 200 g glucose en spuit hierop met carobe- of chocoladeglazuur gemaakt, van 50 g glucose de tekst 'Voor Moeder'.

Negerzoen van cake
Garneer de cake niet met glucose.
Snijd uit de cake piramiden, in de vorm van een negerzoen.
Bestrijk deze helemaal met chocolade- of carobeglazuur, gemaakt van 200 g glucose.

Paashaascake
Bereid een cake in een springvorm van 20 cm doorsnede in plaats van in een cakevorm. Garneer de cake niet met glucose.
Snijd uit de cake met behulp van een sjabloon (zie blz. **377**), een paashaas.
Bestrijk de paashaas helemaal met geel glazuur, gemaakt van 200 g glucose en verwerk de andere kleuren glazuur, gemaakt van ieder 50 g glucose, zoals bij het sjabloon staat aangegeven.

Vaderdagcake
Garneer de cake niet met glucose.
Snijd uit de cake een stropdas, eventueel met behulp van een sjabloon (zie blz. **375**).
Bestrijk de stropdas met glazuur, elke kleur gemaakt van 50 g glucose, zoals bij het sjabloon staat aangegeven.

Kruidkoek

Bereidingstijd: 15 minuten
Baktijd: 1 uur en 10 minuten
Bijzondere materialen: mixer, cakevorm met een inhoud van 1 l, oven

Raadpleeg uw merkartikelenlijst van ALBA en/of uw dieetadvies.

- 250 g volkorenmeel
- 1 1/2 zakje bakpoeder
- 75 g bruine basterdsuiker
- 1/4 theelepel gemalen foelie
- 2 theelepels gemberpoeder
- 5 eetlepels honing
- 2 theelepels kaneel
- 1 theelepel gemalen koriander
- 1 theelepel gemalen kruidnagel
- 1/4 theelepel nootmuskaat
- 1/2 theelepel zout
- 150 g margarine
- 1 1/2 dl karnemelk

Meng het volkorenmeel met het bakpoeder, de bruine basterdsuiker, de specerijen, de honing en het zout.
Smelt de margarine en voeg deze met de karnemelk al roerende toe.
Klop het deeg, eventueel met behulp van een mixer ongeveer 5 minuten.
Doe de massa direct over in de ingevette en met bloem bestoven cakevorm.
Vul de vorm voor maximaal tweederde deel om uitrijzen te voorkomen.
Bak het deeg ongeveer 1 uur en 10 minuten in een voorverwarmde oven, gasstand 2/ 160°C.
Open de oven niet om inzakken te voorkomen.
Laat de kruidkoek afkoelen en neem de cakevorm voorzichtig weg.

DIEETAANPASSING

- **Glutenvrij**
  Gebruik glutenvrije bloem of gebruik 125 g glutenvrije bloem en 100 g boekweitemeel in plaats van 250 g volkorenmeel.

- **Koemelkvrij/lactosevrij**
  Gebruik water of vruchtesap in plaats van karnemelk.
- **Saccharosevrij**
  Gebruik eventueel diksap of maïsmoutstroop in plaats van honing en gebruik appel-perenstroop zonder toegevoegde suiker of dadelstroop in plaats van bruine basterdsuiker of raadpleeg de vervangingslijst.

VARIATIES

- Gebruik 125 g volkorenmeel en 125 g roggemeel in plaats van volkorenmeel.

Gemberkoek
Voeg 100 g in stukjes gesneden gekonfijte gember toe aan het deeg.

Kandijkoek
Voeg 100 g kandijsuiker toe aan het deeg.

Rozijnenkoek
Voeg 100 g gewassen en gewelde rozijnen toe aan het deeg.

Snipperkoek
Voeg 100 g in stukjes gesneden gekonfijte citrusschillen toe aan het deeg.

Sukadekoek
Voeg 100 g in stukjes gesneden sukade toe aan het deeg.

Walnootkoek
Voeg 100 g gepelde en gehakte walnoten toe aan het deeg.

Kwarkkoek

Dit gerecht is niet geschikt voor het koemelkvrije en/of lactosevrije dieet.

Bereidingstijd: 10 minuten
Baktijd: 1 uur en 10 minuten
Bijzondere materialen: mixer, cakevorm met een inhoud van $1^1/_2$ l, oven

Raadpleeg uw merkartikelenlijst van ALBA en/of uw dieetadvies.

250 g bloem
$1^1/_4$ zakje bakpoeder
250 g gele basterdsuiker
1 theelepel gemberpoeder
1 eetlepel kaneel
1 zakje vanillesuiker
$^1/_4$ theelepel zout
250 g kwark
1 dl melk

Meng de bloem, de bakpoeder, de gele basterdsuiker, de gemberpoeder, de kaneel, de vanillesuiker en het zout.
Voeg al roerende de kwark en de melk toe en klop het deeg, eventueel met behulp van een mixer, ongeveer 5 minuten.
Doe de massa direct over in de ingevette en met bloem bestoven cakevorm.
Vul de vorm voor maximaal tweederde deel om uitrijzen te voorkomen.
Bak het deeg ongeveer 1 uur en 10 minuten in een voorverwarmde oven, gasstand 3/ 180°C.
Open de oven niet om inzakken te voorkomen.
Laat de kwarkkoek afkoelen en neem de cakevorm voorzichtig weg.

DIEETAANPASSING

- **Additievenvrij**
  Voeg geen vanillesuiker toe.
- **Glutenvrij**
  Gebruik 125 g glutenvrije bloem en 125 g boekweitemeel in plaats van bloem.

- **Saccharosevrij**
  Gebruik diksap of honing in plaats van gele basterdsuiker of raadpleeg de vervangingslijst.
  Voeg geen vanillesuiker toe.

VARIATIES

Citroen- of sinaasappel-kwarkkoek
Gebruik het sap van 1 citroen of 1 sinaasappel in plaats van melk.

Hangopkoek
Gebruik hangop in plaats van kwark.

Koek van crème fraîche of zure room
Gebruik crème fraîche of zure room in plaats van kwark.

Kwarkkoek met koffie en noten
Gebruik sterke koffie in plaats van melk en voeg 4 eetlepels gepelde en gehakte noten zoals amandelen, hazelnoten, walnoten en 1 eetlepel geraspte kokos toe aan het deeg.

Kwarkkoek met rozijnen en rum
Voeg 50 g gewassen en in 1 dl rum gewelde rozijnen toe aan het deeg.

Muesli-kwarkkoek
Voeg 100 g in 2 dl vruchtesap gewelde muesli toe aan het deeg.

Umerkoek
Gebruik umer in plaats van kwark.

Volkoren-kwarkkoek
Gebruik volkorenmeel in plaats van bloem.

Yoghurtkoek
Gebruik yoghurt in plaats van kwark.

Ontbijtkoek

Bereidingstijd: 15 minuten
Baktijd: 1 uur en 10 minuten
Bijzondere materialen: cakevorm met een inhoud van 1 l, oven

Raadpleeg uw merkartikelenlijst van ALBA en/of uw dieetadvies.

350 g roggebloem
2 zakjes bakpoeder
1 1/2 theelepel kaneel
1/4 theelepel gemalen kruidnagel
1/4 theelepel nootmuskaat
1 theelepel piment
125 g suikerstroop
1/2 theelepel zout
2 dl druivesap

Meng de gezeefde roggebloem met de bakpoeder, de kaneel, de gemalen kruidnagel, de nootmuskaat, de piment, de suikerstroop en het zout.
Voeg al roerende het druivesap toe en klop het deeg, eventueel met behulp van een mixer, ongeveer 5 minuten.
Doe de massa direct over in de ingevette en met bloem bestoven cakevorm.
Vul de vorm voor maximaal tweederde om uitrijzen te voorkomen.
Bak het deeg ongeveer 1 uur en 10 minuten in een voorverwarmde oven, gasstand 2/160°C.
Open de oven niet om inzakken te voorkomen.
Laat de ontbijtkoek afkoelen en neem de cakevorm voorzichtig weg.

DIEETAANPASSING

- **Glutenvrij**
  Gebruik glutenvrije bloem of boekweitemeel in plaats van roggebloem.
- **Saccharosevrij**
  Gebruik appel-perenstroop zonder toegevoegde suiker of dadelstroop in plaats van suikerstroop of raadpleeg de vervan-

gingslijst. Gebruik druivesap zonder toegevoegde suiker.

VARIATIES
- Gebruik een ander vruchtesap zoals appel-, ananas- of peresap.

Ontbijtkoek met abrikozen
Voeg aan het deeg 100 g gewassen, gewelde, ontpitte en in stukjes gesneden abrikozen toe.

Ontbijtkoek met citrus en noten
Voeg de gewassen en geraspte schil van 1 citroen, de gewassen en geraspte schil van 1 sinaasappel en 5 eetlepels gepelde en gehakte noten zoals amandelen, cashewnoten, hazelnoten, paranoten en walnoten toe aan het deeg.

Ontbijtkoek met gember
Voeg 50 g schoongemaakte en geraspte gemberwortel toe aan het deeg.

Ontbijtkoek met krenten en rozijnen
Voeg 5 eetlepels gewassen en gewelde krenten en 5 eetlepels gewassen en gewelde rozijnen toe aan het deeg.

Vruchtenkoek

Voorbereidingstijd: 12 uur
Bereidingstijd: 20 minuten
Baktijd: 45 minuten
Bijzondere materialen: mixer, cakevorm met een inhoud van 1 l, oven

Raadpleeg uw merkartikelenlijst van ALBA en/of uw dieetadvies.

100 g gedroogde vruchten
zoals abrikozen, appels, peren,
pruimen, tuttifrutti, rozijnen
1 citroen
1 sinaasappel
225 g bloem
1 zakje bakpoeder
100 g witte basterdsuiker
1/2 theelepel gemalen foelie
1 1/2 theelepel kaneel
1/2 theelepel gemalen
kruidnagel
1/2 theelepel nootmuskaat
1/4 theelepel zout
150 g margarine
3 eetlepels appelsap

Week de gedroogde vruchten ongeveer 12 uur in ruim koud water.
Laat ze uitlekken, ontpit ze en snijd ze in stukjes.
Was de citroen en de sinaasappel en rasp de schillen.
Meng de bloem met de bakpoeder, de witte basterdsuiker, de specerijen en het zout.
Smelt de margarine, voeg deze al roerende met het appelsap toe en klop het deeg, eventueel met behulp van een mixer, ongeveer 5 minuten.
Doe de massa direct over in de ingevette en met bloem bestoven cakevorm.
Vul de vorm voor maximaal tweederde om uitrijzen te voorkomen.
Bak het deeg ongeveer 45 minuten in een voorverwarmde oven, gasstand 2/160°C.
Open de oven niet om inzakken te voorkomen.

Laat de vruchtenkoek afkoelen en neem de cakevorm voorzichtig weg.

DIEETAANPASSING

- **Additievenvrij**
  Gebruik ongezwavelde, gedroogde vruchten.
- **Citrusvrij**
  Voeg geen geraspte citroen- en sinaasappelschil toe.
- **Glutenvrij**
  Gebruik 125 g glutenvrije bloem en 100 g boekweitemeel in plaats van bloem.
- **Saccharosevrij**
  Gebruik diksap of honing in plaats van witte basterdsuiker of raadpleeg de vervangingslijst.
  Gebruik appelsap zonder toegevoegde suiker.

VARIATIES

- Gebruik een ander vruchtesap zoals druive- of peresap.

Aapjeskoek
Meng 120 g bruine basterdsuiker, 1/2 eetlepel kaneel, 1/2 theelepel nootmuskaat, 1 eetlepel oploskoffie, 1 eetlepel pindakaas, 150 g gezeefd zelfrijzend bakmeel en 1/4 theelepel zout.
Smelt 60 g margarine, voeg deze al roerende met 5 eetlepels water toe en klop het deeg ongeveer 5 minuten.
Doe het deeg over in een ingevette en met bloem bestoven springvorm met een doorsnede van 24 cm en bak het ongeveer 30 minuten in een voorverwarmde oven, gasstand 3/180°C.
Laat de aapjeskoek afkoelen en neem de springvorm voorzichtig weg.
Pers 1 citroen uit.
Maak 4 bananen schoon en snijd ze in plakjes.
Meng de banaan, het citroensap en 4 eetlepels gepelde en gehakte pinda's en leg het mengsel op de koek. Week 4 blaadjes gelatine ongeveer 10 minuten in ruim koud water.
Breng 2 dl water met 100 g honing aan de kook.
Knijp de gelatine uit en los deze op in het iets afgekoelde vocht. Laat de gelatineoplossing onder af en toe roeren geleiachtig worden en bestrijk hiermee de aapjeskoek.

Pruimenkoek
Week 250 g gedroogde pruimen ongeveer 12 uur in 1 l vruchtenthee. Laat ze uitlekken, ontpit ze en snijd ze in stukjes.
Meng 5 dl appelsap met 100 g havermout, 5 eetlepels honing, de geweekte pruimen, 200 g gezeefd volkorenmeel en 1/4 theelepel zout.
Smelt 50 g margarine en voeg deze toe.
Klop het deeg nog ongeveer 5 minuten.
Doe het deeg over in een ingevette en met bloem bestoven springvorm met een doorsnede van 26 cm.
Bak het deeg ongeveer 1 uur in een voorverwarmde oven, gasstand 3/180°C.
Laat de pruimenkoek afkoelen en neem de springvorm voorzichtig weg.

Turkse koffiekoek
Meng 150 g bruine basterdsuiker, 2 eetlepels kaneel, 1 theelepel nootmuskaat, 2 eetlepels oploskoffie, 300 g gezeefd zelfrijzend bakmeel en 1/4 theelepel zout.
Smelt 75 g margarine en voeg deze toe.
Meng 1 theelepel bakpoeder, 1 losgeklopt ei, 250 g gewassen, gewelde, ontpitte en in stukjes gesneden gedroogde vruchten (zoals abrikozen, appels, peren, pruimen, rozijnen, tuttifrutti), 4 eetlepels gepelde en gehakte noten (zoals amandelen, cashewnoten, hazelnoten, paranoten, walnoten) en 125 g zure room.
Voeg de helft van dit mengsel toe aan het deeg en klop het ongeveer 5 minuten.
Doe het deeg over in een ingevette en met bloem bestoven springvorm met een doorsnede van 26 cm en leg hierop de rest van het mengsel.
Bak het deeg ongeveer 45 minuten in een voorverwarmde oven, gasstand 3/180°C.

Open de oven niet om inzakken te voorkomen.
Laat de Turkse koffiekoek afkoelen en neem de springvorm voorzichtig weg.

BISCUITDEEG

Biscuitdeeg wordt gebruikt voor opgerolde koek, petits-fours, slagroomtaart, vruchtentaart.
Houd er rekening mee dat kant-en-klaarprodukten ingrediënten kunnen bevatten die niet in het dieet zijn toegestaan. Raadpleeg hiervoor uw dieetadvies en/of ALBA-lijst.

Gebruik voor biscuitdeeg per 75 g bloem:
4 eieren
100 g suiker of ander zoetmiddel
25 g zetmeel (aardappelmeel/maizena)
1 g zout

Plaats de beslagkom in lauwwarm water en klop hierin de eieren met suiker tot een dikke, schuimige massa.
Schep de gezeefde bloem, het zetmeel en het zout beetje bij beetje luchtig door de massa. Doe de massa direct over in een ingevette en met bloem bestoven springvorm met een doorsnede van 20 cm. Vul de vorm voor maximaal tweederde deel om uitrijzen te voorkomen of schenk het op een ingevette bakplaat.
Plaats de bakplaat of het rooster met de bakvorm erop in het midden van een voorverwarmde oven, gasstand 3/180°C.
De baktijd varieert van 10 minuten (opgerolde koek) tot 40 minuten (taart). Controleer of het gebak gaar is door erin te prikken. De breinaald of het satéstokje blijft droog als het gebak gaar is.

VARIATIES

Varieer door aan het deeg smaakmakers toe te voegen

- Dranken
  likeur (petits-fours, vruchtentaart)
- Carobe- of chocoladeprodukten
  carobepoeder of cacao (chocoladetaart)

Varieer door het gebak te garneren of te vullen met

- Verse en/of geconserveerde vruchten
  ananas, appel, kersen, mandarijntjes, perzik (vruchtentaart)
- Noten
  amandelsnippers, hazelnoten, walnoten (hazelnootrol)
- Carobe- of chocoladeprodukten
  galletjes, chocoladehagelslag (kersttaart, slagroomtaart)
- Zuivelprodukten
  (imitatie)slagroom (opgerolde koek, slagroomtaart)
- Suikerprodukten
  glazuur, jam (kersttaart, opgerolde koek)
- Vulsel
  banketbakkersroom, crème au beurre (kersttaart, petits-fours, slagroomtaart)
- Niet-eetbare garnering
  figuurprikkers, glasfiguurtjes, parapluutjes, kaarsjes

Varieer door in verschillende vormen te bakken

- Taart, opgerolde koek, petits-fours, ster

Opgerolde koek

Bereidingstijd: 45 minuten
Baktijd: 10 minuten
Bijzondere materialen: bakplaat, vetvrij papier of aluminiumfolie, paperclips, oven

Raadpleeg uw merkartikelenlijst van ALBA en/of uw dieetadvies.

3 eieren
75 g suiker
45 g bloem
2 eetlepels maïzena
½ theelepel zout
½ citroen
250 g abrikozenjam
6 eetlepels poedersuiker

Vet de bakplaat in en leg hierop vetvrij papier of aluminiumfolie van 36 bij 30 cm. Vouw de randen 2 cm om, knip de hoeken in, zet de randen rechtop en maak deze met een paperclip vast.
Vet het vetvrije papier of de aluminiumfolie in.
Plaats een beslagkom in lauwwarm water en klop hierin de eieren met de suiker tot een dikke, schuimige massa.
Schep de gezeefde bloem, de maïzena en het zout beetje bij beetje luchtig door de massa.
Doe de massa direct over op de geprepareerde bakplaat en strijk het goed uit.
Bak het deeg ongeveer 10 minuten in een voorverwarmde oven, gasstand 3/180°C.
Pers de citroen uit.
Zeef de abrikozenjam, verwarm deze en voeg het citroensap toe.
Leg een schone, met de helft van de poedersuiker bestrooide theedoek klaar.
Keer de warme taartplak hierop, neem de vorm voorzichtig weg en snijd de bruine randen van de taartplak af.
Bestrijk de taartplak met de warme abrikozenjam en rol direct de nog warme taartplak op.
Snijd de zijkanten van de taartrol schuin bij en laat het gebak afkoelen.
Bestrooi de opgerolde koek met de rest van de poedersuiker.

DIEETAANPASSING

- **Additievenvrij**
  Gebruik abrikozenjam zonder toevoegingen.
- **Citrusvrij**
  Voeg geen citroensap toe.
- **Glutenvrij**
  Gebruik glutenvrije bloem in plaats van bloem.
- **Kippeëivrij**
  Bereid de helft van het eivrij cakebeslag (zie blz. **282**).
  Bak en werk de opgerolde koek op bovenstaande wijze af.
- **Maïsvrij**
  Gebruik rijstemeel in plaats van maïzena.
- **Saccharosevrij**
  Gebruik diksap of honing in plaats van suiker of raadpleeg de vervangingslijst.
  Gebruik glucose of fructose in plaats van poedersuiker.
  Gebruik abrikozenvruchtenbeleg (zie blz. **364**) in plaats van abrikozenjam.

VARIATIES

- Garneer de opgerolde koek met glazuur, gemaakt van 75 g poedersuiker in plaats van poedersuiker en leg hierop 1 eetlepel bigarreaux en 1 eetlepel in reepjes gesneden sukade.

Hazelnootrol
Leg een schone theedoek klaar zonder poedersuiker en keer hierop de taartplak.
Rol de taartplak samen met de theedoek op en laat dit zo afkoelen.
Meng 2½ dl stijf geklopte mokkaslagroom of 4 dl mokka-imitatieslagroom met 50 g gepelde, geroosterde en gehakte hazelnoten.
Rol de koek terug, neem de theedoek weg en bestrijk de taartplak met ¾ deel van de mokkaslagroom.
Rol de koek weer op en bestrijk de buiten-

zijde met de rest van de mokkaslagroom.
Rol de hazelnootkoek door 75 g gehakte noga.

Boomstam
Leg een schone theedoek klaar zonder poedersuiker en keer hierop de taartplak.
Rol de taartplak samen met de theedoek op en laat dit zo afkoelen.
Meng mokkacrème, gemaakt van 150 g margarine met 50 g in stukjes gesneden ananas of abrikoos.
Rol de koek terug, neem de theedoek weg en bestrijk de taartplak met 3/4 deel van de mokkaboter met vruchten.
Rol de koek weer op en garneer de buitenzijde met in lengtestrepen gespoten achtergehouden mokkaboter met vruchten en met in stukjes gesneden ananas of abrikoos.

Petits-fours

kleine theegebakjes 32 stuks

Bereidingstijd: 45 minuten
Baktijd: 25 minuten
Bijzondere materialen: bakplaat, bakpapier of aluminiumfolie, paperclips, oven, 32 papieren vormpjes

Raadpleeg uw merkartikelenlijst van ALBA en/of uw dieetadvies.

4 eieren
120 g suiker
75 g bloem
3 1/2 eetlepel maïzena
1/2 theelepel zout
1 eetlepel likeur zoals
abrikozen-, amandel- of
kersenlikeur
6 eetlepels water
crème au beurre, gemaakt
van 200 g margarine
(zie blz. **328**)
100 zilverpilletjes

Vet de bakplaat in en leg hierop bakpapier of aluminiumfolie van 34 x 20 cm.
Vouw de randen 6 cm om, knip de hoeken in, zet de randen rechtop en maak deze met een paperclip vast zodat een rechthoek ontstaat van 28 x 14 cm. Vet aluminiumfolie in.
Plaats een beslagkom in lauwwarm water en klop hierin de eieren met de suiker tot een dikke, schuimige massa.
Schep de gezeefde bloem, de maïzena en het zout beetje bij beetje luchtig door de massa.
Doe de massa direct over op de geprepareerde bakplaat en strijk het goed uit.
Bak het deeg ongeveer 25 minuten in een voorverwarmde oven, gasstand 3/180°C.
Laat de taartplak afkoelen, neem de vorm voorzichtig weg en snijd de taartplak horizontaal in 2 stukken.
Meng de likeur en het water en bestrijk iedere taartplak hiermee.

Bestrijk één van de plakken met eenderde deel van de crème au beurre en leg de andere taartplak erop.
Bestrijk de bovenkant van de taartplak ook met eenderde deel van de crème au beurre, snijd deze in 32 gelijke plakken van $3^1/_2$ x $3^1/_2$ cm en zet ze in papieren vormpjes.
Spuit de rest van de crème au beurre op de petits-fours en garneer elk gebakje met 3 zilverpilletjes.

DIEETAANPASSING

- **Additievenvrij**
  Voeg geen likeur toe. Garneer de petits-fours met stukjes vers fruit of met glazuur, gemaakt van 100 g glucose in plaats van zilverpilletjes. Spuit bij glazuurgarnering geen crème au beurre op de petits-fours.
- **Glutenvrij**
  Gebruik glutenvrije bloem.
- **Kippeëivrij**
  Bereid de helft van het eivrij cakebeslag (zie blz. **282**).
  Bak en werk de petits-fours op bovenstaande wijze af.
- **Maïsvrij**
  Gebruik rijstemeel in plaats van maïzena.
- **Saccharosevrij**
  Gebruik diksap of honing in plaats van suiker of raadpleeg de vervangingslijst.
  Gebruik crème au beurre zonder saccharose (zie blz. **328**).
  Garneer de petit-four met stukjes vers fruit of met glazuur, gemaakt van 100 g glucose in plaats van zilverpilletjes.
  Spuit bij glazuurgarnering geen crème au beurre op de petits-fours.

VARIATIE

- Gebruik crème au beurre, gemaakt van 100 g margarine en bestrijk één van de deegplakken hiermee.
  Bestrijk de bovenkant van de petits-fours met een glazuur, gemaakt van 100 g poedersuiker.

Vruchtentaart

Bereidingstijd: 45 minuten
Baktijd: 40 minuten
Bijzondere materialen: springvorm met een doorsnede van 20 cm, oven

Raadpleeg uw merkartikelenlijst van ALBA en/of uw dieetadvies.

4 eieren
120 g suiker
80 g bloem
3 eetlepels maïzena
$^1/_4$ theelepel zout
3 schijven ananas
1 dl ananassap
$2^1/_2$ dl slagroom
$2^1/_2$ eetlepel suiker
175 g mandarijnpartjes
3 eetlepels geroosterde amandelsnippers

Plaats een beslagkom in lauwwarm water en klop hierin de eieren met de suiker tot een dikke, schuimige massa.
Schep de gezeefde bloem, de maïzena en het zout beetje bij beetje luchtig door de massa.
Doe de massa direct over in de ingevette en met bloem bestoven springvorm.
Vul de vorm voor maximaal tweederde deel om uitrijzen te voorkomen.
Bak het deeg ongeveer 40 minuten in een voorverwarmde oven, gasstand 3/180°C.
Open de oven niet om inzakken te voorkomen.
Laat het gare gebak ongeveer 5 minuten staan in de geopende oven.
Laat de taart afkoelen en neem de springvorm voorzichtig weg.
Laat de ananas uitlekken en snijd de helft ervan in stukjes.
Snijd de taart horizontaal in 3 gelijke plakken en besprenkel elke plak met het ananassap.
Klop de slagroom met de suiker stijf.
Meng de helft van de mandarijnpartjes met

de helft van de slagroom en voeg de ananasstukjes toe.
Bestrijk de onderste plak met de helft van dit mengsel en leg daarop de tweede taartplak.
Bedek deze taartplak met de rest van het mengsel en leg hierop de derde taartplak.
Bestrijk de zijkanten van de taart met de helft van de achtergebleven slagroom en leg hier, eventueel met behulp van een pannekoekmes, de amandelsnippers tegen aan.
Bestrijk de bovenkant van de taart met de rest van de slagroom en leg hierop van de achtergehouden ananas en mandarijntjes een figuur.

DIEETAANPASSING

- **Additievenvrij**
  Gebruik vers fruit.
- **Citrusvrij**
  Gebruik ontpitte kersen in plaats van mandarijntjes.
- **Glutenvrij**
  Gebruik glutenvrije bloem in plaats van bloem.
- **Kippeëivrij**
  Bereid eivrij cakebeslag (zie blz. **282**), in een springvorm van 24 cm. Bak en werk de vruchtentaart op bovenstaande wijze af.
- **Koemelkvrij/lactosevrij**
  Gebruik 5 dl imitatieslagroom (zie blz. **372**), in plaats van slagroom.
- **Maïsvrij**
  Gebruik rijstemeel in plaats van maïzena.
- **Notenvrij**
  Rol de taart door chocolade- of carobehagelslag in plaats van amandelsnippers.
- **Saccharosevrij**
  Gebruik diksap of honing in plaats van suiker of raadpleeg de vervangingslijst. Gebruik ananassap zonder suiker en vers fruit of blikfruit zonder toegevoegde suiker.

VARIATIES

- Gebruik andere vruchten zoals ontpitte kersen en perziken in plaats van ananas en mandarijnpartjes.
- Gebruik appel-, kerse- of perziksap in plaats van ananassap.
- Besprenkel de taartplakken met een mengsel van ¾ dl ananassap en ¼ dl likeur in plaats van 1 dl ananassap.
- Rol de taart door in stukjes gehakte garneernoga of walnoten in plaats van door de amandelsnippers.
- Bak de taart in de vorm van een ster.
  Knip uit stevig papier een ster die zo groot is dat deze in een ronde springvorm past. Knip een band van 6 cm breed, vouw deze zo dat deze de opstaande randen van de ster vormen en plak ze goed vast. Bekleed de papieren vorm met aluminiumfolie en zet deze in de springvorm. Vul de lege ruimtes tussen de sterhoeken met steunvulsel van peulvruchten of rijst.
  Vul de vorm met het deeg.
- Bak een ronde taart en snijd daar een figuur uit eventueel met behulp van een sjabloon, bijvoorbeeld een denneboom (zie blz. **379**), clown (zie blz. **379**) of ster (zie blz. **374**).

Chocolade- of carobetaart
Voeg samen met de gezeefde bloem 5 eetlepels cacao of carobepoeder toe.
Gebruik 4 dl slagroom, stijf geklopt met 4 eetlepels suiker, als vulsel en garnering in plaats van het ananas-mandarijntjesmengsel. Rol de taart door chocolade- of carobehagel in plaats van amandelsnippers.

Crème-au-beurretaart of mokkataart
Gebruik crème au beurre of mokkacrème, gemaakt van 200 g margarine in plaats van slagroom, ananas, ananassap en mandarijntjes. Bestrijk de onderste taartplak met ¼ deel van de crème au beurre en leg hierop de tweede taartplak.
Bestrijk deze weer met ¼ deel van de crème au beurre.
Bestrijk de zijkanten van de taart ook met ¼ deel van de crème au beurre.
Rol de taart door 3 eetlepels geroosterde amandelsnippers.

Bestrijk de bovenkant van de taart met een dun laagje crème au beurre en spuit de rest ervan in de vorm van een figuur op de taart.

Kersttaart
Snijd de ronde taart horizontaal doormidden, laat beide helften op elkaar liggen.
Snijd uit de taart een ster met 6 hoeken (voor sjabloon zie blz. **374**).
Bestrijk één taartplak met $^3/_4$ deel van een crème au beurre, gemaakt van 150 g margarine en leg hierop de tweede taartplak. Bestrijk de zijkanten van de taart met de rest van de crème au beurre en plak er 5 eetlepels geroosterde amandelen tegenaan.
Bestrijk de bovenkant van de taart met glazuur, gemaakt van 100 g poedersuiker en garneer de kersttaart met 8 chocolade- of carobeblaadjes en 8 ontpitte kersen.

Schwarzwälder Kirschtorte chocolade-kersentaart
Gebruik 60 g bloem, 4 eetlepels maïzena en 40 g cacao of carobepoeder.
Gebruik 250 g ontpitte kersen als vulsel en garnering in plaats van ananas en mandarijnpartjes.

Slagroomtaart
Snijd de taart horizontaal één keer door en vul deze met $1^1/_4$ dl banketbakkersroom.
Klop $2^1/_2$ dl slagroom stijf met $2^1/_2$ eetlepel suiker en bestrijk de zijkanten van de taart met de helft hiervan.
Rol de taart door 4 eetlepels chocolade- of carobehagelslag.
Bestrijk de bovenkant van de taart met de helft van de achtergehouden slagroom en spuit de rest van de slagroom in de vorm van een figuur op de taart.
Leg hierop 100 g schoongemaakt en in stukjes gesneden fruit zoals aardbeien, ananas, frambozen, ontpitte kersen en kiwi.
Garneer de slagroomtaart eventueel met kaarsjes.

BLADERDEEG

Bladerdeeg wordt gebruikt voor appelbol of appelflap, boterletter, croissants, pasteitje, open vruchtentaart en zoute stengels.
Houd er rekening mee dat kant-en-klaarprodukten ingrediënten kunnen bevatten die niet in het dieet zijn toegestaan.
Raadpleeg hiervoor uw dieetadvies en/of ALBA-lijst.

Gebruik voor bladerdeeg per 100 g bloem:
50-100 g koude margarine
$1^1/_2$ g zout (bij hartige gerechten 2 g zout)
$^1/_2$ dl koud water
1 druppel azijn

Meng de gezeefde bloem en met het zout.
Verdeel hierin de koude margarine met twee messen in stukjes ter grootte van rijstkorrels, bruine bonen of aardbeien, afhankelijk van het recept.
Voeg het koude water met de azijn toe en verdeel het met behulp van een mes door de bloem, tot een samenhangende, iets vochtige massa verkregen is, waarin hier en daar stukjes margarine te zien zijn.
Bestuif het werkblad met bloem en rol het deeg hierop uit onder nu en dan keren.
Vouw de lap in drieën.
Rol de lap opnieuw uit in de richting van de vouw.
Rol en vouw het deeg daarna nog 2 keer op deze wijze.
Leg het deeg, in aluminiumfolie verpakt, ongeveer $^1/_2$ uur in de koelkast om op te stijven.
Verwerk het deeg verder zoals in het gekozen recept staat aangegeven.
Plaats het rooster met de ingevette vorm of de natgemaakte bakplaat in het midden van de voorverwarmde oven, gasstand 5/ 220°C.
De baktijd varieert van 25 minuten (appelflap) tot 40 minuten (taart).

VARIATIES

Varieer door het gebak te vullen met

- Verse en/of gedroogde kruiden of specerijen
  bieslook, gemberpoeder, kaneel, kervel, kruidnagel, peterselie (appelflap, kwarkcarré, mince-pie)
- Verse en/of geconserveerde vruchten
  abrikozenmoes, appel, citroenrasp, gember, krenten, oranjesnippers, rozijnen, sukade, tuttifrutti (abrikozenflappen, appelbol, mince-pie)
- Groente
  broccoli, champignons, maïs, paprika, prei (groentepie)
- Zuivelprodukten
  ei, kwark, pudding (kwarkcarré, pie met roerei, tompoezen)
- Vlees en vleeswaren
  ham, vlees- of kipperagoût (hamcroissant, pie met ragoût)
- Suikerprodukten
  bruine suiker, jam en vruchtenbeleg (appelpie, mince-pie)
- Vulsel
  amandelspijs, banketbakkersroom (appelbollen, tompoezen)

Garneer het gebak met

- Glazuur, jam of vruchtenbeleg

Varieer door het gebak in een andere vorm te bakken

- In de vorm van een krans, staaf of letter

Appelbollen

4 stuks

Bereidingstijd: 45 minuten
Koeltijd: 1½ uur
Baktijd: 25 minuten
Bijzondere materialen: appelboor, aluminiumfolie, bakplaat, oven

Raadpleeg uw merkartikelenlijst van ALBA en/of uw dieetadvies.

150 g bloem
1½ theelepel zout
150 g koude margarine
5 eetlepels koud water
1 druppel azijn
½ eetlepel bloem
4 appels
3 eetlepels rozijnen
1 theelepel kaneel
2 eetlepels suiker
2 eetlepels abrikozenjam

Meng de gezeefde bloem met het zout.
Verdeel hierin de koude margarine met twee messen in klontjes ter grootte van aardbeien.
Voeg het koude water en de azijn toe en verdeel het met behulp van een mes door de bloem, tot een samenhangende, iets vochtige massa verkregen is, waarin hier en daar stukken margarine te zien zijn.
Bestuif het werkblad met de bloem en rol het deeg uit onder nu en dan keren.
Vouw de lap in drieën.
Rol de lap opnieuw uit in de richting van de vouw.
Rol en vouw het deeg daarna nog 2 keer op deze wijze.
Leg het deeg in aluminiumfolie ongeveer ½ uur in de koelkast om op te stijven.
Rol het deeg uit tot een lap van 28 x 28 cm lang en verdeel deze in 4 lapjes van 14 x 14 cm.
Maak de appels schoon, boor ze uit met behulp van een appelboor en zet de appels

vervolgens in het midden van de lapjes.
Was en wel de rozijnen, meng deze met de kaneel en de suiker en vul de holtes in de appels hiermee.
Vouw het bladerdeeg ruim over de appels heen en plak het vast met water.
Plaats de appelbollen op een natgemaakte bakplaat en laat ze op een koele plaats nog $^1/_2$ uur rusten.
Verwarm de abrikozenjam.
Bestrijk het deeg met de abrikozenjam en bak het ongeveer 25 minuten in een voorverwarmde oven, gasstand 6/240°C.
Open de oven de eerste 15 minuten niet.
Serveer de appelbollen warm of koud.

DIEETAANPASSING

- **Additievenvrij**
  Gebruik ongezwavelde rozijnen en jam zonder toevoegingen.
- **Glutenvrij**
  Gebruik glutenvrije bloem.
- **Saccharosevrij**
  Gebruik diksap of honing in plaats van suiker of raadpleeg de vervangingslijst en gebruik abrikozenvruchtenbeleg (zie blz. **364**) in plaats van abrikozenjam.

VARIATIES

- Gebruik $^1/_2$ ei om de appelbollen te bestrijken in plaats van 2 eetlepels abrikozenjam.
- Bestrooi de appelbollen na het bakken met 2 eetlepels amandelsnippers.

Appelbollen met amandelspijs
Gebruik 200 g amandelspijs.
Leg op ieder deeglapje een plakje amandelspijs van 25 g.
Maak de appels schoon, boor het klokhuis eruit met behulp van een appelboor en vul ze met de resterende amandelspijs.

SERVEERSUGGESTIE
Appelbollentraktatie voor 5 december
Versier de appelbollen met een mijter of een pietenmuts.
Maak een mijter van een reep rood stevig papier die om de appelbol past, niet hier de 2 puntige delen van de mijter aan en plak van geel papier hier een nicolaaskruis op.
Maak een pietenmuts van een reep rood stevig papier die om de appelbol past en plak of niet hier met groen crèpepapier een poffende muts in.
Maak van gekleurd papier 2 veren en niet deze aan de pietenmuts vast.

Appelcarrés

4 stuks

Bereidingstijd: 30 minuten
Koeltijd: $1^1/_2$ uur
Baktijd: 30 minuten
Bijzondere materialen: aluminiumfolie, bakplaat, oven

Raadpleeg uw merkartikelenlijst van ALBA en/of uw dieetadvies.

120 g bloem
$^1/_2$ theelepel zout
90 g koude margarine
3 eetlepels koud water
bloem
250 g appels
1 theelepel kaneel
1 eetlepel maïzena
$2^1/_2$ eetlepel rozijnen
3 eetlepels suiker
100 g abrikozenjam

Meng de gezeefde bloem met het zout.
Verdeel hierin de koude margarine met twee messen in klontjes ter grootte van bruine bonen.
Voeg het koude water toe en verdeel het met behulp van een mes door de bloem, tot een samenhangende, iets vochtige massa verkregen is.
Bestuif het werkblad met de bloem en rol het deeg hierop uit onder nu en dan keren.

Vouw de lap in drieën.
Leg het deeg in aluminiumfolie ongeveer ½ uur in de koelkast om op te stijven.
Rol het deeg na het rusten uit in de richting van de vouw.
Herhaal deze handeling nog tweemaal en leg het deeg in aluminiumfolie verpakt nog ½ uur in de koelkast om te rusten.
Rol het deeg na het rusten uit tot een lap van 22 x 32 cm en verdeel deze lap in tweeen, waarvan de ene 12 cm breed is en de andere 10 cm.
Leg de lappen in aluminiumfolie nogmaals ongeveer ½ uur in de koelkast te rusten.
Maak de appels schoon en rasp ze. Was de rozijnen.
Meng de appels met de kaneel, de maïzena, de rozijnen en de suiker.
Leg de kleinste deeglap op de ingevette bakplaat.
Verdeel het appelmengsel over de kleinste deeglap, laat de randen vrij en maak deze nat met water. Leg de breedste deeglap erover en druk de randen goed aan. Knip de bovenste deeglap in de breedte in, hierbij 1 cm van de kant blijvend en met 1½ cm tussenruimte.
Bak het luchtig piedeeg ongeveer 30 minuten in een voorverwarmde oven, gasstand 5/220°C.
Verwarm de abrikozenjam en bestrijk het gebak hiermee.
Snijd de appelcarré in 4 stukken en laat ze afkoelen.

DIEETAANPASSING

- **Additievenvrij**
  Gebruik ongezwavelde rozijnen en jam zonder toevoegingen.
- **Glutenvrij**
  Gebruik glutenvrije bloem.
- **Maïsvrij**
  Gebruik aardappelmeel in plaats van maïzena.
- **Saccharosevrij**
  Gebruik diksap of honing in plaats van suiker of raadpleeg de vervangingslijst en gebruik abrikozenvruchtenbeleg (zie blz. **364**) in plaats van abrikozenjam.

VARIATIES

- Voeg citroenrasp van ½ citroen toe aan het appelmengsel.
- Bestrijk het deeg voor het bakken met ½ losgeklopt ei.

Abrikozenflappen - 8 stuks
Rol het deeg uit tot een lap van 16 x 32 cm en snijd hiervan vierkanten van 8 x 8 cm. Leg in het midden van elk lapje 2 eetlepels abrikozenmoes. Vouw de lapjes schuin dubbel en druk de randen goed aan.
Bak het deeg op een nat bakblik ongeveer 25 minuten.

Appelflappen - 8 stuks
Rol het deeg uit tot een lap van 16 x 32 cm en snijd hiervan vierkanten van 8 x 8 cm. Verdeel het appelmengsel over de lapjes. Vouw de lapjes schuin dubbel en druk de randen goed aan.
Bak het deeg op een nat bakblik ongeveer 25 minuten.

Hartige kwarkcarrés
Vul het deeg met een mengsel van 250 g kwark, 1 losgeklopt ei, 2 eetlepels gewassen en kleingesneden verse tuinkruiden zoals bieslook, kervel en peterselie en ¼ theelepel zout.

Appelpie

Bereidingstijd: 20 minuten
Koeltijd: 30 minuten
Baktijd: 45 minuten
Bijzondere materialen: aluminiumfolie, springvorm met een doorsnede van 20 cm, oven

Raadpleeg uw merkartikelenlijst van ALBA en/of uw dieetadvies.

80 g bloem
1/4 theelepel zout
40 g koude margarine
3 eetlepels koud water
bloem
500 g zure appels
2 bolletjes gekonfijte gember
75 g rozijnen
1 theelepel kaneel
4 eetlepels suiker

Meng de gezeefde bloem met het zout.
Verdeel hierin de koude margarine met twee messen in klontjes ter grootte van rijstkorrels.
Voeg het koude water toe en verdeel het met behulp van een mes door de bloem, tot een samenhangende, iets vochtige massa verkregen is.
Bestuif het werkblad met de bloem en rol het deeg hierop uit onder nu en dan keren.
Leg het deeg in aluminiumfolie ongeveer 1/2 uur in de koelkast om op te stijven.
Maak de appels schoon en snijd deze in stukjes.
Snijd de gekonfijte gember klein.
Was en wel de rozijnen ongeveer 10 minuten.
Meng de appels, de gember, de kaneel, de rozijnen en de suiker.
Houd 3/4 deel van het deeg achter, rol de rest van het deeg opnieuw uit, bekleed de bodem van een ingevette springvorm hiermee en maak een rand van 2 cm hoog.
Leg op het deeg het appelmengsel, leg hierover als deksel een lap deeg van het achtergehouden deeg, druk de randen goed aan en prik deze hier en daar in.
Maak eventueel een garnering van overgebleven deeg, plak deze met water op de deksel.
Bak het piedeeg ongeveer 15 minuten in een voorverwarmde oven, gasstand 5/220°C. Temper de temperatuur daarna tot gasstand 4/200°C en bak het deeg nog ongeveer 30 minuten.
Laat de taart afkoelen en neem de springvorm voorzichtig weg.

DIEETAANPASSING

- **Additievenvrij**
  Gebruik ongezwavelde rozijnen en voeg geen gekonfijte gember toe.
- **Glutenvrij**
  Gebruik glutenvrije bloem.
- **Saccharosevrij**
  Gebruik diksap of honing in plaats van suiker of raadpleeg de vervangingslijst. Voeg geen gekonfijte gember toe.

VARIATIES

- Voeg citroenrasp van 1/2 citroen toe aan het appelmengsel.
- Bestrijk het deeg voor het bakken met 1/2 losgeklopt ei.
- Bestrijk de appelpie direct na het bakken met abrikozenjam en serveer deze warm.

Groentepie
Vul het deeg met een mengsel van 400 g gare groenten zoals broccoli, champignons, maïs, paprika en prei in plaats van een appelmengsel.

Hartige pie met ragoût
Vul het deeg met ragoût, gemaakt van 300 g vlees en 3 dl bouillon, in plaats van een appelmengsel.

Hartige pie met roerei
Vul het deeg met een roerei van 8 eieren. Bestrijk het deeg voor het bakken met 1/2 losgeklopt ei.

Mince-pie Engels korstgebak
Vul het deeg met een mengsel van 250 g schoongemaakte en in stukjes gesneden appel, 50 g bruine suiker, 1/4 theelepel gemberpoeder, 50 g in stukjes gesneden kalfsniervet, 1/2 theelepel kaneel, 50 g gewassen en gewelde krenten, 1/4 theelepel gemalen kruidnagel, 25 g oranjesnippers, 50 g gewassen en gewelde rozijnen, 25 g sukade en 1/4 theelepel zout in plaats van een appelmengsel. Garneer de mince-pie met 4 eetlepels poedersuiker.

Tuttifruttipie
Was 350 g tuttifrutti, week deze ongeveer 24 uur met 4 eetlepels suiker in 5 dl water. Laat de tuttifrutti uitlekken, ontpit ze en vul hiermee het deeg.

Kerstkrans

Bereidingstijd: 40 minuten
Koeltijd: 1 1/2 uur
Baktijd: 35 minuten
Bijzondere materialen: aluminiumfolie, bakplaat, oven

Raadpleeg uw merkartikelenlijst van ALBA en/of uw dieetadvies.

120 g bloem
1 theelepel zout
120 g koude margarine
4 eetlepels koud water
1 druppel azijn
bloem
50 g rode en groene bigarreaux
300 g amandelspijs
50 g abrikozenjam
2 eetlepels oranjesnippers

Meng de gezeefde bloem met het zout.
Verdeel hierin de koude margarine met twee messen in klontjes ter grootte van aardbeien.
Voeg het koude water en de azijn toe en verdeel het met behulp van een mes door de bloem, tot een samenhangende, iets vochtige massa verkregen is, waarin hier en daar stukken margarine te zien zijn.
Bestuif het werkblad met de bloem en rol het deeg uit onder nu en dan keren.
Vouw de lap in drieën.
Rol de lap opnieuw uit in de richting van de vouw.
Rol en vouw het deeg daarna nog 2 keer op deze wijze.
Leg het deeg in aluminiumfolie ongeveer 1/2 uur in de koelkast om op te stijven.
Rol het deeg uit tot een lap van 1/2 cm dik, 10 cm breed en 60 cm lang.
Snijd de helft van de bigarreaux klein, meng deze met de amandelspijs en vorm hiervan een dunne rol van 55 cm.
Leg de rol amandelspijs midden op de deeglap, zodat aan één korte kant de rol gelijk ligt met het deeg.

Leg één van de lange randen over de amandelspijs en plak de randen goed aan elkaar met water.
Schuif het ene uiteinde van de staaf in het andere, zorg ervoor dat het vulsel goed aansluit en een cirkel of krans ontstaat.
Plak de overslag goed vast met water.
Leg de krans met de naad naar onderen op een natgemaakte bakplaat. Laat het deeg, met aluminiumfolie afgedekt, op een koele plaats nog ½ uur rusten.
Bak het deeg ongeveer 35 minuten in een voorverwarmde oven, gasstand 6/240°C.
Neem het gebak van de bakplaat en laat het afkoelen.
Verwarm de abrikozenjam en bestrijk het gebak hiermee.
Garneer de kerstkrans met de rest van de gehalveerde bigarreaux en de oranjesnippers.

DIEETAANPASSING

- **Additievenvrij**
  Gebruik amandelspijs (zie blz. **327**) en jam zonder toevoegingen (zie blz. **362**).
  Verwerk 25 g gewassen ongezwavelde krenten en rozijnen door de amandelspijs te verwerken in plaats van bigarreaux.
  Garneer de kerstkrans met 25 g druiven of ontpitte kersen.
- **Citrusvrij**
  Gebruik amandelpers (zie blz. **327**) in plaats van amandelspijs.
- **Glutenvrij**
  Gebruik glutenvrije bloem.
- **Kippeëivrij**
  Gebruik amandelpers (zie blz. **327**) in plaats van amandelspijs.
- **Saccharosevrij**
  Gebruik amandelspijs zonder suiker (zie blz. **327**) en abrikozenvruchtenbeleg (zie blz. **363**) in plaats van abrikozenjam.
  Verwerk 25 g gewassen krenten en rozijnen door het amandelspijs in plaats van bigarreaux en garneer de kerstkrans met 25 g druiven of ontpitte kersen in plaats van bigarreaux.

VARIATIES

Banketletter
Leg de deegrol op de natte bakplaats en vorm de gewenste letter (zie blz. **381**).
Vorm letters uit één lijn, bijvoorbeeld B, D, O, P, M, N, S, W en schuif de uiteinden als bij de cirkel of krans in elkaar.
Vorm letters uit verschillende lijnen, bijvoorbeeld A, E, H, T. Verdeel hiervoor de deegrol in stukken: bepaal het aantal en de grootte hiervan aan de hand van de te vormen letter.
Maak horizontaal een insnijding in de staven op de plaats waar de stukken aan elkaar gehecht moeten worden.
Maak de losse uiteinden nat en schuif ze voorzichtig in de opening. Druk het deeg goed aan.
Plak het deeg aan de uiteinden van de letter aan elkaar met water, zodat een dichte letter wordt verkregen.

Banketstaaf - 2 stuks
Verdeel het deeg in de lengte in tweeën.
Volg verder bovenstaand recept, schuif de uiteinden van het deeg niet in elkaar.
Plak de uiteinden van het deeg aan elkaar met water, zodat een dichte staaf wordt verkregen.

Pasteitjes

4 stuks

Bereidingstijd: 1 uur
Koeltijd: 1½ uur
Baktijd: 25 minuten
Bijzondere materialen: aluminiumfolie, uitsteekvormpje met een doorsnede van 8 cm, uitsteekvormpje met een doorsnede van 4 cm, bakplaat, oven

Raadpleeg uw merkartikelenlijst van ALBA en/of uw dieetadvies.

125 g bloem
1 theelepel zout
125 g koude margarine
4 eetlepels koud water
1 druppel azijn
bloem
ragoût, gemaakt van 250 g
vlees en 2½ dl bouillon,
(zie blz. **23**)

Meng de gezeefde bloem met het zout.
Verdeel hierin de koude margarine met twee messen in klontjes ter grootte van aardbeien.
Voeg het koude water en de azijn toe en verdeel het met behulp van een mes door de bloem, tot een samenhangende, iets vochtige massa verkregen is, waarin hier en daar stukken margarine te zien zijn.
Bestuif het werkblad met de bloem en rol het deeg uit onder nu en dan keren.
Vouw de lap in drieën.
Rol de lap opnieuw uit in de richting van de vouw.
Rol en vouw het deeg daarna nog 2 keer op deze wijze.
Leg het deeg in aluminiumfolie ongeveer ½ uur in de koelkast om op te stijven.
Rol het deeg uit tot een lap van 24 x 32 cm en steek er 12 rondjes uit met een doorsnede van 8 cm.
Steek uit 8 rondjes een binnenrondje van 4 cm uit, zodat ringen ontstaan.
Leg 4 grote, dichte rondjes, de bodem van het pasteitje, op een natgemaakte bakplaat.
Maak de onderzijden van de ringen nat en leg op elke bodem 2 ringen op elkaar.
Prik de bodem van de pasteitjes een paar keer in.
Laat het deeg, met aluminiumfolie afgedekt, op een koele plaats nog ½ uur rijzen.
Bak 4 kleine dichte ronde dekseltjes ongeveer 15 minuten en de pasteitjes ongeveer 25 minuten in een voorverwarmde oven, gasstand 6/240°C.
Open de oven de eerste 15 minuten niet.
Breng de ragoût aan de kook.
Neem de pasteitjes van de bakplaat en haal eventueel niet-gaar deeg eruit.
Vul de holten met de hete ragoût en leg de dekseltjes erop.
Serveer de pasteitjes warm.

DIEETAANPASSING

- **Glutenvrij**
  Gebruik glutenvrije bloem.

VARIATIES

- Bestrijk de pasteitjes voor het bakken met ½ losgeklopt ei.
- Vul de pasteitjes met een andere ragoût zoals kaasragoût, tahoe- of tempéragoût, visragoût.

Minipasteitjes - 16 stuks
Snijd uit de deeglap, met behulp van een klein glaasje, 48 rondjes met een doorsnede van 4 cm.
Steek uit 32 rondjes een binnenrondje van 2 cm uit om de ringen te krijgen.
Volg verder bovenstaand recept, bak de minipasteitjes ongeveer 15 minuten.

Saucijzebroodjes

4 stuks

Bereidingstijd: 30 minuten
Koeltijd: 1 uur
Baktijd: 35 minuten
Bijzondere materialen: aluminiumfolie, bakplaat, oven

Raadpleeg uw merkartikelenlijst van ALBA en/of uw dieetadvies.

100 g bloem
1/2 theelepel zout
75 g koude margarine
3 eetlepels koud water
bloem
150 g gehakt zoals kippe-, lams- of rundergehakt
nootmuskaat, peper, zout

Meng de gezeefde bloem met het zout.
Verdeel hierin de koude margarine met twee messen in klontjes ter grootte van aardbeien.
Voeg het koude water toe en verdeel het met behulp van een mes door de bloem, tot een samenhangende, iets vochtige massa verkregen is.
Bestuif het werkblad met de bloem en rol het deeg hierop uit onder nu en dan keren.
Vouw de lap in drieën.
Leg het deeg in aluminiumfolie ongeveer 1/2 uur in de koelkast om op te stijven.
Rol het deeg uit in de richting van de vouw.
Herhaal deze handeling nog tweemaal en laat het deeg in aluminiumfolie nog 1/2 uur in de koelkast rusten.
Rol het deeg daarna uit tot een lap van 20 x 20 cm.
Snijd hier 4 lapjes uit van 10 x 10 cm en leg ze op een natte bakplaat.
Meng het gehakt met nootmuskaat, peper en zout naar smaak en dieet en vorm er 4 rolletjes van.
Leg in het midden van ieder lapje een rolletje gehakt, maak de randen van het deeg nat en vouw de lapjes dubbel.
Bak het deeg ongeveer 35 minuten in een voorverwarmde oven, gasstand 5/220°C.
Serveer de saucijzebroodjes warm.

DIEETAANPASSING

- **Glutenvrij**
  Gebruik glutenvrije bloem.

VARIATIES

- Bestrijk het deeg voor het bakken met 1/2 losgeklopt ei.

Croissants - 8 stuks
Snijd de lapjes deeg diagonaal doormidden, vul ze niet met het gehaktmengsel. Rol de lapjes op vanaf de langste zijde en buig ze halfrond.

Hamcroissants - 8 stuks
Snijd de lapjes deeg diagonaal doormidden. Verdeel 150 g in stukjes gesneden ham over de deeglapjes in plaats van het gehaktmengsel, rol ze op vanaf de langste zijde en buig ze halfrond. Garneer de hamcroissants eventueel voor het bakken met 80 g geraspte kaas.

Minicroissantjes - 16 stuks
Snijd de lapjes deeg 2 keer diagonaal doormidden, vul ze niet met het gehaktmengsel.
Rol de deeglapjes op vanaf de langste zijde en buig ze halfrond.
Bak minicroissantjes ongeveer 20 minuten.

Hartig gevulde minicroissantjes - 16 stuks
Snijd de lapjes deeg 2 keer diagonaal doormidden, vul ze niet met het gehaktmengsel maar met een van onderstaande vullingen.
Rol de deeglapjes op vanaf de langste zijde en buig ze halfrond.
Bak minicroissantjes ongeveer 20 minuten.

Leg op elk deeglapje bijvoorbeeld als vulling

- ¼ plak gekookte of rauwe ham, kiprollade, rookvlees, salami
- 2 theelepels garnalen, krab, zalm
- 2 reepjes paprika met 1 theelepel gehakte amandelen
- 1 cocktailworstje
- 2 aspergepunten met ¼ lapje gekookte of rauwe ham omwikkeld
- 2 theelepels geraspte kaas

Zoet gevulde minicroissantjes 16 stuks
Snijd de lapjes deeg 2 keer diagonaal doormidden, vul ze niet met het gehaktmengsel maar met een van onderstaande vullingen.
Rol de deeglapjes op vanaf de langste zijde en buig ze halfrond.
Bak minicroissantjes ongeveer 20 minuten.

Leg op elk deeglapje bijvoorbeeld als vulling

- ¼ geweekte abrikoos, ¼ schoongemaakte perzik, 1 stukje ananas met gekookte ham omwikkeld
- 1 geweekte pruim zonder pit
- 1 babymaïskolfje
- 1 theelepel amandelspijs en 1 theelepel appelrasp
- 1 theelepel gewelde rozijntjes en 1 theelepel chocoladerasp
- 1 plakje banaan en 1 theelepel gemalen kokos

Tompoezen

4 stuks

Bereidingstijd: 1½ uur
Koeltijd: 1½ uur
Baktijd: 20 minuten
Bijzondere materialen: aluminiumfolie, bakplaat, oven

Raadpleeg uw merkartikelenlijst van ALBA en/of uw dieetadvies.

150 g bloem
1½ theelepel zout
150 g koude margarine
5 eetlepels water
1 druppel azijn
bloem
4 dl vanillepudding
1½ eetlepel water
150 g poedersuiker

Meng de gezeefde bloem met het zout.
Verdeel hierin de koude margarine met twee messen in klontjes ter grootte van aardbeien.
Voeg het koude water en de azijn toe en verdeel het met behulp van een mes door de bloem, tot een samenhangende, iets vochtige massa verkregen is, waarin hier en daar stukken margarine te zien zijn.
Bestuif het werkblad met de bloem en rol het deeg uit onder nu en dan keren.
Vouw de lap in drieën.
Rol de lap opnieuw uit in de richting van de vouw.
Rol en vouw het deeg daarna nog 2 keer op deze wijze.
Leg het deeg in aluminiumfolie ongeveer ½ uur in de koelkast om op te stijven.
Rol het deeg uit tot een lap van ½ cm dik en 24 x 24 cm.
Leg het deeg op een natte bakplaat en prik de lap enkele malen in.
Bak het bladerdeeg in een voorverwarmde oven, gasstand 6/240°C ongeveer 20 minuten.

Open de oven de eerste 15 minuten niet. Laat het deeg afkoelen en snijd het in de breedte doormidden en snijd iedere helft in 4 stukken van 6 x 12 cm.
Verdeel de vanillepudding over vier stukken en leg de andere stukken hierbovenop.
Voeg al roerende beetje bij beetje het water bij de gezeefde poedersuiker en bestrijk de tompoezen met dit glazuur.

DIEETAANPASSING

- **Additievenvrij**
  Bereid vanillepudding zonder toevoegingen (zie blz. 203).
  Gebruik eventueel glucose in plaats van poedersuiker.
- **Glutenvrij**
  Gebruik glutenvrije bloem.
- **Kippeëivrij**
  Bereid kippeëivrije vanillepudding (zie blz. 203) of bereid custardpudding (zie blz. 192).
- **Koemelkvrij**
  Bereid koemelkvrije vanillepudding (zie blz. 204).
- **Lactosevrij**
  Bereid lactosevrije vanillepudding (zie blz. 204).
- **Maïsvrij**
  Bereid maïsvrije vanillepudding (zie blz. 203).
- **Saccharosevrij**
  Bereid vanillepudding zonder suiker (zie blz. 203).
  Gebruik glucose of fructose in plaats van poedersuiker.

VARIATIES

- Gebruik banketbakkersroom in plaats van vanillepudding.
- Gebruik een crème-au-beurre-vulling in plaats van vanillepudding.
- Gebruik een gekleurd glazuur.

SERVEERSUGGESTIE

Tompoezengarnering
Laat de glazuurlaag goed hard worden.
Spuit met een andere kleur glazuur dan waarmee de tompoezen zijn bestreken een letter of figuurtje, bloemetje, denneboompje, hartje, beestje, eventueel met behulp van een sjabloon (zie blz. 372) op de tompoezen.

SOEZENDEEG

Soezendeeg wordt gebruikt voor bijvoorbeeld zoet gevulde of hartig gevulde soesjes en moorkoppen.
Houd er rekening mee dat kant-en-klaarprodukten ingrediënten kunnen bevatten die niet in het dieet zijn toegestaan.
Raadpleeg hiervoor uw dieetadvies en/of ALBA-lijst.

Gebruik voor soezendeeg per 100 g bloem:
2 eieren
75 g margarine
2 g zout
1½ dl water

Breng het water met de margarine en het zout al roerende aan de kook tot de margarine gesmolten is.
Zeef de bloem, voeg deze in één keer toe en roer tot het deeg als een bal van de pan loslaat.
Laat het deeg 1 minuut afkoelen.
Roer de eieren een voor een door het deeg, voeg het volgende ei pas toe als het vorige helemaal is opgenomen.
Klop het deeg nog ongeveer 5 minuten om zoveel mogelijk lucht in het deeg te brengen.
Verdeel het deeg met behulp van twee lepels of een spuitzak in kleine porties op een ingevette bakplaat. Laat voldoende ruimte tussen de porties deeg, ze zetten uit tijdens het bakken.
Plaats de bakplaat in het midden van een voorverwarmde oven, gasstand 5/220°C.
De baktijd varieert van 10 minuten (kleine soesjes) tot 25 minuten (grote soezen).
Werk de soes af volgens het gekozen recept.

VARIATIES

Voeg aan het deeg smaakmakers toe

- Verse en/of gedroogde kruiden en specerijen
  bieslook, dille, kerrie, kruidnagel, paprikapoeder, peterselie, kervel, tijm (hartige soesjes)
- Groenten
  knoflook, gesnipperde ui, wortelrasp (hartige soesjes)
- Noten en zaden
  cashewnoten, kokos, maanzaad, sesamzaad, zonnebloempitten (hartige soesjes)
- Vleeswaren
  stukjes ham, rookvlees (hartige soesjes)
- Zuivelprodukten
  geraspte kaas (hartige soesjes)
- Smaakmakers
  chilisaus, ketjap, mosterd, tomatensaus (hartige soesjes)

Varieer door de soezen te vullen met

- Verse en/of gedroogde kruiden en specerijen
  bieslook, kerrie, peterselie, selderij (kerrie-fruitsoesjes, kruidensoesjes)
- Verse en/of geconserveerde vruchten
  abrikozen, bananen, mango, nectarine, perziken, vruchtenmoes (bananen-crème-minisoezen, vruchtensoezen)
- Zuivelprodukten
  kaas, kwark, (imitatie)slagroom, pudding, umer, ijs (kaassoesjes, puddingsoezen, moorkoppen, ijssoezen)
- Noten
  amandelen, kokos, pindakaas, walnoten (kaas-notensoesjes, Indische soesjes)
- Vleeswaren en vis
  ansjovis, ham, krab, pâté, tonijn (hamsoesjes, patésoesjes, vissoesjes)
- Vulsel
  banketbakkersroom
- Smaakmakers
  ketjep, sambal (Chinese soesjes)

Garneer de soezen met

- Glazuur, poedersuiker, chocoladesaus, ijs

Varieer door in verschillende vormen te bakken

- Eclairs, soezenring, soezenzwaantjes

Minisoesjes

hartige vulling 20 stuks

Bereidingstijd: 20 minuten
Baktijd: 10 minuten
Bijzondere materialen: oven, bakplaat, spuitzak

Raadpleeg uw merkartikelenlijst van ALBA en/of uw dieetadvies.

1½ dl water
75 g margarine
½ theelepel zout
100 g bloem
3 eieren

Breng het water met de margarine en het zout al roerende aan de kook tot de margarine is gesmolten.
Zeef de bloem, voeg deze in één keer toe en roer tot het deeg als een bal van de pan loslaat.
Laat het deeg 1 minuut afkoelen.
Roer de eieren een voor een door het deeg, voeg het volgende ei pas toe als het vorige helemaal is opgenomen.
Klop het deeg nog ongeveer 5 minuten.
Verdeel het deeg met behulp van 2 lepels of een spuitzak in 20 porties op de ingevette bakplaat.
Laat voldoende ruimte tussen de porties deeg, ze zetten uit tijdens het bakken.
Bak de soesjes ongeveer 25 minuten in een voorverwarmde oven, gasstand 5/220°C.
Laat de minisoesjes afkoelen, knip ze onder een stukje open en vul ze met behulp van een spuitzak met een van onderstaande vullingen.

DIEETAANPASSING

- **Kippeëivrij**
  Bereid mini-oliebollen (zie blz. **233**) in plaats van soesjes en vul deze met één van onderstaande vullingen.
- **Glutenvrij**
  Gebruik glutenvrije bloem.

VARIATIES

- Voeg aan het deeg 1 eetlepel gewassen en gehakte verse kruiden toe zoals bieslook, dille, kervel, lavas, peterselie, rozemarijn, tijm en venkel.
- Voeg aan het deeg 1 theelepel gedroogde kruiden toe zoals basilicum, dragon, komijn, kruizemunt, oregano, salie.
- Voeg aan het deeg 1 theelepel specerijen toe zoals gember, kerrie, kruidnagel, nootmuskaat, paprika of ½ theelepel peper.
- Voeg aan het deeg 1 theelepel smaakmaker toe zoals chilisaus, ketjap, mierikswortel, mosterd, sambal, Tabascosaus, tomatenketchup, Worchestershiresaus.
- Voeg aan het deeg 1 eetlepel gehakte noten of zaden toe zoals cashewnoten, geraspte kokos, maanzaad, paranoten, sesamzaad, walnoten, zonnebloempitten.
- Voeg aan het deeg 5 eetlepels geraspte kaas, in reepjes gesneden ham of rookvlees toe.
- Voeg aan het deeg 1 gepelde en gesnipperde ui, 1 teentje knoflook of ¼ geschrapte en geraspte wortel toe.

HARTIGE SOESJESVULLINGEN

Ansjovissoesjes
Klop 300 g margarine ongeveer 5 minuten romig en meng hier 3 eetlepels ansjovispuree en 2 eierdooiers door.
Voeg peper en zout naar smaak en dieet toe.

Chinese soesjes
Klop 2 dl ongezoete slagroom stijf of gebruik 4 dl imitatieslagroom zonder suiker en meng hier 3 eetlepels gehakte amandelen, 1 eetlepel sesamzaadjes, 1 eetlepel ketjap en 1 theelepel sambal door.

Chinese ragoûtsoesjes
Bereid warme ragoût, gemaakt van 2½ dl bouillon en 250 g vlees en voeg 3 eetlepels gehakte amandelen, 1 eetlepel sesamzaadjes, 1 eetlepel ketjap en 1 theelepel sambal toe.

Hamsoesjes
Klop 2 dl ongezoete slagroom stijf of gebruik 4 dl imitatieslagroom zonder suiker en meng hier 80 g reepjes fijngesneden ham door.
Voeg peper en zout toe naar smaak en dieet.

Hamragoûtsoesjes
Bereid warme ragoût, gemaakt van 2 dl bouillon en 200 g vlees en voeg 80 g in reepjes fijngesneden ham toe.

Indische soesjes
Klop 2 dl ongezoete slagroom stijf of 4 dl imitatieslagroom zonder suiker en meng hier 2 eetlepels geraspte kokos, 2 eetlepels pindakaas en 1 eetlepel gehakte amandelen door.

Indische ragoûtsoesjes
Bereid warme ragoût, gemaakt van 2 dl bouillon en 200 g vlees en voeg 2 eetlepels geraspte kokos, 2 eetlepels pindakaas en 1 eetlepel gehakte amandelen toe.

Kaassoesjes
Klop 2 dl ongezoete slagroom stijf of gebruik 4 dl imitatieslagroom zonder suiker en meng hier 80 g geraspte kaas of zachte kaas zoals Boursin, MonChou of Roquefort door.
Voeg peper en zout naar smaak en dieet toe.

Kaas-kwarksoesjes
Meng 80 g geraspte kaas of zachte kaas zo-

als Boursin, MonChou of Roquefort door 4 dl kwark/umer of gebruik 2 dl kwark/umer en 2 dl zonder suiker stijfgeklopte slagroom of 4 dl imitatieslagroom zonder suiker.
Voeg peper en zout naar smaak en dieet toe.

Kaas-notensoesjes
Klop 2 dl ongezoete slagroom stijf of gebruik 4 dl imitatieslagroom zonder suiker en meng hier 3 eetlepels gehakte noten en 5 eetlepels geraspte kaas door. Voeg peper en zout toe naar smaak en dieet.

Kaas-notenragoûtsoesjes
Bereid warme ragoût, gemaakt van 2 dl bouillon en 200 g vlees en voeg 3 eetlepels gehakte noten en 5 eetlepels geraspte kaas toe.

Kaasragoûtsoesjes
Bereid warme ragoût, gemaakt van 2 dl bouillon en 200 g vlees en voeg 80 g geraspte kaas of zachte kaas zoals Boursin, Cantandeau of MonChou toe.

Kerrie-fruitragoûtsoesjes
Bereid warme ragoût, gemaakt van 2 dl bouillon en 200 g vlees en voeg 2 theelepels kerrie en 2 in stukjes gesneden schijven ananas of 1 schoongemaakte en gepureerde banaan of mango toe.

Kerrie-fruitsoesjes
Klop 2 dl ongezoete slagroom stijf of gebruik 4 dl imitatieslagroom zonder suiker en meng hier 2 theelepels kerrie en 2 in stukjes gesneden schijven ananas of 1 schoongemaakte en gepureerde banaan of mango door.

Kipperagoûtsoesjes
Vul de soesjes met warme ragoût, gemaakt van 2½ dl bouillon en 250 g kippevlees.

Kruidenragoûtsoesjes
Bereid warme ragoût, gemaakt van 2½ dl bouillon en 250 g vlees en voeg 4 eetlepels gewassen en gehakte verse tuinkruiden of 4 theelepels gedroogde kruiden toe.
Voeg eventueel 1 theelepel Worcestershiresaus, peper en zout toe naar smaak en dieet.

Kruidensoesjes
Klop 2 dl ongezoete slagroom stijf of gebruik 4 dl imitatieslagroom zonder suiker en meng hier 4 eetlepels gewassen en gehakte verse tuinkruiden of 4 theelepels gedroogde kruiden door.
Voeg eventueel 1 theelepel Worcestershiresaus en peper en zout toe naar smaak en dieet.

Pâtésoesjes
Vul de soesjes met 500 g zachte pâtémousse.

Rookvleessoesjes
Klop 2 dl ongezoete slagroom stijf of gebruik 4 dl imitatieslagroom zonder suiker en meng hier 80 g in reepjes gesneden rookvlees door.
Voeg peper en zout toe naar smaak en dieet.

Rookvlees-ragoûtsoesjes
Bereid warme ragoût, gemaakt van 2 dl bouillon en 200 g vlees en voeg 80 g in reepjes gesneden rookvlees toe.

Vis-kaassoesjes
Meng 300 g MonChou met 150 g gepureerde vis uit blik zoals tonijn, krab, makreel of zalm en voeg peper en zout toe naar smaak en dieet.

Visragoûtsoesjes
Vul de soesjes met warme ragoût, gemaakt van 2½ dl bouillon en 250 g vis.

Vleesragoûtsoesjes
Vul de soesjes met warme ragoût, gemaakt van 2½ dl bouillon en 250 g vlees.

Moorkoppen

12 stuks

Dit gerecht is niet geschikt voor het kippeëivrije dieet.

Bereidingstijd: 20 minuten
Baktijd: 25 minuten
Bijzondere materialen: oven, bakplaat, spuitzak

Raadpleeg uw merkartikelenlijst van ALBA en/of uw dieetadvies.

1½ dl water
75 g margarine
½ theelepel zout
100 g bloem
3 eieren
3 dl slagroom
3 eetlepels suiker
150 g poedersuiker
1½ eetlepel cacao
1½ eetlepel water

Breng het water met de margarine en het zout al roerende aan de kook tot de margarine is gesmolten.
Zeef de bloem, voeg deze in één keer toe en roer tot het deeg als een bal van de pan loslaat.
Laat het deeg 1 minuut afkoelen.
Roer de eieren een voor een door het deeg, voeg het volgende ei pas toe als het vorige helemaal is opgenomen.
Klop het deeg nog ongeveer 5 minuten.
Verdeel het deeg met behulp van 2 lepels of een spuitzak in 12 porties op de ingevette bakplaat.
Laat voldoende ruimte tussen de porties deeg, ze zetten uit tijdens het bakken.
Bak de soezen ongeveer 25 minuten in een voorverwarmde oven, gasstand 5/220°C.
Laat de soezen afkoelen en knip ze onder een stukje open.
Klop de slagroom met de suiker stijf en vul de soezen hiermee met behulp van een spuitzak.
Meng de poedersuiker en de cacao en zeef het mengsel.
Voeg al roerende beetje bij beetje het water toe.
Bestrijk de soezen direct met het chocoladeglazuur.
Garneer de moorkoppen met de achtergehouden slagroom.

DIEETAANPASSING

- **Cacaovrij**
  Gebruik carobepoeder in plaats van cacao.
- **Glutenvrij**
  Gebruik glutenvrije bloem.
- **Koemelkvrij/lactosevrij**
  Gebruik 6 dl imitatieslagroom (zie blz. **332**).
- **Saccharosevrij**
  Gebruik honing of maïsmoutstroop in plaats van suiker, en glucose in plaats van poedersuiker of raadpleeg de vervangingslijst.

VARIATIES

- Voeg aan de ongeklopte slagroom 1 eetlepel chocolade- of notenlikeur toe.
- Voeg aan de ongeklopte slagroom 1 zakje vanillesuiker toe.
- Voeg aan de poedersuiker 1 eetlepel chocoladelikeur toe.
  Voeg dan ½ eetlepel water toe in plaats van 1½ eetlepel.

Soezen

zoete vulling 12 stuks

Bereidingstijd: 20 minuten
Baktijd: 25 minuten
Bijzondere materialen: oven, bakplaat, spuitzak

Raadpleeg uw merkartikelenlijst van ALBA en/of uw dieetadvies.

1 ½ dl water
75 g margarine
½ theelepel zout
100 g bloem
3 eieren

Breng het water met de margarine en het zout al roerende aan de kook tot de margarine is gesmolten.
Zeef de bloem, voeg deze in één keer toe en roer tot het deeg als een bal van de pan loslaat.
Laat het deeg 1 minuut afkoelen.
Roer de eieren een voor een door het deeg, voeg het volgende ei pas toe als het vorige helemaal is opgenomen.
Klop het deeg nog ongeveer 5 minuten.
Verdeel het deeg met behulp van twee lepels of een spuitzak in 12 porties op de ingevette bakplaat.
Laat voldoende ruimte tussen de porties deeg, ze zetten uit tijdens het bakken.
Bak de soezen ongeveer 25 minuten in een voorverwarmde oven, gasstand 5/220°C.
Laat de soezen afkoelen, knip ze onder een stukje open en vul ze met behulp van een spuitzak.

DIEETAANPASSING

- **Kippeëivrij**
  Bereid oliebollen (zie blz. **233**) in plaats van soezen.
- **Glutenvrij**
  Gebruik glutenvrije bloem.

Zoete vullingen
Imitatieslagroomsoezen
Vul de soezen met 5 dl imitatieslagroom en bestrooi ze met poedersuiker of glucose, of bestrijk ze met een glazuur zoals carobe- of vruchtenglazuur, gemaakt van 100 g poedersuiker of glucose.

Slagroomsoezen
Klop 2½ dl slagroom met 2½ eetlepel suiker of maïsmoutstroop stijf en vul de soezen hiermee vlak voor het opdienen.
Bestrooi de soezen met poedersuiker of glucose of bestrijk ze met een glazuur zoals carobe- of mokkaglazuur, gemaakt van 100 g poedersuiker of glucose.
Geef de slagroom eventueel een koffie- of mokkasmaakje.

Soezen met banketbakkersroom
Vul de soezen met 5 dl banketbakkersroom en bestrooi ze met poedersuiker of glucose of bestrijk ze met een glazuur, bijvoorbeeld chocolade- of vruchtenglazuur, gemaakt van 100 g poedersuiker of glucose.

VARIATIES

Bananencrème-minisoesjes
Verdeel het deeg in 24 porties op de bakplaat en bak de minisoesjes ongeveer 10 minuten.
Klop 3 dl slagroom stijf met 3 eetlepels suiker of maïsmoutstroop en schep hier 2 gepureerde bananen door.
Vul hiermee de minisoesjes en stapel deze op een gebakschaal.
Verwarm 100 g gehakte chocolade of carobe met 2 eetlepels cognac, 25 g margarine en 2 eetlepels gezeefde poedersuiker of glucose al roerende au bain-marie ongeveer 10 minuten.
Laat de chocoladesaus iets afkoelen, schenk deze over de minisoesjes met bananencrème en serveer ze direct.

Éclairs
Spuit het deeg met behulp van een spuitzak

in strepen van ongeveer 2 cm breedte en 10 cm lengte op de bakplaat en bak de éclairs ongeveer 15 minuten. Halveer ze horizontaal en vul de onderste helft met 2 dl slagroom stijf geklopt met 1 eetlepel suiker of maïsmoutstroop of 4 dl imitatieslagroom en leg de bovenste helft er weer op.
Garneer de éclairs met poedersuiker of glucose of bestrijk ze met een glazuur zoals carobe-, chocolade- of vruchtenglazuur, gemaakt van 100 g poedersuiker of glucose.

Eclair-muisjes
Bereid éclairs. Maak van rozijnen of zilverpillen 2 oogjes en een neusje, van gepelde halve amandelen of chips 2 oren en een staart van dropveter of breigaren.

Kwark-roomsoezen
Meng $2^1/_2$ dl kwark met 3 eetlepels suiker of honing.
Klop $1^1/_4$ dl slagroom met 1 eetlepel basterdsuiker of honing stijf, schep dit voorzichtig door de kwark en vul de soezen hiermee.
Bestrooi de soezen met poedersuiker of glucose.

Minisoesjes - 24 stuks
Verdeel het deeg in 24 porties op de bakplaat en bak de minisoesjes ongeveer 10 minuten. Vul ze met 2 dl slagroom, stijf geklopt met 1 eetlepel suiker of maïsmoutstroop of met 4 dl imitatieslagroom.
Bestrooi de minisoesjes met poedersuiker of glucose.

Profiteroles au chocolat mini-ijssoesjes met chocoladesaus
Verdeel het deeg in 24 porties op de bakplaat en bak deze ongeveer 10 minuten.
Snijd de minisoesjes horizontaal doormidden.
Vul de onderste helft van de soesjes vlak voor het opdienen met 1 bolletje ijs, leg het bovenste gedeelte er weer op en schenk hier 2 dl warme chocoladesaus over.

Puddingsoezen
Vul de soezen vlak voor het serveren met 5 dl pudding, zoals vanillepudding of chocoladepudding.
Bestrooi de soezen met poedersuiker of glucose of bestrijk ze met een glazuur, zoals koffie- of notenglazuur, gemaakt van 100 g poedersuiker of glucose.

Soezen-Chineesjes
Zet de gevulde soezen Chinese hoedjes op (zie blz. **337**).
Teken eventueel een gezichtje van glazuur, gemaakt van 50 g poedersuiker of glucose, op de soezen.

Soezen-Indianen
Bak soezen volgens bovenstaand recept en zet ze een indianentooi op (zie blz. **347**).
Teken eventueel een gezichtje van glazuur, gemaakt van 50 g poedersuiker of glucose, op de soezen.

Soezen met kwark of umer
Meng 5 dl kwark met 4 eetlepels witte basterdsuiker of honing en vul de soezen hiermee vlak voor het serveren.
Bestrooi de soezen met poedersuiker of glucose of bestrijk ze met een glazuur, zoals likeur- of vruchtenglazuur, gemaakt van 100 g poedersuiker of glucose.

Soezenringen
Spuit het deeg met behulp van een spuitzak in 12 ringen met een doorsnede van ongeveer 7 cm. Halveer de gebakken soezen en vul de onderste helft met 2 dl slagroom, stijf geklopt met 1 eetlepel suiker of maïsmoutstroop of 4 dl imitatieslagroom en leg de bovenste helft er weer op.
Garneer de soezenringen met poedersuiker of glucose.

Soezen-sinterklaastraktatie
Versier de gevulde soezen met een mijter of pietermuts.
Maak een mijter van een reep rood stevig

papier die om de soes past, niet hier de 2 puntige delen van de mijter aan en plak van geel papier een nicolaaskruis op de mijter.
Of maak een pietenmuts van een reep rood stevig papier die om de soes past en niet hier met groen crèpepapier een poffende muts in. Maak van gekleurd papier 2 veren en niet deze aan de pietenmuts vast.

Soezenzwaantjes - 6 stuks
Vorm 12 porties van het deeg. Vorm van 6 porties met behulp van een spuitzak het cijfer '2' en maak 6 soesjes van de rest van het deeg. Bak de 'cijfers' ongeveer 15 minuten en de soesjes ongeveer 25 minuten.
Snijd na het bakken een kapje van iedere soes af en halveer deze.
Vul de onderste helft met 2 dl slagroom, stijf geklopt met 1 eetlepel suiker of maïsmoutstroop of met 4 dl imitatieslagroom en leg de bovenste helft, waar het kapje afgesneden is, erop.
Snijd van de cijfers 2 het onderste deel af en steek dit als een staartje in het soesje dat het lijfje is. Gebruik de halve kapjes als vleugeltjes en de rest van de cijfers 2 als hals.
Bestrooi de soezenzwaantjes met poedersuiker of glucose.

Vruchtensoezen
Halveer de soezen horizontaal in plaats van ze in te knippen.
Maak 500 g vruchten schoon, snijd ze in stukjes, verdeel ze over de onderste helft van de soezen en leg de bovenste helft hier weer op.
Bestrooi de soezen met poedersuiker of glucose of bestrijk ze met een glazuur, zoals vanille- of vruchtenglazuur, gemaakt van 100 g poedersuiker of glucose.

Vruchtenroomsoezen
Halveer de soezen horizontaal in plaats van ze in te knippen.
Verdeel $2^1/_2$ dl banketbakkersroom over de onderste helft van de soezen, leg hierop 250 g schoongemaakte en in stukjes gesneden vruchten en leg de bovenste helft van de soezen hier weer op.
Bestrooi de soezen met poedersuiker of glucose of bestrijk ze met een glazuur, zoals vanille- of vruchtenglazuur, gemaakt van 100 g poedersuiker of glucose.

IJssoezen
Halveer de soezen horizontaal.
Vul de onderste helft van de soezen vlak voor het opdienen met 1 bolletje ijs. Leg de bovenste helft van de soezen hier weer op.
Spuit eventueel 1 dl slagroom, stijf geklopt met 1 eetlepel suiker of maïsmoutstroop of met 2 dl imitatieslagroom op en om de gevulde ijssoezen.

KOEKJES

Koekjes kunnen van diverse soorten deeg gemaakt zijn, bijvoorbeeld van zandtaartdeeg, bladerdeeg of schuimdeeg.
Houd er rekening mee dat kant-en-klaarprodukten ingrediënten kunnen bevatten die niet in het dieet zijn toegestaan.
Raadpleeg hiervoor uw dieetlijst en/of ALBA-lijst.

Voor het uitsteken van figuren uit het koekdeeg en voor de afwerking van koekjes zijn verschillende sjablonen bijgevoegd (zie blz. 377).

Betekenis cijfers op sjablonen:
1 = bruin glazuur
2 = bruine crème au beurre
3 = geel glazuur
4 = groen glazuur
5 = oranje glazuur
6 = rood glazuur
7 = wit glazuur
8 = confetti, krentjes, nootjes, snoepjes, zilverpillen

De eerste tekening van elk sjabloon is bedoeld als hulpmiddel bij het uitsteken van

de koekjes. Trek de tekening over, leg deze op het deeg en snijd de koekjes uit het deeg.
De tweede tekening geeft de afwerking met crème au beurre of glazuur aan.

Arnhemse meisjes

ongeveer 25 stuks

Bereidingstijd: 30 minuten
Koeltijd: 1½ uur
Baktijd: 15 minuten
Bijzondere materialen: aluminiumfolie, bakplaat, oven, rooster

Raadpleeg uw merkartikelenlijst van ALBA en/of uw dieetadvies.

120 g bloem
1 theelepel zout
120 g koude margarine
4 eetlepels koud water
eventueel 1 druppel azijn
bloem
3 eetlepels suiker

Meng de gezeefde bloem met het zout.
Verdeel hierin de koude margarine met twee messen in klontjes ter grootte van aardbeien.
Voeg het koude water en eventueel de azijn toe en verdeel het met behulp van een mes door de bloem, tot een samenhangende, iets vochtige massa verkregen is, waarin hier en daar stukken margarine te zien zijn.
Bestuif het werkblad met de bloem en rol het deeg uit onder nu en dan keren. Vouw de lap in drieën.
Rol de lap opnieuw uit in de richting van de vouw.
Rol en vouw het deeg daarna nog 2 keer op deze wijze.
Leg het deeg in aluminiumfolie ongeveer 30 minuten in de koelkast om op te stijven.
Rol het deeg uit tot een lap van ½ cm dik.
Steek hier, eventueel met behulp van een glas, ongeveer 25 koekjes uit en leg ze op een ingevette bakplaat.
Vorm de deegkoekjes tot een ovaal door er zachtjes op te drukken.
Laat de deegkoekjes, met aluminiumfolie afgedekt, op een koele plaats nog ongeveer 30 minuten rusten.
Bestrooi de deegkoekjes met de suiker en bak ze ongeveer 15 minuten in een voorverwarmde oven, gasstand 5/220°C.
Neem de Arnhemse meisjes van de bakplaat en laat ze op een rooster afkoelen.

DIEETAANPASSING

- **Glutenvrij**
  Gebruik 60 g boekweitemeel en 60 g rijstemeel in plaats van bloem of gebruik glutenvrije bloem.
- **Saccharosevrij**
  Bestrijk de koekjes na het bakken met honing, jam of vruchtenbeleg (zie blz. **363**) in plaats van voor het bakken suiker erop te strooien.

VARIATIES

- Bestrooi de koekjes met amandelschaafsel in plaats van suiker.
- Snijd de afgekoelde koekjes open, besmeer ze met 5 eetlepels jam of vruchtenbeleg en leg beide helften weer op elkaar.

Amandelstengels
Snijd het deeg in 5 lappen van ongeveer ½ cm dik.
Verdeel 100 g amandelspijs over de deeglapjes, leg de lapjes op elkaar en druk ze aan. Snijd de stapel deeglapjes in 6 repen.
Bestrooi de repen met 3 eetlepels suiker.

Krakelingen
Rol het deeg uit tot een lap van ½ cm dik.
Snijd hier in de lengte 15 repen van, bestrooi ze met 1 eetlepel suiker en vorm er krakelingen van. Rol de krakelingen door 1 eetlepel suiker en leg ze op de ingevette bakplaat.

Palmiers
Rol het deeg uit tot een lap van ½ cm dik. Rol de lap in de lengte aan beide kanten tot aan het midden op en snijd hier ongeveer 25 koekjes van.

Pepsels zoute stengels
Gebruik 2 theelepels zout. Rol het deeg uit tot een lap van ½ cm dik. Snijd hier dunne repen uit van ongeveer 10 cm lang.

Zoute koekjes
Voeg 2 theelepels zout toe aan het deeg en gebruik geen suiker.

Bokkepootjes

ongeveer 10 stuks

Dit gerecht is niet geschikt voor het kippeëivrije en/of notenvrije dieet.

Bereidingstijd: 20 minuten
Baktijd: 1 uur en 10 minuten
Bijzondere materialen: mixer, spuitzak, bakplaat, oven, rooster

Raadpleeg uw merkartikelenlijst van ALBA en/of uw dieetadvies.

1 eiwit
50 g suiker
50 g gemalen amandelen
chocoladeglazuur, gemaakt van 100 g poedersuiker (zie blz. **331**)

Klop het eiwit eventueel met behulp van de mixer, stijf en voeg al kloppend, beetje bij beetje de suiker toe tot een taaie witglanzende massa is verkregen.
Schep de gemalen amandelen hierdoor.
Doe het deeg over in een spuitzak met een gladde, grote spuitmond en spuit staafjes van ongeveer 6 x 1½ cm met een flinke tussenruimte op een ingevette bakplaat. Zorg voor een even aantal staafjes, omdat 2 staafjes, 1 koekje worden.
Bak de koekjes ongeveer 1 uur en 10 minuten in een voorverwarmde oven, gasstand 1/140°C.
Neem de koekjes van de bakplaat en laat ze op een rooster afkoelen.
Bestrijk de helft van de koekjes aan één lange zijde met chocoladeglazuur en druk direct een tweede koekje hier tegen aan.
Doop de bokkepootjes aan beide uiteinden in het chocoladeglazuur.

DIEETAANPASSING

- **Cacaovrij**
  Bereid carobeglazuur in plaats van chocoladeglazuur (zie blz. **331**).
- **Saccharosevrij**
  Gebruik honing of maïsmoutstroop in plaats van suiker of raadpleeg de vervangingslijst.
  Gebruik chocoladeglazuur gemaakt van glucose of fructose in plaats van poedersuiker (zie blz. **331**).

VARIATIES

- Voeg 1 zakje vanillesuiker extra toe aan het beslag.
- Bestrijk de helft van de koekjes aan één lange zijde met 5 eetlepels jam of vruchtenbeleg (zie blz. **363**) in plaats van met chocoladeglazuur en druk direct hier het tweede koekje tegen aan.

Kokos-bokkepootjes
Gebruik gemalen kokos in plaats van gemalen amandelen.

Haver-sesamkoekjes

ongeveer 20 stuks

Bereidingstijd: 20 minuten
Koeltijd: 30 minuten
Baktijd: 20 minuten
Bijzondere materialen: aluminiumfolie, bakplaat, oven, rooster

Raadpleeg uw merkartikelenlijst van ALBA en/of uw dieetadvies.

50 g bloem
1/4 zakje bakpoeder
50 g bruine basterdsuiker
50 g havervlokken
1 eetlepel sesamzaad
zout
65 g margarine

Meng de bloem met de bakpoeder, bruine basterdsuiker, havervlokken, sesamzaad en zout naar smaak en dieet.
Voeg de margarine toe en snijd deze in kleine stukjes met behulp van twee messen.
Kneed het deeg tot een stevige bal, vorm een rol van 30 cm lengte en leg het deeg, afgedekt met aluminiumfolie, ongeveer 1/2 uur in de koelkast om op te stijven.
Snijd de rol deeg in ongeveer 20 deegkoekjes en leg ze op een ingevette bakplaat met een tussenruimte van 2 cm.
Bak de koekjes ongeveer 20 minuten in een voorverwarmde oven, gasstand 3/180°C.
Neem de haver-sesamkoekjes van de bakplaat en laat ze op een rooster afkoelen.

DIEETAANPASSING

- **Glutenvrij**
  Gebruik 25 g boekweitemeel en 25 g rijstemeel in plaats van bloem of gebruik glutenvrije bloem. Gebruik maïsvlokken of boekweitvlokken in plaats van havervlokken.
- **Saccharosevrij**
  Gebruik appel-perenstroop zonder toegevoegde suiker of maïsmoutstroop in plaats van bruine basterdsuiker of raadpleeg de vervangingslijst.

VARIATIES

- Rol de koekjes voor het bakken aan beide kanten door 5 eetlepels kokos of sesamzaad.
- Voeg 1/4 theelepel gemalen anijszaad toe aan het deeg.

Kletskoppen

ongeveer 25 stuks

Dit gerecht is niet geschikt voor het pinda- en notenvrije dieet.

Bereidingstijd: 20 minuten
Baktijd: 15 minuten
Bijzondere materialen: mixer, bakplaat, oven, rooster

Raadpleeg uw merkartikelenlijst van ALBA en/of uw dieetadvies.

50 g pinda's
50 g margarine
150 g donkerbruine basterdsuiker
75 g bloem

Hak de pinda's in stukken.
Roer de margarine met de donkerbruine basterdsuiker, eventueel met behulp van een mixer, tot een zachte, schuimige massa.
Voeg de gezeefde bloem en de gehakte pinda's toe, kneed het deeg goed en vorm er balletjes van ter grootte van een kers.
Leg de deegballetjes met een tussenruimte van 5 cm op een ingevette bakplaat.
Bak de koekjes ongeveer 15 minuten in een voorverwarmde oven, gasstand 5/220°C.
Neem de kletskoppen van de bakplaat en laat ze op een rooster afkoelen.

DIEETAANPASSING

- **Glutenvrij**
  Gebruik 40 g boekweitemeel en 35 g rijstemeel in plaats van bloem of gebruik glutenvrije bloem.
- **Saccharosevrij**
  Gebruik gerstemout- of maïsmoutstroop in plaats van donkerbruine suiker of raadpleeg de vervangingslijst.

VARIATIES

- Gebruik gehakte amandelen in plaats van pinda's.

Gevulde kletskoppen
Hak de pinda's in kleinere stukjes. Rol de nog warme kletskoppen om een stokje zodat hoorntjes ontstaan. Laat deze afkoelen en vul de hoorntjes met 2 dl slagroom, stijf geklopt met 2 eetlepels suiker, of gebruik 4 dl imitatieslagroom.

Koggetjes

ongeveer 20 stuks

Dit gerecht is niet geschikt voor het pinda- en notenvrije dieet.

Bereidingstijd: 20 minuten
Baktijd: 15 minuten
Bijzondere materialen: mixer, spuitzak, bakplaat, oven, rooster

Raadpleeg uw merkartikelenlijst van ALBA en/of uw dieetadvies.

50 g noga
150 g margarine
125 g witte basterdsuiker
150 g bloem
$^3/_4$ zakje bakpoeder
zout

Hak de noga in kleine stukjes.
Roer de margarine met de witte basterdsuiker, eventueel met behulp van een mixer, ongeveer 5 minuten tot een zachte, schuimige massa.
Schep de gezeefde bloem met de bakpoeder, de noga en het zout naar smaak en dieet beetje bij beetje door de massa.
Doe het deeg over in een spuitzak met een gladde, middelgrote spuitmond en spuit reepjes van $1^1/_2$ x 5 cm met een flinke tussenruimte op een ingevette bakplaat.
Bak de koekjes ongeveer 15 minuten in een voorverwarmde oven, gasstand 2/160°C.
Neem de koggetjes van de bakplaat en laat ze op een rooster afkoelen.

DIEETAANPASSING

- **Additievenvrij**
  Gebruik noga zonder toevoegingen (zie blz. **354**).
- **Glutenvrij**
  Gebruik glutenvrije bloem.
- **Saccharosevrij**
  Gebruik honing of maïsmoutstroop in plaats van witte basterdsuiker of raadpleeg de vervangingslijst.
  Gebruik honingnoga (zie blz. **354**) in plaats van noga met suiker.

VARIATIES

- Voeg 1 theelepel kaneel toe aan het deeg.
- Voeg $^1/_2$ zakje vanillesuiker extra toe aan het deeg.

Mueslikoekjes

ongeveer 20 stuks

Dit gerecht is niet geschikt voor het glutenvrije dieet.

Bereidingstijd: 20 minuten
Baktijd: 15 minuten
Bijzondere materialen: bakplaat, oven, rooster

Raadpleeg uw merkartikelenlijst van ALBA en/of uw dieetadvies.

100 g volkorenmeel
1/2 zakje bakpoeder
2 eetlepels honing
2 eetlepels kwark
100 g vruchtenmuesli
65 g margarine

Meng het volkorenmeel met de bakpoeder, honing, kwark en vruchtenmuesli.
Voeg de margarine toe en snijd deze in kleine stukjes met behulp van twee messen.
Kneed het deeg tot een stevige bal en vorm er 20 balletjes van ter grootte van een walnoot.
Leg de deegballetjes op een ingevette bakplaat en druk ze iets plat.
Bak de koekjes ongeveer 15 minuten in een voorverwarmde oven, gasstand 3/180°C.
Neem de mueslikoekjes van de bakplaat en laat ze op een rooster afkoelen.

DIEETAANPASSING

- **Additievenvrij**
  Gebruik vruchtenmuesli zonder toevoegingen.
- **Koemelkvrij/lactosevrij**
  Voeg geen kwark toe. Gebruik 75 g margarine in plaats van 65 g.
- **Notenvrij**
  Gebruik vruchtenmuesli zonder noten.
- **Saccharosevrij**
  Gebruik eventueel diksap of maïsmoutstroop in plaats van honing of raadpleeg de vervangingslijst.

VARIATIE

- Bestrooi de nog warme mueslikoekjes met 100 g gemalen kokos of muesli.

Schuimkoekjes

ongeveer 20 stuks

Dit gerecht is niet geschikt voor het kippeëivrije dieet.

Bereidingstijd: 15 minuten
Baktijd: 1 uur en 15 minuten
Bijzondere materialen: mixer, spuitzak, bakplaat, oven, rooster

Raadpleeg uw merkartikelenlijst van ALBA en/of uw dieetadvies.

2 eiwitten
100 g witte basterdsuiker
1 zakje vanillesuiker

Klop de eiwitten, eventueel met behulp van een mixer, schuimig en halfstijf.
Voeg al kloppende, beetje bij beetje de witte basterdsuiker en de vanillesuiker toe en klop het deeg zeer stijf.
Doe het deeg over in een spuitzak met een grof gekartelde spuitmond en spuit met tussenruimte rondjes of strepen op het bakblik.
Bak de koekjes ongeveer 1 uur en 15 minuten in een voorverwarmde oven, gasstand 1/140°C.
Neem de schuimkoekjes van de bakplaat en laat ze op een rooster afkoelen.

DIEETAANPASSING

- **Additievenvrij**
  Voeg geen vanillesuiker toe.
- **Saccharosevrij**
  Gebruik honing of maïsmoutstroop in plaats van witte basterdsuiker of raadpleeg de vervangingslijst.
  Voeg geen vanillesuiker toe.

VARIATIES

Bitterkoekjes
Bereid van 1 eiwit en 50 g witte basterdsuiker schuimdeeg volgens bovenstaand recept. Voeg 90 g gemalen amandelen en 20 g gemalen bittere amandelen of abrikozepitten toe aan het deeg.

Gekleurde schuimkoekjes
Voeg 1 eetlepel vruchtesap of groentenat toe aan het deeg tijdens het kloppen.

Kokosmakarons
Bereid van 1 eiwit en 50 g witte basterdsuiker schuimdeeg volgens bovenstaand recept.
Schep door het stijve eiwit 100 g gemalen kokos.
Knip 5 blaadjes ouwel in vieren, leg op ieder blaadje ouwel 1 bergje schuimdeeg.

Mokkaschuimkoekjes
Voeg 1 eetlepel sterke koffie toe aan het deeg tijdens het kloppen.

Schuimnestjes
Spuit het deeg in de vorm van een dicht nestje op de bakplaat.
Leg op de afgekoelde schuimnestjes 1 paaseitje of 1 suikerkip.

Spritskoekjes

ongeveer 25 stuks

Bereidingstijd: 10 minuten
Baktijd: 15 minuten
Bijzondere materialen: mixer, spuitzak, bakplaat, oven, rooster

Raadpleeg uw merkartikelenlijst van ALBA en/of uw dieetadvies.

90 g margarine
50 g witte basterdsuiker
100 g bloem
zout

Roer de margarine met de witte basterdsuiker eventueel met behulp van een mixer tot een zachte, schuimige massa.
Voeg de gezeefde bloem met het zout beetje bij beetje, al kloppende door de massa en klop het deeg tot het glad is.
Doe het deeg over in een spuitzak met een grote spuitmond of speciale spritsmond en spuit vlug rozetjes of dunne streepjes met een flinke tussenruimte op een ingevette bakplaat.
Bak de koekjes ongeveer 15 minuten in een voorverwarmde oven, gasstand 3/180°C.
Neem de spritskoekjes van de bakplaat en laat ze op een rooster afkoelen.

DIEETAANPASSING

- **Glutenvrij**
  Gebruik 50 g boekweitemeel en 50 g rijstemeel in plaats van 100 g bloem of gebruik glutenvrije bloem.
- **Saccharosevrij**
  Gebruik honing of maïsmoutstroop in plaats van witte basterdsuiker of raadpleeg de vervangingslijst.

VARIATIES

- Voeg 1 zakje vanillesuiker extra toe aan het deeg.

Spritsnestjes
Gebruik een spuitzak met een niet te grote stervormige spuitmond en spuit vlug kransjes zonder gaatje in het midden.
Verwarm 5 eetlepels jam of vruchtenbeleg al roerende ongeveer 5 minuten en leg in het midden van de afgekoelde spritsnestjes 1 theelepel afgekoelde jam.

Spritsviooltjes
Spuit in plaats van rozetjes of streepjes 5 kleine rondjes tegen elkaar aan. Ieder rondje wordt een bloemblaadje van een viooltje.
Garneer de koekjes met een viooltje of suikerviooltje, vastgeplakt met glazuur, gemaakt van 25 g poedersuiker.

GARNEERSUGGESTIE

- Bestrijk de spritskoekjes voor de helft met een glazuur, bijvoorbeeld chocolade- of carobeglazuur, gemaakt van 50 g poedersuiker.

Taaitaai

ongeveer 20 stuks

Bereidingstijd: 20 minuten
Baktijd: 25 minuten
Bijzondere materialen: bakplaat, oven, rooster

Raadpleeg uw merkartikelenlijst van ALBA en/of uw dieetadvies.

1½ dl water
½ eetlepel gemalen anijspoeder
5 eetlepels honing
5 eetlepels keukenstroop
250 g boekweitemeel
1 zakje bakpoeder
1 theelepel gemberpoeder
1 theelepel kaneel
zout

Breng het water aan de kook en voeg de gemalen anijspoeder, de honing en de keukenstroop toe en roer alles glad.
Meng het boekweitemeel met de bakpoeder, gemberpoeder, kaneel en het zout naar smaak en dieet en voeg al roerende het honingmengsel hieraan toe.
Kneed het deeg goed en vorm poppetjes van ongeveer 3 cm breed en 6 cm lang.
Leg de deegpoppetjes op een ingevette bakplaat.
Bak de koekjes ongeveer 25 minuten in een voorverwarmde oven, gasstand 3/180°C.
Neem de taaitaai van de bakplaat en laat ze op een rooster afkoelen.

DIEETAANPASSING

- **Saccharosevrij**
  Gebruik eventueel diksap in plaats van honing en appel-perenstroop zonder toegevoegde suiker in plaats van keukenstroop of raadpleeg de vervangingslijst.

VARIATIES

- Maak verschillende poppetjes of figuurtjes zoals huisjes van het deeg.
- Maak een grote taaipop en bak deze ongeveer 35 minuten in plaats van 25 minuten.
- Bestrooi de deegpoppetjes voor het bakken met 100 g grove suiker.

Pepernoten
Vorm balletjes ter grootte van een knikker in plaats van poppetjes en bak de pepernoten ongeveer 15 minuten.

GARNEERSUGGESTIE

- Garneer de taaitaaipopjes met wit glazuur, gemaakt van 100 g poedersuiker.

Vakantiekoekjes

ongeveer 20 stuks

Bereidingstijd: 20 minuten
Baktijd: 5 minuten
Bijzonder materiaal: pan met anti-aanbaklaag

Raadpleeg uw merkartikelenlijst van ALBA en/of uw dieetadvies.

100 g bloem
1 zakje bakpoeder
2 eetlepels suiker
1/2 theelepel kaneel
1 eetlepel water
zout
50 g margarine

Meng de bloem met de bakpoeder, de suiker, de kaneel, het water en het zout.
Voeg de margarine toe en snijd deze in kleine stukjes met behulp van twee messen.
Kneed het deeg tot een stevige bal.
Vorm er een rol van met een doorsnede van ongeveer 5 cm en snijd hier ongeveer 20 dunne koekjes van.
Verhit de pan en bak hierin steeds enkele koekjes ongeveer 5 minuten.
Keer de vakantiekoekjes halverwege één keer.

DIEETAANPASSING

- **Glutenvrij**
  Gebruik 50 g boekweitemeel en 50 g rijstemeel in plaats van bloem of gebruik glutenvrije bloem.
- **Saccharosevrij**
  Gebruik diksap of honing in plaats van suiker of raadpleeg de vervangingslijst.

VARIATIES

- Gebruik 1/4 theelepel pimentpoeder in plaats van 1/2 theelepel kaneel.
- Voeg 3 eetlepels rozijnen of gehakte noten aan het deeg toe.

SERVEERTIP

- Serveer de vakantiekoekjes met 5 eetlepels jam of vruchtenbeleg, 1 dl slagroom die is stijf geklopt met 1 eetlepel suiker, of met 1 dl imitatieslagroom.

Zandkoekjes

ongeveer 20 stuks

Bereidingstijd: 15 minuten
Koeltijd: 30 minuten
Baktijd: 20 minuten
Bijzondere materialen: aluminiumfolie, bakplaat, oven, rooster

Raadpleeg uw merkartikelenlijst van ALBA en/of uw dieetadvies.

100 g bloem
50 g witte basterdsuiker
1/8 theelepel zout
75 g margarine

Meng de gezeefde bloem met de witte basterdsuiker en het zout.
Voeg de margarine toe en snijd deze in kleine stukjes met behulp van twee messen.
Kneed het deeg tot een stevige bal.
Vorm er een rol van met een doorsnede van ongeveer 5 cm en leg het deeg afgedekt met aluminiumfolie ongeveer 30 minuten in de koelkast om op te stijven.
Snijd de rol deeg in ongeveer 20 deegkoekjes en leg ze op de ingevette bakplaat met een tussenruimte van 2 cm.
Bak de koekjes ongeveer 20 minuten in een voorverwarmde oven, gasstand 3/180°C.
Neem de zandkoekjes van de bakplaat en laat ze op een rooster afkoelen.

DIEETAANPASSING

- **Glutenvrij**
  Gebruik 50 g boekweitemeel en 50 g rijstemeel in plaats van 100 g bloem of gebruik glutenvrije bloem.

- **Saccharosevrij**
  Gebruik honing of diksap in plaats van witte basterdsuiker of raadpleeg de vervangingslijst.

VARIATIES

- Voeg 1 zakje vanillesuiker extra toe aan het deeg.

Bloemenkoekjes
Rol het deeg na het opstijven uit en snijd met behulp van een koekjessteker of sjabloon (zie blz. **378**), klavertjevieren, rozetten of tulpen uit het deeg. Bestrijk de afgekoelde koekjes met glazuur, gemaakt van 100 g poedersuiker, zoals aangegeven bij het sjabloon. Laat het buitenste randje van het koekje hierbij vrij.

Clowntjes
Rol het deeg na het opstijven uit en snijd met behulp van het sjabloon (zie blz. **380**) een clowntje uit het deeg.
Bestrijk de afgekoelde koekjes met glazuur, gemaakt van 100 g poedersuiker, zoals aangegeven bij het sjabloon.

Cijferkoekjes
Rol het deeg na het opstijven uit en snijd met behulp van een vormpje of het sjabloon (zie blz. **381**) het gewenste cijfer uit het deeg.

Dierenkoekjes/paaskoekjes
Rol het deeg na het opstijven uit en snijd met behulp van een koekjessteker of sjabloon (zie blz. **377**) dierfiguren zoals haasje, haantje, kuikentje, lammetje uit het deeg.
Bestrijk de afgekoelde koekjes met glazuur, gemaakt van 100 g poedersuiker, zoals aangegeven bij het sjabloon.
Laat het buitenste randje van het koekje hierbij vrij.
Bestrooi het geglazuurde lammetje eventueel direct met gemalen kokos.

Dubbeldekkers
Bestrijk de helft van de koekjes met creme au beurre, gemaakt van 100 g margarine, of 5 eetlepels jam of vruchtenbeleg en leg de rest van de koekjes erbovenop. Bestrijk de koekjes eventueel met een glazuur, gemaakt van 50 g poedersuiker.

Hernhuttertjes
Vul met het zanddeeg hernhutter- of cakevormpjes en bak deze ongeveer 30 minuten.

Hoefijzertjes
Vorm na het opstijven 20 porties van het deeg. Maak van iedere portie een rolletje, leg dit in hoefijzervorm op de bakplaat, rol ze uit tot een plat hoefijzer.

Jamkoekjes
Druk met een theelepeltje in ieder deegkoekje een kleine holte en vul deze met jam of vruchtenbeleg.

Janhagel
Voeg $^1/_4$ theelepel kaneel toe aan het deeg. Maak van het deeg een rol en snijd hier plakken van.
Leg de deegkoekjes op de ingevette bakplaat en bestrooi ze met een mengsel van 50 g gepelde en gehakte pinda's en 50 g grove kristalsuiker.

Kerstkoekjes
Rol het deeg na het opstijven uit en snijd met behulp van een sjabloon (zie blz. **380**) kerstklokjes of denneboompjes uit het deeg.

Kerstkransjes
Rol het deeg na het opstijven uit en steek hier met behulp van een glas rondjes uit waarvan sterren gesneden worden.
Steek met behulp van een appelboor of borrelglaasje een rondje uit het midden van de ster. Bestrooi de deegkoekjes met 5 eetlepels suiker, met $2^1/_2$ eetlepel suiker en $2^1/_2$ eetlepel gehakte nootjes, of met 3 eetlepels suiker en 2 eetlepels zonnebloempitten.

Marmerkoekjes
Verdeel de bal deeg in tweeën, voeg aan één deel 1 eetlepel cacao of carobepoeder, 1 eetlepel margarine en 1/2 eetlepel witte basterdsuiker toe en kneed dit egaal door het deeg. Kneed nu beide deeghelften kort door elkaar, vorm er een rol van.

Mozaïekkoekjes klavertjevieren
Verdeel de bal deeg in tweeën, voeg aan één deel 1 eetlepel cacao of carobepoeder, 1 eetlepel margarine en 1/2 eetlepel witte basterdsuiker toe en kneed dit egaal door het deeg. Vorm van het chocoladedeeg 2 vierkante staven van gelijke lengte en vorm van het blanke deeg 2 dezelfde staven.
Leg een chocoladestaaf tegen een blanke staaf en hierop de 2 andere staven in tegenovergestelde kleur.
Druk de staven zachtjes tegen elkaar, snijd van de rol deegkoekjes.

Notenkoekjes
Gebruik bruine basterdsuiker in plaats van witte, voeg 4 eetlepels gehakte hazelnoten toe aan het deeg.

Pinda-gemberkoekjes
Voeg 1 eetlepel gehakte gember, 1 eetlepel gembersiroop en 3 eetlepels gehakte pinda's toe aan het deeg.

Piraatjes
Vorm van het deeg 10 koekjes.
Bestrijk de afgekoelde koekjes met glazuur, zoals aangegeven bij het sjabloon (zie blz. **379**). Maak chocoladeglazuur van 50 g poedersuiker, geel, rood en wit glazuur ieder van 25 g poedersuiker.
Gebruik 20 rozijntjes als ogen.

Pitmoppen
Leg op ieder koekje een gepelde amandel en druk deze zachtjes in het deeg.

Rozijnenkoekjes
Voeg 3 eetlepels rozijntjes toe aan het deeg.

Spiraaltjes
Verdeel de bal deeg in tweeën, voeg aan één deel 1 eetlepel cacao of carobepoeder, 1 eetlepel margarine en 1/2 eetlepel witte basterdsuiker toe en kneed dit egaal door het deeg.
Vorm van het chocoladedeeg en het blanke deeg 2 rollen van gelijke lengte en rol ze uit tot 2 even grote lappen. Leg de lap chocoladedeeg op het blanke deeg en rol ze vanaf de brede kant op. Snijd de rol in deegkoekjes.

Zebrakoekjes
Verdeel de bal deeg in tweeën, voeg aan één deel 1 eetlepel cacao of carobepoeder, 1 eetlepel margarine en 1/2 eetlepel witte basterdsuiker toe en kneed dit egaal door het deeg.
Vorm van het chocoladedeeg en het blanke deeg 2 rollen van gelijke lengte en rol ze uit tot 2 even grote lappen. Leg de lappen op elkaar, snijd ze tweemaal in de lengte door en leg deze 3 staven weer op elkaar zodat een streeppatroon ontstaat.
Druk het deeg zachtjes aan, snijd van de rol deegkoekjes.

GARNERINGEN EN VULSELS VOOR GEBAK

Garneringen en vulsels kunnen gebruikt worden om gebak, traktaties en nagerechten smakelijker en aantrekkelijker te maken.

Amandelpers

ongeveer 200 g

Dit gerecht is niet geschikt voor het notenvrije dieet.

Bereidingstijd: 10 minuten
Bijzonder materiaal: keukenmachine

Raadpleeg uw merkartikelenlijst van ALBA en/of uw dieetadvies.

100 g gepelde amandelen
100 g suiker

Maal de gepelde amandelen met behulp van de keukenmachine.
Meng de amandelen met de suiker en maal de massa opnieuw.

DIEETAANPASSING
- **Saccharosevrij**
  Gebruik honing of maïsmoutstroop in plaats van suiker of raadpleeg de vervangingslijst.

Amandelspijs

ongeveer 200 g

Dit gerecht is niet geschikt voor het notenvrije dieet.

Bereidingstijd: 15 minuten
Bijzondere materialen: keukenmachine, aluminiumfolie

Raadpleeg uw merkartikelenlijst van ALBA en/of uw dieetadvies.

100 g gepelde amandelen
100 g suiker
1 eetlepel citroensap
½ ei

Maal de gepelde amandelen met behulp van een keukenmachine.
Meng de amandelen met de suiker en maal de massa opnieuw.
Meng het citroensap en het ei door de amandelpers.
Leg de amandelspijs, afgedekt met aluminiumfolie, enkele dagen in de koelkast om de smaak in te laten trekken.

DIEETAANPASSING
- **Citrusvrij**
  Bereid amandelpers in plaats van amandelspijs.
- **Kippeëivrij**
  Bereid amandelpers in plaats van amandelspijs.
- **Saccharosevrij**
  Gebruik honing of maïsmoutstroop in plaats van suiker of raadpleeg de vervangingslijst.

Banketbakkersroom

ongeveer 2½ dl

Bereidingstijd: 40 minuten

Raadpleeg uw merkartikelenlijst van ALBA en/of uw dieetadvies.

2 eierdooiers
3 eetlepels suiker
2½ eetlepel bloem
2 dl melk
½ vanillestokje
(ongeveer 2½ cm)
25 g margarine

Meng de eierdooiers met de suiker.
Meng de bloem aan met 2 eetlepels koude melk, voeg het eiermengsel al roerende toe.
Snijd het vanillestokje open.
Breng de rest van de melk aan de kook, voeg het vanillestokje toe en laat dit ongeveer 25 minuten trekken.
Voeg al roerende 2 eetlepels van de kokende melk toe aan de aangemengde bloem, schenk het mengsel daarna al roerende in de kokende melk en breng de pudding opnieuw aan de kook.
Kook de pudding ongeveer 5 minuten.
Verwijder het vanillestokje.
Roer de margarine romig en voeg deze al roerende toe aan de dikke pudding.
Roer de banketbakkersroom koud.

DIEETAANPASSING
- **Glutenvrij**
  Gebruik 1½ eetlepel maïzena in plaats van bloem of gebruik glutenvrije bloem.
- **Kippeëivrij**
  Bereid gele room (zie blz. **329**) in plaats van banketbakkersroom.
- **Koemelkvrij**
  Gebruik sojamelk in plaats van koemelk of bereid gele room van hypoallergene melkvervanger (zie blz. **330**).
- **Lactosevrij**
  Gebruik lactosevrije melk in plaats van koemelk.
- **Saccharosevrij**
  Gebruik ahornsiroop of maïsmoutstroop in plaats van suiker of raadpleeg de vervangingslijst.

Crème au beurre

botercrème, ongeveer 3 dl

Bereidingstijd: 5 minuten
Bijzonder materiaal: mixer

Raadpleeg uw merkartikelenlijst van ALBA en/of uw dieetadvies.

200 g margarine
100 g poedersuiker

Roer de margarine romig en voeg beetje bij beetje, al roerende de poedersuiker toe.
Klop de crème au beurre totdat alle poedersuiker is opgenomen.

DIEETAANPASSING
- **Additievenvrij**
  Gebruik eventueel glucose in plaats van poedersuiker.
- **Saccharosevrij**
  Gebruik glucose of fructose in plaats van poedersuiker.

VARIATIES

Carobecrème
Roer 200 g margarine romig met 130 g poedersuiker. Voeg al roerende 4 eetlepels warm water toe aan 3 eetlepels carobepoeder en roer dit beetje bij beetje door de botercrème. Voeg pas weer carobevocht toe als het vorige volledig in de botercrème is opgenomen.

Chocoladecrème
Roer 200 g margarine romig met 130 g poedersuiker. Voeg al roerende 4 eetlepels warm water toe aan 3 eetlepels cacao en roer dit beetje bij beetje door de botercrème. Voeg pas weer cacaovocht toe als

het vorige volledig in de botercrème is opgenomen.

Likeurcrème
Roer 200 g margarine romig met 100 g poedersuiker.
Meng 3 eetlepels likeur, zoals amandel- of kersenlikeur met 1 eetlepel warm water en voeg dit al roerende beetje bij beetje toe aan de botercrème. Voeg pas weer likeurvocht toe als het vorige volledig is opgenomen.

Mokkacrème
Roer 200 g margarine romig met 130 g poedersuiker. Voeg 4 eetlepels sterke koffie of 2 eetlepels sterke koffie met 2 eetlepels koffielikeur al roerende beetje bij beetje toe aan de botercrème. Voeg pas weer koffie toe als het vorige volledig in de botercrème is opgenomen.

Vanillecrème
Voeg 2 zakjes vanillesuiker toe aan de poedersuiker.

Vruchtencrème
Roer 200 g margarine romig met 100 g poedersuiker.
Meng 4 eetlepels warm aangelengd diksap of vruchtensiroop al roerende beetje bij beetje door de botercrème.
Voeg pas weer vocht toe als het vorige volledig is opgenomen.

Garneernoga

Bereidingstijd: 5 minuten
Koeltijd: 30 minuten
Bijzondere materialen: gietijzeren pan, aluminiumfolie, keukenmachine

Raadpleeg uw merkartikelenlijst van ALBA en/of uw dieetadvies.

- 100 g suiker
- 10 g margarine

Smelt de suiker met de margarine langzaam in een gietijzeren pan en laat hem lichtbruin worden.
Giet de massa uit op aluminiumfolie en laat hem ongeveer 30 minuten afkoelen.
Maal de massa grof in de keukenmachine en verwerk hem direct.

DIEETAANPASSING

- **Saccharosevrij**
  Bereid honingnoga (zie blz. **354**) in plaats van garneernoga en maal deze fijn.

VARIATIE

- Meng 50 gemalen hazelnoten door de nog warme massa.

Gele room

ongeveer 2½ dl

Bereidingstijd: 20 minuten

Raadpleeg uw merkartikelenlijst van ALBA en/of uw dieetadvies.

- 2 eetlepels bloem
- 3 eetlepels custard
- 3 eetlepels suiker
- 2½ dl melk
- 1 zakje vanillesuiker
- 25 g margarine

Meng de bloem met de custard en de suiker en voeg al roerende 5 eetlepels van de koude melk toe.
Breng de rest van de melk aan de kook, voeg al roerende het aangemengde custardmengsel toe. Breng de pudding opnieuw aan de kook en voeg al roerende de vanillesuiker toe.
Kook de pudding ongeveer 5 minuten.
Roer de margarine romig en voeg deze al roerende toe aan de zeer dikke pudding.
Roer de gele room koud.

DIEETAANPASSING

- **Additievenvrij**
  Bereid banketbakkersroom (zie blz. **328**) in plaats van gele room.
- **Glutenvrij**
  Gebruik glutenvrije bloem.
- **Koemelkvrij**
  Gebruik sojamelk in plaats van koemelk of bereid gele room van hypoallergene melkvervanger (zie blz. **330**).
- **Lactosevrij**
  Gebruik lactosevrije melk in plaats van koemelk.
- **Maïsvrij**
  Gebruik banketbakkersroom (zie blz. **328**).
- **Saccharosevrij**
  Gebruik ahornsiroop of maïsmoutstroop in plaats van suiker of raadpleeg de vervangingslijst.
  Voeg geen vanillesuiker toe.

Gele room van hypoallergene melkvervanger

ongeveer 3 dl

Dit gerecht is niet geschikt voor het additievenvrije en maïsvrije dieet.

Bereidingstijd: 25 minuten

Raadpleeg uw merkartikelenlijst van ALBA en/of uw dieetadvies.

2 eetlepels bloem
3 eetlepels custard
3 eetlepels suiker
1 zakje vanillesuiker
$2^1/_2$ dl water
hypoallergene melkpoeder
3 eetlepels water
25 g margarine

Meng de bloem met de custard, de suiker en de vanillesuiker en voeg al roerende 5 eetlepels van het koude water toe.
Breng de rest van het water aan de kook.
Meng de hypoallergene melkpoeder aan met het water.
Raadpleeg voor de juiste verhouding hypoallergene melkpoeder/water de gebruiksaanwijzing op de verpakking.
Gebruik de hoeveelheid melkpoeder die nodig is om 3 dl hypo-allergene melkvervanger te verkrijgen.
Voeg het aangemengde custardmengsel al roerende toe aan het kokende water en breng alles opnieuw aan de kook.
Kook de pudding ongeveer 5 minuten en roer deze snel koud tot 70°C.
Voeg al roerende de aangemengde hypoallergene melkpoeder toe aan de massa.
Roer de margarine romig en voeg deze al roerende toe aan de dikke pudding. Roer de gele room koud.

DIEETAANPASSING

- **Glutenvrij**
  Gebruik glutenvrije bloem.
- **Saccharosevrij**
  Gebruik ahornsiroop of maïsmoutstroop in plaats van suiker of raadpleeg de vervangingslijst. Voeg geen vanillesuiker toe.

Glazuur

ongeveer 1 dl

Bereidingstijd: 5 minuten

Raadpleeg uw merkartikelenlijst van ALBA en/of uw dieetadvies.

1 eetlepel water
100 g poedersuiker

Voeg druppelsgewijs en al roerende het water toe aan de poedersuiker.

Voeg druppelsgewijs en al roerende het water toe aan de poedersuiker.
Een paar druppels vocht te veel kan het glazuur dun maken.
Roer het glazuur ongeveer 5 minuten en verwerk het direct.

DIEETAANPASSING

- **Additievenvrij**
  Gebruik eventueel glucose in plaats van poedersuiker.
- **Saccharosevrij**
  Gebruik glucose of fructose in plaats van poedersuiker.

VARIATIES

Carobeglazuur
Meng 1 eetlepel carobepoeder door de poedersuiker en zeef dit.
Gebruik eventueel likeur in plaats van water.

Chocoladeglazuur 1
Meng 1 eetlepel cacao door de poedersuiker en zeef dit.
Gebruik eventueel likeur in plaats van water.

Chocolade-, carobeglazuur 2
Smelt 100 g pure chocolade of carobe au bain-marie en voeg al roerende 25 g margarine en 1 eetlepel likeur toe.

Chocolade-, carobe-amandelglazuur
Smelt 100 g pure chocolade of carobe au bain-marie en voeg al roerende 25 g margarine en 1 eetlepel amandellikeur toe. Voeg 1 eetlepel gehakte amandelen toe aan het glazuur.

Chocolade-, carobe-kokosglazuur
Smelt 100 g pure chocolade of carobe au bain-marie en en voeg al roerende 25 g margarine en 1 eetlepel kokoslikeur toe. Voeg 1 eetlepel geraspte kokos toe aan het glazuur.

Citroenglazuur
Gebruik gezeefd citroensap in plaats van water.

Gember-kaneelglazuur
Voeg 1 theelepel kaneel toe aan de poedersuiker.
Gebruik gembersiroop in plaats van water.

Honingglazuur
Gebruik 1 eetlepel honing en ½ eetlepel water in plaats van water.

Honing-notenglazuur
Gebruik 1 eetlepel honing en ½ eetlepel water in plaats van water en voeg 1 eetlepel gehakte cashewnoten toe aan het glazuur.

Kaneelglazuur
Voeg 1 theelepel kaneel toe aan de poedersuiker.

Koffieglazuur
Gebruik sterke koffie of ½ eetlepel sterke koffie en ½ eetlepel koffielikeur in plaats van water.

Likeurglazuur
Gebruik likeur in plaats van water.

Mokka-cacaoglazuur
Meng 1 eetlepel cacao of carobepoeder door de poedersuiker en zeef dit. Gebruik sterke koffie in plaats van water.

Rumglazuur
Gebruik rum in plaats van water.

Sinaasappelglazuur
Gebruik gezeefd sinaasappelsap in plaats van water.

Vanilleglazuur
Voeg 2 zakjes gezeefde vanillesuiker toe aan de poedersuiker.

Vruchtenglazuur
Gebruik aangelengd diksap, aangelengde limonadesiroop of vruchtesap in plaats van water.

GEKLEURD GLAZUUR

Bruin glazuur
Gebruik carobe- of chocoladeglazuur.

Geel glazuur
Voeg 1/4 theelepel koenjit of saffraan toe aan de poedersuiker of gebruik 1-2 eetlepels advocaat in plaats van water.

Groen glazuur
Pureer vers gekookte spinazie, kiwi of groene paprika, wring de puree uit in een doek en vang het vocht op.
Verhit dit vocht 2 minuten en zeef dit.
Gebruik het gezeefde vocht in plaats van water.

Oranje glazuur
Pureer vers gekookte wortelen, wring de puree uit in een doek en vang het vocht op.
Verhit dit vocht 2 minuten en zeef dit.
Gebruik het gezeefde vocht in plaats van water.

Rood glazuur
Voeg 3 druppels bietesap, rode limonadesiroop of rood diksap toe aan het water of pureer vers gekookte bieten of rode paprika, wring de puree uit in een doek en vang het vocht op.
Verhit dit vocht 2 minuten en zeef dit.
Gebruik het gezeefde vocht in plaats van water.

Roze glazuur
Voeg 3 druppels aardbeien- of frambozenlimonade of rood diksap toe aan het water of pureer vers gekookte aardbeien of frambozen, wring de puree uit in een doek en vang het vocht op.
Verhit dit vocht 2 minuten en zeef dit.
Gebruik het gezeefde vocht in plaats van water.

Imitatieslagroom

ongeveer 3 dl

Bereidingstijd: 15 minuten
Koeltijd: 30 minuten
Bijzonder materiaal: mixer

Raadpleeg uw merkartikelenlijst van ALBA en/of uw dieetadvies.

3 blaadjes witte gelatine
1 1/2 dl sojamelk
5 eetlepels suiker
100 g margarine

Week de gelatine ongeveer 10 minuten in ruim koud water en knijp deze uit.
Verwarm de sojamelk met de suiker en laat de margarine hierin smelten.
Laat deze iets afkoelen en los al roerende de gelatine hierin op.
Laat de massa nog 1 minuut afkoelen en klop deze met een mixer ongeveer 5 minuten tot een luchtige, romige massa is verkregen.
Plaats de imitatieslagroom ongeveer 30 minuten in de koelkast om op te stijven.

DIEETAANPASSING

- **Saccharosevrij**
  Gebruik honing of maïsmoutstroop in plaats van suiker of raadpleeg de vervangingslijst.
- **Sojavrij**
  Gebruik koemelk of hypoallergene melkvervanger in plaats van sojamelk.
  Verwarm de hypoallergene melkvervanger niet boven 70°C.

VARIATIES

- Gebruik rode gelatine in plaats van witte

gelatine, de imitatieslagroom wordt dan roze.

Carobe-imitatieslagroom
Gebruik 6 eetlepels suiker en meng hier 1 eetlepel carobe door.

Chocolade-imitatieslagroom
Gebruik 6 eetlepels suiker en meng hier 1 eetlepel cacao door.

Mokka-imitatieslagroom
Gebruik $1^1/_4$ dl sojamelk en 2 eetlepels extra sterke koffie en gebruik 6 eetlepels suiker.

Marsepein

Dit gerecht is niet geschikt voor het notenvrije dieet.

Bereidingstijd: 15 minuten
Wachttijd: $^1/_2$ uur
Bijzonder materiaal: keukenmachine

Raadpleeg uw merkartikelenlijst van ALBA en/of uw dieetadvies.

150 gepelde amandelen
300 g poedersuiker
2 eetlepels rozenwater

Maal de gepelde amandelen met behulp van een keukenmachine.
Meng de amandelen met de poedersuiker en het rozenwater en maal de massa opnieuw.
Verwerk de marsepein tot de gewenste vorm.
Laat de marsepein ongeveer $^1/_2$ uur drogen en opstijven.

DIEETAANPASSING
- **Additievenvrij**
  Gebruik eventueel glucose in plaats van poedersuiker.
- **Saccharosevrij**
  Gebruik glucose of fructose in plaats van poedersuiker.

VARIATIES
- Gebruik $^1/_2$ theelepel oranjebloesemwater en $1^1/_2$ eetlepel water of $^1/_2$ theelepel laurierkerswater en $1^1/_2$ eetlepel water in plaats van rozenwater.

Marsepeinfiguurtjes
Vorm figuurtjes van marsepein zoals aardappeltjes, rozen, snoepjes, varkentjes en worteltjes. Of rol de marsepein uit tot een lap, snijd er figuurtjes uit en gebruik deze als garnering voor een taart.

Bruin marsepein
Voeg 2 theelepels carobepoeder of cacao toe aan de poedersuiker.

Geel marsepein
Voeg $^1/_4$ theelepel koenjit of saffraan toe aan de poedersuiker.

Groen marsepein
Pureer vers gekookte spinazie, kiwi of groene paprika, wring de puree uit in een doek en vang het vocht op.
Verhit dit vocht 2 minuten en zeef dit.
Gebruik 1 eetlepel van de achtergebleven kleurstof en 1 eetlepel rozenwater.

Oranje marsepein
Pureer vers gekookte wortelen, wring de puree uit in een doek en vang het vocht op.
Verhit dit vocht 2 minuten en zeef dit.
Gebruik 1 eetlepel van de achtergebleven kleurstof en 1 eetlepel rozenwater in plaats van water.

Rood marsepein
Voeg 3 druppels bietesap, rode limonadesiroop of rood diksap toe aan het rozenwater.
Of pureer versgekookte bieten of rode pa-

prika, wring de puree uit in een doek en vang het vocht op.
Verhit dit vocht 2 minuten en zeef dit.
Gebruik 1 eetlepel van de achtergebleven kleurstof en 1 eetlepel rozenwater in plaats van water.

Roze marsepein
Voeg 3 druppels aardbeien- of frambozenlimonade of rood diksap toe aan het rozenwater.
Of pureer vers gekookte aardbeien of frambozen, wring de puree uit in een doek en vang het vocht op.
Verhit dit vocht 2 minuten en zeef dit.
Gebruik 1 eetlepel van de achtergebleven kleurstof en 1 eetlepel rozenwater in plaats van water.

Slagroom

om te bewaren, ongeveer 4 dl

Bereidingstijd: 15 minuten
Bijzonder materiaal: mixer

Raadpleeg uw merkartikelenlijst van ALBA en/of uw dieetadvies.

1 blaadje gelatine
4 eetlepels suiker
$2^1/_2$ dl slagroom
2 eetlepels water

Week de gelatine ongeveer 10 minuten in ruim koud water en knijp deze goed uit.
Voeg de suiker toe aan de slagroom en klop deze, eventueel met behulp van een mixer, halfstijf.
Breng het water aan de kook, laat het iets afkoelen en los al roerende het gelatinemengsel hierin op.
Laat het gelatinemengsel koud worden, voeg dit al kloppend bij de slagroom en klop deze verder stijf.

DIEETAANPASSING
- **Koemelkvrij/lactosevrij**
  Bereid imitatieslagroom (zie blz. **332**).
- **Saccharosevrij**
  Gebruik honing of maïsmoutstroop in plaats van suiker of raadpleeg de vervangingslijst.

VARIATIES
- Gebruik rode gelatine in plaats van witte gelatine, de slagroom wordt dan roze.

Carobeslagroom
Gebruik 5 eetlepels suiker en meng hier 1 eetlepel carobepoeder door.

Chocoladeslagroom
Gebruik 5 eetlepels suiker in plaats van 4 en meng hier 1 eetlepel cacao door.

Mokkaslagroom
Gebruik 5 eetlepels suiker in plaats van 4 en gebruik extra sterke koffie in plaats van water.

Ragoût

voor 20 soesjes of piedeeg

Bereidingstijd: 10 minuten

Raadpleeg uw merkartikelenlijst van ALBA en/of uw dieetadvies.

20 g margarine
$2^1/_2$ eetlepel bloem
$2^1/_2$ dl warme bouillon
200 g gaar vlees zoals
kippevlees, rundvlees
peper, zout

Smelt de margarine, voeg de bloem toe en roer deze door de margarine tot een samenhangende massa (roux) is verkregen. Voeg 1 dl warme bouillon toe, breng de roux aan de kook en roer deze glad.
Voeg nu al roerende beetje bij beetje de rest

van de warme bouillon toe, roer de roux opnieuw glad en breng deze weer aan de kook. Snijd het gare vlees in stukjes en voeg ze aan de roux toe.
Maak de ragoût af met peper en zout naar smaak en dieet.

DIEETAANPASSING

- **Glutenvrij**
  Gebruik glutenvrije bloem.

VARIATIES

Groenteragoût
Gebruik stukjes gare groenten zoals boontjes, bloemkool, broccoli, knolselderij, maïs, spruitjes of worteltjes in plaats van vlees. Gebruik eventueel groentebouillon in plaats van vleesbouillon.

Kaasragoût
Gebruik geraspte kaas in plaats van vlees en gebruik melk in plaats van bouillon.

Visragoût
Gebruik stukjes gare vis zoals kabeljauw of schelvis in plaats van vlees en gebruik visbouillon in plaats van vleesbouillon.

Vleesragoût met champignons
Gebruik 150 g gaar vlees.
Fruit 100 g gewassen, in stukjes gesneden champignons ongeveer 5 minuten in 20 g gesmolten margarine en voeg dit aan de ragoût toe.

Vleesragoût met gekookte ham
Gebruik 150 g gaar vlees en 100 g gekookte ham.

Vleesragoût met kerrie
Voeg 2 theelepels kerrie toe aan de gesmolten margarine.

TRAKTATIES

Traktaties kunnen gegeven worden op vele momenten van de dag.
Houd er rekening mee dat kant-en-klaarprodukten zoals snoepjes, croquetten en dergelijke ingrediënten kunnen bevatten die in het dieet niet zijn toegestaan.
Raadpleeg hiervoor uw dieetadvies en/of ALBA-lijst.

Hartige tussendoortjes met als basis
- Verse en/of geconserveerde vruchten
  bananenboot, fruitprikkers
- Groenten
  gevulde komkommer, tomatenmandje
- Vlees, vis en kip
  bitterballen, knakworsthondje, (mini)-pasteitje, saté, Vietnamese loempia
- Kaas
  kaasclown, kaaspaddestoel
- Ei
  ei-bijtje, gezichteneieren
- Granen en deegwaren
  hartige (mini)croissants, popcorn-enveloppen, zoute stengels

Zoete tussendoortjes met als basis
- Verse en/of geconserveerde vruchten
  abrikozensnoepjes, vijgensnoepjes
- Noten
  flapjack, noga
- Granen en deegwaren
  gebak, koekjes, zoete (mini)croissants
- Suikerprodukten
  borstplaat, karamels, lolly
- Chocoladeprodukten
  chocoladetruffels

Denk ook eens aan kant-en-klaarprodukten
(veelal te koop in natuurvoedingswinkels of reformhuizen)
- Boekweit- en rijstwafels
- Caroberepen
- Chips zonder toevoegingen
- Drop zonder toegevoegde suiker
- Maïslolly's
- Muesli/notenrepen
- Ongezwavelde rozijntjes
- Sesamkoekjes
- Soja- en rijste-ijs

HARTIGE TRAKTATIES

Chinees fruit

2 stuks

Bereidingstijd: 10 minuten
Bijzondere materialen: goudkleurig stevig papier of karton, lijm, zwart dun papier, viltstift, zwart breigaren

Raadpleeg uw merkartikelenlijst van ALBA en/of uw dieetadvies.

2 stuks fruit zoals appel, kiwi, mandarijn, nectarine, peer, perzik, pruim en sinaasappel

Teken op het goudkleurig papier 2 cirkels, met behulp van een glas of bordje. Maak 1 cirkel met doorsnede van 8 cm voor klein fruit (kiwi en nectarine), en van 12 cm voor groot fruit (appel en sinaasappel).

Knip de cirkel in tot aan het midden en plak de 2 uiteinden ongeveer 1 cm over elkaar, zodat een hoed ontstaat.
Knip van het zwart papier Chinese letters of dunne reepjes en plak deze op de hoedjes.
Teken met een viltstift een Chinees gezichtje op de schil van het fruit, zie tekening.
Maak 2 vlechten van zwart breigaren en niet deze aan de hoed vast. Versier het fruit met de hoedjes.

VARIATIES

Indianenfruit
Teken met zwarte stift een indianengezicht op het fruit.
Teken rode of zwarte oorlogsstrepen op de wangen.
Knip uit gekleurd papier 2 banden van 1 cm breed, maak deze passend om het fruit en zet ze vast met plak of een nietje.

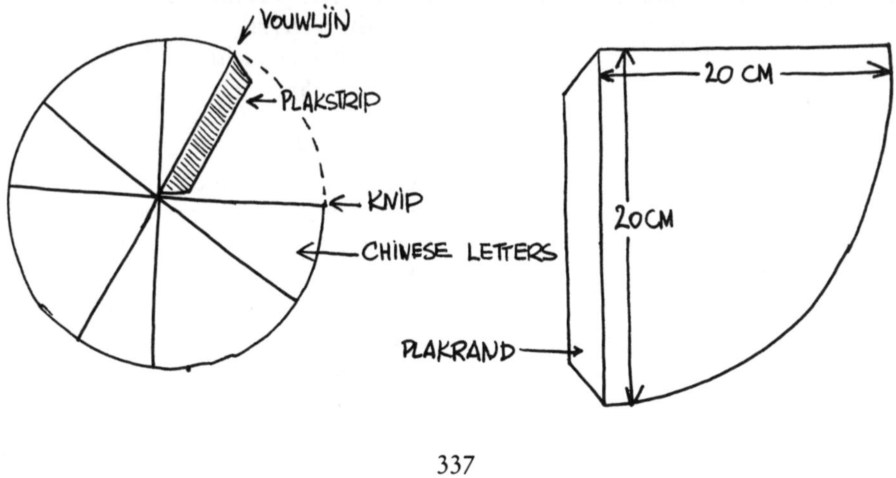

Maak zes veren van papier en plak er op iedere band 3 en zet de verentooi op het fruit.

Koningsfruit
Teken een gezicht op het fruit.
Knip uit goud- of zilverkleurig papier 2 banden van 1 cm breed. Knip uit de band driehoekjes, zodat een kroon ontstaat, zie tekening.
Plak hier eventueel diamantjes van snoepjes of goud- en zilverpillen op, maak de kroon passend om het fruit en zet hem op maat vast met plak of een nietje.

Piratenfruit
Teken met de bruine stift een piratengezicht op het fruit met een lap voor het linkeroog. Maak van de strook crèpepapier een hoofdband, doe deze schuin om het fruithoofd en bind de hoofdband aan de zijkant vast.

Ei-bijtje

2 stuks

Bereidingstijd: 10 minuten
Bijzondere materialen: 1 velletje wit papier, spuitzak

Raadpleeg uw merkartikelenlijst van ALBA en/of uw dieetadvies.

1 hardgekookt ei
2 theelepels mayonaise
2 matzes
4 rozijntjes
3 pepsels (zie blz. **318**)

Halveer het hardgekookt ei en neem de eierdooier eruit. Meng de mayonaise door de dooier.
Knip uit het papier vleugels van de bijen en leg deze op de matzes. Leg de halve eieren met de bolle kant naar boven op de papieren vleugels.
Spuit op ieder ei in de breedte 3 strepen van het mayonaisemengsel en spuit hiervan een kopje.
Druk in ieder kopje 2 gewassen rozijntjes als ogen.
Breek de pepsels doormidden en steek er in ieder kopje 2 als voelsprieten en steek aan de andere kant van de eieren 1 pepsel als angel.

DIEETAANPASSING

- **Additievenvrij**
  Gebruik mayonaise zonder toevoegingen (zie blz. **48**) en gebruik ongezwavelde rozijntjes.
- **Glutenvrij**
  Gebruik boekweit- of rijstwafels in plaats van matzes en gebruik glutenvrije pepsels (zie blz. **318**) of dunne rietjes.
- **Kippeëivrij**
  Bereid perenbijen (zie blz. **346**) in plaats van ei-bijtjes.

- **Saccharosevrij**
  Gebruik mayonaise zonder suiker (zie blz. 48).

VARIATIES
- Gebruik tomatenketchup in plaats van het eierdooier-mayonaisemengsel.
- Gebruik tomaat in plaats van ei.
- Gebruik dunne rietjes in plaats van pepsels.
- Gebruik kappertjes in plaats van rozijntjes.
- Gebruik zonnebloempitten in plaats van rozijntjes.

Egel-eitje
Neem het eigeel niet uit het gehalveerde ei. Prik stukjes pepsel in de bolle kant van het ei als stekels en rozijntjes als oogjes.

Fruitstokken

4 stuks

Bereidingstijd: 10 minuten
Bijzonder materiaal: 4 satéprikkers

Raadpleeg uw merkartikelenlijst van ALBA en/of uw dieetadvies.

4 blauwe druiven
4 witte druiven
1 kiwi
½ perzik
1 schijf ananas

Was de druiven. Maak de kiwi schoon en snijd deze in plakjes.
Maak de perzik schoon en snijd hiervan blokjes.
Snijd de schijf ananas in stukken.
Rijg de witte druiven, de kiwi, de perzik, de ananas en de blauwe druiven aan de satéprikker.

VARIATIES
- Gebruik andere vruchten zoals aardbei, ontpitte abrikoos, appel, banaan, meloen en peer.

Aardbeienfruitstokken met marshmellows
Gebruik 4 marshmellows of spekjes en rijg deze om-en-om met de helft van het fruit aan de satéprikkers.

Fruitstokken met kaas
Gebruik 4 blokjes kaas en rijg deze om-en-om met de helft van het fruit aan de satéprikkers.

Meloenfruitstokken met rookvlees of paling
Gebruik per satéprikker, 5 bolletjes meloen en 1 reep rookvlees of 1 dunne palingfilet.
Prik eerst het rookvlees of de paling aan de satéprikker, dan 1 meloenbolletje, wikkel het rookvlees of de paling om het bolletje meloen en prik dit samen vast met het volgende bolletje meloen.
Ga zo door tot alle meloenbolletjes opgebruikt zijn.

GARNEERSUGGESTIES
- Prik alle fruitstokken in een halve meloen of kool.
- Versier de uiteinden van de satéprikkers met zelfgemaakte ronde tekeningetjes of papieren bloemen.

Gevulde enveloppen

Bereidingstijd: 10 minuten
Bijzondere materialen: 2 enveloppen, viltstiften

Raadpleeg uw merkartikelenlijst van ALBA en/of uw dieetadvies.

20 g chips of popcorn

Schrijf op de enveloppen naam, adres, eventueel groep en school van de getrakteerde en teken er iets persoonlijks bij.
Teken een postzegel en zet aan de achterkant de afzender.
Vul de enveloppen met de chips of de popcorn.

DIEETAANPASSING

- **Aardappelvrij**
  Gebruik gepofte rijst, maïshoorntjes, maïschips of popcorn in plaats van chips.
- **Additievenvrij**
  Gebruik chips of popcorn zonder toevoegingen.
- **Maïsvrij**
  Gebruik chips, gepofte rijst of pepsels in plaats van popcorn.

VARIATIES

- Gebruik kroepoek, kruidnootjes, maïshoorntjes, pepernoten, gepofte rijst of rozijntjes in plaats van chips of popcorn.

Bootjes met chips, pelpinda's, popcorn, rozijntjes of zonnebloempitten
Vouw een bootje van gekleurd papier en vul dit met 20 g chips, pelpinda's, popcorn, rozijntjes of zonnebloempitten.

Chips- of popcornsneeuwbal
Leg de chips of popcorn op een velletje aluminiumfolie van ongeveer 14 x 14 cm en vouw ze tot sneeuwballen.

Hartig gevulde vogeltjes
Teken vogeltjes op dubbelgevouwen gekleurd papier van ongeveer 10 x 14 cm, zie tekening. Knip ze uit en niet ze aan de zij- en onderkant in een u-vorm vast, zodat een mandje ontstaat.
Vul ze met chips, pelpinda's, popcorn, rozijntjes of zonnebloempitten.

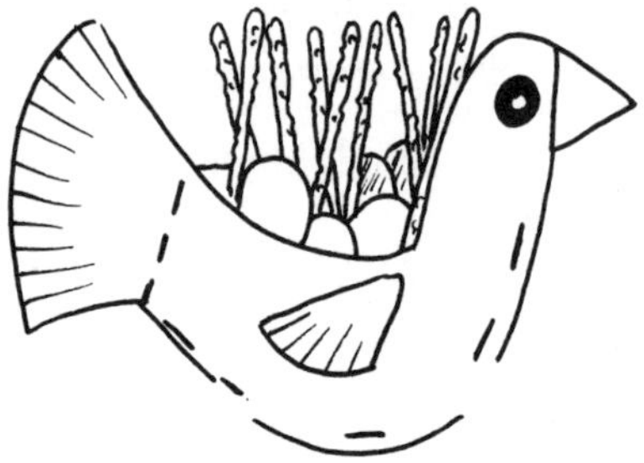

Kettingen van pelpinda's, popcorn, rozijntjes of zonnebloempitten
Rijg de gekozen versnapering met een naald en een stevige draad tot een ketting.

Puntzakje chips of popcorn
Vouw gekleurd papier van ongeveer 20 x 20 cm tot een puntzak en zet de naad met plak of plakband vast.
Vul ze met de chips of popcorn.

Snoepbuideltjes met chips, pelpinda's, popcorn, rozijntjes of zonnebloempitten
Maak van dun gekleurd papier, eventueel met behulp van een bordje, cirkels met een doorsnede van ongeveer 20 cm. Leg hier de 20 g chips, pelpinda's, popcorn, rozijntjes of zonnebloempitten in en bind ze met gekleurd lint dicht.
Gebruik eventueel in plaats van het rondgeknipte papier een servetje of in sinterklaastijd een jute zakje.

Komkommer, gevuld met pâté

4 stuks

Bereidingstijd: 10 minuten
Bijzonder materiaal: spuitzak

Raadpleeg uw merkartikelenlijst van ALBA en/of uw dieetadvies.

1/2 komkommer
30 g pâté zoals kippepâté (zie blz. **360**) of leverpâté (zie blz. **359**)
1 eetlepel ongeklopte slagroom

Was de komkommer, snijd deze in 4 gelijke plakken en hol ze voor de helft uit. Meng de pâté met de ongeklopte slagroom en spuit deze met behulp van een spuitzak in de holte van de komkommerplakken.

DIEETAANPASSING

- **Additievenvrij**
  Gebruik pâté zonder toevoegingen (zie blz. **360**).
- **Glutenvrij**
  Gebruik glutenvrije pâté (zie blz. **360**).
- **Kippeëivrij**
  Gebruik kippeëivrije pâté (zie blz. **359**).
- **Koemelkvrij/lactosevrij**
  Gebruik koemelkvrije pâté (zie blz. **360**) en gebruik bouillon in plaats van slagroom.

VARIATIES

- Gebruik 2 stengels schoongemaakte bleekselderij in plaats van komkommer.
- Gebruik 1 abrikoos, peer of perzik in plaats van 1/2 komkommer.

Komkommer of bleekselderij, gevuld met fruit
Gebruik schoongemaakt en in stukjes gesneden fruit zoals ontpitte abrikoos, ananas, appel, meloen, peer en perzik in plaats van pâté.

Komkommer, gevuld met groentesalade
Gebruik groentesalade zoals wortelsalade in plaats van pâté.

Komkommer, gevuld met kaas
Gebruik zachte kaas zoals Danish Blue, MonChou, Rambol in plaats van pâté.

Komkommer, gevuld met vis
Gebruik 2 eetlepels gare vis zoals garnaaltjes, gerookte makreel of zalm, gemengd met 1/2 eetlepel mayonaise, imitatiemayonaise of sojanaise in plaats van pâté.

GARNEERSUGGESTIES

- Garneer met 1 takje dille of peterselie.
- Garneer met schoongemaakte en in dunne reepjes gesneden paprika, tomaat of wortel.
- Garneer met 1 garnaal of met in dunne reepjes gesneden zalm.
- Garneer met 1 kappertje, cocktailkers of truffel.
- Garneer met een parapluutje.

Kaasclowntjes

2 stuks

Bereidingstijd: 5 minuten
Bijzonder materiaal: 4 houten cocktailprikkers

Raadpleeg uw merkartikelenlijst van ALBA en/of uw dieetadvies.

2 plakken kaas van 1 cm dik
4 rozijntjes
1 klein worteltje
2 takjes krulpeterselie
1/4 komkommer

Snijd, eventueel met behulp van een groot glas, 2 cirkels uit de kaas.
Druk de gewassen rozijntjes als oogjes in de kaas.
Schrap en was het worteltje, halveer dit in de lengte en prik in het dikke gedeelte een cocktailprikker.
Prik het worteltje als neus in de kaas.
Was de krulpeterselie, leg deze aan de bovenkant van de kaas als haar en steek het eventueel vast met een cocktailprikker.
Maak de komkommer schoon, snijd hiervan 2 reepjes en duw deze als mondje in het clowntje.

DIEETAANPASSING

- **Additievenvrij**
  Gebruik boerenkaas waarbij geen schimmelwerend middel of kleurstof aan de korst is toegevoegd.
  Gebruik ongezwavelde rozijnen.
- **Koemelkvrij**
  Gebruik een dikke plak komkommer of koemelkvrije leverworst in plaats van kaas.
- **Lactosevrij**
  Gebruik een harde Hollandse kaassoort.

VARIATIES

- Gebruik leverworst in plaats van kaas, gebruik dan 1/2 uitjes in plaats van krentjes en augurk in plaats van wortel.
- Gebruik 1/2 uitjes of kappertjes in plaats van rozijntjes.
- Gebruik komkommer of augurk in plaats van wortel.
- Gebruik tuinkers in plaats van peterselie.

Kaasbootjes
Leg op de kaas als kajuit een stukje ananas en maak een mast van gekleurd papier en een satéprikker.

Kaasbuttons of kaasletters
Spuit op het rondje kaas, met een tube pâté of tomatenketchup, de eerste letter van een naam.

Kaaslolly's
Steek in de zijkant van de kaasrondjes 1 pepsel, eventueel rietje of soepstengel als lollystokje. Boor zo nodig een gaatje voor. Steek tussen de kaas en de pepsil een stukje gekleurde folie als kraagje.

Kaas met een boeketje bloemen
Snijd de plak kaas in blokjes van ongeveer 4 x 4 cm.
Prik in ieder blokje kaas 5 gaatjes en zet hierin 3 maïshoorntjes, gevuld met tomatenketchup, en 2 maïshoorntjes gevuld met mayonaise.
Garneer ze met wat peterselie, zie tekening.

Kaasprikkers met fruit of groente
Snijd de plak kaas in blokjes. Prik aan ieder blokje kaas een stukje fruit of groente zoals aardbei, ananas, kiwi, meloen, perzik, augurk, komkommer, paprika, uitje of wortel. Plak eventueel een zon van goudpapier of slingers boven aan de satéprikker, zie tekening.

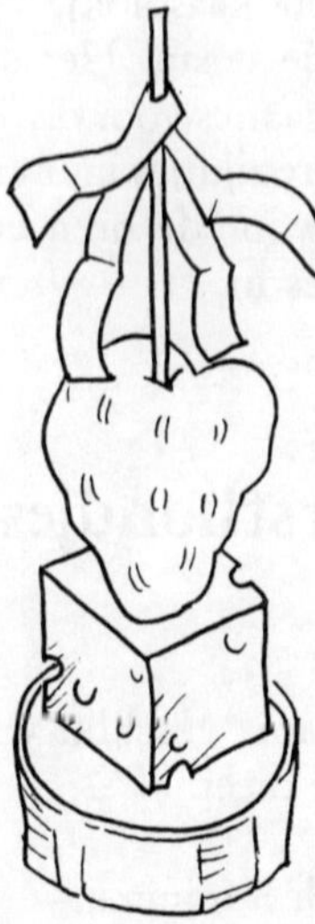

Kaas-roggebroodrondjes
Snijd de plak kaas in blokjes en leg op roggebroodrondjes of geroosterde broodrondjes een blokje kaas met daarop een stukje fruit zoals ananas, druif, kers, kiwi en mandarijn.
Prik alles vast met een cocktailprikker met vlag.

Kaassterren
Snijd uit de kaasrondjes sterren. Zet hier een schoongemaakt worteltje in als kaars en maak hierop een vlammetje van zilverkarton of aluminiumfolie, zie tekening.

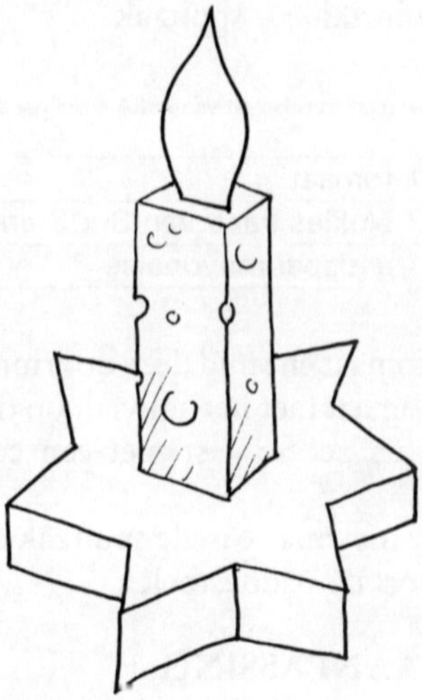

Kaasvliegen
Bestrijk 2 ronde toostjes met zachte kaas. Breek 2 ronde toostjes doormidden en steek in ieder toostje met kaas schuin de 2 helften als vleugeltjes en gebruik 2 rozijntjes of kappertjes als oogjes. Was en hak de peterselie en strooi die op het ruggetje, zie tekening.

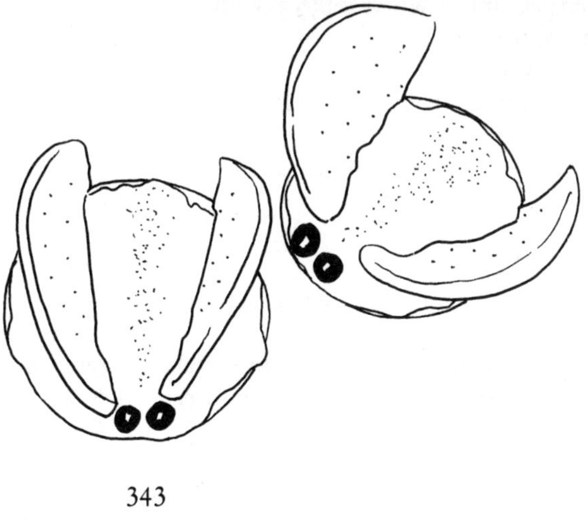

Kaaspaddestoelen

2 stuks

Bereidingstijd: 5 minuten
Bijzondere materialen:
2 cocktailprikkers, spuitzak

Raadpleeg uw merkartikelenlijst van ALBA en/of uw dieetadvies.

1 tomaat
2 blokjes kaas van 3 x 3 cm
1 eetlepel mayonaise

Was de tomaat en snijd deze doormidden. Leg de tomaat met het snijvlak op de blokjes kaas en zet ze vast met een cocktailprikker.
Schep de mayonaise in de spuitzak en spuit stippen op de paddestoelen.

DIEETAANPASSING
- **Additievenvrij**
  Gebruik mayonaise zonder toevoegingen (zie blz. **48**).
  Gebruik boerenkaas waarbij geen schimmelwerend middel of kleur stof aan de korst is toegevoegd.
- **Kippeëivrij**
  Gebruik imitatiemayonaise (zie blz. **47**) of sojanaise (zie blz. **49**).
- **Koemelkvrij**
  Gebruik gewassen komkommer, gewassen en geschrapte wortel of ½ gevuld ei in plaats van kaas.
- **Lactosevrij**
  Gebruik een harde Hollandse kaassoort.
- **Saccharosevrij**
  Gebruik mayonaise zonder suiker (zie blz. **48**).

VARIATIES
- Gebruik een gewassen en geschrapte wortel in plaats van kaas.
- Gebruik een radijsje in plaats van tomaat en gebruik dan blokjes kaas van ongeveer 1½ x 1½ cm.
- Gebruik een ½ ei gevuld met een mengsel van eierdooier en 1 eetlepel mayonaise, of eierdooier en 1 eetlepel gare vis zoals tonijn, makreel of zalm, of eierdooier en 1 eetlepel kwark in plaats van kaas.

Muisjes
Gebruik 3 grote radijsjes in plaats van 1 tomaat. Leg op elk kaasblokje 1 grote radijs, met het steeltje eraan. Het steeltje is de neus. Maak 2 gaatjes voor de ogen en druk hier gewassen rozijntjes in. Maak bovenop 2 inkepingen voor de oren en steek hier 2 radijsringetjes in.

Knakworsthondjes

2 stuks

Dit gerecht is niet geschikt voor het additievenvrije dieet.

Bereidingstijd: 5 minuten
Bijzonder materiaal: 2 houten cocktailprikkers

Raadpleeg uw merkartikelenlijst van ALBA en/of uw dieetadvies.

4 pepsels (zie blz. **318**)
2 knakworstjes
2 zilveruitjes

Breek de pepsels in 2 gelijke stukken.
Steek 4 stukken pepsel als pootjes in de bolle kant van de knakworst.
Prik met behulp van een cocktailprikker 1 zilveruitje als kopje boven op het uiteinde van de knakworstjes, zie tekening.

DIEETAANPASSING
- **Glutenvrij**
  Gebruik glutenvrije worstjes en pepsels (zie blz. **318**) of dunne rietjes.
- **Koemelkvrij/lactosevrij**
  Gebruik koemelkvrije knakworstjes.

- **Saccharosevrij**
  Gebruik zilveruitjes zonder suiker of gebruik 1 bolletje meloen.

VARIATIES

- Gebruik sojaknakworstjes.
- Gebruik geschrapte en gewassen worteltjes in plaats van knakworstjes.
- Gebruik 1 bolletje komkommer, meloen of 1 radijsje in plaats van 1 zilveruitje.

Knakworsthalters
Prik 1 satéprikker in de lengte door het knakworstje.
Maak 1 kiwi, $1/4$ winterwortel en 2 radijsjes schoon.
Snijd uit de kiwi, de radijsjes en de winterwortel 4 kleine plakjes.
Prik 1 rondje kiwi aan beide kanten van de worst aan de prikker, daarna de winterwortel en dan de plakjes radijs, zie tekening.
Zet deze 'gewichten' aan beide kanten vast met een gewassen rozijn en knip het nog uitstekende deel van de satéprikker af.

Meloenbootjes

2 stuks

Bereidingstijd: 15 minuten
Bijzondere materialen:
Parijs-aardappelmesje, 2 satéprikkers, stukje gekleurd papier, viltstift

Raadpleeg uw merkartikelenlijst van ALBA en/of uw dieetadvies.

$1/4$ suikermeloen
8 blauwe druiven

Snijd het stuk suikermeloen in de lengte doormidden.
Hol met behulp van een Parijs-aardappelmesje 4 bolletjes meloen uit het vruchtvlees van ieder stuk meloen.
Snijd het overgebleven vruchtvlees tot ongeveer 2 cm boven de schil weg.
Was de druiven en leg ze met de bolletjes meloen om-en-om op de meloenschil.
Knip van het gekleurd papier 2 zeilen en schrijf hierop de naam van de getrakteerden.
Maak de zeilen vast aan de satéprikker en steek ze in de meloenbootjes.
Zorg dat de namen op de bolle kant van de zeilen staan.

VARIATIES

- Gebruik kersen in plaats van druiven.
- Gebruik een papieren bootje in plaats van een meloenbootje.
- Gebruik $1/8$ watermeloen in plaats van $1/4$ suikermeloen.

Bananenbootjes
Gebruik 2 bananen in plaats van $1/4$ meloen en gebruik banaanbolletjes in plaats van meloenbolletjes.

Bleekselderijbootjes
Gebruik 2 schoongemaakte en gewassen stengels bleekselderij in plaats van meloen en gebruik 30 g zachte kaas zoals Mon-

Chou, Roquefort of pâté in plaats van druiven en meloenbolletjes.

Komkommerbootjes
Gebruik ½ gewassen en in de lengte gehalveerde komkommer in plaats van meloen. Gebruik mandarijnpartjes of radijsjes in plaats van meloenbolletjes.

Perenbij

2 stuks

Bereidingstijd: 10 minuten
Bijzonder materiaal: 1 velletje geel papier

Raadpleeg uw merkartikelenlijst van ALBA en/of uw dieetadvies.

1 peer
2 matzes
½ perzik
4 rozijntjes
3 pepsels (zie blz. **318**)

Maak de peer schoon en halveer deze.
Knip uit het papier de vleugels van de bijen en leg deze op de matzes. Leg de have peren met de bolle kant naar boven op de papieren vleugels.
Maak de perzik schoon, snijd hiervan 6 dunne reepjes en leg 3 perzikreepjes als strepen op de rug van de perenbij.
Druk in ieder kopje 2 gewassen rozijntjes als ogen.
Breek de pepsels doormidden en steek er in ieder kopje 2 als voelsprieten en steek aan de andere kant van de peren 1 pepsel als angel.

DIEETAANPASSING
- **Additievenvrij**
  Gebruik ongezwavelde rozijntjes.
- **Glutenvrij**
  Gebruik boekweit- of rijstwafels in plaats van matzes en gebruik glutenvrije pepsels (zie blz. **318**) of dunne rietjes.

VARIATIES
- Gebruik abrikoos of kiwi in plaats van perzik.
- Gebruik perzik in plaats van peer en maak strepen van appel of van kiwi.
- Gebruik dunne rietjes in plaats van pepsels.
- Gebruik zonnebloempitten in plaats van rozijntjes.

Perenegel of perzikegel
Maak 1 peer of perzik schoon, halveer ze en leg ze met de bolle kant naar boven. Prik stukjes pepsel in de peer- of perzikhelften als stekels en gewassen rozijntjes als oogjes.

Perenmuis of perzikmuis
Maak 1 peer of perzik schoon, halveer ze en leg ze met de bolle kant naar boven.
Bestrijk een uiteinde van de peer- of perzikhelft met 2 theelepels jam of vruchtenbeleg in de vorm van een snuitje.
Prik 2 gewassen rozijntjes als ogen in de peer- of perzikhelften en maak van dropveter of breigaren een staart aan iedere perenof perzikmuis.

Pirateneieren

2 stuks

Bereidingstijd: 10 minuten
Bijzondere materialen: bruine stift, groen crèpepapier van 1 cm breed, 2 eierdoppen

Raadpleeg uw merkartikelenlijst van ALBA en/of uw dieetadvies.

2 hardgekookte bruine eieren

Teken met bruine stift piratengezichtjes op de eieren met een lap voor het linkeroog. Maak van de strook crèpepapier 2 hoofdbanden, doe deze schuin om de hoofden, bind de hoofdbanden aan de zijkant vast en zet de pirateneieren in eierdoppen, zie tekening.

DIEETAANPASSING

- **Kippeëivrij**
  Maak piratenfruit (zie blz. **338**) in plaats van pirateneieren.

VARIATIES

Chinese eieren

Verf de eieren geel, laat ze goed drogen en teken er met zwarte stift Chinese gezichtjes op. Knip uit zwart papier 2 cirkels met een doorsnede van 8 cm en knip deze in tot het midden.

Plak de 2 uiteinden ½ cm over elkaar, zodat een hoed ontstaat. Beplak de hoeden met letters, geknipt uit goudkleurig papier. Maak 2 vlechten van zwart breigaren, zet ze met een nietje vast aan de hoeden en zet deze op de eieren, zie tekening.

Indianeneieren

Verf de eieren oranje, laat ze goed drogen en teken er met zwarte stift indianengezichtjes op. Teken rode oorlogsstrepen op de wangen. Knip uit gekleurd papier 2 banden van ½ cm breed, maak deze passend om de eieren en zet ze op maat vast met plak of een nietje. Maak 6 veren van papier en plak er op iedere band 3.

Zet de verentooi op de eieren, zie tekening.

Rijstelolly's

2 stuks

Bereidingstijd: 5 minuten

Bijzondere materialen: 2 satéprikkers, gekleurde folie

Raadpleeg uw merkartikelenlijst van ALBA en/of uw dieetadvies.

2 rijstwafels

Prik de satéprikkers in de zijkant van de rijstwafels.

Steek tussen de rijstwafel en de prikker gekleurde folie als kraagje.

VARIATIES

- Gebruik boekweit- of tarwewafels in plaats van rijstwafels.
- Gebruik pepsels in plaats van satéstokjes, boor dan gaatjes voor in de wafels.

Droplolly's
Snijd, met behulp van een glas, ronde plakken uit een matje van duimdrop van ongeveer ½ cm dik en gebruik ze in plaats van rijstwafels.

Kaaslolly's
Snijd, met behulp van een glas, ronde plakken uit een plak kaas van ongeveer 1 cm dik en gebruik ze in plaats van rijstwafels.

Groentelolly's
Snijd, met behulp van een glas, ronde plakken uit wortel of komkommer van ongeveer 1 cm dik en gebruik ze in plaats van rijstwafels.

Hartige lolly's
Gebruik een kaaskoekje in plaats van rijstwafels.

SERVEERSUGGESTIES

- Versier de lollystokjes met gekleurd krullint, draai dit in de vorm van een spiraal omlaag langs het stokje en zet het lint vast met plakband.
- Steek de satéprikkers in ½ appel, meloen of sinaasappel.

Tomaatpaddestoelen

2 stuks

Bereidingstijd: 10 minuten
Bijzonder materiaal: spuitzak

Raadpleeg uw merkartikelenlijst van ALBA en/of uw dieetadvies.

2 tomaten
1 eetlepel kwark
1 eetlepel MonChou
1 eetlepel mayonaise

Was de tomaten, snijd het kapje er ruim af en bewaar dit.
Hol de tomaat voor de helft uit.
Meng de kwark met de MonChou en vul hiermee de tomaten.
Leg het kapje op de gevulde tomaten en spuit de mayonaise met behulp van een spuitzak als stippen op het kapje zodat tomaatpaddestoelen ontstaan.

DIEETAANPASSING

- **Additievenvrij**
  Gebruik mayonaise zonder toevoegingen (zie blz. **48**).
- **Kippeëivrij**
  Gebruik imitatiemayonaise (zie blz. **47**) of sojanaise (zie blz. **49**) in plaats van mayonaise.
- **Koemelkvrij**
  Bereid tomaatpaddestoelen met groentemengsel, pâté of vis in plaats van het kwark-kaasmengsel.
- **Saccharosevrij**
  Gebruik mayonaise zonder toevoegingen (zie blz. **48**).

VARIATIES

Tomaatpaddestoelen met groentemengsel
Gebruik 2 eetlepels groentesalade in plaats van kwark en Mon-Chou.

Tomaatpaddestoelen met pâté
Gebruik 30 g pâté zoals kippepâté of leverpâté in plaats van het kwark-kaasmengsel. Meng de pâté met 1 eetlepel bouillon of ongeklopte slagroom.

Tomaatpaddestoelen met vis
Gebruik 2 eetlepels gare vis zoals garnaaltjes, gerookte makreel of zalm, eventueel gemengd met ½ eetlepel mayonaise, imitatiemayonaise of sojanaise in plaats van het kwark-kaasmengsel.

Tomatenmandjes met gemengde groenten

2 stuks

Bereidingstijd: 15 minuten

Raadpleeg uw merkartikelenlijst van ALBA en/of uw dieetadvies.

- 2 tomaten
- 1 gaar worteltje
- 1/2 eetlepel gare doperwtjes
- 1/2 eetlepel gare maïskorrels
- 2 takjes peterselie

Was de tomaten en snijd ze bovenop, iets voorbij het midden, aan twee kanten tot de helft van de tomaat in, zodat een hengselmandje ontstaat. Hol de mandjes iets uit. Snijd het worteltje in kleine stukjes, meng ze met de doperwten en de maïskorrels en vul hiermee de hengselmandjes.
Was de peterselie en garneer de tomatenmandjes hiermee.

VARIATIES

- Meng 1 eetlepel mayonaise door de gare groenten voordat het mandje hiermee gevuld wordt.
- Vul het tomatenmandje met andere rauwe groenten zoals bolletjes komkommer, reepjes radijs of geraspte rettich.

Tomatenbloemen
Was 2 tomaten en snijd ze tot bijna onderaan 4 keer in.
Buig de partjes tomaat iets open en spuit hier 30 g zachte kaas zoals Boursin, Danish Blue of MonChou tussen.

Tomatenmandjes met groentesalade
Gebruik 30 g groentesalade zoals bleekselderijsalade in plaats van het groentemengsel.

Tomatenmandjes met kaas of kwark
Gebruik 30 g zachte kaas zoals Danish Blue, MonChou, Roquefort of kwark in plaats van het groentemengsel.

Tomatenmandjes met pâté
Gebruik 30 g pâté zoals, kippepâté of leverpâté in plaats van het groentemengsel. Meng de pâté met 1 eetlepel bouillon of ongeklopte slagroom en spuit deze in de tomatenmandjes.

Tomatenmandjes met vis
Gebruik 2 eetlepels gare vis zoals garnaaltjes, gerookte makreel of zalm, eventueel gemengd met 1/2 eetlepel mayonaise, imitatiemayonaise of sojanaise in plaats van pâté.

Vietnamese loempia's

ongeveer 4 stuks

Bereidingstijd: 30 minuten

Raadpleeg uw merkartikelenlijst van ALBA en/of uw dieetadvies.

200 g groenten zoals witte
kool, prei, taugé, ui en wortel
2 eetlepels olie
1 rode Spaanse peper
1/2 teentje knoflook
1 theelepel gemberpoeder
peper, zout
100 g bloem
1/2 theelepel zout
2 dl water
40 g margarine
100 g gaar kippevlees
olie

Maak de groenten schoon, was ze en snijd ze met uitzondering van de taugé in kleine stukjes.
Verhit de olie en roerbak hierin de groenten ongeveer 10 minuten, voeg taugé pas de laatste 2 minuten toe.
Maak de rode Spaanse peper schoon, neem de zaadlijsten eruit en snijd de Spaanse peper in stukjes.
Pel en snipper de knoflook en voeg deze met de gemberpoeder, de Spaanse peper en peper en zout naar smaak en dieet toe aan het groentemengsel en laat dit afkoelen.
Meng de gezeefde bloem met het zout, voeg al roerende het water toe en roer het beslag glad.
Verdeel de margarine in 4 klontjes, smelt 1 klontje en laat dit bruin worden.
Schenk, eventueel met behulp van een pollepel, 1/4 deel van het beslag in de pan en laat dit snel over de bodem uitvloeien.
Bak het dunne kleine pannekoekje aan één kant langzaam, totdat het deeg bovenop droog is. Keer het pannekoekje niet.
Verwerk de rest van het beslag op dezelfde manier.
Snijd het gare kippevlees in stukjes en meng deze door het afgekoelde groentemengsel.
Leg 1/4 deel van het mengsel in het midden van de ongebakken kant van het pannekoekje.
Vouw de korte kanten naar het midden en rol ze op, plak de naad met wat beslag of water goed dicht.
Bak de loempia's in hete olie van 170°C, waar de damp juist vanaf komt, ongeveer 5 minuten.
Keer ze halverwege met behulp van 2 lepels.
Laat de Vietnamese loempia's goed uitlekken.

DIEETAANPASSING

- **Glutenvrij**
  Gebruik boekweitemeel of glutenvrije bloem.

VARIATIES

- Gebruik garnalen in plaats van kippevlees.
- Gebruik reepjes omelet, gemaakt van 1 ei, in plaats van kippevlees.
- Voeg 1 eetlepel ketjap toe aan het groentemengsel.
- Voeg 1/4 theelepel laos en/of ketoembar en/of sambal toe aan het groentemengsel.
- Voeg 1 eetlepel honing toe aan het groentemengsel.

ZOETE TRAKTATIES

Versierde appelschijven met fruit

8 stuks

Bereidingstijd: 10 minuten

Raadpleeg uw merkartikelenlijst van ALBA en/of uw dieetadvies.

2 aardbeien
1 appel
1 kiwi
2 geweekte en ontpitte pruimen

Maak de aardbeien, de appel en de kiwi schoon.
Boor het klokhuis uit de appel en snijd deze in 8 plakken.
Halveer de aardbeien, snijd de kiwi in 4 plakken en halveer deze. Halveer de pruimen.
Leg op iedere schijf appel 1 plakje kiwi.
Leg op 4 schijven appel met kiwi 1 halve aardbei en op 4 schijven appel met kiwi 1 halve gedroogde pruim.
Leg de appelschijven om-en-om op een schaal.

DIEETAANPASSING

- **Additievenvrij**
  Gebruik ongezwavelde pruimen.

VARIATIES

- Gebruik 1 abrikoos, 2 frambozen of 2 kersen in plaats van aardbei.
- Gebruik 1 schijf ananas, 8 schijfjes meloen of perzik in plaats van kiwi.
- Gebruik 4 plakjes banaan, 4 besjes, 4 dadels of 4 bramen in plaats van 2 gedroogde pruimen.

Gevulde appel met fruit
Halveer de appel en haal het klokhuis er voorzichtig uit, doorboor de appel niet. Snijd 1 kiwi in stukjes, snijd 1 aardbei in vieren en vul de appel hiermee. Garneer de gevulde appel met 1 gedroogde pruim.

Gevulde appel met pâté
Verdeel de appel in vieren en vul deze met behulp van een spuitzak met 30 g pâté, zoals leverpâté of kippepâté gemengd met 1 eetlepel bouillon of ongeklopte slagroom.
Garneer de appel met een takje dille, bolletje meloen of noot.

Borstplaat

Dit recept is niet geschikt voor het saccharosevrije dieet.

Bereidingstijd: 15 minuten
Wachttijd: 3 uur
Bijzondere materialen: borstplaatvorm, bakpapier, bakplaat, oven

Raadpleeg uw merkartikelenlijst van ALBA en/of uw dieetadvies.

150 g suiker
$3^1/_2$ eetlepel water

Smelt de suiker langzaam in het water onder af en toe roeren tot deze opgelost is.
Breng de suikeroplossing snel aan de kook en kook deze ongeveer 10 minuten, tot een druppel die van de lepel loopt, een dunne wapperende draad trekt.
Roer de massa snel koud tot deze begint te krassen en ondoorschijnend wordt.
Giet de massa ineens uit in de ingevette borstplaatvorm, die op het bakpapier op de bakplaat gedrukt wordt.
Laat de borstplaat drogen, zet de vorm rechtop zodra er witte plekjes op de borstplaat komen, de achterkant kan zo drogen.
Trek het papier er voorzichtig af en laat de borstplaat afkoelen. Neem de borstplaatvorm voorzichtig weg.

VARIATIES
- Gebruik 2 eetlepels likeur zoals amandellikeur of sinaasappellikeur en 1½ eetlepel water in plaats van 3½ eetlepel water.

Carobe- of chocoladeborstplaat
Meng 2 theelepels carobepoeder of cacao door de suiker.

Jamborstplaat
Gebruik voor roze borstplaat 2 eetlepels jam zoals aardbeien- en kersenjam en 1½ eetlepel water, in plaats van water.

Gemberborstplaat
Gebruik 1 eetlepel gembersiroop en 2½ eetlepel water in plaats van water. Voeg 2 in stukjes gesneden bolletjes gember toe.

Koffieborstplaat
Gebruik 2 eetlepels extra sterke koffie en 1½ eetlepel water in plaats van water.

Roomborstplaat
Gebruik slagroom in plaats van water.

Chocoladetruffels

20 stuks

Bereidingstijd: 15 minuten
Koeltijd: 1 uur
Bijzonder materiaal: aluminiumfolie

Raadpleeg uw merkartikelenlijst van ALBA en/of uw dieetadvies.

4 eetlepels cacao
90 g poedersuiker
60 g margarine
30 g pure chocoladehagelslag

Meng de gezeefde cacao, de gezeefde poedersuiker en de margarine en roer de massa ongeveer 5 minuten.
Plaats de chocolademassa ongeveer ½ uur in de koelkast om op te stijven.

Vorm van de chocolademassa 20 balletjes, rol deze direct door de chocoladehagelslag en leg ze op aluminiumfolie.
Plaats de chocoladetruffels ½ uur in de koelkast om op te stijven.

DIEETAANPASSING
- **Additievenvrij**
  Gebruik chocoladehagelslag zonder toevoegingen.
- **Cacaovrij**
  Gebruik carobepoeder en carobehagelslag in plaats van cacao en chocoladehagelslag.
- **Saccharosevrij**
  Gebruik carobehagelslag in plaats van chocoladehagelslag en gebruik glucose of fructose in plaats van poedersuiker.

VARIATIES
- Voeg 1 zakje vanillesuiker toe aan de poedersuiker.
- Gebruik een mengsel van 10 g cacao en 20 g poedersuiker in plaats van chocoladehagelslag.

Gekleurde chocoladetruffels
Gebruik taartmusket in plaats van chocoladehagelslag.

Kerst-chocoladetruffels
Gebruik zilverpillen zodat een kerstbal ontstaat in plaats van chocoladehagelslag.

Kokos-chocoladetruffels
Gebruik gemalen kokos in plaats van hagelslag.

Paas-chocoladetruffels
Maak een kuiltje in de truffels en verdeel hierin 1 eetlepel anijsmuisjes of laat de truffels in de vorm van eitjes opstijven.

Flap Jack

ongeveer 20 stuks

Bereidingstijd: 10 minuten
Baktijd: 15 minuten
Koeltijd: 1 uur
Bijzondere materialen: boterkoekvorm of aluminiumbakje, oven

Raadpleeg uw merkartikelenlijst van ALBA en/of uw dieetadvies.

60 g margarine
1 eetlepel bruine basterdsuiker
2 eetlepels stroop
60 g havermout
60 g gemalen kokos
1 eetlepel rozijnen

Smelt de margarine met de bruine basterdsuiker en de stroop langzaam, onder af en toe roeren met een houten lepel.
Voeg al roerende de havermout, de gemalen kokos en de rozijnen toe. Doe de massa over in een ingevette boterkoekvorm en bak het mengsel ongeveer 15 minuten in een voorverwarmde oven, gasstand 3/ 180°C.
Laat de massa iets afkoelen en snijd deze in blokjes van 2 x 2 cm en laat de Flap Jack in de koelkast opstijven.

DIEETAANPASSING

- **Additievenvrij**
  Gebruik ongezwavelde rozijnen.
- **Glutenvrij**
  Gebruik rijstvlokken of glutenvrije koekkruimels in plaats van havermout.
- **Notenvrij**
  Gebruik 120 g havermout in plaats van havermout en kokos.
- **Saccharosevrij**
  Gebruik maïsmoutstroop in plaats van bruine basterdsuiker en stroop of raadpleeg de vervangingslijst.

VARIATIE

- Gebruik andere noten zoals geschaafde amandelen, gehakte hazelnoten of gehakte walnoten in plaats van gemalen kokos.

Harde karamels

ongeveer 16 stuks

Bereidingstijd: 20 minuten
Koeltijd: 1 uur
Bijzondere materialen: gietijzeren pan, glas water, langwerpig metalen trommeltje van ongeveer 10 x 20 cm of een marmeren plaat

Raadpleeg uw merkartikelenlijst van ALBA en/of uw dieetadvies.

100 g suiker
3 eetlepels honing
50 g margarine
olie

Smelt in de gietijzeren pan de suiker met de honing en de margarine langzaam en al roerende met een houten lepel.
Kook de suikermassa langzaam nog 15 minuten onder af en toe roeren tot de massa donkerder kleurt en minder volume heeft.
Laat, als controlemiddel, een druppel van de suikermassa in het glas water vallen. De druppel wordt direct hard als de suikermassa voldoende gekookt heeft, het bolletje moet bij dubbelvouwen breken. Is de druppel nog niet hard genoeg, kook de suikermassa dan nog even.
Bestrijk de marmeren plaat of het metalen trommeltje met olie, schenk de suikermassa hierin en laat deze afkoelen. De karamel is voldoende afgekoeld als de indruk van een mes aan de oppervlakte van de karamel blijft staan, snijd de karamel nu met een met olie bestreken mes in stukjes van ongeveer 2 x 2 cm en laat de karamels in de koelkast verder opstijven.

DIEETAANPASSING

- **Saccharosevrij**
  Bereid zachte karamels (zie blz. **354**) in plaats van harde en gebruik hierbij glucose in plaats van poedersuiker.
  Gebruik hierbij eventueel ahornsiroop of maïsmoutstroop in plaats van honing.

VARIATIES

- Voeg 1 eetlepel slagroom toe aan de suikermassa na het koken.
- Voeg 2 eetlepels gehakte noten zoals amandelen, hazelnoten, walnoten toe aan de suikermassa na het koken.

Carobe- of chocoladekaramels
Voeg 150 g gesmolten carobe of pure chocolade toe vóór het koken van de suikermassa.

Zachte karamels
Gebruik poedersuiker in plaats van kristalsuiker en gebruik 100 g honing in plaats van 3 eetlepels.

Zeeuwse boterbabbelaars
Gebruik 75 g suiker in plaats van 100 g, 5 eetlepels stroop in plaats van 3 eetlepels honing en 25 g margarine in plaats van 50 g. Voeg 2 eetlepels azijn toe aan de suikermassa vóór het koken.

SERVEERSUGGESTIE

- Serveer de snoepjes in een bonbonschaaltje, op een gekleurd servetje of in gekleurde transparante folie als verpakt snoepje.

Honingnoga

ongeveer 15 stuks

Bereidingstijd: 15 minuten
Koeltijd: 1 uur
Bijzonder materiaal: vetvrij papier

Raadpleeg uw merkartikelenlijst van ALBA en/of uw dieetadvies.

120 g amandelen
$2^1/_2$ eetlepel honing
$1^1/_2$ eetlepel maïsmoutstroop
3 eetlepels water

Hak de amandelen.
Breng de honing met de maïsmoutstroop en het water langzaam aan de kook en kook de massa al roerende tot een stijve bal ontstaat.
Voeg de amandelen al roerende toe en laat de massa iets afkoelen.
Maak een lange rol van de afgekoelde massa met een doorsnede van ongeveer 2 cm en knip met een ingevette schaar stukjes van 2 cm van de rol.
Laat de honingnoga, met vetvrij papier bedekt, ongeveer 1 uur in de koelkast opstijven.

DIEETAANPASSING

- **Notenvrij**
  Gebruik gedroogde vruchten zoals abrikozen en appels in plaats van noten.
- **Saccharosevrij**
  Gebruik eventueel maïsmoutstroop in plaats van honing of raadpleeg de vervangingslijst.

INDIEN TOEGESTAAN

- Gebruik suiker in plaats van maïsmoutstroop.

VARIATIES

- Rol de honingnoga vlak na de bereiding door 1 eetlepel gehakte noten zoals amandelen, hazelnoten en walnoten.

Spaanse noga
Maak noga zonder maïsmoutstroop en gebruik melk in plaats van water. Voeg na het koken 15 g amandelspijs toe.

Lolly's

6 stuks

Bereidingstijd: 20 minuten
Koeltijd: 1 uur
Bijzondere materialen: gietijzeren pan, glas water, langwerpig metalen trommeltje van ongeveer 10 x 20 cm of een marmeren plaat, 6 lollystokjes van ongeveer 7 cm of satéprikkers

Raadpleeg uw merkartikelenlijst van ALBA en/of uw dieetadvies.

250 g suiker
1 eetlepel azijn
1 eetlepel glucosestroop
1 dl water
olie

Smelt in de gietijzeren pan de suiker met de azijn, de glucosestroop en het water langzaam en al roerende met een houten lepel. Kook de suikermassa langzaam nog 15 minuten onder af en toe roeren tot de massa donkerder kleurt en minder volume heeft.
Laat, als controlemiddel, een druppel van de suikermassa in het glas water vallen. De druppel wordt direct hard als de suikermassa voldoende gekookt heeft, het bolletje moet bij dubbelvouwen breken. Is de druppel nog niet hard genoeg, kook de suikermassa dan nog even.
Bestrijk de marmeren plaat of het metalen trommeltje met olie, schenk de suikermassa hierin en laat deze afkoelen totdat de massa vastgepakt kan worden.
Verdeel de massa in 6 gelijke stukken, draai van ieder stuk 1 balletje met een doorsnede van ongeveer 4 cm.
Steek een lollystokje of satéprikker in ieder balletje en laat de lolly's in de koelkast opstijven.

DIEETAANPASSING

- **Saccharosevrij**
  Gebruik maïsmoutstroop in plaats van suiker of raadpleeg de vervangingslijst.

VARIATIES

Figuurlolly's
Schenk de massa in ingevette metalen vormpjes, laat ze even 'in model' afkoelen en steek lollystokjes erin.

Halve Berliner
Maak een lange rol van ongeveer 2 cm doorsnede van de iets afgekoelde suikermassa, zie tekening.

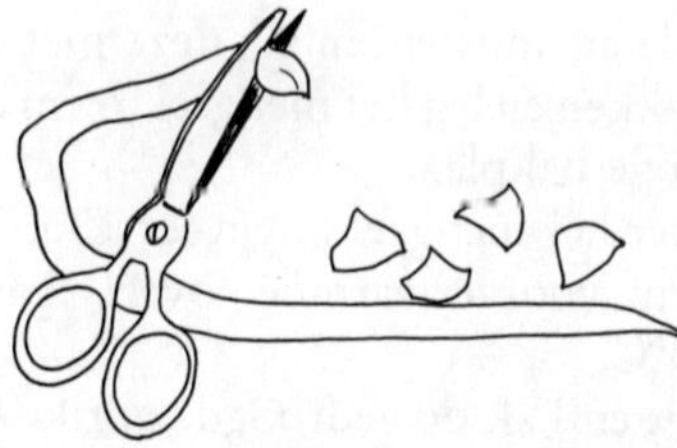

Knip met een ingevette schaar stukjes van 2 cm lengte van de rol. Draai de schaar hierbij steeds na ieder snoepje een kwartslag, om 4 gelijkzijdige driehoeksvormen te krijgen.

Roudoudous likschelpen
Schenk de suikermassa in schelpen.

Zuurstokken
Maak rolletjes met een doorsnede van 1 cm en een lengte van ongeveer 20 cm van de iets afgekoelde suikermassa.

SERVEERSUGGESTIES

- Prik de lollystokjes in fruit zoals appel, peer, sinaasappel, meloen.
- Verpak de lolly's, roudoudous en zuurstokken in gekleurde transparante folie en versier ze met gekleurd lint.

Mueslirepen

6 stuks

Bereidingstijd: 15 minuten
Baktijd: 15 minuten
Wachttijd: ½ uur
Koeltijd: 1 uur
Bijzondere materialen: bakplaat, oven

Raadpleeg uw merkartikelenlijst van ALBA en/of uw dieetadvies.

1 eetlepel amandelen
70 g fijne havervlokken
20 g gedroogde abrikozen
2 eetlepels honing
2 eetlepels rozijnen
1 eetlepel sesamzaad

Hak de amandelen, meng deze met de havervlokken en leg het mengsel ½ cm dik op de droge bakplaat.
Rooster het mengsel ongeveer 15 minuten in een voorverwarmde oven, gasstand 2/160°C.
Ontpit en hak de gedroogde abrikozen en meng ze met de honing en de rozijnen. Voeg het nog warme vlokkenmengsel toe en meng alles.
Strooi op een ingevette bakplaat de helft van het sesamzaad, verdeel de mueslimassa hierover en druk deze goed aan.
Strooi de rest van het sesamzaad over de mueslimassa en druk dit voorzichtig met een deegroller glad aan.
Maak met een mes inkervingen in de mueslimassa, zodat 6 reepjes ontstaan.
Verwarm de oven voor op gasstand 2/160°C, en schakel deze uit.
Plaats direct de bakplaat in de oven en laat de mueslirepen ongeveer 1 uur in de oven drogen. Open de ovendeur tussentijds niet.
Laat de muesli op de bakplaat helemaal afkoelen en snijd de reepjes langs de gemarkeerde lijnen door.

DIEETAANPASSING

- **Additievenvrij**
  Gebruik ongezwavelde abrikozen en rozijnen.
- **Glutenvrij**
  Gebruik boekweitvlokken of maïsvlokken in plaats van havervlokken.
- **Notenvrij**
  Voeg geen amandelen toe.
- **Saccharosevrij**
  Gebruik eventueel diksap of maïsmoutstroop in plaats van honing of raadpleeg de vervangingslijst.

VARIATIES

- Gebruik krenten in plaats van rozijnen.
- Gebruik gedroogde pruimen zonder pit in plaats van abrikozen.
- Rooster het sesamzaad eerst ongeveer 5 minuten in een droge koekepan met deksel erop.

Chocolade- of carobe-mueslirepen
Doop eerst de achterkant van de mueslireep in carobe- of chocoladeglazuur gemaakt van 150 g poedersuiker of glucose. Laat deze opstijven met de achterkant naar boven en doop daarna de voorkant in het carobe- of chocoladeglazuur en laat de mueslirepen helemaal opstijven.

Sport-mueslirepen
Voeg 1 theelepel olie toe aan de mueslimassa voor het drogen.

SERVEERSUGGESTIE

- Serveer de mueslirepen op een schaaltje, op een gekleurd servetje of in gekleurde transparante folie als verpakte mueslireep.

Zachte abrikozensnoepjes

ongeveer 16 stuks

Bereidingstijd: 10 minuten
Koeltijd: 1 uur
Bijzonder materiaal: aluminiumfolie

Raadpleeg uw merkartikelenlijst van ALBA en/of uw dieetadvies.

100 g gedroogde abrikozen
2 eetlepels honing
1 eetlepel koekkruimels

Ontpit en hak de abrikozen, meng de honing hierdoor en vorm van de massa een rol met een doorsnede van ongeveer 2 cm. Snijd hier stukjes van 2 cm af en rol ze door de koekkruimels.
Plaats de abrikozenballetjes, afgedekt met aluminiumfolie, ongeveer 1 uur in de koelkast om op te stijven.

DIEETAANPASSING

- **Additievenvrij**
  Gebruik ongezwavelde abrikozen.
  Gebruik koekkruimels zonder toevoegingen.
- **Glutenvrij**
  Gebruik glutenvrije koekkruimels.
- **Kippeëivrij**
  Gebruik kippeëivrije koekkruimels.
- **Koemelkvrij/lactosevrij**
  Gebruik koemelkvrije koekkruimels.
- **Saccharosevrij**
  Gebruik eventueel ahornsiroop of maïsmoutstroop in plaats van honing of raadpleeg de vervangingslijst.
  Gebruik koekkruimels zonder toegevoegde suiker.

VARIATIES

- Rol de balletjes door de gemalen kokos, garneernoga of door gemalen noten zoals amandelen, cashewnoten, hazelnoten of walnoten in plaats van door koekkruimels.

Abrikozen-notensnoepjes
Gebruik 50 g gedroogde abrikozen en 50 g gehakte noten zoals amandelen, cashewnoten of hazelnoten in plaats van gedroogde abrikozen.
Rol de snoepjes door gemalen kokos in plaats van koekkruimels.

Abrikozen-rozijnensnoepjes
Gebruik 70 g gedroogde abrikozen en 2 eetlepels rozijntjes in plaats van gedroogde abrikozen.

Zachte appel- of perensnoepjes
Gebruik gedroogde appels of peren in plaats van abrikozen.

Dadel- of vijgensnoepjes
Gebruik dadels of vijgen in plaats van abrikozen.

Vruchten-notenballetjes
Gebruik 25 g dadels, 25 g geschaafde amandelen, 25 g gedroogde pruimen en 2 eetlepels rozijnen in plaats van gedroogde abrikozen.
Rol de vruchten-notenballetjes door gehakte noten zoals amandelen, cashewnoten, walnoten in plaats van door koekkruimels.

SERVEERSUGGESTIE

- Serveer de snoepjes in een bonbonschaaltje, op een gekleurd servetje of in gekleurde transparante folie als verpakt snoepje.

BROODBELEG

Broodbeleg wordt bij de broodmaaltijden gebruikt maar ook bij tussendoortjes. Houd er rekening mee dat kant-en-klaarprodukten zoals chocoladepasta, jam en dergelijke, ingrediënten kunnen bevatten die in het dieet niet zijn toegestaan. Raadpleeg hiervoor uw dieetadvies en/of ALBA-lijst.

Hoeveelheid per persoon
15 g beleg per snee brood

Broodbeleg met als basis:
- Margarine
  kruidenboter, cacaoboter
- Vlees, vis en kip
  haringsalade, leverpâté, kipperagoût
- Kaas
  kaasragoût, smeerkaas
- Soja
  soja-groentespread
- Groenten
  gebakken groentemengsel, groenteragoût, rauwkost
- Vruchten
  abrikozen-honingpasta, jam, vruchtenmoes
- Carobe- of chocoladeprodukten
  chocoladeboter, carobe-kokospasta

Denk ook eens aan
Zelfbereid:
- Koud gesneden vlees
  gehakt, frikandeau, kip, rosbief
- Gebakken fruit
  gebakken appelschijfjes, banaan
- Snacks
  huzarensalade, croquet, loempia
- Vis
  haring, makreel, tonijn (naturel), zalm
- Ei
  omelet, roerei, soufflé, spiegelei
- Drie-in-de-pan, pannekoeken, pizza
- Pap of restverwerking van pudding

Kant-en-klaarprodukten:
- Plantaardige pâté (gistextracten)
- Tofuspread
- Notenpasta's
- Stroopsoorten (zoals dadelstroop)
- Carobe- of chocoladeprodukten
- Vruchtenbeleg (jam zonder toegevoegde suiker)

Deze produkten zijn veelal te koop bij natuurvoedingswinkels of reformzaken.

Schoonmaken van potjes voor chutney, jam of vruchtenbeleg
Leg de potjes en de twist-offdeksels minimaal 10 minuten in heet sodawater (20 g soda op 1 l water).
Spoel alle potjes en deksels goed na onder stromend heet water en laat ze ondersteboven op een schone theedoek staan.
Keer de potjes pas vlak voordat u de vruchtenmassa erin doet, zodat het gerecht volledig gesteriliseerd wordt ingemaakt.

HARTIG BROODBELEG

Kruidenboter

Bereidingstijd: 15 minuten
Bewaren: kruidenboter kan ingevroren worden

Raadpleeg uw merkartikelenlijst van ALBA en/of uw dieetadvies.

125 g margarine
1 theelepel mosterd
1 eetlepel vers bieslook
2 eetlepels verse peterselie
1/4 ui
1/2 theelepel gedroogd basilicum
peper, zout

Roer de margarine zacht. Voeg de mosterd toe.
Was en hak het verse bieslook en de verse peterselie.

Pel en rasp de ui.
Roer basilicum, bieslook, peterselie en ui door de margarine en voeg peper en zout toe naar smaak en dieet.

DIEETAANPASSING

- **Additievenvrij**
  Gebruik mosterd zonder toevoegingen.
- **Saccharosevrij**
  Gebruik mosterd zonder toegevoegde suiker.

VARIATIES

Ansjovisboter
Gebruik 50 g gepureerde ansjovis, het sap van 1/4 citroen, 1 eetlepel kappertjes en 1 theelepel Tabasco in plaats van de kruiden, de mosterd en de ui.

Dilleboter
Gebruik 3 eetlepels gewassen en gehakte dille in plaats van de kruiden, de mosterd en de ui.

Eiboter
Gebruik 4 hardgekookte, gepureerde eieren en 1/2 theelepel kerrie in plaats van de kruiden, de mosterd en de ui.

Knoflookboter
Gebruik het sap van 3 knoflookteentjes in plaats van mosterd, gebruik 1/2 eetlepel bieslook en 1/2 eetlepel peterselie. Voeg geen ui toe.

Mierikswortelboter
Gebruik 2 eetlepels gewassen en geraspte mierikswortel en 1/2 theelepel suiker in plaats van de kruiden, de mosterd en het ui.

Paprikaboter
Gebruik 2 eetlepels gewassen, in stukjes gesneden paprika, 1/4 theelepel paprikapoeder, 1/2 theelepel suiker en 1 theelepel Tabasco in plaats van de kruiden, de mosterd en de ui.

Leverpâté

Bereidingstijd: 40 minuten
Baktijd: 1 1/2 uur
Koeltijd: 3 uur
Bijzondere materialen: keukenmachine, cake- of pâtévorm met een inhoud van 1 l, aluminiumfolie, oven

Raadpleeg uw merkartikelenlijst van ALBA en/of uw dieetadvies.

1 teentje knoflook
1 ui
200 g varkenslever
200 g varkensvlees
100 g spek
1/4 theelepel peper
2 1/2 theelepel zout
100 g kippelevertjes
100 g ruwe ham
1 1/2 blaadje witte gelatine
30 g margarine
3 eetlepels bouillon
1/2 citroen
1 eetlepel bloem
2 eetlepels cognac
100 g gesneden ontbijtspek

Pel en snipper de knoflook en de ui.
Maal met behulp van de keukenmachine de varkenslever, het varkensvlees, het spek en voeg de peper en het zout toe.
Maal de helft van dit mengsel voor de tweede keer. Meng beide helften.
Snijd de kippelevertjes en de ham klein.
Week de gelatine ongeveer 10 minuten in ruim koud water en knijp deze uit.
Smelt de margarine, laat deze bruin worden en bak hierin de kippelevertjes, de ham, de knoflook en de ui ongeveer 5 minuten en voeg hieraan de bouillon toe.
Laat het vleesmengsel iets afkoelen en los al roerende de gelatine hierin op.
Pers 1/2 citroen uit.
Voeg het gelatinemengsel met de bloem, het citroensap en de cognac al roerende toe

aan het gemalen vleesmengsel en maal alles nogmaals.
Bekleed de vorm met de plakjes ontbijtspek en doe het mengsel hierin over, druk dit goed aan met ingevet aluminiumfolie en dek het hiermee af.
Bak het vleesmengsel ongeveer 1½ uur, gasstand 4/200°C en bak het daarna nog ongeveer 10 minuten zonder aluminiumfolie.
Laat de leverpâté ongeveer 3 uur afkoelen.
Houd de vorm om te storten even in warm water, de randen laten dan gemakkelijk los.
Plaats een omgekeerd bord midden op de vorm, keer ze samen om en neem de vorm weg.
Snijd de leverpâté met een heet mes in plakken.

DIEETAANPASSING

- **Additievenvrij**
  Voeg geen cognac toe en gebruik 5 eetlepels bouillon.
  Gebruik kip in plaats van ham en gebruik vers spek in plaats van ontbijtspek.
- **Citrusvrij**
  Voeg geen citroensap toe.
- **Glutenvrij**
  Gebruik glutenvrije bloem.
- **Koemelkvrij/lactosevrij**
  Gebruik koemelkvrije ham.
- **Saccharosevrij**
  Gebruik ham zonder toegevoegde suiker of kip.
  Voeg geen cognac toe.

VARIATIES

- Voeg na het bakken van de kippelevertjes en de ham 2 eetlepels ongeklopte slagroom toe.

Kippepâté
Gebruik 300 g kippelevertjes in plaats van varkenslever en kippelevertjes en gebruik 300 g kipfilet in plaats van varkensvlees en ham. Gebruik 100 g kiprollade in plaats van ontbijtspek.
Gebruik 100 g margarine.

Pâtémousse
Gebruik de helft van de pâté. Breng 1½ dl bouillon aan de kook.
Week 1½ blaadje gelatine ongeveer 10 minuten in ruim koud water, knijp deze goed uit en voeg deze al roerende toe aan de iets afgekoelde bouillon. Roer de bouillon koud tot deze geleiachtig wordt en meng hem dan door de pâté.
Klop 1½ dl slagroom stijf zonder suiker of bereid 3 dl imitatieslagroom zonder suiker en schep deze luchtig door de pâté.
Laat de pâtémousse nog ongeveer 1 uur in de koelkast opstijven.

GARNEERSUGGESTIE

- Maak ½ paprika schoon, snijd deze in ringen en garneer de leverpâté hiermee.

Smeerkaas

Dit gerecht is niet geschikt voor het koemelkvrije dieet.

Bereidingstijd: 10 minuten
Koeltijd: 3 uur

Raadpleeg uw merkartikelenlijst van ALBA en/of uw dieetadvies.

25 g margarine
100 g geraspte kaas
2 eetlepels melk

Smelt de margarine en voeg de geraspte kaas en de melk toe.
Roer alles goed door elkaar en laat de smeerkaas ongeveer 3 uur afkoelen.

DIEETAANPASSING

- **Additievenvrij**
  Gebruik boerenkaas waarbij geen schimmelwerend middel of kleurstof aan de korst is toegevoegd.
- **Lactosevrij**
  Gebruik lactosevrije melk en harde Hollandse kaas.

VARIATIES

Smeerkaas met kerrie
Voeg 2 theelepels kerrie toe aan de gesmolten margarine.

Smeerkaas met ham
Voeg 2 eetlepels in stukjes gesneden ham toe aan het mengsel.

Smeerkaas met verse tuinkruiden
Voeg 2 eetlepels verse, gewassen en gehakte tuinkruiden toe aan het mengsel zoals bieslook, kervel en peterselie.

Soja-groentespread

Dit gerecht is niet geschikt voor het sojavrije dieet.

Bereidingstijd: 15 minuten
Bijzonder materiaal: keukenmachine of roerzeef
Bewaren: soja-groentespread kan enkele dagen in de koelkast worden bewaard

Raadpleeg uw merkartikelenlijst van ALBA en/of uw dieetadvies.

150 g gare sojabonen
150 g gare, gemengde groenten zoals bloemkool, broccoli, prei, sperzieboontjes, ui, worteltjes
4 eetlepels bouillon

Pureer de gare sojabonen met behulp van de keukenmachine of roerzeef.
Snijd de gemengde gare groenten in kleine stukjes.
Meng de sojabonen met de groenten en voeg de bouillon toe aan de soja-groentespread.

VARIATIES

- Gebruik 1 eetlepel ketjap en 3 eetlepels bouillon.
- Gebruik 2 eetlepels mayonaise, sojanaise of imitatiemayonaise en 2 eetlepels bouillon.
- Gebruik tomatenketchup in plaats van bouillon.
- Voeg 1 eetlepel verse, gewassen en gehakte kruiden zoals bieslook, oregano, peterselie en selderij toe aan de soja-groentespread.

Zoete sojaspread
Gebruik fruit zoals ontpitte abrikoos, ananas, appel, peer en ontpitte perzik in plaats van groenten en gebruik vruchtesap zoals appelsap en peresap in plaats van bouillon.

Tahoespread
Gebruik 100 g tahoe in plaats van gare sojabonen.

Tahoe-kerriespread
Gebruik 100 g tahoe in plaats van sojabonen en voeg hieraan 2 theelepels kerrie en ¼ theelepel zout toe in plaats van groenten.

Vleesragoût

ongeveer voor 4 sneetjes brood

Raadpleeg uw merkartikelenlijst van ALBA en/of uw dieetadvies.

1½ dl bouillon
125 g gaar vlees zoals kalfsvlees, kippepoelet
15 g margarine
2 eetlepels bloem
peper, zout

Breng de bouillon aan de kook.
Snijd het vlees in kleine stukjes.
Smelt de margarine, voeg de bloem toe en roer deze door de margarine tot een samenhangende massa (roux) is verkregen.
Voeg de helft van de bouillon toe, breng de roux aan de kook en roer deze glad.
Voeg beetje bij beetje onder voortdurend roeren de andere helft toe en breng deze weer aan de kook.
Voeg het vlees toe aan de saus en voeg pe-

per en zout toe naar smaak en dieet. Kook de vleesragoût nog ongeveer 3 minuten zachtjes door.

DIEETAANPASSING

- **Glutenvrij**
  Gebruik glutenvrije bloem.

VARIATIES

- Voeg 2 eetlepels melk of ongeklopte slagroom toe aan de ragoût.
- Voeg 1/2 eierdooier toe aan de vleesragoût.
- Voeg 1/2 eetlepel witte wijn toe aan de vleesragoût.

Vleesragoût met champignons
Fruit 100 g gewassen en schoongemaakte champignons ongeveer 5 minuten in 20 g gesmolten margarine en voeg ze samen met het vlees toe aan de saus.

Vleesragoût met gekookte ham
Gebruik 85 g vlees en 40 g in stukjes gesneden gekookte ham.

Kerrievleesragoût
Voeg 1 theelepel kerrie toe aan de gesmolten margarine.

ZOET BROODBELEG

Aardbeienjam

Bereidingstijd: 1/2 uur
Bijzonder materiaal: 3 potten met een inhoud van 3 1/2 dl

Raadpleeg uw merkartikelenlijst van ALBA en/of uw dieetadvies.

1 kg aardbeien
30 g poedergeleermiddel
1 kg suiker

Maak de potten schoon (zie blz. **358**).
Was de aardbeien en maak ze schoon.
Kook de aardbeien in ongeveer 10 minuten tot moes.
Roer het geleermiddel door de warme vruchtenmoes en kook het mengsel nog ongeveer 1 minuut.
Laat het wat afkoelen en voeg de suiker toe.
Vul de potten met de aardbeienjam, sluit ze goed af en houd ze even ondersteboven.
Plaats de hete potten in een pan met heet water en zorg dat de potten ongeveer voor driekwart onder water staan.
Breng het water aan de kook en houd dit ongeveer 10 minuten aan de kook zodat de jam wordt gepasteuriseerd.
Bewaar de potten op een donkere, koele plaats.

DIEETAANPASSING

- **Additievenvrij**
  Gebruik een geleermiddel zonder additieven of gebruik 2 eetlepels agar-agarvlokken. Kook de agar-agar ongeveer 10 minuten in 2 dl vruchtesap of water en voeg het daarna al roerende toe aan de vruchtenmoes. Deze jam kan teruglopen.
- **Citrusvrij**
  Gebruik een geleermiddel zonder citruspectine of gebruik 2 eetlepels agar-agarvlokken. Kook de agar-agar ongeveer 10 minuten in 2 dl vruchtesap of water en voeg het daarna al roerende toe aan de vruchtenmoes. Deze jam kan teruglopen.
- **Saccharosevrij**
  Maak vruchtenbeleg in plaats van jam (zie blz. **363**).

VARIATIES

- Voeg 1 dl likeur, rum of zoete witte wijn toe aan de vruchtenmoes.

Aardbeien-rabarberjam
Gebruik 500 g aardbeien, 500 g rabarber en 100 g gewassen en gewelde rozijnen.

Abrikozenjam
Gebruik abrikozen in plaats van aardbeien.

Bananenjam
Gebruik gepureerde bananen in plaats van aardbeien, meng deze meteen na het pureren met het sap van 3 citroenen en 1½ dl water.

Bramenjam
Gebruik gezeefde, gepureerde bramen in plaats van aardbeien.

Frambozenjam
Gebruik frambozen in plaats van aardbeien.

Kersenjam
Gebruik ontpitte kersen in plaats van aardbeien.

Meloen-gemberjam
Gebruik 800 g in stukjes gesneden meloen in plaats van aardbeien en voeg ½ dl gembernat en 10 in stukjes gesneden gemberbolletjes toe aan de vruchtenmoes.

Peren-gemberjam
Gebruik in stukjes gesneden peren in plaats van aardbeien en voeg 1 theelepel geraspte gember toe aan de vruchtenmoes.

Pompoenjam
Gebruik in stukjes gesneden pompoen in plaats van aardbeien.

Pruimenjam
Gebruik ontpitte pruimen en ¼ dl water in plaats van aardbeien.

Rozebotteljam
Gebruik rozebottels in plaats van aardbeien, kook deze 30 minuten in plaats van 10 minuten en zeef de vruchtenmoes.
Voeg het sap van ½ citroen toe aan de vruchtenmoes.

Aardbeienvruchtenbeleg

Bereidingstijd: ½ uur
Bijzonder materiaal: 3 potten met een inhoud van 3½ dl

Raadpleeg uw merkartikelenlijst van ALBA en/of uw dieetadvies.

1 kg aardbeien
30 g poedergeleermiddel
300 g honing

Maak de potten schoon (zie blz. **358**).
Was de aardbeien en maak ze schoon.
Kook de aardbeien in ongeveer 10 minuten tot moes.
Roer het geleermiddel door de warme vruchtenmoes en kook het mengsel nog ongeveer 1 minuut.
Laat het wat afkoelen en voeg de honing toe.
Vul de potten met de aardbeienjam, sluit ze goed af en houd ze even ondersteboven.
Plaats de hete potten in een pan en voeg heet water toe tot de potten ongeveer voor driekwart onder water staan.
Breng het water aan de kook en houd dit ongeveer 10 minuten aan de kook, zodat de jam wordt gepasteuriseerd.
Bewaar de potten op een koele plaats.
De jam kan iets teruglopen.

DIEETAANPASSING

- **Additievenvrij**
  Gebruik een geleermiddel zonder additieven of gebruik 2 eetlepels agar-agarvlokken. Kook de agar-agar ongeveer 10 minuten in 2 dl vruchtesap of water en voeg het daarna al roerende toe aan de vruchtenmoes. Dit vruchtenmoes kan teruglopen.
- **Citrusvrij**
  Gebruik een geleermiddel zonder citruspectine of gebruik 2 eetlepels agar-agarvlokken. Kook de agar-agar ongeveer 10 minuten in 2 dl vruchtesap of water en voeg het daarna al roerende toe aan de

vruchtenmoes. Dit vruchtenmoes kan teruglopen.

- **Saccharosevrij**
  Gebruik eventueel diksap in plaats van honing.

VARIATIES

- Voeg 1 dl likeur, rum of zoete witte wijn toe aan de vruchtenmoes.

Aardbeien-rabarbervruchtenbeleg
Gebruik 500 g aardbeien, 500 g rabarber en 100 g gewassen en gewelde rozijnen in plaats van aardbeien.

Abrikozenvruchtenbeleg
Gebruik abrikozen in plaats van aardbeien.

Bananenvruchtenbeleg
Gebruik gepureerde bananen in plaats van aardbeien, meng deze meteen na het pureren met het sap van 3 citroenen en $1\frac{1}{2}$ dl water.

Bramenvruchtenbeleg
Gebruik gepureerde en gezeefde bramen in plaats van aardbeien.

Frambozenvruchtenbeleg
Gebruik frambozen in plaats van aardbeien.

Kersenvruchtenbeleg
Gebruik ontpitte kersen in plaats van aardbeien.

Meloen-gembervruchtenbeleg
Gebruik 800 g in stukjes gesneden meloen in plaats van 1 kg aardbeien en voeg $\frac{1}{2}$ dl gembernat en 10 in stukjes gesneden gemberbolletjes toe aan de vruchtenmoes.

Peren-gembervruchtenbeleg
Gebruik in stukjes gesneden peren in plaats van aardbeien en voeg 1 theelepel geraspte gember toe aan de vruchtenmoes.

Pompoenvruchtenbeleg
Gebruik in stukjes gesneden pompoen in plaats van aardbeien.

Pruimenvruchtenbeleg
Gebruik ontpitte pruimen en $\frac{1}{4}$ dl water in plaats van aardbeien.

Rozebottelvruchtenbeleg
Gebruik rozebottels in plaats van aardbeien, kook deze 30 minuten in plaats van 10 minuten en zeef de vruchtenmoes. Voeg het sap van $\frac{1}{2}$ citroen toe aan de vruchtenmoes.

Abrikozen-honingpasta

Voorbereidingstijd: 12 uur
Bereidingstijd: 10 minuten

Raadpleeg uw merkartikelenlijst van ALBA en/of uw dieetadvies.

100 g abrikozen
2 eetlepels honing
50 g margarine

Was en wel de abrikozen in ruim water ongeveer 12 uur.
Ontpit en pureer ze.
Roer druppelsgewijs de honing door de margarine en voeg daarna de abrikozenmoes toe.

DIEETAANPASSING

- **Additievenvrij**
  Gebruik ongezwavelde abrikozen.
- **Saccharosevrij**
  Gebruik eventueel diksap of maïsmoutstroop in plaats van honing.

VARIATIES

Bananen-honingpasta
Gebruik 2 bananen in plaats van abrikozen. Prak deze in plaats van ze te wellen en gebruik het smeersel direct omdat het snel bruin kleurt.

Pruimen-honingpasta
Was en halveer 350 g pruimen en verwijder de pit. Breng 200 g honing aan de kook in een pan met een dikke bodem en voeg de pruimen toe. Laat de pruimen al roerende inkoken tot geleidikte. Doe het pruimen-honingsmeersel over in een potje. Het beleg is ongeveer 2 weken houdbaar.

Carobeboter

Bereidingstijd: 10 minuten

Raadpleeg uw merkartikelenlijst van ALBA en/of uw dieetadvies.

3 eetlepels carobepoeder
4 eetlepels honing
100 g margarine

Zeef de carobepoeder en roer hem door de honing tot hij volledig is opgelost.
Voeg de margarine al roerende toe aan het mengsel en roer tot een gladde, gelijkmatige carobeboter is ontstaan.

DIEETAANPASSING
- **Saccharosevrij**
  Gebruik eventueel diksap of maïsmoutstroop in plaats van honing.

VARIATIES
Chocoladeboter
Gebruik cacao in plaats van carobepoeder.

Kokosboter
Gebruik 100 g geraspte kokos in plaats van carobepoeder.

Carobe-kokospasta

Dit gerecht is niet geschikt voor het notenvrije dieet.

Bereidingstijd: 15 minuten
Koeltijd: 3 uur

Raadpleeg uw merkartikelenlijst van ALBA en/of uw dieetadvies.

100 g santen
1 1/4 dl water
60 g carobepoeder
3 eetlepels suiker
2 eetlepels koud water
1 eetlepel maïzena
1 eetlepel koud water
25 g margarine

Smelt de santen met het water zachtjes en al roerende.
Roer de carobepoeder door de suiker, meng dit aan met het koude water en voeg dit al roerende toe aan de opgeloste santen.
Breng de massa aan de kook.
Meng de maïzena aan met de eetlepel koud water, voeg dit al roerende toe aan de kokende massa.
Voeg al roerende de margarine toe en roer de massa koud.
Laat de carobe-kokospasta nog ongeveer 3 uur in de koelkast afkoelen.

DIEETAANPASSING
- **Maïsvrij**
  Gebruik aardappelmeel in plaats van maïzena of raadpleeg de vervangingslijst.
- **Saccharosevrij**
  Gebruik diksap of honing in plaats van suiker of raadpleeg de vervangingslijst.

VARIATIES
- Voeg 2 eetlepels geraspte kokos toe aan de carobe-kokospasta.

Chocolade-kokospasta
Gebruik cacao in plaats van carobepoeder.

SERVEERSUGGESTIES

- Besmeer 1 sneetje brood met de carobe-kokospasta en strooi 2 theelepels geraspte kokos hierover.
- Besmeer 1 sneetje brood met de carobe-kokospasta en leg hierop 1 schijf ananas of $^1/_4$ schoongemaakte en in reepjes gesneden appel of peer.

Belegde broodfiguurtjes

Rooster 1 sneetje wittebrood en snijd hier figuurtjes uit zoals een denneboom, een halve maan, een hart of een ster.
Beleg het brood met carobe-kokospasta, jam of vruchtenbeleg, of een salade en versier het eventueel met fruit.

DRANKEN

Dranken kunnen zowel warm als koud worden gebruikt, bij maaltijden of als tussendoortje.
Houd er rekening mee dat kant-en-klaarprodukten zoals chocolademelk, yoghurtdranken en dergelijke, ingrediënten kunnen bevatten die in het dieet niet zijn toegestaan.
Raadpleeg hiervoor uw dieetadvies en/of ALBA-lijst.

Dranken met als basis

- Groenten
  groentecocktaildrank
- Kruiden
  gekruid bessesap, vruchtenpunch
- Melk en melkvervangers
  anijsmelk, carobemelk, vruchtenmelk
- Vruchten
  vruchtenbowl

Anijsmelk

2 glazen

Bereidingstijd: 20 minuten
Bijzonder materiaal: dun doekje of thee-ei

Raadpleeg uw merkartikelenlijst van ALBA en/of uw dieetadvies.

1 eetlepel anijszaad
4 dl melk
1 eetlepel suiker

Bind het anijszaad in een dun doekje of doe het in een thee-ei.
Breng de melk aan de kook en laat het anijszaad hierin ongeveer 15 minuten zachtjes trekken.
Haal het anijszaad uit de melk en voeg al roerende de suiker toe.
Serveer de anijsmelk warm.

DIEETAANPASSING

- **Koemelkvrij/lactosevrij**
  Gebruik sojamelk of lactosevrije melk in plaats van koemelk.
- **Saccharosevrij**
  Gebruik honing of maïsmoutstroop in plaats van suiker of raadpleeg de vervangingslijst.

VARIATIES

- Gebruik 1 anijstablet in plaats van anijszaad.
  Leg dit in de glazen, schenk de warme melk hierover, voeg suiker toe naar smaak en dieet en serveer de warme anijsmelk direct.
- Bind de warme anijsmelk met ½ eetlepel maïzena, aangemengd met ½ eetlepel koud water en voeg dit al roerende toe aan de kokende melk. Breng de melk opnieuw aan de kook.

SERVEERSUGGESTIE

- Versier het glas met gestampte muisjes of suikerconfetti.
  Maak hiervoor 1 eetlepel poedersuiker aan met 1 eetlepel koud water, schenk dit op een bord en leg op een ander bord 2 eetlepels gestampte muisjes of suikerconfetti.
  Doop de rand van de glazen eerst in het poedersuikermengsel en daarna in de gestampte muisjes of suikerconfetti.

Groentecocktail

2 glazen

Bereidingstijd: 15 minuten
Koeltijd: $^1/_2$ uur
Bijzonder materiaal: sapcentrifuge

Raadpleeg uw merkartikelenlijst van ALBA en/of uw dieetadvies.

250 g groenten zoals
bleekselderij, knolselderij,
tomaat of 400 g winterwortel
2 dl appelsap
suiker

Maak de groenten schoon, verdeel ze in stukken en pers ze uit in de sapcentrifuge.
Voeg appelsap en suiker naar smaak en dieet toe.
Plaats de groentecocktaildrank ongeveer $^1/_2$ uur in de koelkast.

DIEETAANPASSING

- **Saccharosevrij**
  Gebruik diksap of honing in plaats van suiker of raadpleeg de vervangingslijst.

VARIATIES

- Voeg het sap van $^1/_2$ citroen of sinaasappel toe aan het groentesap.
- Gebruik 2 dl groentesap (zoals bietesap, wortelsap) in plaats van groenten te persen.

Hartige groentecocktail
Gebruik bouillon in plaats van appelsap en gebruik dan peper en zout in plaats van suiker.

SERVEERSUGGESTIES

- Serveer de drank met ijsblokjes.
- Serveer de koude drank met rietjes.
- Versier het glas met suikerconfetti of kervel.
  Maak hiervoor 1 eetlepel poedersuiker of glucose aan met 1 eetlepel koud water, schenk dit op een bord en leg op een ander bord 2 eetlepels suikerconfetti of gehakte kervel.
  Doop de rand van de glazen eerst in het poedersuikermengsel en daarna in de suikerconfetti of kervel.

Warme carobemelk van hypoallergene melkvervanger

2 glazen

Bereidingstijd: 15 minuten

Raadpleeg uw merkartikelenlijst van ALBA en/of uw dieetadvies.

2 eetlepels carobepoeder
4 eetlepels suiker
$3^1/_2$ dl water
hypoallergene melkpoeder
$^1/_2$ dl water

Meng de carobepoeder aan met de suiker en voeg al roerende 3 eetlepels van het koude water toe.
Breng de rest van het water aan de kook.
Meng de hypoallergene melkpoeder aan met de $^1/_2$ dl water.
Raadpleeg voor de juiste verhouding hypoallergene melkpoeder/water de gebruiksaanwijzing op de verpakking.
Gebruik de hoeveelheid melkpoeder die nodig is om 4 dl hypoallergene melkvervanger te verkrijgen.
Voeg de aangemengde carobe al roerende toe aan het kokende water en breng alles opnieuw aan de kook.
Roer de carobevloeistof snel koud tot 70°C.
Voeg al roerende de aangemengde hypoallergene melkpoeder toe aan de vloeistof en serveer de carobemelk direct.

DIEETAANPASSING
- **Saccharosevrij**
  Gebruik honing of maïsmoutstroop in plaats van suiker of raadpleeg de vervangingslijst.

VARIATIES
- Voeg al roerende 1 zakje vanillesuiker toe aan de warme carobemelk.
- Voeg 1 bolletje vanille-ijs toe aan de warme carobemelk.

Chocolademelk
Gebruik cacao in plaats van carobe.

Koude carobemelk
Roer de carobemelk snel koud en plaats deze ongeveer 1/2 uur in de koelkast voor gebruik.

Warme chocolademelk

2 glazen

Bereidingstijd: 10 minuten

Raadpleeg uw merkartikelenlijst van ALBA en/of uw dieetadvies.

2 eetlepels cacao
4 eetlepels suiker
4 dl melk

Meng de cacao met de suiker en voeg al roerende 2 eetlepels van de melk toe.
Breng de rest van de melk aan de kook, voeg al roerende het cacaomengsel toe en breng de chocolademelk al roerende opnieuw aan de kook.
Serveer de chocolademelk direct.

DIEETAANPASSING
- **Cacaovrij**
  Gebruik carobepoeder in plaats van cacao.
- **Koemelkvrij**
  Gebruik sojamelk in plaats van koemelk of gebruik carobemelk van hypoallergene melk (zie blz. **368**).
- **Lactosevrij**
  Gebruik lactosevrije melk in plaats van koemelk.
- **Saccharosevrij**
  Gebruik honing of maïsmoutstroop in plaats van suiker of raadpleeg de vervangingslijst.

VARIATIES
- Voeg al roerende 1 zakje vanillesuiker toe aan de warme chocolademelk.
- Voeg 1 bolletje vanille-ijs toe aan de warme chocolademelk.

Koude chocolademelk
Roer de chocolademelk snel koud en plaats hem ongeveer 30 minuten in de koelkast voor gebruik.

Water-chocoladedrank
Gebruik water in plaats van melk, gebruik 2 1/4 eetlepel cacao en gebruik 6 eetlepels suiker.
Voeg al roerende 1 eetlepel maïzena, aangemengd met 1 eetlepel koud water, toe aan de kokende chocoladedrank en breng deze opnieuw aan de kook.

SERVEERSUGGESTIES
- Strooi op de warme chocoladedrank 1 eetlepel vlokken of hagelslag.
- Serveer de warme chocolademelk met 2 eetlepels slagroom, stijf geklopt met 1/2 eetlepel suiker of honing, of gebruik 2 eetlepels imitatieslagroom.

Vruchtenbowl

2 bowlglaasjes

Bereidingstijd: 20 minuten
Koeltijd: $\frac{1}{2}$ uur
Bijzonder materiaal: 2 bowlglazen

Raadpleeg uw merkartikelenlijst van ALBA en/of uw dieetadvies.

$\frac{1}{2}$ dl water
2 eetlepels suiker
2 dl wit druivesap
4 blauwe druiven
4 witte druiven
1 perzik
$\frac{1}{2}$ appel

Breng het water met de suiker aan de kook, kook het ongeveer 5 minuten en laat het suikerwater iets afkoelen.
Voeg al roerende het wit druivesap toe aan het suikerwater.
Was de druiven.
Maak de perzik en de appel schoon en snijd ze in stukjes.
Voeg de appel, de druiven en de perzik al roerende toe aan het druivesapmengsel.
Verdeel de bowl over de 2 bowlglazen en plaats ze ongeveer $\frac{1}{2}$ uur in de koelkast.

DIEETAANPASSING

- **Saccharosevrij**
  Gebruik diksap of honing in plaats van suiker of raadpleeg de vervangingslijst.

VARIATIES

- Gebruik andere vruchten zoals aardbeien, ananas, banaan, frambozen, kersen, mandarijn, nectarine, peer of pruim in plaats van appel, druiven en perzik.
- Gebruik ander vruchtesap zoals appelsap, kersesap, peresap in plaats van druivesap.
- Gebruik lichtzoete witte wijn in plaats van druivesap.
- Voeg 1 zakje vanillesuiker toe aan het druivesapmengsel.

SERVEERSUGGESTIE

- Versier het glas met suikerconfetti of gehakte pepermunt.
  Maak hiervoor 1 eetlepel poedersuiker of glucose aan met 1 eetlepel koud water, schenk dit op een bord en leg op een ander bord 2 eetlepels suikerconfetti of gehakte pepermunt.
  Doop de rand van de glazen eerst in het poedersuikermengsel en daarna in de suikerconfetti of gehakte pepermunt.
  Hang eventueel 2 druiven of kersen voor de helft over de rand van het glas.

Vruchtenmelk

2 glazen

Bereidingstijd: 15 minuten

Raadpleeg uw merkartikelenlijst van ALBA en/of uw dieetadvies.

75 g zacht fruit zoals
aardbeien, banaan, frambozen,
bramen, perziken, pruimen,
nectarines
2 eetlepels witte basterdsuiker
$2\frac{1}{2}$ dl koude melk

Maak het fruit schoon, pureer en zeef het. Meng de vruchtenpuree met de witte basterdsuiker, schenk er de koude melk bij en klop de massa schuimig.
Serveer de vruchtenmelk direct.

DIEETAANPASSING

- **Koemelkvrij**
  Gebruik sojamelk of hypoallergene melkvervanger in plaats van koemelk.
- **Lactosevrij**
  Gebruik lactosevrije melk in plaats van koemelk.
- **Saccharosevrij**
  Gebruik diksap of honing in plaats van witte basterdsuiker of raadpleeg de vervangingslijst.

VARIATIES

- Voeg het sap van ½ citroen of sinaasappel toe aan de vruchtenpuree.
- Gebruik 1 dl koud vruchtesap zoals ananassap, appelsap, perziksap of sinaasappelsap in plaats van vruchtenpuree.
- Gebruik groentesap zoals bietesap of wortelsap in plaats van vruchtenpuree.
- Gebruik niet-aangelengde vruchtenlimonadesiropen zoals bessensiroop, diksappen of frambozensiroop in plaats van vruchtenpuree. Voeg dan geen basterdsuiker toe.

Carobe- of chocolademilkshake
Meng 1 dl zacht ijs en 1½ dl extra sterke koude carobe- of chocolademelk. Voeg eventueel 2 eetlepels suiker toe.
Serveer de drank gekoeld.

Koffiemilkshake
Meng 1 dl extra sterke koude koffie met 2½ dl melk. Voeg 3 eetlepels witte basterdsuiker toe en serveer de drank gekoeld.

Karnemelkdrank
Gebruik karnemelk in plaats van melk.

Milkshake
Gebruik 1 dl zacht ijs en 1½ dl koude melk.

Yoghurtdrank
Gebruik yoghurt in plaats van melk.

Warm gekruid bessesap

2 glazen

Bereidingstijd: 50 minuten

Raadpleeg uw merkartikelenlijst van ALBA en/of uw dieetadvies.

1½ dl water
3 kruidnagels
stukje pijpkaneel van ongeveer 2½ cm
schil van ¼ citroen
2½ dl bessesap
5 eetlepels suiker

Breng het water aan de kook, voeg de kruidnagels, de pijpkaneel en de citroenschil toe, laat alles ongeveer 45 minuten trekken en zeef het water.
Voeg het bessesap en de suiker al roerende toe en breng het sap opnieuw aan de kook. Serveer het warme gekruide bessesap direct.

DIEETAANPASSING

- **Citrusvrij**
  Voeg geen citroenschil toe.
- **Saccharosevrij**
  Gebruik diksap of honing in plaats van suiker of raadpleeg de vervangingslijst. Gebruik bessesap zonder toegevoegde suiker.

VARIATIES

- Voeg 1 zakje vanillesuiker toe aan het sap.

Bisschopswijn
Gebruik rode tafelwijn in plaats van bessesap en voeg 1 blaadje foelie en ¼ theelepel saffraan samen met de kruidnagels en de pijpkaneel toe.

Vruchtenpunch
Gebruik het sap van ½ citroen en van ½ sinaasappel in plaats van water en gebruik 3½ dl appelsap in plaats van 2½ dl bessesap.

Betekenis cijfers op sjablonen:
1 = bruin glazuur
2 = bruine crème au beurre
3 = geel glazuur
4 = groen glazuur
5 = oranje glazuur
6 = rood glazuur
7 = wit glazuur
8 = confetti, krentjes, nootjes, snoepjes, zilverpillen

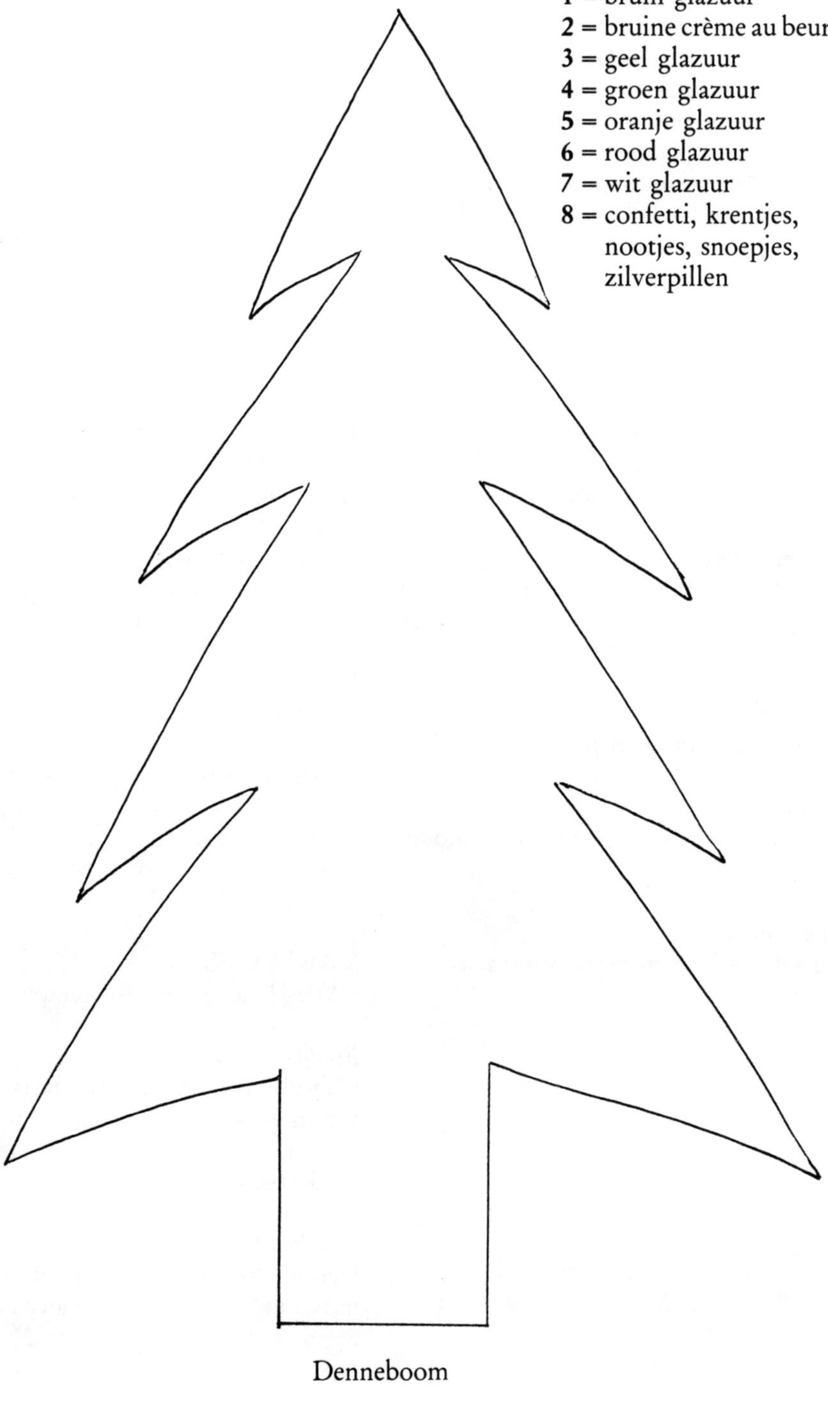

Denneboom

Hart

Ster

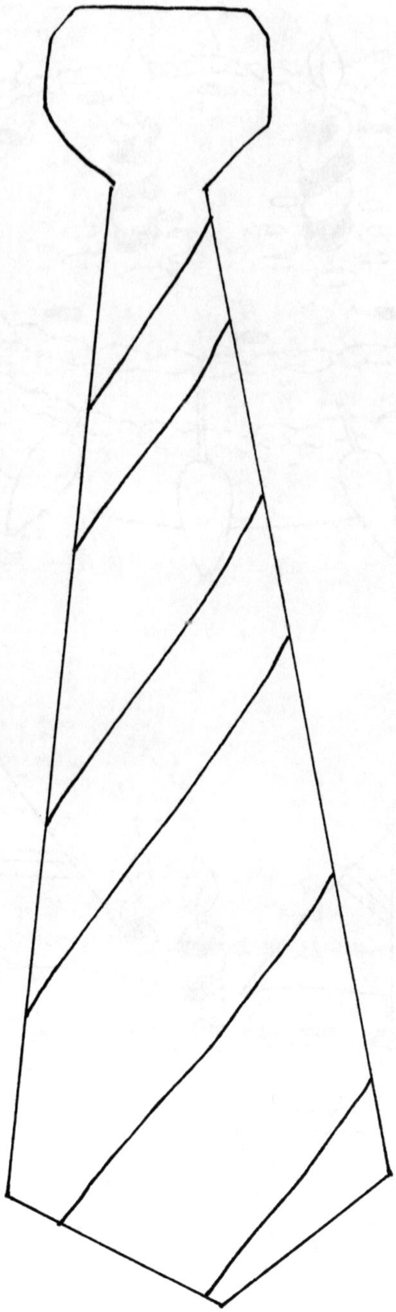

Stropdas

Boten

Voor betekenis van de cijfers op sjablonen zie p. 372

Haantje

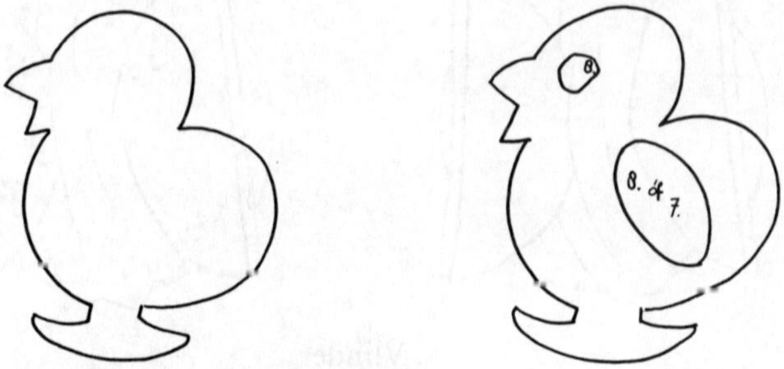

Kuikentje

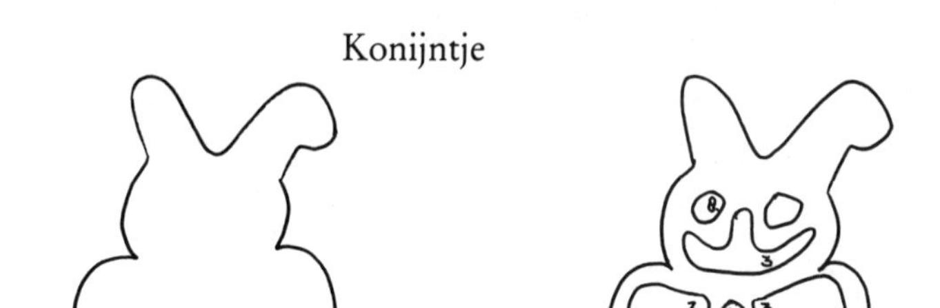

Konijntje

Haasje

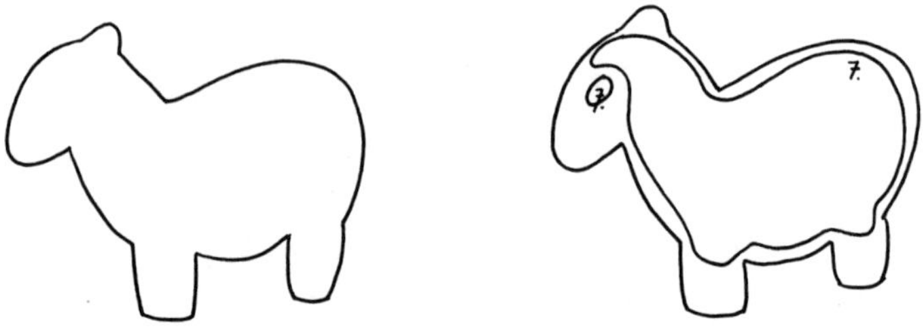

Lammetje

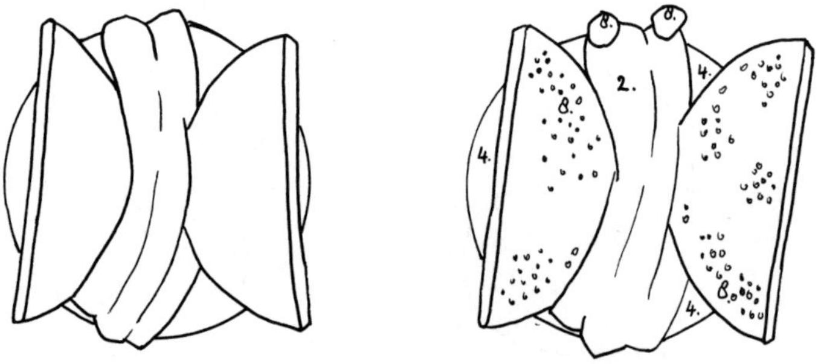

Vlinder

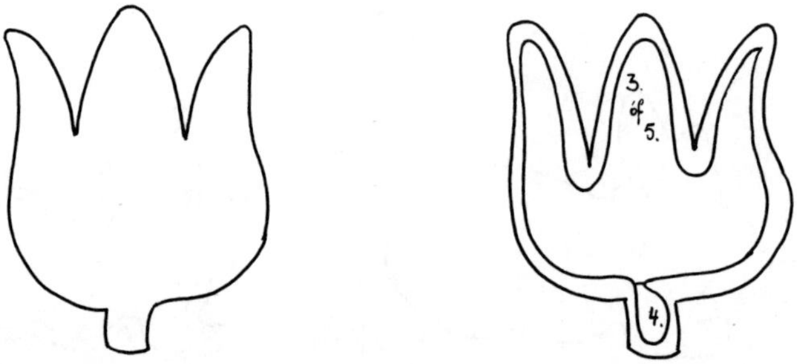

Tulp

Rozet

Bloem

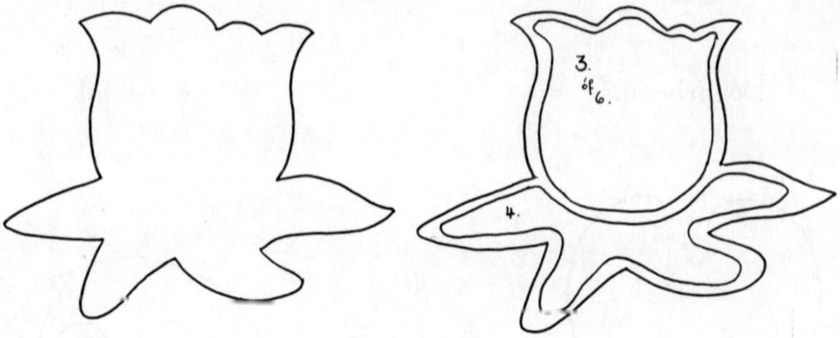

Waterlelie

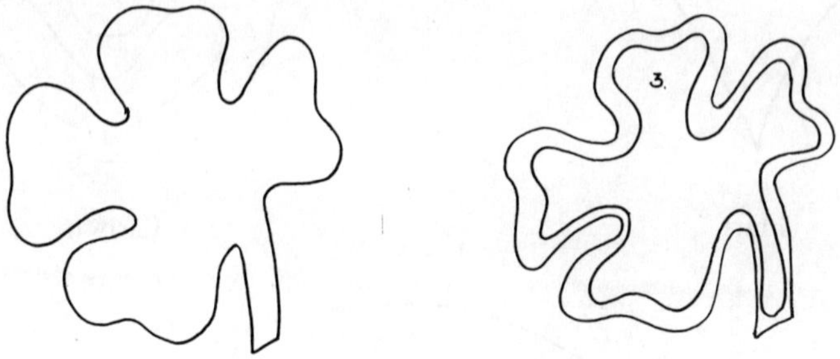

Klavertjevier

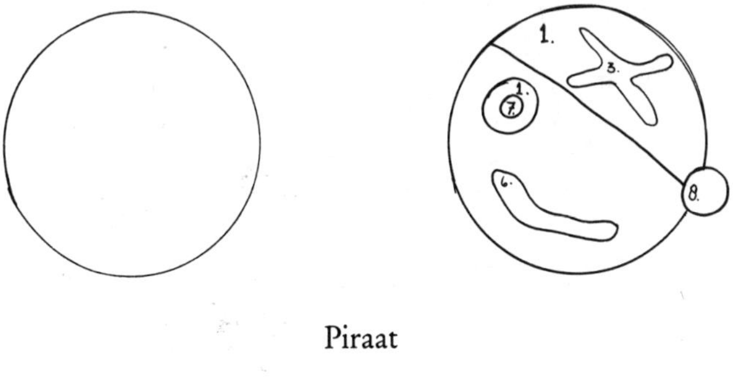

Piraat

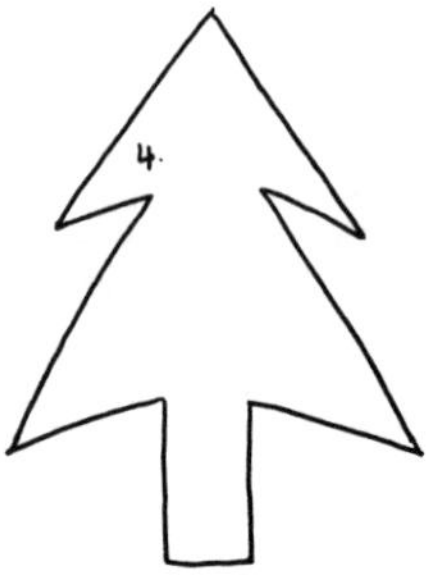

Denneboom

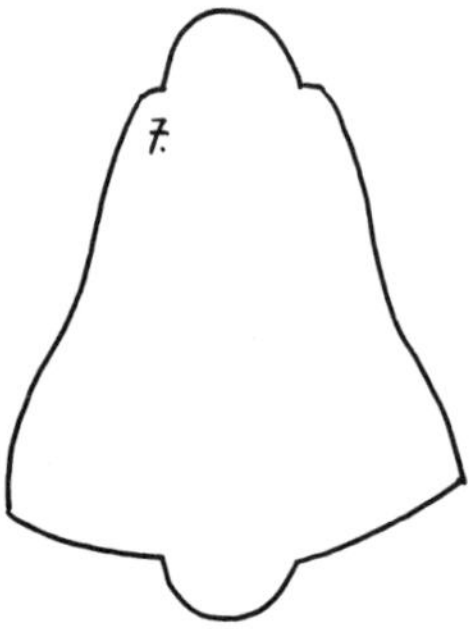

Kerstklok

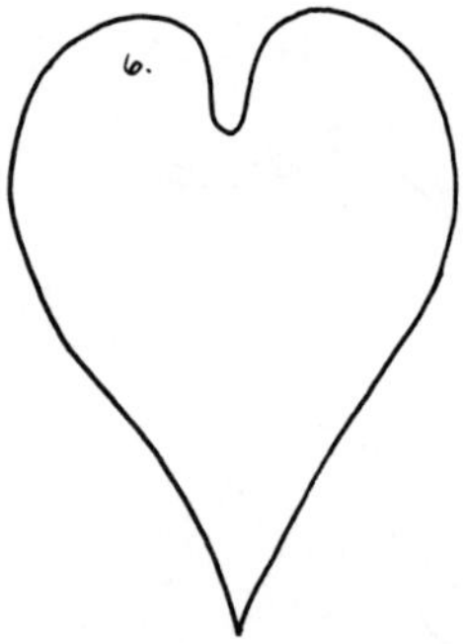

Hart

Clown

Clown

Cijfers en letters

1 2 3 4 5 6 7 8 9 0

a A b B c C d D e E

f F g G h H i I j J

k K l L m M n N o O

p P q Q r R s S t T

u v V w W x X y Y

z Z

REGISTER

A

aapjeskoek 293
aardappel-bietensalade **103**
aardappel-kastanjepuree 99
aardappelcroquetjes 99
aardappelen **98 t/m 106**
aardappelen (gebakken) **98**
aardappelen (gebakken, van gare aardappelen) **100**
aardappelen (gebakken, van rauwe aardappelen) **100**
aardappelen (gefrituurde) **98**
aardappelen (gekookte) **98**
aardappelen (gekruide) **101**
aardappelen (gevulde) 101
aardappelkoekjes 99
aardappelpakketjes (gepofte) **101**
aardappelpuree **99**
aardappelpuree (als restverwerking) 99
aardappelpuree (met gefruite uitjes en uitgebakken spekjes) 99
aardappelpuree (met geraspte kaas) 100
aardappelpuree (met kastanjes) 99
aardappelpuree (met kerrie) 100
aardappelpuree (met paprika) 100
aardappelpuree (met peterselie) 100
aardappelpuree (met wortelpuree) 100
aardappelsalade **104**
aardappelsalade (met bieten) **103**
aardappelsalade (met diverse soorten groente) 104
aardappelsalade (met diverse soorten vis) 104
aardappelsalade (met ham) 104
aardappelsalade (met sinaasappel) 103
aardappelsalade (met tonijn) 103
aardappelsalade (zoetzure) 103
aardappelsoep (pikante, maaltijdsoep) **31**
aardappeltjes (Parijse) 102
aardbeien-frambozentaart 274
aardbeien-roompudding 189
aardbeien-rabarberjam 362
aardbeien-rabarbervruchtenbeleg 364
aardbeien-roomvla 167
aardbeienbavarois **187**
aardbeienjam **362**
aardbeienpudding **188**
aardbeienpudding (van hypoallergene melkvervanger) **189**
aardbeienvla (met gelatine) **167**
aardbeienvla (met gelatine en hypoallergene melkvervanger) **168**
aardbeienvla (van water) **153**
aardbeienvruchtenbeleg **363**
abrikozen-honingpasta **364**
abrikozen-kruimelvlaai 255
abrikozenbeignets 230
abrikozenbroodjes **251**
abrikozenbroodjes (geglazuurde) 251
abrikozencompote 241
abrikozenflappen 302
abrikozenmoes 242
abrikozensaus 56
abrikozensnoepjes **357**
abrikozensnoepjes (met noten) 357
abrikozensnoepjes (met rozijnen) 357
abrikozensoep 28
abrikozentaart 275
abrikozenvlaai 255
abrikozenvruchtenbeleg 364
adukischotel **76**
Afrikaanse rijstsalade 113
amandelcake 278
amandelcake (zonder ei) 282
amandelcake (zonder ei en saccharose) 286
amandelpers **327**
amandelspijs **327**
amandelstengels 317
ananas (gebakken) 245
ananas-kruimelvlaai 255
ananasbavarois 188
ananasbeignets 230
ananasbeschuiten **154**
ananaspudding 189
ananaspudding (van hypoallergene melkvervanger) 190
ananassaus (met aardappelmeel) 57
ananassaus (met ontbijtkoek) 35
ananastaart 275
ananasvla 167
ananasvla (van hypoallergene melkvervanger) 168
ananasvla (van water) 153
ananasvlaai 255
andijvie (gegratineerde) 117
andijvie (gekookte) **116**
andijvie (met witte saus) 117
andijvie (stamppot van rauwe) **139**
andijviekropjes (gevulde) 117
andijvierolletjes (gevulde) 117
anijsmelk **367**
ansjovisboter 359
ansjovissoesjes 311
appel (gevulde, met fruit) 351
appel (gevulde, met pâté) 351
appel-abrikozentaart 271
appel-rozijnenbrood 263
appel-rozijnenstrüdel **230**
appel-rozijnenvlaai 255
appelbeignets **229**
appelbollen **300**
appelbollen (met amandelspijs) 301
appelbollentraktatie voor 5 december 301
appelcake 278
appelcake (zonder ei) 282
appelcake (zonder ei en saccharose) 286
appelcarrés **301**
appelchutney **46**
appelcompote **241**
appeldressing 50
appelenpap (uit de Betuwe) 222
appelflappen 302
appelgeleipudding 158
appelmoes **242**
appelmoes (gebonden) 242
appelmoes (gevulde) 242
appelmoesschotel (met schuimkop) 242
appelmoesschotel (Zweedse) 242
appelpannekoeken 234
appelpie **303**
appels (gebakken) 245
appels (gekarameliseerde) **156**
appels (met bitterkoekjesvulling) 157
appels (met jam) 157
appels (met kaneelvulling) 157
appelsalade (met kokos) 244
appelsaus (met ontbijtkoek) **35**
appelschijven (versierde, met fruit) **351**
appelsnoepjes 357
appelsoep (met wijn) **24**
appeltaart **270**
appelvlaai 255
Arnhemse meisjes **317**
asperges (gekookte) **117**
asperges (met witte saus) 117
aspergesoep (gebonden) 26
aspergesoep (heldere) 27
augurkdressing 50

B

bami **144**
bananen (gebakken) **244**
bananen-honingpasta 364
bananen-roomijs 238
bananenbeignets 230
bananenbootjes 345
bananencrèmesoezen 314
bananenjam 362
bananenpannekoeken 234
bananenvruchtenbeleg 364
banketbakkersroom **328**
banketletter 305
banketstaaf 305
bavarois (aardbeien-) **187**
bavarois (ananas-) 187
bavarois (frambozen-) 187
bavarois (sinaasappel-) 187
béchamelsaus 41
béchamelsaus (van hypoallergene melkvervanger) 43
beignets (abrikozen-) 230
beignets (ananas-) 230
beignets (appel-) **229**
beignets (bananen-) 230
Berliner (halve) 355
beschuiten (met ananas) **154**
beschuiten (met appelmoes) 155
beschuiten (met bosbessensaus) 155
beschuiten (met perzik) 155
beschuiten (met rabarbermoes) 155
beschuitpap **217**
beschuitpap (van hypoallergene melkvervanger) **217**
beschuitschotel (met appelmoes) **226**
bessesap (warm, gekruid) **371**
bessensalade (gemengde) 244
bessensaus (met aardappelmeel) 57
bessensaus (met jam) 56
bessensaus (met margarine) 38
bessensoep (rode-) 28
bierwafels 266
bieten **118**
bietensalade **131**
bietensalade (met aardappel) **103**
bietensaus 45
bindmiddelen (vervangingslijst) 19
bisschopswijn 371
bitterkoekjes 322
bleekselderij **118**
bleekselderij (gevulde, met fruit) 341
bleekselderij (gevulde, met groentesalade) 341
bleekselderij (gevulde, met zachte kaas) 341
bleekselderij (gevulde, met pâté) 341
bleekselderij (gevulde, met vis) 341
bleekselderijbootjes 345
bleekselderijsalade (met ananas, appel en rozijnen) **132**
bloemenkoekjes 325
bloemkool **118**
bloemkool (au gratin) 119
bloemkool (met witte saus) 119
bloemkoolsoep (gebonden) **26**
bloemkoolsoep (heldere) 27
boekweit (gekookt) **107**
boekweitcroquetten 109
boekweitebrood **251**
boekweitebrood (knip-) 252
boekweitebrood (met kruiden) 252
boekweitebrood (met maanzaad of sesamzaad) 252
boekweitebrood (met melk) 252
boekweitebrood (met noten) 252
boekweitebrood (met olijven) 252
boekweitebrood (met spek en kaas) 252
boekweitebrood (met uien en kaas) 253
boekweitebrood (met vruchten) 253
boekweitebrood (stokbrood) 252
boekweitebrood (tijger-) 252
boekweitebrood (vakantie-, zonder oven) 253
boekweitebroodjes 252
boekweitekoekjes 109
boekweitepannekoeken **110**
boekweitepannekoeken (met champignons) 110
boekweitepannekoeken (met ei) 110
boekweitepannekoeken (met maïs) 111
boekweitepannekoeken (met olijven) 111
boekweitepannekoeken (met spek) 111
boekweitepannekoeken (met spinazie) 111
boekweitepannekoeken (met tarwe) 111
boekweitepap 224
boekweitepap (van hypoallergene melkvervanger) 225
boekweitpuree 109
boekweitrand 109
boekweitrisotto **108**
boekweitsoufflé 109
boekweitstoofpot 109
boekweittimbaaltjes (met champignons) 109
boerenkool (stamppot van) 138
boeuf stroganoff **60**
bokkepootjes **318**
bokkepootjes (kokos-) 318
bolussen (gember-) 264
bolussen (marmelade-) 264
bolussen (stroop-) **263**
bonengehaktschijf 85
bonengoelasj **77**
bonensalade (bruine-) 86
bonensalade (witte-) **85**
boomstam 296
bootcake 280
bootcake (zonder ei) 284
bootcake (zonder ei en saccharose) 288
Bordure Richelieu (ananas in wijngelei) 158
borrelballetjes (tahoe-) 83
borstplaat **351**
borstplaat (carobe-) 352
borstplaat (chocolade-) 352
borstplaat (gember-) 352
borstplaat (jam-) 352
borstplaat (koffie-) 352
borstplaat (room-) 352
bosvruchtensaus (donkere) **56**
bosvruchtensaus (met margarine) 38
boter (ansjovis-) 359
boter (carobe-) **365**
boter (chocolade-) 365
boter (dille-) 359
boter (ei-) 359
boter (knoflook-) 359
boter (kokos-) 365
boter (kruiden-) **358**
boter (mierikswortel-) 359
boter (paprika-) 359
boterbabbelaars (Zeeuwse) 354
boterkoek **272**
boterkoek (gevulde) 272
boterkoek (met bosbessen) 272
boterkoek (met gember) 272
bouillon **23**
bouillon (gebonden met aardappelmeel, maïzena of bloem) **23**
bouillon (gebonden met een roux) **23**
bouillon (gebonden met rijst, macaroni of vermicelli) **23**
Bourguignonne fondue **61**

bowl (vruchten-) **370**
Brabantse karnemelksepap 222
bramenchutney 47
bramenjam 363
bramensaus 38
bramenvruchtenbeleg 364
Bretonse vissoep (maaltijdsoep) **25**
broccoli **119**
broccoli (au gratin) 119
broccoli (gesauteerde) 119
broccolisoep (gebonden) 26
broccolisoep (heldere) 27
brood **248 t/m 269**
broodbeleg **358 t/m 366**
broodfiguurtjes (belegde) 366
broodjes (gevlochten) 258
broodjes (van bloem) 267
broodjes (van bloem met zuurdesem) 265
broodjes (van boekweitemeel) 252
broodjes (van rijstemeel) 261
broodmannetjes 258
broodpap 217
bruin glazuur 332
bruinbrood 267
bruine bonen **78**
bruine-bonensalade 86
bruine-bonensoep (maaltijdsoep) 30
bruine saus **36**
burgers (snelle soja-, van TVP) 85
burgers (soja-, van sojabonen) 85
burgers (vegetarische, van kapucijners) **85**

C

cake **278 t/m 289**
cake (met vanilleroomijs en vruchten) 239
cake (zonder ei) **282**
cake (zonder ei en saccharose) **286**
cakejes 279
cakejes (zonder ei) 283
cakejes (zonder ei en saccharose) 286
carobe-havermoutpap 220
carobe-havermoutpap (van hypoallergene melkvervanger) 221
carobe-imitatieslagroom 333
carobe-kokospasta **365**
carobe-mueslirepen 356
carobe-roomijs 238
carobeborstplaat 352
carobeboter **365**
carobecake 278
carobecake (zonder ei) 282
carobecake (zonder ei en saccharose) 286
carobecrème 328
carobeglazuur 331
carobekaramel 354
carobemelk (koude) 369
carobemelk (koude, van hypoallergene melkvervanger) 369
carobemelk (warme) 369
carobemelk (warme, van hypoallergene melkvervanger) **368**
carobemilkshake 371
carobepudding (van agar-agar) 206
carobepudding (van agar-agar, met hypoallergene melkvervanger) 211
carobepudding (van gelatine) 208
carobepudding (van gelatine, met hypoallergene melkvervanger) 213
carobepudding (van hypoallergene melkvervanger) **190**
carobepudding (van hypoallergene melkvervanger, met peren) 191
caroberijst 224
caroberijst (van hypoallergene melkvervanger) 225
carobesaus 53
carobesaus (van hypoallergene melkvervanger) **52**
carobeslagroom 334
carobetaart 298
carobevla (van agar-agar) 177
carobevla (van agar-agar, met hypoallergene melkvervanger) 181
carobevla (van gelatine) 178
carobevla (van gelatine, met hypoallergene melkvervanger) 182
carobevla (van water) 153
carré (appel-) **301**
carré (kwark-, hartige) 302
champignonpannekoeken (van boekweit) 110
champignonroomsaus **37**
champignonsaus 41
champignonsaus (van hypoallergene melkvervanger) 43
champignonsoep (gebonden) 26
champignonsoep (heldere) 27
chili con carne (Mexicaans gerecht van bruine bonen) **145**
chili con tahoe 145
Chinees fruit **337**
Chineesjes (soezen-) 315
Chinese eieren 347
Chinese flensjes 232
Chinese fondue 61
Chinese groentesoep (heldere) 27
Chinese kippesoep 29
Chinese kool (met gehakt) **120**
Chinese ragoûtsoesjes 311
Chinese soesjes 311
chipolatapudding (op basis van custardpudding) 193
chipolatapudding (op basis van custardpudding, met hypoallergene melkvervanger) 194
chipolatapudding (op basis van vanillepudding) 204
chipolatapudding (op basis van vanillepudding, met hypoallergene melkvervanger) 209
chipolatapudding (op basis van vanillepudding van gelatine) 207
chipolatapudding (op basis van vanillepudding van hypoallergene melkvervanger en gelatine) 213
chipolatapudding (van agar-agar) 206
chipolatapudding (van agar-agar, met hypoallergene melkvervanger) 211
chipolatapudding (van gelatine) 197
chipolatapudding (van gelatine, met hypoallergene melkvervanger) 199
chipolatapudding (van sojamelk, zonder ei) 205
chips 340
chips-bootjes 340
chips-puntzakje 340
chips-sneeuwbal 340
chips-snoepbuideltjes 340
chocolade-amandelglazuur 331
chocolade-havermoutpap 220
chocolade-havermoutpap (van hypoallergene melkvervanger) 221
chocolade-imitatieslagroom 333
chocolade-kokosglazuur 331
chocolade-kokospasta 365
chocolade-roomijs 238
chocoladeborstplaat 352
chocoladeboter 365
chocoladecake 278
chocoladecake (zonder ei) 282
chocoladecake (zonder ei en saccharose) 286

chocoladecrème 328
chocoladedrank (water-) 369
chocoladefondue **155**
chocoladeglazuur 1 331
chocoladeglazuur 2 331
chocoladekaramels 354
chocolademelk (koude) 369
chocolademelk (warme) **369**
chocolademelk (koude, van hypoallergene melkvervanger) 369
chocolademelk (warme, van hypoallergene melkvervanger) 369
chocolademilkshake 371
chocolademousse **156**
chocolademueslirepen 356
chocoladepudding **191**
chocoladepudding (met peren) 192
chocoladepudding (van agar-agar) 207
chocoladepudding (van agar-agar, met hypoallergene melkvervanger) 211
chocoladepudding (van gelatine) 208
chocoladepudding (van gelatine, met hypoallergene melkvervanger) 213
chocoladerijst 224
chocoladerijst (van hypoallergene melkvervanger) 225
chocoladesaus **53**
chocoladesaus (van hypoallergene melkvervanger) 52
chocoladeslagroom 334
chocoladetaart 298
chocoladetruffels **352**
chocoladetruffels (gekleurde) 352
chocoladetruffels (kerst-) 352
chocoladetruffels (kokos-) 352
chocoladetruffels (paas-) 352
chocoladevla **168**
chocoladevla (met peren) 169
chocoladevla (van peren, met hypoallergene melkvervanger) 169
chocoladevla (van agar-agar) 177
chocoladevla (van agar-agar, met hypoallergene melkvervanger) 181
chocoladevla (van gelatine) 178
chocoladevla (van gelatine, met hypoallergene melkvervanger) 182
chocoladevla (van hypoallergene melkvervanger) **169**
chocoladevla (van water) 154
chutney (appel-) **46**
chutney (bramen-) 47
chutney (vlierbessen-) 47
cijfer- of lettercakejes 280
cijfer- of lettercakejes (zonder ei en saccharose) 288
cijfer- of lettercakejes (zonder ei) 285
cijferkoekjes 325
citroen-kwarkkoek 291
citroen-roomijs 238
citroen-vanillesaus 57
citroenbonen 78
citroencake 278
citroencake (zonder ei) 282
citroencake (zonder ei en saccharose) 286
citroenglazuur 331
citroenpudding 189
citroenpudding (van hypoallergene melkvervanger) 190
citroenrijst 163
citroensaus 54
citroensaus (van hypoallergene melkvervanger) 55
citroenvla 167
citroenvla (van hypoallergene melkvervanger) 168
citroenvla (van water) 154
citrusdressing 50
clowntjes 325
cocktail (groenten) **368**
cocktail (groenten, hartige) 368
cocktailsaus (van imitatiemayonaise) 47
cocktailsaus (van mayonaise) 48
cocktailsaus (van sojanaise) 50
compote (abrikozen-) 241
compote (appel-) **241**
compote (peren-) 241
compote (perziken-) 241
compote (sinaasappel-) 241
compote (van gedroogde vruchten) **243**
compote (van gedroogde vruchten, met schuimkop) 243
coupe poire Hélène 239
courgettesalade **132**
courgettesaus 45
couscous 112
cranberrysaus **54**
crème au beurre **328**
crème-au-beurretaart 298
crème caramel (op basis van custardpudding) 193
crème caramel (op basis van custardpudding, met hypoallergene melkvervanger) 194
crème caramel (op basis van vanillepudding) 204
crème caramel (op basis van vanillepudding, met hypoallergene melkvervanger) 210
crème caramel (op basis van vanillepudding, met sojamelk) 205
crème caramel (van agar-agar) 207
crème caramel (van agar-agar, met hypoallergene melkvervanger) 211
crème caramel (van gelatine) 208
crème caramel (van gelatine, met hypoallergene melkvervanger) 213
crème caramel (van sojamelk, zonder ei) 205
crêpe Alaska 232
crêpe Suzette (flensjes met likeursaus) 232
croissants 307
croissants (ham-) 307
croissants (mini-) 307
croissants (mini-, hartig gevulde) 307
croissants (mini-, zoet gevulde) 308
croquetjes (aardappel-) 99
croquetten (boekweit-) 109
croquetten (gierst-) 109
croquetten (groente-) 65
croquetten (kaas-) 65
croquetten (kalfsvlees-) **64**
croquetten (kip-) 65
croquetten (rundvlees-) 65
croquetten (soja-) 65
croquetten (vis-) 65
custardpap **217**
custardpap (van hypoallergene melkvervanger) **218**
custardpudding **192**
custardpudding (van hypoallergene melkvervanger) **193**
custardpudding (met verse vruchten) 193
custardpudding (met verse vruchten, van hypoallergene melkvervanger) 194
custardroompudding 193
custardsaus **54**
custardsaus (van hypoallergene melkvervanger) **55**
custardvla **170**
custardvla (van hypoallergene melkvervanger) **171**
custardvla (met geraspte appel) 170

custardvla (met geraspte appel, van hypoallergene melkvervanger) 171
custardvla (met stukjes appel) 170
custardvla (met stukjes appel, van hypoallergene melkvervanger) 171
custardvla (van agar-agar) 177

D
dadelcake 278
dadelcake (zonder ei) 283
dadelsnoepjes 357
Deense rijstsoep 163
Deense vla 176
Deense vla (van agar-agar) 177
Deense vla (van hypoallergene melkvervanger) 180
Deense vla (van sojamelk, zonder ei) 183
denneboomcake 281
denneboomcake (zonder ei) 285
denneboomcake (zonder ei en saccharose) 288
dierenkoekjes 325
dilleboter 359
dillesaus 41
dillesaus (van hypoallergene melkvervanger) 43
diplomaatpudding 197
diplomaatpudding (van hypoallergene melkvervanger) 199
dobbelsteencake 281
dobbelsteencake (zonder ei) 285
dobbelsteencake (zonder ei en saccharose) 288
doperwten **120**
doperwten (met maïs) 120
doperwten (met spek en ui) 120
dragonsaus 41
dragonsaus (van hypoallergene melkvervanger) 43
dranken **367 t/m 371**
dressing (appel-) 50
dressing (augurk-) 50
dressing (citrus-) 50
dressing (Franse) 50
dressing (gember-) 50
dressing (Italiaanse) 50
dressing (kappertjes-) 50
dressing (kerrie-) 50
dressing (paprika-tomaat) 50
dressing (vinaigrettesaus) **50**
drie-in-de-pan **231**
droplolly's 348
druiven in wijngelei 158
druivensaus **38**
dubbeldekkers 325
duivelse saus 36

E
eclair-muisjes 315
eclairs 314
ei-bijtje **338**
ei-egel 339
eiboter 359
eieren (Chinese-) 347
eieren (Indianen-) 347
eieren (piraten-) 346
eierpannekoeken (van boekweit) 110
enveloppen (gevuld met chips of popcorn) **340**
erwtensoep (maaltijdsoep) 30

F
filosoof (groente-) **140**
filosoof (witte-bonen-) 141
Flapjack **353**
flensjes **231**
flensjes (Chinese) 232
flensjes (gevulde, met abrikozenmoes) 232
flensjes (gevulde, met appelmoes) 232
flensjes (kaneel-) 232
flensjes (met ijs) 232
flensjes (met likeursaus) 232
flensjes (met notenboter) 232
flensjes (Tropicana) 232
fondue (Bourguignonne) **61**
fondue (Chinese) 61
fondue (chocolade-) **155**
fondue (groente-) 61
fondue (vis-) 61
frambozenbavarois 188
frambozenjam 363
frambozenpudding 189
frambozenpudding (van hypoallergene melkvervanger) 190
frambozenvla 167
frambozenvla (van hypoallergene melkvervanger) 168
frambozenvruchtenbeleg 364
Franse dressing 50
frites **102**
fruit (Chinees) **337**
fruit (Indianen-) 337
fruit (konings-) 337
fruit (piraten-) 337
fruitcocktail 244
fruitsalade **243**
fruitstokken **339**
fruitstokken (met aardbeien en marshmellows) 339
fruitstokken (met kaas) 339
fruitstokken (met meloen en rookvlees of paling) 339

G
garnalen (frituren) **95**
garnalen (koken) **96**
garnalenroomsaus 37
garnalensalade 97
garneernoga **329**
garneringen en vulsels voor gebak **327 t/m 335**
geel glazuur 332
geflambeerde vruchten **245**
gele room **329**
gele room (van hypoallergene melkvervanger) **330**
geleipudding (appel-) 158
geleipudding (druiven-) 158
geleipudding (heldere, vruchten-) **157**
geleipudding (meloen-) 158
geleipudding (rode rabarber-) 158
gember-kaneelglazuur 331
gemberbolussen 264
gemberborstplaat 352
gembercake 279
gembercake (zonder ei) 283
gemberdressing 50
gemberkoek 290
gemberpannekoeken 234
gemberpudding (van agar-agar) 207
gembersaus 41
gembersaus (van hypoallergene melkvervanger) 43
gembertaart 276
gembervla 176
gembervla (van agar-agar) 177
gembervla (van agar-agar, met hypoallergene melkvervanger) 181
gembervla (van gelatine) 178
gembervla (van gelatine, met hypoallergene melkvervanger) 182
gembervla (van hypoallergene melkvervanger) 180
gembervla (van sojamelk, zonder ei) 183
gerst (gekookt) **108**
gerst (gekruide) **111**
gerstpuree 111
gevogelte **68 t/m 74**
gierst (gekookt) **107**
gierstcroquetten 109
gierstkoekjes 109

gierstkoekjes (met tahoe) 109
gierstpuree 109
gierstrand 109
gierstrisotto **108**
gierstsoufflé 109
gierststoofpot 109
giersttimbaaltjes 109
glazuur **330**
glazuur (bruin) 332
glazuur (carobe-) 331
glazuur (chocolade- 1) 331
glazuur (chocolade- 2) 331
glazuur (chocolade-amandel-) 331
glazuur (chocolade-kokos-) 331
glazuur (citroen-) 331
glazuur (geel) 332
glazuur (gember-kaneel-) 331
glazuur (groen) 332
glazuur (honing-) 331
glazuur (honing-noten-) 331
glazuur (kaneel-) 331
glazuur (koffie-) 331
glazuur (likeur-) 331
glazuur (mokka-cacao-) 331
glazuur (oranje) 332
glazuur (rood) 332
glazuur (roze) 332
glazuur (rum-) 331
glazuur (sinaasappel-) 331
glazuur (vanille-) 331
glazuur (vruchten-) 332
goelasj (bonen-) **77**
gort (gekookte) **108**
gort (gekruide) **111**
gort (met rozijnen) 164
gortpap 224
gortpap (van hypoallergene melkvervanger) 225
gortpuree 111
gortschotel (met appels en rabarber) 228
gourmet **62**
granen **107 t/m 114**
griesmeelpap **219**
griesmeelpap (van hypoallergene melkvervanger) **219**
griesmeelpudding **195**
griesmeelpudding (van hypoallergene melkvervanger) **196**
groen glazuur 332
groene erwten 78
groentebouillon **23**
groentecroquetten 65
groentefilosoof **140**
groentefondue 61
groentelolly's 348
groenten **115 t/m 136**
groenten (gemarineerd in Chinese marinade) 121
groenten (gemarineerde) **121**
groentencocktail **368**
groentencocktail (hartige) 368
groentepie 303
groenteragoût 124
groentesoep (heldere) 27
groentesoep (heldere, Chinese) 27
groentetaart (hartige -, met tonijn) **146**
grutjespap 222

H
haas **70**
hachee 67
ham-preisaus 41
ham-preisaus (van hypoallergene melkvervanger) 43
ham-ragoûtsoesjes 311
hamsaus 41
hamsaus (van hypoallergene melkvervanger) 43
hamsoesjes 311
hangopkoek 291
haringsalade (met aardappel) 105
haver (gekruide) **111**
haver-sesamkoekjes **319**
haverkoekjes 112
havermoutpap **220**
havermoutpap (van hypoallergene melkvervanger) **221**
havermoutpap (met appel) 220
havermoutpap (met appel, van hypoallergene melkvervanger) 221
havermoutpap (met banaan) 220
havermoutpap (met banaan, van hypoallergene melkvervanger) 221
havermoutpap (met carobe) 220
havermoutpap (met carobe, van hypoallergene melkvervanger) 221
havermoutpap (met chocolade) 220
havermoutpap (met chocolade, van hypoallergene melkvervanger) 221
haverstoofpot 112
hazebout **70**
hazelnootrol 295
hazepeper 71
herfstsalade 244
hernhuttertje 325
hete bliksem (stamppot van appels) 138
hoefijzertjes 325
honing-notenglazuur 331
honingcake 279
honingcake (zonder ei) 283
honingglazuur 331
honingnoga **354**
honingpasta (abrikozen-) **364**
honingpasta (bananen-) 364
honingpasta (pruimen-) 364
hopjespudding 200
hopjespudding (van hypoallergene melkvervanger) 201
hopjesvla 172
hopjesvla (van hypoallergene melkvervanger) 173
houtsnip 68
hutspot **138**
huzarensalade **105**
huzarensalade (gegarneerd) **106**
huzarensalade (met ei) 105

I
ijs **236 t/m 240**
ijs (bananen-room) 238
ijs (carobe-room-) 238
ijs (chocolade-room-) 238
ijs (citroen-room-) 238
ijs (kaneel-room-) 238
ijs (koffie-hazelnootroom-) 238
ijs (mokka-roomijs) 239
ijs (pepermunt-chocolade-room-) 239
ijs (pepermunt-room-) 239
ijs (sorbet-) **237**
ijs (sorbet-, met vruchten) 237
ijs (spoom) 237
ijs (vanille-room-) **238**
ijs (vanille-room-, met ananas en amandelen) 239
ijs (vruchten-) 239
ijs (vruchtenroom-) 239
ijs (water-) **239**
ijs (yoghurt-room-) 239
ijslolly **239**
ijslolly's (melk-) 240
ijslolly's (yoghurt-) 240
ijssoezen 316
imitatiemayonaise **47**
imitatiemayonaise (cocktailsaus) 47
imitatiemayonaise (kerrie-) 47
imitatiemayonaise (mango-) 47
imitatiemayonaise (mosterd-) 47
imitatiemayonaise (ravigotesaus) 47
imitatiemayonaise (remouladesaus) 48

imitatiemayonaise (tomaten-) 47
imitatieslagroom **332**
imitatieslagroom (carobe-) 333
imitatieslagroom (chocolade-) 333
imitatieslagroom (mokka-) 333
imitatieslagroomsoezen 314
Indianen (soezen-) 315
Indianeneieren 347
Indianenfruit 337
Indische kip 72
Indische ragoûtsoesjes 311
Indische soesjes 311
Indonesische zilvervliesrijst 114
Italiaanse dressing 50
Italiaanse kip 72
Italiaanse rijstsalade **113**

J
jachtsaus 36
jachtschotel **141**
jachtschotel (met kip en witlof) 141
jachtschotel (met lever en champignons) 141
jachtschotel (met rode kool) 141
jam (aardbeien-) **362**
jam (aardbeien-rabarber-) 362
jam (bananen-) 362
jam (bramen-) 362
jam (frambozen-) 362
jam (kersen-) 362
jam (meloen-gember-) 362
jam (peren-gember-) 362
jam (pompoen-) 362
jam (pruimen-) 362
jam (rozebottel-) 362
jamborstplaat 352
jamkoekjes 325
janhagel 325
Japanse rijstsalade 113

K
kaas (met boeketje bloemen) 342
kaas-kwarksoesjes 311
kaas-notenragoûtsoesjes 312
kaas-notensoesjes 312
kaas-ragoûtsoesjes 312
kaas-roggebroodrondjes 343
kaasbootjes 342
kaasbuttons 342
kaasclowntjes **342**
kaascroquetten 65
kaasletters 342
kaaslolly's 342, 348
kaasmuisjes 344
kaaspaddestoelen **344**
kaasprikkers (met fruit of groente) 343
kaasragoût 335
kaassoesjes 311
kaassterren 343
kaasvliegen 343
kabeljauwpâté 94
kabinetpudding **197**
kabinetpudding (van hypoallergene melkvervanger) **198**
kalfspoeletsoep (heldere) **27**
kalfsschnitzels **63**
kalfsvleescroquetten **64**
kalkoen **69**
kalkoen (in kerriesaus) **71**
kalkoenfilet (gebakken) **69**
kandijkoek 290
kaneel-roomijs 238
kaneelflensjes 232
kaneelglazuur 331
kaneelsaus 53
kaneelsaus (van hypoallergene melkvervanger) 52
kaneelwafeltjes **253**
kappertjesdressing 50
kappertjessaus 42
kappertjessaus (van hypoallergene melkvervanger) 43
kapucijners 78
kapucijnersalade 86
kapucijnersoep (maaltijdsoep) 30
karamel-roompudding 200
karamel-roomvla 172
karamelappels **156**
karamelpudding **199**
karamelpudding (van hypoallergene melkvervanger) **200**
karamels (carobe-) 354
karamels (chocolade-) 354
karamels (harde) **353**
karamels (zachte) 354
karamelsaus 53
karamelsaus (van hypoallergene melkvervanger) 52
karamelvla **172**
karamelvla (van hypoallergene melkvervanger) **172**
karnemelkdrank 371
karnemelksepap (Brabantse, met bloem) 222
karnemelksepap (met boekweit) **221**
karnemelksepap (Vlaamse, met bloem) 222
Kempen-kruimelvlaai 255
kerrie-fruitragoûtsoesjes 312
kerrie-fruitsoesjes 312
kerrie-imitatiemayonaise 47
kerriedressing 50
kerriemayonaise 48
kerriesaus (met een roux) 42
kerriesaus (met rijstemeel) **38**
kerriesaus (van hypoallergene melkvervanger) 43
kerriesoep (gebonden) 26
kerriesojanaise 50
kerrievissoep 32
kersen-kruimelvlaai 254
kersenjam 363
kersenpannekoeken 234
kersenpudding (warme) **162**
kersensaus (met aardappelmeel) 57
kersensaus (met jam) 56
kersensoep **28**
kersentaart 275
kersenvla (van water) 154
kersenvlaai 253
kersenvlaai (met gelei) 254
kersenvlaai (met vlechtwerk) 254
kersenvruchtenbeleg 364
kerst-chocoladetruffels 352
kerstbrood **256**
kerstbrood (met amandelspijs) 257
kerstkoekjes 325
kerstkrans **304**
kerstkransjes 325
kersttaart 299
kersttulband (met ei) 280
kersttulband (zonder ei) 284
kersttulband (zonder ei en saccharose) 287
kervelsaus 42
kervelsaus (van hypoallergene melkvervanger) 43
kervelsoep (gebonden) 26
kikkererwtensalade 86
kip **68 t/m 74**
kip (gestoofd met ananas, perzik en gember) **70**
kip (gevulde) 72
kip (in roomsaus) 72
kip (in-het-pannetje) **72**
kip (Indische) 72
kip (Italiaanse) 72
kip (met kerrie) 72
kip (Spaanse) 73
kip-kerrieragoût 73
kipcroquetten 65
kipfilet (gebakken) 69
kipfilet (gekookte) **69**
kipfilet (in kerriesaus) 71
kippebouillon **23**
kippepâté 360
kipperagoût **73**
kipperagoût (met kerrie) 73

kipperagoûtsoesjes 312
kippesoep (Chinese) 29
kippesoep (met ossetong) 29
kippesoep (met rijstebloem) **28**
kipspies 69
Kirschtorte (Schwarzwälder) 299
kivietsbonen 78
kiwi-vruchtensalade 244
kletskoppen **319**
kletskoppen (gevulde) 320
klokcake 281
klokcake (zonder ei) 285
klokcake (zonder ei en saccharose) 288
knakworsthalters 345
knakworsthondjes **344**
knipbrood (van bloem) 265
knipbrood (van bloem met zuurdesem) 265
knipbrood (van boekweitemeel) 252
knipbrood (van rijstemeel) 261
knoflookboter 359
knoflooksaus 42
knoflooksaus (van hypoallergene melkvervanger) 43
knolselderij 122
knolselderijsalade (met ananas, appel en rozijnen) 132
knolselderijsoep (gebonden) 26
koek (aapjes-) 293
koek (boekweite-, met tahoe) 109
koek (boter-) **272**
koek (boter-, met bosbessen) 272
koek (boter-, met gember) 272
koek (gember-) 272
koek (gevulde) 272
koek (gierst-, met tahoe) 109
koek (hangop-) 291
koek (kandij-) 290
koek (kruid-, van bloem) 267
koek (kruid-, van bloem met zuurdesem) 265
koek (kruid-, van boekweitemeel) 252
koek (kruid-, van rijstemeel) 261
koek (kruid-, van volkorenmeel) 289
koek (kwark-) **290**
koek (kwark-, met citroen of sinaasappel) 291
koek (kwark-, met koffie en noten) 291
koek (kwark-, met muesli) 291
koek (kwark-, met rozijnen en rum) 291
koek (kwark-, met volkorenmeel) 291
koek (ontbijt-) **291**
koek (ontbijt-, met abrikozen) 292
koek (ontbijt-, met citrus en noten) 292
koek (ontbijt-, met gember) 292
koek (ontbijt-, met krenten en rozijnen) 292
koek (opgerolde-) **295**
koek (pruimen-) 293
koek (rozijnen-) 290
koek (snipper-) 290
koek (Turkse koffie-) 293
koek (umer-) 291
koek (van crème fraîche of zure room) 291
koek (vruchten-) **292**
koek (walnoot-) 290
koek (yoghurt-) 291
koeken (gevulde) 273
koekjes **316 t/m 326**
koekjes (aardappel-) 99
koekjes (boekweite-) 109
koekjes (gierst-) 109
koekjes (haver-) 112
koekjes (zoute) 318
koffie-hazelnootroomijs 238
koffie-roompudding 202
koffie-roomvla 174
koffieborstplaat 352
koffiecake 279
koffiecake (zonder ei) 283
koffiecake (zonder ei en saccharose) 287
koffieglazuur 331
koffiekoek (Turkse) 293
koffiemilkshake 371
koffiepudding **201**
koffiepudding (met banaan) 202
koffiepudding (met banaan, van hypoallergene melkvervanger) 203
koffiepudding (met gemalen kokos) 202
koffiepudding (met gemalen kokos, van hypoallergene melkvervanger) 203
koffiepudding (van agar-agar) 207
koffiepudding (van agar-agar, met hypoallergene melkvervanger) 212
koffiepudding (van gelatine) 208
koffiepudding (van gelatine, met hypoallergene melkvervanger) 214
koffiepudding (van hypoallergene melkvervanger) **202**
koffievla **173**
koffievla (met banaan) 174
koffievla (met banaan, van hypoallergene melkvervanger) 175
koffievla (met gemalen kokos) 174
koffievla (met gemalen kokos, van hypoallergene melkvervanger) 175
koffievla (van agar-agar) 177
koffievla (van agar-agar, met hypoallergene melkvervanger) 181
koffievla (van gelatine) 178
koffievla (van gelatine, met hypoallergene melkvervanger) 182
koffievla (van hypoallergene melkvervanger) **174**
koggetjes **320**
kokos-bokkepootjes 318
kokos-chocoladetruffels 352
kokosboter 365
kokoscake 279
kokoscake (zonder ei) 283
kokoscake (zonder ei en saccharose) 287
kokosmakarons 322
kokospannekoeken 234
komkommer (gevulde, met fruit) 341
komkommer (gevulde, met groentesalade) 341
komkommer (gevulde, met pâté) **341**
komkommer (gevulde, met vis) 341
komkommer (gevulde, met zachte kaas) 341
komkommerbootjes 346
konijn **74**
koningsfruit 338
kool (Chinese -, met gehakt) **120**
kool (gevulde -rolletjes) 125
kool (rode-, met appelsterren) **124**
kool (savooie-) **125**
kool (spits-) 125
kool (stamppot van boeren-) 138
kool (stamppot van witte-) 138
kool (witte) 125
koolraap **122**
koolraap (met witte saus) 122
koolrabisalade **133**
korstgebak (Engels) 304
koteletten (met appels) **66**
krabsalade **96**
krakelingen 317
krentenbrood 263
krentenbroodjes 363
krenten- en rozijnenpannekoeken 234
kruidcake 279

kruidcake (zonder ei) 283
kruidcake (zonder ei en saccharose) 287
kruidenboter **358**
kruidenbouillon **23**
kruidenbrood (van bloem) **267**
kruidenbrood (van bloem met zuurdesem) 265
kruidenbrood (van boekweitemeel) 252
kruidenbrood (van rijstemeel) 261
kruidenragoûtsoesjes 312
kruidensoesjes 312
kruidkoek (van bloem) 267
kruidkoek (van boekweitemeel) 252
kruidkoek (van rijstebloem) 261
kruidkoek (van volkorenmeel) **289**
kruidkoek (van volkorenmeel met zuurdesem) 265
kruidnoten 274
kruimelvlaai (Kempen-) 255
kruimelvlaai (pudding-) **259**
kruisbessentaart 275
kruisbessenvlaai (met schuimkop) 255
kwark-roomsoezen 315
kwarkcarrés (hartige) 302
kwarkkoek **290**
kwarkkoek (citroen-) 291
kwarkkoek (met koffie en noten) 291
kwarkkoek (met rozijnen en rum) 291
kwarkkoek (muesli-) 291
kwarkkoek (sinaasappel-) 291
kwarkkoek (volkoren-) 291
kwarkpudding 215
kwarktaart 271

L
lammetjespap **222**
lammetjespap (van hypoallergene melkvervanger) **223**
lamssoep (met balletjes) **29**
lamssoep (met groenten) 30
lamsvlees (gebakken) **62**
lasagne (Italiaanse ovenschotel met pasta in bladvorm) **142**
lentesalade 244
leverpâté **359**
likeurcrème 329
likeurglazuur 331
linzensalade 86
linzenschotel (met mosterdsaus) **79**
linzensoep (maaltijdsoep) **30**
Linzertorte 276
litchi'staart 275
loempia's (Vietnamese) **350**
lolly's **355**
lolly's (drop-) 348
lolly's (figuur-) 355
lolly's (groente-) 348
lolly's (hartige -) 348
lolly's (kaas-) 348
lolly's (rijste-) **347**

M
maanzaadbrood (van bloem) 268
maanzaadbrood (van bloem met zuurdesem) 265
maanzaadbrood (van boekweitemeel) 252
maanzaadbrood (van rijstemeel) 261
macaroni (met rozijnen) 164
macaroni (met venkel) **147**
maderasaus 36
maïs (met doperwten) 120
maïs-rijstebroodjes (pittige) **259**
maïspannekoeken (van boekweitemeel) 111
maïzenapap 218
maïzenapap (van hypoallergene melkvervanger) 218
makreelpâté 94
mango (gebakken) 245
mango-imitatiemayonaise 47
mangomayonaise 48
mangosojanaise 50
marmeladebolussen 264
marmercake 279
marmercake (zonder ei) 283
marmercake (zonder ei en saccharose) 287
marmerkoekjes 326
marsepein **333**
marsepein (bruin) 333
marsepein (geel) 333
marsepein (groen) 333
marsepein (oranje) 333
marsepein (rood) 333
marsepein (roze) 334
marsepeincake 279
marsepeincake (zonder ei) 283
marsepeinfiguurtjes 333
mayonaise **48**
mayonaise (cocktailsaus) 48
mayonaise (imitatie-) **47**
mayonaise (kerrie-) 48
mayonaise (mango-) 48
mayonaise (mosterd-) 48
mayonaise (ravigotesaus) 48
mayonaise (remouladesaus) 48
mayonaise (tomaten-) 48
melk (anijs-) **367**
melk (carobe-, van hypoallergene melkvervanger) **368**
melk (koude, carobe-) 369
melk (koude, chocolade-) 369
melk (koude, chocolade-, van hypoallergene melkvervanger) 369
melk (warme, chocolade-) **369**
melk (warme, chocolade-, van hypoallergene melkvervanger) 369
melk-ijslolly's 240
melkbrood (van boekweitemeel) 252
melkbrood (van bloem) 268
melkbrood (van bloem en zuurdesem) 265
melkbrood (van rijstemeel) 261
meloen (gevulde, met fruitsalade) 244
meloen-druivensalade 244
meloen-gemberjam 363
meloen-gembervruchtenbeleg 364
meloenbootjes **345**
meloengeleipudding 158
meloennagerecht **246**
mexico-mix 120
mierikswortelboter 359
mierikswortelsaus 42
mierikswortelsaus (van hypoallergene melkvervanger) 43
milkshake 371
milkshake (carobe-) 371
milkshake (chocolade-) 371
milkshake (koffie-) 371
mince pie (Engels kerstgebak) 304
minisoesjes (met een hartige vulling) **310**
minisoesjes (met een zoete vulling) **314**
moederdagcake 281
moederdagcake (zonder ei) 285
moederdagcake (zonder ei en saccharose) 288
moes (abrikozen-) 242
moes (appel-) **242**
moes (appel-, gebonden) 242
moes (appel-, met schuimkop) 242
moes (pruimen-) 242
moes (rabarber-) 242
moes (tuttifrutti-) 242
moes (Zweedse appelmoesschotel) 242
mokka-cacaoglazuur 331
mokka-imitatieslagroom 333

mokka-roomijs 239
mokka-vanillesaus 57
mokka-vanillesaus (van hypoallergene melkvervanger) 58
mokkacrème 329
mokkasaus 55
mokkasaus (van hypoallergene melkvervanger) 55
mokkaschuimkoekjes 322
mokkaslagroom 334
mokkataart 298
moorkoppen **313**
mosselen (bakken) **95**
mosselen (frituren) **95**
mosselen (koken) **95**
mosterd-imitatiemayonaise 47
mosterdmayonaise 48
mosterdsaus 42
mosterdsaus (van hypoallergene melkvervanger) 43
mosterdsojanaise 50
mousse (chocolade-) **156**
mousse (pâté-) 360
mozaïekkoekjes (klavertjevier) 326
muesli **158**
muesli kwarkkoek 291
mueslikoekjes **321**
mueslirepen **356**
mueslirepen (carobe-) 356
mueslirepen (chocolade-) 356
mueslirepen (sport-) 356

N
nasi goreng **148**
negerzoen (cakeje) 281
negerzoen (zonder ei) 285
negerzoen (zonder ei en saccharose) 289
noga (garneer-) **329**
noga (honing-) **354**
noga (Spaanse) 355
notenballetjes (abrikozen-) 357
notenballetjes (vruchten-) 357
notenbrood 263
notenbrood (van bloem) 268
notenbrood (van bloem en zuurdesem) 265
notenbrood (van boekweitemeel) 252
notenbrood (van rijstemeel) 261
notenkoekjes 326
notensaus 40

O
oliebollen **233**
oliebollen (met appel, krenten en rozijnen) 233
oliebollen (met krenten en rozijnen) 233
oliebollen (met sukade) 233
olijfpannekoeken (van boekweit) 111
olijvenbrood (van bloem) 268
olijvenbrood (van bloem met zuurdesem) 265
olijvenbrood (van boekweitemeel) 252
olijvenbrood (van rijstemeel) 262
ontbijtkoek **291**
ontbijtkoek (met abrikozen) 292
ontbijtkoek (met citrus en noten) 292
ontbijtkoek (met gember) 292
ontbijtkoek (met krenten en rozijnen) 292
Oosterse zoetzure saus **45**
oranje glazuur 332
ovenschotels **139 t/m 143**

P
paasbrood 257
paasbrood (met amandelspijs) 257
paasbroodjes **257**
paaschocoladetruffels 352
paashaascake 281
paashaascake (zonder ei) 285
paashaascake (zonder ei en saccharose) 289
paaskoekjes 325
paastulband (met ei) 280
paastulband (zonder ei) 284
paastulband (zonder ei en saccharose) 287
paella (Spaanse rijstschotel, met kip) 149
paella (Spaanse rijstschotel, met vis) **149**
paksoi **123**
palmiers 318
pannekoeken **234**
pannekoeken (appel-) 234
pannekoeken (bananen-) 234
pannekoeken (boekweite-) **110**
pannekoeken (boekweite-, met champignons) 110
pannekoeken (boekweite-, met ei) 110
pannekoeken (boekweite-, met maïs) 111
pannekoeken (boekweite-, met olijven) 111
pannekoeken (boekweite-, met spek) 111
pannekoeken (boekweite-, met spinazie) 111
pannekoeken (gember-) 234
pannekoeken (kersen-) 234
pannekoeken (kokos-) 234
pannekoeken (krenten- en rozijnen-) 234
pannekoeken (spek-) 235
pap **215 t/m 225**
pap van havermout **220**
pap van havermout (van hypoallergene melkvervanger) **221**
paprika-tomaatdressing 51
paprikaboter 359
paprikasaus (met een bruine roux) 37
paprikasaus (met een witte roux) 42
paprikasaus (met een witte roux van hypoallergene melkvervanger) 43
paprikaschnitzels 63
Parijse aardappeltjes 102
pasta (abrikozen-honing-) **364**
pasta (bananen-honing-) 364
pasta (carobe-kokos-) **365**
pasta (chocolade-kokos-) 365
pasta (pruimen-honing-) 364
pasteitjes **306**
pasteitjes (mini-) 306
pâté (kippe-) 360
pâté (lever-) **359**
pâtémousse 360
pâtésoesjes 312
Pêche Melba 239
pelpinda-snoepbuideltjes 340
penseetaart **272**
penseetaartjes 273
pepermunt-chocoladeroomijs 239
pepermuntroomijs 239
pepernoten 323
pepsels 318
peren (gebakken) 245
peren (stoof-) **247**
peren-gemberjam 363
peren-gembervruchtenbeleg 364
perenbij **346**
perencompote 241
perendessert **246**
perenegel 246, 346
perenmuis 247, 346
perenpudding 189
perenpudding (van hypoallergene melkvervanger) 190
perensalade (Spaanse) 244
perensaus (met ontbijtkoek) 35
perensnoepjes 357
perentaart 275

perenvla 167
perenvla (van hypoallergene melkvervanger) 168
perenvla (van water) 154
perenwaaier 247
perzik (gebakken) 245
perzikbeschuiten 155
perzikegel 346
perzikencompote 241
perzikentaart 275
perzikmuis 346
perzikpudding 189
perzikpudding (van hypoallergene melkvervanger) 190
perzikvla 167
perzikvla (van hypoallergene melkvervanger) 168
perzikvla (van water) 154
peterseliesaus 42
peterseliesaus (van hypoallergene melkvervanger) 43
petits-fours (kleine theegebakjes) **296**
peultjes **123**
peultjes (met worteltjes) 123
peulvruchten **75 t/m 86**
peulvruchten (bakken) **75**
peulvruchten (frituren) **76**
peulvruchten (grilleren) **76**
peulvruchten (koken) **75**
peulvruchten (paneren) **75**
picassosaus **39**
piccalilly **49**
pie (appel-) **303**
pie (groente-) 303
pie (hartige, met ragoût) 303
pie (hartige, met roerei) 303
pie (mince -, Engels kerstgebak) 304
pie (tuttifrutti-) 304
pilav (gemengd gerecht) 150
pilav (rijstgerecht) 114
pindabootjes (van pelpinda's) 340
pinda-gemberkoekjes 326
pindaketting (van pelpinda's) 340
pindasnoepbuideltjes (van pelpinda's) 340
pindasaus 40
piraatjes 326
pirateneieren **346**
piratenfruit 338
pitmoppen 326
pizza (alla casalinga) 151
pizza (alla napoletana) 151
pizza (bodem) **150**
pizza (di broccoli) 151
pizza (met groenten en tahoe of vis) 151
pizza (met mosselen) 151
plumcake 279
plumcake (zonder ei) 283
plumcake (zonder ei en saccharose) 287
plumpudding (Engelse kerstpudding) **159**
poffertjes **235**
poire belle Hélène 239, 247
pommes chips 102
pommes frites **102**
pompoenjam 363
pompoenvruchtenbeleg 364
popcornbootjes 340
popcornketting 340
popcornpuntzakje 340
popcornsneeuwbal 340
popcornsnoepbuideltjes 340
postelein 128
prei ('au vin') 122
prei (gesmoorde) 122
prei (gesmoorde, met kaas) 122
prei (gestoofde) **121**
prei (met taugé) **128**
preisoep (gebonden) 26
profiteroles au chocolat 239, 315
pruimen-honingpasta 364
pruimen-kruimelvlaai 255
pruimenjam 363
pruimenkoek 293
pruimenmoes 242
pruimensaus 57
pruimensoep 28
pruimentaart 271
pruimenvlaai 255
pruimenvruchtenbeleg 364
pudding **184 t/m 214**
pudding (appelgelei-) 158
pudding (kersen-, warme) **162**
pudding (kwark-) 215
pudding (meloengelei-) 158
pudding (plum-) **159**
pudding (rabarber-) **227**
pudding (rode rabarbergelei-) 158
pudding (rödgröd-) **161**
pudding (sneeuw-) 195
pudding (vruchtengelei-, heldere) **157**
pudding-kruimelvlaai **259**
puddingsoezen 315
punch (vruchten-) 371
puree **99**
puree (aardappel-, met gefruite uitjes en uitgebakken spek) 99
puree (aardappel-, met geraspte kaas) 100
puree (aardappel-, met kastanjes) 99
puree (aardappel-, met kerrie) 100
puree (aardappel-, met paprika) 100
puree (aardappel-, met peterselie) 100
puree (aardappel-, met wortelpuree) 100
puree (boekweit-) 109
puree (gerst-) 111
puree (gierst-) 109
puree (gort-) 111
puree (van aardappelrestverwerking) 99

Q
quiches (hartige taartjes) **152**

R
raapstelen (stamppot van rauwe) 139
rabarbergeleipudding (rode) 158
rabarbermoes 242
rabarberpudding **227**
ragoût (groente-) 335
ragoût (kaas-) 335
ragoût (kippe-) **73**
ragoût (kip-kerrie-) 73
ragoût (tahoe-) 84
ragoût (tempé-) **84**
ragoût (tempé-kerrie-) 84
ragoût (TVP-) 84
ragoût (vis-) 335
ragoût (vlees-) **334**
ragoût (vlees-, met champignons) 335
ragoût (vlees-, met gekookte ham) 335
ragoût (vlees-, met kerrie) 335
ratatouille **124**
ravigotesaus (van imitatiemayonaise) 47
ravigotesaus (van mayonaise) 48
ravigotesaus (van sojanaise) 50
reebout 71
reerug 68
remouladesaus (van imitatiemayonaise) 48
remouladesaus (van mayonaise) 48
remouladesaus (van sojanaise) 50
rijst (gele) 114
rijst (met abrikozenmoes) 164
rijst (met appelmoes) 164
rijst (met krenten of rozijnen) 164
rijst (met rabarbermoes) 164
rijst (saffraan-) 114
rijst (zoete droge) **163**
rijstebrij 224
rijstebrood **261**

rijstebrood (knip-) 261
rijstebrood (met kruiden) 261
rijstebrood (met maanzaad of sesamzaad) 261
rijstebrood (met melk) 261
rijstebrood (met noten) 261
rijstebrood (met olijven) 262
rijstebrood (met spek en kaas) 262
rijstebrood (met uien en kaas) 262
rijstebrood (met vruchten) 262
rijstebrood (stokbrood) 262
rijstebrood (tijger-) 262
rijstebrood (vakantie-, zonder oven) 262
rijstebroodjes 261
rijstebrij (van hypoallergene melkvervanger) 225
rijstelolly's **347**
rijstepap **223**
rijstepap (van hypoallergene melkvervanger) **224**
rijstevlaai 260
rijstrand 114
rijstrand (met gedroogde pruimen) **160**
rijstrisotto **114**
rijstsalade (Afrikaanse) 113
rijstsalade (Italiaanse) **113**
rijstsalade (Japanse) 113
rijstsalade (met kaas) 113
rijstsalade (met kwark) 113
rijstsalade (met vis) 113
rijstsalade (met vruchten) 113
rijstschotel (met appels en rabarber) **227**
rijstsoep (Deense) 163
rijsttimbaaltjes (met champignons) 114
risotto (boekweit-) **108**
risotto (gierst-) **108**
risotto (rijst-) **114**
rode kool (met appelsterren) **124**
rode-bessensoep 28
rode-wijnsaus 37
rödgröd **161**
rogge (gekookte) **107**
roggebroodrondjes 343
rood glazuur 332
roodlof 130
rookvleesragoûtsoesjes 312
rookvleessoesjes 312
room (banketbakkers-) **328**
room (gele) **329**
room (gele -, van hypoallergene melkvervanger) **330**
roomborstplaat 352
rösti **102**
roudoudous (likschelpen) 355
roze glazuur 332
rozebotteljam 363
rozebottelvruchtenbeleg 364
rozijn-bootjes 340
rozijn-snoepbuideltjes 340
rozijnenbrood **262**
rozijnenbrood (met appel) 263
rozijnenbroodjes 263
rozijnencake (zonder ei en saccharose) 287
rozijnenkoek 290
rozijnenkoekjes 326
rozijntjesketting 340
rum-rozijnencake 280
rum-rozijnencake (zonder ei) 284
rum-rozijnensaus 55
rum-rozijnensaus (van hypoallergene melkvervanger) 55
rumcake 279
rumcake (zonder ei) 284
rumglazuur 331
rumrozijnen-vanillesaus 58
rumrozijnen-vanillesaus (van hypoallergene melkvervanger) 58
runderbouillon **27**
runderlappen (Vlaamse) **66**
rundvleescroquetten 65
rundvleessoep 27

S
saccharose (vervangingslijst) 22
saffraanrijst 114
salade (aardappel-) **104**
salade (aardappel-, met diverse soorten vis) 104
salade (aardappel-, met groente) 104
salade (aardappel-, met ham) 104
salade (aardappel-, met sinaasappel) 103
salade (aardappel-, met tonijn) 103
salade (aardappel-, zoetzure) 103
salade (aardappel-bieten-) **103**
salade (appel-, met kokos) 244
salade (bessen-, gemengde) 244
salade (bieten-) **131**
salade (bleekselderij-, met ananas, appel en rozijnen) **132**
salade (bruine-bonen-) 86
salade (courgette-) **132**
salade (fruit-) **243**
salade (garnalen-) 97
salade (herfst-) 244
salade (haring-) 105
salade (huzaren-) **105**
salade (huzaren-, met ei) 105
salade (kapucijner-) 86
salade (kikkererwten-) 86
salade (kip-) 105
salade (kiwi-vruchten-) 244
salade (knolselderij-, met ananas, appel en rozijnen) 132
salade (koolrabi-) **133**
salade (krab-) **96**
salade (lente-) 244
salade (linzen-) 86
salade (meloen-druiven-) 244
salade (peren-, Spaanse) 244
salade (rijst-, Afrikaanse) 113
salade (rijst-, Italiaanse) **113**
salade (rijst-, Japanse) 113
salade (rijst-, met kaas) 113
salade (rijst-, met kwark) 113
salade (rijst-, met vis) 113
salade (rijst-, met vruchten) 113
salade (tonijn-) 97
salade (venkelknol-, met ansjovis) **134**
salade (winter-) 244
salade (witte-bonen-) **85**
salade (wortel-) **135**
salade (wortel, met gember) 136
salade (zomer-) 244
saucijzebroodjes **307**
saus (abrikozen-, gevulde) 56
saus (ananas-, met aardappelmeel) 57
saus (ananas-, met ontbijtkoek) 35
saus (appel-, met ontbijtkoek) **35**
saus (appelchutney) **46**
saus (appeldressing) 50
saus (augurkdressing) 50
saus (béchamel-) 41
saus (béchamel-, van hypoallergene melkvervanger) 43
saus (bessen-, met aardappelmeel) 57
saus (bessen-, met jam) 56
saus (bessen-, met margarine) 38
saus (bieten-) 45
saus (bosvruchten-, met jam) **56**
saus (bosvruchten-, met margarine) 38
saus (bramen-) 38
saus (bramenchutney) 47
saus (bruine-) **36**
saus (carobe-) 53
saus (carobe-, van hypoallergene melkvervanger) **52**
saus (champignon-) 41
saus (champignon-, van hypoallergene melkvervanger) 43

saus (champignonroom-) **37**
saus (chocolade-) **53**
saus (chocolade-, van hypoallergene melkvervanger) 52
saus (citroen-) 54
saus (citroen-, van hypoallergene melkvervanger) 55
saus (citroen-vanille-) 57
saus (citrusdressing) 50
saus (cocktail-, van imitatiemayonaise) 47
saus (cocktail-, van mayonaise) 48
saus (cocktail-, van sojanaise) 50
saus (courgette-) 45
saus (cranberry-) **54**
saus (custard-) **54**
saus (custard-, van hypoallergene melkvervanger) **55**
saus (dille-) 41
saus (dille-, van hypoallergene melkvervanger) 43
saus (dragon-) 41
saus (dragon-, van hypoallergene melkvervanger) 43
saus (druiven-) **38**
saus (duivelse) 36
saus (Franse dressing) 50
saus (garnalenroom-) 37
saus (gebonden met aardappelmeel, bloem of maïzena) **33**
saus (gebonden met aardappelmeel, bloem of maïzena, van hypoallergene melkvervanger) **33**
saus (gebonden met een roux) **33**
saus (gebonden met een roux, van hypoallergene melkvervanger) **33**
saus (gebonden met glutenvrij meel) **33**
saus (gember-) 41
saus (gember-, van hypoallergene melkvervanger) 43
saus (gemberdressing) 50
saus (ham-) 41
saus (ham-, van hypoallergene melkvervanger) 43
saus (ham-prei-) 41
saus (ham-prei-, van hypoallergene melkvervanger) 43
saus (imitatiemayonaise) **47**
saus (imitatiemayonaise, met kerrie) 47
saus (imitatiemayonaise, met mango) 47
saus (imitatiemayonaise, met mosterd) 47
saus (imitatiemayonaise, met tomaten) 47
saus (Italiaanse dressing) 50
saus (jacht-) 36
saus (kaneel-) 53
saus (kaneel-, van hypoallergene melkvervanger) 52
saus (kappertjes-) 42
saus (kappertjes-, van hypoallergene melkvervanger) 43
saus (kappertjesdressing) 50
saus (karamel-) 53
saus (karamel-, van hypoallergene melkvervanger) 52
saus (kerrie-, met een roux) 42
saus (kerrie, met een roux van hypoallergene melkvervanger) 43
saus (kerrie-, met rijstemeel) **38**
saus (kerrie-imitatiemayonaise) 47
saus (kerriedressing) 50
saus (kerriemayonaise) 48
saus (kerriesojanaise) 50
saus (kersen-, met aardappelmeel) 57
saus (kersen-, met jam) 56
saus (kervel-) 42
saus (kervel-, van hypoallergene melkvervanger) 43
saus (knoflook-) 42
saus (knoflook-, van hypoallergene melkvervanger) 43
saus (madera-) 36
saus (mango-imitatiemayonaise) 47
saus (mangomayonaise) 48
saus (mangosojanaise) 50
saus (mayonaise) **48**
saus (mierikswortel-) 42
saus (mierikswortel-, van hypoallergene melkvervanger) 43
saus (mokka-) 55
saus (mokka-, van hypoallergene melkvervanger) 55
saus (mokka-vanille-) 57
saus (mosterd-) 42
saus (mosterd-, van hypoallergene melkvervanger) 43
saus (mosterd-imitatiemayonaise) 47
saus (mosterdmayonaise) 48
saus (mosterdsojanaise) 50
saus (noten-) 40
saus (paprika-, met een bruine roux) 37
saus (paprika-, met een witte roux) 42
saus (paprika-, met een witte roux van hypoallergene melkvervanger) 43
saus (paprika-tomaatdressing) 51
saus (peren-, met ontbijtkoek) 35
saus (peterselie-) 42
saus (peterselie-, van hypoallergene melkvervanger) 43
saus (picasso-) **39**
saus (piccalilly) **49**
saus (pinda-) **40**
saus (pruimen-) 57
saus (ravigote-, van imitatiemayonaise) 47
saus (ravigote-, van mayonaise) 48
saus (ravigote-, van sojanaise) 50
saus (remoulade-, van imitatiemayonaise) 48
saus (remoulade-, van mayonaise) 48
saus (remoulade-, van sojanaise) 50
saus (rum-rozijnen-) 55
saus (rum-rozijnen-, van hypoallergene melkvervanger) 55
saus (rum-rozijnen-vanille-) 58
saus (sinaasappel-, met aardappelmeel) **56**
saus (sinaasappel-, met custard) 54
saus (sinaasappel-, met custard van hypoallergene melkvervanger) 55
saus (sinaasappel-vanille-) 57
saus (sojanaise) **49**
saus (sojanaise, met kerrie) 50
saus (sojanaise, met mango) 50
saus (sojanaise, met mosterd) 50
saus (sojanaise, met tomaten) 50
saus (Spaanse) 37
saus (tahin-) **40**
saus (tomaten-) 42
saus (tomaten-, van hypoallergene melkvervanger) 44
saus (tomaten-imitatiemayonaise) 47
saus (tomatenmayonaise) 48
saus (tomatensojanaise) 50
saus (tuinkruiden-) 42
saus (tuinkruiden-, van hypoallergene melkvervanger) 44
saus (tuttifrutti-, met ontbijtkoek) 35
saus (uien-) 42
saus (uien-, van hypoallergene melkvervanger) 44
saus (vanille-) **57**
saus (vanille-, van hypoallergene melkvervanger) **58**

saus (velouté-) 42
saus (velouté-, van hypoallergene melkvervanger) 44
saus (venkel-) 42
saus (venkel-, van hypoallergene melkvervanger) 44
saus (vinaigrette-) **50**
saus (vlierbessenchutney) 47
saus (wijn-, kruidige witte-) 44
saus (wijn-, pittige witte-) 45
saus (wijn-, rode-) 37
saus (wijn-, witte-) **44**
saus (witte) **41**
saus (witte, van hypoallergene melkvervanger) **42**
saus (wortel-) **45**
saus (zoetzure) **45**
saus (zoetzure-, Oosterse) **45**
sauzen **33 t/m 58**
savooiekool **125**
savooiekool (stamppot van) 139
schaal- en schelpdieren **95 t/m 97**
schnitzels (kalfs-) **63**
schnitzels (paprika-) 63
schnitzels (tahoe-) **83**
schnitzels (tahoe-, gevulde) 83
schnitzels (tahoe-, pittige) 83
schnitzels (tahoe-mosterd-) 83
schnitzels (tahoe-paprika-) 83
schnitzels (varkens-) 63
schorseneren **126**
schorseneren (met kaassaus) 126
schorseneren (met witte saus) 126
schuimkoekjes **321**
schuimkoekjes (gekleurde) 322
schuimnestjes 322
Schwarzwälder Kirschtorte (chocolade-kersentaart) 299
sesambrood (van bloem) 268
sesambrood (van bloem en zuurdesem) 265
sesambrood (van boekweitemeel) 252
sesambrood (van rijstemeel) 262
shrimps (gefrituurde) **96**
sinaasappel-kwarkkoek 291
sinaasappel-vanillesaus 57
sinaasappelbavarois 188
sinaasappelcake 280
sinaasappelcake (zonder ei) 284
sinaasappelcake (zonder ei en saccharose) 287
sinaasappelcompote 241
sinaasappelglazuur 331
sinaasappelsaus (met aardappelmeel) **56**
sinaasappelsaus (met custard) 54
sinaasappelsaus (met custard van hypoallergene melkvervanger) 55
sinterklaastraktatie (soezen) 315
sla **134**
slagroom (carobe-) 334
slagroom (carobe-imitatie-) 333
slagroom (chocolade-) 334
slagroom (chocolade-imitatie-) 333
slagroom (imitatie-) **332**
slagroom (mokka-) 334
slagroom (mokka-imitatie-) 333
slagroom (om te bewaren) **334**
slagroomsoezen 314
slagroomtaart 299
smeerkaas **360**
smeerkaas (met ham) 361
smeerkaas (met kerrie) 361
smeerkaas (met tuinkruiden) 361
sneeuwpudding 195
snijbiet 128
snijbonen **126**
snijbonen (met witte bonen) 126
snipperkoek 290
soep **23 t/m 32**
soep (aardappel-, pikante) **31**
soep (abrikozen-) 28
soep (appel-, met wijn) **24**
soep (asperge-, gebonden) 26
soep (asperge-, heldere) 27
soep (bessen-, rode-) 28
soep (bloemkool-, gebonden) **26**
soep (bloemkool-, heldere) 27
soep (bouillon) **23**
soep (bouillon, gebonden met aardappelmeel, maïzena of bloem) **23**
soep (bouillon, gebonden met een roux) **23**
soep (bouillon, gebonden met rijst, vermicelli of macaroni) **23**
soep (broccoli-, gebonden) 26
soep (broccoli-, heldere) 27
soep (bruine-bonen-) 30
soep (champignon-, gebonden) 26
soep (champignon-, heldere) 27
soep (erwten-) 30
soep (groente-, heldere) 27
soep (groente-, heldere Chinese) 27
soep (kalfspoelet-, heldere) **27**
soep (kapucijner-) 30
soep (kerrie-, gebonden) 26
soep (kerrievis-) 32
soep (kersen-) **28**
soep (kervel-, gebonden) 26
soep (kippe-, Chinese) 29
soep (kippe-, met ossetong) 29
soep (kippe-, met (rijste)bloem) **28**
soep (knolselderij-, gebonden) 26
soep (lams-, met balletjes) **29**
soep (lams-, met groenten) 30
soep (linzen-) **30**
soep (ongebonden) **23**
soep (prei-, gebonden) 26
soep (pruimen-) 28
soep (venkel-, gebonden) 26
soep (venkel-, heldere) 27
soep (vis-) **32**
soep (vis-, Bretonse) **25**
soep (vis-, kerrie) 32
soep (wild-, heldere) **23**
soep (witte-bonen-) 30
soesjes (ansjovis-) 311
soesjes (Chinese) 311
soesjes (Chinese ragoût-) 311
soesjes (ham-) 311
soesjes (hamragoût-) 311
soesjes (Indische) 311
soesjes (Indische ragoût-) 311
soesjes (kaas-) 311
soesjes (kaas-kwark-) 311
soesjes (kaas-noten-) 312
soesjes (kaas-notenragoût-) **312**
soesjes (kaasragoût-) 312
soesjes (kerrie-fruit-) 312
soesjes (kerrie-fruitragoût-) 312
soesjes (kipperagoût-) 312
soesjes (kruiden-) 312
soesjes (kruidenragoût-) 312
soesjes (mini-, met een hartige vulling) **310**
soesjes (mini-, met een zoete vulling) **314**
soesjes (pâté-) 312
soesjes (rookvlees-) 312
soesjes (rookvlees-ragoût-) 312
soesjes (vis-kaas-) 312
soesjes (visragoût-) 312
soesjes (vleesragoût-) 312
soezen **314**
soezen (bananencrème-) 314
soezen (imitatieslagroom-) 314
soezen (ijs-) 316
soezen (kwark-room-) 315
soezen (met banketbakkersroom) 314
soezen (met kwark of umer) 315
soezen (pudding-) 315
soezen (sinterklaastraktatie) 315
soezen (slagroom-) 314
soezen (vruchten-) 316
soezen (vruchtenroom-) 316
soezen-Chineesjes 315

soezen-Indianen 315
soezen-sinterklaastraktatie 315
soezenring 315
soezenzwaantjes 316
soja-groentespread **361**
sojaburgers (van sojabonen) 85
sojaburgers (van TVP) 85
sojacroquetten 65
sojacroquetten (met groenten) **80**, 81
sojanaise **49**
sojanaise (cocktailsaus) 50
sojanaise (kerrie-) 50
sojanaise (mango-) 50
sojanaise (mosterd-) 50
sojanaise (ravigotesaus) 50
sojanaise (remouladesaus) 50
sojanaise (tomaten-) 50
sojaspread (met groenten) **361**
sojaspread (zoete) 361
sorbet (vruchtencréme-) 237
sorbetijs **237**
soufflé (boekweite-) 109
soufflé (gierst-) 109
Spaanse kip 73
Spaanse noga 355
Spaanse saus 37
spaghetti (met venkel) **147**
speculaas (gevulde) 274
speculaasjes 274
speculaaspop **273**
spek-kaasbrood (van bloem) 268
spek-kaasbrood (van bloem met zuurdesem) 265
spek-kaasbrood (van boekweitemeel) 252
spek-kaasbrood (van rijstemeel) 262
spekpannekoeken (van bloem) 235
spekpannekoeken (van boekweit) 111
sperziebonen **126**
sperziebonen (met ham en tomatensaus) 127
sperziebonen (met peer en rookspek) 127
spies (kip-) 69
spies (vlees-) **67**
spijs (amandel-) **327**
spinazie 128
spinazie (stamppot van rauwe) 139
spinaziepannekoeken (van boekweit) 111
spinaziepannekoeken (van tarwe) 111
spiraaltje 326
spitskool 125
spoom 237
sportmueslirepen 356
spread (soja-groente-) **361**
spread (tahoe-) 361
spread (tahoe-kerrie-) 361
spread (zoete soja-) 361
spritskoekjes **322**
spritsnestje 322
spritsviooltjes 322
spruitjes (gegratineerde) 127
spruitjes (gekookte) **127**
spruitjes (met kastanjes) 127
stamppot (van appelen (hete bliksem)) 138
stamppot (van boerenkool) 138
stamppot (van rauwe andijvie) **139**
stamppot (van rauwe raapstelen) 139
stamppot (van rauwe spinazie) 139
stamppot (van rauwe zuurkool) 139
stamppot (van savooiekool) 138
stamppot (van stoofsla) 138
stamppot (van witte kool) 138
stamppot (van wortelen (hutspot)) **138**
stamppot (van zuurkool) 138
stamppotten **137 t/m 139**
stengels (zoute) 318
stokbrood (van bloem) 268
stokbrood (van bloem en zuurdesem) 265
stokbrood (van boekweitemeel) 252
stokbrood (van rijstemeel) 262
stoofperen **247**
stoofpot (boekweit-) 109
stoofpot (gierst-) 109
stoofpot (haver-) 112
stoofpot (tarwe-) 112
stoofsla **127**
stoofsla (met soldaatjes) 128
stoofsla (met witte saus) 128
stoofsla (stamppot van) 138
stroopbolussen **263**
strüdel (appel-rozijnen-) **230**
sukadekoek 290

T

taaitaai **323**
taart (appel-) **270**
taart (appel-abrikozen-) 271
taart (carobe-) 298
taart (chocolade-) 298
taart (crème-au-beurre-) 298
taart (gember-) 276
taart (kerst-) 299
taart (kwark-) 271
taart (Linzertorte) 276
taart (mokka-) 298
taart (pensee-) **272**
taart (pruimen-) 271
taart (Schwarzwälder Kirschtorte) 299
taart (slagroom-) 299
taart (tuttifrutti-) 271
taart (vruchten-, van biscuitdeeg) **297**
taart (vruchten-, van zandtaartdeeg) **274**
taart (zand-) **276**
taartjes (pensee-) 273
taartjes (zand-) 276
tahinsaus **40**
tahoe (bakken) **75**
tahoe (frituren) **76**
tahoe (gebakken) **78**
tahoe (grilleren) **76**
tahoe (koken) **75**
tahoe (paneren) **75**
tahoe-boekweitekoek 109
tahoe-gierstkoek 109
tahoe-kerriespread 361
tahoe-mosterdschnitzel 83
tahoe-paprikaschnitzel 83
tahoeballen **82**
tahoeballen (borrelballetjes) 83
tahoeballen (pittige) 82
tahoeballen (met mosterd) 82
tahoeballen (met paprika) 83
tahoeragoût 84
tahoeschnitzels **83**
tahoeschnitzels (gevulde) 83
tahoeschnitzels (met mosterd) 83
tahoeschnitzels (met paprika) 83
tahoeschnitzels (pittige) 83
tahoespies 79
tahoespread 361
tahoespread (met kerrie) 361
tarwe (gekookte) **107**
tarwe (gekruide) **112**
tarwepannekoeken 111
tarwestoofpot 112
taugé (met kerrie) 128
taugé (met prei) **128**
tempé (bakken) **75**
tempé (frituren) **76**
tempé (gebakken) 79
tempé (grilleren) **76**
tempé (koken) **75**
tempé (paneren) **75**
tempé-kerrieragoût 84
tempéragoût **84**
tijgerbrood (van bloem) 268

tijgerbrood (van bloem en zuurdesem) 265
tijgerbrood (van boekweitemeel) 252
tijgerbrood (van rijstemeel) 262
timbaaltjes (boekweit-) 109
timbaaltjes (gierst-) 109
timbaaltjes (rijst-) 114
tomaatpaddestoelen **348**
tomaatpaddestoelen (met groentemengsel) 348
tomaatpaddestoelen (met pâté) 348
tomaatpaddestoelen (met vis) 348
tomaten-imitatiemayonaise 47
tomatenbloemen 349
tomatenmandjes (met gemengde groenten) **349**
tomatenmandjes (met groentesalade) 349
tomatenmandjes (met kaas of kwark) 349
tomatenmandjes (met pâté) 349
tomatenmandjes (met vis) 349
tomatenmayonaise 48
tomatensaus 42
tomatensaus (van hypoallergene melkvervanger) 44
tomatensojanaise 50
tompoezen **308**
tongfilets (met zalm) 90
tonijnsalade 97
traktaties **336 t/m 357**
tricolores 121
trioliënne 121
truffels (chocolade-) **352**
truffels (gekleurde chocolade-) 352
truffels (kerstchocolade-) 352
truffels (kokos-chocolade-) 352
truffels (paas-chochocolade-) 352
tuinboontjes **129**
tuinboontjes (met witte saus) 129
tuinboontjes (met worteltjes) 129
tuinkruidensaus 42
tuinkruidensaus (van hypoallergene melkvervanger) 44
tulband (kerst-, met ei) 280
tulband (kerst-, zonder ei) 284
tulband (kerst-, zonder ei en saccharose) 287
tulband (met ei) 280
tulband (paas-, met ei) 280
tulband (paas-, zonder ei) 284
tulband (paas-, zonder ei en saccharose) 287
tulband (zonder ei) 284
tulband (zonder ei en saccharose) 287
Turkse koffiekoek 293
tuttifruttimoes 242
tuttifruttipie 304
tuttifruttisaus (met ontbijtkoek) 35
tuttifruttitaart 271
TVP (Textured Vegetable Product) **75**
TVP (bakken) **75**
TVP (frituren) **76**
TVP (grilleren) **76**
TVP (koken) **75**
TVP (paneren) **75**
TVP-ragoût 84

U

uien (gestoofde) 122
uien-kaasbrood (van bloem) 268
uien-kaasbrood (van bloem en zuurdesem) 265
uien-kaasbrood (van boekweitemeel) 253
uien-kaasbrood (van rijstemeel) 262
uiensaus 42
uiensaus (van hypoallergene melkvervanger) 44
umerkoek 291
umerpudding 215

V

vaderdagcake 281
vaderdagcake (zonder ei) 285
vaderdagcake (zonder ei en saccharose) 289
vakantiebrood (met boekweitemeel, zonder oven) 253
vakantiebrood (met rijstemeel, zonder oven) 262
vakantiebrood (van bloem, zonder oven) 268
vakantiebrood (van bloem met zuurdesem, zonder oven) 265
vakantiekoekjes (zonder oven) **324**
vanillecrème 329
vanilleglazuur 331
vanillepudding **203**
vanillepudding (met verse vruchten) 204
vanillepudding (met verse vruchten, van agar-agar) 207
vanillepudding (met verse vruchten, van agar-agar en hypoallergene melkvervanger) 211
vanillepudding (met verse vruchten, van gelatine) 208
vanillepudding (met verse vruchten, van gelatine en hypoallergene melkvervanger) 214
vanillepudding (met verse vruchten, van hypoallergene melkvervanger) 210
vanillepudding (van agar-agar) **206**
vanillepudding (van agar-agar, met hypoallergene melkvervanger) **211**
vanillepudding (van gelatine) **207**
vanillepudding (van gelatine, met hypoallergene melkvervanger) **213**
vanillepudding (van hypoallergene melkvervanger) **209**
vanillepudding (van sojamelk, zonder ei) **205**
vanillepudding (van sojamelk, zonder ei, met verse vruchten) 205
vanilleroomijs **238**
vanilleroomijs (met ananas) 239
vanilleroompudding 204
vanilleroompudding (van agar-agar) 207
vanilleroompudding (van gelatine) 209
vanilleroomvla 176
vanilleroomvla (van agar-agar) 177
vanilleroomvla (van gelatine) 178
vanillesaus **57**
vanillesaus (met citroen) 57
vanillesaus (met mokka) 57
vanillesaus (met rum-rozijnen) 58
vanillesaus (met sinaasappel) 57
vanillesaus (van hypoallergene melkvervanger) **58**
vanillevla **175**
vanillevla (met bitterkoekjes/lange vingers) 176
vanillevla (met verse vruchten) 176
vanillevla (met verse vruchten, van hypoallergene melkvervanger) 180
vanillevla (schuimige) 176
vanillevla (van agar-agar) **176**
vanillevla (van agar-agar, met hypoallergene melkvervanger) **180**
vanillevla (van agar-agar, met verse vruchten) 177
vanillevla (van agar-agar, met verse vruchten en hypoallergene melkvervanger) 181
vanillevla (van gelatine) **178**
vanillevla (van gelatine, met hypoallergene melkvervanger) **182**
vanillevla (van gelatine, met verse vruchten) 178

vanillevla (van gelatine, met verse vruchten en hypoallergene melkvervanger) 182
vanillevla (van hypoallergene melkvervanger) **179**
vanillevla (van sojamelk, met bitterkoekjes/lange vingers) 183
vanillevla (van sojamelk, zonder ei) **183**
vanillevla (van sojamelk, zonder ei, met verse vruchten) 184
varkenshaasje **65**
varkenskoteletten met appels **66**
varkensschnitzels 63
vegetarische burgers (van kapucijners) **85**
veloutésaus 42
veloutésaus (van hypoallergene melkvervanger) 44
venkel **129**
venkel (gegratineerde) 129
venkel (gesmoorde) 129
venkel (met wortelen) 130
venkelknolsalade (met ansjovis) **134**
venkelsaus 42
venkelsaus (van hypoallergene melkvervanger) 44
venkelsoep (gebonden) 26
venkelsoep (heldere) 27
vervangingslijst (bindmiddelen) **19**
vervangingslijst (saccharose) **22**
Vietnamese loempia's **350**
vijgen-cashewcake 280
vijgen-cashewcake (zonder ei) 284
vijgen-cashewcake (zonder ei en saccharose) 287
vijgensnoepjes 357
vinaigrettesaus **50**
vis **87 t/m 94**
vis (bakken) **87**
vis (frituren) **87**
vis (gesmoorde, in aluminiumfolie) **91**
vis (grilleren) **87**
vis (pocheren) **87**
vis (smoren, in aluminiumfolie) **87**
vis (stoven, bovenop) **87**
vis (stoven, in de oven) **87**
vis-kaassoesjes 312
visbouillon **23**
viscroquetten 65
visfilets (gebakken, met champignons) 89
visfilets (gepaneerde, met picassosaus) **88**
visfilets (gepocheerde, in kerriesaus) 90
visfilets (gepocheerde, met kruidensaus) 90
visfilets (gepocheerde, met witte wijnsaus) **90**
visfilets (gestoofde) **92**
visfilets (gestoofde, met champignons) 92
visfilets (gestoofde, met paprika en taugé) 92
visfilets (gestoofde, met tomaten) 92
visfondue 61
viskoekjes **92**
visragoûtsoesjes 312
visrolletjes (met witte-wijnsaus) 91
vissoep **32**
vissoep (Bretonse, maaltijdsoep) **25**
vissoep (kerrie-) 32
vla **153, 154, 164 t/m 184**
vla (aardbeien-, met water) **153**
vla (ananas-, met water) 153
vla (citroen-, met water) 154
vla (carobe-, met water) 153
vla (chocolade-, met water) 154
vla (kersen-, met water) 154
vla (peren-, met water) 154
vla (perziken-, met water) 154
vlaai (abrikozen-) 255
vlaai (abrikozen-kruimel-) 255
vlaai (ananas-) 255
vlaai (ananas-kruimel-) 255
vlaai (appel-) 255
vlaai (appel-rozijnen-) 255
vlaai (kersen-) 253
vlaai (kersen-, met gelei) 254
vlaai (kersen-, met vlechtwerk) 254
vlaai (kersen-kruimel-) 254
vlaai (kruimel-, Kempen) 255
vlaai (kruisbessen-, met schuimkop) 255
vlaai (pudding-kruimel-) **259**
vlaai (pruimen-) 255
vlaai (pruimen-kruimel-) 255
vlaai (rijste-) 260
vlaai (vruchten-, gemengde) 255
vlaai met een deksel van kruimeldeeg 254
vlaai met een vlechtwerk van deeg 254
vlaai met gelei 254
Vlaamse karnemelksepap 222
Vlaamse runderlappen **66**
vlees **59 t/m 67**
vlees (bakken, langzaam) **59**
vlees (bakken, snel) **59**
vlees (bakken en nabraden) **59**
vlees (bakken en stoven) **59**
vlees (grilleren) **60**
vlees (koken) **60**
vlees (paneren) **59**
vleesbouillon **23**
vleescroquetten (kalfs-) **64**
vleescroquetten (kip-) 65
vleescroquetten (rund-) 65
vleesfondue **61**
vleesragoût **361**
vleesragoût met champignons 362
vleesragoût met gekookte ham 362
vleesragoût met kerrie 362
vleesragoûtsoesjes 312
vleesspies **67**
vlierbessenchutney 47
vogelnestjes (zeer dunne reepjes gefrituurde aardappel) 102
vogeltjes (gevulde, met chips of popcorn) 340
volkoren-kwarkkoek 291
volkorenbrood (knip-, van zuurdesem) 265
volkorenbrood (met gist) 268
volkorenbrood (met kruiden, van zuurdesem) 265
volkorenbrood (met maanzaad of sesamzaad, van zuurdesem) 265
volkorenbrood (met melk, van zuurdesem) 265
volkorenbrood (met noten, van zuurdesem) 265
volkorenbrood (met olijven, van zuurdesem) 265
volkorenbrood (met spek en kaas, van zuurdesem) 265
volkorenbrood (met spekjes) 268
volkorenbrood (met uien en kaas, van zuurdesem) 265
volkorenbrood (met vruchten, van zuurdesem) 265
volkorenbrood (met zuurdesem) **264**
volkorenbrood (stokbrood van zuurdesem) 265
volkorenbrood (tijger-, van zuurdesem) 265
volkorenbrood (vakantie-, van zuurdesem) 265
volkorenbroodjes (met gist) 267
volkorenbroodjes (met zuurdesem) 265
vruchten (geflambeerde) **245**
vruchten-notenballetjes 357
vruchten-roomijs 239
vruchtenbeleg (aardbeien-) **363**

vruchtenbeleg (aardbeien-rabarber-) 364
vruchtenbeleg (bananen-) 364
vruchtenbeleg (bramen-) 364
vruchtenbeleg (frambozen-) 364
vruchtenbeleg (kersen-) 364
vruchtenbeleg (meloen-gember-) 364
vruchtenbeleg (peren-gember-) 364
vruchtenbeleg (pompoen-) 364
vruchtenbeleg (pruimen-) 364
vruchtenbeleg (rozebottel-) 364
vruchtenbowl **370**
vruchtenbrood (van bloem) 268
vruchtenbrood (van bloem met zuurdesem) 265
vruchtenbrood (van boekweitemeel) 253
vruchtenbrood (van rijstemeel) 262
vruchtencrème 329
vruchtencrèmesorbet 237
vruchtengebak (met schuimkop) 275
vruchtengeleipudding (heldere) **157**
vruchtengerechten (als nagerecht) **240 t/m 247**
vruchtenglazuur 332
vruchtengruwel **162**
vruchtenijs (van melk) 238
vruchtenkoek (van cakedeeg) 292
vruchtenmelk **370**
vruchtenpunch 371
vruchtenroomsoezen 316
vruchtensoezen 316
vruchtentaart (van biscuitdeeg) **297**
vruchtentaart (van zandtaartdeeg) **274**
vruchtentaartjes 275
vruchtenvlaai (gemengde) 255

W
wafels **266**
wafels (bier-) 266
wafeltjes (kaneel-) **253**
walnootcake 280
walnootcake (zonder ei) 284
walnootcake (zonder ei en saccharose) 287
walnootkoek 290
water-chocoladedrank 369
waterijs **239**
watersnip 68
wentelteefjes **236**
wentelteefjes (met noten) 236
wijngeleipudding (met druiven) 158
wijnsaus (rode-) 37
wijnsaus (witte-) **44**
wijnsaus (witte-, kruidige) 44
wijnsaus (witte-, pittige) 45
wild **68 t/m 74**
wildbouillon **23**
wintersalade 244
witlof (gegratineerde) 130
witlof (gekookte) **130**
witlofsalade **135**
witte bonen 78
witte broodjes 267
witte kool 125
witte kool (stamppot van) 138
witte saus **41**
witte saus (van hypoallergene melkvervanger) **42**
witte-bonenfilosoof 141
witte-bonensalade **85**
witte-bonensoep (maaltijdsoep) 30
witte-wijnsaus **44**
witte-wijnsaus (kruidige) 44
witte-wijnsaus (pittige) 45
wittebrood **267**
wittebrood (knip-) 267
wittebrood (met kruiden) 267
wittebrood (met maanzaad of sesamzaad) 268
wittebrood (met melk) 268
wittebrood (met noten) 268
wittebrood (met olijven) 268
wittebrood (met spek en kaas) 268
wittebrood (met uien en kaas) 268
wittebrood (met vruchten) 268
wittebrood (stokbrood) 268
wittebrood (tijger-) 268
wittebrood (vakantie-, zonder oven) 268
worstebroodjes **269**
wortelsaus **45**
wortelsalade **135**
wortelsalade (met gember) 136
worteltjes **130**
worteltjes (met tuinboontjes) 129

Y
yoghurt-ijslolly's 240
yoghurt-roomijs 239
yoghurtdrank 371
yoghurtkoek 291
yoghurtpudding **215**

Z
zalmpâté **93**
zandkoekjes **324**
zandtaart **276**
zandtaartjes 276
zebrakoekjes 326
Zeeuwse boterbabbelaars 354
zilvervliesrijst (Indonesische) 114
zoetzure aardappelsalade 103
zoetzure saus (Oosterse) **45**
zomersalade 244
zonnebloempit-bootjes 340
zonnebloempit-ketting 340
zonnebloempit-snoepbuideltjes 340
zoute koekjes 318
zoute stengels 318
zuurdesembrood **249**
zuurdesembrood (knip-) 265
zuurdesembrood (met kruiden) 265
zuurdesembrood (met maanzaad of sesamzaad) 265
zuurdesembrood (met melk) 265
zuurdesembrood (met noten) 265
zuurdesembrood (met olijven) 265
zuurdesembrood (met spek en kaas) 265
zuurdesembrood (met uien en kaas) 265
zuurdesembrood (met vruchten) 265
zuurdesembrood (stokbrood) 265
zuurdesembrood (tijger-) 265
zuurdesembrood (vakantie-, zonder oven) 265
zuurdesembroodjes 265
zuurkool **131**
zuurkool (stamppot van) 138
zuurkool (stamppot van rauwe) 139
zuurstokken 355
Zweedse appelmoesschotel 242

NUTTIGE ADRESSEN

Onderstaand treft u, in alfabetische volgorde, een adressenlijst aan met adressen waar u meer informatie over voedselallergie en -intolerantie kunt krijgen.

Allergietelefoon
Voor vragen over voedsel-overgevoeligheid:
Adres: zie Het Voedingscentrum
Tel. 070-3068890
Dagelijks van 10.00-13.00 uur
Fax: 070-3547343
E-mail: *allergietelefoon@vc.agro.nl*
Internet: *www.voedingscentrum.nl*

Databank ALBA
Voor informatie over samenstelling van producten
Postbus 360
3700 AJ Zeist
Tel. 030-6944769
Maandag en donderdag van 13.30-15.30 uur
E-mail: *alba@voeding.tno.nl*

Het Voedingscentrum
Voor algemene vragen over voeding en schriftelijke vragen over voedsel-overgevoeligheid:
Postbus 85700
2508 CK Den Haag
Tel. 070-3068810
Dagelijks van 12.00-16.00 uur
Fax: 070-3504259
E-mail: *voedingscentrum@vc.agro.nl*
Het Voedingscentrum in Den Haag geeft informatie over voedselovergevoeligheid.
Het Voedingscentrum is er voor iedereen die over het onderwerp wil worden geïnformeerd: voor consumenten, patiënten, hun partner, gezinsleden, hulpverleners en anderen die op de een of andere manier beroepsmatig met het onderwerp te maken hebben.
U kunt vooral met algemene vragen terecht bij Het Voedingscentrum. De medewerkers van Het Voedingscentrum vervangen nooit het contact met uw arts of diëtist. De Voedingscentrum-Informatielijn is dagelijks telefonisch bereikbaar van 12.00-16.00 uur op tel. 070-3068810.

Kleine Aarde
Milieu-, educatie- en voorlichtingscentrum
Postbus 151
5280 AD Boxtel
Tel. 0411-684921
Op werkdagen

Nederlandse Coeliakie Vereniging
Patiëntenorganisatie voor vragen over een glutenvrij dieet
Postbus 65
3860 AB Nijkerk
Tel. 033-2471040
Dagelijks van 09.00-13.00 uur
Fax: 033-2471040
E-mail: *info@coeliakievereniging.nl*

Nederlandse Maag Lever Darm Stichting
Luifelstede 42
3431 JP Nieuwegein
Tel. 030-6055881
Fax: 030-6049871
E-mail: *info@mlds.nl*
Internet: *www.mlds.nl*

Nederlandse Vereniging voor Diëtisten (NVD)
Postbus 341
Boterstraat 1A
5340 AH Oss
Tel. 0412-624543
Fax: 0412-637736
E-mail: *bureau@nvdiëtist.nl*
Volgt u een dieet of hebt u vragen over voeding? Ga naar de diëtist voor een deskundig advies.
Diëtisten vindt u:
- in zelfstandige praktijken
U vindt de telefoonnummers en adressen van deze diëtisten in het telefoonboek, de gemeentegids of de Gouden Gids. Ook de Nederlandse Vereniging van Diëtisten verstrekt adressen van vrijgevestigde diëtisten.
- bij kruisverenigingen of thuiszorgorganisaties
Diëtisten houden spreekuur in wijkgebouwen en bij groepspraktijken.
- in ziekenhuizen
U kunt hier alleen terecht met een verwijzing van een arts, die verbonden is aan het ziekenhuis.

Stichting Voedselallergie
Patiëntenorganisatie voor voedselallergie en -intolerantie
Postbus 207
3860 AE Nijkerk
Tel. 033-4655098
Dagelijks van 09.00-13.00 uur
E-mail: *info@stichtingvoedselallergie.nl*
Internet: *www.stichtingvoedselallergie.nl*
De Stichting Voedselallergie heeft als doel het sociaal en lichamelijk welzijn van mensen met voedselovergevoeligheid te bevorderen. Dit tracht zij te bereiken o.a. door het geven van voorlichting, het vergemakkelijken van contacten met zorgverleners, het opzetten van contactgroepen en het stimuleren van wetenschappelijk onderzoek. Donateurs ontvangen de Stichting Voedselallergie-informatiebrochure en het kwartaalblad 'Overgevoeligheden', met actuele artikelen, tips en ervaringen van andere donateurs.